TRAUNER VERLAG
GASTRONOMIE

Service

Die Getränke

WILHELM GUTMAYER
HANS STICKLER
HEINZ LENGER

4., völlig überarbeitete Auflage 2008

Köglstraße 14, 4020 Linz, Austria
Gestaltung: Bettina Victor, Mag. Wolfgang Kraml
Lektorat: Claudia Höglinger
Umschlagbild: Ulrike Köb, Wien
Herstellung: TRAUNER Druck GmbH & Co KG, Linz
SBNr. 120.785
ISBN 978-3-85499-246-2

WILHELM GUTMAYER
HANS STICKLER
HEINZ LENGER

Service

Die Getränke

Inhaltsverzeichnis

Der Sommelier/die Sommelière

Ist ein Restaurant in aller Munde, so wird in der Regel in den höchsten Tönen von den kulinarischen Köstlichkeiten geschwärmt. Köche erfreuen sich einer riesigen Anhängerschaft und werden von Feinschmeckern in den gastronomischen Olymp gehoben. Es ist nun an der Zeit, auch das Image der Servicemitarbeiter ins rechte Licht zu rücken, denn Service und Küche sind kongeniale Partner, die gleichermaßen am Erfolg eines Betriebes beteiligt sind.

Ein Hoch auf die Servicemitarbeiter

Wenn Sie schon länger als Servicemitarbeiter in der Branche tätig sind und sozusagen ein „alter Hase“ sind, wissen Sie, dass nicht die Speisen, sondern die Getränke die wahren Umsatzmacher sind.

Das optimale Ziel eines Betriebes ist, 40–45 % des Gesamtumsatzes mit den Getränken zu erwirtschaften. Gelingt dies, freut sich nicht nur die Geschäftsleitung, sondern auch die Trinkgeldkasse.

„Wähle einen Beruf, den du liebst, und du brauchst niemals in deinem Leben zu arbeiten.“

Konfuzius

Wie schafft man es, den Umsatz flüssig zu machen?

Zuallererst muss der Gast wissen, was angeboten wird. Wir alle sind Gewohnheitstiere (auch wenn wir es nicht gerne zugeben) und konsumieren vorzugsweise die uns vertrauten Dinge. Um den Gast von seinem gewohnten Pfad abzubringen, bedarf es je nach Charakter unterschiedlich starker Überzeugungsarbeit. Manche Servicemitarbeiter werden jetzt den Kopf schütteln: Ja darf man denn einen Gast überreden? Nennen Sie es, wie Sie wollen: Anregung, Beratung, Verführung, Verkaufswunder ... Allen diesen Begriffen liegt eine Sache zugrunde: Ihre eigene Überzeugung.

Manche Gäste haben sich ihre Neugier erhalten – gut so. Sie sind für Neues leicht zu begeistern. Gäste, die sich etwas reservierter geben, sind für einen professionellen Verkäufer – denn nichts anderes sind Sie – schon eine größere Herausforderung. Ein Verkaufsgenie dürfen Sie sich jedoch erst nennen, wenn Sie es schaffen, besonders traditionelle Gäste auf neue Pfade zu lenken. Um diese Spezies aus der Reserve zu locken, bedarf es mehr als Charme und Willen. Hier ist Fachkenntnis bis ins kleinste Detail gefragt.

Der Sommelier/ die Sommelière

Der Beruf des Sommeliers ging aus dem mittelalterlichen Amt des Mundschenks hervor, der über die Beschaffung, die Lagerung und das Servieren hinaus auch für die Qualität der Getränke verantwortlich war. Welche Bedeutung der Mundschenk für seine Herrschaft hatte, wird deutlich, wenn man sich vergegenwärtigt, dass zu dieser Zeit der Kampf nicht nur mit Klingen, sondern auch mit Gift geführt wurde. Der Herrscher vertraute dem Mundschenk, der auch die Funktion des bereits aus der Antike bekannten Vorkosters innehatte, somit seine Gesundheit und sein Wohlergehen an.

Die moderne Form des Mundschenks ist gewissermaßen der Sommelier, auch wenn man heutzutage davon ausgehen kann, nicht mehr von einem Nebenbuhler vergiftet zu werden.

Was macht ein Sommelier/ eine Sommelière?

In manchen Restaurants ist ein Sommelier ein reiner Weinservicemitarbeiter. In anderen Betrieben ist er wiederum für das ganze Getränkesortiment und -service zuständig.

Heute versteht man unter einem Weinsommelier den Vermittler zwischen Unternehmer, Gast und Weinproduzenten. Die primäre Aufgabe eines Sommeliers ist es, die Gäste bei der Getränkewahl zu beraten und Empfehlungen zu geben. Gleichzeitig ist er aber auch für den Einkauf und die Pflege des gesamten Getränkesortiments verantwortlich, angefangen vom Aperitif bis zum Digestif. In Restaurants mit einem umfangreichen Weinkeller trägt der Sommelier die Verantwortung für einen hohen Kapitalbestandswert an gelagerten Weinen. Nicht umsonst verbringt ein guter Sommelier viel Zeit mit dem Überprüfen der Bestände, den Nachbestellungen, dem Erstellen von Weinkarten und Verkostungen.

Ein profundes Weinwissen muss man sich hart erarbeiten, und das heißt probieren, probieren, probieren.

Hauptaufgaben im Überblick

- Getränkeeinkauf unter Berücksichtigung von Qualität, Preis und Trends.
- Verantwortung für den Weinkeller, also auch für Lagerung und Reifung sowie Nachbestellung.
- Bestückung von Tageskeller und Weinkühlschränken.
- Optimale Produktpräsentation (Warendisplay, Verkostung).
- Getränkeabstimmung, v. a. Weinabstimmung mit dem Küchenchef.
- Erstellung und Aktualisierung von Getränke- und Weinkarten.
- Kontakt zu Winzern und Weinhändlern bzw. Getränkelieferanten.
- Mitarbeiterschulungen.
- Häufig ist der Sommelier auch für die Käseempfehlung zuständig.

Wie wird man Sommelier/ Sommelière?

Sommelier/Sommelière ist ein gastgewerblicher Beruf, dessen Grundlage eine fachliche Ausbildung zum Restaurantfachmann bzw. zur Restaurantfachfrau oder der Besuch einer Lehranstalt für Tourismus sein sollte. Darüber hinaus müssen Weiterbildungsveranstaltungen besucht werden. Neben Önologiekursen, die an den Schulen angeboten werden, gibt es einschlägige Kurse und Seminare von Sommeliervereinen und anderen Institutionen.

Ein Tipp vom Profi
Auslandsaufenthalte wirken sich immer positiv auf die Berufslaufbahn aus, da so nicht nur das Weinwissen erweitert werden kann, sondern vor allem Sprachen aufgefrischt oder erlernt werden können.

Ausbildung in Österreich

In Österreich kann man die Ausbildung zum Diplomsommelier absolvieren, an einschlägigen Schulen und Fortbildungsinstituten wird die Ausbildung zum Jungsommelier angeboten.

Ausbildung in Deutschland

Staatlich geprüfter Sommelier

An der Hotelfachschule Heidelberg wird die Ausbildung in Vollzeit angeboten und dauert neun Monate. Die Schwerpunkte liegen bei der Weinkunde, Betriebsorganisation, Betriebswirtschaft, Volkswirtschaft und beim Marketing sowie beim Sprachunterricht (Englisch, Französisch).

IHK-geprüfter Sommelier

Bei dieser berufsbegleitenden Ausbildung an der IHK (Industrie- und Handelskammer) Koblenz liegen die Schwerpunkte bei der Fachpraxis, dem Weinverkauf und der Weinempfehlung. Zur Weiterbildung zählt außerdem ein Praktikum in einem Wein erzeugenden Betrieb, in dem die wichtigsten Aspekte der Arbeit im Weinkeller, im Weinberg und in der Vermarktung gezeigt werden.

Der Sommelier/die Sommelière steht im Rang eines Oberkellners und hat einen oder mehrere Commis de Vin zur Unterstützung. Zur Optimierung des theoretischen Weinwissens sollten auch in den Betrieben laufend Weinverkostungen durchgeführt werden. Der Besuch von Weinmessen und das Studium von Fachliteratur sind wichtig, um an die neuesten Informationen heranzukommen.

Allgemeines Anforderungsprofil

- Abgeschlossene Lehre als Restaurantfachkraft bzw. einschlägige Schulausbildung mit Praxis im In- und Ausland.
- Weinkenner und Weinliebhaber.
- Gutes Allgemeinwissen mit sehr guten Fremdsprachenkenntnissen.
- Sehr gute Umgangsformen und präzise Ausdrucksweise.
- Überzeugungskraft in der Verkaufsargumentation.
- Wille zur permanenten Weiterbildung.

Fachliches Anforderungsprofil

- Überdurchschnittliche Önologiekenntnisse von in- und ausländischen Weinen, Kenntnisse von der Weinerzeugung und Kellerwirtschaft, vom Weineinkauf, von der Lagerung und Reifung der Weine, von den Weinbauländern und den Gesetzen sowie von der Weinbeurteilung und Weinverkostung.
- Hervorragende Kenntnisse der Weinsprache, der Weinfachausdrücke und der Bezeichnungen auf Weinetiketten.
- Überdurchschnittliche Kenntnisse betreffend die weiteren Getränkegruppen.
- Besondere serviertechnische Kenntnisse, wie z. B. Dekantieren, Chambrieren und Frappieren sowie das Wissen, welches Getränk in welchem Glas serviert wird.
- Hervorragendes Wissen über die Harmonie von Speisen und Getränken und damit verbunden auch über die Zusammensetzung und Zubereitung der Speisen.
- Sehr gute Kenntnisse über die Erstellung von Wein- und Getränkekarten und über die Getränkekalkulation. Auf kaufmännische Grundkenntnisse muss zurückgegriffen werden können, um ein positives betriebswirtschaftliches Ergebnis des Getränkeabsatzes zu erzielen.
- Ständig aktualisiertes Wissen über die neuesten Trends.
- Wissen über die positiven und negativen Wirkungen des Alkohols auf den menschlichen Organismus und die Psyche.

Aperitifs

Schon die Römer tranken vor dem Essen Wein oder Honigwein und gaben diesem Trank den Namen „aperitivum", was sich von „aperire" ableitet und so viel wie „öffnen" (bezogen auf den Magen) bedeutet. Mit dem Untergang des Römischen Reiches geriet das Aperitivum jedoch wie so vieles andere aus dieser Zeit in Vergessenheit. Erst in der Renaissance wurde bei der allgemeinen Rückbesinnung auf griechisch-römische Werte an diese Sitte wieder angeknüpft. Man verwendete Kräuteressenzen, vermengte sie mit Wein und bot sie vor dem Essen an. Was ursprünglich als Medizin gedacht war, fand so hohen Zuspruch, sodass man diesen Essenzen fortan, auch ohne ein Leiden zu haben, frönte.

Zentren der Herstellung solcher Extrakte waren im 18. Jahrhundert Turin und Mailand, wo man den Wermut kreierte und die Vormachtstellung im 19. Jahrhundert dank industrieller Produktion durch die Firmen Martini, Cinzano und Campari noch ausbaute. Bei der Bezeichnung für diese Getränke besann man sich des lateinischen Ausdrucks „aperitivum" – aus ihm schufen die Italiener den „aperitivo", die Franzosen den „apéritif" und die Schweizer den „Apéro".

Aperitifs – die Stimmungsmacher

Ein Aperitif ist ein zumeist trockenes, alkoholisches Getränk, das vor dem Essen konsumiert wird und den Appetit anregen und auf das Essen einstimmen soll. Nebenbei kann mit einem Aperitif das Warten auf einen freien Tisch oder das Essen wunderbar überbrückt werden.

Während der Aperitif in Frankreich und in Italien als unverzichtbarer Anfang eines guten Essens gilt, steckt diese Gepflogenheit in Österreich und Deutschland noch immer in den Kinderschuhen.

Die populärsten Aperitifs sind nach wie vor die Schaumweine, allen voran Champagner und Prosecco. Aber auch Mischungen aus Sekt und Fruchtsäften bzw. Fruchtsirup, wie z. B. Holunderblütensirup mit Sekt, sind sehr beliebt. Ein Glas Bier, vorzugsweise Pils, wird bei uns nicht nur zum Essen, sondern auch als Durstlöscher vor dem Essen getrunken.

Trockene Weiß- und Roséweine sowie trockene, oxidativ ausgebaute (sherryähnliche) Auslesen eignen sich auch hervorragend als Aperitifs.

Mit Aperitifs lässt sich wunderbar die Zeit überbrücken, die Wartezeit sollte jedoch nicht die Grenzen der Geduld sprengen

Der Kir zählt zu den bekanntesten Mischungen aus Wein mit Likör (Weißwein mit einem Schuss Crème de Cassis). Eine Alternative ist Kir Royal (Champagner, vielfach auch Sekt mit Crème de Cassis) oder Kir Cardinal (gekühlter, junger, fruchtiger Rotwein mit Crème de Cassis).

Ein Aperitif ist ein wunderbarer Anfang

Sehr anregend und belebend ist z. B. frisch gepresster Saft einer rosafarbenen Grapefruit mit einem Schuss Welschriesling oder Muskateller.

Eine etwas andere Art des Aperitifs sind Bowlen, die saisonal angeboten werden können, wie z. B. Erdbeer-, Melonen- oder Waldmeisterbowle.

Für Gäste, die lieber alkoholfrei genießen, eignen sich frisch gepresste Obst- und Gemüsesäfte.

Andere Länder, andere Sitten

Jedes Land hat seine Eigenheiten – diese Erkenntnis macht auch vor den Aperitifs nicht halt. Werden in südlichen Ländern Europas gerne leichtere, alkoholärmere Getränke bestellt, sind es im Norden Europas die klaren Destillate oder Whiskys, die den Gaumen auf weitere Genüsse einstimmen sollen.

In Frankreich und Griechenland sowie in der Türkei liebt man die Anisgetränke Pastis, Pernod, Ricard, Ouzo und Raki. Frankreich ist darüber hinaus bekannt für seine Aperitif-Fertigprodukte, wie St. Raphaël, Lillet, Dubonnet oder Amer Picon.

Ein Aperitif ist nicht für jeden Gast eine Selbstverständlichkeit. Unterschätzen Sie jedoch nie Ihre Gäste – in launiger Stimmung lassen sich viele auf etwas Neues ein, vorausgesetzt, sie werden darauf aufmerksam gemacht.

Aus Spanien kommt der Sherry, der auch in Großbritannien „everybody's darling" ist. Allerdings trinken die Briten auch gerne Port aus Portugal. Für beide gilt, dass sich als Aperitif nur die trockenen bzw. halbtrockenen Sherrys (Finos, Amontillados, Manzanillos, siehe S. 22 f.) und die weißen trockenen Ports eignen, während die süßen Varianten eher zum Dessert oder als Digestif passen.

Weiter im Norden regen stärkere Destillate den Magen an. Schotten und Iren sind nur schwer von ihrem Whisk(e)y vor und nach dem Essen wegzubewegen. Allerdings verdünnen sie die Spirituose vor dem Essen mit frischem Quellwasser (falls vorhanden).

Mit Aquavit (Akvavit) liegt man in Skandinavien richtig, wie z. B. mit Linie-Aquavit pur oder mit Tonic und etwas Limettensaft auf Eis.

Das zwangloseste Verhältnis zum Aperitif haben die Italiener. Aperitifs sind in Italien ein Kulturgut und ein Teil der Ars Vivendi (die Kunst zu leben). Italiener sind aperitifmäßig nicht nur „trocken" unterwegs, sondern sind auch den halbsüßen und bittersüßen Varianten sehr zugetan. Bevorzugt werden weiße und rote Vermouths, Bitteraperitifs wie Campari und Aperol sowie Amaros (Kräuteraperitifs), wie z. B. Amaro Felsina Ramazzotti und Amaro Inga.

In den USA sind die bisher genannten Aperitifs natürlich ebenso bekannt, allerdings haben Amerikaner eine Vorliebe für Before-Dinner-Cocktails (Pre-Dinner-Cocktails, siehe S. 38 f.).

Raffinierte Promille-Tarnung oder der Wolf im Schafspelz

Während der Prohibition zu Beginn des 20. Jahrhunderts, als in den USA absolutes Alkoholverbot herrschte, blühte der Handel mit illegal hergestellten Spirituosen. Cocktails waren eine raffinierte Möglichkeit, Hochprozentiges mit Fruchtsäften in das Mäntelchen der Unschuld zu hüllen und so den Konsum von Alkohol vor der Polizei zu verbergen.

Nebenbei schmeckte so manche schwarz gebrannte Spirituose derart herb, dass sie nur in Form eines Cocktails erträglich wurde.

Wen wundert es also, dass die bekanntesten Aperitif-Cocktails aus den USA kommen.

Der Aperitif als Umsatzbringer

Ein Aperitif ist nicht nur ein wunderbarer Anfang, sondern auch ein bedeutender Wirtschaftsfaktor, da er einen erheblichen Beitrag zum Umsatz eines Restaurants leistet.

Was den Verkauf von Aperitifs betrifft, so müssen Restaurantfachleute im deutschsprachigen Raum allerdings einer Tatsache ins Auge sehen: Der Aperitif genießt in unseren Breiten noch lange nicht jenen Stellenwert, den er etwa in romanischen oder angelsächsischen Ländern hat. Von sich aus bestellen nur wenige Gäste einen Aperitif – wird er aber vom Servicemitarbeiter angeboten, so zeigen sich die meisten Gäste durchaus offen für jeden Vorschlag. Das Argument „Unsere Gäste bestellen eben keine Aperitifs" zählt also nicht. Unterschätzen Sie nie Ihre Gäste und deren Neugier. Ist sie einmal geschürt, steht dem Aufbruch zu neuen Ufern, soll heißen Aperitifbestellungen, nichts mehr im Wege.

Dabei ist auf Folgendes zu achten: Sie als Servicemitarbeiter sollten über die Frage hinaus, ob der Gast einen Aperitif möchte, auch gleich zwei Vorschläge parat haben. Durch diese Fragetechnik, die man auch als Alternativfrage bezeichnet, erhöhen sich laut Studien die positiven Antworten um fast 100 Prozent.

Beispiel

Wünschen Sie einen Aperitif? Darf es vielleicht ein Glas Schilchersekt sein oder ein Fino Sherry? Auch ein Gläschen Sekt mit Holunderblütensirup ist bei unseren Gästen sehr beliebt.

Aperitifbitters

Aperitifliebhaber wie die Italiener haben großen Anteil an der heutigen Geschmacksvielfalt. Sie unterscheiden zwischen Aperitifs auf Weinbasis und solchen, deren Fundament aromatisierter Alkohol ist. Als Americani werden jene Vermouths bezeichnet, die mit besonderen Bitterextrakten gewürzt sind, wie z. B. Rosso Antico.

Amaro Felsina Ramazzotti

Der italienische, rötlichbraune Halbbitter mit 30 Vol.-% Alkohol wurde Anfang des 19. Jahrhunderts von Ausano Ramazzotti in Mailand entwickelt. Er wird aus 33 verschiedenen Kräutern und Pflanzen wie Engelwurz, Kaiserwurz, Rosenblüten, Vanille, Sternanis sowie süßen und bitteren Orangenschalen erzeugt.

Amaro Inga

Die Bitterspezialität aus der traditionsreichen Grappa-Destillerie Inga in Serravalle im Piemont wird nach altem Rezept seit dem 19. Jahrhundert erzeugt. Der Bitter mit 30 Vol.-% Alkohol besteht aus vielen Kräutern sowie gutem Grappa aus Gavi.

Amer Picon

Der französische Bitter wurde von Gaetan Picon 1837 erfunden. Erst später kamen die Aperitifs Picon Rouge, Blanc und Dry dazu.

Der Most aus den Traubensorten Muskat und Clairette wird mit Alkohol auf 21 Vol.-% versetzt. Orangenschalen, Enzian, Chinarinde und verschiedene Wermutkräuter geben dem Picon seinen Geschmack, wobei die Orangenschalen den Ton angeben.

Aperol

Der klassische, italienische Aperitifbitter mit orangeroter Farbe und fruchtigem, leicht bitterem Geschmack wurde von den Brüdern Silvio und Luigi Barbieri erstmals 1919 in Padua produziert. Aperol wird noch immer nach dem Originalrezept hergestellt und entspricht mit 11 Vol.-% dem Trend, weniger alkoholreiche Aperitifs zu konsumieren. Er enthält insgesamt 16 würzende Zutaten wie Rhabarber, Enzian, Bitterorangen und Kräuter aus den Alpen, die wie Chinarinde der geschmacklichen Abrundung dienen.

Aperol Sour	
Aperol	4 cl
Zitronensaft	2 cl
Läuterzucker (Zuckersirup)	1 cl
Orange-Bitter	1 Dash
Im Shaker zubereiten und in ein Old-Fashion Glas seihen.	
Garnitur: Zitronenscheibe mit Cocktailkirsche.	

Campari

Ein Mann sieht rot
Das Verdienst, den Bitteraperitif in der Gastronomie salonfähig gemacht zu haben, gebührt Gaspare Campari. Die Geschichte des bekannten Bitters nahm ihren Lauf, als Gaspare Campari eine Lehre als Maître Licoriste (Getränkemeister) in der berühmten Bar „Bass" in Turin begann. In dieser Zeit hatten alle eleganten Café-Bars in Italien eigene Getränkezubereiter, die Mixgetränke auf Wein- oder Alkoholbasis mit verschiedenen Kräutern und Gewürzen kreierten. Solche Hausrezepte waren einst wie heute streng gehütete Geheimnisse.

1887 eröffnete Gaspare Campari sein eigenes Café auf Mailands belebter Piazza Duomo gegenüber dem Mailänder Dom, das liebevoll „Campario" genannt wurde. Dort servierte er einen Bitter, den die Gäste des bald lieb gewonnenen Getränks kurz und bündig als Campari Bitter bestellten. Camparis Sohn Davide machte den roten Appetitanreger zu einem Markenartikel, der heute der weltweit führende Bitteraperitif ist.

Unverändert geblieben ist die Rezeptur mit nicht weniger als 86 Wurzeln, Kräutern, Gewürzen und Früchten. Alle Zutaten sind ausschließlich natürlichen Ursprungs, dies gilt auch für die charakteristische karminrote Farbe des Camparis. Der Farbstoff Koschenille stammt im Übrigen von getrockneten und zerstampften Schildläusen der Arten Dactylopius coccus und Coccus cactus und wird auch für Lippenstifte und Make-up verwendet.

Bei der Herstellung werden zuerst die wasserlöslichen Aromastoffe mit siedendem, destilliertem Wasser ausgelaugt. Nach einigen Tagen wird reiner Alkohol beigegeben, um die alkohollöslichen Aromastoffe herauszuziehen. Der gewonnene Absud wird mit Kristallzucker, destilliertem Wasser und Neutralalkohol versetzt, stabilisiert und gefiltert. Nach einmonatiger Lagerung ist der Campari fertig. Er leuchtet rot, hat einen herbsüßen Geschmack und einen würzigen Duft.

Campari wird in 25 Ländern der Welt in Lizenz hergestellt, wobei die Rohprodukte von der Mutterfirma in Mailand geliefert werden.

Cynar

1949 brachte die Firma Pezziol aus Padua einen Amaro, bestehend aus 16,5 Vol.-% Alkohol, Artischockenextrakt, aromatischen Auszügen aus Kräutern und Gewürzen, Rhabarber, Orangenschalen und Enzian, in den Handel. Der Name ist von dem lateinischen Namen der Artischocke („cynara") abgeleitet, von der seit alters her bekannt ist, dass sie wohltuend auf Magen und Darm wirkt.

Pimm's No. 1 Cup

Gin Sling Pimm's No. 1 Cup wurde 1841 von James Pimm erfunden und in seiner Oyster Bar in London ausgeschenkt.

Die bittersüße englische Ginmischung mit 25 Vol.-% Alkohol, bestehend aus verschiedenen Kräutern, Fruchtsäften und Gewürzen, wird selten pur getrunken.

Suze

Unter diesem Namen gibt es zwei Produkte auf dem Markt, den bekannten Aperitif mit 16 Vol.-% Alkohol und den Kräuterlikör mit 30 Vol.-%. Der französische Bitter wurde erstmals 1885 in der Nähe von Paris von Fernand Moureaux erzeugt. Er wollte keinen Aperitif auf Basis von Wein herstellen, wie das im 19. Jahrhundert üblich war, sondern verwendete dazu Wurzeln. Die aromatische Basis für den Suze-Aperitif ist die Wurzel des gelben Enzians. Weitere Wurzeln, Pflanzenextrakte und eine traditionelle Destillation bringen den einzigartigen Geschmack hervor.

Das Service der Aperitifbitters

Das übliche Ausschankmaß beträgt 4 cl.

- **Ramazzotti** wird pur im kleinen Tumbler auf Eis mit Zitronenscheibe oder als Longdrink im Longdrinkglas mit Sodawasser, Limonaden (Ginger Ale) und Fruchtsäften gemischt.
- **Amaro Inga** trinkt man pur auf Eis im kleinen Tumbler oder als Longdrink mit Blutorangensaft.
- **Amer Picon** mischt man in Frankreich gerne mit Bier (im Verhältnis 1 : 10) und einem Schuss Zitronensirup (Picon Bière). Er wird aber auch im kleinen Tumbler pur auf Eis, als Longdrink mit Sodawasser oder Tonic sowie mit Weißwein (Picon Club) getrunken.
- **Aperol** trinkt man pur in einem Weißweinglas, in einem kleinen Tumbler auf Eis oder mit Sodawasser, als Aperol Sprizz in der Sektflöte mit Prosecco aufgegossen sowie als Sour.
- **Campari** trinkt man pur auf Eis im kleinen Tumbler oder im Originalglas, als Longdrink gemischt mit Soda, Orangensaft-, Grapefruit- oder Maracujasaft sowie mit Sekt oder Spumante im Sektglas aufgegossen. Er ist Bestandteil verschiedener Mixgetränke, wie z. B. des Americanos (siehe S. 38) und des Negronis.
- **Cynar** wird pur auf Eis mit Orangenspalte im mittleren Tumbler oder als Longdrink, gemischt mit Sodawasser, Tonic, Ginger Ale oder Orangensaft, konsumiert. In Italien trinkt man Cynar auch gerne pur als Digestif.
- **Pimm's No. 1 Cup** wird mit Sekt oder Champagner, Tonic, Seven Up (Zitronenlimonade) oder Ginger Ale aufgegossen.
  Das original Pimm's-Henkelglas (Tankard) füllt man zu zwei Dritteln mit Eiswürfeln, gibt 4 cl Pimm's No. 1 Cup dazu und füllt mit Limonade auf. Dann fügt man noch Zitronenspalten, zwei Cocktailkirschen, Gurkenschale und Minzblätter hinzu und steckt eine Gurkenscheibe auf den Glasrand.
- **Suze** wird entweder im kleinen Tumbler pur, gut gekühlt oder auf Eis serviert oder – aufgefüllt mit Sekt, Tonic, Sodawasser bzw. gemischt mit Orangensaft – im Sektglas bzw. Longdrinkglas gereicht.

Aperol Sprizz

Anisées (Anisgetränke)

Unter dem Begriff „Anisées“ werden alle alkoholischen Getränke mit Anisgeschmack zusammengefasst. Dazu zählen sowohl Anisbranntweine als auch Anisliköre. Sie haben in den Ländern des Mittelmeerraumes eine lange Tradition.

Das aus den Anissamen bzw. dem gehaltvolleren Sternanis destillierte ätherische Öl Anethol ist der wichtigste Bestandteil der Anisspirituosen.

Absinth

Absinth wird aus Wermut, Anis, Fenchel sowie einer je nach Rezept unterschiedlichen Reihe weiterer Kräuter hergestellt.

Wem die grüne Stunde schlägt
„Es scheint, als sei die gesamte europäische Elite der Literatur und der bildenden Künste im Absinthrausch durch das ausgehende 19. und beginnende 20. Jahrhundert getorkelt.“
Hannes Bertschi/Marcus Reckewitz, aus: „Von Absinth bis Zabaione“

Die sogenannte „grüne Stunde“, die „l'heure verte“, war um die Mitte des 19. Jhdt. aus dem Alltagsleben französischer Metropolen nicht mehr wegzudenken. Absinth zwischen 17 und 19 Uhr zu trinken, galt als ausgesprochen chic.

Absinth war in mehrfacher Hinsicht eine Neuerung in den französischen Trinkgewohnheiten. Erstmals tranken die Franzosen ein alkoholhaltiges Getränk, dessen Geschmack wesentlich von Kräutern bestimmt war und das mit Wasser verdünnt wurde. Darüber hinaus war Absinth preisgünstiger als Wein. Er ließ sich mit billigem Alkohol aus Zuckerrüben oder Getreide produzieren. So konnten sich auch Künstler und Arbeiter dieses Getränk leisten. Für viele von ihnen wurde es zur Gewohnheit, nach Beendigung ihrer Arbeit in eine der Bars einzukehren und Absinth zu trinken.

Anisées im Überblick, die sich als Aperitif eignen		
	Absinth	Mazeration des Wermutkrauts mit Zusätzen von Sternanis, Fenchel und anderen Kräutern.
	Ouzo	Destillat aus Anissamen und Gewürzen wie Fenchel, Nelken, Kardamom und Koriander.
	Pastis	Mazeration von Lakritze, Sternanis, Fenchel und verschiedenen Kräutern. Ausnahme: Pernod als Destillat aus Sternanis, versetzt mit Kräuteressenzen.
	Raki	Destillat vorwiegend aus Trauben bzw. Rosinen und Anissamen.

Absinth ist der Vorläufer aller heutigen Anisschnäpse (wie Pernod, Ricard und Pastis aus Frankreich, die Ouzos aus Griechenland, die Rakis aus der Türkei und die Anisados aus Spanien). Sein Name leitet sich vom Bitterstoff Absinthin ab. Wegen seiner grünen Farbe wird er gelegentlich auch „die grüne Fee“ genannt.

Auf dem Höhepunkt seiner Popularität stand Absinth im Ruf, abhängig zu machen und schwerwiegende gesundheitliche Schäden zu verursachen. Als Auslöser für diese gravierenden Auswirkungen betrachtete man das ätherische Öl Thujon, das aus dem Wermutkraut gewonnen wird.

Bereits im Jahre 1915 war das Getränk in einer Reihe europäischer Staaten und den USA verboten. Moderne Studien haben den Verdacht der Schädigung durch Absinthkonsum nicht nachweisen können; die damals festgestellten gesundheitlichen Schäden werden heute auf die schlechte Qualität des Alkohols sowie die hohen konsumierten Alkoholmengen zurückgeführt. Seit einer EU-Verordnung von 1991 ist Absinth mit einem geringeren Thujongehalt wieder zugelassen und erhältlich. Der Alkoholgehalt liegt zwischen 50 und 70 Vol.-%, teilweise auch über 80 Vol.-%.

Es gibt zwei Möglichkeiten, Absinth zu genießen:

Variante 1

Für das am meisten verbreitete Trinkritual benötigt man ein Absinthglas oder einen Tumbler sowie einen Absinthlöffel.

2 cl Absinth werden in das vorgesehene Glas geschenkt. Der Löffel wird auf dem Glas platziert und ein mit Absinth getränkter Zuckerwürfel wird daraufgelegt. Dann zündet man den Zuckerwür-

Unverdünnter und verdünnter Absinth

fel an. Sobald der Zucker Bläschen bildet oder karamellisiert, wird der Löffel in den Absinth getaucht. Anschließend wird die Spirituose sofort mit kaltem Wasser im Verhältnis 50 : 50 gemischt, damit sich der Alkohol im Glas nicht wieder entzündet.

Anfang des 20. Jhdt. standen auf den Tischen von Bars und Cafés häufig Wasserbehälter mit mehreren Hähnen. Ein Absinthtrinker platzierte sein Glas unter einen der Hähne, das Wasser löste tropfenweise den Zucker und fiel in das Absinthglas.

Variante 2

Bei dieser Variante werden 2 cl Absinth in das Glas geschenkt. Auf den Absinthlöffel legt man 1 bis 2 Stück Würfelzucker und übergießt den Zucker mit etwas Wasser, damit er sich auflöst. Anschließend gießt man mehr Wasser nach und verdünnt den Absinth nach persönlichem Geschmack.

Ouzo

Diese farblose Anisspirituose aus Griechenland wurde bereits im 19. Jahrhundert erzeugt und zum Export in Holzkisten verpackt, die auf italienisch mit „Uso di Marsiglia" (zum Gebrauch in Marseille) beschriftet waren. Der Name Ouzo wurde erst später übernommen.

Ouzo wird hauptsächlich aus reinem Alkohol und Anis erzeugt. Weitere Gewürze wie Fenchelsamen, Nelken, Koriander, Kardamon usw. dienen zur Abrundung des Geschmacks. Der Zuckergehalt darf max. 50 g pro Liter aufweisen.

BEKANNTE MARKEN

Ouzo 12: wird aus Anis und einer Mischung seltener Kräuter hergestellt und zweifach destilliert.
Tsantali Ouzo: mit extrem hohem Anisanteil; wird in kleinen, traditionellen Kupferkesseln mehrmals destilliert.
Weitere Marken: Ouzo Achaia Clauss, Ouzo Athenée, Ouzo Boutari, Ouzo Plomari, Ouzo Sans Rival.

Cocktail Ilios (Sonne)	
Ouzo	4 cl
Pfirsichnektar	6 cl
Grenadinesirup	2 cl
Orange-Bitter	1 Dash
Im Shaker zubereiten und auf Crushed Ice im Kelchglas servieren.	
Garnitur: Cocktailkirsche mit Minzeblatt.	

Pastis

Als Anfang des 20. Jahrhunderts Absinth in den meisten europäischen Ländern verboten wurde, veränderte man beim marktbeherrschenden Absinthproduzenten Pernod das Rezept. Unter Verzicht auf den Wermut entstand 1915 Pastis.

Pastis ist ein klassischer französischer Aperitif, dessen Geschmack hauptsächlich durch Anisöl (max. 2 g Anethol pro Liter) und Süßholz (Lakritze) bestimmt wird. Pastis hat einen Alkoholgehalt zwischen 40 und 45 Vol.-%.

Die gelbe Farbe von unverdünntem Pastis stammt von künstlichen Farbstoffen. Neben den gelben Varianten gibt es auch farblose sowie blaue Pastis, wie z. B. die von Janot.

BEKANNTE MARKEN

Pastis de Marseille von Ricard, Berger Pastis und Berger Blanc, Pastis 51, Pastis Anilou, Pastis Janot und Pastis Duval aus Belgien.

Pernod

Pernod war ursprünglich eine Absinthmarke. Das Rezept wurde nach dem 1. Weltkrieg aufgrund gesetzlicher Bestimmungen verändert, was dem Pernod zum Durchbruch und zu Weltruhm verhalf.

Sein erfrischendes Aroma wird hauptsächlich von Sternanis, Fenchel und aromatischen Kräutern bestimmt.

DER LOUCHE-EFFEKT: WERDEN ANISÉES MIT WASSER VERDÜNNT, KOMMT ES ZU EINER TYPISCH MILCHIGEN TRÜBUNG

Typisch für den Pernod ist seine an Bernstein erinnernde, klare Farbe. Mit Wasser vermischt, wird er undurchsichtig (opak). Der Alkoholgehalt liegt bei 40 Vol.-%.

Ricard

Paul Ricard, Sohn eines französischen Weinhändlers, kreierte seinen Pastis de Marseille mit 23 Jahren und brachte ihn 1932 nach Aufhebung des Absinthverbotes auf den Markt.

Aromatischer Hauptbestandteil des Ricards ist Sternanis. Dazu kommen provenzalische Kräuter, Fenchel, Lakritzwurzeln, Süßholz und reinster Alkohol. Ricard hat 45 Vol.-%, ist vollkommen klar und besticht durch seinen schönen Bronzeton.

Raki

Raki ist mit 58 Mio. Litern Jahresproduktion das Nationalgetränk der Türken. Er wird aus Weintrauben, Rosinen oder Feigen und Anissamen hergestellt. Die Früchte werden reif geerntet, getrocknet, zerkleinert, mit Wasser vermengt, vergoren und destilliert. Anschließend werden in Wasser eingeweichte Anissamen zugesetzt, um dann das Ganze nochmals zu destillieren. Das frische Destillat wird mit Zucker versetzt, auf Trinkstärke herabgesetzt und reift einige Monate in Fässern.

BEKANNTE MARKEN

Yeni Raki: Das türkische Nationalgetränk wird aus Rosinen, Sultaninen, Tafeltrauben und Anissamen hergestellt.
Enfes Raki: wird seit der Aufhebung des Staatsmonopols in Tekeli bei Izmir erzeugt und genießt hohe Akzeptanz im Ursprungsland.
Tekirda Rakisi: aromatischer Raki aus dem traditionsreichen Weinbaugebiet der Region Tekirda.

Beim Vermischen mit Wasser oder durch starkes Kühlen erhält der Raki sein milchig-trübes Aussehen und wird deshalb in der Türkei auch als „aslan sütü" – zu Deutsch „Löwenmilch" – bezeichnet

Das Service der Anisées

Das übliche Ausschankmaß beträgt 4 cl.

- **Ouzo** wird üblicherweise im Verhältnis 1 : 4 mit Wasser verdünnt, kann aber auch pur, mit Eiswürfeln, Orangensaft, Zitronensaft oder Cola getrunken werden.
- **Pastis** wird auf traditionelle Art mit stillem, kaltem Wasser im Verhältnis 1 : 5 gemischt. Die ursprünglich dunkelgelbe oder bronzefarbene Spirituose opakisiert dabei, das heißt, sie trübt sich milchig ein.

Der Louche-Effekt
Das französische Wort „louche" bedeutet undurchsichtig und bezieht sich auf die milchige Trübung klarer, anishältiger Spirituosen wie Absinth, Pastis, Ouzo oder Raki, wenn sie mit Wasser verdünnt oder sehr stark gekühlt werden. Der Grund dafür ist die schlechte Wasserlöslichkeit des ätherischen Öls Anethol. Mithilfe des Louche-Effekts kann der Anisgehalt verschiedener Getränke verglichen werden. Je trüber die Flüssigkeit bei einem bestimmten Mischungsverhältnis, desto mehr Anisöl ist enthalten.

Neben dem Mischen mit Wasser gibt es die Zubereitung mit Limonaden, Säften oder Schaumwein.

- Klassisch wird **Pernod** mit stillem, kaltem Wasser im Mischungsverhältnis 1 : 5 getrunken. Er wird aber auch gerne mit Eiswürfeln und Wasser, Orangensaft, Bitter Lemon oder Cola im selben Verhältnis gemischt.
- **Raki** wird hauptsächlich mit Mineralwasser (mit oder ohne Kohlensäure) im Verhältnis 1 : 4 verdünnt. Er wird aber auch pur in gefrosteten Rakigläsern (Tumblern) angeboten.
- Traditionell wird **Ricard** im Tumbler mit kaltem Wasser im Verhältnis 1 : 5 gemischt.

Versetzte Weine als Aperitif

Versetzte Weine werden besonders behandelt (wie z. B. Sherry, siehe S. 21 ff.) oder mit speziellen Zusätzen, wie z. B. Alkohol, Mistella (durch Alkoholzugabe nicht mehr gärfähiger Most), Zucker, Pflanzen- und Gewürzauszügen, aromatisiert. Sie haben einen Alkoholgehalt zwischen 13 und 22,5 Vol.-%. Bei alkoholarmen aromatisierten Weinen kann der Alkoholgehalt auf bis zu 5,6 Vol.-% herabgesetzt sein.

Wermut (Vermouth)

Der Ursprung des Wermuts liegt im Piemont, in der Region zwischen den Städten Turin, Cuneo und Alessandria, dem Hauptanbaugebiet der Moscato-Weintraube. Im Jahr 1786 kreierte Antonio Benedetto Carpano in seinem Weingeschäft an der Piazza Castello in Turin den ersten Bitteraperitif, hergestellt aus ausgesuchten Weinen und einem Extrakt aus Wermutkraut sowie anderen Kräutern und Gewürzen.

Ein echter italienischer Vermouth wird übrigens aus der Moscato-d'Asti-Traube hergestellt, was in Italien seit 1933 gesetzlich geregelt ist. Im frühen 19. Jahrhundert wurde in Frankreich eine trockenere Wermutvariante von Noilly Prat produziert. Seitdem wird die süßere Variante als italienischer Vermouth bezeichnet, die trockenere hingegen als französischer Vermouth, obwohl beide Länder, abhängig von Geschmack und Farbe, eine Reihe von Sorten produzieren.

Wussten Sie, dass die Schreibweise „Vermouth" nur italienischen und französischen Produkten vorbehalten ist?

Wermut ist verantwortlich für den leicht bitteren Geschmack.

Geschmacksrichtungen	
Secco bzw. Extra Dry	Hellgelb, sehr trocken, leicht bitter, er darf nicht mehr als 4 g Zucker pro Liter enthalten, mindestens 18 Vol.-% Alkohol.
Bianco	Dunkleres Gelb, leicht bitter und süß, rund 14 % Zucker, 16–17 Vol.-% Alkohol.
Rosé	Rosa, halbsüß, 16–17 Vol.-%.
Rosso	Rot oder rotbraun, leicht bitter und süß, enthält rund 14 % Zucker, 16–17 Vol.-% Alkohol.
Amaro	Rotbraun, bittersüßer Geschmack nach Chinarinde, ist der bitterste Wermuttyp.

Das Gerüst ist bei jedem Wermut das gleiche, nämlich 75 % Wein, 25 % Alkohol (Äthylalkohol), Zucker und aromatische Pflanzenteile.

Als Grundweine werden heute meist trockene Weine verwendet, da sie dem Erzeuger mehr Spielraum für den individuellen Ausbau seiner Marke lassen.

Die aufwendigste Phase der Wermutproduktion ist die Herstellung der Kräuterauszüge, die jeder Marke ihr besonderes Aroma verleihen und streng gehütete Firmengeheimnisse sind.

Bis zu 50 Bestandteile, wie Majoran, Thymian, Salbei, Melisse, Nelken, Chinarinde, Koriander, Ysop, Kalmus, Wacholder, Zimt, Anis, Muskatnuss, Schalen von Bitterorangen und Zitronen usw., werden zur Herstellung verwendet. Das Wermutkraut ist also nur eine Zutat unter vielen, sie verleiht jedoch dem Wermut seinen typischen leicht bitteren Geschmack.

Die Zutaten werden entweder gleich destilliert oder zuerst in Alkohol eingelegt und dann destilliert. Die so entstandenen Extrakte werden gefiltert, getrennt gelagert, anschließend der gesüßten Weincuvée beigegeben und mit Neutralalkohol aufgespritet. Nach der Reifung wird der Wermut bei kühlen Temperaturen stabilisiert, gefiltert und in Flaschen gefüllt.

Martini d'Oro entspricht mit seinen „leichten" 9 Vol.-% dem Trend zu weniger Alkohol

Ohne Wermut wäre das Leben so manches Cocktailfans ziemlich triste. Gerade die Before-Dinner-Cocktails, allen voran der Dry-Martini-Cocktail, leben von dieser edlen Flüssigkeit. Mehr über Before-Dinner-Cocktails ist auf S. 38 f. zu lesen.

Martini

Die Anfänge des weltbekannten italienischen Wermuts aus Pessione bei Turin liegen im Jahr 1847. 1897 führten Alessandro Martini und Luigi Rossi in Folge geänderter Eigentumsverhältnisse die in Martini & Rossi umbenannte Marke (früher Martini, Sola e Cia) zu einem großen Bekanntheitsgrad. 1993 kam es zum Zusammenschluss mit dem Unternehmen Bacardi.

Die Würzmischungen für die Martinisorten werden in Genf hergestellt und in die Produktionsstätten in aller Welt verschickt. Neben den Sorten Extra Dry, Bianco, Rosé und Rosso mit 15 Vol.-% Alkohol gibt es auch den fruchtigen Martini d'Oro mit nur 9 Vol.-%.

Cinzano

Die weltbekannte Marke und Erzeugerfirma mit Sitz in Turin ist heute im Besitz von Campari. Das Unternehmen wurde 1757 von den Brüdern Cinzano gegründet. Heute wird Cinzano in über 140 Ländern hergestellt. Die Gewürz- und Kräutermischungen für die verschiedenen Wermutsorten (Extra Dry, Bianco, Rosé und Rosso) werden in Genf produziert.

In San Vittorio werden der Cinzano Bitter (ein Bitteraperitif nach dem Vorbild des Camparis) und der Cinzano Oranico (ein aromatisierter Wein, bei dem die Orangenschalen dominieren) hergestellt.

Punt e Mes

Der klassische italienische Wermut der Firma Carpano ist bittersüß und von einem dunklen Granatrot. Das Haus Carpano wurde 1786 gegründet und war, wie wir bereits gehört haben, der erste Hersteller von Wermut. Der heute weltbekannte Carpano Punt e Mes enstand 1870 in Antonio Benedetto Carpanos Likörgeschäft in Turin.

Ein Punkt bitter, ein halber Punkt süß oder eine bittersüße Geschichte
Der Name „Punt e Mes" ist angeblich einem Börsenmakler zu verdanken. In seine Geschäfte vertieft, soll er statt dem üblichen Glas Wermut einen „Wermut un punt e Mes" (auf piemontesisch „eineinhalb Punkte") bestellt haben, weil der Kurs seiner Aktien eben um diese eineinhalb Punkte gefallen war. Zu dieser Zeit hatte Carpano gerade eine neue Wermutmarke geschaffen, die um einiges bitterer war als der bisher angebotene „Classico". Der Groschen war gefallen, und während der eine auf dem Boden zerstört war, steuerte die Firma Carpano mit „Punt e Mes" auf einen neuen Höhenflug zu.

Punt e Mes besteht aus ausgewählten italienischen Weinen und einer Mischung aus über 50 verschiedenen Kräutern sowie Gewürzen, wobei Wermutkraut und Orangenschalen dominieren. Der Alkoholgehalt beträgt 16 Vol.-%.

Carparno erzeugt auch einen Classico nach altem Rezept sowie einen Dry und einen Bianco.

Noilly Prat

Hergestellt wird der berühmte französische Wermut in Marseillan (nahe Marseille) nach dem alten Erfolgsrezept von Joseph Noilly, der die Firma 1813 gründete. Das „Prat" stieß erst später zum Firmennamen, nachdem Claudius Prat zuerst als Direktor, dann als Schwiegersohn und schließlich als Partner in das Unternehmen eingestiegen war.

Kann Antonio Benedetto Carpano sich die Herstellung des ersten italienischen Wermuts an die Fahnen heften, so gebührt Noilly Prat der Ruhm für den ersten trockenen französischen Wermut.

Die nicht ganz gefüllten Fässer sind der heißen Sommersonne, dem maritimen Wind und der winterlichen Kälte ausgesetzt. So entwickelt Noilly Prat seinen einzigartigen Charakter.

Grundlage für den Noilly Prat sind zwei feinfruchtige Weißweine aus Südfrankreich, der Clairette und der Picpoul de Pinet. Die Jungweine werden in großen Eichenfässern getrennt gelagert. Nach achtmonatiger Reifezeit wird der Wein in 600-Liter-Fässer aus französischer Eiche umgefüllt, und diese werden unter freiem Himmel gelagert. Die nicht ganz gefüllten Fässer sind der heißen Sommersonne, dem maritimen Wind und der winterlichen Kälte ausgesetzt. Durch den einzigartigen Reifeprozess unter solchen Bedingungen entwickeln die Weine ihren besonderen Charakter und die goldgelbe Farbe. Frühestens nach einem Jahr werden die Weine verschnitten und unter Zugabe von Mistelle (Traubenmost, dessen Gärung mit Weinalkohol und etwas Zitronen- und Himbeergeist gestoppt wurde) sowie von über 20 Kräutern und Gewürzen vermischt.

Insgesamt vergehen über drei Jahre, bis der bernsteinfarbene Aperitif stabilisiert und gefiltert in Flaschen abgefüllt wird.

Neben der berühmten trockenen Version „Original French Dry" mit 18 Vol.-% Alkohol werden auch die feinsüßen Sorten Rouge und Blanc mit 16 Vol.-% hergestellt.

Weitere bekannte Wermutmarken

Italienische Marken: Riccadonna, Barbero, Cora, Gancia, Mirafiori und Stock.
Französische Marke: Chambéry Gaudin.

Das Service der versetzten Weine

Das Ausschankmaß beträgt 5 cl.

- **Wermut** wird entweder mit einer Temperatur von 10 °C in einem original Wermutglas, im Südweinglas oder im Tumbler auf Eis mit Zitronenzeste oder Zitronenscheibe serviert. Als erfrischender Longdrink präsentiert sich trockener Wermut mit Sodawasser, Eiswürfeln und Zitronenscheibe.
- **Martini** wird mit einer Temperatur von 10 bis 12 °C im original Martiniglas oder im Tumbler auf Eis serviert.
- **Punt e Mes** serviert man eisgekühlt „on the rocks" mit Orangenscheibe in einem Tumbler, evtl. mit einem Schuss Sodawasser. Als Longdrink wird er gerne mit Orangensaft, Tonic oder Bitter Lemon gemischt.
- **Noilly Prat** wird gut gekühlt bei 10 °C im Originalglas oder im Südweinglas serviert, ist aber auch Bestandteil vieler Mixgetränke. Eisgekühlt passt er auch hervorragend zu Meeresfrüchten.

Quinquinas

Was das Wermutkraut für die Herstellung von Wermut ist, ist die Chinarinde für die sogenannten Quinquinas.

Eine bittere Erkenntnis

In den französischen Kolonien in Nordafrika machte die Malaria den Menschen das Leben zur Hölle. Man vermutete zwar, dass das Wechselfieber aus den Sümpfen kam, dass die eigentlichen Überträger der Krankheit aber die Mücken waren, wusste man jedoch nicht.

Ohne Kenntnis der Ursache aber gab es auch keine wirksamen Maßnahmen zur Bekämpfung. Einzig das aus der Rinde des Baumes „Chinchona officinalis" gewonnene Chinin schien wenigstens die schlimmsten Symptome zu lindern.

Da Chinin widerwärtig bitter schmeckte, setzte die französische Regierung eine Prämie für ein Rezept auf Weinbasis aus, das die Einnahme erleichtern sollte.

Joseph Dubonnet und Alphonse Juppet schufen nach intensivem Forschen aromatische Getränke auf Weinbasis, die sie etwa zwei Jahre reifen ließen und deren wichtigster Bestandteil das Chinin war.

Die Getränke wurden in Nordafrika unter dem Zusatznamen „Quinquina" so populär, dass sie auch in Frankreich erfolgreich verkauft wurden.

Byrrh

Byrrh ist ein roter, bittersüßer französischer Aperitif mit 22 Vol.-% Alkohol.

Die Basis von Byrrh bilden Rotwein der Carignan-Traube, Chinarinde, Kräuter aus den französischen Pyrenäen sowie Zimt, Bitterorangenschalen, Enzian, Kamille, grüne Kaffeebohnen, Kakaobohnen und Holunder.

Byrrh wird seit der zweiten Hälfte des 19. Jahrhundert von der Byrrh-Brauerei in Thuir (Roussillon) hergestellt.

Codename Byrrh

Der Name B.Y.R.R.H. leitet sich von einem in der Stoffbranche verwendeten Code-System ab, in der die Erfinder Simon und Pallade Violet zunächst tätig waren. Die Bezeichnung führte anfangs speziell in den angelsächsischen Ländern zu großer Verwirrung, da man das Getränk mit Bier verwechselte.

Byrrh Cassis	
Byrrh	4,5 cl
Crème de Cassis	1,5 cl
Im kleinen Tumbler mit einem Schuss Sodawasser zubereiten.	
Garnitur: Zitronenzeste.	

Dubonnet

Der französische Aperitif wird vom Unternehmen Cusenier in Thuir (Byrrh-Brauerei), das heute zur Pernod-Ricard-Gruppe gehört, erzeugt.

Dubonnet hat 16 Vol.-% Alkohol und ist in zwei Farb- bzw. Geschmacksrichtungen erhältlich: Rouge – rot und süß, mit Gewürzen kräftig angereichert – sowie Blanc – hell und halbtrocken, mit Kräutern verfeinert. Die Basis bilden Wein, Chinarinde, neutraler Alkohol und Mistelle. Nach der Lagerung wird die Kräuter- und Gewürzmischung beigegeben.

Dubonnet Fizz	
Dubonnet	5 cl
Kirschlikör	1 cl
Orangensaft	4 cl
Zitronensaft	2 cl
Im Shaker zubereiten, in ein Longdrinkglas abseihen und mit Sodawasser auffüllen.	
Garnitur: Zitronenscheibe.	

Ambassadeur

Er wird ebenso wie Dubonnet und Byrrh von der französischen Firma Cusenier als heller „Gold Ambassadeur" (nur vereinzelt zu finden) und als roter Aperitif erzeugt.

Lillet

Lillet ist ein französischer Weinaperitif aus Podensac im Bordeaux.

Er besteht zu 85 % aus Weißwein (Sauvignon blanc und Sémillon), der mit 15 % eines Likörs, bestehend aus Orangenschalen, Bitterorangen, Limetten, Chinarinde und Gewürzen, vermischt wird. Lillet hat eine goldgelbe Farbe und schmeckt nach Zitronen und kandierten Orangen mit einem Hauch Minze.

Die rote Variante besteht aus Weinen der Rebsorten Cabernet Sauvignon, Cabernet Franc, Syrah und Merlot. Die Rotweine werden mit dem gleichen Likör, wie er zur Herstellung von hellem Lillet verwendet wird, gemischt. Der Rotwein-Likör-Verschnitt schmeckt jedoch nach Beerenfrüchten, Kirschen, Vanille, Ingwer und Zimt, und ist etwas herber als die helle Variante.

Rosso Antico

Dieser italienische Aperitif wird von der Firma Buton in Bologna erzeugt. Er hat eine rubinrote Farbe und schmeckt nach Vanille, Zitrusfrüchten und Kräutern. Der Alkoholgehalt beträgt 17 Vol.-%.

St. Raphaël

St. Raphaël wird in den Varianten Blanc und Rouge hergestellt. Der Weinanteil beträgt um die 90 %. Je nach Sorte wird weißer oder roter südfranzösischer Grundwein verwendet. Durch Zusatz von Mistelle, aromatischen Kräuter- und Pflanzenauszügen, Chinarinde, Bitterorangenschalen, Zitrusfrüchten, Vanille und Kakao wird die Basis für den St. Raphaël geschaffen.

St. Raphaël Rouge hat eine würzig-herbe Note, St. Raphaël Blanc hat ein feineres Aroma.

Das Service der Quinquinas

Im Allgemeinen ist das Ausschankmaß 5 cl.

- **Byrrh** wird gut gekühlt oder auf Eis im Tumbler mit Zitronenscheibe und etwas Sodawasser serviert. Er ist jedoch wie viele andere versetzte Weine auch Bestandteil verschiedener Mixgetränke.
- **Dubonnet** wird im Tumbler auf Eis mit Zitronenscheibe oder als Longdrink mit Orangensaft, Bitter Lemon sowie Tonic serviert.
- **Ambassadeur** wird im Tumbler auf Eis serviert.
- **Lillet** wird im Tumbler auf Eis mit Orangenscheibe serviert. Beide Varianten sind auch gemischt mit Tonic, Sodawasser und Schaumwein beliebt.
- **Rosso Antico** wird entweder im Tumbler auf Eis mit Orangenscheibe oder mit Sodawasser im Verhältnis 1 : 1 – 5 cl Rosso Antico und 5 cl Sodawasser – mit Eis und Orangenscheibe serviert.
- **St. Raphaël** wird im Tumbler auf Eis mit Zitronen- oder Orangenscheibe sowie als Longdrink, mit Bitter Lemon, Tonic oder Sodawasser aufgefüllt, serviert.

Dubonnet im Tumbler

Sherry

„Wenn ich tausend Söhne hätte, der erste menschliche Grundsatz, den ich sie lehren würde, wäre von den verwässerten Getränken abzuschwören und sich für den Sherry zu begeistern."

W. Shakespeare, aus: „Heinrich IV."

Auch der berühmte Dichter William Shakespeare (1564–1616) war dem Sherry sehr zugetan und genehmigte sich täglich ein ansehnliches Quantum. Wenn wundert's also, dass Sherry seinen Geist beflügelte und so manche Szene seiner Werke bereicherte.

Albarizas – die weissen Böden

Sherry, einer der ältesten Weine der Welt, ist ein echter Spanier aus dem sonnigen Andalusien. Er ist ein mit Alkohol und Most oder Mostkonzentrat versetzter Wein, der ausschließlich aus der Region zwischen den drei Städten Jerez de la Frontera, El Puerto de Santa Maria und Sanlúcar de Barrameda in der Provinz Cádiz im Südwesten Spaniens stammen darf.

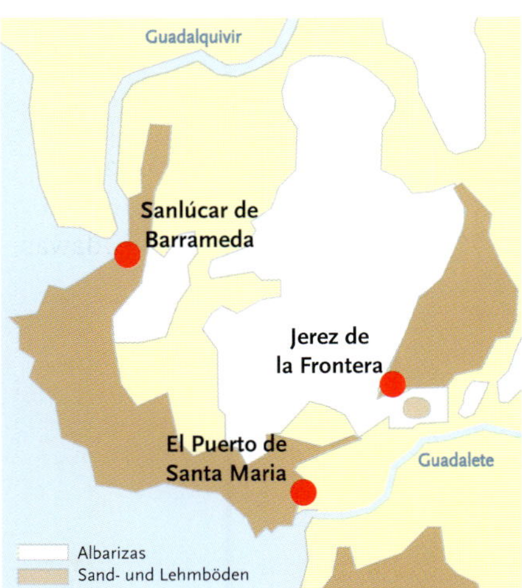

Sherry-Dreieck

In dieser Region befinden sich die beiden Qualitätsweingebiete (Denominación de Origen) Jerez-Xérès-Sherry und Manzanilla-Sanlúcar de Barrameda. Begrenzt wird die rund 10 500 Hektar große Anbaufläche im sogenannten Sherry-Dreieck durch die Flüsse Guadalquivir und Guadalete sowie den Atlantik.

Nur Weine, die im Sherry-Dreieck produziert werden, dürfen sich Sherry nennen und die geschützte Ursprungsbezeichnung Jerez-Xérès-Sherry oder Manzanilla-Sanlúcar de Barrameda tragen

Die Böden

Sie werden nach dem Kreidegehalt klassifiziert.

Albarizas

So werden die berühmten weißen Kreideböden bezeichnet (vom lateinischen „album" = weiß). Durch den hohen Kalkgehalt der Sedimentböden (bis zu 80 %) saugt der Boden das im Winter und Frühling fallende Regenwasser wie ein Schwamm auf und speichert es für den regenlosen Sommer. Dieser Bodentyp ist die Wiege für die besten Finos aus der Palomino-Traube.

Albarizas – die weißen Böden

Barros (Lehmböden)

Sie enthalten eine reiche, dunkle Tonerde mit bis zu 20 % Kalk, auf denen ca. 30 % der Reben wachsen. Die körperreichen, kräftigeren Weine eignen sich am besten zur Oloroso-Herstellung.

Arenas

Sie bestehen bis zu 80 % aus Sand und sind in Küstennähe anzutreffen. Hier finden Moscatel-Trauben ideale Wachstumsbedingungen.

Ost trifft West

Das Zusammenspiel des warmen, trockenen Levante aus dem Osten und des kühlen, feuchten Poniente aus dem Westen hilft, gesunde und reife Trauben zu ernten.

Die Rebsorten

Nur drei Rebsorten werden zur Herstellung von Sherry verwendet:

- **Palomino (Xérès):** 95 % der Anbaufläche, die Traube bildet die Basis für alle Sherryweine.

Palomino-Reben

- **Pedro Ximénez (P. X.) und Moscatel:** 5 % der Anbaufläche; aus diesen Trauben entstehen die Süß- und Colorweine, die vor allem zur Erzeugung von halbtrockenen und süßen Sherrys verwendet werden.

Die Erzeugung

Das Ergebnis nach der Vinifikation der Trauben ist ein vollständig vergorener Weißwein mit 12 bis 13 Vol.-% Alkohol, der sehr blass ist und neutral schmeckt. Der Jungwein bleibt zunächst mit dem Hefedepot im Tank. Nach etwa einem Monat entsteht etwas Einzigartiges bei der Herstellung von Sherry, nämlich eine geschlossene Hefedecke, der sogenannte **Flor.**

Deutlich ist in diesem Schaufass der weiße Flor zu sehen. Wesentlich für das Wachsen und Gedeihen der Florhefe ist, dass die Oberfläche des Weines Kontakt zur Luft hat. Daher werden die Fässer auch nur zu 4/5 gefüllt.

DER VENENCIADOR GIESST DEN WEIN IN HOHEM BOGEN ZIELSICHER IN DAS SHERRY-GLAS. DURCH DEN LANGEN STRAHL HAT DER WEIN INTENSIVEN SAUERSTOFFKONTAKT UND ENTFALTET SEIN VOLLES AROMA.

Sherry sagt es durch die Blume

Das Phänomen des Flors (spanisch: die Blume) hat seinen Ursprung in der Palomino-Traube. In ihrer Wachsschicht befindet sich eine bestimmte Hefeart der Spezies Saccharomyces. Im Unterschied zu anderen Hefen, die sich nach der Umwandlung von Zucker in Alkohol und Kohlendioxid am Tankboden absetzen und sterben, besitzen diese Hefen die Fähigkeit, auch von anderen Substanzen als Zucker zu leben. In weiterer Folge wandeln sie Alkohol in Acetaldehyd um. Bei diesem oxidativen Vorgang wird Sauerstoff benötigt. Dazu steigen die Hefen an die Weinoberfläche, wo sie sich vermehren und den Wein mit einer 1 cm dicken Hefeschicht luftdicht abdecken und ihn so vor der Oxidation schützen.

Die Klassifikation

Noch im Dezember nimmt der Kellermeister (Capataz) die erste Klassifikation vor und entscheidet, ob der Wein zu einem Fino oder einem Oloroso (spanisch: olor = Geruch) ausgebaut werden soll. Aus den delikatesten, leichtesten und hellsten Weinen werden Finos hergestellt, aus den körperreichen, schwereren Weinen Olorosos.

Die Weine werden nach der Klassifikation abgezogen, in 500-Liter-Fässer aus amerikanischer Weißeiche gefüllt und mit Weinalkohol aufgespritet – Finos auf maximal 15,5 Vol.-%, Olorosos auf etwa 17 Vol.-%.

Der unterschiedliche Alkoholgehalt der jungen Sherrys bestimmt den weiteren Entwicklungsverlauf. Finos behalten aufgrund des niedrigen Alkoholgehaltes den Flor. Bei den Olorosos stirbt die Hefe hingegen durch den höheren Alkoholgehalt ab, wodurch dieser Sherry Kontakt zur Luft bekommt und somit oxidiert.

Stammen Sherrys aus demselben Jahrgang, nennt man sie **Añadas.** Finos lagern in den Añadas (Fassreihen, in vier bis fünf Lagen übereinandergestapelt) ein bis zwei Jahre, Olorosos verbleiben mehrere Jahre im Añada-System.

Finos

Sie haben eine helle, strohgelbe Farbe, sind säurearm und weisen ein feines Mandelaroma auf. Der Alkoholgehalt liegt zwischen 15 und 17 Vol.-%.

Olorosos

Sie sind körperreich, das würzige intensive Aroma erinnert an Hasel- und Walnüsse sowie an Rosinen. Die Farbe reicht von dunklem Rotgold über Bernstein bis hin zu Brauntönen. Der Alkoholgehalt beträgt ca. 17 Vol.-%.

Bodegas – die Kathedralen der Weine

Nach dem Reifeprozess werden die Sherrys einer weiteren Überprüfung unterzogen. Die als Fino klassifizierten Weine können ihren Charakter ändern und als Manzanillas oder Amontillados bezeichnet werden.

Manzanillas

Manzanilla ist ein Fino, der in den Bodegas von Sanlúcar de Barrameda gelagert wird. Durch das feuchtere Atlantikklima und die ganzjährig konstante Temperatur gedeiht hier der Flor am besten.

Manzanillas sind sehr trocken, blassblank in der Farbe, frisch, aromatisch, manchmal zartbitter, riechen nach grünen Äpfeln und haben einen etwas dünneren Körper als Finos.

Amontillados

Amontillados enstehen durch den Verlust der schützenden Florschicht während der Lagerung, wodurch der Wein durch die Oxidation an Farbe gewinnt und komplexe Aromen entwickelt.

Amontillados sind dunkler und aromatischer als Finos. Sie werden meist in den Varianten Medium Dry, Medium oder Dry erzeugt.

Der Alkoholgehalt liegt bei 17 Vol.-%.

Die Bodegas von Sanlúcar de Barrameda sind zum Meer hin geöffnet, damit die frische, feuchte Atlantikluft ungehindert durch die Keller wehen kann. Die abgedunkelten, sehr hoch platzierten Fenster lassen nur wenig Licht eindringen – alles optimale Bedingungen für die Ausbildung der Florschicht.

Auch bei den als Olorosos qualifizierten Weinen verfolgt der Kellermeister ihre Entwicklung. Wird der Oloroso zu körperreich und kräftig, klassifiziert er ihn zum **Raya,** der dann vorwiegend in der Erzeugung von Cream Sherry Verwendung findet. Entwickelt der Wein ein elegantes, volles, haselnussähnliches Amontillado-Bukett, so entsteht die seltene Rarität **Palo Cortado.**

Das Solerasystem

Der Reifeprozess, der im Añada-System begann, wird im Solera- und Criadera-System fortgesetzt. Dieses Verfahren ist seit Jahrhunderten gleich und sorgt für Sherrys von stets gleichbleibender Qualität.

Soleras sind lange Fassreihen, in drei bis fünf Lagen übereinandergestapelt. Sie befinden sich in gut belüfteten Lagerhallen, den sogenannten Bodegas, auch „Kathedralen der Weine" genannt.

Die unterste Fassreihe wird als **Solera** bezeichnet, die darüberliegenden Reihen als **Criaderas.** Jeder Sherry, ob Fino, Amontillado, Oloroso usw. hat seine eigene Solera-Reihe.

Der Sherry, der in Flaschen abgefüllt werden soll, wird der untersten Reihe entnommen und zwar ca. 25 % vom Inhalt jeden Fasses. Die Sherrys werden vermischt, stabilisiert, gefiltert, auf den gewünschten Alkoholgehalt gebracht und in Flaschen abgefüllt. Die entnommene Weinmenge aus der Solera wird von der nächsten Fassreihe Criadera ersetzt. Die erste Criadera wird wiederum mit Sherry der zweiten Criadera ersetzt und so fort, bis zuletzt die jüngste Criadera mit Añada-Weinen derselben Art aufgefüllt wird.

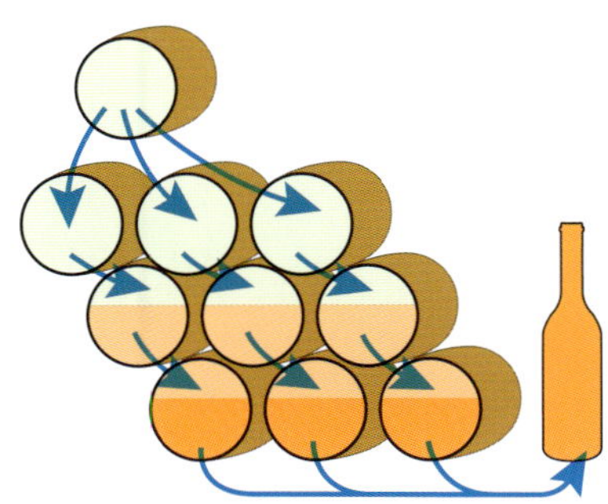

Das Solera-Verfahren hat zwei Vorteile: Erstens bleibt die entnommene Qualität des Weines konstant, da der jüngere, frisch zugeführte Wein mit der Zeit die Aromen des Altweines annimmt und gleichzeitig den reiferen Sherry auffrischt. Zweitens wird die für Finos und Manzanillas so wichtige Florhefe am Leben erhalten, indem ihr neue Nahrung zugeführt wird.

Alle Sherryarten, die der Solera entnommen werden, sind trocken und werden ausschließlich aus Palomino-Trauben gekeltert.

Neben dem Soleraverfahren gibt es noch das sehr seltene **Añada-System.** Dabei werden die Sherrys aus den Fässern eines Jahrgangs miteinander vermischt.

Ganz selten findet man **Single Cask Sherry**, dessen Reifung bis zur Abfüllung in einem einzigen Fass erfolgt.

Die Erzeugung von süßem Sherry

Eine wichtige Rolle für die Erzeugung halbtrockener und süßer Sherrys spielt der Verschnitt mit Color- und Süßweinen.

Süßweine werden aus Palomino- und Moscatel-Trauben erzeugt. Der kostbarste Süßwein entsteht aus Pedro-Ximénez-Trauben. Die süßen, rosinenartigen Beeren werden gepresst, der gärende Most mit Alkohol versetzt und im Soleraverfahren gereift. So entsteht nach einigen Jahren der Reifung ein zähflüssiger, süßer, sehr dunkler Wein.

Konzentrierter, neutraler Traubenmost wird vor allem zur Herstellung vom **Pale Cream Sherry**, einer Art gesüßtem Fino verwendet. Er ist sehr hell in der Farbe („pale"), hat einen leichteren Charakter und einen Alkoholgehalt von 15 bis 17 Vol.-%. **Cream Sherry** ist ein Verschnitt aus Oloroso, Süß- und Colorweinen. Er hat eine dunkle Mahagonifarbe, präsentiert sich süß, mild, körperreich, samtig, anhaltend im Abgang und erinnert an reife karamellisierte Früchte.

Vino de Color dient zur Farbanpassung oder um den Wein dunkler zu machen. Dafür wird eine Mischung aus frischem Traubensaft und konzentriertem Most erhitzt, sodass der Zucker karamellisiert. Die „Sancocho" genannte süße Flüssigkeit lässt man im Palomino-Saft weiter gären. Der Wein wird aufgespritet, gelagert und erhält eine tief dunkelbraune, fast schwarze Farbe.

Für traditionell erzeugte Süßweine, die für den Verschnitt notwendig sind, werden die Trauben nach der Ernte getrocknet oder bis zu zwei Wochen in die heiße Sonne gelegt

Der Einkauf

Produzenten	Marken		
	Dry	**Medium**	**Sweet**
Barbadilla	La Solear Manzanilla	Amontillado Principe	La Merced
Croft	Fino Delicado	Croft Classic	Croft Original Pale Cream
Diéz-Mérito	Don Zoilo Fino	Don Zoilo Medium	Don Zoilo Cream
Domecq	La Ina	Master's Choice	Celebration Cream
Garvey	San Patricio	Long Life	Flor de Jerez
Gonzáles Byass	Tio Pepe	La Concha	Nectar Cream
Harvey's	Bristo Fino	Bristo Medium Dry	Bristol Cream
Lustau	Light Fino „Jarana"	Los Arcos Medium Dry	Rare Cream Superior
Marques Del Real Tesoro	Fino Tesoro	Almirante Oloroso	Real Tesoro Cream
Osborne	Fino Quinta	10 RF Oloroso Medium (RF = Reserva Familiale)	Cream Black Label
Palomino & Vergara	Tio Mateo Fino	Medium	Cream
Sandeman	Don Fino, Soléo	Character Amontillado	Rich Golden Oloroso
Valdespino	Inocente	Tio Diego Amontillado	El Candado Oloroso
Valdivia	Fino	Prune Medium	Atrum Cream
Williams & Humbert	Pando	Dry Sack	Canasta Cream

Von links nach rechts: Manzanilla, Fino, Amontillado, Oloroso, Cream Sherry

Die Lagerung

Die Lagerung ist für alle Sherrys gleich: kühl, dunkel und erschütterungsfrei. Sherry ist nach der Abfüllung trinkreif. Alle Flaschen sind mit Griffkorken (eine Kombination von Plastikkopf- und Naturkork) verschlossen und werden daher stehend gelagert. Sherry sollte innerhalb von ein bis zwei Jahren nach der Abfüllung bzw. dem Verkauf konsumiert werden.

Finos verlieren rasch an Frische, es ist daher ratsam, geöffnete Flaschen im Kühlschrank aufzubewahren und innerhalb einer Woche zu verbrauchen. Oloroso und Cream Sherry sind auch nach einem Monat noch bedenkenlos zu trinken.

Das Service

Sherry genießt man aus der Copita, einem kleinen tulpenförmigen Glas. Das Glas wird zu einem Drittel gefüllt, damit sich das Bukett entfalten kann (5 cl bei glasweiser Ausschank).

Sherrytypen, die sich als Aperitif eignen

Als Aperitif eignen sich vor allem die trockenen und halbtrockenen Sorten. Ausnahmen sind der süße Pale Cream und der trockene oder halbtrockene Oloroso, die gekühlt sowohl als Aperitif als auch als Digestif getrunken werden.

Fino

Der klassische Aperitif-Sherry wird gerne zu Tapas, Fisch und Meeresfrüchten genossen. Aber auch so manche Sauce erhält mit einem trockenen Sherry erst das Tüpfelchen auf dem i.

Finos werden in den Varianten Dry, Extra Dry, Dry Secco oder Rare Fino angeboten. Die ideale Trinktemperatur liegt zwischen 10 und 12 °C.

Manzanilla

Er ist der leichteste unter den Finos und ist ein idealer Begleiter zu Tapas, Fisch und Meeresfrüchten. Die ideale Trinktemperatur beträgt 10 bis 12 °C.

Amontillado

Man trinkt sie zu geräuchertem Fisch und Fleisch, Weichkäse sowie als Aperitif. Die Trinktemperatur liegt zwischen 12 und 13 °C.

Oloroso

Am bekanntesten sind die halbsüßen und süßen Olorosos. In Spanien wird Oloroso Dry oder Oloroso Medium Dry als Aperitif bevorzugt.

Je trockener Olorosos sind, desto besser passen sie auch zu Fleischgerichten. Oloroso sollte leicht gekühlt bei 15 °C serviert werden.

Pale Cream

Pale Cream eignet sich gut gekühlt als Aperitif sowie zu Desserts und als Digestif.

Copitas, gefüllt mit Oloroso

Portwein

Vinho do Porto, Wein aus Porto, nennen die Portugiesen ihren Exportschlager. Portwein ist ein natürlicher, mit neutralem Weindestillat versetzter Wein, der aus den Rebsorten der Douro-Region im Norden Portugals gewonnen wird und den man von der Hafenstadt Porto aus in die ganze Welt exportiert.

Weinterrassen an beiden Ufern des Douros prägen das Landschaftsbild der Douro-Region

Englishmen Wine

Bereits im 17. Jahrhundert wurde der einfache, rote Douro-Wein mit Weinbrand angereichert, um ihn für den Transport nach England haltbar zu machen. Damit war der Portwein geboren. Durch die Verfeinerung der Herstellung sowie durch gesetzliche Maßnahmen verbesserte sich nicht nur die Qualität des Weines, sondern auch sein Ruf, mit dem Resultat, dass Portwein zum britischen Nationalgetränk avancierte.

Das Weinbaugebiet

Das Douro-Tal zählt zu den ältesten Weinbaugebieten der Welt. An den Hügeln entlang des Douro und seinen Nebenflüssen wird seit der Antike Weinbau betrieben. 1756 regelte der Marquês de Pombal die Weinproduktion durch die Einführung der „Companhia Geral da Agricultura das Vinhas do Alto Douro", aus der 1933 das „Instituto do Vinho do Porto" (IVDP – das Portweininstitut) hervorging. Damals wurden bereits Grundsätze für die Qualitätskontrolle und den Export sowie die Abgrenzung der Ursprungsregion bestimmt.

Die Weine werden vom IVDP analytisch und organoleptisch (Geschmack, Aussehen, Geruch, Farbe) kontrolliert

Das **Instituto do Vinho do Porto** überprüft die Qualität der Portweine und Douro-Weine und vergibt die entsprechenden Garantiesiegel sowie die Zertifikate für die Ursprungsbezeichnungen „Douro" und „Porto". Außerdem kümmert sich das IVDP um den Schutz der Ursprungsbezeichnungen und fördert den weltweiten Handel.

Blindverkostung von Portweinen

Das D.-O.-C.-Anbaugebiet (Denominação de Origem Controlada = Weine mit kontrollierter Herkunftsbezeichnung) umfasst 250 000 Hektar, für den Weinbau werden ca. 38 000 Hektar genützt. Etwa ein Drittel der Ernte wird zu Portwein verarbeitet, aus den übrigen zwei Dritteln produziert man Tafelwein bzw. Weindestillat.

Das Zentrum des Weinbaus, das obere Douro-Tal (Alto Douro), beginnt bei der Stadt Peso da Régua, 100 Kilometer östlich von Porto, und reicht weitere 100 Kilometer östlich bis zur spanischen Grenze.

Die Região do Douro wird in drei Zonen eingeteilt:

- **Baixo Corgo** (unterer Corgo): eine produktive und fruchtbare Region, direkt am Nebenfluss Corgo gelegen.
- **Cima Corgo** (oberer Corgo): Das Gebiet ist trockener, die Rebstöcke bringen weniger Ertrag, aber hervorragende Portweinqualität hervor. Alle bekannten Portweinhäuser haben zwischen den Städten Régua und Pinhão ihre Quintas (Weingüter).
- **Douro Superior:** Aus dieser Region kommen Trauben von hervorragender Qualität für die Port- und Tafelweinerzeugung.

Die steilen Hänge der Berge prägen die imposante Landschaft der Region Douro. In aufwendiger Handarbeit wurden Terrassen angelegt, um den Boden bewirtschaften und der Erosion entgegenwirken zu können.

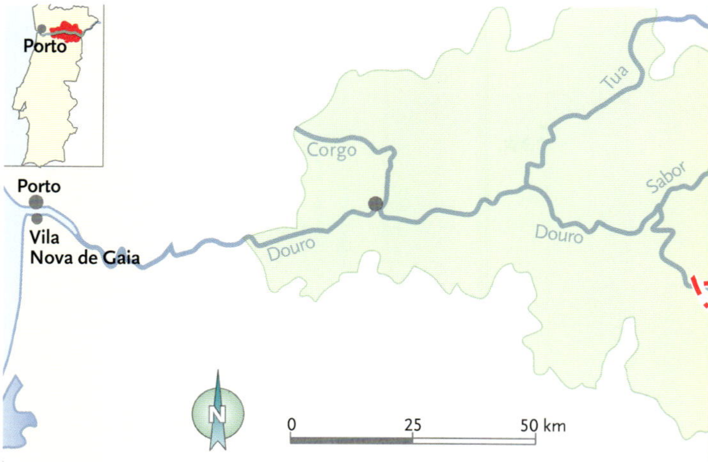

Das obere Douro-Tal (Alto Douro) beginnt bei der Stadt Peso da Régua und reicht östlich bis zur spanischen Grenze

Die kargen Böden bestehen weitgehend aus Schiefer, allerdings mit einer geologischen Besonderheit. Normalerweise spalten sich die Schieferplatten in horizontaler Richtung, im Douro-Tal spalten sie sich in einem Winkel von 60 bis 90 Grad vertikal. Die Wurzeln der Rebstöcke können dadurch tief in die Gesteinsschichten eindringen und die geringe Bodenfeuchtigkeit nützen. Das Schiefergestein wirkt zusätzlich noch als Wärmespeicher und bewirkt eine zusätzliche Reifung der Trauben in kühleren Nächten.

Das Klima ist im Sommer heiß und trocken, mit Temperaturen bis 40 °C im Schatten. Im Winter können die Temperaturen bis auf minus 15 °C sinken. Die jährliche Niederschlagsmenge beträgt etwa 600 mm.

Alle Weinbergparzellen werden von der Organisation „Casa do Douro" mit Sitz in Peso da Régua nach einem Punktesystem in sechs Kategorien von A (höchste) bis F klassifiziert. Entsprechend dieser Klassifikation werden den Weingütern, Winzern und Genossenschaften die jährlichen Traubenproduktionsquoten zur Portweinherstellung zugeteilt.

Für die Portweinerzeugung sind 28 rote und 19 weiße Rebsorten zugelassen.

Die Erzeugung

Schon Winston Churchill pflegte zu sagen: „A port's first duty is to be red!"

Es werden großteils rote Portweine erzeugt, der Anteil an weißen Ports ist im Verhältnis eher gering.

In einigen Quintas werden nach alter Tradition die Trauben noch in großen, offenen Steinbottichen, den „Lagares", mit bloßen Füßen gestampft (gemaischt).

Heute werden die Trauben in der Regel mit modernster Kellertechnik weiterverarbeitet und die gewonnene Maische vergoren. Nachdem durch den Gärprozess ein Teil des Zuckers in Alkohol umgewandelt bzw. ein Alkoholgehalt von ca. 8 Vol.-% erreicht wurde, wird der noch gärende Jungwein in Lagerfässer umgefüllt. Gleichzeitig setzt man neutrales Weindestillat mit 77 Vol.-% Alkohol im Verhältnis 1 : 5 zu. Dadurch wird die Gärung gestoppt und der Alkoholgehalt auf ca. 20 Vol.-% erhöht (laut Gesetz darf auf 19 bis max. 22 Vol.-% aufgespritet werden). Der Restzuckergehalt beträgt etwa 100 g pro Liter. Nach zwei Monaten wird der junge Portwein vom Geläger (Bodensatz) abgezogen und – falls erforderlich – der Alkoholgehalt nachkorrigiert.

Im Frühjahr wird der junge Portwein von seiner Geburtsstätte nach Vila Nova de Gaia gegenüber von Porto transportiert. In Vila Nova de Gaia haben alle großen Portweinfirmen ihre Kellereien, sogenannte **Lodges** (überirdische Lagerhäuser), in denen die Weine bis zur Flaschenfüllung reifen. Obwohl der Ort 100 Kilometer von der Ursprungsregion entfernt liegt, gehört er zum D.-O.-C.-Gebiet.

Vila Nova de Gaia

Die jungen Portweine aus verschiedenen Gebieten und Lagen werden verkostet, bewertet, verschnitten, aber auch mit Weinen anderer Jahrgänge veredelt, mit Ausnahme des Jahrgangsports.

PORTWEIN-LAGER

Die Portweintypen

Die Art der Lagerung, ob im kleinen 550-Liter-Holzfass „Pipe" oder in großen Behältern, sowie die Dauer der Lagerung bestimmen den jeweiligen Portweintyp.

Generell sind zwei Grundtypen zu unterscheiden:

- Portweine, die sich im Holzfass oder in Edelstahltanks bis zur Trinkreife entwickeln, sogenannte Wood-Ports.
- Portweine, die nach einer kurzen Fasslagerung den Höhepunkt ihres Reifestadiums in der Flasche erreichen.

Wood-Ports

White Ports

Sie werden ausschließlich aus weißen Trauben gekeltert und unterscheiden sich in der Herstellung nicht von roten Portweinen. Nach zwei- bis dreijähriger Lagerung in großen Holzfässern oder Tanks werden sie abgefüllt.

Weißer Port ist entweder trocken (bis 40 g Restzucker), halbtrocken (ca. 50 g Restzucker) oder süß (bis zu 100 g Restzucker). Der Trend geht in Richtung junge, trockene, frische und fruchtige Weine.

Ruby Ports

Sind frische, körperreiche Weine mit einem Farbspektrum von Hellrot bis hin zu einem satten Rubinrot (daher auch ihr Name). Sie sind sehr fruchtbetont und süßlich im Geschmack. Bei den Ruby Ports handelt es sich um eine Cuvée aus jüngeren Weinen, die nach dreijähriger Fasslagerung ihre Trinkreife erreicht und in Flaschen abgefüllt wird. Diese Weine lagern in großen Eichenholzfässern oder Edelstahltanks, in denen der Oxidationsprozess langsam verläuft und der fruchtige Charakter länger erhalten bleibt.

Tawny Ports

Ihre Basis sind Weine mit ausgeprägtem Charakter und guter Struktur, die länger im Fass reifen als Ruby Ports. Durch die jahrelange Reifung in kleineren Holzfässern (mindestens fünf Jahre, meist länger) verliert der Wein seine tiefrote Farbe und wird goldbraun oder gelbbraun (daher auch die englische Bezeichnung „tawny"). Ausgereifte Tawnys haben ein Aroma von getrockneten Früchten (Nüssen, Aprikosen, Mandeln), Vanille, Karamell und sind halbtrocken oder süß.

Tawnys mit Altersangabe

Sie sind etwas ganz Besonderes. Die Cuvée aus Weinen mit einem Durchschnittsalter von 10, 20, 30 oder 40 Jahren reift im kleinen Holzfass bis zur Abfüllung. Die Altersangabe (10, 20, 30 oder 40 Jahre) sowie das Abfülldatum sind auf dem Etikett zu finden. In der Regel werden die Jahrzehnte gereiften Tawnys vor dem Abfüllen mit jüngeren Weinen aufgefrischt.

Tawnys mit Altersangabe bringen eine Dichte und Vielfalt an Duft-, Geschmacks- und Aromastoffen hervor. Das massive Bukett von 30 und 40 Jahre alten Weinen weist komplexe Geschmacksnoten von Trockenfrüchten, Gewürzen, Honig und Nüssen auf.

Colheitas

Diese Ports sind ein Verschnitt lang gereifter Weine eines einzigen Jahrgangs. Sie lagern mindestens sieben Jahre im Holzfass, bevor sie abgefüllt werden. Colheitas reifen dadurch schneller, sind lagerfähig in der Flasche und setzen wenig Depot ab. Auf dem Etikett sind das Erntejahr und das Abfülljahr angeführt. Der Geschmack dieser Weine ist fein, weich, vollmundig und äußerst komplex.

Ob weiß oder rot, Portweine sind immer ein Gedicht und sollten Schluck für Schluck genossen werden

Portweine mit Fass- und Flaschenreife

Vintage Ports

Das sind außergewöhnliche und hervorragende Weine eines Jahrgangs, die von vollreifen Trauben aus den besten Lagen gekeltert werden. Jahrgangsportweine werden genau wie alle anderen Portweine hergestellt. Die Weine lagern zuerst in großen Edelstahl- oder Eichenholzbehältern, um ihre Frische und ihr Potenzial zu erhalten. Bestätigt sich ihre Qualität, werden sie nach zwei Jahren abgefüllt und entwickeln sich langsam in der Flasche. Meist beanspruchen diese tiefroten Weine eine Mindestreife von zehn Jahren, bis sie ihren Höhepunkt erreicht haben, oft benötigen sie aber

Portweine bekennen Farbe

auch 20 Jahre und länger. Erst dann zeigen sie ihr bemerkenswertes, vollmundiges, kraftvolles und finessenreiches Aroma. Die Produktion unterliegt der lückenlosen Kontrolle und der Zustimmung des Portweininstitutes. Sowohl der Jahrgang als auch das Abfülldatum sind auf dem Etikett angegeben.

Single Quinta Vintages

Die Trauben für diesen Jahrgangsportwein stammen zu 100 % aus einem Weingut (Quinta) im Douro-Tal. Auf dem Etikett ist neben dem Jahrgang und dem Abfülljahr auch der Name der Quinta angeführt, in der der Portwein ausgebaut wurde, wie z. B. Quinta da Casa Amarela.

Late bottled Vintages (LBV)

Die Trauben für diesen Jahrgangsportwein stammen ebenfalls aus einem besonders guten Jahr. Durch die vier- bis sechsjährige Lagerung im großen Holzfass ist er in der Entwicklung weiter als der Vintage Port, daher benötigt er in der Flasche weniger Zeit, bis er die optimale Trinkreife erreicht hat. Durch die kürzere Flaschenreife setzt er auch weniger Depot ab. Auf dem Etikett müssen der Hinweis „Late Bottled Vintage" bzw. „LBV", das Erntejahr und das Jahr der Abfüllung angeführt werden.

Vintage Character Ports

Gesetzlich zugelassen ist die Bezeichnung „Vintage Character", er wird neuerdings aber auch gerne als „Premium Ruby" bezeichnet. Vintage Character ist ein Verschnitt hochwertiger Ruby Ports mehrerer Jahrgänge, der nach etwa vierjähriger Fasslagerung abgefüllt wird. Nach acht- bis zehnjähriger Flaschenlagerung erreicht er seinen Höhepunkt. Er zeichnet sich durch seine komplexe Struktur, die vielschichtigen Fruchtnoten und den kräftigen Körper aus.

Garrafeiras

Die Garrafeiras sind eine Vintage-Port-Rarität und eine Spezialität des Hauses Niepoort. Es sind Portweine eines einzigen Jahrgangs, die nach dem Ausbau ihren Reifeprozess viele Jahrzehnte, ja auch Jahrhunderte in kleinen Ballonflaschen, den sogenannten **Demijohns**, vollziehen.

Diese Art der Alterung im Glas verleiht dem Port einen einzigartigen Charakter und beweist auch das Lagerungspotenzial sowie die Langlebigkeit von Portweinen.

Die Demijohns stammen aus dem 18. Jahrhundert und fassen einen Inhalt von sieben bis elf Litern. Sie werden seit dieser Zeit von Niepoort verwendet und immer wieder befüllt.

Die Lagerung

Die Lagerung ist für alle Portweine gleich: kühl, dunkel und erschütterungsfrei.

Flaschen mit Griffkorken

Flaschen, die mit Griffkorken (einer Kombination von Plastikkopf und Naturkork) verschlossen sind, wie White Port, Tawny, Colheita und Late bottled Vintage, sind nach der Abfüllung trinkreif. Sie werden stehend gelagert und sollten innerhalb von ein bis zwei Jahren nach der Abfüllung bzw. dem Verkauf konsumiert werden.

Ist die Flasche einmal geöffnet, sollte sie innerhalb eines Monats geleert werden.

Flaschen mit Naturkorken

Flaschen, die mit Naturkorken verschlossen sind, wie Vintage, Single Quinta Vintage und Late bottled Vintage, werden liegend gelagert.

Sie können je nach Alter und Reife beim Kauf fünf bis zwanzig Jahre und länger gelagert werden.

Wenn der Korken das Zeitliche segnet

Bei sehr langer Reife- und Lagerzeit in der Flasche ergibt sich die Notwendigkeit, den Korken von Zeit zu Zeit austauschen zu lassen. Diese Dienstleistung übernehmen darauf spezialisierte Firmen, an die man die Flaschen senden kann.

Der Einkauf

Bekannte Erzeuger	Wood-Ports	Vintage Ports
Burmester	Sotto Voce Reserve Porto Ruby Burmester Extra Dry White Port Tordiz 40 Years old Tawny Port Burmester Ruby, Burmester Tawny	Burmester LBV Porto 1996 Burmester Vintage Port 1985 Burmester Vintage Port 2000
Cálem	Velhotes Fine White Port Velhotes Fine Ruby Port Port Cálem White & Dry Porto Cálem Reserva Tawny	Quinta da Foz Vintage 1997 Quinta do Segrado 1997 Quinta da Foz Vintage Touriga Nacional 1996
Cockburn	Cockburn's Special Reserve Cockburn's Fine Ruby Fine Tawny Cockburn's 10/20 Years old Tawny	Quinta dos Canais Single Quinta Cockburn's Vintage Character Ano Late Bottled Vintage Port Cockburn's Vintage Port 2003
Croft	Croft Distinction Fine White Port Croft Distinction Fine Ruby Port Croft Distinction Fine Tawny	Quinta da Roêda Vintage Port Croft Vintage Port 2000 Croft Vintage Port 2003
Delaforce	Paramount Reserve Ruby Port Delaforce Fine Tawny His Eminence's Choice 10 Years old Tawny	Quinta da Corte Vintage Port Delaforce Vintage Port Delaforce Late Bottled Vintage
Dow	Dow's 20 Years old Tawny Port Dow's Colheita Port 1996	Dow's Bomfim Vintage Port 1996 Senhora da Ribeira Vintage 2004 Dow's Vintage Port 2003
Ferreira	Ferreira Tawny Port 10/20/30 Years Ferreira Dry White Port Ferreira Ruby Port	Ferreira Vintage Port 2003 Ferreira Vintage Port 2000 Ferreira LBV 2000
Graham	Graham's Fine White Port Graham's Fine Ruby Port Graham's Aged Tawny 10/20/30/40	Graham's Quinta Dos Malvedos Grahma's Vintage Port 2003 Graham's Six Grapes Vintage Port
Kopke	Kopke Dry Port White Kopke Old World Tawny Port Kopke Bridge Port Ruby	Quinta São Luiz Vintage Port Kopke Vintage Port 2000/2003
Niepoort	Niepoort Colheita Port 2000/2001 Niepoort Dry White Port Niepoort Ruby, Nieport Tawny Niepoort Colheita 1995	Niepoort Vintage Port 2003/2005 Niepoort Secundum Vintage 2003 Niepoort LBV 1999/2000/2001 Niepoort Garrafeira Port
Osborne	Osborn's White Port; Ruby; Tawny Osborn's Tawny Port 10/20 Years	Osborn's Late Bottled Vintage Osborn's Vintage Port 2000/2003
Quinta da Casa Amarela	Quinta da Casa Amarela Ruby Port Quinta da Casa Amarela 10 Years Tawny	Quinta da Casa Amarela Vintage Quinta da Casa Amarela Single Vintage
Quinta de la Rosa	Tawny Tonel No. 12, 10 Years Quinta de la Rosa Ruby Lote No. 601	Qinta de la Rosa LBV 2000 Quinta de la Rosa Vintage 2004
Quinta do Noval	Quinta do Noval Colheita 1992 Quinta do Noval Extra Dry White Quinta do Noval Fine Ruby Port	Quinta do Noval Nacional 1997/2000 Quinta do Noval Silval Vintage Quinta do Noval LBV 1998

Bekannte Erzeuger	Wood-Ports	Vintage Ports
Sandeman	Sandeman Apitiv White Port Sandeman Founders Reserve Ruby Sandeman Tawny 10/20/30/40 Years Imperial Reserve aged Tawny Port	Sandeman Vau Vintage Port 1999 Sandeman LBV 1997/1999/2000 Sandeman Vintage Port 2000 Sandeman Vintage Port 2003
Smith Woodhouse	Lodge Reserve Ruby Port Smith Woodhouse White Port	Madalena Vintage Port 2003 Smith Woodhouse LBV 1997
Taylor, Flatgate & Yeatman	Taylor's White Port Taylor's Tawny Port Taylor's Tawny 10/20/30/40 Years	Quinta de Terra Feita Single Vintage Quinta Vargellas Single Vintage Taylor's First Estate Vintage Taylor's Late Bottled Vintage
Warre	Warre's Optima Ruby Port Warre's Nimrod Old Tawny Port	Warre's Vintage Port 2000/2003 Warre's Late Bottled Vintage

Das Service

Das traditionelle Portweinglas ist tulpenförmig und verjüngt sich nach oben hin. Das Glas wird maximal zu einem Drittel gefüllt, damit sich der Duft gut entfalten kann. Neben dem Portweinglas können auch Weißweingläser (für White Port, Tawny und Colheita), aber auch Rotweingläser (für Vintage, Single Quinta Vintage, LBV) verwendet werden. Je nach Größe der Gläser wird dann dementsprechend weniger eingeschenkt. Bei glasweiser Ausschank ist die Ausschankmenge 5 cl.

Service von Portwein in traditionellen Portweingläsern

Portweintypen, die sich als Aperitif eignen

White Ports

Sie werden entweder mit einer Temperatur von 10 bis 12 °C pur, auf Eis im kleinen Tumbler oder als Port Tonic (4 cl White Port, 8 cl Tonic Water) auf Eis mit Zitronenscheibe im Longdrinkglas angeboten.

Ruby Ports

Sie werden sowohl gekühlt als Aperitif, als Longdrink (Port Soda) oder mit einer Temperatur von 16 bis 18 °C serviert.

Halbtrockene, jüngere Tawny Ports

Sie werden gekühlt als Aperitif getrunken.

Madeira

Die Heimat des Madeira ist die gleichnamige portugiesische Insel im Atlantik. Madeira ist aufgrund seiner Entstehung sowie Erzeugung einzigartig in der Welt der Weine. Er ist das Ergebnis des Zusammenspiels von mildem Klima, fruchtbaren Böden vulkanischen Ursprungs, bestimmten Rebsorten, dem Versetzen des Weines mit Weindestillat sowie den Reifungsprozessen Canteiro und Estufagem.

Vielfach werden die Reben auf Terrassen kultiviert, die mit grossem Aufwand errichtet und bewirtschaftet werden

Rebflächen findet man entlang der Küste in vielen Teilen der Insel, vom Meeresspiegelniveau bis auf 1 000 Meter Seehöhe. Die Gesamtrebfläche beträgt ca. 2 100 Hektar. Etwa ein Fünftel der Rebfläche ist mit Rebsorten bepflanzt, die für die Madeiraproduktion verwendet werden.

Die traditionelle Rebziehung ist eine niedrige Art der Pergolakultur. Nebenbei werden neue Weinstöcke in Form der Hochkultur gepflanzt.

Die besten Lagen findet man entlang der Südküste um die Orte Câmara de Lobos, Estreito und Ponta do Pargo. Weitere Rebflächen befinden sich an der Nordküste um die Orte São Vicente und Santana.

Die Rebsorten

Die empfohlenen weißen Rebsorten laut Gesetz sind: Sercial, Bual (Boal), Verdelho, Malvasia Cândida (Malmsey), aus denen auch die namensgleichen Weinstile bereitet werden, sowie die seltene Sorte Terrantez. Die wichtigste Rotweinrebe ist Tinta Negra Mole, neben den Sorten Bastardo, Malvasia Roxa und Tinta da Madeira.

Die Erzeugung

Wenn einer eine Reise tut ...
Der Wein von Madeira gehörte neben Trinkwasser und anderen Vorräten zur üblichen Schiffsladung, wenn die Handelsschiffe ihre weite Reise nach „New England" (Amerika) oder in die englischen Kolonien antraten.

Um den einfachen Wein zu verbessern und haltbarer zu machen, wurde er mit Weindestillat versetzt. Die Weinerzeuger der Insel machten die Erfahrung, dass sich der Wein durch die tropische Hitze bei der Überquerung des Äquators nicht nur konzentrierte, sondern dass er aufgrund der langen Reise wunderbar reifte und sich dadurch qualitativ unglaublich verbesserte.

Heute setzt man die Madeiraweine keinen langen Schiffreisen mehr aus. Man erzielt bei den preiswerten Sorten das gleiche Resultat – zwar weniger romantisch aber durchaus ebenso effektiv – durch das **Estufagem-Verfahren.** Dabei wird Wein in sogenannten Estufas (Behältern mit Heizschlangen) erwärmt. Der Wein bleibt wie beim Schiffstransport auf natürliche Weise in Bewegung, der kühlere Wein wird im Kreislauf erwärmt und steigt auf. Während der Gärung wird, abgestimmt auf die Qualität und den Stil des Weines, zu einem bestimmten Zeitpunkt mit neutralem Weindestillat bis 17 Vol.-% aufgespritet. Dadurch wird die Gärung gestoppt, und es bleibt somit eine natürliche Süße im Wein erhalten.

Nach der Anreicherung werden die Weine gefiltert, in den Estufas über mehrere Monate bei einer Temperatur von ca. 45 °C erwärmt und dadurch konzentriert. Manche Firmen gären ihre Weine auch durch und fügen erst nach dem Estufagem-Prozess Alkohol hinzu. Während der Reifung bzw. vor dem Abfüllen werden die Weine mit Mostkonzentrat und Weindestillat auf den gewünschten Süße- und Alkoholgehalt eingestellt.

Weine besserer Qualität, vor allem Jahrgangsmadeiras, werden allerdings noch immer im traditionellen **Canteiro-Verfahren** konzentriert. Der Wein reift in Holzfässern unter dem Dach der Adega (Kellereianlage), wo er durch die Sonnenwärme auf natürliche Weise konzentriert und karamellisiert. Ist die gewünschte Charakteristik erreicht, wird

Die Verdelhorebe ist eine der vier Edelrebsorten, aus denen ein klassischer Madeirastil hergestellt wird

der Reifeprozess in kühleren Bereichen der Kellerei fortgesetzt. Madeira von Spitzenqualität, wie Vintage Madeira, benötigt einen fünf-, zehn- oder sogar zwanzigjährigen Reifungsprozess, um seine unnachahmliche Aromenvielfalt und den konzentrierten Geschmack zu entfalten. Das Wort „Canteiro" stammt übrigens von den traditionellen Holzbalken, auf denen die Fässer liegen.

Die gesamte Weinerzeugung – von der Ernte bis zum Export – wird vom Instituto do Vinho da Madeira (I. V. M.) kontrolliert.

Madeirastile und Qualitätsstufen

Klassifizierungen nach den Rebsorten

Aus den vier Edelrebsorten wird jeweils ein klassischer Weinstil hergestellt. Bei Sortenangabe muss der Wein zu 85 % aus der genannten Traube stammen. Die Süße wird nicht von der Traube bestimmt, sondern ist davon abhängig, wann das Weindestillat während der Gärung zugefügt bzw. wieviel Mostkonzentrat zur Geschmacksbildung beigemengt wird.

Sercial

Er ist der trockenste Madeira, säurebetont, von heller Farbe und hat ein nussiges Aroma. Jung wirkt er adstringierend, im Alter wird er weicher und milder.

Restzucker: bis ca. 40 g pro Liter.

Verdelho

Dieser Wein ist halbtrocken, goldgelb in der Farbe und zeigt fein konzentrierte Aromen nach Honig und karamellisierten Früchten. Bei älteren Weinen wird die Farbe dunkler.

Restzucker: bis ca. 70 g pro Liter.

Boal (Bual)

Ist ein halbsüßer Madeira von goldgelber oder tiefgoldener Farbe. Er hat ein leicht rauchiges Aroma, ist mild, extraktreich, fruchtig und harmonisch im Geschmack.

Restzucker: bis ca. 100 g pro Liter.

Malvasia (Malmsey)

Diese bernsteinfarbene Variante ist der süßeste und körperreichste Madeira. Er weist ein intensives Bukett und Honig-Karamell-Aromen auf. Im Alter wird er likörartig.

Restzucker: über 100 g pro Liter.

Tinta Negra Mole

Tinta Negra Mole („die schwarze Samtige") zählt zwar nicht zu den Edelsorten, doch wird der Großteil der Madeiras aus dieser roten Rebe hergestellt. Tinta Negra wird hauptsächlich für die Erzeugung von dreijährigem Madeira verwendet und ist in Anlehnung an die klassischen Stile der „Edlen" unter den Geschmacksbezeichnungen Dry (trocken), Medium Dry (halbtrocken), Medium Rich / Medium Sweet (halbsüß) und Rich/Sweet (süß) erhältlich.

Der junge, tiefrote Madeira wird mit zunehmendem Alter immer heller. Tinta Madeira wird gerne zum Verschneiden mit anderen Sorten verwendet.

Terrantez

Selten zu finden, aber ebenfalls zugelassen, ist die Sorte Terrantez. Der Wein aus diesen Trauben erreicht höchste Qualität und wird eher halbtrocken ausgebaut.

Raindrops keep falling on my head ...

Die Bezeichnung „Rainwater" stammt noch aus jener Zeit, als Madeira in Fässern nach England verschifft wurde. Sehr oft wurden die Fässer nach ihrer Ankunft in England im wahrsten Sinne des Wortes im Regen stehen gelassen. Wasser drang in die Fässer ein und verwässerte dadurch den Wein. Heute steht der Begriff „Rainwater" für jene Madeiraweine, die einen geringeren Alkoholgehalt aufweisen und weniger konzentriert sind.

Klassifizierungen nach dem Alter

Fine / Finest

Mindestens dreijährige Fasslagerung des jüngsten Verschnittweines, meist aus Weinen der Sorte Tinta Negra Mole.

Reserva / Reserve
Der jüngste Verschnittwein ist mindestens fünf Jahre alt. Die Altersangabe „5“ findet sich auf dem Etikett.

Reserva Velha / Old Reserve oder Reserva Especial / Special Reserve
Der jüngste Verschnittwein ist mindestens zehn Jahre alt. Die Altersangabe „10“ ist auf dem Etikett zu lesen.

Extra Reserve / Exceptional Reserve
Der jüngste Verschnittwein ist mindestens 15 Jahre alt, das Etikett ist mit der Altersangabe „15“ versehen.

Vintage Madeira
Das ist ein Jahrgangsmadeira, der zu 100 % aus einer bestimmten Rebsorte und einem bestimmten Jahrgang erzeugt wird. Madeiras werden erst nach zwanzigjähriger Fasslagerung zum „Vintage“ erklärt. Nach der Abfüllung reift Vintage Madeira noch zwei Jahre in der Flasche.

Colheita (Dated Colheita)
Das sind Weine von guter Qualität eines bestimmten Jahres. Das Jahr der Ernte ist auf dem Etikett angegeben.

Solera Madeira
Der Wein lagert vorerst 18 Monate im Fass und wird anschließend nach dem Solera-System (siehe S. 23) weiter behandelt. Es werden nur Weine einer bestimmten Rebsorte verschnitten. Der Fassreihe mit dem ältesten Wein dürfen immer nur 10 % des Inhaltes für die Flaschenfüllung entnommen werden, um sie dann mit dem nächstjüngeren Wein wieder zu ergänzen.

Seltene Bezeichnungen
- **Single Harvest:** Weine aus den Trauben einer Ernte, eines Weingartens bzw. einer Quinta (eines Weingutes).
- **Single Cask Madeira:** Madeirawein, der nur aus einem bestimmten Fass abgefüllt wurde.

Der Einkauf
Jedes Unternehmen bietet heute Madeira verschiedenster Qualität an. Es gibt sechs Madeiraexporteure, die ihre Lodges vorwiegend in Funchal haben: Vinhos Barbeito; Borges Sucrs. Lda.; Justino Henriques, Filhos Lda.; Henriques & Henriques Vinhos S. A.; Pereira de Oliveira Vinhos Lda.; Madeira Wine Company mit den Marken Blandy's, Cossart Gordon, Leacock's und Miles.

Die **Madeira Wine Company** ist eine Vereinigung von Madeiraproduzenten, die 1913 als Madeira Wine Association gegründet worden war und 1981 den Namen in Madeira Wine Company (MWC) abänderte. Das Ziel dieser Vereinigung besteht darin, die Individualität der Weinstile der einzelnen Häuser beizubehalten, aber Synergien zur Kostenreduktion zu nutzen.

Die Lagerung
Die Lagerung ist für alle Madeiras gleich und lässt sich mit drei Worten beschreiben: trocken, kühl und dunkel.

Mit Ausnahme der Vintage Madeiras, einiger Colheitas und Single-Harvest-Madeiras sind alle Madeiraflaschen mit Griffkorken verschlossen und können somit stehend gelagert werden. Vintage Madeira, der mit einem Naturkorken verschlossen ist, wird aufgrund seines hohen Säuregehaltes (den übrigens alle Madeiras haben) ebenfalls stehend gelagert.

Aufgrund des Herstellungsverfahrens zählt Madeira zu den haltbarsten Weinen. Die Weine sind nach der Abfüllung trinkbar, können aber noch viele Jahre oder Jahrzehnte (wie Vintage) gelagert werden. Jahrgänge aus dem 18. und 19. Jahrhundert werden heute noch gehandelt.

Angebrochene Flaschen können noch Monate nach dem Öffnen genossen werden, besondere Qualitäten wie z. B. Vintage Madeira sind bis zu einem Jahr und länger haltbar. Allerdings sollten die Flaschen gut verschlossen und kühl aufbewahrt werden.

Das Service
Das klassische Madeiraglas ist – ähnlich dem Portweinglas – tulpenförmig. Man kann jedoch auch ein Weißweinglas verwenden, das sich zur Öffnung hin verjüngt.

Das Glas sollte maximal zu einem Drittel gefüllt werden, bei glasweiser Ausschank ist das Ausschankmaß 5 cl.

Da Vintage Madeira kaum Depot absetzt, muss er nicht unbedingt dekantiert werden. Die Flasche kann aber zum Atmen einige Stunden vor dem Genuss geöffnet oder der Wein in eine Dekantierkaraffe geleert werden.

Madeiras, die sich als Aperitif eignen
Sercial
Sercial eignet sich hervorragend als Aperitif, kann aber auch zu Vorspeisen, vor allem zu Fisch und Meeresfrüchten, getrunken werden.

Er wird mit einer Temperatur von 10 °C serviert.

Verdelho
Er ist als Aperitif geeignet, passt aber auch gut zu Suppen, Vorspeisen (Fleischvorspeisen, Pasteten) und Hartkäse.

Die ideale Serviertemperatur liegt zwischen 10 und 12 °C.

IN DER HEISSEN SONNE ANDALUSIENS TROCKNEN DIE TRAUBEN FÜR DEN MALAGA AUF STROHMATTEN.

Malaga

Der legendäre spanische Dessertwein kommt aus der Provinz Malaga im Weinbaugebiet Andalusien. Bedeutende Rebflächen für die Malagaproduktion liegen auf dem Plateau von Antequera nördlich der Stadt Málaga. Die Hauptrebsorte in diesem Gebiet ist Pedro Ximénez. In Axarquia, einem schmalen Küstenstreifen östlich der Stadt Málaga, wird hauptsächlich die Moscatel-Traube gepflanzt.

Moscatel-Traube

Die Erzeugung

Die verschiedenen Malaga-Stile werden im Wesentlichen von den beiden genannten Rebsorten sowie durch Zusatz von Weindestillat, Süßwein, Arrope (karamellisiertem Konzentrat aus eingedicktem Traubensaft), Vino de Color (stark konzentrierter, beinahe schwarzer Arrope) oder Mistela (unvergorenem, aufgespritetem Most) geprägt.

Die vollreifen Trauben werden zum Teil noch auf Strohmatten getrocknet und anschließend gepresst.

Das Gesetz verlangt, dass der Traubenmost für den weiteren Ausbau zu den Bodegas der Erzeuger in die Stadt Málaga gebracht wird. Je nach Art und Reifegrad der Trauben bzw. dem Süßegrad des Mostes sowie dem Beimengen der verschiedenen Zusätze können mehr als zehn verschiedene Malaga-Stile entstehen. Malaga guter Qualität reift in Holzfässern nach Art des Solera-Systems (siehe S. 23). Der Alkoholgehalt kann zwischen 14 und 22 Vol.-% variieren.

Der Einkauf

Bekannte Erzeuger sind u. a. Antigua Casa de Guardia, Hijos de Antonio Barcelo, Larios SA, López Hermanos SA und Tierras de Mollina.

Ordénez & Co erzeugt in Zusammenarbeit mit dem Weingut Kracher aus Illmitz (Burgenland) Malagaweine nach Art der Trockenbeerenauslese (ohne Botrytiston und Alkoholzusatz).

Das Service

Malaga wird im Südweinglas oder im Sherryglas (Copita) serviert.

Die Sorten Blanco seco, Malaga Dry und Semidulce eignen sich gut gekühlt als Aperitif.

Malagastile	Charakteristik
Blanco seco und Malaga Dry	Trocken ausgebaut, mit heller Bernsteinfarbe (geringe Produktion).
Semidulce/Pajarete	Halbtrocken/halbsüß, mit dunkler Bernsteinfarbe.
Dulce Color	Sehr süß, mit goldgelber Farbe.
Malaga Moscatel	Fruchtige Süße, dunkle Bernsteinfarbe.
Malaga Pedro Ximénez	Bittersüß, dunkelbraun.
Lágrima	Feinster Malaga, vollmundig süß, aromatisch und tiefgolden in der Farbe. Lágrima (Träne) ist der teuerste Malaga. Es wird nur der Saft vergoren, der unter dem Druck des eigenen Traubengewichtes abfließt.

Marsala

Marsala ist ein großartiger Süßwein aus Italien. Sein Name leitet sich von der sizilianischen Hafenstadt Marsala ab und wird vorwiegend aus weißen, gelegentlich aber auch aus roten Rebsorten erzeugt.

Die Erzeugung

Dem Grundwein werden, je nach gewünschtem Marsalastil, Weindestillat, Süßwein, Traubensaftkonzentrat (Mosto cotto) und rosinenartig eingeschrumpfte Beeren beigegeben. Die Reifung der Weine erfolgt im Holzfass über mindestens vier Monate. Wein besserer Qualität reift bis zu fünf Jahre, Spezialitäten darüber hinaus.

In der Regel hat der Wein einen Alkoholgehalt von 15 bis 20 Vol.-%, ist goldfarben, bernsteinfarben oder rotbraun.

Marsalastile

Vergine: feinster Marsala, trocken, reift fünf Jahre.
Vergine Reserva/Stravecchio: zehnjährige Reifung.
Fine: einfacher Marsala, trocken bis süß.
Superiore: wird halbtrocken oder süß erzeugt. Die Reifezeit beträgt zwei Jahre, bei Superiore Riserva vier Jahre.

Der Einkauf

Bekannte Erzeuger sind u. a. De Bartoli, Florio und Carlo Pellegrino.

Das Service

Serviert wird Marsala in einem Südweinglas.

Marsalatypen, die sich als Aperitif eignen

Vergine ist ein hervorragender Aperitif, der bei 10–12 °C serviert wird. **Fine** wird gut gekühlt oder auf Eis als Aperitif serviert. Auch die eher trockenen Versionen des **Superiore** eignen sich gut gekühlt als Aperitif.

DER MOST FÜR MONTILLA-MORILES WIRD IN GROSSEN TONGEFÄSSEN VERGOREN

Montilla-Moriles

Das spanische D.-O.-Gebiet Montilla-Moriles liegt südlich der Stadt Córdoba in der gleichnamigen Provinz in Andalusien und zählt zu den heißesten Weinbauzonen Europas. Der Most, zum Großteil aus Pedro-Ximénez-Trauben hergestellt, wird in traditionellen, großen, tönernen Gefäßen vergoren und erreicht einen natürlichen Alkoholgehalt von 15 Vol.-%.

Zwei Grundtypen werden erzeugt:

- **Vinos Crianzas** (ungespritete Weine),
- **Vinos Generosos** (gespritete Weine).

Das Service

Montilla-Moriles wird im Sherryglas (Copita) serviert. Weine, die in der Solera reifen, sind den Sherry-Arten sehr ähnlich und werden gut gekühlt als Aperitif und zu Tapas getrunken.

Moscatel de Setúbal

Dieser versetzte Wein aus Portugal gilt unter Kennern als bester und feinster Muskatdessertwein der Welt.

An den Kalksteinhängen der Serra da Arrábida auf der Halbinsel Setúbal sind vorwiegend Muskat-Trauben für die Erzeugung des süßen, gespriteten Weins ausgepflanzt. Das kleine D.-O.-Gebiet mit dem ursprünglichen Ausfuhrhafen Setúbal liegt unmittelbar südlich von Lissabon.

Die Erzeugung

Die Maische aus überreifen Trauben wird in Tanks so lange vergoren, bis ein Alkoholgehalt von etwa 12 Vol.-% und ein Restzuckergehalt von ca. 100 g pro Liter erreicht sind. Mit Weindestillat wird die Gärung gestoppt, die Maische wird sechs bis zwölf Monate in den Gärbehältern gelagert und anschließend gepresst. Der Jungwein reift in Holzfässern mindestens zwei Jahre, meist jedoch fünf Jahre und länger, bis er in Flaschen gefüllt wird.

Lang gereifte Weine zeigen Farbabstufungen von dunkelgelb bis goldbraun. Moscatel bester Qualität brilliert mit einer Vielfalt an Fruchttönen und einer Fülle von exotischen Aromen.

Das Service

Moscatel de Setúbal wird als Aperitif mit einer Temperatur von 13–14 °C getrunken.

Vins doux naturels

Die Bezeichnung „natürlicher, süßer Wein" ist eigentlich nicht zutreffend, da der Gärungsprozess durch die Zugabe von Alkohol gestoppt wird und dadurch die gewünschte Süße erhalten bleibt. Weiße und rote Süßweine werden meist auf diese Weise erzeugt. Zunächst werden aber überreife Trauben mit rosinenartig eingeschrumpften Beeren geerntet, und die Maische wird vergoren. Nach der Alterung in Holzfässern oder Bonbonnes (30-Liter-Glasballons) nehmen die Weine einen typischen **Alterston (Firngeschmack)** an, der mit dem spanischen Ausdruck **„rancio"** bezeichnet wird. Der Alkoholgehalt liegt zwischen 15 und 22 Vol.-%.

Diese Art der Weinproduktion hat im Gebiet Languedoc und Roussillon in Südfrankreich eine lange Tradition.

Die Lagerung

Die Flaschen haben meist Griffkorken und werden stehend, kühl und dunkel gelagert. Die Weine sind bereits nach der Abfüllung trinkbar.

Geöffnete Flaschen sollten innerhalb von vier Wochen aufgebraucht werden.

Das Service

Vins doux naturels werden nicht nur als Dessertweine geschätzt. Gut gekühlt sind sie wunderbare Aperitifs.

Vins doux naturels werden im Südweinglas, einem tulpenförmigen Glas wie für Portwein oder in einem kleinen Weißweinglas serviert. Bei glasweiser Ausschank ist die Ausschankmenge 5 cl.

Banyuls

Dieser Süßwein wird aus den Trauben um die Gemeinden Banyuls-sur-Mer, Cerbère, Collioure und Port-Vendres hergestellt. Die Reben wachsen auf kargen, mineralischen Schieferböden, die Hauptsorte ist Grenache.

Für Banyuls müssen mindesten 50 % Grenache-Trauben, für Banyuls Grands Crus mindestens 75 % verwendet werden. Die Reifezeit beträgt mindestens zehn Monate, für Grands Crus dreißig Monate. Die besten Banyuls weisen ein Aroma von Rosinen und Nüssen auf, die Farbe des Weins ist ein dunkles Rotbraun.

Rivesaltes

Ein Großteil der französischen Vins doux naturels kommt aus Rivesaltes. Es gibt drei Weinstile: Blanc (Doré), Rouge und Rancio, die vorwiegend aus Grenache-Trauben erzeugt werden. Der Wein reift im Holzfass und wird im Alter zunehmend braun. Er weist Aromen von Nüssen, Rosinen und Pflaumen auf. Jahrgangs-Rivesaltes wird jung abgefüllt und reift in der Flasche. Dadurch wird das süße Beerenfruchtaroma erhalten.

Muscat de Rivesaltes

Der Wein wird aus Muskat-Trauben erzeugt und duftet wunderbar nach Zitronen, Honig und Bitterorangen. Er wird früh abgefüllt und schmeckt ein bis zwei Jahre nach der Ernte am besten.

Maury

Maury muss mindestens zu 50 % aus Grenache-noir-Trauben erzeugt werden und altert zwei Jahre im Holzfass. Die besten Maurys entwickeln erst mit zunehmendem Alter das komplexe Aroma von Nüssen und Dörrobst.

Muscat de Frontignan

Die Muscat-blanc-Trauben stammen von den Weinbergen um die Stadt Frontignan. Die Weine sind goldfarben, süß und haben das Aroma der Muskat-Trauben.

Muscat de Minervois

Die Trauben der Sorte Muscat blanc werden im Stadium der Überreife geerntet. Das köstliche Traubenaroma des Muscat bleibt im Wein erhalten.

Pineau des Charentes

Pineau wird in den Departements Charente und Charente-Maritim hergestellt und ist eine Mischung aus weißem oder rotem, frisch gepresstem Traubensaft und Eau de Vie de Cognac (jungem Cognac). Durch die Zugabe des Alkohols wird die Gärung verhindert.

Der Alkoholgehalt beträgt 17 Vol.-% (manchmal auch etwas mehr), der Zuckergehalt mindestens 170 g pro Liter. Pineau reift mindestens ein Jahr im Eichenfass, Pineau bester Qualität bis zu fünf Jahre und länger.

Das Service

Der fruchtige, süße Pineau des Charentes passt gut als Aperitif und wird mit einer Trinktemperatur von 10 °C im Südweinglas serviert, manchmal auch mit einem Schuss Champagner.

Floc de Gascogne

Die Basis für Floc de Gascogne ist eine Mischung aus weißem oder rotem Traubensaft und Armagnac, die mindestens zehn Monate in Holzfässern reift.

Der Alkoholgehalt liegt zwischen 16 und 18 Vol.-%.

Das Service

Traditionell wird der helle, fruchtige Floc in der Gascogne mit einer Temperatur von 8 bis 10 °C als Aperitif getrunken. Ebenso gerne wird der rote Floc zu der in der Region beliebten Foise gras (Gänsestopfleber) genossen.

Serviert wird der Floc de Gascogne im Südweinglas.

Cocktails

Umgangssprachlich ist Cocktail ein Synonym für alle gemixten Getränke. Für Barkeeper ist er jedoch nur eine von über 40 eigenständigen Mixgetränkegruppen.

Cocktails lassen sich in folgende Kategorien einteilen:

- **Before-Dinner-Cocktails** (Pre-Dinner-Cocktails)
- **Sekt- oder Champagnercocktails**
- **After-Dinner-Cocktails**

Als Aperitifs werden nur die ersten beiden Cocktailgruppen gereicht und daher hier näher beschrieben.

KLASSISCHE BEFORE-DINNER-COCKTAILS SIND SOGENANNTE SHORT-DRINKS, DEREN VOLUMEN KNAPP BEMESSEN IST. SIE BESTEHEN IN DER REGEL AUS SEHR WENIGEN ZUTATEN.

Before-Dinner-Cocktails

Der Hauptbestandteil dieser trockenen, appetitanregenden Cocktails ist eine der Basisspirituosen Whisk(e)y, Gin, Wodka, Rum, Weinbrand/Cognac oder Tequila. Ferner verwendet man zumeist einen Wermut, einen Bitter sowie Fruchtsäfte.

Americano

Americano

Campari	3 cl
Wermut, rot	3 cl

Einen Tumbler zu drei Vierteln mit Eiswürfeln füllen. Campari und Wermut darüber gießen. Auf Wunsch kann mit Sodawasser aufgefüllt werden.
Garnitur: Zitronentwist oder halbe Orangenscheibe.

Bacardi Symphony

Rum, weiß	3 cl
Wermut, bitter	1,5 cl
Wermut, weiß, trocken	1,5 cl
Galliano	0,5 cl
Grand Marnier Cordon Rouge	0,5 cl

Das im Rührglas zubereitete Getränk in das vorgekühlte Cocktailglas seihen.
Garnitur: Limette, Orangenspirale, Cocktailkirsche mit Stiel, Orangentwist (nur zum Aromatisieren).

Bloody Mary

Wodka	4 cl
Zitronensaft	1 cl
Tabascosauce	1 Dash
Worcestersauce	1 Dash
Salz, Pfeffer	
Tomatensaft	10–12 cl

Alle Zutaten im Rührglas oder Shaker vermischen und in einen Tumbler gießen. Die Ingredienzien können aber auch direkt im Gästeglas verrührt werden.

Die IBA (International Bar Association) schreibt folgende Rezeptur vor: 4,5 cl Wodka, 1,5 cl Zitronensaft und 9 cl Tomatensaft.
Garnitur: ein Stück Stangensellerie, wahlweise eine Zitronenspalte auf den Glasrand.

Bacardi Symphony

Caipirinha

Cosmopolitan

Blue Lady

Gin	3 cl
Curaçao, blau	2 cl
Zitronensaft	2 cl

Das im Shaker zubereitete Getränk in die vorgekühlte Cocktailschale seihen.

Caipirinha

Cachaça (Zuckerrohrschnaps)	4 cl
Rohrzucker	2–3 Barlöffel
Limette	1 Stück

Die Enden der Limette abschneiden, den weißen Strunk entfernen und die Limette in mehrere Stücke teilen. In das Old-Fashioned-Glas (Tumbler) die Limettenspalten und darüber den Rohrzucker geben. Mit dem Muddler (Stößel) zerdrücken. Das Glas mit Crushed Ice oder Eiswürfeln auffüllen, den Cachaça beigeben und gut vermischen. Mit dickem Trinkhalm servieren.

Cosmopolitan

Wodka Citron	4 cl
Curaçao, Triple Sec	1 cl
Cranberry Juice, rot	2 cl
Cordial Lime Juice	1 cl
Limettensaft, frisch gepresst	1 Dash

Das im Shaker zubereitete Getränk in das vorgekühlte Cocktailglas seihen.
Garnitur: Limettenzeste.

Daiquiri

Rum, weiß	5 cl
Limetten- oder Zitronensaft	2 cl
Zuckersirup	1–2 cl

Das im Shaker zubereitete Getränk in die vorgekühlte Cocktailschale seihen.

Gibson

Gin	5 cl
Wermut, weiß, trocken	1 cl

Das im Rührglas zubereitete Getränk in das vorgekühlte Cocktailglas seihen.

Die IBA schreibt 6 cl Gin und 1 cl Wermut vor.
Garnitur: Perlzwiebel auf Stick.

Manhattan

Rye Whiskey	4 cl
Wermut, rot	2 cl
Angostura-Bitter	1 Dash

Das im Rührglas zubereitete Getränk in das vorgekühlte Cocktailglas seihen.

Das IBA-Standardrezept schreibt für den Rye Whiskey 5 cl vor.
Garnitur: Cocktailkirsche auf Stick.

Gibson

Manhattan

Margarita

Rob Roy

White Lady

Negroni

Side Car

Margarita

Tequila, weiß	4 cl
Curaçao, Triple Sec	2 cl
Limetten- oder Zitronensaft	2 cl

Den Rand des Cocktailglases mit einem Salzrand versehen und das Glas mit zwei bis drei Eiswürfeln kühlen. Die Eiswürfel herausnehmen und das im Shaker zubereitete Getränk in das Glas seihen.

Die IBA schreibt ein anderes Mengenverhältnis vor: 3,5 cl Tequila, 2 cl Curaçao Triple Sec, 1,5 cl Zitronen- oder Limettensaft.

Martini-Cocktail (Dry Martini)

Gin	5 cl
Wermut, weiß, trocken	1 cl

Das im Rührglas zubereitete Getränk in das vorgekühlte Cocktailglas seihen.

Die IBA schreibt ein Verhältnis von 5,5 cl Gin und 1,5 cl Wermut vor.
Garnitur: grüne Olive mit Kern auf Stick oder Zitronentwist.

Negroni

Campari	2 cl
Wermut, rot	2 cl
Gin	2 cl

Das Old-Fashioned-Glas zu drei Vierteln mit Eiswürfeln füllen. Campari, Wermut und Gin in das Glas geben und mit dem Barlöffel verrühren.

Auf Wunsch kann ein Schuss Sodawasser dazugegeben werden. In diesem Fall wird das Sodawasser auf den Campari und den Wermut gegossen und erst zum Schluss der Gin in das Glas gegeben (Float, d. h. die Spirituose schwimmt oben).
Garnitur: halbe Orangenscheibe.

Rob Roy

Scotch Whisky	4 cl
Wermut, rot	2 cl
Angostura-Bitter	1 Dash

Das im Rührglas zubereitete Getränk in das vorgekühlte Cocktailglas seihen.

Die IBA schreib ein anderes Mengenverhältnis vor: 4,5 cl Scotch Whisky, 2,5 cl roter Wermut, 1 Spritzer Angostura-Bitter.
Garnitur: Cocktailkirsche auf Stick.

Side Car

Cognac oder Weinbrand	4 cl
Cointreau oder Curaçao, Triple Sec	2 cl
Zitronensaft	2 cl

Wodka Martini

Das im Shaker zubereitete Getränk in das vorgekühlte Cocktailglas seihen.
Garnitur: Cocktailkirsche auf Stick.

White Lady

Gin	4 cl
Curaçao, Triple Sec	2 cl
Zitronensaft	2 cl

Das im Shaker zubereitete Getränk in das vorgekühlte Glas seihen.
Garnitur: Cocktailkirsche auf Stick.

Wodka Martini

Wodka	5 cl
Wermut, weiß, trocken	1 cl

Das im Rührglas zubereitete Getränk in das vorgekühlte Cocktailglas seihen.

Garnitur: grüne Olive mit Kern auf Stick oder Zitronenzeste.

Sekt- oder Champagnercocktails

Zu dieser Cocktailgruppe zählen alle Longdrinks (Getränke mit mehr als 8 cl Inhalt), die aus Spirituosen, Likören, Fruchtsäften, Fruchtmus sowie Sirupen bestehen und mit gut gekühltem Sekt oder Champagner aufgegossen werden.

Champagnercocktail

Champagnercocktail

Würfelzucker	1 Stück
Angostura-Bitter	2 Dashs
Cognac oder Weinbrand	1 cl
Champagner oder Sekt	9 cl

Würfelzucker in die Sektschale geben, mit Angostura-Bitter tränken und mit dem Muddler zerstoßen. Zuerst Cognac und dann gut gekühlten Champagner oder Sekt daraufgießen.
Garnitur: halbe Orangenscheibe.

Ein Tipp vom Profi
Als Alternative zum Cognac können auch Southern Comfort oder Apricot Brandy verwendet werden.

Kir Royal

Crème de Cassis	1 bis 2 cl
Sekt oder Champagner, trocken	9 bis 10 cl

Den Likör in das Sektglas gießen und mit gut gekühltem Sekt oder Champagner auffüllen.

Bellini

Pfirsichmark	3 cl
Prosecco	10 cl

Pfirsichmark in die Sekttulpe oder -flöte geben, mit gut gekühltem Prosecco auffüllen und einmal vorsichtig umrühren.

Kir Royal

Bellini

Ein Tipp vom Profi
Als Alternative zum Pfirsichmark können z. B. Himbeerpüree (Testarossa) oder Erdbeermark (Rossini) verwendet werden.

Wein

Als Wiege der Weinkultur wird heute Transkaukasien (Teile von Armenien, Aserbaidschan und Georgien) angenommen. So wurde bereits vor über 8 000 Jahren Weinbau betrieben, was Überreste von antiken Weinpressen, Weingefäßen und Malereien belegen. Später folgten die Hochkulturen Mesopotamiens (Gebiet um die Flüsse Euphrat und Tigris im heutigen Südost-Anatolien, Syrien und Irak), Ägyptens und des Jordantals (Israel und Jordanien).

Der Ursprung des europäischen Weinbaus liegt im antiken Griechenland. Die Griechen tranken ihren Wein immer nur verdünnt mit Wasser, in einem Mischungsverhältnis von 5 : 2. Der Genuss von unverdünntem Wein galt als Merkmal der Barbaren. Barbaren waren im Übrigen alle Menschen, die kein Griechisch sprachen. Unverdünnter Wein wurde nur zu einer Gelegenheit getrunken, nämlich zu Beginn eines Trinkgelages, dem sogenannten Symposion. Der heute verwendete gleichlautende Begriff als Bezeichnung für eine Zusammenkunft von Fachleuten, um bestimmte Themen zu erörtern, hat mit der ursprünglichen Bedeutung des Wortes also nur noch wenig zu tun.

Der kultivierte Weinanbau breitete sich mit der Ausdehnung des Römischen Reiches über weite Teile Europas sowie über Kleinasien und Nordafrika aus. Wein wurde damals nicht nur als Genussmittel verstanden, vielmehr wurde ihm desinfizierende und heilende Wirkung zugesprochen. Nicht umsonst verordnete Julius Caesar seinen Soldaten täglich einen Liter Wein, um ihre Widerstandsfähigkeit gegen Krankheiten zu stärken.

Im Mittelalter leisteten katholische Mönche Pionierarbeit. Besondere Verdienste erwarben sich dabei die Benediktiner, die Kartäuser und die Zisterzienser. Da Messwein für den Gottesdienst unverzichtbar war, versuchten sich viele Klöster selbst im Weinanbau – wie man sieht, mit Erfolg.

Weinbau

Weinbau und Weinerzeugung werden heute weltweit in der gemäßigten Zone zwischen dem 30. und 50. Breitengrad auf der nördlichen Halbkugel und dem 30. und 40. Breitengrad auf der südlichen Halbkugel betrieben.

Die Weintraube

Die Weintraube ist ein Tausendsassa und bietet sich als Ausgangsprodukt für die Herstellung unzähliger weiterer Köstlichkeiten an, wie in der untenstehenden Tabelle zu sehen ist.

GANZ GLEICH OB FÜR SÄFTE, WEINE, DESTILLATE ODER GANZ EINFACH ZUM ESSEN – WEINTRAUBEN SIND IMMER EIN GENUSS

Die Trauben sind die Früchte der Weinrebe. Sie bestehen aus dem Kamm oder Stiel und den Weinbeeren. Der Kamm enthält das sogenannte Tannin (die Gerbsäure), von dem später noch mehr zu lesen ist. Die Beere setzt sich aus der gerb- und farbstoffhaltigen Schale, dem Fruchtfleisch und den fett- und gerbstoffhaltigen Kernen zusammen.

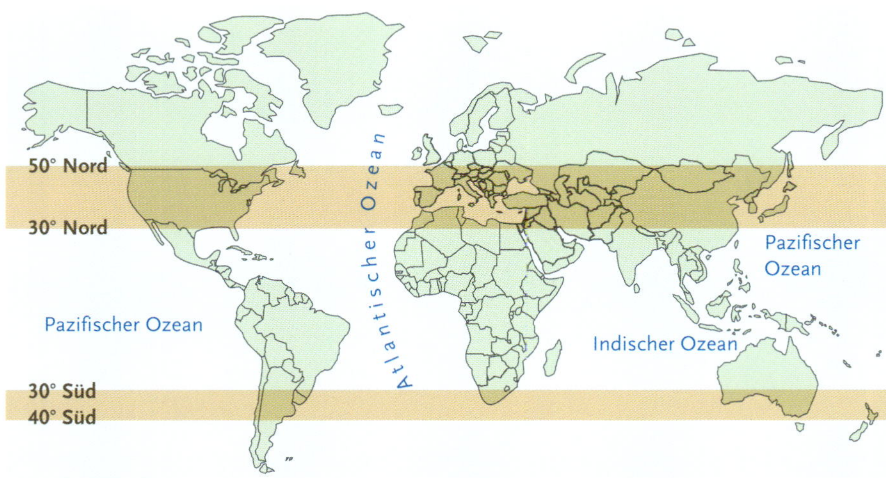

Internationale Weinanbauzonen

Weintraube				
Traubensäfte	**Stillweine**	**Schaumweine**	**Versetzte Weine**	**Weindestillate**
Traubensüßmost, Traubennektar	Weißwein, Roséwein, Rotwein	Champagner, Schaumwein aus erster Gärung (Asti spumante), Sekt, Prosecco, Frizzante	Sherry, Portwein, Madeira, Samos, Mavrodaphne, Marsala, Malaga, Tokajer, Wermut, Perlwein	Cognac, Armagnac, Weinbrand, Tresterbrand, Hefebrand

Drahtrahmen-erziehung

Die Erziehungsformen

Reben sind Kletterpflanzen – sie benötigen daher zum Wachsen Kletterhilfen. Als Kletterhilfen dienen Drähte, Stützpfähle oder Holzgestelle.

Die Weinrebe kann auf verschiedene Arten kultiviert (formiert) werden. Dabei wird der Wuchs des Rebstocks gelenkt, um Ertrag und Qualität zu steuern und dem Auftreten von Rebkrankheiten vorzubeugen. Man spricht daher auch von den Erziehungsformen des Weinstocks.

Pfahlerziehung

Die Pfahlerziehung oder Stockkultur ist eine alte Erziehungsform und wird auf steilen, unwegsamen Lagen eingesetzt. Das Fruchtholz wird in Bodennähe gehalten. Dadurch hängen die Trauben dicht am Boden und erhalten viel Wärme.

Drahtrahmenerziehung

Bei der Drahtrahmenerziehung werden die Reben auf Pfählen und gespannten Drähten formiert. Der Weingarten ist in Zeilen angeordnet, dazwischen liegen breite Gassen, die eine leichte, auch mechanische Bearbeitung ermöglichen.

Bei der von Dr. h. c. Lenz Moser entwickelten Hochkultur bewirken die Stammhöhe von 1,20 bis 1,40 Metern sowie der große Reihenabstand eine bessere Belichtung und Belüftung und ermöglichen somit eine leichtere maschinelle Bewirtschaftung.

Pergolasystem

Das Pergolasystem, das unter anderem in Südtirol weitverbreitet ist, bildet dachartige Formationen. Großteils sind es Holzkonstruktionen (Pergolen), an denen sich die Weinreben emporranken.

Pergolen in Südtirol

Lyrasystem

Es werden zwei Pfähle in Form eines V gesetzt. Die Reben werden so geteilt, dass auf jeder Pfahlseite Austriebe wachsen und sich zwei Laubwände ergeben. Dadurch verdoppelt sich die belichtete und belüftete Blattoberfläche, wodurch die Qualität der Trauben steigt. Nebenbei sinkt durch die gute Belüftung das Risiko eines Mehltaubefalls (siehe S. 78).

Die Form der Pfähle ähnelt dem der Lyra, einem altgriechischen Saiteninstrument

Das Lyrasystem wird vor allem in Weinbauländern wie Australien, Neuseeland, Chile, Argentinien und Uruguay verwendet.

Gute Weine sind kein Zufall

Unabhängig von der Erziehungsart müssen etwa vier Jahre vergehen, bis ein Rebstock die ersten Trauben ansetzt. Nach etwa fünf Jahren trägt er voll, nach 25 Jahren beginnen Wachstum und Erträge nachzulassen.

Gute Weine sind keine Zufallsprodukte, sondern das Ergebnis des Zusammenwirkens von Natur und Winzer. Sind Klima, Boden, Lage natürliche Gegebenheiten, ist die Wahl der Sorte, der Erziehung, des Reihenabstandes, des Lesezeitpunktes und des Leseverfahrens Sache des Winzers.

Klima

> „Wein ist Licht gebunden durch Wasser."
> *Galileo Galilei (1564–1642), italienischer Naturforscher, Physiker und Astronom*

Die Wachstumszeit der Weinrebe ist mit 180 bis 240 Tagen relativ lang. In dieser Zeit benötigt der Wein viel Licht, viel Sonne und eine relativ hohe Luftfeuchtigkeit. Die Temperatur sollte nicht unter 10 °C sinken. Ein sonniger Herbst ist die Krönung und sorgt dafür, dass edle Tröpfchen entstehen.

Boden

Der Boden formt den Charakter des Weines. Jede Rebsorte verlangt einen speziell für sie geeigneten Boden, der ihr eine ganz persönliche Note verleiht.

Der Boden der Thermenregion in Österreich – steinig und durchlässig

Lage

Je höher der Weinberg, desto niedriger die Temperatur. So wird Wein in kühleren Regionen zwischen 50 und 450 Metern gepflanzt, während in heißen Regionen erst auf 800 bis 1 000 Metern Seehöhe Weinbau möglich ist.

Die Neigungsrichtung zur Sonne und der Neigungswinkel des Weinberges beeinflussen maßgeblich die Weinqualität. Eine nordwindgeschützte Lage mit direkter Sonnenbestrahlung ist einfach ideal.

WEIN IST DIE VERMÄHLUNG VON HIMMEL UND ERDE, VON AUFGESAMMELTER SONNE UND SONNENGETRÄNKTER ERDE

Die Sonneneinstrahlung ist bei Hanglagen wesentlich größer als bei Flachlagen. Je steiler der Hang ist, desto intensiver wirkt die Kraft der Sonne. Sie erwärmt den Boden und die Bodenwärme umhüllt die Trauben.

Bei einer Hanglage fallen kalte Luftströmungen nachts von der Hanghöhe hinab ins Tal, wo sie tagsüber wieder erwärmt werden und die Hänge hinaufwandern. Diese Thermik ist vor allem für Weißweine von großer Bedeutung. So brauchen beispielsweise der Grüne Veltliner in der Wachau und der Riesling an Rhein und Mosel dieses Wechselbad von Wärme am Tag und Kühle in der Nacht, um ihre Säure zu entfalten.

Kaltluftströmungen bergen in kühleren Anbauzonen aber auch eine Gefahr. Nicht ohne Grund werden daher an den Hügelkuppen Wälder gepflanzt, wenn sie nicht schon vorher da waren, um den Strom kalter Luft abzuwehren.

Nahe liegende Flüsse oder Seen spenden Feuchtigkeit und speichern Wärme – zumindest in der warmen Jahreszeit. Das Wasser gibt dabei während der Nacht, wenn die Temperatur an Land abkühlt, Wärme ab, was den Trauben bekanntermaßen ungemein behagt. Nebenbei schützt der vermehrt auftretende Nebel im Herbst vor Väterchen Frost.

DER GEWÜRZTRAMINER IST EINE DER ÄLTESTEN UND QUALITATIV BESTEN WEINSORTEN

Die Rebsorten

Am Anfang war die Wildrebe, aus der im Laufe der Jahrhunderte Tausende von Sorten durch Züchtung hervorgingen. Rebsorten zu unterscheiden wurde schon in der römischen Antike versucht, und bereits Plinius der Ältere (23–79 n. Chr.) äußerte, dass sich hinter verschiedenen regionalen Namen oft ein und dieselbe Rebsorte verbirgt.

Back to the roots – Europäer und ihre amerikanischen Wurzeln
Bis zur Mitte des 19. Jahrhunderts baute man in Europa wurzelechte europäische Sorten an, ehe die aus Amerika eingeschleppte Blattreblaus beinahe den gesamten europäischen Weinbau vernichtete.

Blattrebläuse

Zunächst versuchte man diesem Übel durch das Kreuzen europäischer mit amerikanischen Reben beizukommen. So sollte die größere biologische Widerstandskraft der amerikanischen auf die europäischen Reben übertragen werden, ohne jedoch deren Qualität zu beeinträchtigen. Doch der erhoffte Effekt blieb aus. Der Sieg über die Blattreblaus konnte erst gefeiert werden, als man dazu überging, europäische Edelreiser auf amerikanische reblausresistente Unterlagsreben aufzupfropfen. Diesen Vorgang nennt man Rebveredelung. Heute lässt man Vitis-vinifera-Sorten (europäische Reben) fast ausnahmslos auf amerikanischen Wurzeln wachsen.

In den gesetzlichen Bestimmungen der einzelnen Länder sind die für die Erzeugung von Qualitätsweinen zugelassenen Rebsorten festgelegt. Nachfolgend haben wir die wichtigsten bzw. am häufigsten angebauten Rebsorten beschrieben.

Bedeutende Weißweinreben

CHARDONNAY

Anbau: in den meisten Regionen der Welt. Großer Beliebtheit erfreuen sich die Chardonnay-Weine in der Neuen Welt, wo die Rebe sehr stark verbreitet ist.
Weitere Bezeichnung: Morillon (in der Steiermark), weißer Clevner.

Chardonnay ist eine der populärsten Reben der Welt, zum Teil auch deswegen, weil sie leicht anzubauen und zu verarbeiten ist. Sie deckt ein breites Qualitätsspektrum ab. So wird Chardonnay in die Cuvée für Champagner eingebracht; er spielt aber auch eine Rolle bei der Erzeugung von Blanc de Blancs, Vins Mousseux, Spumante (z. B. Franciacorta) und Stillweinen.

Chardonnay ergibt extraktreiche Weine mit angenehmer Säure, hohe Qualitäten jedoch erst ab dem Kabinettbereich. Sowohl die großen Weißweine im Burgund als auch leichte, fruchtig-frische Weine werden aus ihr gekeltert. Der Barrique-Ausbau ist weitverbreitet.

GEWÜRZTRAMINER

Anbau: u. a. in Australien, Chile, Deutschland, Frankreich, Italien (Südtirol), Neuseeland, Österreich, Slowenien, Spanien, Südafrika, Tschechien, Ungarn und USA.
Weitere Bezeichnungen: Roter Traminer, wenn die Beeren rötlich sind, Gelber Traminer, wenn sie gelblich sind.

Die Sorte mit den hellrötlichen Beeren ist eine Mutation des Traminers und ergibt pikante, säurearme, körper- und alkoholreiche, langlebige Weine, die durch ihren kräftigen Duft leicht zu erkennen sind. Oft sind sie lieblich oder leicht süß. Aus Traminer werden nur hochwertige Weine erzeugt.

GRÜNER VELTLINER

Anbau: u. a. in Österreich, Kroatien, der Slowakei, Tschechien und Ungarn.
Weitere Bezeichnung: Weißgipfler.

Grüner Veltliner ist die österreichische Rebenspezialität (Rebflächenanteil: 36 %), die besonders im niederösterreichischen Donaugebiet und im Weinviertel ideale Bedingungen vorfindet. Sie zählt qualitativ gesehen zur Weltspitze.

Der grüne Veltliner ist nicht mit dem Roten Veltliner und dem Frühroten Veltliner verwandt

Die wahrscheinlich aus Österreich stammende, sehr alte und ertragreiche Rebe ergibt gelbgrüne oder hellgelbe, leichte, frische, spritzige, fruchtige oder feinwürzige Weine mit angenehmer Säure. Der typische Veltliner ist trocken, spritzig, pfeffrig, würzig und verfügt je nach Standort über ein ausgezeichnetes Reifepotenzial.

RIESLING

Die Rieslingrebe stellt hohe Ansprüche an den Boden und das Klima

Anbau: in allen Weinbauländern der Welt. In Deutschland werden 80 % des europäischen Rieslings angebaut (speziell im Rheingau). In Österreich hat der Anbau von Riesling in der Wachau, im Kamptal und im Kremstal besondere Bedeutung, in Frankreich im Elsass.
Weitere Bezeichnungen: Rheinriesling, Weißer Riesling.

Aus Riesling entstehen hellgelbe oder zart grünstichige, trockene oder leicht süße, spritzige, blumige, harmonische Weine mit feinem Sortenbukett (Pfirsich- bzw. Steinobstnoten) und rassiger Säure.

Riesling ist wohl die feinste Weißweinrebe der Welt und liefert die edelsten und rassigsten Spitzenweine, die die Charakteristika der Weinberglagen zum Ausdruck bringen, ohne den speziellen Rieslingstil aufzugeben. Sie sind auf der ganzen Welt als beste Weine der nördlichen Weinbauzone anerkannt. Durch die Harmonie von Säure und Extrakt sind sie unabhängig von ihrem oft nur geringen Alkoholgehalt gut lagerfähig. Riesling eignet sich auch für Auslesen, Beeren- und Trockenbeerenauslesen.

RIVANER

Anbau: u. a. in Deutschland, Italien, Kroatien, Luxemburg, Neuseeland, Österreich, der Schweiz, der Slowakei, Slowenien und Ungarn; die Anbaufläche für Rivaner nimmt ständig ab.
Weitere Bezeichnung: Müller-Thurgau; nach den EU-Regeln darf die Sorte nur mehr als Rivaner bezeichnet werden.

Die Weine sind blass hellgelb, haben eine feine, milde Säure, einen leicht bis stark ausgeprägten Muskatton, sind angenehm weich, fruchtig und sehr harmonisch. Sie sollen jung getrunken werden, da sich das sortentypische Bukett mit zunehmender Reife verlieren kann. Im Burgenland (Österreich) wird die Sorte häufig für die Erzeugung von Prädikatsweinen besonderer Güte verwendet. In Südtirol, Friaul und Emilia-Romagna sind die Weine wegen ausreichender Säure sehr ansprechend.

Das Kind beim rechten Namen nennen
Die Bezeichnung Rivaner wurde ursprünglich aus den vermeintlichen Eltern Ri(esling) x (Sil)vaner gebildet. Untersuchungen ergaben jedoch, dass der Rivaner eine Kreuzung aus Riesling und Madeleine Royale, einer muskatartig schmeckenden Tafeltraube, ist.

RULÄNDER

Anbau: u. a. in Argentinien, Deutschland, Frankreich, Italien, Kroatien, Luxemburg, Moldawien, Neuseeland, Österreich, Rumänien, Russland, Schweiz, der Slowakei, Slowenien, Tschechien, der Ukraine, Ungarn und USA.
Weitere Bezeichnungen: Grauburgunder, Pinot gris, Grauer Mönch, Pinot grigio.

Ruländer ergibt blassgelbe oder braungelbe (Kupferschimmer), kräftige, vollmundige, körperreiche Weine mit ausgewogener Säure, die in guten Jahren Spitzenqualität erreichen. Die Weine sind gut haltbar, in Österreich werden daraus Auslesen, Beeren- und Trockenbeerenauslesen sowie Eisweine erzeugt. In Deutschland sowie im Norden und Nordosten Italiens ist Ruländer eine äußerst beliebte Rebsorte.

SAUVIGNON BLANC

Anbau: in fast allen Weinbauländern der Welt.
Weitere Bezeichnungen: Sauvignon, Fumé blanc.

Die französische Rebe ergibt grüngelbe, frischfruchtige und würzige Weine, in manchen Gebieten süße oder trockene, extraktreiche, volle Weißweine mit feinem Bukett (die Bandbreite reicht von grasigen, vegetabilen Noten über Paprika bis zu Stachel- und Johannisbeere) und hohem Alkoholgehalt mit guter Lagerfähigkeit.

Sauvignon blanc ist die führende weiße Bordeaux-Rebe, die mit Muscadelle und Sémillon verschnitten den süßen Sauternes und den eher trockenen Graves ergibt. Bekannte Weine sind weiters Sancerre und Pouilly Fumé.

In den letzten Jahren ist die Sorte u. a. auch in Friaul, in Südtirol, in Slowenien und vor allem in der Steiermark erfolgreich. In Kalifornien wird aus dieser Rebe der Fumé blanc gekeltert, der in der Regel frisch und trocken ist. Australien und Neuseeland liefern den Sauvignon blanc mit einem eigenen Stil, nämlich intensiv duftig, pikant und besonders fruchtig.

WEISSBURGUNDER

Anbau: u. a. in Deutschland, Frankreich, Italien, Kroatien, Österreich, Osteuropa, Portugal, der Schweiz, der Slowakei, Slowenien, Tschechien, Ungarn.
Weitere Bezeichnungen: Pinot blanc, Klevner, Terlaner, Pinot bianco.

Weißburgunder ergibt gelbgrüne, gehaltvolle, milde, neutrale Weine; in guten Jahren können sie von höchster Güte sein.

Obwohl die Sorte in Burgund beheimatet ist, wird sie heute vorwiegend in Mitteleuropa angebaut. In Deutschland, Italien und Österreich ist die Sorte sehr beliebt und liefert trockenen und kräftigen, neutralen Wein, der in Österreich oft Prädikatsweinniveau erreicht. Wegen der kräftigen Säure wird Weißburgunder in vielen Gegenden zur Schaumweinerzeugung verwendet.

Steckbriefe weiterer Weißweinreben

ALBANA (ELBLING)

V. a. in Italien angebaut; ergibt hellgelbe oder goldgelbe, trockene oder liebliche, weiche und blumige Weine.

ALIGOTÉ

U. a. in Frankreich angebaut; ergibt gelbe, trockene, fruchtige, aber einfache Weine, die manchmal einen harten, säuerlichen Unterton haben.

BACCHUS

V. a. in Deutschland angebaut; ergibt extraktreiche, fruchtige Weine mit Muskatbukett.

BOUVIER

V. a. in Österreich und Slowenien angebaut; ergibt goldgelbe, milde, extraktreiche Weine mit leichtem Muskataroma; besonders geeignet für Prädikatsweine.

CHASSELAS (GUTEDEL, FENDANT)

U. a. in Frankreich, Deutschland, Österreich und der Schweiz angebaut; ergibt gelbgrüne bis goldgelbe, meist trockene, leichte Weine.

CHENIN BLANC

U. a. in Frankreich (z. B. an der Loire) angebaut; ergibt gelbgrüne, frische oder kräftige, vollmundige und süße Weine.

FABER

V. a. in Deutschland angebaut; ergibt gelbgrüne, frische, fruchtige, manchmal rassige Weine.

FREISAMER

V. a. in Deutschland und in der Schweiz angebaut; ergibt frische, kräftige, extrakt- und alkoholreiche Weine.

FRÜHROTER VELTLINER

(siehe Malvasia)

FURMINT

U. a. in Österreich, Slowenien und Ungarn (Hauptbestandteil des Tokajers, daher Tokajerrebe) angebaut; ergibt grüngelbe, alkoholreiche, feurige Weine.

GOLDBURGER

V. a. in Österreich angebaut, wo er auch als Orangeriesling bezeichnet wird; ergibt blassgelbe, fruchtige, körperreiche Weine.

HUXELREBE

V. a. in Deutschland angebaut; ergibt Weine mit rassiger Säure und Muskatbukett.

MALVASIA (FRÜHROTER VELTLINER)

U. a. in Italien, Deutschland, Österreich, Madeira (Portugal) und Spanien angebaut; ergibt gelbe oder dunkelgoldgelbe, körperreiche, trockene oder süße Weine mit leichtem Mandelton; oft Grundlage für Dessertweine, wie z. B. der Madeira.

MORIO-MUSKAT

V. a. in Deutschland angebaut; ergibt grüngelbe, frische, würzige Weine mit Muskataroma, ist in reifen Jahren sehr füllig.

MÜLLER-THURGAU

(siehe Rivaner, S. 48)

KERNER

V. a. in Deutschland angebaut; ergibt hochfarbige, fruchtige, gehaltvolle Weine mit leichtem Muskatbukett.

Wein, Wein, nur du allein ...
Nichts und niemandem wurde in der Geschichte der Menschheit so ausgiebig und hingebungsvoll gehuldigt als dem Wein. Eine löbliche Ausnahme ist die Liebe (treue Anhänger des Traubensaftes werden treffend bemerken, dass man auch an einen Wein sein Herz verschenken kann). Diejenigen, die dem einen oder anderen edlen Tropfen verfallen sind, wissen ein Lied davon zu singen. Der Text von folgendem Lied stammt von Theobald Kerner, dem Sohn von Justinus Kerner (1786–1862), nach dem die Kerner-Rebsorte benannt ist.
„Aus der Traube in die Tonne, aus der Tonne in das Fass,
aus dem Fasse dann oh Wonne, in die Flasche und ins Glas.
Aus dem Glase in die Kehle, in den Magen durch den Schlund
und als Geist dann in die Seele und als Wort dann in den Mund.
Aus dem Worte etwas später, formt sich ein begeisternd Lied,
das durch Wolken in den Äther, mit der Menschheit Jubel zieht.
Und im nächsten Frühling wieder, fallen dann die Lieder fein,
nass als Tau auf Reben nieder
daraus wird dann wieder Wein."

MUSKATELLER

U. a. in Österreich, Deutschland (Gelber Muskateller, Roter Muskateller), Frankreich (Muscat blanc), Italien (Moscato bianco), Portugal und Spanien angebaut; ergibt sattgelbe oder goldfarbene, süße, körperreiche Weine mit ausgeprägtem Muskatbukett; Grundlage von Dessertweinen, wird zunehmend auch trocken ausgebaut.

MUSKAT-OTTONEL

U. a. in Österreich, Deutschland, Frankreich und Ungarn angebaut; ergibt goldgelbe, lieblich-edelsüße Weine mit intensivem Muskatbukett.

NEUBURGER

V. a. in Österreich angebaut; ergibt goldgelbe, kräftige und feinwürzige Weine mit angenehmer Säure.

OPTIMA

V. a. in Deutschland angebaut; ergibt gelbgrüne Weine, die rieslingähnlich sind.

ORTEGA

V. a. in Deutschland angebaut; ergibt hellgelbe, feinfruchtige Weine mit ausgeprägtem Muskatbukett und milder Säure.

PINOT BLANC

(siehe Weißburgunder, S. 49)

RIESLANER

V. a. in Deutschland angebaut; ergibt grüngelbe, fruchtige, rassige und gut lagerfähige Weine.

ROTER VELTLINER

Mutation des Grünen Veltliners (siehe S. 47). In Österreich, vor allem im Wagram und vereinzelt im Kamptal verbreitete Rebsorte; ergibt extraktreiche, langsam reifende und lagerfähige Weine.

ROTGIPFLER

Natürliche Kreuzung aus Traminer und Rotem Veltliner; hauptsächlich in Österreich (Thermenregion) angebaut; ergibt goldgelbe, vollmundige, rassige und kräftige, gut lagerfähige Weine mit angenehmer Säure; auch Verschnittpartner von Zierfandler.

SCHEUREBE (SÄMLING 88)

V. a. in Deutschland und Österreich angebaut; ergibt gelbgrüne, körperreiche, rassige Weine mit feiner Säure; im Burgenland werden daraus auch sehr gute Prädikatsweine erzeugt.

SÉMILLON

Unter anderem in Frankreich und den USA angebaut; ergibt üppig süße oder trockene, körperreiche, fruchtige Weine.

SILVANER (SYLVANER)

Unter anderem in Deutschland und Österreich sowie in Frankreich angebaut; ergibt je nach Boden Weine, die fruchtig oder würzig, mild oder herb sind, aber einen geringen Säuregehalt haben; auch die Farbe variiert von Lichtgrün über Grüngelb bis Goldgelb; Silvaner sollte jung getrunken werden.

TREBBIANO

Unter anderem in Italien und in Frankreich (Ugni blanc) angebaut; ergibt je nach Herkunft hellgrüne oder goldgelbe, leichte und säurebetonte oder körperreiche, schwere und alkoholreiche Weine.

VERNACCIA

Hauptsächlich in Italien angebaut; ergibt grüngelbe oder goldgelbe, trockene Weine; die Vernaccia nera ergibt granatrote, halbsüße oder süße Rotweine.

WELSCHRIESLING

Unter anderem in Österreich, Italien (Riesling italico, in Südtirol auch Weißfraneler) und in Ungarn angebaut; ergibt grüngelbe, säurebetonte, trockene Weine mit deutlichem Apfel- und Kräuteraroma; Trockenbeerenauslesen aus dieser Sorte zählen zu den besten in Österreich.

ZIERFANDLER (SPÄTROTER)

V. a. in Österreich (Thermenregion); ergibt hellgoldgelbe, feurig-würzige, extraktreiche Weine mit guter Lagerfähigkeit sowie exzellente Prädikatsweine.

Bedeutende Rotweinreben

CABERNET FRANC

Anbau: in fast allen Weinbauländern der Welt.

Aus der französischen Rebsorte werden Weine erzeugt, die an Cabernet Sauvignon erinnern. Der Cabernet Franc ist allerdings meist etwas heller, enthält weniger Tannin und ist daher etwas früher trinkreif. Insgesamt ist er leicht bis mittelschwer und fruchtig. Die Rebe wird im Bordelais mit Cabernet Sauvignon und Merlot zu den bekannten großen Weinen verschnitten. Heute werden aber auch gerne sortenreine Cabernet-Franc-Weine erzeugt. Vor allem in der Neuen Welt gewinnt die Sorte zunehmend an Bedeutung.

CABERNET SAUVIGNON

Anbau: in allen fast frostfreien Weinbaugebieten der Erde. Cabernet Sauvignon ist die meistangebaute Spitzenrebsorte der Welt. In Südamerika nimmt die Anbaufläche stark zu.

Cabernet Sauvignon ist eine natürliche Kreuzung aus Cabernet Franc und Sauvignon blanc

Cabernet Sauvignon ergibt in der Regel rubinrote, gerbstoffreiche, trockene, fruchtig-aromatische und langlebige Weine, die nach mehreren Jahren ihre höchste Qualität und ihr besonders delikates Bukett erreichen. Ein typisches Merkmal ist der an Schwarze Johannisbeeren (Cassis) erinnernde Geschmack.

Durch den langsamen Reifeverlauf spielt der Lesezeitpunkt keine so wichtige Rolle, allerdings kann es sein, dass die Trauben nicht ganz ausreifen.

Cabernet Sauvignon ist die Traube der großen Bordeaux-Weine (vor allem der Medoc-Weine), wenngleich sie stets mit dem fruchtigen, früh reifenden Merlot und mit dem duftigen Cabernet Franc sowie manchmal mit Malbec und Petit Verdot verschnitten wird. Wegen ihrer Struktur ist sie ein wichtiger Bestandteil von Malbec-Weinen. In Australien wird sie wiederum mit Syrah verschnitten. Auch in einer Reihe von italienischen D.-O.-C.-G.-Weinen findet sie verschnitten mit Sangiovese Verwendung. In Kalifornien und Südafrika wird Cabernet Sauvignon meist sortenrein gekeltert, diese Weine gehören zu den besten der Welt.

GRENACHE

Anbau: u. a. in Australien, Frankreich, Spanien, Südafrika und USA.

Grenache ergibt hellrote, ansprechende, fruchtige, körperreiche Weine, die oft leicht süß sind. In Spanien – vor allem in Rioja – werden daraus die beliebten Rosados gekeltert. Aber auch bekannte Tintos bestehen überwiegend aus Grenache-Trauben, mit Tempranillo verschnitten eine ideale Kombination. In Frankreich werden Grenache-Trauben zur Erzeugung des berühmten Châteauneuf-du-Pape, des Côtes du Rhône und der hervorragenden Rhône-Roséweine Tavel verwendet.

Die Grenache-Rebe ist besonders widerstandsfähig gegen Trockenheit und Hitze und liefert einen hohen Ertrag. Sie ist die meistangebaute Rebe in Spanien.

MERLOT

Anbau: in fast allen Weinbauregionen der Welt.

Die aus Frankreich stammende Rebe ergibt granatrote oder dunkelrote, fruchtige, körperreiche, vollmundige Rotweine, die ein feines Bukett haben. Hervorragende Merlots brauchen zum Ausreifen eine lange Lagerzeit. Berühmt sind die großen Weine aus Pomerol. Die Merlot-Trauben werden gerne mit anderen Sorten verschnitten (z. B. für die Bordeaux-Weine).

NEBBIOLO

Anbau: u. a. in Argentinien, Italien, Kalifornien und Uruguay.

Die italienische Rebe ergibt rubinrote, trockene, kernige, körperreiche Weine mit charakteristischem zarten Duft, der an Veilchen erinnert. Nach längerer Lagerung werden diese Weine samtig und harmonisch; allerdings ist der Farbstoff etwas lichtempfindlich, sodass die Weine im Alter leicht braun werden. Aus der Nebbiolo-Traube werden der Barbaresco und der Barolo (siehe S. 143) gekeltert.

PINOT NOIR

Anbau: nahezu auf der ganzen Welt.
Weitere Bezeichnungen: Blauburgunder, Blauer Spätburgunder, Klevner (CH).

Pinot noir ergibt rubin- bis tiefrote, extrakt- und alkoholreiche Weine, die vollmundig, samtig und würzig sind und ein volles, ausgeprägtes Bukett haben; es sind meist hervorragende Qualitätsweine, die sich in der Flasche noch weiter ausbauen. Pinot noir ist die klassische und beste Rebe für Rotwein, die Kalksteinböden und ein relativ kühles Klima braucht. Allerdings ist die Vinifizierung oft schwierig. Aus den Pinot-noir-Trauben werden nicht nur dunkle, vollmundige Rotweine, sondern auch Rosés, Champagner und in Kalifornien sogar Blanc de Noirs und Schaumweine erzeugt.

SANGIOVESE

Anbau: u. a. in Italien, Argentinien und USA.

Man unterscheidet bei dieser Sorte zwei Familien, nämlich **Sangiovese Grosso** und **Sangiovese Piccolo** (Sangiovese di Romagna, Sangioveto). Zu Sangiovese Grosso gehören Brunello di Montalcino und Prugnolo Gentile. Die Rebe ist Hauptbestandteil vieler hochpreisiger Rotweine der Toskana. Sie ist als einzige Traube für Brunello di Montalcino zulässig und bildet die Grundlage für Chianti und Vino Nobile di Montepulciano.

Insgesamt ergibt die Rebe hellrubinrote, trockene, elegante, körperreiche und alkoholreiche Weine, die manchmal einen leicht bitteren Nachgeschmack haben. Die Sorte wird gerne mit Cabernet Sauvignon verschnitten.

SYRAH

Anbau: u. a. in Argentinien, Australien, Chile, Frankreich, Italien, Libanon, Österreich, Spanien, Südafrika und USA. Die Anbaufläche hat sich in den letzten Jahrzehnten vervierfacht.
Weitere Bezeichnungen: Petite Syrah (Frankreich, Kanada), Shiraz (Südafrika, Australien), Hermitage (Australien).

Syrah ergibt dunkle, tannin- und körperreiche, ausdrucksvolle Weine, die gut lagerfähig sind. Erst nach fünf und mehr Jahren Reife entfalten sie ihre Qualität. Die Rebe wird gerne mit anderen Sorten verschnitten (u. a. mit Viognier, Grenache und Cinsault).

TEMPRANILLO

Anbau: u. a. in Argentinien, Chile, Israel, Marokko, Portugal (Dourotal), Spanien und Südfrankreich.

Die spanische Rebsorte ergibt tiefdunkle, trockene, bukettreiche und langlebige Weine mit geringerem Alkoholgehalt und einem fruchtbetonten Charakter. Im Dourotal ist Tempranillo eine der meistangebauten Trauben, und dient der Portweinherstellung. Tempranillo wird häufig mit den Sorten Garnacha, Mazuelo und Graciano verschnitten. Die Rebe ist besonders widerstandsfähig gegen tiefe Temperaturen.

Steckbriefe weiterer Rotweinreben

AGLIANICO

V. a. in Italien angebaut; ergibt rubinrote, trockene Weine; benötigt mehrere Jahre Flaschenreife.

ALEATICO

V. a. in Italien angebaut; ergibt granatrote, fruchtige, samtige Weine; in Süditalien sind sie alkoholreich und süß.

BARBERA

U. a. in Italien angebaut; ergibt rubin- oder dunkelrote, fruchtige, kräftige Weine mit leichtem Veilchenduft; mehrjährige Lagerung empfohlen.

BLAUBURGER

V. a. in Österreich angebaut; ergibt tiefrote, milde, vollmundige Weine.

BLAUER FRÜHBURGUNDER

V. a. in Deutschland angebaut; ergibt dunkle, fruchtige, körperreiche Weine.

BLAUER PORTUGIESER

V. a. in Österreich und Deutschland angebaut; ergibt hell- oder dunkelrote, leichte Tischweine, die jung getrunken werden sollen.

BLAUER WILDBACHER

Hauptsächlich in Österreich (in der Steiermark) angebaut; ergibt zwiebelfarbene, hellrote oder rubinrote, frische Roséweine, die Schilcher genannt werden; sie haben eine kräftige Säure; auch Rot-, Prädikats- und Schaumweine werden daraus hergestellt.

BLAUFRÄNKISCH (LEMBERGER)

U. a. in Deutschland und Österreich (Burgenland) angebaut; ergibt rubin- bis bläulich rote, gehaltvolle, rassige, samtige Weine; häufiger Verschnittpartner von Zweigelt und Cabernet Sauvignon.

DOLCETTO

V. a. in Italien (Piemont) angebaut; ergibt rubinrote, trockene, leicht bittere Weine.

DORNFELDER

V. a. in Deutschland (in der Pfalz) angebaut; eine der interessantesten deutschen Neuzüchtungen; ergibt Weine voll Farbe, Frucht, Körper und Tannin.

GAMAY

U. a. in Italien und Frankreich angebaut; ergibt violettrote, leicht fruchtige, frische, feurige Weine; die Rebe ist sehr ertragreich; die Trauben werden gerne mit anderen Sorten gemischt; Gamay ist die Rebsorte des roten Beaujolais.

GRIGNOLINO

U. a. in Italien (Piemont) und Kalifornien angebaut; ergibt rubinrote, trockene, manchmal leicht süße Weine mit leicht bitterem Geschmack.

LAMBRUSCO

Hauptsächlich in Italien angebaut; ergibt rubinrote, oft trockene, zumeist leicht schäumende Weine.

LEMBERGER

(siehe Blaufränkisch)

MALBEC

U. a. in Frankreich, Spanien, Argentinien, Australien und den USA angebaut; ergibt dunkelrote Weine, die sich rasch ausbauen lassen; die Trauben werden häufig mit Cabernet Sauvignon und Cabernet Franc verschnitten.

PINOT MEUNIER

Unter anderem in Deutschland (Müllerrebe, Schwarzriesling, Samtrot) und in Frankreich angebaut; ergibt samtrote, körperreiche Weine mit geringer Säure; in der Champagne dient die Rebe zur Bereitung von Champagner-Grundweinen. Sie bringt ihre angenehme Fruchtigkeit in die Cuvée ein.

PINOTAGE

Kreuzung aus **Pino**t noir und Hermi**tage** (Syrah); hauptsächlich in Südafrika angebaut; ergibt farbintensive, füllige, fruchtige Rotweine.

RÁTHAY

Kreuzung von Blauburger mit Seyve-Villard 18-402 (französische Hybride) und Blaufränkisch; in Österreich seit 2000 als Qualitätsweinrebsorte zugelassen; ergibt gerbstoff- und extraktreiche Weine mit sehr dunkler Farbe; eignet sich gut für den Ausbau im Barrique.

ROESLER

Kreuzung von Zweigelt mit Seyve-Villard 18-402 (französische Hybride) und Blaufränkisch; in Österreich seit 2000 als Qualitätsweinrebsorte zugelassen; ergibt gerbstoff- und extraktreiche Weine mit tiefdunkler Farbe; eignet sich gut für den Ausbau im Barrique.

SCHWARZRIESLING

(siehe Pinot Meunier)

ST. LAURENT

U. a. in Österreich und Deutschland angebaut; ergibt samtrote, trockene, bei zunehmender Reife vollmundige Weine mit feinem Burgunderbukett, das im Jungweinstadium an Schwarze Johannisbeeren erinnert; gute Lagerfähigkeit.

In Österreich gilt St. Laurent als Spezialität der Thermenregion

TROLLINGER

U. a. in Deutschland, Südtirol (Vernatsch) und Italien (Schiava) angebaut; ergibt hellrote, würzige, gerbstoffarme Weine; die Rebe ist Bestandteil der italienischen Weine Grauvernatsch, Kalterer See und Sankt Magdalener.

ZWEIGELT (ROTBURGER)

Kreuzung aus Blaufränkischem und St. Laurent, hauptsächlich in Österreich und Ungarn angebaut; ergibt Weine mit einem breiten Qualitätsspektrum: von unkompliziert fruchtigen Weinen mit ansprechender Farbe und dem herben Charme der Weichsel (Sauerkirsche) bis zu Weinen mit höherer Reife von unbändiger, fast schon exotischer Fruchtsüße, tiefer rubinroter Farbe und charaktervollem Tannin. Die Rebe ist sehr widerstandsfähig gegen Frost.

Ein Arbeitsjahr im Weingarten

Weinberge im warmen Sonnenlicht, Rebstöcke voll mit süßen Trauben, ... – ein Bild, dass so mancher vor Augen hat, wenn er sich ein gutes Tröpfchen genehmigt. Ganz so idyllisch ist die Arbeit eines Winzers aber nicht. Denn bis ein Wein im Weinglas funkelt, ist harte Arbeit angesagt. Welche Arbeit zu welcher Jahreszeit im Weingarten notwendig ist, bleibt dem Konsumenten zumeist verborgen.

Der Jahreszyklus

Jänner, Februar

Die Arbeiten des Winzers beginnen im Jänner mit dem Rebschnitt. Der Winterschnitt ist eine wichtige Maßnahme zur Kultivierung und Pflege des Rebstocks. Er kann aber auch schon im Dezember durchgeführt werden und ist in der Regel Anfang März abgeschlossen.

Bei der Kordonerziehung wird zumeist links und rechts je ein Kordon an Drähten entlanggezogen. Einarmige Systeme sind in Südeuropa und in der Neuen Welt gebräuchlich.

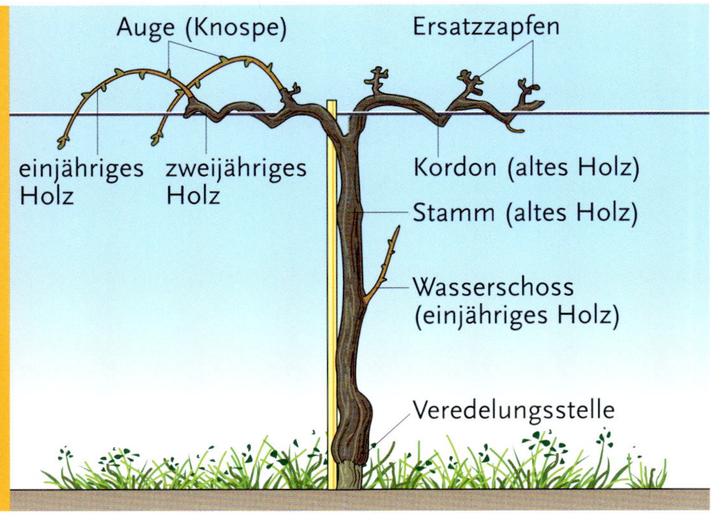

Die Rebe bekommt durch den Schnitt eine bestimmte Form, die zukünftige Arbeiten im Weingarten erleichtert bzw. ein maschinelles Bearbeiten erlaubt. Weiters werden durch ein Einschränken der Augen (Knospen), die später die Trauben tragen, der Ertrag und die Qualität beeinflusst. Wuchskraft und Ertragsleistung des Rebstocks werden dabei berücksichtigt.

Grundregeln und Arten des Rebschnitts

Der Rebschnitt wird jährlich durchgeführt. In den ersten drei Jahren nach dem Auspflanzen der Setzlinge in eine Neuanlage spricht man vom **Erziehungsschnitt.** In diesen ertraglosen Jahren bilden sich der Stamm und die Form des Rebstocks. Als Kordon wird der mehrjährige, verholzte Teil am oberen Ende des Stammes bezeichnet.

Ab dem vierten Jahr erfolgt der **Ertragsschnitt,** bei dem Frucht- und Ersatzholz gut verteilt und entsprechend der Fruchtbarkeit der Rebsorte angeschnitten werden. Wasserschosse, dürres Holz, teilweise altes und abgefrorenes Holz werden dabei entfernt.

Bei einer Zeilenbreite und einer Standweite von 3 mal 1 Meter werden 12 bis 24 Augen pro Sorte auf Zapfen oder Fruchtruten angeschnitten, das ergibt 4 bis 8 Augen pro Meter.

Hochkultur, Austrieb der Reben

Da sich bei fruchtbaren Sorten, wie z. B. Zweigelt, Muskateller und Grünem Veltliner, aus jedem Fruchtauge meist mehrere Trauben bilden, werden die Ruten eher schwach (kurz) angeschnitten. Aufgrund der geringeren Länge der Fruchtruten gibt es einerseits weniger Fruchtaugen (Knospen) und somit eine geringere Traubenmenge, andererseits wird durch den Schnitt ein kräftiges Triebwachstum gefördert.

Weniger fruchtbare Sorten, wie z. B. Traminer, Neuburger und Sauvignon blanc, werden eher stark angeschnitten (lange Fruchtruten, da meist nicht alle Knospen Trauben entwickeln). Dem Rebstock werden Fruchtruten mit vielen Augen belassen, was den Traubenbesatz erhöht, jedoch zu einer Schwächung der Wuchskraft führt. Die abgeschnittenen Reben werden entweder aus dem Weingarten entfernt und verbrannt oder mit Maschinen zerkleinert und später in den Boden eingearbeitet.

MIT ZUNEHMENDER TEMPERATUR SETZT EIN INTENSIVES WACHSTUM DER JUNGEN TRIEBE EIN

März

Der März ist die Zeit für diverse Reparaturen am Spaliersystem. So werden morsche Holzpfähle ausgetauscht, Stützstöcke nachgeschlagen und Drähte nachgespannt oder erneuert. Anschließend werden der Kordon und das angeschnittene Fruchtholz an den Drähten befestigt.

April

Anfang April, wenn die Knospen anschwellen, wird die Austriebsspritzung gegen Kräusel-, Pocken- und Spinnmilben durchgeführt. Weiters werden die im Spätherbst mit Erde angehäuften Veredelungsstellen der Rebstöcke freigelegt. Es folgt die Einsaat der Dauerbegrünung bzw. der Gründüngung und das Einbringen organischer oder mineralischer Nährstoffe.

Mai

Ende April, Anfang Mai brechen die Knospen auf – die grünen Triebspitzen werden sichtbar. Nachtfröste können den jungen Trieben in dieser Zeit noch schwer zusetzen.

Überschüssige Triebe an Kordon und Fruchtholz sowie Wasserschosse am Stamm werden ausgebrochen. Auch ein Spritzen der Vorblüte gegen den echten und den falschen Mehltau (siehe Weinkrankheiten, S. 78) ist erforderlich. Damit die Trauben gesund bleiben, sind in der Vegetationszeit – je nach Witterungsverlauf zwischen Mai und August – bis zu sieben Spritzungen gegen Schädlinge und Pilzkrankheiten erforderlich. „So wenig wie möglich, so viel wie notwendig", lautet die Devise im modernen Weinbau.

Juni

Weinblüte

In der letzten Junihälfte beginnt nach der Traubenblüte eine intensive Arbeitsphase:

- Ausbrechen oder Ausgeizen der jungen Triebe.
- Einstricken der langen Triebe zwischen den Drähten, damit sie sich anranken können und somit vom Wind nicht abgebrochen werden.
- Gründüngung oder Mulchen: Gras, Klee, Sonnenblumen, Wicken usw., die im Herbst zwischen den Rebzeilen wachsen, werden abgemäht und liegengelassen. Dieser Grünschnitt deckt den Boden des Weingartens ab und wird von Bodenlebewesen langsam zu Humus verarbeitet. Die Qualität des Bodens verbessert sich dadurch. Nebenbei kann das Wasser bei starken Regenfällen vom Boden besser aufgenommen und gespeichert werden (weniger Erosion). Der Grünschnitt kann aber auch in den Boden eingearbeitet werden, sodass er leichter verrottet.
- Maschinelle Unkrautbekämpfung zwischen den Rebstöcken.

Ende Juni erreichen die Beeren der verblühten Trauben Schrotkorngröße, die Trauben beginnen sich abzusenken.

Juli

Anfang Juli sind die Beeren bereits zu Erbsengröße angewachsen und die Trauben hängen an den Reben.

Um die Julimitte beginnt man die langen Triebe zu wipfeln. Das bedeutet, dass die Triebe, die über das Drahtspalier hinauswachsen, maschinell oder per Hand gekürzt werden. Besonders zwischen Juli und August wächst eine starke Laubwand heran, die nicht nur durch das Kürzen und Einstricken der Triebe, sondern auch durch ein Heften der Reben in Form gehalten wird.

August

Je nach Rebsorte wird Ende Juli oder Anfang August mit der Traubenausdünnung begonnen, um den Ertrag zu reduzieren. Die Bodenbearbeitungs- und Pflanzenschutzmaßnahmen werden wiederholt.

Etwa Mitte August vollzieht sich der Traubenschluss, d. h., die Beeren haben ihre volle Größe erreicht. Vor dem Weichwerden der Beeren ist oft noch eine vorbeugende Behandlung gegen Botrytis cinerea (Grauschimmel) erforderlich. Mit dem Beginn der Fruchtreife wird der Pflanzenschutz in der Regel eingestellt. Die Arbeiten im Weingarten beschränken sich nun auf das Schneiden und Ansäen der Dauerbegrünung sowie das Entfernen beschädigter Trauben. Noch im August wird mit dem Freilegen der Traubenzone begonnen. Dabei werden die Blätter händisch entfernt, um die Lichteinwirkung auf die Trauben und die Durchlüftung zu verbessern.

September bis Dezember

Abhängig vom Reifezustand der Trauben, dem Witterungsverlauf, dem Gebiet, der Lage und der Rebsorte (früh, mittel oder spät reifend) beginnt die Lese im September und endet mit Oktober. Eine Ausnahme ist die Traubenernte für die Erzeugung von Beerenauslesen, Trockenbeerenauslesen, Ausbruch und Eiswein, die im November und Dezember stattfindet.

Zu den letzten Arbeiten des Jahres zählt das Anpflügen der Rebstöcke, bei dem die Veredelungsstellen der Reben mit Erde bedeckt und so vor dem Frost geschützt werden. Weiters kann ein organischer Dünger ausgebracht werden. Während der Winterruhe erfolgt auch das Schneiden der Edelreiser.

Die Vegetationsruhe der Rebe beginnt mit dem Laubabwurf im Herbst

Die Weinlese

Mit der Entscheidung über den Beginn der Lese kann der Winzer auf die Qualität und den gewünschten Weintyp Einfluss nehmen. So werden neben dem Reifegrad der Trauben auch die Witterungsverhältnisse, der Gesundheitszustand der Trauben sowie der Verwendungszweck berücksichtigt.

Beim händischen Ernten kann faules und beschädigtes Traubenmaterial sofort entfernt werden

Während der Zuckergehalt in den Beeren steigt, nimmt der Säuregehalt kontinuierlich ab. Durch die Bestimmung des Zucker- und Säurewertes mithilfe des Handrefraktometers (Fruchtzuckermessers) können Rückschlüsse auf das Reifestadium und somit auf den optimalen Lesetermin gezogen werden.

Anhand einiger Tropfen Traubensaft wird mit dem Handrefraktometer bestimmt, wie viel Gramm Zucker in 100 Gramm Most enthalten sind

Reifestadien

Manche Rebsorten reifen früh (Mitte September), andere wiederum etwas später (bis Mitte Oktober) und einige Trauben zeigen erst ab Mitte Oktober, was in ihnen steckt.

Bukettreife

Darunter wird jener Reifegrad verstanden, bei dem das Bukett der Traubensorte am besten zur Geltung kommt.

Vollreife

Der Zuckergehalt liegt meist zwei KMW-Grade (ca. 10° Oechsle) höher, der Säuregehalt ist hingegen niedriger als bei der Bukettreife und somit harmonischer.

Überreife

Für die Erzeugung von Prädikatsweinen bleiben die Trauben bei idealem Wetter über die Vollreife hinaus am Rebstock hängen.

Ernte im Bordeaux

Erntemethoden

Die Trauben werden bis auf wenige Ausnahmen sortenrein geerntet und zur Weiterverarbeitung in das Presshaus gebracht.

Manuelle Ernte

Die Traubenernte wird großteils noch immer händisch durchgeführt.

Qualitätsweinerzeuger richten größte Aufmerksamkeit auf vollreifes und gesundes Traubenmaterial sowie auf die Behandlung der Frucht. In vielen Weinbaugebieten Europas sind Größe und Form der Transportbehälter vorgeschrieben, um Beschädigungen der Trauben zu vermeiden.

Verwendete Behältnisse

- Traditionelle Behältnisse sind **Butten und Bottiche**, heute meist aus Kunststoff.
- **Kleinbehälter:** Kisten und Steigen mit maximal 25 kg Füllgewicht sind eine Transportvariante, um Trauben möglichst unverletzt zur Weiterverarbeitung zu bringen.
- **Groß- oder Drehstapelbehälter:** Bei einer Füllmenge von maximal 500 kg hält sich die Beschädigung der Trauben in Grenzen. Die Behälter können mittels Drehstapler rasch entleert werden.
- **Erntewagen:** Durch die hohe Aufschüttung sowie durch Stahlschnecke und Monopumpe werden die Trauben stark gequetscht. Bei warmem Wetter und langer Befüllzeit kann bereits im Weingarten eine Oxidation (Braunfärbung) bzw. Gärung einsetzen.
- **Maischewagen:** Durch den eingebauten Rebler werden die Kämme entfernt, sie bleiben im Weingarten zurück. Durch die längere Verweilzeit der Maische im Wagen kann es vor allem bei faulem Traubenmaterial zu erhöhter Gerbstoffbelastung, Essigstich, Oxidation und Gärung kommen.
- **Feldpresse:** Die kontinuierliche Schneckenpresse funktioniert nach dem Fleischwolfprinzip und findet vor allem bei der Tafelweinproduk-

Lesearten

Vorlese

Traubenkrankheiten und Witterungseinflüsse können eine vorzeitige Lese erzwingen und die Qualität dadurch erheblich vermindern.

Hauptlese

Spätestens mit dem Eintreten der Bukett- bzw. der Vollreife setzt die Hauptlese ein.

Spätlese

Die Trauben werden bei besonders günstigen Wetterbedingungen, sprich einem milden, sonnigen Herbst, über die normale Lesezeit hinaus am Stock gelassen. Diese Weine werden als Prädikatsweine (Spätlese, Auslese, Eiswein, Beerenauslese, Strohwein, Ausbruch, Trockenbeerenauslese) bezeichnet.

Wenn Väterchen Frost zum Winzer wird

Die Voraussetzung für Eiswein ist mit wenigen Worten erklärt: Ohne Frost kein Eis, ohne Eis kein Eiswein.

Die vollreifen Trauben werden bis zum Frosteintritt am Rebstock belassen. Frost kann manchmal bereits im November einfallen, manchmal lässt er aber auch bis Jänner auf sich warten. Die Temperatur muss dabei für ein paar Stunden auf mindestens –7 °C abfallen. Der Most mit seinen Extraktstoffen hat einen tieferen Gefrierpunkt als Wasser. Dieser Umstand wird beim Pressen genutzt: Der an Aromastoffen, Säure und Zucker reiche Traubensaft wird von den Eiskristallen getrennt – das Mostkonzentrat läuft ab und das Eis (Wasser) bleibt mit dem Trester zurück.

Nun wird auch klar, warum die Trauben möglichst rasch gepresst werden müssen. Ist das gefrorene Wasser in der Beere erst wieder aufgetaut, ist es mit dem Eiswein vorbei.

Weinberge in fester Umklammerung des Frostes, Menschen, die in klirrender Kälte mit klammen Fingern eiskalte Trauben ernten, ein ständiges Klackern von hartgefrorenen Trauben, die in den Eimern aufschlagen – die Eisweinlese ist harte Arbeit

tion Verwendung. Stiele und Trester bleiben im Weingarten zurück. Der Most wird im Tank in verschiedenen Zonen aufgefangen, eine genaue Bestimmung der Fraktion des Mostes oder eine Maischestandzeit sind nicht möglich. Durch die hohe mechanische Belastung des Traubengutes entsteht ein hoher Gerbstoff- und Trubstoffgehalt.

Maschinelle Ernte

Vollernter ermöglichen eine rasche Ernte (2–3 Stunden pro Hektar), können aber nur bei entsprechendem Gelände und geeigneter Rebziehung zum Einsatz kommen. Die Lese kann auch in der Nacht bei kühleren Temperaturen erfolgen, wie es in heißeren Weinbaugebieten praktiziert wird.

Mithilfe von Schlagstäben wird gegen den Bereich der Traubenzone geschlagen, dabei fallen die Trauben und Beeren, aber auch Fremdmaterial wie Blätter, Triebe und Insekten sowie unreife oder faule Beeren auf ein flexibles Förderband. Durch die mechanische Einwirkung ist mit erhöhter Gerbstoffbelastung und Oxidation zu rechnen. Vollreifes und gesundes Traubengut ist für dieses Ernteverfahren von Vorteil, ein Rebeln ist nicht notwendig.

MASCHINELLE ERNTE

Biologischer Weinbau

Beim biologischen (ökologischen oder bioorganischen) Weinbau wird versucht, nicht nur die natürlichen Ressourcen zu schonen, sondern das gesamte Ökosystem miteinzubeziehen.

In der EU-Verordnung 2092/91 sind die Mindeststandards für den biologischen Weinbau festgelegt. Darüber hinaus gibt es Bioverbände, wie z. B. Ecocert, Bioveritas, Bioland, Bio Ernte Austria, Naturland und Demeter, deren Richtlinien über die EU-Verordnung hinausgehen.

Auf einem lebendigen, gesunden Boden wachsen vitale und robuste Reben, die die Basis für exzellente terroirbetonte Weine bilden.

Die Nährstoffversorgung der Rebe erfolgt vorwiegend über eine Begrünung der Rebzeilen. Dafür werden Pflanzen gefördert, die in der Lage sind, den Luftstickstoff zu binden (z. B. Hülsenfrüchtler). Kompost, Stallmist aus biologischer Landwirtschaft und Gesteinsmehle können zur Düngung eingesetzt werden.

Synthetische Pflanzenschutzmittel sind im biologischen Weinbau ausnahmslos untersagt. Rebkrankheiten werden mit natürlichen Mitteln verhindert bzw. bekämpft. So setzt man zum Schutz vor dem Echten und dem Falschen Mehltau (siehe S. 78) Schwefel, Tonerdepräparate, Fenchelöl, Kupfer und Pflanzenstärkungsmittel ein. Intensive Laubarbeit und die Förderung von Nützlingen tun das Ihrige, um die Gesundheit der Trauben zu stärken. Damit Nützlinge auch einen Lebensraum finden, wird der natürliche Bewuchs der Weingartenränder und Böschungen gefördert. Die Blüten locken so auch Insekten an, die Schädlinge wie den Traubenwickler in Schach halten.

Auch die Weinbereitung unterliegt den Richtlinien der einzelnen Verbände. Alle Weinbehandlungsmittel müssen gentechnikfrei hergestellt werden. Die Schwefelobergrenzen liegen ein Drittel unter den gesetzlichen Höchstwerten.

Biowein muss auf dem Etikett die Kontrollnummer in Verbindung mit der betriebseigenen Nummer sowie die Bezeichnung „aus biologischem Anbau" oder „aus biologischer Landwirtschaft" tragen.

Biodynamischer Weinbau

Das Arbeiten nach biodynamischen Grundsätzen wurde vom Anthroposophen Rudolf Steiner entwickelt und ist unter dem Namen „Demeter" weltweit geschützt. Dazu werden sowohl biodynamische Präparate aus Hornmist, Hornkiesel, Schafgarbe, Brennnessel, Kamille, Eichenrinde, Baldrian und Löwenzahn eingesetzt als auch Sternen- und Mondkonstellationen berücksichtigt. Die Kunst des Demeter-Anbaus besteht darin, für alle Vorgänge, wie z. B. das Ausbringen der Präparate oder die Arbeiten im Weingarten und Keller, den richtigen Zeitpunkt zu wählen.

Bekannte Demeter-Weinerzeuger

Nikolaihof (Mautern, Wachau), Niki Moser (Rohrendorf, Kremstal), Fred Loimer (Langenlois, Kamptal), Weingut Klinger (Apetlon, Neusiedler See), Weingut Meinklang (Pamhagen, Neusiedler See), Weingut Eymann (Pfalz), Weingut Hahnmühle (Nahe), Prinz zu Salm-Salm – Prinz zu Salm-Dalberg (Nahe), Weingut Wittmann (Rheinhessen).

Die Weinerzeugung

Wein ist ein alkoholisches Getränk, das aus dem Saft von Weintrauben hergestellt wird. Dieser Sachverhalt klingt zugegeben sehr trocken. Das Produkt, ebenfalls oft trocken, schmeckt jedoch umso köstlicher. In den letzten Jahrzehnten hat sich die Weinerzeugung zu einer wahren Wissenschaft entwickelt, die einerseits noch durch die Tradition (Weinstil), die regionalen Möglichkeiten (Klima, Boden, Rebsorten) und die gesetzlichen Vorgaben (Ertragsmenge, Anreicherung) geprägt ist, aber andererseits auch von den technischen Möglichkeiten, den persönlichen Entscheidungen der Winzer und den wissenschaftlichen Erkenntnissen beeinflusst wird.

Durch die Vielzahl an Kontroll-, Steuerungs- und Ausbautechniken laufen die „perfekten Weine" jedoch Gefahr, uniform und unpersönlich zu wirken. Sie schmecken zwar gut, aber irgendwie auch sehr ähnlich. Austauschbar, könnte man fast sagen. Traditionalisten gehen davon aus, dass „Weine mit Seele" nur dann entstehen, wenn bestimmte Prozesse natürlich ihren Lauf nehmen bzw. nur begleitende Steuerungsmaßnahmen getroffen werden.

WEISSWEINE WERDEN SOWOHL AUS WEISSEN ALS AUCH AUS ROTEN UND BLAUEN TRAUBEN HERGESTELLT

Ideale Voraussetzungen für die Qualitätsweinerzeugung sind gesunde, reife Trauben, eine geringe mechanische Belastung bei der Ernte sowie eine rasche und schonende Verarbeitung.

Die Weißweinerzeugung

Räumen wir gleich zu Anfang mit einem weitverbreiteten Irrtum auf: Weißweine werden nicht nur aus weißen Trauben, sondern auch aus roten und blauen erzeugt. Der Traubensaft hat eine graugrüne Farbe, ganz gleich von welcher Traubenart.

Das Rebeln (Entrappen), Maischen, Auslaugen

Im Rebler werden die Beeren von den Stielen getrennt und gleichzeitig durch Walzen gequetscht (gemaischt), damit der Saft rasch abrinnen kann. Die gerbstoffreichen Stiele werden beim Rebeln automatisch ausgeschieden, da sie dem Wein einen kratzig-bitteren Geschmack verleihen würden.

Rebler

Die Maische kommt anschließend entweder in die Presse oder zum Auslaugen von Aroma-, Farb- und Extraktstoffen je nach Traubensorte 5 bis 12 Stunden (Maischestandzeit) in einen Behälter.

Bei der aufwendigen **Kaltmazeration** wird die Maische in isolierten Tanks auf ca. 5 °C abgekühlt. Dadurch erhöht sich die Fruchtigkeit sowie die Aroma- und Farbintensität der Weine. Die Maischestandzeit beläuft sich bei Weißwein auf etwa ein bis fünf Tage, bei Rotwein auf zwei bis fünf Tage, teilweise auch länger.

Zum Auslaugen wird nur gesundes oder edelfaules Traubenmaterial verwendet.

Die Maischebehandlung

Zum Abtöten von unerwünschten Keimen und zum Schutz vor Oxidation kann in geringen Mengen Schwefeldioxid beigegeben werden. Diesen Vorgang nennt man „**Schwefeln**". Aber auch Enzyme tragen zu einer effizienten Verarbeitung bei:

- **Pektolytische Enzyme:** Pektine sind Mehrfachzucker, die u. a. in den Kernen und Schalen der Weinbeeren vorkommen. Die pektolytischen Enzyme schließen diese Pektine auf, mit dem Resultat, dass die Beerenhäute und das Fruchtfleisch weicher werden und somit schneller ausgelaugt und verarbeitet werden können. Vor allem bei Sorten mit fester Schale und festem Fruchtfleisch (z. B. Neuburger) sind diese Enzyme sehr hilfreich.
- **Aromen freisetzende Enzyme:** Sie bewirken einen intensiven Duft und können auch nach der Hauptgärung beigegeben werden (z. B. bei Traminer und Muskat).

Die Ganztraubenpressung

Für die Erzeugung der beliebten, leichten, frischen, fruchtigen, gerbstoffarmen, reduktiv ausgebauten Weißweine werden die Trauben nicht gerebelt, sondern im Ganzen gepresst. Durch den Druck in der Presse platzen die Beeren und die Kämme dienen als Kanäle, durch die der Most rasch ablaufen kann. Die Ganztraubenpressung wird aber auch bei der Verarbeitung edelfauler Trauben, bei der Eiswein- und der Champagnererzeugung eingesetzt. Für diese schonende Art der Verarbeitung ist vollreifes Traubengut Voraussetzung, da sonst zu schlanke Weine entstehen.

Das Pressen (Keltern)

Von den Maischebehältern kommt die Maische direkt oder vorentsaftet in die Presse, wo der restliche Saft von den festen Bestandteilen getrennt wird.
Der Most, der ohne Pressdruck abläuft, wird **Seihmost** genannt. Er enthält den höchsten Zucker- und Säuregehalt und kann bis zu 50 % der gesamten Mostausbeute ausmachen.

Moderne Presse

Der beim ersten Pressvorgang gewonnene Most heißt **Pressmost**, der durch nochmaliges Auflockern (Scheitern) des Presskuchens gerbstoffreichere Most wird als **Scheitermost** bezeichnet. Was übrig bleibt, sprich Beerenhäute, Fruchtfleisch und Kerne, ist der sogenannte **Trester**. Die verschiedenen Mostqualitäten (Seih-, Press- und Scheitermost) werden in Qualitätskellereien getrennt weiterverarbeitet.

Meist verwendete Arten von Pressen

Horizontale Spindelpresse: Die mechanische Belastung des Keltergutes ist bei dieser Presse sehr hoch. Es kommt zu einer höheren Oxidation und Trubbelastung des Mostes.

Pneumatische Presse: Sie gewährleistet einen schonenden Pressablauf und ist in den meisten Kellerein Standard. Die Presse enthält einen Gummiballon oder beschichtete Planen, die durch einen Luftkompressor aufgeblasen werden und die Maische gegen die Korbwand drücken. Der Most hat eine höhere Qualität, da eine geringere Oxidation und weniger Trubstoffe entstehen.

Tankpresse: Ist der Korb der pneumatischen Presse bis auf die Austrittsöffnung für den abgepressten Most geschlossen, so spricht man von einer Tankpresse. Eine Tankpresse kann auch mit Schutzgas befüllt werden, um das Einwirken von Luftsauerstoff zu verhindern. Auch eine Maischstandzeit in der Presse ist daher möglich.

Die Mostbehandlung

Das Vorklären des Mostes

Der Most enthält noch verschiedene Unreinheiten, sogenannte **Trubteilchen** (Kerne, Beerenschalen, Fruchtfleisch, Staub), wenn er aus der Presse fließt und muss daher geklärt werden. Üblicherweise lässt man den Most in einem Klärbehälter einige Stunden kühl stehen, damit sich die Trubteilchen absetzen können.

Eine schnellere, aber nicht so schonende Methode ist das Entfernen der Trubstoffe mit Zentrifugen (Separatoren) oder Trubfiltern. Durch Einblasen von Luft oder Stickstoff kommt es zum Aufschwimmen der Trubteilchen, die somit abgeschöpft werden können.
In der Fachsprache nennt man diesen Vorgang der Mostklärung auch **Entschleimen.** Angestrebt wird dabei eine reintönige Vergärung des Mostes.

Die Mostanreicherung (Chaptalisierung)

In kühlen, sonnenarmen Jahren bilden die Trauben nur wenig Zucker. Das Ergebnis wären dünne, leichte Weine. Damit dennoch gehaltvolle Weine erzeugt werden können, dürfen dem Most Zucker und Traubendicksaft bzw. rektifiziertes Traubensaftkonzentrat (RTK) zugesetzt werden. In den einzelnen Weinbauländern gibt es dazu unterschiedliche Regelungen, ob, wie und in welcher Höhe eine Anreicherung vorgenommen werden darf. Für jede Aufbesserung ist eine exakte Bestimmung des Zuckergehaltes im Most Voraussetzung. Dafür werden unterschiedliche Messsysteme (Mostwaagen) verwendet.

- **Klosterneuburger Mostwaage (KMW):** Österreich, Italien (Babo-Grade).
- **Oechslewaage:** Deutschland, Schweiz, Luxemburg.
- **Balling- und Brixmostwaage:** englischsprachige Länder.
- **Baumé-Mostwaage:** Frankreich, Spanien.

Beispiel:
1° KMW oder 5° Oechsle = 1 Kilogramm (1 %) Zucker in 100 Kilogramm Most.
Um die Erhöhung des Mostgewichtes um 1° KMW bzw. 5° Oechsle zu erreichen, sind 1,3 Kilogramm Zucker nötig.

Eine Aufbesserung des Mostes dient vorwiegend dazu, den Alkoholgehalt im Wein zu erhöhen. Viele Weinerzeuger lehnen eine Anreicherung ab und sind bestrebt, durch Mengenreduzierung im Weingarten eine optimale Traubenqualität zu erzielen.

„Wenn die Natur die wichtigen Ingredienzien, die einen feinen Wein ausmachen, versagt, kann die Kunst diese nicht ersetzen."
Lamothe, berühmter Verwalter von Château Latour, experimentierte 1816 erstmals mit der Chaptalisierung

Die Mostkonzentrierung

Bei der Konzentrierung mithilfe der Vakuumdestillation, der Umkehrosmose oder der Gefrierkonzentrierung (Ausfrieren des Wasseranteils) darf nur um 2 Vol.-% (ca. 2,5° KMW) angereichert bzw. dürfen maximal 20 % des Volumens entzogen werden. Im Weinbaugebiet Sauternes ist beispielsweise auch ein Einfrieren der Trauben erlaubt.

Die Mostentsäuerung

Weinsäure und Apfelsäure sind die wichtigsten Säuren der Weinbeere.
Bei schlechtem Reifegrad der Trauben, vor allem in den nördlichen Weinbauländern, ist in manchen Jahren eine Mostentsäuerung vorzunehmen. Die Entsäuerung soll jedoch nur bei Mosten mit einem Gesamtsäuregehalt über 10 Promille durchgeführt werden, da die Moste bei höherem Säuregehalt reintöniger vergären. Die Entsäuerung von Jungwein ist auf die gleiche Weise möglich.

Bei der Entsäuerung mit **kohlensaurem Kalk** wird nur ein Teil der Weinsäure ausgefällt. 67 Gramm kohlensaurer Kalk in 100 Litern Most vermindern die Weinsäure um 1 Promille.

Die **Doppelsalzentsäuerung** ermöglicht das Ausfällen von Wein- und Apfelsäure.

Der **biologische Säureabbau** (die malolaktische Säureumwandlung) ist bei Weißwein nicht so verbreitet wie bei Rotwein und wird daher im Kapitel Rotweinerzeugung näher behandelt (siehe S. 66).

Nach der Behandlung wird der Most in Fässer, Zisternen oder Tanks aus Edelstahl bzw. Kunststoff gefüllt und die Gärung wird eingeleitet.

Die Gärung

Unter alkoholischer Gärung versteht man einen biochemischen Vorgang, bei dem durch Enzyme Zucker in Alkohol und Kohlendioxid umgewandelt wird, wobei Wärme entsteht. Die Enzyme, die die Gärung hervorrufen, stammen von Hefepilzen. Beim Gärungsprozess bilden sich auch Nebenprodukte wie Glyzerin, Bernsteinsäure und Bukettstoffe.

In der Natur vorkommende Hefen gelangen schon mit den Weintrauben in den Most, sodass es von selbst zu einer Gärung kommt **(Spontangärung).** Da diese Gärung relativ langsam in Gang kommt bzw. um den Gärprozess kontrolliert ablaufen zu lassen, werden dem Most Kulturhefen, sogenannte **Reinzuchthefen** vom Stamm saccharomyces cerevisiae mit verschiedenen Eigenschaften beigesetzt, die die Gärung sofort einleiten. Die Gärung teilt sich in drei Phasen.

Das Angären

In der ersten Phase, die ein bis zwei Tage dauert, kommt es zu einer starken Hefevermehrung und bereits zu einer leichten Kohlendioxidbildung. Dabei werden die Trubstoffe im Most an die Oberfläche gedrückt.

Die Hauptgärung

Die Hauptgärung oder stürmische Gärung erkennt man daran, dass Kohlendioxid unter starkem Schäumen und Brausen entweicht. Nicht umsonst wird dieser lehmfarbige, milchig-trübe, süßlich schmeckende Most in Österreich **Sturm** genannt. In Deutschland bezeichnet man dieses moussierende Getränk u. a. als **Federweißen oder Sauser.**

Sturm (Federweißer)

Bei unkontrolliertem Gärverlauf kann die Gärung sehr rasch vor sich gehen. Dabei steigt die Temperatur bis zu 40 °C an. Wird eine Temperatur von 35 °C überschritten, so „versiedet" der Wein (der Wein ist verdorben).

Da eine langsamere Gärung für die Entwicklung des Weines von Vorteil ist, wird die Gärung heute durch **Kühlung** geregelt. Die Hauptgärung dauert fünf bis sieben Tage.

Die Nachgärung (stille Gärung)

Auf die stürmische folgt eine ruhigere Phase, die sogenannte Nachgärung oder stille Gärung. Sie dauert bis zu fünf Wochen. Während dieser Zeit entwickelt der Wein seine Bukettstoffe. Dabei kommt es zu einer sehr starken Kohlensäureentwicklung, den sogenannten Gärgasen. Das Kohlendioxid entweicht durch den Gärtrichter (Gärspund) aus dem Fass.

Die Gärung endet, wenn der Zuckervorrat zur Neige geht (trockener Wein) oder wenn die Hefezellen durch die wachsende Konzentration des Alkohols absterben. Das ist bei etwa 13 bis 15 Vol.-% Alkohol der Fall. Der noch unvergorene Zucker bleibt als Restzucker im Wein (z. B. bei Prädikatsweinen). Zur Erhaltung eines natürlichen Zuckerrestes kann die Gärung auch durch Abkühlen, Filtration oder mithilfe von Separatoren gestoppt werden.

Die Gärung hat den Most in **Jungwein** verwandelt. Die Fässer werden nun immer mit Jungwein möglichst gleicher Herkunft, Rebsorte, Qualitätsstufe und gleichem Jahrgang aufgefüllt und spundvoll gehalten, um eine Oxidation zu verhindern.

Die Jungweinbehandlung

Das Abziehen vom Geläger (erster Abstich)

Nach der Beendigung der Gärung setzen sich die abgestorbene Hefe und die Trubstoffe als Bodensatz (Geläger) am Boden des Gärbehälters ab. Der fast klare Jungwein wird vom Gärbehälter in den Lagerbehälter gepumpt, wobei

DIE FÄSSER WERDEN IMMER WIEDER AUFGEFÜLLT, UM EINE OXIDATION ZU VERHINDERN

meist auch eine Filtration des Weines mithilfe von Schichten- oder Kieselgurfiltern durchgeführt wird. Ein rascher Abzug fördert die Reintönigkeit und wirkt Fehlentwicklungen entgegen. Erfolgt der erste Abstich zu spät, vor allem wenn faules Lesegut verarbeitet wurde, können – bedingt durch den Zerfall der abgestorbenen Hefezellen – Fehlaromen wie z. B. Böckser entstehen.

Bei gesundem Geläger besteht keine Infektionsgefahr – durch die längere Einwirkzeit der Hefe wird der Weincharakter gefördert. Manche Weinerzeuger (vor allem in Burgund) nützen durch zusätzliches Aufrühren die desinfizierenden Eigenschaften des Bodensatzes und fördern damit auch eine besondere Cremigkeit und Hefenote.

Die ungefilterten, leicht hefetrüben Jungweine werden in Österreich als **Staubiger** bezeichnet. Weine, die bis zur Abfüllung mit dem Bodensatz reifen (**„sur lie"**), werden als **Hefeabzug** bezeichnet.

Bei einer **Spontanklärung** setzen sich die Trubstoffe auf natürlichem Wege ohne Filtration ab, bis der gewünschte Kläreffekt erreicht ist.

Das Schwefeln

Gleichzeitig mit dem ersten Abstich erfolgt das Schwefeln des Weinfasses mit Kaliumpyrosulfit ($K_2S_2O_5$). Damit werden einerseits die Haltbarkeit, die Bukettentwicklung und die Reintönigkeit gefördert und andererseits eine Oxidation und mikrobiologische Fehlentwicklungen unterbunden.

Schwefeln der Weinfässer

Die Jungweinentsäuerung

Um Wein mit einem zu hohen Säuregehalt harmonischer zu machen, sind folgende Entsäuerungsmöglichkeiten üblich:

- **Verschnitt mit säurearmen Weinen.**
- **Chemische Entsäuerung:**
  - Entsäuerung mit kohlensaurem Kalk (siehe Mostentsäuerung, S. 61).
  - Doppelsalzentsäuerung.
  - Biologischer Säureabbau (malolaktische Säureumwandlung).

Für die Erzeugung von Qualitätsweisswein, Rotwein und edelsüssen Prädikatsweinen empfiehlt sich die Lagerung in Holzfässern

Reifen, Lagern, Ausbau

Nach der Klärung des Jungweines erfolgt die Reifung im Gebinde. Diese Phase dauert je nach Sorte, Jahrgang, Qualitätsstufe und Herkunft unterschiedlich lange. Während der Lagerung wird das Bukett des Weines ausgebaut, die Inhaltsstoffe und Geschmackskomponenten verbinden sich harmonisch miteinander, die Säure wird gemildert und Gerbstoffe werden abgebaut.

Der Kellermeister muss durch Verkostungen und chemische Untersuchungen die Entwicklung des Weines ständig kontrollieren. Außerdem muss der Gehalt an schwefeliger Säure konstant gehalten werden.

Die Lagerung und Reifung des Weines kann in verschiedenen Behältern erfolgen. Das **Holzfass** ermöglicht eine gute Klärung und einen guten Ausbau des Weines, da durch die Poren des Holzes ein reifefördernder Gasaustausch erfolgt (siehe Rotweinerzeugung).

Aus pflegetechnischen sowie hygienischen Gründen und um den Wein über einen längeren Zeitraum zu lagern, sind gasdichte Behälter wie Edelstahltanks oder Zisternen vorzuziehen, da in diesen Behältern die Alterung des Weines langsamer vor sich geht.

Stahltanks zum Ausbau des Weines

Die Stabilisierung

Trübungen im Wein können durch Eiweiß, Gerbstoffe, Kristalle, Hefen, Bakterien usw. entstehen. Bevor der Wein in Flaschen abgefüllt wird, muss deshalb dafür gesorgt werden, dass er chemisch, physikalisch und biologisch stabil ist und sich nicht mehr nachteilig in Aussehen, Geruch und Geschmack verändert. Bezogen auf die Lagerdauer, den Ort, den Transport und den Verkaufsort werden unterschiedliche Ansprüche an die Stabilität des Weines gestellt. Durch die Stabilisierung des Weines können auch verschiedene Weinfehler und Weinkrankheiten behoben werden.

Zu diesem Zweck wird der Wein durch Zusatz verschiedener Stoffe stabilisiert, die die festen Teilchen im Wein anziehen und ablagern.

- **Eiweißstabilisierung:** Sie erfolgt entweder durch Bentonit (Aluminiumsilikat) oder durch Kurzzeiterhitzung. Dadurch wird die Eiweißausflockung verhindert.
- **Weinsteinstabilisierung:** Um die Bildung von Weinstein nach der Flaschenfüllung zu vermeiden, wird der Wein einige Tage auf Minusgrade abgekühlt bzw. durch Zusatz von Metaweinsäure stabilisiert.
- **Stabilisierung gegen Oxidation:** Oxidation führt beim Weißwein zur Braunfärbung und zum Verlust der Frische und Fruchtigkeit. Sie kann Trübungen hervorrufen und zu negativen Aromen führen, die als „oxidativ“ bezeichnet werden. Um das zu verhindern, werden die Fässer spundvoll gehalten und der Wein wird auf einen konstanten SO_2-Spiegel von ca. 40 mg pro Liter eingestellt.

Die Schönung

Durch den Zusatz von Stoffen tierischer und mineralischer Herkunft können Metalltrübungen verhindert werden. Diese Stoffe werden in gequollenem oder pulverisiertem Zustand zugesetzt und bilden einen Niederschlag, der im Wein langsam zu Boden sinkt und dabei die Fremdstoffe mitnimmt. Der Wein wird klar und „schön“.

Aufrühren der Schönungsmittel

- **Klärschönung:** Speisegelatine ist ein gebräuchliches Mittel zur Klärung und Geschmacksabrundung gerbstoffreicher Weiß- und Rotweine.

- **Blauschönung:** Gelöste Metallteile (Kupfer, Eisen) werden durch gelbes Blutlaugensalz entfernt. Die Blauschönung wird auch nach einer Böckserbehandlung mit Kupfersulfat eingesetzt.
- **Gerbstoffschönung:** Sie dient zur Abrundung der Gerbstoffe. Sie erfolgt mit Eiweiß-/Kaseinprodukten, bei Spitzenweinen auch mit frischem Eiklar.
- **Aktivkohlebehandlung:** Moste aus unreifem und von Frost befallenem Lesegut sowie Weine mit Farb-, Geruchs- und Geschmacksfehlern – verursacht durch unsaubere und schlechte Kellertechnik – können mit Aktivkohle (gereinigter, feinst vermahlener Pflanzenkohle) korrigiert werden. Durch diesen Eingriff gehen allerdings Duft- und Geschmacksstoffe verloren.

Das Verschneiden

Dabei werden zwei oder mehrere Weine, aber auch verschiedene Rebsorten vermischt, um eine bestimmte, möglichst gleichbleibende Geschmacksrichtung zu erhalten.

Die Flaschenfüllung

> Wein ist Poesie in Flaschen.
> *Robert Louis Stevenson, Schriftsteller*

Der Wein wird in Flaschen abgefüllt, wenn er das optimale Ausbaustadium erreicht hat. Dieser Zeitpunkt variiert natürlich von Wein zu Wein und ist vor allem von der Rebsorte, der Qualitätsstufe, dem Weinstil und der Herkunft abhängig. Bis auf wenige Ausnahmen werden die Weine ausschließlich steril abgefüllt. Unter steril wird beim Wein ein Zustand verstanden, bei dem das Produkt frei von weinschädlichen Mikroorganismen wie Hefen und Bakterien ist. Durch Verwendung von sehr feinen Filterschichten (Entkeimungsschichten) bzw. Membranfiltern werden bei der Filtration Hefen und Bakterien zurückgehalten.

Die kaltsterile Abfüllung

Die Filter, Schläuche, Leitungen, Füller und Flaschen werden vor dem Abfüllen mit Heißwasserdampf keimfrei gemacht.

Die Warmfüllung

Der Wein wird bei der Füllung in die Flasche auf 50 bis 60 °C erhitzt und kühlt anschließend beim Lagern langsam ab. Die Weine sind daraufhin steril.

Der Ausbau und die Reifung

Nach dem Abfüllen in Flaschen sollte allen Weinen, vor allem qualitativ hochwertigen Weinen, die Möglichkeit zur Nachreifung gegeben werden. Während der Lagerung wird das Bukett des Weines ausgebaut, die Inhaltsstoffe und Geschmackskomponenten verbinden sich harmonisch miteinander, die Säure wird gemildert und Gerbstoffe werden abgebaut.

Weißweine werden meist sehr jung in Flaschen abgefüllt und erlangen in der Flasche höchste Qualität. Die Reifedauer ist von der Sorte, der Herkunft, dem Jahrgang, dem Weinstil, der Qualitätsstufe und den gesetzlichen Bestimmungen abhängig.

Die Süßweinerzeugung

Die besten Süßweine bzw. Prädikatsweine werden aus Trauben bereitet, die so süß sind, dass die Gärung nicht den gesamten Zucker in Alkohol umwandeln kann. Dies trifft vor allem bei Beerenauslesen, Ausbruch und Trockenbeerenauslesen zu.

Ein Rebeln ist aufgrund des Botrytisbefalls der Trauben und der verholzten Stiele nicht möglich. Die Trauben werden deshalb entweder im Ganzen gepresst (z. B. Eiswein) oder in einer Traubenmühle leicht gequetscht (z. B. Ausbruch, Trockenbeerenauslese) und kurz zum Auslaugen in einem Behälter stehen gelassen. Anschließend wird die Maische abgepresst.

Botrytis cinerea – des einen Leid, des andern Freud

Wenn sich der Herbst von seiner schönsten Seite zeigt, aber die Luft dennoch eine gewisse Feuchtigkeit aufweist, kann es zur sogenannten Edelfäule oder Botrytis kommen. Botrytis cinerea ist ein Schimmelpilz, der vor der Reife der Trauben großen Schaden anrichten kann. Erfolgt die Infektion aber erst im Stadium der Vollreife, dringt der Pilz in die Beerenhaut ein, sodass das Wasser ganz langsam über winzige Poren entweicht. Durch diesen Flüssigkeitsverlust schrumpfen die Beeren rosinenartig ein, während sich Zucker, Säure sowie andere Inhaltsstoffe ungeheuer konzentrieren.

Dieser Vorgang ist aber nur (wenn überhaupt) bei weißen Rebsorten erwünscht. Bei blauen Trauben lässt der Pilz die Farbe verblassen. Auch ein Essigstich kann auftreten.

Weinbaugebiete, in denen Botrytis besonders häufig auftritt, sind der Neusiedler See (Österreich), der Rheingau (Deutschland), Sauternes (Frankreich) und Tokaj (Ungarn).

Süßweine weisen einen Gehalt von 50 bis über 200 g Restzucker pro Liter auf. Bei der Prädikatsstufe **Auslese** ist eine Gärungsunterbrechung notwendig, um ein harmonisches Verhältnis zwischen Zucker und Alkohol zu erreichen.

Für die Süßweinerzeugung können auch getrocknete Trauben verwendet werden, wie z. B. beim österreichischen **Stroh- und Schilfwein** (siehe S. 98), beim französischem **Vin de Paille** oder beim italienischen **Vin Santo** (siehe S. 140).

Der Gärspund ist so konstruiert, dass die Kohlensäure zwar entweichen kann, der Luftzutritt zum gärenden Most jedoch verhindert ist

Die Rotweinerzeugung

Bei der Rotweinerzeugung steht die Farbgewinnung im Mittelpunkt. Vollreifes, gesundes Traubenmaterial ist die Voraussetzung für die Herstellung von Qualitätsrotwein. Vollreif deswegen, weil erst in der letzten Phase der Traubenreife die Farbstoffe **(Pigmente)** in der Beerenhaut eingelagert werden. Wichtig sind auch eine optimale Saftausbeute sowie das Auslaugen von Aroma-, Geschmacks- und Gerbstoffen aus Fruchtfleisch und Schalen.

Die Gärungsmethoden

Die Maischegärung

Die am häufigsten angewandte Methode der Rotweinbereitung ist die Maischegärung. Dafür werden blaue Trauben gerebelt und gemaischt. Nachdem die Maische in Gärbehälter aus Holz, Edelstahl usw. gepumpt worden ist, wird die Fermentation eingeleitet. Wenn eine Aufbesserung notwendig ist, hat sie zu diesem Zeitpunkt zu erfolgen. Eine schnellere Farbausbeute kann durch Rühren oder Umpumpen erzielt werden. Bei stehenden Gärbehältern kann auch ein Überfluten (Überbrausen) der Maische mit Most vorgenommen werden.

In modern ausgestatteten Kellereien wird die Maische temperaturgesteuert vergoren. Durch den Zusatz von pektolytischen Enzymen (siehe S. 60) kann die Farb- und Saftausbeute erhöht und beschleunigt werden. Manche Weinerzeuger legen Wert auf eine kühlere Gärung und sind bestrebt, Fruchtaromen und Feinheit hervorzuheben, andere bevorzugen höhere Temperaturen, um ein Maximum an Farbe und Geschmacksintensität zu gewinnen.

Die Kaltmazeration

Bei der in Burgund üblichen Kaltmazeration wird die Rotweinmaische so weit gekühlt, dass die alkoholische Gärung nicht beginnen kann. Sie wird der eigentlichen Gärung vorgeschaltet und dient dazu, die Farbstoffe und Tannine (Gerbstoffe) aus den Schalen zu ziehen und somit den Wein dunkler zu machen.

Nach einer Kaltmazeration muss die Maische auf Gärtemperatur gebracht werden (ca. 20 °C). Die Dauer der Gärung ist von der Traubensorte, der Erntequalität und dem Weinstil abhängig. Je früher trinkbar, leichter und gerbstoffärmer der Wein sein soll, desto kürzer ist die Gärung. Sie kann zwischen vier Tagen und vier Wochen dauern. Bei längerer Standzeit gelangen natürlich auch mehr Tannine, Farb- und Geschmacksstoffe in den Wein.

Die Maischeerwärmung (thermisches Verfahren)

Dieses Verfahren eignet sich für Großbetriebe. Die Weine enthalten weniger Gerbstoffe, reifen schneller, weisen aber ein kürzeres Lagerpotenzial auf.

Bei der **Langzeiterwärmung** wird die gerebelte Maische auf 50 bis 65 °C erhitzt und einige Stunden stehen gelassen. Dadurch wird eine rasche Farbausbeute erzielt. Danach wird die Maische abgepresst und der Saft auf Gärtemperatur (20 °C) abgekühlt, um eine unerwünschte Bakterienentwicklung zu vermeiden.

Bei der **Hochkurzzeiterhitzung** wird die gerebelte Maische zwei bis fünf Minuten auf 85 °C erhitzt, abgekühlt und wie bei der Langzeiterwärmung behandelt. Das Aufbessern des Mostes erfolgt unmittelbar nach dem Pressen, der Gärungsverlauf ist so wie beim Weißwein.

Die karbonische Gärung (Macération carbonique, Kohlensäuremazeration)

Die karbonische Gärung ist eine Methode der Rotweinbereitung, bei der gesunde, reife, unverletzte Trauben in geschlossene Tanks gefüllt werden, in die Kohlendioxid eingeleitet wird. Dadurch läuft eine ganz spezielle Art der Gärung ab – sie erfolgt innerhalb der Beeren.

Der unter dem Eigengewicht der Trauben austretende Saft nimmt zwar Farbe und Frucht, aber wenig Tannin auf.

Diese Methode stammt aus Südfrankreich und ist für frische, fruchtige, tanninärmere und jung trinkbare Rotweine geeignet, wie z. B. Beaujolais Nouveau.

Die Konzentrierung

Das Ziel ist, den Zucker- und Extraktgehalt zu erhöhen (vgl. auch Mostkonzentrierung bei der Weißweinherstellung, S. 61). Üblicherweise lässt man in einer sehr frühen Phase der Gärung einen

Teil des Saftes der Rotweinmaische ablaufen. Dadurch wird die verbleibende Maische konzentrierter, während der abgeleitete Saft zu Roséwein verarbeitet wird.

Rotweine bester Qualität lagern viele Monate, manchmal einige Jahre im Fass und entwickeln in der Flasche oft erst nach Jahren ihre Trinkreife

Das Pressen (Keltern)

Sobald die Gärung beendet ist, wird die vergorene Maische abgepresst, meist nach Seih- und Pressqualitäten getrennt. Der junge Rotwein wird zum Ausbau und zur weiteren Behandlung in Tanks oder Fässer gefüllt. Wird kein biologischer Säureabbau durchgeführt, kann die Jungweinbehandlung in ähnlicher Form wie bei Weißwein durchgeführt werden.

Der biologischer Säureabbau (malolaktische Säureumwandlung)

Unmittelbar nach der Gärung – entweder nach dem ersten Abstich oder noch im Gärbehälter – ist der Zeitpunkt gekommen, die malolaktische Säureumwandlung durchzuführen. Dabei handelt es sich nicht um eine durch Hefepilze ausgelöste Gärung, sondern um einen Prozess, der von Bakterien verursacht wird. Diese ernähren sich von der Apfelsäure im Wein und wandeln sie in Milchsäure um. Da Milchsäure milder schmeckt als die herbsaure Apfelsäure, wird dem Wein somit die Schärfe genommen. Die Bakterien bewirken aber noch mehr: So wird Kohlendioxid freigesetzt, die Stabilität des Weines verbessert und die Geschmacksstoffe werden verfeinert und vervielfältigt.

Der Startschuss für die malolaktische Säureumwandlung wird durch ein Aufrühren des Gelägers, durch Verschnitt mit einem bereits im Säureabbau befindlichen Wein oder durch Zusatz von speziellen Milchsäurebakterien gegeben. Damit der Prozess jedoch überhaupt in Gang kommt, muss die Weintemperatur 20 °C betragen.

Die malolaktische Säureumwandlung ist bei der Erzeugung von Qualitätsrotwein Standard.

Die Weinbehandlung

Die Stabilität von Rotwein ist durch die höhere Gerbstoffkonzentration und den Säureabbau höher als bei Weißwein.

Mehrfaches Umziehen (Umpumpen) – zweiter und dritter Abstich

Zur Schonung von Wein bester Qualität wird anstelle der strapaziösen Prozedur der Filtration von Fass zu Fass gezogen. Dabei kommt nur der klare Wein in ein anderes Fass. Der verbleibende Wein am Boden des Ausgangsfasses ist meist mit Trubstoffen angereichert und wird zum Absetzen in ein weiteres Fass gefüllt, während der Bodensatz aus dem Fass ausgewaschen wird. Durch den Verzicht auf die Filtration bleibt die Geschmacksfülle erhalten.

Mehrmaliges Klären und Belüften des Weines alle drei bis vier Monate begünstigt die Bildung von stabileren Farbkomplexen, eine geschmackliche Abrundung sowie eine harmonische Reifung.

Der Wein fließt beim Umziehen zuerst in einen Behälter, von wo er dann weitergepumpt wird. So kommt „frischer Wind" in die Sache.

Das Schwefeln

Meist wird der Rotwein bereits mit dem ersten Abstich geschwefelt – damit ist ein geringer Farbverlust verbunden. Erfolgen die Schwefelgaben zu einem späteren Zeitpunkt, kann aufgrund des längeren Sauerstoffkontaktes (durch Oxidation) die Farbe stabilisiert werden.

Der Ausbau und die Reifung

Der Ausbau bzw. die Reifung der Weine kann auf zwei unterschiedliche Arten erfolgen:

- **Oxidationsalterung** in Kontakt mit Luftsauerstoff oder
- **Reduktionsalterung** unter Luftabschluss.

Die Lagerung im Holzfass bewirkt eine Oxidationsalterung. Durch die Poren des Holzes erfolgt ein reifefördernder Sauerstoffaustausch, der vielfältige Reaktionen zwischen Säure, Zucker Tanninen, Pigmenten und anderen Bestandteilen ermöglicht.

Die Reifung des Weines in Edelstahltanks, Zisternen oder auch in Flaschen wird als Reduktionsalterung bezeichnet. Die Reaktionen zwischen den Bestandteilen gehen in diesen Behältern viel langsamer vor sich, da kein Gasaustausch möglich ist und der vorhandene Sauerstoff bald aufgebraucht ist.

Der Barrique-Ausbau

Der Begriff „Barrique" wird im deutschen Sprachraum oft als Synonym für den Barrique-Ausbau verwendet. Unter Barrique versteht man jedoch im eigentlichen Sinn ein kleines Holzfass mit einem Fassungsvermögen von 225 bis 270 Litern.

Barriquefässer werden heute großteils zum Ausbau von kräftigen Rotweinen herangezogen. Aber auch der eine oder andere Weißwein reift in einem Barriquefass zu ungeahnter Größe.

Barriquefässer

Für die Fässer wird hauptsächlich Holz verschiedener Eichenarten aus ganz bestimmten Gebieten Europas und Amerikas verwendet. Eichenholz enthält viele Aromakomponenten. Deshalb verleiht der Barrique-Ausbau dem Wein je nach verwendeter Holzart (Alliers-, Nevers-, Limousin-, Tronçais-, amerikanische Eiche usw.) und Intensität des Fasseinbrandes, dem sogenannten **Toasting**, einen ganz bestimmten Geschmackston.

Ausbrennen eines Fasses; eine große Rolle spielt der Röstgrad, also die Stärke der Erhitzung, welche die Dauben zur gewünschten Fassform wölbt

Ausbrenngrade	
Light Toasting (LT)	Hellere Röstung, Wein hat typischen Vanillegeschmack.
Medium Toasting (MT)	Mittlerer Röstgrad, Wein hat Karamellgeschmack und Toastbrotnote.
Heavy Toasting (HT)	Starker Röstgrad, Wein hat einen würzig-rauchigen Geschmack mit Kaffee- und Bitterschokoladenaroma.

Neue Fässer geben mehr feine, süße, aromatische Holztannine ab als gebrauchte Holzfässer. Durch eine entsprechend lange Lagerzeit (je nach gewünschter Geschmacksintensität) kann sich das Holztannin mit den natürlichen Gerbstoffen im Wein harmonisch verbinden. Bei tanninreichen Rotweinen bewirkt der geringe, aber kontinuierlich wirkende Sauerstoffaustausch im Holzfass eine Verfeinerung der Tannine, die die Entwicklung großer Rotweine erst möglich macht.

Die Verwendung von Eichenaromen

Kellereien in der Neuen Welt, vereinzelt auch in Europa, verwenden für die Erzeugung von Weinen mit Barrique-Charakter (Oaked Wines) Holzspäne, Chips, Eichenpulver oder in einzelnen Fällen Holzextrakt. Auch sogenannte Staves (Fassdauben aus Eichenholz) werden in Stahltanks befestigt, um so dem Wein Holzaromen zu geben.

Chips

Eichenholzchips, die während der Gärung oder direkt zum Wein, der in Stahltanks reift, beigegeben werden, verleihen dem Wein zwar ein Eichenaroma, verbessern aber nicht seine Qualität. Eine gute Reifung kann nur an der sauerstoffgesättigten Oberfläche eines Holzfasses stattfinden.

Seit 1. Oktober 2006 sind Holzprodukte in der EU offiziell erlaubt. Angaben über die Verwendung sind auf dem Etikett anzuführen.

Die Cuvéebereitung (Assemblage)

Das Verschneiden von Rotwein wird weltweit praktiziert. Der Weinerzeuger trifft eine Auswahl verschiedener Weine aus unterschiedlichen Rebsorten, Ausbaustilen (Fässern), Qualitäten und vermischt sie zu einem harmonischen Endprodukt, das von höherer Qualität ist als die einzelnen Ausgangsprodukte.

Die Flaschenfüllung

Rotweine bester Qualität werden zur Erhaltung der Geschmacksfülle nach dem Fassausbau ohne Filtration in Flaschen abgefüllt.

Die Roséweinerzeugung

Bei der Roséweinerzeugung wird die gerebelte Maische aus blauen Trauben zum Auslaugen der Farbstoffe (Pigmente) einige Stunden stehen gelassen. Anschließend wird die Maische abgepresst oder nur der Seihmost abgelassen. Der Most wird dann wie bei der Weißweinerzeugung weiterbehandelt.

Die Claireterzeugung

Clairet (Clairette, Claret) ist ein leichter, gerbstoffarmer Weißwein aus blauen Trauben. Nachdem die Trauben unter leichtem Druck gepresst worden sind, wird der gewonnene helle Most wie bei der Weißweinerzeugung weiterverarbeitet. Die Grundweinerzeugung für die Schaumweinproduktion, vor allem für Champagner (siehe S. 186 ff.), erfolgt übrigens auf die gleiche Weise. Im französischen Sprachgebrauch ist Clairet die Bezeichnung für Roséwein.

Der Einkauf und die Lagerung

Ein opulenter Weinkeller ist etwas Wunderbares. Erfreulich ist er für den Gastronomen aber nur dann, wenn auch die Gäste dem Wein zugetan sind. Was nützt eine großartige Auswahl, wenn jene eher Bier oder andere Getränke bevorzugen?

Bevor man also damit beginnt, den Weinkeller zu füllen, sollte man sich folgende Fragen stellen:

- Welcher Art ist Ihr Betrieb?
- Wie groß ist Ihr Betrieb?
- Wie sieht Ihr Gästekreis aus?
- Welche Getränke bevorzugen Ihre Gäste?
- Welche Weine passen zu den angebotenen Speisen?

In einem guten Weinkeller herrscht Bewegung

Der Sommelier bzw. der für den Einkauf zuständige Mitarbeiter trägt eine große Verantwortung – denn je voller der Keller, desto größer die Summen, die bewegt werden müssen.

Wein muss nicht immer teuer sein

Wein lagert man zur Vorratshaltung und um die optimale Reife zu erlangen. Ein weiterer Grund ist jedoch der Preis. Junge Rotweine, die im Weinkeller ihrem Höhepunkt entgegenreifen, sind wesentlich kostengünstiger als ihre „volljährigen“ Kollegen.

Dass teuer nicht immer gut sein muss, hat sich mittlerweile herumgesprochen. Der Preis sagt nicht unbedingt etwas über die Qualität des Weines aus.

Klassische Weinflaschenformen

Von links nach rechts: Côte-de-Provence-Producteur-Flasche (1), Côtes-du-Rhône-Flasche (2), Schlegelflasche (3), Rheinweinflasche (4), Beaujolaisflasche (5),

Von links nach rechts: Burgunderweinflasche (6), Bordeauxweinflasche (7), Schaumweinflasche (8), kleine Schaumweinflasche (9), Champagnerflasche (10)

Selbstverständlich sollten in einem gut sortierten Weinkeller große Klassiker nicht fehlen. Da gibt es aber noch die unzähligen „No-Name-Weine“, die auf ihre Entdeckung warten und sich im Preis wohltuend bescheiden geben. Und wer weiß: Wer heute noch unbekannt ist, könnte morgen schon der neue Star am Weinhimmel sein!

Haltbarkeit von Weinen

Die Haltbarkeit bzw. Langlebigkeit ist ein wichtiges Kriterium für die Qualität eines Weines. In der Regel sind hochwertige Weine langlebiger.

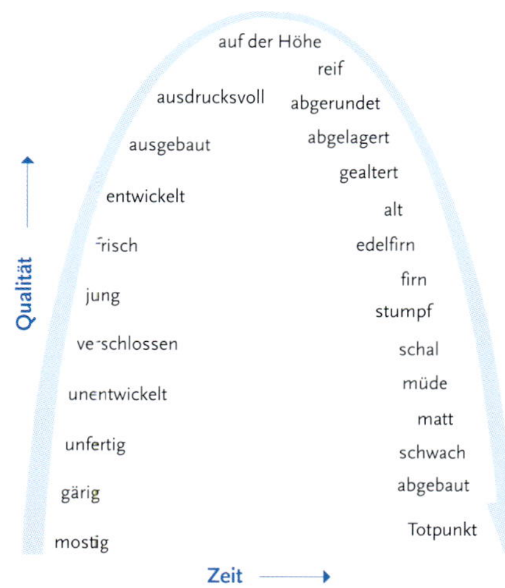

Lebenslauf des Weines

Weinverschlüsse – immer ein Thema für heisse Diskussionen

Ein wichtiges Kriterium für die Haltbarkeit ist das Potenzial der Rebsorte. Bestimmte Sorten sind für eine Langlebigkeit prädestiniert, wie z. B. Chenin blanc, Cabernet Sauvignon, Chardonnay, Furmint, Nebbiolo, Riesling, Sangiovese (Brunello), Sémillon, Syrah und Tempranillo. Spät reifende Trauben weisen im Durchschnitt eine längere Reifungsdauer auf.

Frische, spritzige, säurereiche Weine sollten in den ersten zwei Jahren konsumiert werden, da sie nach längerer Lagerung diese Eigenschaften verlieren und einen unerwünschten Altersgeschmack bekommen.

Auch der Zeitpunkt der Weinlese ist zu beachten: Weine der Vorlese haben im Durchschnitt eine kürzere Haltbarkeit (Tafelweine). Weine mit hohem Gehalt an Zucker sind in der Regel haltbarer, was Prädikatsweine beweisen. So kann ein hochwertiger Tokajer hundert Jahre und länger haltbar sein.

Ebenfalls zur Langlebigkeit tragen die Gärung in Holzfässern und ein Barrique-Ausbau bei.

Im fertigen Wein wirken sich höhere Anteile an Alkohol, Tanninen, Restzucker, Säuren (bzw. ein nicht zu schnell abgebauter Säuregehalt) und Schwefel in einem ausgewogenen Verhältnis positiv aus.

Nicht zuletzt spielen aber auch ein guter Flaschenverschluss und die richtige Lagerung eine wichtige Rolle.

Weinverschlüsse – welcher ist der beste?

Hitzig verlaufen sie, die Debatten zum Thema Weinverschluss. Während Traditionalisten keine würdige Alternative zum Naturkorken sehen, führen die Vertreter der Gegenseite eine Reihe praktischer Vorteile ins Treffen. Tatsache ist, dass die Zahl der durch (Natur-)Korkfehler verdorbenen Weine ständig steigt und dass beide Parteien diesen Umstand laut beklagen.

Entscheidend für alle alternativen Verschlüsse ist die Akzeptanz durch die Gäste, die sich in Sachen Wein sehr traditionsbewusst zeigen. Vor allem der Drehverschluss ist vielen ein Dorn im Auge und wird mit dem Argument, er wirke billig, abgelehnt. Wenn schon Alternativen, dann wird der Glasverschluss aufgrund seiner Optik und seiner haptischen Qualitäten am ehesten akzeptiert.

In Österreichs Gastronomie wurde der Drehverschluss im Schankbereich, wo Wein glasweise ausgeschenkt wird, weitgehend angenommen. Bei Weinen, die am Tisch präsentiert werden, ist die Sachlage eine andere. Auch wenn es noch so plausible Gründe für Verschlussalternativen gibt, müssen sich Servicemitarbeiter immer wieder ein einsichtiges „ja eh", dem gleich darauf eben so oft ein „ja aber" folgt, anhören. Manche Veränderungen brauchen eben etwas Zeit.

Warum Naturkorken immer teurer werden

Für Flaschenkorken ist erst die Rinde eines Baumes ab einem Alter von 45 Jahren geeignet.

Die Korkeiche kann nur alle neun bis zwölf Jahre geschält werden

Der Bedarf an Kork ist in den letzten Jahren dramatisch angestiegen. Da sich dieses Naturprodukt insbesondere in der Bauwirtschaft großer Beliebtheit erfreut, werden die natürlichen Bestände immer knapper. Das hat zur Folge, dass Naturkorken für Winzer immer teurer werden, die Qualität durch die immer kürzer werdenden Schälrhythmen der Korkeichen jedoch mehr und mehr abnimmt.

Korkerzeugung

Verschlussart	Vorteile	Nachteile
Naturkork 	▪ Perfekte Elastizität und daher große Anpassungsfähigkeit an sämtliche Unebenheiten des Flaschenhalses. ▪ Wird meist für qualitativ hochwertige Weine verwendet, da er einen minimalen Luftaustausch in der Flasche gewährleistet und somit zur Reifung des Weines beiträgt.	Korkgeschmack (Korkschmecker, siehe S. 76); man schätzt, dass weltweit rund 5–10 % der gesamten Weinproduktion durch Korkschmecker ungenießbar werden.
Drehverschluss 	▪ Dichtet völlig ab. ▪ Flasche ist wiederverschließbar. ▪ Angebrochene Flaschen lassen sich problemlos und für Tage aufbewahren. ▪ Kein Korkgeschmack. ▪ Recycelbar. ▪ In den 1970er-Jahren begann man in Australien, Weißweinflaschen mit Schraubverschlüssen zu versehen. Man hat also Langzeiterfahrung bei Weißweinen, sowohl was mögliche Schwächen als auch die Entwicklung der Weine angeht.	▪ Experimente mit Rotweinen werden erst seit den 1990er-Jahren gemacht. ▪ Negatives Image, weil früher nur Weine einfachster Qualität mit Drehverschluss versehen wurden.
Glasverschluss 	▪ Flasche ist wiederverschließbar. ▪ Recycelbar. ▪ Erfahrungswerte sind bisher gut.	▪ Damit der Verschluss abdichtet, ist zusätzlich ein Ring aus Kunststoff notwendig. Der Glaspfropfen wird mit einer Aluminiumkapsel fixiert. ▪ Der Preis ist derzeit noch relativ hoch (liegt etwas über dem eines guten Korkens). ▪ Fehlende Langzeiterfahrung.
Kunststoffkorken (Silikonpfropfen) 	▪ Preiswert (kosten etwa ein Sechstel eines guten Naturkorkens).	▪ Wird bei längerer Lagerung der Flaschen gasdurchlässig – Kunststoffkorken werden daher vor allem bei jung zu trinkenden Weißweinen eingesetzt.
Kronkorken 	▪ Sehr effiziente und bei Mineralwasser, Fruchtsäften und Bieren schon lang gebräuchliche Verschlussart. ▪ Hat sich in der Champagnerproduktion seit Langem bestens bewährt: Während der Flaschengärung sind die Flaschen zumeist mit einem Kronkorken verschlossen, bevor sie nach dem Degorgieren durch einen Korken ersetzt werden.	▪ Negatives Image, weil sie bisher nur für Weine einfacher Qualität verwendet worden sind.

WEINKLIMASCHRÄNKE SORGEN FÜR EINE OPTIMALE LAGERUNG IM RESTAURANT

Die richtige Lagerung

Weine sind wahre Sensibelchen und benötigen nach dem Transport zwei bis drei Wochen zur Beruhigung.

Ein guter Weinkeller hat eine konstante Temperatur von rund 8 bis 12 °C und eine Luftfeuchtigkeit von ca. 70 %. Er darf jedoch keine nassen Wände aufweisen. Diese zeigen nämlich an, dass der Keller keine gute Isolierung (zu wenig Erdreich) hat, was zu einem raschen Wechsel von warmer und kalter Außentemperatur führt und sich auf die Weine sehr ungünstig auswirkt.

Der schwarze Schimmel ist ein Indikator für ein ideales Kellerklima. Vor allem alte Vinothek-Weinflaschen sind oft mit schwarzem Schimmel überzogen. Serviert man eine solche Weinflasche, wird der Kellerschimmel nur vom Etikett mithilfe eines Pinsels entfernt.

Bei Weinen, die zu warm gelagert werden, beschleunigen sich alle chemischen Prozesse. Eine zu warme Lagerung ist die häufigste Ursache für eine frühzeitige Alterung. Unter anderem werden dadurch die Fruchtaromen zerstört. Moderne Weinlagerräume werden je nach Weinart unterschiedlich klimatisiert. Es herrschen optimale hygienische Voraussetzungen.

Des Weiteren sollte ein optimaler Weinkeller dunkel, geruchsfrei und gut belüftet, aber frei von Zug und Erschütterungen sein.

In immer mehr Restaurants kann der Gast zusammen mit dem Servicemitarbeiter in den Weinkeller gehen und dort den Wein selbst aussuchen

Weine, die mit Naturkorken verschlossen sind, sind immer liegend – mit dem Etikett nach oben – zu lagern, damit der Korken ständig mit Wein benetzt wird. Ist dem nicht so, läuft er Gefahr, auszutrocknen und seine Elastizität zu verlieren. Weinflaschen mit Alternativverschlüssen können in trockenen, kühlen Räumen auch stehend gelagert werden.

Ein Tipp vom Profi
Entscheidend für das Alterungspotenzial von Rotwein sind in erster Linie die Menge, Dichte und Qualität der Tannine. Bei Weißweinen ist die Säure ausschlaggebend. Die Lagerfähigkeit eines Weines lässt sich allerdings immer nur grob schätzen. Wollen Sie Weine mehrere Jahre oder gar Jahrzehnte reifen lassen, verlassen Sie sich nie auf den ersten Eindruck, sondern öffnen Sie hin und wieder eine Flasche, verkosten Sie erneut und notieren Sie die Entwicklung.

Weinklimaschränke

Für eine optimale Lagerung im Restaurant empfehlen sich Weinklimaschränke. Kühlschränke eignen sich bestenfalls als kurzzeitiges Zwischenlager.

Weinklimaschränke haben unterschiedliche Klimazonen mit gleichbleibender Luftfeuchtigkeit. Die Temperaturzonen liegen (von unten nach oben) zwischen 6 und 18 °C, sodass jeder Wein in der richtigen Zone gelagert und bei Bedarf sofort und richtig temperiert serviert werden kann.

Die Weinansprache

Mit der Entwicklung des Aromatonkreises wurde versucht, vage Begriffe, wie z. B. charmant, elegant, voll oder geschmeidig, unter denen jeder etwas anderes versteht, zurückzudrängen und durch präzisere Ausdrücke zu ersetzen. In diesem Aromatonkreis (siehe Aromarad, S. 75) ist das gesamte Aromenspektrum zunächst grob unterteilt (z. B. in fruchtig). Eine weitere Untergliederung führt zu einer feineren Abstufung (z. B. Zitrusfrüchte), aus der dann Einzelaromen (z. B. Grapefruit) abgeleitet werden. Was eigentlich der Vereinfachung dienen sollte, wurde jedoch bald zu einem heiteren Aromenraten.

In Wahrheit ergänzen sich beide Weinansprachen sehr gut. Warum den Reichtum der Sprache nicht ausschöpfen, wenn man etwas so Nuancenreiches wie den Wein beschreiben möchte? Ausdrücke, wie z. B. jugendlich, rau, rassig oder streng, beschreiben Komponenten des Weines, die sich durch Aromatöne allein nun einmal nicht beschreiben lassen. Um dem Charakter eines guten Weines gerecht zu werden, bedarf es also neben der Analytik auch der Poesie.

„Als wir das erste Glas getrunken hatten, wurden wir ganz still. Ein 21er, tief wie ein Glockenton, das ganz große Glück. ... Das Glück wurde noch durch ein Glanzlicht überhöht: Der Wirt hatte einen 17er auf dem Fass, der war hell und zart wie Frühsommer. Man wurde ganz gerührt; schade, dass man einen Wein nicht streicheln kann."
Kurt Tucholsky,
aus „Das Wirtshaus im Spessart"

WEIN-DEGUSTATION (WEINVERKOSTUNG)

Weinfachausdrücke

Abgang (Nachgeschmack, Nachhall, Finale)
Eindruck, den der Wein beim und nach dem Schlucken hinterlässt (Nachgeschmack). Ein nachhaltiger, langer Abgang ist immer ein gutes Qualitätsmerkmal des Weines und weist auf einen hohen Extraktgehalt hin.

Adstringierend
Zusammenziehend.

Ampelografie
Rebsortenkunde.

Aroma
Duft des Weines; man unterscheidet:

- **Primäraromen (Sortenaromen):** Duftstoffe, die schon in der Traube vorhanden sind. Sie bringen den Duft der jeweiligen Traubensorte zum Ausdruck.
- **Sekundäraromen (Gäraromen):** Bei der Gärung entstehen eine Reihe enzymatischer Reaktionen, die die Primäraromen verändern.
- **Tertiäraromen (Lager- bzw. Reifungsaromen):** Sie entwickeln sich während des Reifeprozesses des Weines im Holzfass, im Tank oder auch in der Flasche.

Assemblage
Verschneiden verschiedener Weine oder Vermischen verschiedener Traubensorten zur Herstellung eines nuancenreicheren, höherwertigen Weines.

Ausbau
Reifung des Weines in Holzfässern, Edelstahltanks etc. zum Erhalt einer besseren Trinkreife; hat Einfluss auf das Aroma und den Charakter des Weines.

Autochthon
Bezeichnung für Rebsorten, die meist nur regional verbreitet sind und aus dem Anbaugebiet bzw. der -region stammen.

Avinieren
Ausschwenken des Glases und der Dekantierkaraffe mit Wein, um das Glas von Fehlgerüchen zu befreien.

Barrique
Traditionelles französisches Fassmaß von 225 bis 270 Litern. Die Bezeichnung „Barrique" ist heute gebräuchlich für den Ausbau von Wein in Eichenfässern. Das daraus resultierende Geschmacksbild des Weines wird unter dem Begriff Barrique-Ausbau zusammengefasst.

> **Warum Barrique-Ausbau den Preis erhöht …**
> Bereits durch einmaliges Verwenden eines Fasses verliert dieses bis zu 85 % seiner Aromen. Ein Barrique-Fass kann deshalb nur zwei- bis dreimal belegt werden, was die Herstellung stark verteuert.

Belüften (Karaffieren)
Umfüllen von jungen, tanninhaltigen Rotweinen, damit sie sich besser entwickeln können. Aber auch im Barrique gereifte Weiß- und Rotweine bzw. kräftige Weißweine, wie z. B. Smaragdweine aus der Wachau, werden belüftet.

Blank
Klar, glanzklar, kristallklar.

Blume
Synonym für Duft bzw. Nase, wird vorwiegend für leicht aromatische Weißweine verwendet, kann aber auch fruchtige, würzige, mineralische wie auch florale Aromen beschreiben.

Bordeauxverschnitt (rot)
Darunter versteht man in erster Linie Weine, die aus den Sorten Cabernet Sauvignon, Cabernet Franc und Merlot, eventuell auch Malbec und Petit Verdot, verschnitten wurden.

Bukett
Zumeist wird darunter der Geruch bzw. Duft eines ausgereiften Weines nach der Flaschenreifung verstanden. Man versteht darunter aber auch die Summe aller Geruchs- und Geschmacksstoffe. Unterschieden wird zwischen Sorten-, Gär-, Lager- und Edelfäulebukett.

Burgundersorten
Sammelbezeichnung für Weine aus den verwandten Pinot-Sorten; im Wesentlichen sind dies Pinot noir (Blau- oder Spätburgunder), Pinot Meunier (Schwarzriesling), Pinot gris (Grauburgunder), Pinot blanc (Weißburgunder), St. Laurent, Chardonnay und Auxerrois.

Claret
In England und den USA gebräuchliche Bezeichnung für Rotweine aus der Weinbauregion Bordeaux.

Cremig
Bezeichnung für einen dichten Weißwein mit hohem Extrakt und nicht allzu viel Säure, die sich am Gaumen weich und cremig anfühlt.

Cru
Französische Bezeichnung für Wein, der aus einer genau abgegrenzten Lage stammt. Ein Vin de Cru ist von gehobener Qualität. In den verschiedenen französischen Weinbaugebieten gibt es unterschiedliche Klassifizierungen der Lagen, wie Grand Cru, Premier Cru, Deuxieme Cru usw. Nähere Begriffsbestimmungen sind für jedes Gebiet erforderlich. Auch in Italien wird der Begriff Cru verwendet.

Cuvée (die)
Verschnitt (Mischung) von Weinen verschiedener Sorten, aber auch Lagen, meistens vom gleichen Jahrgang, mit dem Ziel die Qualität zu verfeinern; abgeleitet von „Cuve", frz. für Bottich.

Dekantieren
Vorsichtiges Umgießen eines Weines aus der Originalflasche in eine Dekantierkaraffe, um das Depot vom Wein zu trennen. Es gibt auch mechanisch betriebene Dekantiervorrichtungen. Dekantieren ist meist bei älteren Rotweinen notwendig. Dabei erhalten Weine auch den Sauerstoff, den sie oft brauchen, um ihr Bukett und Aroma entfalten zu können.

Depot
Bei bestimmten Portweinen und Rotweinen setzen sich im Laufe der Jahre Sedimente (Gerb- und Farbstoffe) am Flaschenboden ab.

Dichte
Konzentration von Duft, Aroma und Extraktstoffen.

Duftig
Wein mit eleganter, leichter Blume (Nase).

Edelfäule
Der Befall reifer Beeren durch den Edelfäulepilz Botrytis cinerea.

Elegant
Bezeichnung für vollkommen harmonische, meist leichtere, spritzige und nicht zu milde Weine.

Extrakt
Bezeichnung für Mineralsalze, Glyzerin, Zucker und Säuren, die im Wein gelöst sind. Je mehr Extrakt, desto voller der Wein.

Finesse
Bezeichnung für Weine von großer Klasse. Sie zeichnen sich insbesondere durch Eleganz und Rasse aus.

Frappieren
Rasches Kühlen von Weinen, die nicht die gewünschte Serviertemperatur haben.

Fruchtig
Bezeichnung für Wein, der im Geruch und Geschmack an die Traube oder an eine Obstart erinnert.

Füllig
Extrakt- und alkoholreich.

Gehaltvoll
Wein mit Extrakt.

Gemischter Satz
Trauben verschiedener Rebsorten aus einem Weingarten werden gemeinsam geerntet und gepresst.

Grün
Bezeichnung für einen unreifen, unharmonischen Wein.

Harmonisch
Die Bestandteile des Weines stehen zueinander im richtigen Verhältnis.

Jungfernlese
Bezeichnung für den ersten Ertrag einer Neupflanzung.

Komplex
Bezeichnung für einen Wein, der viele Nuancen in Duft und Geschmack zeigt.

Körperarm
Dünn, leicht.

Körperreich
Extraktreich, voll.

Mild
Bezeichnung für säure- oder tanninarmen Wein.

Mineralisch
Wein, der an gewisse Mineralien erinnert; manchmal mit leicht salzigem Geschmack, hervorgerufen durch bestimmte Böden, wie z. B. Urgestein oder Schiefer.

Mousseux
Französische Bezeichnung (mousse = Schaum) für das starke Perlen eines Schaumweines im Glas. Je feiner und länger das Mousseux, desto hochwertiger ist der Schaumwein.

Moussierend
Stark kohlensäurehaltig.

Muffig
Bezeichnet Geruchs- und Geschmacksfehler durch unsaubere Keltertechnik.

Ölig
Bezeichnung für glyzerinhaltige, leicht dickflüssige Weine.

Önologie
Wissenschaft vom Weinbau und der Weinbereitung.

Oxidativ
Bezeichnet den flachen, verbrauchten Geruch und Geschmack durch zu große Lufteinwirkung. Bei manchen Weinen allerdings erwünscht, z. B. bei manchen Sherryarten.

Pfeffrig
Geruch und Geschmack, der oft bei hochwertigem Grünem Veltliner auftritt.

Premium
Bezeichnung für Wein der höheren Qualitäts- und Preisstufen.

Reduktiv
Weine, die kaum mit Luft in Berührung kommen und daher ohne Nebengeschmack (reintönig) sind.

Reif
Bezeichnet den Höhepunkt in der Entwicklung des Weines.

Reintönig (sauber)
Wein ohne Nebengeschmack bzw. ohne fehlerhafte Duft- und Geschmacksnoten.

Resch
Bezeichnung für säurebetonten, frischen, trockenen und rassigen Wein.

Rund
Wein mit vollem, abgerundetem Geschmack.

Samtig
Bezeichnung für tannin- und säurearmen Rotwein.

Schwer
Alkoholreicher Wein mit viel Extrakt.

Sortenbukett
Im Wein ist die Sorte typisch zu erkennen.

Spritzig
Stillwein, dessen CO_2-Gehalt durch ein leichtes Prickeln auf der Zunge spürbar ist.

Staubig
Wein mit leichter Trübung.

Struktur
Vielschichtiges Geschmacksrelief des Weines. Gut strukturierte Weine weisen immer eine Ausgewogenheit von Körper und Finesse auf.

Süffig
Bezeichnung für harmonischen, leichten Wein, der zum Trinken anregt.

Tannin
Während der Gärung aus Beerenhäuten und Kernen extrahierter Gerbstoff, der in der Flasche langsam abbaut; wichtig bei Rotwein. Beim Ausbau im Barrique gibt das Holz des Fasses zusätzlich Tannin an den Wein ab.

Terroir
Französisch für Boden, bezeichnet das Zusammenspiel von Boden, Lage und Klima bei der Prägung des Weines.

Toasting
Barriques werden vor der Verwendung eingebrannt. Je nach Einbrenngrad (z. B. Medium-Toasting) nimmt der Wein ein entsprechend starkes Toastingaroma an und riecht nach Vanille, Karamell und Rauch.

Trocken
Durchgegorener Wein mit geringem Restzuckergehalt.

Verschlossen
Sehr junger Wein, der im Geruch und Geschmack nur andeutungsweise seine Entwicklungsmöglichkeiten zeigt.

Verschnitt (Verschneiden)
Kellertechnischer Ausdruck für geschicktes Vermischen von Wein, Most oder Trauben, um die Qualität zu verbessern oder um eine bestimmte, möglichst gleichbleibende Geschmacksrichtung zu erhalten.

Vinifizierung
Verarbeitung der Trauben.

Wuchtig
Schwerer, voller Wein mit viel Körper und langem Abgang.

Würzig
Intensiv fruchtig, aromatisch.

Zart
Nicht sehr kräftiger, aber feiner, eleganter Wein.

Aromaräder der ÖWM (Österreichische Weinmarketingserviceges.m.b.H.). In Deutschland sind Aromaräder beim Deutschen Weininstitut Mainz zu beziehen.

Weinfehler und Weinmängel

Weinfehler sind unerwünschte Veränderungen des Weines im Geruch, im Geschmack und im Aussehen. Die so veränderten Weine sind zwar nicht gesundheitsschädlich, können im Restaurant aber auch nicht mehr ausgeschenkt werden. Heute kommen Weinfehler nur noch selten vor, da sie bereits durch betriebsinterne Qualitätskontrollen abgefangen werden. Nicht als Weinfehler einzustufen sind geringe Mengen an Kohlensäure bei jungen Weißweinen, Weinstein und Depot.

Böckser

Geruchs- und Geschmacksfehler, der durch das Zersetzen des Schwefels und der Hefe verursacht wird. Der Wein riecht und schmeckt nach faulen Eiern (Schwefelwasserstoff). Der Böckser tritt während der Gärung und bei Jungweinen auf. Er verschwindet häufig mit der Entwicklung des Weines oder wird durch Belüften, Schwefeln bzw. Versetzen mit Kohlensäure bekämpft.

Brettanomyces-Ton („Brett", „Pferdeschweißton")

Brettanomyces-Hefen sind Wildhefen, die auf Trauben und im Most zu finden sind. Sie vergären Zucker nur sehr langsam und sind daher an der alkoholischen Gärung im Allgemeinen kaum beteiligt. Von Relevanz sind sie erst, wenn sie Holzfässer besiedeln, in denen restsüße oder vollständig vergorene Weine gelagert werden. Dabei werden – vereinfacht ausgedrückt – die Gerbsäuren zu Ethyl-Phenolen reduziert, wodurch sich der Geruch und der Geschmack verändern. Da Rotweine wesentlich mehr Gerbsäuren enthalten, tritt dieses Phänomen dort häufiger auf. Besonders gefährdet sind Rotweine, die im Barrique bei ungenügender Schwefelkonzentration ausgebaut werden. Das periodische Schwefeln leerer Fässer (Trockenkonservierung) ist also eine effiziente Maßnahme zur Vermeidung von Brett-Tönen.

Durch regelmäßiges Schwefeln der Fässer können Brett-Töne vermieden werden

Bei Weinen mit großer Aroma- und Geschmacksintensität kann sich der Brett-Ton harmonisch in das Gesamtbild des Weines einfügen, vorausgesetzt, dass er nicht zu intensiv wird. In einigen Weinbaugebieten wird eine Brett-Note als gebietstypisch betrachtet (Terroirausprägung). Treten die Hefen jedoch zu massiv auf, kommt es zu aufdringlichen animalischen Gerüchen nach Pferdegestüt oder Pferdeschweiß, die in jedem Fall störend sind.

Essigsäure

Man erkennt sie relativ leicht am charakteristisch säuerlichen, stechenden Essiggeruch. Die Essigsäure wird durch Essigbakterien verursacht. Diese vermehren sich bereits im Weingarten auf verletzten und aufgebrochenen Beeren und gelangen beim Keltern in den Most.

Weine mit starkem Essigstich sind verdorben und ungenießbar.

Korkgeschmack (Korkschmecker, korkig)

Korkgeschmack ist der meistverbreitete Fehler bei Flaschenweinen. Die Hauptursache des Korkgeschmacks ist Trichloranisol (TCA). TCA entsteht bei der Reaktion von Phenolen mit chlorhaltigen Stoffen und Schimmelpilzen. Phenole sind in jedem Naturkorken enthalten.

Weine mit Korkgeschmack riechen und schmecken modrig-muffig und sind eindeutig fehlerhaft. Korkgeruch und -geschmack werden durch Sauerstoffkontakt noch verstärkt. Korkgeschmack ist jedoch nicht zu verwechseln mit Mufftönen (siehe S. 77).

Milchsäurestich

Bei Weinen mit hohem Gehalt an Apfelsäure kann während des biologischen Säureabbaus ein „Sauerkrautton“ entstehen, der auch als Milchsäurestich bezeichnet wird.

Muffton (Schimmelgeschmack)

Dieser entsteht durch schimmeliges Traubengut, muffige Fässer, Schläuche und Geräte. Der Wein hat einen dumpfen, muffigen Geruch.

Oxidationston (Luftton)

Der Oxidationston ist sowohl bei jungen als auch alten Weiß- und Rotweinen am Verschwinden der Frische und Fruchtigkeit zu erkennen. Die Weine werden breit und schal, ein Geruch nach überreifen Äpfeln und abgelagerten Apfelschalen entsteht.

Bei manchen Weinen ist ein oxidativer Charakter jedoch beabsichtigt, ja sogar ein Qualitätsmerkmal, wie z. B. beim Sherry. Bei zu lange geöffneten Flaschen macht sich der Oxidationston ebenfalls bemerkbar.

Sichtbare Kohlensäure

Kohlensäure in einem reifen, tanninhaltigen Rotwein ist ein Hinweis auf eine unerwünschte Nachgärung oder einen biologischen Säureabbau in der Flasche. Bei Jungweinen, Weißweinen und Roséweinen kann jedoch noch etwas Restkohlensäure vorhanden sein, die von der Gärung stammt und dem Wein Frische und Spritzigkeit verleiht.

Untypischer Alterston (UTA)

Er betrifft fast ausschließlich Weißweinsorten und ist die Folge spezieller chemisch-physiologischer Störungen im Rebstock selbst, die eine vorzeitige Alterung des Weines bewirken. Weine mit UTA zeigen in der Regel eine blasse Farbe und einen dumpfen Geschmack ohne Ausdruck. Das typische Sortenaroma kann vollkommen verloren gehen. Durch vorbeugende Maßnahmen im Weingarten, wie z. B. Dauerbegrünung, Ertragsbegrenzung und Reduktion der Stickstoffdüngung, kann dieser Weinfehler verhindert und durch Zugabe von Ascorbinsäure bekämpft werden.

Uhuton (Äthylacetat)

Ein Wein mit Uhuton riecht nach Lösungsmittel, Nagellackentferner oder Klebstoff (typischer Acetongeruch). Durch Reaktion der Essigsäure mit Alkohol entsteht bei der Gärung auch Essigsäure-Ethylester, der in zu großer Menge zum Uhuton führen kann.

Weinstein

Weinstein ist die Bezeichnung für das Kalzium- und das Kaliumsalz, die aus der Verbindung von Weinsäure mit Kalzium oder Kalium entstehen. Diese Salze lösen sich nicht im Wein, sondern fallen als Kristalle aus. Dies kann bereits im Fass erfolgen, meistens entsteht Weinstein aber erst in der Flasche, was durch eine sehr kühle Lagerung bzw. durch starke Temperaturschwankungen v. a. bei gereiften Weiß- und Rotweinen begünstigt wird. Ist Weinstein in der Flasche, muss das Einschenken sehr vorsichtig erfolgen.

Weinstein beeinträchtigt nicht den Geschmack und ist gesundheitlich völlig unbedenklich; es handelt sich also um keinen Weinfehler. Aufgrund moderner Filter- und Stabilisierungsmethoden kommt er heute aber kaum noch vor.

Weinkrankheiten

Weinkrankheiten werden durch Pilze oder Bakterien verursacht, die sowohl die Rebe und ihre Trauben als auch den Wein in Mitleidenschaft ziehen können. Weine mit Weinkrankheiten sind nicht mehr verkehrsfähig.

ECHTER MEHLTAU

Bittergeschmack

Der Bittergeschmack wird durch Pilze auf schimmeligen Trauben verursacht. Vor allem bei Rotweinen wird der Gerbstoff zersetzt, der Wein wird rotbraun und trüb, der Geschmack fade und schließlich ausgesprochen bitter. Es bildet sich ein brauner Bodensatz. Leichte Bittertöne lassen sich durch Schönung (siehe S. 63) der Weine entfernen.

Buttersäurestich

Mit Buttersäurebakterien befallen, schmeckt und riecht der Wein penetrant nach Buttersäure und ist völlig verdorben.

Echter Mehltau

Diese Krankheit der Rebe, die von Pilzen verursacht wird, wurde im 19. Jahrhundert aus Amerika eingeschleppt. Die Pilze befallen Blätter sowie Beeren und bilden einen weißen Belag, der die Zellen absterben lässt. Befallene Beeren platzen auf und müssen bei der Lese entfernt werden, weil sie dem Most einen Schimmelgeschmack verleihen würden. Bekämpft wird der echte Mehltau durch Besprühen mit Schwefel.

Essigstich (flüchtige Säure)

Dabei gelangen Essigbakterien, die sich im Herbst auf den Beeren vermehren, beim Keltern in den Most. Bei Luftzufuhr wandeln sie den Alkohol des Weines in Essigsäure um. Essigstichige Weine sind verdorben und ungenießbar, manchmal sind sie auch trüb. Durch Auffüllen der Fässer, Schwefelung, Erhitzung oder Entkeimungsfiltration kann den Bakterien entgegengewirkt werden. Weine mit hohem Säure- und Alkoholgehalt sind gegen diese Krankheit immun.

Grünfäule (Grünschimmel)

Sie wird durch einen Schimmelpilz verursacht, der die Beeren befällt. Werden diese mitverarbeitet, wird der Wein hochfarbig und neigt zum Essigstich.

Mauke

Durch Bakterien entstehen Wucherungen am Rebstock, die die Saftzirkulation erheblich stören.

Rohfäule

Sie wird durch den Schimmelpilz Botrytis cinerea verursacht, der bei nasser Witterung unreife Trauben oder durch Hagel und Wurmfraß verletzte Trauben befällt. Die Beeren faulen und ergeben einen sauren Most, der zum Braunwerden neigt (Sauerfäule). Auch Stiele werden von diesem Pilz befallen, man spricht dann von Stielfäule.

Roter Brenner

Der rote Brenner ist eine Pilzkrankheit der Rebe, die meist die Blätter befällt. Diese bekommen rostrote oder braune Flecken und sterben in der Folge ab. Dadurch wird die Reife der Beeren verzögert. Roter Brenner kann mit Fungiziden bekämpft werden.

Roter Brenner

Die Weinbeurteilung

Man prüft Wein auch heute noch nach der alten römischen Weinprüfungsformel COS = color, odor, sapor, d. h. Farbe, Geruch und Geschmack. Dazu kommt noch der Tastsinn auf Zunge und Gaumen.

Aussehen

Man betrachtet das Glas (höchstens zu einem Drittel gefüllt) zuerst direkt von oben und beurteilt die Klarheit und die Kohlensäurebläschen am Rand bzw. auf der Weinoberfläche. Dann wird das geneigte Glas gegen das Licht oder gegen einen weißen Hintergrund (Tischtuch, Serviette oder weißes Blatt Papier) gehalten, um den Farbton, die Farbtiefe und die Klarheit zu beurteilen. Dabei erkennt man, ob der Wein funkelt oder ob er mit Schwebeteilchen beladen ist. Die **Farbtiefe** ist ein Indikator für das Alter des Weines (Lager- und Reifedauer). Rotweine verblassen mit zunehmendem Alter, Weißweine legen an Farbe zu. Der **Farbton** ist abhängig von Rebsorte, Reifegrad, Klimazone, Boden, Jahrgang und Ausbau.

Ein Tipp vom Profi
Bei Rotweinen wird auch der Rand beschrieben, also der Bereich zwischen der wässrigen Kante an der Glaswand und dem voll gefärbten Teil in der Glasmitte. Bei jungen, konzentrierten Weinen ist der Rand meist nur einige Millimeter breit, während er bei eher leichten oder reifen Weinen wesentlich breiter ist. Bei Rotweinen verrät die Farbe des Randes etwas über ihr Alter bzw. ihre Reife. Zeigt der Rand bei jungen Weinen noch bläulichviolette Reflexe, verblasst er mit zunehmendem Alter und wechselt von Ziegelrot über Rotbraun zu Orange.

Schließlich schwenkt man das Glas leicht und wirft einen Blick auf den Glasrand. Anhand der **Schlieren (Bögen)** kann die **Konsistenz (Viskosität)** beurteilt werden.

SCHLIEREN AM GLASRAND WEISEN AUF EINEN HÖHEREN EXTRAKT- UND ALKOHOLGEHALT HIN

In den folgenden Tabellen werden verschiedene Charakteristika von Wein aufgezählt. Die in Blau gesetzten Bezeichnungen sind erwünscht, die grauen hingegen unerwünscht. Die in Schwarz gesetzten Bezeichnungen sind neutral, da es Farbtöne gibt, die sowohl positiv als auch negativ sein können, man denke nur an den Vino Tinto aus Spanien, einen sehr dunklen, beinahe schwarzen Rotwein. Auch die Farbnuance Bernstein ist bei Süßwein völlig normal.

Klarheit	Klar, brillant, blitzblank, funkelnd, glanzhell, trüb, matt, wolkig, schlierig, gebrochen, blind
Farbton	Weißwein: grünliche Reflexe, grüngelb, hellgelb, zitronengelb, strohgelb, helles Gold, gelb, Gold, Altgold, bernsteinfarben Rotwein: hellrot, bläulich, kirschrot, rubinrot, purpurfarben, violettrot, ziegelrot, rotbraun, schwarz Roséwein: hellrosa, pink, lachsfarben, zwiebelschalenfarben, himbeerfarben
Farbtiefe	Weißwein: farblos, blass, mittelfarben, tieffarben Rotwein: blassrot, kräftig, satt, ziegelrot, rotbraun, madeirisiert, braun geworden
Kohlensäure	Kann bei jungen Weißweinen auftreten, ist bei Rotwein auf alle Fälle ein Weinfehler (Nachgärung). Etwas CO_2, deutliche CO_2-Bläschen am Rand und auf der Weinoberfläche, Kohlensäure tritt sichtbar in Bläschenform auf.
Konsistenz (Viskosität)	Wässrig, dünn, dicht, dick, ölig, zähflüssig

Geruch

Der Wein wird vorerst in ruhendem Zustand geprüft. Anschließend schwenkt man das Glas mehrmals, um die flüchtigen Duftstoffe freizusetzen. Nun kann man feststellen, ob der Wein sortentypisch und reintönig riecht bzw. wie intensiv und harmonisch der Geruch ist. Bei alten Weinen ändert sich der Geruch in Richtung Altersfirn. Den Weinaromen wird heute große Aufmerksamkeit geschenkt (vgl. Weinaromarad, S. 75).

Geruchskategorien	Fruchtig, blumig, pflanzlich, würzig, karamellisiert, rauchig, erdig, mikrobiologisch, chemisch, animalisch
Reintönigkeit	Sauber, unsauber, dumpf, muffig
Intensität	Zart, dezent ausgeprägt, verhalten, aufdringlich
Entwicklungsstadium	Traubig, jugendlich, gereift, hefig, müde, oxidativ

Geschmack

Unsere Zunge ist eigentlich ein sehr träges Organ, das nur fünf Geschmackskomponenten unterscheiden kann: süß, salzig, sauer, bitter und umami. Alle weiteren im Mund wahrgenommenen Empfindungen sind aromatischer Art und werden beim Ausatmen durch den Geruchssinn bemerkt.

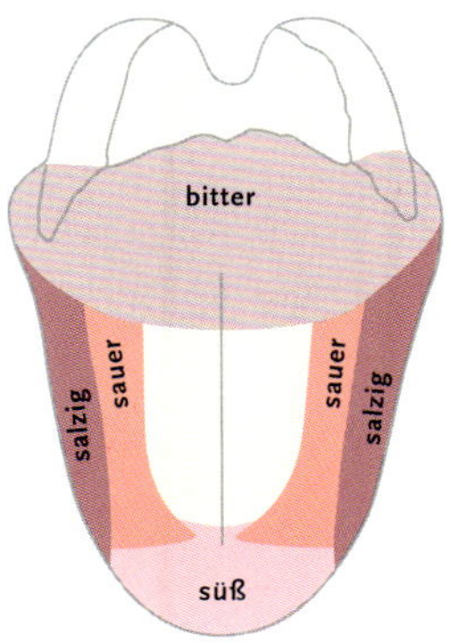

Geschmackszonen der Zunge

Umami – die fünfte Dimension?
Im Jahr 1908 entdeckte der japanische Wissenschaftler Kikunae Ikeda, dass Glutamat den Geschmack eiweißreicher Speisen verstärkt. Er nannte diese Geschmacksrichtung „umami“, was „größte Köstlichkeit“ oder „Wohlgeschmack“ bedeutet.

Neben den vier klassischen Geschmacksrichtungen bitter, salzig, sauer und süß wurde umami 2002 als fünfte Geschmacksrichtung nachgewiesen. So fand man in der Zunge Nervenzellen, die für die Wahrnehmung von Glutamat verantwortlich sind. Da im Wein Aminosäuren (Bausteine der Eiweißstoffe) enthalten sind, könnte umami bei Vorhandensein theoretisch erkannt werden. Das Problem ist nur, dass die Nervenzellen in der Zunge gegenüber den Empfangsstellen im Gehirn nur schwach ausgebildet sind (1 zu 100).

Ein Phänomen ist, dass Glutamat in Kombination mit einem tanninreichen Wein die bittere Wirkung verstärkt. Dies kann zum Beispiel beim Verzehr von Parmesan, zu dem ein in Barrique ausgebauter Wein gereicht wird, der Fall sein.

Man nimmt einen kräftigen Schluck und darf dabei ruhig schlürfen, ja man sollte es sogar, da dazu Luft eingesogen wird, die die fruchtigen Bestandteile besser entfalten lässt. Dann rollt man den Wein im Mund (man beißt ihn), damit er mit möglichst vielen Geschmackspapillen in Berührung kommt. Diesen Vorgang wiederholt man so oft, bis man sich ein Urteil über die Frische, die Dichte, die Textur, das Volumen und die Entwicklung des Weines im Mund gemacht hat.

Nach dem Ausspucken oder Schlucken bleiben noch aromatische Eindrücke bestehen. Halten diese bis zu drei Sekunden an, ist der Abgang als kurz einzustufen. Vier bis sechs Sekunden bedeuten einen mittleren, mehr als sechs Sekunden einen langen Abgang. Der Abgang gibt zusätzliche Informationen über Bitterkeit und Alkoholgehalt sowie Struktur und Qualität der Gerbstoffe. Bei abgerundeten, dichten Tanninen spricht man von einem großen Wein. Aggressive, spröde Gerbstoffe lassen auf einen rustikalen Wein schließen.

Säure	Mild, frisch, gut eingebunden, stützend, rassig, stahlig, resch, mit Säurebiss, schal, spitz, scharf, aggressiv, bissig, unreif
Süße	Trocken, halbtrocken, dezente Süße, lieblich, deutlicher Zuckerrest, extraktsüß, edelsüß, plump, klebrig, Zuckerwasser
Tannin (bei Rotweinen)	Samtig, weich, seidig, mollig, abgerundet, zartherb, zartes Tannin, leichtes Bitterl, herb, gerbstoffreich, sperrig, adstringierend, pelzig, rau, bitter

Körper (Extrakte)	Schlank, zart, feingliedrig, gut gebaut, muskulös, kompakt, dicht, mittelgewichtig, kräftig, gehaltvoll, extraktreich, opulent, leer, gehaltlos, dünn, körperarm, flach, breit, plump
Geschmackskategorien	Fruchtig, blumig, pflanzlich, würzig, karamellisiert, rauchig, erdig, mikrobiologisch, chemisch, animalisch
Alter	Jung, jugendlich, ausgebaut, reif, ausgereift, am Höhepunkt, edelfirnig, mostig, unfertig, abgebaut, überlagert, firnig, hinüber
Alkohol	Leicht, mittelschwer, kräftig, schwer, alkoholreich, mächtig, mager, dünn, brandig
Abgang	Kurz, mittel, lang anhaltend, unendlich, sehr kurz (reißt ab bzw. endet abrupt)
Harmonie	Harmonisch, unharmonisch
Gesamteindruck	Gefällig, ausgewogen, einfach, homogen, klassisch, modern, finessenreich, vielschichtig, elegant, groß, rassig, edel, perfekt, klein, derb, ausdruckslos, nichtssagend, eindimensional, unsauber

In der Schlussfolgerung werden die Einzelbewertungen zusammengefasst.

Qualität	Fehlerhaft, akzeptabel, durchschnittlich, gut, sehr gut, hervorragend, außergewöhnlich
Herkunft und Traubensorte	Klima, Böden, Region, Vinifizierung, Traubensorten
Potenzial	Trinken ab – bis; geringe, mittlere oder große Lagerfähigkeit

Weindegustation (Weinverkostung)

Man verkostet Weine, um ihre Qualität festzustellen, wobei es dafür verschiedene Gründe gibt. So prüft der Winzer seine Weine während der Vinifikation, schickt sie aber auch bei Wettbewerben, Weinmessen etc. ins Rennen, wo sie verkostet und bewertet werden. Aus gastronomischer Sicht sind Verkostungen wichtig, um die Qualität, das Entwicklungsstadium, die Reife, das Lagerpotenzial und das Preis-Leistungs-Verhältnis richtig einschätzen zu können.

Weine werden nach verschiedenen **Bewertungssystemen** beurteilt. So wird in Europa hauptsächlich mit dem 20-Punkte-Schema gearbeitet, während das 100-Punkte-Schema in Übersee, vor allem in Nordamerika, üblich ist. Mittlerweile setzt sich das 100-Punkte-Schema aber auch in Europa mehr und mehr durch. In Weinführern und Weinfachzeitschriften erfolgt häufig eine Bewertung in Form von Symbolen, wie z. B. Trauben, Gläsern, Flaschen und Sternen.

Was ist bei einer Weindegustation zu beachten?

- Leitungswasser oder stilles Mineralwasser bzw. Weißbrot zum Neutralisieren des Geschmacks sind bereitzustellen.
- Der Raum braucht gute Lichtverhältnisse. Er darf keine grünen oder roten Wände haben, muss rauchfrei und gut gelüftet sein.
- Die Tische sollen weiß gedeckt sein.
- Bei längeren Verkostungen müssen Spucknäpfe eingestellt werden.
- Die Weinkoster sollten vor und beim Kosten nicht rauchen, keinen Kaugummi kauen und keine scharf gewürzten, salzigen oder sehr süßen Speisen essen. Auch auf Parfums sollte verzichtet werden.
- Damit für alle Weine die gleichen Vorraussetzungen gelten, sollte immer der gleiche Glastyp verwendet werden. Am besten eignen sich dünnwandige, farblose, unverzierte, glatte und tulpenförmige Stielgläser.
- Der Wein muss die richtige Trinktemperatur aufweisen. Bei zu tiefer Temperatur kann man die feinen Duftstoffe schlecht erkennen, der Wein erscheint dünn. Bei zu hoher Temperatur verflüchtigen sich die Bukettstoffe zu rasch, der Wein wirkt plump.
- Für die richtige Reihenfolge gilt folgende Faustregel: Kein Wein darf den nächsten geschmacklich behindern. Daher verkostet man Weißweine vor Roséweinen, Roséweine vor Rotweinen, leichte vor schweren, zarte vor intensiven, trockene vor süßen sowie heurige vor alten Weinen.

Verkostungslisten mit Probenfolgen und ausreichend Platz für Kostnotizen gehören zu einer gut organisierten Degustation

Ein Tipp vom Profi
Wie in jedem Fachbereich gibt es auch bei der Weinbeurteilung ein großes Fachvokabular. Die Begriffe sollten jedoch möglichst klar und einfach gewählt werden. Allzu kreative Wortakrobatik ist hier fehl am Platz.

Das Service

Das Glas ist die Kleidung des Weines. Und so wie wir bei unserer Kleidung Konfektionsgrößen unterscheiden, gibt es auch für jeden Wein die passende Hülle. Gehaltvolle Weine benötigen ein größeres Glas, während zarte Weine nach einem schlanken Glas verlangen. Nebenbei sollte Weißwein auch deshalb in kleinere Gläser geschenkt werden, weil sich die Temperatur darin nicht so schnell erhöht wie in großen Schwenkern.

Die Weingläser

„Für jede Rebsorte, ja für jedes Getränk gibt es eine Glasform, die Bukett und Geschmack optimal zur Geltung kommen lässt. Zwar macht kein Glas aus einem kleinen einen großen Wein, aber aus einem falsch gewählten Glas trinkt sich selbst guter Wein nur schlecht."
Claus Riedel (1925–2004), Glashersteller, der mit der Serie „Sommelier" ein revolutionäres, neues Konzept erstellte und die Welt der Weingläser nachhaltig beeinflusste

Der Auftritt eines Weines bekommt nur mit dem richtigen Glas Klasse

„Die besten Vergrößerungsgläser für die Freuden der Welt sind die, aus denen man trinkt."
Joachim Ringelnatz

Gläserformen gibt es mittlerweile wie Sand am Meer. Für jede Rebsorte scheint es ein eigenes Glas zu geben. Für ein Restaurant ist dies jedoch übertrieben und völlig überflüssig. Vier Weingläser sind vollkommen ausreichend.

1 Für die vielschichtige Aromatik der Rotweine aus Bordeaux, der Toskana und Rioja ist ein Glas in länglicher Eiform ideal.

2 Junge, säurebetonte Weißweine und Rosés trinken sich gut aus einem schlanken, tulpenförmigen Glas. Die schmale Form lenkt den Wein auf die das Süße schmeckende Zungenspitze, mit dem Ergebnis, dass sich der rassige Charakter richtig entfalten kann.

3 Rotweine vom Typ Burgunder und Barolo mit ihrem reichen Duftspiel und dem opulenten Körper bedürfen wiederum eines runden, bauchigen Glases, das die Fruchtakkorde erst sammelt und dann generös freigibt. Im Barrique gereifte Weine zeigen in solchen Gläsern so richtig, was in ihnen steckt.

4 Ausgereifte sowie vollmundige und auch edelsüße Weißweine entfalten ihre markanten Fruchttöne am besten in einem leicht bauchig gerundeten Glas, das die Säure betont und die Aromen konzentriert.

Das A und O eines guten Weinglases

- Ein gutes Weinglas hat eine geringe Wandstärke. Ein dickwandiges Glas drängt dem Wein seine Temperatur auf und ist daher ungeeignet. Ein Wermutstropfen bei sehr dünnwandigen Gläsern ist allerdings ihre leichte Zerbrechlichkeit.
- Die Temperatur im Glas soll möglichst konstant bleiben. Der Stiel muss also eine gewisse Länge haben, damit der Kelch nicht von der Hand erwärmt wird.
- Ein gutes Weinglas ist durchsichtig und ohne jeglichen Zierrat. Nur so kann man die Farbe des Weines wirklich beurteilen.

- Da wir an jeder Stelle der Zunge anders schmecken (mehr dazu auf S. 80), ist es wirklich wichtig, die richtige Glasform zu wählen. Sie bestimmt, an welcher Stelle der Zunge der Wein landet und ob damit sein wahrer Charakter klar zur Geltung kommt oder nicht. Ein geschliffener Glasrand erlaubt dem Wein, sanft über die Zunge zu fließen. Gläser mit Rollrand lassen hingegen jeden Wein kurz und sauer schmecken.

Das Avinieren – Reinheitsgebot für Weingläser

Selbst wenn ein Weinglas noch so gründlich gespült und hingebungsvoll poliert wurde, können ihm immer noch Reste von Spülmittel und Fremdgerüchen anhaften. Damit nur reinster Duft die Nase des Gastes hofiert, sollten die Gläser deshalb vor dem Befüllen grundsätzlich aviniert werden. Dazu wird etwas Wein ins Glas gegossen und so geschwenkt, dass die Glaswand rundum benetzt wird.

Ein Tipp vom Profi
Es muss jedoch nicht in jedes Glas ein eigener Schluck Wein gegeben werden. Wäre wirklich schade um das gute Tröpfchen! Mit dem gleichen Schluck Wein können sämtliche Gläser aviniert werden, der Rest wird dann einfach in ein Glas gegossen und abserviert.

Ideale Trinktemperaturen

„Wer genießen kann, trinkt keinen Wein mehr, sondern kostet Geheimnisse."
Salvador Dalí

Grundsätzlich gilt, je fülliger ein Wein, desto höher ist seine Trinktemperatur.

- **Junge, frische Weiß- und Roséweine:** 8–10 °C
- **Gereifte Weißweine:** 10–12 °C
- **Prädikatsweine:** 10–12 °C
- **Leichte, junge Rotweine:** 12–15 °C
- **Körperreiche Rotweine:** 15–17 °C
- **Schwere, alte, körperreiche Rotweine:** 18 °C

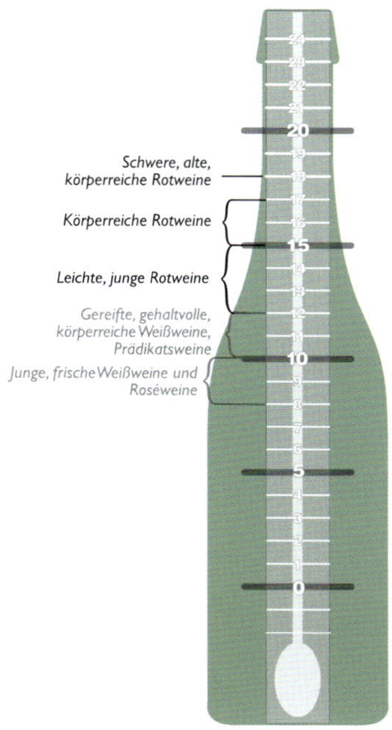

Um den jeweiligen Wein mit der richtigen Temperatur servieren zu können, bedient man sich idealerweise Weinklimaschränken (siehe S. 71).

Sind Weiß- und Roséweine nicht genügend kühl, reicht es, die Flasche ca. zehn Minuten in einen Kühler mit Eis und Wasser zu stellen.

Ein Tipp vom Profi
Wird es einem Wein zu warm, zeigt er dies durch einen scharfen Alkoholgeruch.

Das Dekantieren und Belüften (Karaffieren)

„Bei alten Weinen ist das Dekantieren ein Zeichen von Respekt, bei jungen Weinen ein Zeichen von Vertrauen."
Christian Moueix

Beim Avinieren wird das Weinglas rundum benetzt

Für das Dekantieren gibt es zwei Gründe: Der erste Grund ist, dass manche Weine ein Depot bilden, welches nicht im Glas des Gastes landen soll. Daher wird der Wein **vom Depot getrennt,** indem man ihn ganz langsam und vorsichtig aus der Flasche in eine Karaffe gießt.

Der zweite Grund ist das **Belüften (Karaffieren)** des Weines. Gibt sich der Wein noch sehr kantig und geizt er mit seinen Duftstoffen, kann das Dekantieren dazu führen, dass er nach einiger Zeit viel weicher schmeckt und auf einmal wunderbar duftet. Der Wein hat sich geöffnet.

Mise en Place

- Dekantierkorb mit eingelegter Stoffserviette oder Dekantierwiege (Dekantierkanone)
- Dekantierkaraffe mit Unterteller und Serviette (bei manchen Modellen jedoch nicht möglich).
- Kerze, Streichhölzer (kein Feuerzeug)
- Hebekorkenzieher oder Screwpull mit Messer
- Weinserviette, Papierservietten
- Brotteller mit Spitzenpapier oder Papierserviette (als Korkteller)
- Brotteller mit Papierserviette (als Abfallteller für Kapselreste und gebrauchte Papierserviette)
- Bordeaux- oder Burgundergläser
- Zwei kleine Rotweingläser (ein Glas für den Probeschluck, ein Glas zum Avinieren)

Arbeitsablauf

1 Legen Sie die Flasche vorsichtig mit dem Etikett nach oben in den Dekantierkorb. Der Dekantierkorb dient nur zum Befördern der Flasche vom Weinklimaschrank bis zum Guéridon. Es kann auch eine mechanische Dekantiervorrichtung (Dekantiermaschine) verwendet werden.

2 Präsentieren der Flasche.

3 Anzünden der Kerze.

4 Entfernen der ganzen Flaschenkapsel mit einem T-Schnitt. Dabei werden Flasche und Dekantierkorb mit einer Hand gehalten, damit sich die Flasche nicht dreht.

Zuerst wird ein kurzer Querschnitt unterhalb des Flaschenwulstes gemacht, ...

... dann ein Längsschnitt vom Kapselbeginn bis zum Flaschenwulst.

Die ganze Kapsel entfernen und auf den Abfallteller legen.

5 Den Korken mit einer Papierserviette säubern.

6 Die Flasche mit dem Hebekorkenzieher oder Screwpull vorsichtig öffnen.

Handelt es sich um einen Glaspfropfen, wird dieser mit dem Daumen abgehoben

7 Mit der Serviette den Korken vom Korkenzieher drehen, indem man den Korken festhält und die Spindel herausdreht.

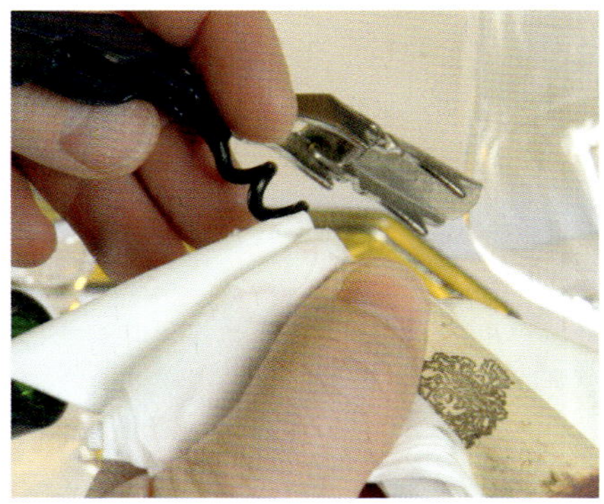

8 Den Korken auf einem Teller dem Gast einstellen. Dabei soll der Korkbrand für den Gast sichtbar sein.

9 Den Flaschenmund mit einer Papierserviette reinigen.

10 Einen Probeschluck in ein kleines Rotweinglas einschenken, dabei verbleibt die Flasche im Dekantierkorb. Dieser wird leicht und langsam nach unten geneigt, damit das Depot nicht aufgeschüttelt wird.

11 Fragen Sie den Gast, ob er den Wein verkosten möchte. Wenn nicht, übernehmen Sie die Verkostung.

12 Eventuell die Gläser und die Karaffe avinieren (Ausschwenken des Glases mit Wein).

Nachdem alle Gläser aviniert worden sind, gießt man den Rest des Weines in die Karaffe und aviniert sie ebenso

Die Karaffe wird gedreht, damit sie gleichmäßig vom Wein benetzt wird. Der Rest des Weines wird in ein Glas gegossen, das nachher abserviert wird.

13 Die avinierten Gläser am Gästetisch einstellen.

14 Die Kerze anzünden.

15 Die Flasche vorsichtig aus dem Dekantierkorb heben (Korb von unten wegziehen).

16 Den Flascheninhalt behutsam in die Dekantierkaraffe leeren.

Der Flaschenhals befindet sich dabei vor dem Lichtschein der Kerzenflamme

Der Wein darf dabei nicht auf den Boden der Dekantierkaraffe aufschlagen. Vielmehr sollte er vorsichtig die Innenwand entlangfließen, um genügend Sauerstoff aufnehmen und so das Bukett optimal entfalten zu können. Nebenbei wird der Wein matt, wenn er wie Wasser in die Karaffe gegossen wird.

Durch das Licht der Kerze sieht man, wenn sich der Wein zu trüben beginnt oder Teile des Depots sichtbar werden. Das Depot muss in der Flasche bleiben.

17 Die Kerzenflamme löschen, indem der Docht mit der Rückseite des Zündholzes in das flüssige Wachs getaucht wird.

18 Den Wein einschenken. Die Gläser können dafür mit einer Weinserviette herausgehoben werden.

Eingeschenkt werden nur kleine Mengen, damit sich das Bukett im Glas weiter entfalten kann

Mit der Weinserviette kann die Karaffe abgewischt werden

19 Die Dekantierkaraffe auf einem Unterteller mit Serviette einstellen.

20 Der Dekantierkorb mit der Flasche oder auch nur die Flasche bleibt auf dem Guéridon. Alles andere wird abserviert.

Karaffen gibt es viele

Die Wahl der Karaffe hängt davon ab, wie viel Sauerstoff der Wein verträgt. Für alte Weine, die lediglich von ihrem Depot getrennt werden sollen, eignen sich schlanke Karaffen mit engem Hals.

Sperrige, junge Rotweine hingegen schreien förmlich nach viel Sauerstoff und gehören daher in bauchige Karaffen mit großer Oberfläche. Aber auch gehaltvolle Weine wie z. B. Barolo entfalten in diesen Karaffen ihr volles Potenzial.

Weißweine, die im Barrique ausgebaut wurden, müssen natürlich im Weinkühler serviert werden und sind daher in schmalen Karaffen gut aufgehoben.

KARAFFENFORMEN DER ETWAS ANDEREN ART

Was tun, wenn der Korken bricht?

Es gibt Momente im Leben eines jeden Servicemitarbeiters, in denen er sich am liebsten in Luft auflösen möchte oder zumindest stark ins Schwitzen kommt. Das Brechen des Korkens ist einer dieser Momente.

Manche Korken zeigen sich sehr anhänglich, wenn es darum geht, sie aus der Flasche zu ziehen. Einige von ihnen nehmen es anscheinend so übel, dass sie lieber auseinanderbrechen, als nur einen Millimeter nachzugeben. Die gute Nachricht: Die meisten Weine lassen sich dennoch retten.

Wenn der Korken bricht, wird der Korkenrest mit der Korkenzieherspirale vorsichtig (schräg) angebohrt und dann entfernt. Der gebrochene Korken wird nicht mehr präsentiert.

Sollte der Korken in den Wein fallen, sind folgende Schritte möglich: Der Korken wird mit einer **Korkschlinge** (Drahtschleife mit Griff) herausgezogen, dies geschieht aber nicht am Gästetisch sondern auf dem Sideboard oder im Office. Statt der Schleife kann auch eine sogenannte **Weinhexe** oder **Hebamme** verwendet werden.

Die drei Drahtarme der Weinhexe können durch einen beweglichen Ring unterhalb des Griffes geöffnet und geschlossen werden

So können im Wein schwimmende Korkteilchen umfasst und aus der Flasche entfernt werden

Vor allem Rotweine kann man auch über ein Dekantiersieb in eine Dekantierkaraffe umfüllen.

> **Ein Tipp vom Profi**
> Manche Betriebe öffnen eine neue Flasche, wenn der Kork „ins Wasser fällt". Da der Wein im eigentlichen Sinn aber nicht unter diesem Missgeschick leidet, kann man dem Gast, falls er akzeptiert, einen Preisnachlass geben.

Des Butlers Freund

Manchmal sieht man es einem betagten Korken schon von weitem an, dass er seine beste Zeit bereits hinter sich gebracht hat. Solche brüchigen Korken können mit einer sogenannten **Kork-**

pinzette (oder **Butler's friend**) entfernt werden. Dazu schiebt man die beiden Zungen zwischen Korken und Flaschenhals, sodass der Korken richtiggehend eingeklemmt wird. Die verschieden langen Zungen bewirken, dass die Kraft beim Herausziehen (mit einer drehenden Bewegung) auf unterschiedliche Stellen des Korkens einwirkt und dieser somit unversehrt aus der Flasche gezogen werden kann.

Peanuts

Gegen das Brechen eines Korkens ist das Durchbohren eines Korkens mit der Korkenzieherspirale eine Kleinigkeit. Fallen dabei einige Krümel in den Wein, ist das zwar lästig, aber weiter nicht so schlimm. Man kann die Korkstückchen ganz einfach mit einem kleinen Schluck Wein in ein Glas gießen und anschließend abservieren.

Weinempfehlung zu Speisen

Wein zu Salat? Ja darf man das denn? Viele klassische Regeln spuken auch heute noch in den Köpfen von Servicemitarbeitern und Gästen herum. Warum die klassischen Regeln verwerfen, wo sie doch so lange Gültigkeit gehabt haben?

Das stimmt, man darf jedoch eines dabei nicht übersehen: Die alten Regeln, wie z. B. Weißwein zu Fisch und Rotwein zu dunklem Fleisch, stammen aus einer Zeit, in der man die verschiedenen Küchenstile noch nicht mischte und Weine auch völlig anders schmeckten. Lassen Sie sich von diesen Regeln nicht irritieren: Die heutige, auf natürliche Aromastoffe ausgerichtete kreative Küche lässt völlig neuartige Kombinationen zu. Manche der klassischen Regeln haben somit ausgedient. Lassen wir sie also in Frieden ziehen und wenden wir uns spannendem Neuland zu.

> „Wer neue Wege gehen will, muss alte Pfade verlassen."
> *Manfred Grau*

Grundsätzlich sollten nach einem Schluck Wein Duft und Geschmack des Essens intensiver und anregender wirken und umgekehrt. Bei der Kombination von Speisen und Wein scheiden sich allerdings die Geister.

Im gegenseitigen Einverständnis

Verfechter der Harmonielehre sind der Meinung, dass Wein und Speise gemeinsame Sache machen sollten, um sich gegenseitig bei der Entfaltung ihrer Geschmacksstoffe zu unterstützen.

Je mehr sich Wein und Speisen im Grundcharakter ähneln, desto leichter ist eine harmonische Verbindung zu erreichen.

Gegensätze ziehen sich an

Der Wein kann jedoch auch einen Kontrast zur Speise bilden. Es ist wie im wirklichen Leben, oft faszinieren uns gerade jene Menschen, die so ganz anders sind als wir selbst. Wie wir aber wissen, können Gegensätze auf Biegen und Brechen auch furchtbar aufreibend sein.

Ein Bespiel für den perfekt gesetzten Kontrapunkt sind Blauschimmelkäse und edelsüße Weine.

Wenn Käse voll des süßen Weines ist …

Tipps zur Weinempfehlung

- Wein soll den Geschmack einer Speise unterstreichen und nicht überdecken.
- Komplexe (große) Weine serviert man zu einfachen Gerichten, während man einfache (eindeutige) Weine zu komplexen Gerichten reicht. Sogenannte „Dienerweine" (unkomplizierte Grüne Veltliner, Welschriesling, Zweigelt, Blaufränkisch) passen wunderbar zu vielschichtigen Speisen.
- Leichte Weine passen zu leichten Speisen, kräftige Weine zu kräftigen Speisen.
- Der intensivste Part der Speise sollte die Wahl des Weines bestimmen. Meist ist dies die Sauce, es kann aber auch eine Beilage wie z. B. Rotkraut sein.
- Was wird wann und wozu getrunken? Ein Barolo, der an einem Herbstabend zu einem Wildgericht ausgezeichnet passt, würde den Gast bei einem Mittagessen an einem heißen Sommertag etwas überfordern.
- Eine gewürzbetonte Küche verlangt nach gehaltvollen, kräftigen Weinen. Dabei ist eine zarte Restsüße von Vorteil. Auch intensivere aromatische Weine passen gut zu fernöstlichen Speisen oder zu Gerichten der Fusionküche.
- Bei der Weinfolge soll ebenso wie bei der Speisenfolge eine Steigerung in Aroma und Geschmack sowie in Gehalt und Fülle erfolgen.

Klassische Weinfolge

- Leicht vor kräftig.
- Zart vor würzig.
- Jüngerer vor älterem Wein.
- Trocken vor lieblich und süß.
- Weiß- vor Rosé- und Rotwein.
- Rotwein vor Süß- und Dessertwein.
- Kühl vor warm.
- Alkoholarm vor alkoholreich.
- Säurereich vor säurearm.
- Körperarm vor körperreich.
- Jüngerer Jahrgang vor älterem Jahrgang.

Ein Tipp vom Profi
Das Idealbild eines Menüs, bei dem die Weinbegleitung in aufsteigender Form stattfindet, ist in der Praxis – speziell bei der kreativen Küche – nicht mehr sehr oft anzutreffen. So wird z. B. eine Trockenbeerenauslese bereits zur Vorspeise gereicht, vorausgesetzt sie passt.

Ganz grosse Weine sollten nicht unbedingt zum Essen gereicht werden – sie brillieren als Solisten

Gelungene Kombinationen

Die größte Harmonie lässt sich jedoch nur dann erreichen, wenn sich Wein und Speisen ähneln.

Verstärken sich gegenseitig	Überdecken sich gegenseitig
Süß + süß	Süß + salzig
Salzig + salzig	Süß + bitter
Salzig + sauer	Süß + sauer
Sauer + sauer	Salzig + bitter
Sauer + bitter	
Bitter + bitter	

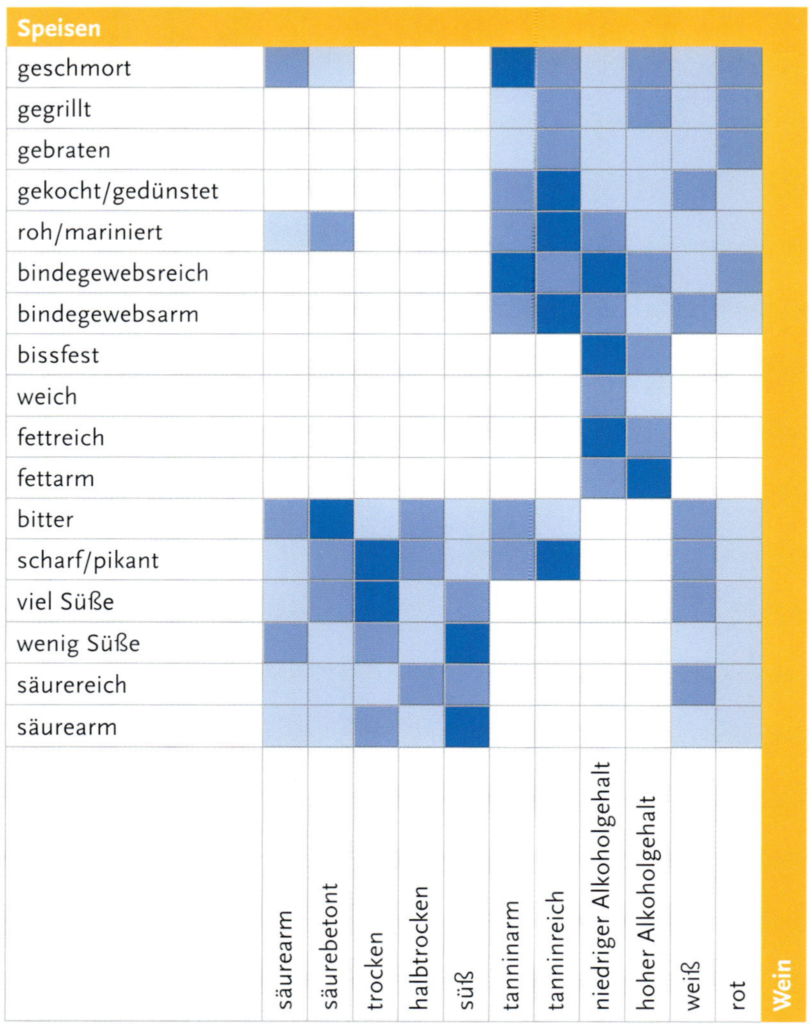

- Ideale Kombination
- Gute Kombination, in Ausnahmefällen problematisch
- Schlechte Kombination, passt nur in Ausnahmefällen
- Weiße Felder haben keinen wesentlichen Einfluss

Als Sommelier muss man also sowohl den Charakter der Weine als auch die Zubereitung und den Geschmack der angebotenen Speisen kennen. Wie das geht? Ganz einfach: durch Probieren. Ein guter Draht zur Küche zahlt sich also immer aus.

Das Zusammenspiel zwischen Wein und Speisen richtet sich nach dem geschmacklich wahrnehmbaren Gehalt an Alkohol, Kohlensäure, Fett, Gewürzen, Salz, Säure und Süße.

Komponenten	Wirkung
Alkohol	Erhöht den Eindruck der Süße und verstärkt die Wirkung von Gewürzen.
Bitterstoffe	Bitterstoffe, die beim Rösten, Grillen und Schmoren von Speisen entstehen, harmonisieren die Süßeempfindung und mäßigen die Säureempfindung. Bitterstoffe werden langsam wahrgenommen, halten aber lange an. Sie sind bekömmlicher in Verbindung mit gerbstoff- und alkoholreicheren Weinen.
Kohlensäure	Kohlensäure im Wein (besonders im Schaumwein) verfremdet teilweise die Süßeempfindung. Im Zusammenspiel mit dem Essen wirken diese Weine süßer, als sie tatsächlich sind. Schaumweine mit den Geschmacksrichtungen Brut Nature, Extra Brut und Brut sind daher zum Essen (mit Ausnahme von Desserts) besser geeignet.
Fett	Stark fetthaltige Speisen sind bekömmlicher mit Weinen, die reich an Säure, Gerbstoff und Alkohol sind. Diese drei Komponenten regen auch den Appetit und die Verdauung an.
Gewürze	Stark mit Pfeffer, Chili, Curry, Tabasco usw. gewürzte Speisen schmecken in Verbindung mit alkoholreichen Weinen noch kräftiger. Bei Weinen, die neben einem hohen Alkoholgehalt auch noch einen hohen Säuregehalt haben, ist deshalb Vorsicht geboten.
Salz	Salz steigert die Wahrnehmung der Aroma- und Bitterstoffe im Wein und in den Speisen. Der Geschmack wirkt unharmonisch.
Säure	In Verbindung mit stark säurehaltigen Weinen werden säurehaltige Speisen unbekömmlich und können Sodbrennen hervorrufen. Fetthaltige Speisen werden hingegen durch Weine mit guter Säure leichter verdaulich.
Süße	Süße in Speisen (nicht nur bei Desserts, sondern auch bei gegartem Gemüse) erhöht die Wahrnehmung der Säure im Wein. Ein säurebetonter Wein wird durch Zucker noch aggressiver.

Wein – wann und wozu?

Kalte Vorspeisen	Passende Weine
Vorspeisencocktails	Spritzige, resche Weißweine der Sorten Grüner Veltliner, Rheinriesling, Chardonnay und Weißburgunder sowie Chablis, Sancerre und Terlaner. Trockener Sekt oder Champagner.
Gemüsevorspeisen (z. B. Artischocken, Spargel, Avocados)	Trockene, leichte oder mittelschwere Weißweine der Sorten Weißburgunder, Rheinriesling, Silvaner, Grüner Veltliner sowie Chablis, Soave und Pinot gris aus dem Elsass.
Vorspeisensalate (Blatt- und Gemüsesalate mit Gebratenem, Fisch oder Fleisch)	Milde, würzige Weißweine der Sorten Zierfandler, Traminer und Rivaner, Roero Arneis sowie weiße Burgunderweine. Leichte, milde Rotweine, z. B. Zweigelt, sowie Südtiroler Rotweine.
Salate von Krustentieren	Trockene, aber auch halbtrockene, kräftige, würzige Weißweine der Sorten Rheinriesling, Weißburgunder und Ruländer.
Fischvorspeisen – marinierte oder geräucherte Fische	Zu mariniertem Fisch serviert man am besten keinen Wein, zu geräuchertem Fisch leichte oder mittelschwere, nicht zu säureintensive, trockene Weißweine, wie z. B. Grünen Veltliner, Welschriesling oder Chenin blanc. Als Faustregel gilt: Je fetter der Fisch, desto kräftiger der dazu servierte Wein. Zu geräuchertem Aal passt Sauvignon blanc oder Ruländer.
Räucherlachs	Trockene, elegante Weißweine, die voll im Körper sind, aus den Sorten Sauvignon blanc, Ruländer, Weißburgunder, Silvaner, Chardonnay sowie Chablis und Riesling Grand Cru aus dem Elsass.
Gravad Lax (Lachs, der mit Zucker, Dille und sonstigen Gewürzen gebeizt ist)	Trockene, elegante, volle Weißweine der Sorten Sauvignon blanc, Ruländer, Chardonnay und Weißburgunder; evtl. auch halbtrockene Weine bester Qualität.

Geflügelvorspeisen	Trockene Weißweine der Sorten Welschriesling und Grüner Veltliner.
Rohschinken, wie z. B. Parmaschinken, San Daniele, Jamón Serrano, Bündner Fleisch	Mittelkräftige trockene Weißweine, z. B. Pinot grigio und Soave. Junge italienische und spanische Rotweine. Trockener Sherry (Fino, Manzanilla).
Carpaccio (vom Rinderfilet)	Trockener Weißwein, z. B. Vernaccia di San Gimignano, Chardonnay. Rotwein, wie z. B. Chianti Classico.
Deftige Speisen (Geselchtes, Speck, Hauswürste)	Kräftige, resche Weiß-, Rosé- und Schilcherweine. Leichte, lebendige Rotweine der Sorten Trollinger und Zweigelt.
Pasteten (Gänseleber etc.), Terrinen, Galantinen	Säurearme und extraktreiche Weine der Sorten Ruländer, Weißburgunder und Traminer. Natürliche Süßweine, wie Spätlesen, Auslesen oder Beerenauslesen. Edelsüßer Sauternes, Gewürztraminer, Le Montrachet, Château d'Yquem, Tokaji Aszú oder Eszencia. Trockener oder halbtrockener Sherry oder weißer Portwein.
Kaviar	Riesling, Chardonnay. Trockener Sekt oder Champagner – Premier Cru. Auch Wodka.
Austern, Muscheln, Plateau de Fruits de Mer	Trockene Weißweine, wie z. B. aus den Sorten Welschriesling, Chardonnay, Sauvignon blanc, Sancerre, Muscadet sur Lie, Verdicchio, Rueda oder Weißburgunder. Trockene Roséweine oder Schilcher. Friulano, Chablis, Entre-Deux-Mers. Trockener Sekt und Champagner – Blanc des Blancs. Trockener Sherry (Fino).
Krustentiere (Süßwasserkrebse, Hummer, Langusten, Krabben)	Trockene, kräftige Weißweine der Sorten Ruländer, Chardonnay und Weißburgunder. Trockene Rheinriesling Spätlese, Chablis, Pouilly Fuissé, Pouilly Fumé, Chenin blanc, Pinot grigio und Soave. Roséweine, z. B. Mâcon rosé. Trockener Sekt und Champagner. Trockener Sherry (Fino, Manzanilla).

Salate	Passende Weine
Essig und Wein können Partner sein, vorausgesetzt, dass mit Essig, Zitrone und Salz sparsam umgegangen wird und hochwertige Essige und Öle verwendet werden.	

Suppen	Passende Weine
Kräftige, gebundene Suppen	Kräftiger Weißwein, wie z. B. Morillon oder Ruländer zu Kürbisschaumsuppe, Sauvignon blanc oder trockener Gelber Muskateller zu Spargelcremesuppe.
Weinsuppen	Der Wein, der zur Zubereitung verwendet wurde.
Zwiebel- und Knoblauchsuppen sowie Suppentöpfe	Säurearme, trockene Weißweine, wie z. B. Soave, Grüner Veltliner und Friulano.
Gulasch-, Bohnen- und Currysuppen	Kein Wein, sondern Schank- oder Märzenbier.
Fischsuppen	Trockene Weiß- und Roséweine, wie z. B. Grüner Veltliner, Silvaner, Zweigelt rosé, Tavel rosé.

Warme Vorspeisen	Passende Weine
Leichte Fleischvorspeisen, wie z. B. Gebackenes, Spießchen und Blätterteigpastetchen	Mittelschwere, kräftige Weißweine der Sorten Silvaner, Chardonnay und Ruländer. Roséweine (Weißherbst) bzw. junge, zartherbe Rotweine, wie z. B. Vernatsch, Bardolino oder Beaujolais. Bei schweren Ragoutfüllungen auch mittelschwere Rotweine, wie z. B. Blauer Portugieser, Valpolicella, Côtes du Rhône.
Vorspeisen mit Béchamelsauce oder Gemüse	Volle Weißweine, wie z. B. Neuburger, reifere Grüne Veltliner, Ruländer oder Vernaccia di San Gimignano.
Teigwaren mit Fischen, Muscheln, Krustentieren sowie Saucen oder Ragouts von Kalbfleisch, Bries und Hirn	Trockene, nicht zu schwere Weißweine, wie z. B. Silvaner, Grüner Veltliner, Welschriesling, Weißburgunder, Riesling, Pinot bianco, Soave Classico, Friulano und Muscadet de Sèvre et Maine.
Teigwaren mit schweren Füllungen, Pilzen, Wild, Wildgeflügel, Innereien, Gänse- und Entenfleisch	Roséweine, Schilcher, Lagrein-Kretzer. Mittelschwere Rotweine, wie z. B. Blauburgunder, Blaufränkisch (Lemberger), Cabernet Sauvignon und Cabernet Franc. Kräftige, mittelschwere Weißweine, wie z. B. Traminer, Sauvignon blanc, Scheurebe und Ruländer.
Teigwaren mit Tomaten	Fruchtiger mittelkräftiger Weißwein, wie z. B. Sauvignon blanc. Auch Rotweine, wie z. B. Dolcetto, Barbera, Sangiovese di Romagna und Chianti.
Risotti	Trockene, resche Weißweine, wie z. B. Welschriesling, Grüner Veltliner, Terlaner, Edelzwicker, Bianco di Custoza und Gavi. Auch Rotwein, wie z. B. zu Risotto con Barolo der zum Kochen verwendete Wein.
Eiergerichte	Eiergerichte harmonieren mit Wein nicht sehr gut. Wird trotzdem Wein gewünscht, empfehlen Sie milde Weißweine, wie z. B. Weißburgunder, oder leichte Rotweine.

Fische, Muscheln und Krustentiere	Passende Weine
Gekochte, pochierte, gebratene und gegrillte Edelfische (wie z. B. Forelle, Lachs, Seezunge oder Steinbutt)	Trockene, spritzige oder liebliche Weißweine der Sorten Grüner Veltliner, Riesling Grand Cru aus dem Elsass, Welschriesling, Rivaner und Silvaner, Gavi, Soave, Edelzwicker, Chablis. Zu gegrillten Edelfischen passt auch Blauburgunder.
Meeresfisch, in der Salzkruste gegart	Trockene, gehaltvolle Weißweine, wie z. B. Chablis und Sancerre.
Gebratene, gebackene und gegrillte Fett- und Konsumfische (wie z. B. Karpfen, Aal, Waller oder Makrele)	Gehaltvolle, mittelschwere bis schwere Weißweine, wie z. B. Riesling, Chardonnay, Sauvignon blanc, Zierfandler und Ruländer. Wird Fisch gegrillt und mit kräftiger Sauce serviert, so passen sehr gut kräftige, würzige und alkoholreiche Rotweine mit moderatem Tanningerüst, wie z. B. ein Pinot noir aus dem Burgund, aber auch Überseeweine wie Merlot, Shiraz, Malbec und Cabernet Franc (serviert mit 14–16 °C).
Fisch in leichter, heller Sauce	Trockene oder halbtrockene Weißweine, wie z. B. Riesling, Weißburgunder, Chardonnay oder Chablis.
Fisch in schwerer Cremesauce	Extraktreiche Weißweine, wie z. B. Ruländer, trockener Traminer, reifer Weißburgunder, Corton-Charlemagne, Puligny-Montrachet, Chablis oder Orvieto.
Fisch in Rotweinsauce	Man trinkt dazu denselben Wein, der zur Saucenherstellung verwendet wurde.
Thunfisch	Kräftiger Chardonnay sowie Pinot noir und Merlot aus der Neuen Welt.
Muscheln und Krustentiere	Trockene Weißweine der Sorten Riesling und Chardonnay, Muscadet sowie Chablis. Trockener Sherry (Fino).

Jakobsmuscheln	Trockene bzw. halbtrockene Weißweine (wie z. B. Burgunder aus den weißen Burgundersorten) oder Champagner.
Paella	Trockene Weiß- oder Roséweine aus Navarra sowie Côtes de Provence und Tavel.

Fleischgerichte	Passende Weine
Helles Geflügel, gekocht, gedünstet oder in hellen Saucen	Trockene, vollmundige Weißweine der Sorten Riesling, Grüner Veltliner und Chardonnay sowie Graves blanc und Meursault.
Helles Geflügel, gebraten, gegrillt oder gebacken	Milde oder würzige, nicht zu säurebetonte Weißweine, wie z. B. Neuburger, trockener Silvaner, Weißburgunder, Sauvignon blanc, Hermitage blanc. Roséweine (Schillerweine). Leichte oder mittelkräftige Rotweine, wie z. B. Zweigelt, Blauburgunder und St. Laurent.
Helles gekochtes oder gedünstetes Fleisch (Kalb, Kitz, Kaninchen, Spanferkel)	Spritzige oder mittelschwere Weißweine der Sorten Grüner Veltliner, Chardonnay, Weißburgunder und Zierfandler. Leichte Rotweine, wie z. B. Blauer Portugieser, sowie die Südtiroler Rotweine.
Helles gegrilltes und gebratenes Fleisch mit leichten oder intensiven Saucen	Leichte oder mittelschwere Rotweine, wie z. B. Blauer Zweigelt, St. Laurent, Blauburgunder, Blaufränkisch (Lemberger), Pomerol und Sangiovese. Gehaltvolle, mittelschwere Weißweine, wie z. B. Weißburgunder, reiferer Grüner Veltliner und Neuburger.
Wiener Schnitzel	Grüner Veltliner, Weißburgunder.
Schweinefleisch, je nach Zubereitungsart und Intensität:	
Deftige, gebratene Speisen	Leichte oder mittelschwere Rotweine, wie z. B. Blauer Zweigelt, Blaufränkisch, Trollinger, Beaujolais und Chianti.
Surfleisch, Surschnitzel (gepökelter Schweinsnacken oder Pökelschulter, im Ganzen gekocht bzw. paniert)	Kein Wein, besser passt Bier.
Zarte Gerichte, wie z. B. Lendchen, Medaillons	Kräftige, gehaltvolle Weißweine, wie z. B. Ruländer, Weißburgunder und Traminer. Auch Rotweine, wie z. B. mittelkräftiger Zweigelt und St. Laurent.
Gebackenes Schweinefleisch	Kräftige, neutrale, mittelschwere Weißweine, wie z. B. Neuburger, Weißburgunder, Pouilly Fuissé, Verduzzo Friulano.
Leichte Innereien (Bries, Hirn)	Leichte, frische Weißweine, wie z. B. Welschriesling, Grüner Veltliner, Rivaner, Entre-Deux-Mers und Soave.
Geschmacksintensive Innereien (Zunge, Herz, Lunge oder Leber)	Gehaltvolle, mittelschwere oder schwere Rotweine, wie z. B. Blaufränkisch (Lemberger), Zweigelt, Beaujolais, Blauburgunder, Tempranillo und Sangiovese. Auch Roséweine.
Dunkles gebratenes Geflügel, wie Ente, Gans oder Truthahn	Milde, samtige Rotweine, wie z. B. reifer St. Laurent, Blauburgunder, Pommard, Volnay und Barbaresco. Auch Riesling Spätlese aus dem Rheingau.
Dunkles Fleisch, wie Rind und Lamm	Mittelschwere oder schwere Rotweine, wie z. B. Blauburgunder, Blaufränkisch, St. Laurent, Cabernet Sauvignon, Brunello di Montalcino, Bordeaux Grands Crus classés.
Ausnahme: gekochtes Rindfleisch	Leichter oder mittelschwerer Weißwein (speziell in Österreich), wie z. B. Grüner Veltliner, Riesling Federspiel und Silvaner.
Wild und Wildgeflügel	Extraktreiche, wuchtige und schwere Rotweine, wie z. B. Blauburgunder, Blaufränkisch (Lemberger), Cabernet Sauvignon, Merlot, Vosne-Romanée, Supertoskaner, Barolo, Barbaresco, Rioja Reserva oder Côtes du Rhône. Weiße Ausleseweine (speziell in Deutschland) aus dem Rheingau, aus Rheinhessen und Franken, ebenso Weißweine mit exotischen Fruchtnuancen, im Barrique ausgebaut.

Gemüsegerichte	Passende Weine
Zartes Gemüse (z. B. Spargel), leichte Gemüsegerichte	Zartblumige oder leicht aromatische Weißweine, wie z. B. Rivaner, Welschriesling, Riesling, Sauvignon blanc und Sancerre.
Frittiertes Gemüse	Trockene kräftige Weißweine, wie z. B. Sauvignon blanc, Silvaner und Rivaner.
Gemüse mit Pilzen	Kräftige Rotweine, wie z. B. Blaufränkisch (Lemberger), Blauburgunder, St. Laurent, Graves rouge und Chianti.

Pizza	Passende Weine
z. B. mit Tomaten und Mozzarella belegt	Einfache rustikale Weine auf Basis von Sangiovese und Montepulciano d'Abruzzo, auch Primitivo di Manduria und Sicilia Rosso IGT.

Asiatische Gerichte	Passende Weine
Süßsaure Gerichte, Wokgerichte	Weißweine mit Restsüße, wie z. B. Riesling Spätlese aus dem Moselgebiet oder Grüner Veltliner und Riesling Smaragd, Gewürztraminer aus dem Elsass, Chardonnay aus der Neuen Welt.
Sushi	Rassige trockene oder halbtrockene Weißweine wie Riesling, Sauvignon blanc und Champagner. Sake und Bier.
Currys	Aromatisch würzige und kräftige Weißweine, wie z. B. kalifornischer Chardonnay, trockener Muskateller, Gewürztraminer und Riesling.

Käse	Passende Weine
Generell passen Weißweine eher zu Käse als Rotweine. Das hat vor allem mit dem problematischen Verhältnis zwischen Milcheiweiß und den Tanninen im Rotwein zu tun.	
Hartkäse (z. B. Emmentaler, Bergkäse, Manchego, Parmesan, Pecorino, Sbrinz, Cheddar, Gruyère)	Grundsätzlich reife Weißweine, wie z. B. gut entwickelter Grüner Veltliner und reifer Weißburgunder. Aber auch mittelschwere oder schwere, tanninarme Rotweine, wie z. B. Blauer Portugieser, Blaufränkisch (Lemberger), Blauburgunder und reifer St. Laurent.
Schnittkäse (z. B. Tilsiter, Alpzirler, Edamer, Gouda, Bel Paese, Räucherkäse, Bergbaron, Provolone, Chester, Port-Salut etc.), **halbfester Schnittkäse**	Mittelschwere Weißweine, z. B. ein abgerundeter Riesling sowie Weine der Sorten Weißburgunder, Chardonnay, Neuburger und Muskateller. Leichte oder mittelschwere tanninarme Rotweine, wie z. B. Blauer Zweigelt, St. Laurent und Cabernet Sauvignon.
Weichkäse mit Weißschimmel (z. B. Boursin, Brillat-Savarin, Camembert, Brie, Époisses)	Trockene, gut ausgebaute Weißweine, wie z. B. Grüner Veltliner, Weißburgunder, Riesling und Chardonnay. Volle, reife Rotweine, wie z. B. Blauburgunder, Blauer Zweigelt und Blaufränkisch.
Weichkäse mit Blau- oder Grünschimmel sowie Doppelschimmel (z. B. Roquefort, Stilton, Gorgonzola, Danablu, Österzola)	Prädikatsweine, wie Auslesen, Beerenauslesen und Ausbruch sowie Tokajer und Sauternes. Gut ausgebaute, würzige Weißweine, wie z. B. Sauvignon blanc, Traminer und Gewürztraminer. Portweine (speziell bei Stilton); auch Madeira und Oloroso-Sherry harmonieren sehr gut.
Weichkäse mit Rotkultur (z. B. Schlosskäse, Romadur, Limburger, St. Severin)	Extraktreiche, trockene bis halbtrockene Weißweine aus den Sorten Welschriesling, Weißburgunder, Riesling und Ruländer. Samtige, tanninarme Rotweine, wie z. B. reifer Blauer Zweigelt oder milder St. Laurent.

Frischkäse (ungereifte Käseerzeugnisse, wie z. B. Mozzarella, Cottage-Cheese, Mascarpone, weißer Schaf- und Ziegenkäse)	Leichte, trockene oder halbtrockene Weißweine, wie z. B. Rivaner, Grüner Veltliner, Welschriesling, Sancerre (speziell für Ziegenkäse) und Gelber Muskateller. Roséweine der Sorten Blauer Portugieser und Blauer Zweigelt sowie Blanc de Noirs (Clairet), Lagrein-Kretzer und Schilcher.

Süßspeisen	Passende Weine
Zwischen Süßspeisen und Wein kann nur eine Harmonie entstehen, wenn der Wein mindestens so süß ist wie das Dessert.	Weißweine besonderer Leseart, wie Spätlesen, Auslesen, Eisweine, Beerenauslesen, Ausbruchweine und Trockenbeerenauslesen der Sorten Welschriesling, Rivaner, Neuburger, Traminer und Muskat-Ottonel. Portweine, Sherrys (Olorosos, Cream Sherrys), Banyuls, Madeira, Samos oder Tokajer. Halbtrockener Sekt und Champagner; Moscato d'Asti.
Schokolade	Kräftige fruchtige Rotweine, wie z. B. Cabernet Sauvignon aus Kalifornien. Exzellente Partner sind rote Portweine oder Banyuls.

Perfekte Partner

Durch Zufall oder regionale Traditionen haben sich perfekte Partnerschaften zwischen manchen Weinen und Gerichten entwickelt.

- Tafelspitz und andere gekochte Rindfleischspezialitäten verlangen einfach nach einem Grünen Veltliner.
- Zum Martinigansl wird oft ein Glas Staubiger (ungefilterter, leicht hefetrüber Jungwein) angeboten.
- Austern harmonieren wunderbar mit Champagner Blanc de Blancs oder Chablis Premier Cru,
- Meeresfrüchte mit Muscadet sur Lie,
- Lamm mit Medoc,
- Roquefort mit Sauternes
- und Stilton mit Jahrgangsport.

Es gibt zahllose regionale Gerichte, für deren Zubereitung Wein aus der Region verwendet wird. Viele traditionelle europäische Gerichte ergänzen sich darüber hinaus prächtig mit den in der Region produzierten Weinen, wie z. B. Coq au Vin mit rotem Burgunder oder ein Brasato al Barolo. Das bedeutet im Klartext: Was dem Essen gut tut, tut auch der Kehle gut.

Der Gast ist König

Die Wahrnehmung der grundlegenden Geschmackskomponenten süß, sauer, salzig, bitter und umami kann von Person zu Person extrem unterschiedlich ausfallen. Die oberste Maxime bei der Weinberatung ist daher: **Erlaubt ist, was dem Gast schmeckt.** Sie dürfen beraten, sich gegebenenfalls wundern (das bleibt jedoch ihr Geheimnis), aber keinesfalls belehren.

Im Normalfall sind die Gäste jedoch für eine Beratung sehr dankbar. Durch Ihre Empfehlungen bzw. Erklärungen kann selbst ein Anfänger in Sachen Wein erkennen, was in einem Wein steckt, und wird im günstigsten Fall zu einem „Vinophilen".

Ein Tipp vom Profi

Was tun, wenn jeder am Tisch etwas anderes isst, aber alle denselben Wein trinken möchten? Zweifeln Sie nicht an Ihrem Können, manchmal stößt man eben an natürliche Grenzen. Teilen Sie den Gästen ihre Bedenken mit und machen Sie den Vorschlag, eventuell einen Wein zu wählen, den alle schon einmal probieren wollten.

Glasweiser Ausschank

Hand aufs Herz: Würden Sie einen Wein bestellen, der bereits vor zwei oder drei Tagen geöffnet worden ist? Nein? Das ist auch nicht empfehlenswert, außer der Wein wurde mit einer bestimmten Technik konserviert.

Ein wesentlicher Faktor bei glasweiser Ausschank ist das **Haltbarmachen des Weines mit Stickstoff.** Dazu gibt es am Tresen eine Zapfsäule, aus der Stickstoff entnommen werden kann. Nachdem der Wein ausgeschenkt wurde, wird die Flasche unter den Stickstoff-Zapfhahn gehalten und der Wein mit einem Schuss Stickstoff versehen. Dieser verdrängt den Sauerstoff und verhindert so eine Oxidation. Die Weinflasche wird sozusagen „versiegelt". Anschließend gibt man auf die Flasche einen Spezialverschluss und stellt sie zurück in den Weinklimaschrank.

Dank dieser Konservierungstechnik können Topweine auch glasweise ausgeschenkt werden. Weinkenner und solche, die es noch werden wollen, bekommen so die Chance, Weine in einer Vielfalt kennenzulernen, die sie sich sonst im Lokal nie leisten würden (oder könnten).

Wein aus Österreich

Die Geschichte des österreichischen Weinbaus reicht bis in die Zeit der Kelten zurück, die bereits um 400 vor Christus, vor allem entlang der Donau, Rebstöcke pflanzten. Danach kamen die Römer und bauten unter Kaiser Probus die Anbauflächen aus. Es entstand erstmals eine Weinkultur. Im Mittelalter erlebte der Weinbau einen bis dahin unerreichten Höhepunkt. Die Rebfläche war zu dieser Zeit sogar um einiges größer als heute.

Zu Beginn des 19. Jahrhunderts wurden auch die Weingärten in Österreich wie in allen anderen Weinbauländern Europas von der Reblausplage heimgesucht und größtenteils vernichtet. Nach dem Zweiten Weltkrieg begann man mit gezielten Neupflanzungen – europäische Reben wurden auf reblausresistente amerikanische Unterlagsreben, sogenannte Trägerreben, aufgepfropft. Langsam erholte sich die österreichische Weinwirtschaft. Im Jahre 1949 wurden erstmals gesetzliche Bestimmungen erlassen.

Die Wachau

Ausgelöst durch gravierende Fehlleistungen einiger weniger Winzer, die dem österreichischen Weinbau großen Schaden zugefügt hatten, wurde 1985 ein neues Weingesetz geschaffen. Es hat, verändert durch mehrere Novellen, heute noch Gültigkeit und stellt die Weinerzeugung, die Bezeichnungen und die Kontrolle auf eine völlig neue Grundlage. Eine Anpassung an die EU-Standards wurde vorgenommen. Der sogenannte Weinskandal hat aber auch dazu geführt, dass die Weinkultur in Österreich eine neue Blüte erlebt. Nie zuvor wurden qualitativ hochwertige Weine in dieser Fülle angeboten, wie es seither der Fall ist – was Spitzenplatzierungen von trockenen Weiß- und Süßweinen, aber auch von Rotweinen bei internationalen Weinverkostungen immer wieder bezeugen.

Die Verteilung zwischen Weiß- und Rotwein fällt eindeutig zugunsten des Weißweins aus: 70 % der Weinbaufläche sind mit den 22 für Qualitätsweinerzeugung zugelassenen weißen Rebsorten bestockt. Der Rotweinanteil mit 13 Sorten ist in den letzten Jahren auf 30 % angewachsen.

Rund 32 000 Betriebe sind in Österreich direkt und indirekt mit dem Weinbau beschäftigt. Die Gesamtrebfläche beträgt rund 51 000 Hektar. Der Durchschnittsertrag liegt bei rund 2,5 Mio. Hektolitern, der größte Teil davon wird im Inland konsumiert.

Alles, was recht ist, oder das österreichische Weingesetz

Die Basis des österreichischen Weingesetzes ist das europäische Weinrecht. Österreich hat sich aber seine strikten Eigenheiten bewahrt. Die tragenden Säulen des österreichischen Weingesetzes sind die kontrollierte Herkunft, die Hektarertragsbeschränkung, die Qualitätsstufen und die staatliche Qualitätskontrolle.

Welche Angaben müssen auf dem Etikett stehen?

Markenname

Unter diesem Namen wird der Wein verkauft. Das kann der Name eines Weingutes, die Rebsorte oder ein Fantasiename (z. B. „Servus") sein.

Sorten- und Jahrgangsbezeichnung

Im Falle einer Sorten- bzw. Jahrgangsbezeichnung auf dem Etikett muss der Wein zu mindestens 85 % aus der genannten Sorte bestehen bzw. aus dem angegebenen Jahr stammen.

Prädikatsweine und Heuriger müssen den Jahrgang ausweisen. Bei Spätlesen und Auslesen sind in jedem Fall die Rebsorten anzugeben.

Name und Standort des Weingutes

Auf jedem Etikett müssen Name und Standort des Erzeugers, Abfüllers oder des Verkäufers angegeben sein.

Herkunftsbezeichnungen

Jeder österreichische Wein muss die Bezeichnung „österreichischer Wein“ oder „Wein aus Österreich“ tragen. Er darf nur aus Trauben erzeugt werden, die ausschließlich aus Österreich stammen. Tafelwein darf außer dem Hinweis auf die österreichische Herkunft keine weitere örtliche Herkunftsbezeichnung aufweisen. Bei Landwein ist nur die Region anzugeben.

Es dürfen folgende örtliche Herkunftsbezeichnungen verwendet werden, wenn die Trauben zu 100 % aus dem bezeichneten Bereich stammen:

- Weinbauregionen,
- Weinbaugebiete,
- Großlagen,
- Gemeinden,
- Rieden (kleinste Einheiten einer Weinbergslage) bzw. Einzellagen oder Weinbaufluren in Verbindung mit dem Namen der Gemeinde, in der sie liegen.

Auf die Lage kommt es an

Gerade jetzt, wo die Technik im Weinbau scheinbar alles möglich macht (und zugleich vieles gleichmacht), gewinnt das Terroir an Bedeutung. Für viele Weinkenner ist die Lagenbezeichnung fast ebenso wichtig wie der Name des Weingutes.

Restzuckergehalt

Auf jeder Etikette muss der Gehalt an unvergorenem Zucker im Wein angegeben sein, und zwar mit den Worten:

- **Für Diabetiker geeignet:** höchstens 4 g Zucker pro Liter.
- **Trocken:** bis 4 g Zucker pro Liter oder höchstens 9 g pro Liter, wenn der in Weinsäure ausgedrückte Gesamtsäuregehalt höchstens 2 g pro Liter niedriger ist als der Restzuckergehalt.
- **Halbtrocken:** bis 12 g Zucker pro Liter.
- **Lieblich:** höchstens 45 g Zucker pro Liter.
- **Süß:** über 45 g Zucker pro Liter.

Bezeichnungsvorschriften für Qualitätswein

1. Banderole (in der Flaschenkapsel)
2. Halsschleife
3. 4. Herkunftsbezeichnungen
5. Bezeichnung „Qualitätswein mit staatlicher Prüfnummer“ und die verliehene Nummer
6. Nenninhalt: Inhaltsmenge in Liter (e = EU-Norm)
7. Jahrgangs- und Sortenbezeichnung
8. Restzuckergehalt
9. Name und Standort des Weingutes
10. Alkoholgehalt
11. Bezeichnung „enthält Sulfite“ muss verzeichnet sein

Alkoholgehalt

Die Etikette muss über den Gehalt an Alkohol in ganzen oder halben Volumprozenten (z. B. 11 Vol.-% oder 11,5 Vol.-%) informieren. Dabei gibt es folgende Einteilung:

- **leichter Wein:** bis 10 Vol.-%,
- **mittelschwerer bzw. gehaltvoller Wein:** 10 bis 12 Vol.-%,
- **schwerer Wein:** über 13 Vol.-%.

Nenninhalt

Das Inhaltsvolumen (z. B. 0,75 l) ist in Litern anzugeben.

Qualitätswein mit staatlicher Prüfnummer

Österreichische Qualitäts- und Prädikatsweine werden staatlich doppelt geprüft – durch eine weinchemische Analyse und eine Beurteilung durch ein Verkostergremium. Die staatliche Prüfnummer auf dem Etikett und die rotweißrote Banderole dokumentieren dieses aufwendige Kontroll- und Qualitätssicherungsverfahren.

Alle Qualitätsweine müssen auf dem Etikett die Bezeichnung „Qualitätswein“, „Qualitätswein bestimmter Anbaugebiete (b. A.)“ oder „Qualitätswein mit staatlicher Prüfnummer“ sowie die verliehene Prüfnummer tragen. Die Prüfnummer setzt sich aus einem Buchstaben-Ziffern-Code zusammen, z. B. E 6999/07 (E = Eisenstadt als Sitz der Untersuchungsstelle, 6999 = Einreichnummer, 07 = Einreichjahr).

Banderole, Kontrollzeichen

Qualitäts-, Kabinett- und Prädikatsweine, die in Österreich in Flaschen abgefüllt wurden, dürfen nur mit einer Banderole in den Verkehr gebracht werden. Die Banderole – ursprünglich eine rotweißrote Schleife über der Flaschenöffnung – ist jetzt als rotweißrotes Zeichen in die Flaschenkapsel eingefügt.

Die Banderole ist mit einer Betriebsnummer sowie mit einem Kennbuchstaben der Druckerei und dem Staatswappen versehen

Typische österreichische Bezeichnungen

- **Heuriger:** österreichischer Jungwein. Diese Bezeichnung gilt bis spätestens 31. Dezember des auf die Ernte folgenden Jahres (ein Jungwein der Ernte 2007 ist also bis zum 31. Dezember 2008 vom Gesetz her ein Heuriger).
- **Bergwein:** Wein, dessen Trauben ausschließlich aus Terrassenlagen oder Steillagen mit einer Hangneigung von über 26 % stammen. Bergweine dürfen, auch wenn sie sensorisch nicht die Stufe „Qualitätswein" erreicht haben, in 0,75- und 0,375-l-Flaschen abgefüllt werden.
- **Hauerabfüllung, Gutsabfüllung, Erzeugerabfüllung:** Weine aus Trauben, die ausschließlich aus Weingärten eines Betriebes stammen und in diesem verarbeitet und abgefüllt wurden.
- **Reserve oder Premium:** Rotwein, der eine mindestens zwölfmonatige Reifelagerung aufweist; bei Weißweinen sind mindestens vier Monate Lagerung nötig.
- **Jungfernwein:** Bezeichnung für Wein, der aus der ersten Ernte eines neu ausgepflanzten Weingartens erzeugt wird (der Weingarten ist meist drei oder vier Jahre alt).
- **Alte Reben:** Dieser Begriff wird oft auf dem Etikett vermerkt, wenn die Trauben für den Wein von 40 Jahre alten bzw. älteren Weinstöcken stammen.

Die Weingüteklassen

Für Land-, Qualitäts- und Prädikatsweine gilt eine Höchstertragsmenge von 9 000 Kilogramm Trauben bzw. 6 750 Litern Wein pro Hektar. Wird mehr produziert, muss die gesamte Menge als Tafelwein deklariert werden. In der folgenden Tabelle finden Sie die verschiedenen Qualitätsbezeichnungen für Weine und die dafür notwendigen Voraussetzungen. Die verwendete Abkürzung KMW steht für Klosterneuburger Grade, die mit der Klosterneuburger Mostwaage gemessen werden.

Weingüteklassen	
Tafelwein	■ Mostgewicht mindestens 10,6° KMW. ■ Alkoholgehalt mindestens 8,5 Vol.-%. ■ Muss auf dem Etikett als Tafelwein bezeichnet werden. ■ Angabe der Herkunft: Österreich. ■ Keine Verwendung einer Sorten- und Jahrgangsbezeichnung (Ausnahme: Bergwein in Flaschen, bei dem die Region angegeben wird, und Heuriger in Flaschen, bei dem der Jahrgang angeführt ist). ■ Darf nicht in Flaschen unter einem Liter abgefüllt werden (Ausnahme: Bergwein).
Landwein	■ Wein aus einer Weinbauregion. ■ Ausschließlich aus einer Qualitätsrebsorte (sortentypisch). ■ Mostgewicht mindestens 14° KMW. ■ Alkoholgehalt mindestens 8,5 Vol.-%.
Qualitätswein, Qualitätswein bestimmter Anbaugebiete	■ Wein aus einem Weinbaugebiet. ■ Ausschließlich aus einer Qualitätsrebsorte (sortentypisch). ■ Als Most mindestens 15° KMW. ■ Alkoholgehalt mindestens 9 Vol.-%. ■ Amtlich geprüft, mit staatlicher Prüfnummer. ■ Aufbesserung mit max. 3,75 kg Zucker pro 100 l oder bis dass der Alkoholgehalt um max. 2,5 Vol.-% steigt; erlaubte Anreicherung bei Weißweinen bis max. 12,8 Vol.-%, bei Rotweinen bis max. 13,6 Vol.-%.
Kabinett	■ Muss den Bestimmungen eines Qualitätsweines entsprechen. ■ Mostgewicht mindestens 17° KMW. ■ Alkoholgehalt maximal 13 Vol.-%. ■ Darf nicht aufgebessert werden. ■ Restsüße maximal 9 g pro Liter.
Prädikatswein	■ Wein aus einem Weinbaugebiet. ■ Hat einen späteren Lesetermin (ab 19° KMW). ■ Amtlich geprüft, mit staatlicher Prüfnummer. ■ Darf nicht aufgebessert werden. ■ Restsüße nur über Gärungsunterbrechung. ■ Spätlesen dürfen ab dem 1. März des Folgejahres vermarktet werden, alle anderen Prädikatsweine ab dem 1. Mai.

Prädikatsweine – kurz und bündig

Spätlese

Die Trauben sind bei der Ernte in vollreifem Zustand.

- Mostgewicht mindestens 19° KMW.
- Goldgelbe Farbe.
- Reifer Geschmack, Rebsortencharakteristik.

Auslese

Für die Auslese werden ausschließlich vollreife, gesunde Trauben verwendet (Positivlese). Es wird also wirklich eine Auslese getroffen. Alle nicht vollreifen, fehlerhaften und kranken Beeren werden entfernt.

- Mostgewicht mindestens 21° KMW.
- Goldgelbe Farbe.
- Häufig milder Geschmack.
- Hat einen natürlichen Zuckerrest.
- Oft mit edelfaulem Geschmack, da bei schöner Witterung, aber feuchter Luft die reifen Beeren vom Edelfäulepilz (Botrytis cinerea, siehe S. 64) befallen werden.

Eiswein

Eiswein wird aus Trauben hergestellt, die bei der Lese und Kelterung gefroren waren (Mindesttemperatur –7 °C, mehr zur Herstellung auf S. 57). Charakteristisch für Eisweine ist das feine Spiel von Süße und Säure. Eine gewisse Rasse, sprich Säure, ist für sie essenziell.

- Mostgewicht mindestens 25° KMW.
- Extraktreich, feinfruchtig, vollmundig, harmonische Süße. Eisweine begeistern durch ihr klares, traubiges Aroma.

Strohwein, Schilfwein

Für diese Prädikatsweine werden die vollreifen, zuckerreichen Trauben vor der Kelterung mindestens drei Monate auf Stroh oder Schilf gelagert oder an Schnüren aufgehängt. Dabei verdunstet der Wasseranteil in den Beeren mehr und mehr, während der Zuckergehalt steigt. Erst nach dieser Behandlung werden die Trauben gepresst. Das Lesegut kann jedoch schon nach zwei Monaten gepresst werden, wenn ein Mostgewicht von 30° KMW erreicht ist.

- Mostgewicht mindestens 25° KMW.
- Sehr lange lagerfähig.
- Stroh- und Schilfweine dürfen keine andere Prädikatsbezeichnung tragen.

Beerenauslese

Beerenauslesen werden aus überreifen und edelfaulen Trauben hergestellt.

- Mostgewicht mindestens 25° KMW.
- Tief goldgelbe Farbe.
- Kräftig, hoher Alkoholgehalt, hoher Naturzuckerrest.

Ausbruch

Ausbruch wird ebenso wie die Beerenauslese aus überreifen und edelfaulen Beeren hergestellt.

- Mostgewicht mindestens 27° KMW.
- Goldgelbe oder bernsteinartige Farbe.
- Hoher Alkoholgehalt, sehr extraktreich.
- Ölige Konsistenz.
- Nachhaltiger Edelreifegeschmack.
- Sehr lange lagerfähig.

Trockenbeerenauslese

Für Trockenbeerenauslesen werden edelfaule, rosinenartige Beeren verwendet.

- Mostgewicht mindestens 30° KMW.
- Geschmack und Aussehen ähnlich wie bei Ausbruchweinen.

Für Schilfweine werden die Trauben mindestens drei Monate auf Schilf gelagert

Regionale Herkunftszeichen

In den letzten Jahren wurden viele Qualitätsgemeinschaften mit dem Ziel gegründet, qualitativ hochwertige Weine herzustellen und sie gemeinsam zu vermarkten (Werbung, Messen etc.).

Bekannte Qualitätsgemeinschaften sind z. B. Vinea Wachau Nobilis Districtus (in der Wachau, siehe S. 103), Thermenwinzer (in der Thermenregion, siehe S. 104), Renommierte Weingüter Burgenland (im gesamten Burgenland) und Steirischer Junker (Südsteiermark, siehe S. 108).

Weinauszeichnungen

Bei Fachmessen und Ausstellungen (z. B. Kremser Weinmesse) werden Plaketten, Medaillen und andere Auszeichnungen vergeben.

Die Österreichische Weinmarketingserviceges.m.b.H. präsentiert alljährlich die 260 besten Weine Österreichs, die mit der **Salonschleife (Salonwein)** gekennzeichnet werden.

Ein Wein ohne Prämierung muss in der Folge jedoch nicht schlechter sein. Nicht alle guten österreichischen Weine tragen derartige Auszeichnungen, da manche Erzeuger ihre Produkte prinzipiell nicht zu Prämierungen einreichen.

Die Rebsorten

Österreich ist in erster Linie ein Land der Weißweine. Es überwiegen die fruchtigen, säurebetonten Sorten, die als Qualitäts- und Kabinettweine vorzugsweise jung getrunken werden. Sie werden meist sortenrein ausgebaut, wobei jedoch ein Trend zu Weißwein- und Rotweincuvées zu verzeichnen ist. Mit über 36 % Anbaufläche ist der Grüne Veltliner in Österreich die unangefochtene Nummer 1.

Hauptrebsorten für Weißweine

Grüner Veltliner (Weißgipfler), Welschriesling, Weißburgunder (Pinot blanc), Chardonnay, Riesling (Rheinriesling), Neuburger, Frühroter Veltliner (Malvasier).

Weitere Weißweinrebsorten mit flächenmäßig geringem Anteil sind Muskat Ottonel, Traminer, Bouvier, Ruländer (Grauburgunder, Pinot gris), Goldburger, Rotgipfler, Zierfandler (Spätrot), Roter Veltliner, Sauvignon blanc, Silvaner, Muskateller, Furmint, Gewürztraminer, Jubiläumsrebe und Scheurebe (Sämling 88).

Hauptrebsorten für Rotweine

Zweigelt (Blauer Zweigelt, Rotburger), Blaufränkisch, Blauer Portugieser, Blauburgunder (Pinot noir), St. Laurent, Blauer Wildbacher.

Weitere Rotweinrebsorten mit flächenmäßig geringem Anteil sind Blauburger, Cabernet Sauvignon, Merlot, Cabernet Franc, Syrah, Ráthay und Roesler.

Weinbauregionen und -gebiete

Weinbauregionen	Weinbaugebiete	Untergeordnete Weinbaugebiete
Weinland Österreich	Niederösterreich (31 350 ha)	Wachau, Kremstal, Kamptal, Traisental, Wagram, Weinviertel, Carnuntum, Thermenregion
	Burgenland (15 850 ha)	Neusiedler See, Neusiedler-See-Hügelland, Mittelburgenland, Südburgenland
Steirerland	Steiermark (3 700 ha)	Südoststeiermark, Südsteiermark, Weststeiermark
Wien	(700 ha)	
Bergland Österreich	Vorarlberg, Tirol, Kärnten, Oberösterreich und Salzburg. Es werden meist frühreife Sorten von Hobbywinzern angebaut. Die Weine dienen großteils der Eigenversorgung.	

Niederösterreich

Niederösterreich ist die Wiege einer Vielzahl unterschiedlichster Weine. Ein Grund für diese Vielfalt sind die verschiedenartigen Böden und Lagen. So wird Weinbau ebenso im flachwelligen Hügelland betrieben wie auf Terrassen an steilen Berghängen. Ein weiterer Grund für das breite Spektrum ist der Zusammenstoß des pannonischen Klimas mit dem des Voralpenlandes, aus dem sich die zahlreichen kleinklimatischen Unterschiede ergeben.

In Niederösterreich wird in erster Linie Weißwein angebaut. Eine typische Spezialität ist der Grüne Veltliner, der 48 % der niederösterreichischen Weinernte ausmacht. Daneben gibt es aber auch Rotweingebiete von sehr gutem Ruf, vor allem um die Gegenden von Tattendorf und Baden, ferner um Haugsdorf, Schrattenberg, Retz und Göttlesbrunn.

Weinbaugebiet Niederösterreich

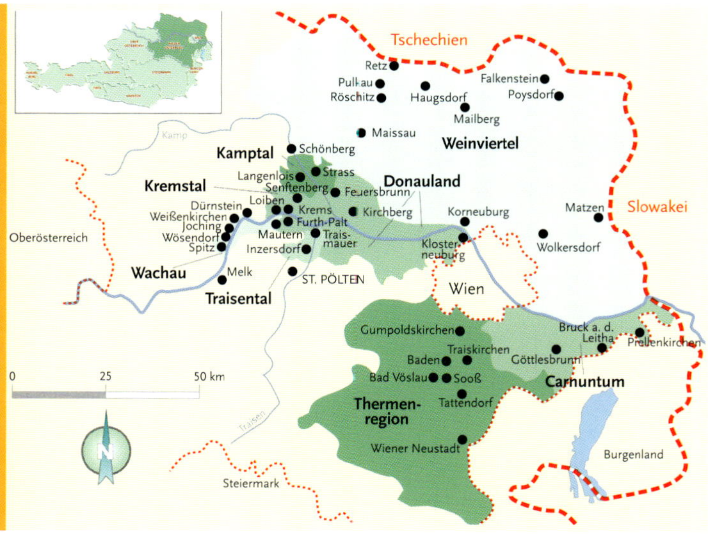

Weinviertel (16 650 ha)

Das Weinviertel ist das größte Weinbaugebiet Österreichs. Weinviertel ist jedoch nicht gleich Weinviertel. Aufgrund unterschiedlicher klimatischer und geologischer Bedingungen kann man das Weinviertel in drei Teilgebiete gliedern:

- Weinviertel West (Retzer Land),
- Weinviertel Ost (Veltlinerland),
- Weinviertel Süd.

Mit einem Anteil von über 50 % an der Gesamtproduktion kann man das Weinviertel getrost als „Veltlinerland" bezeichnen. Aus dieser Sorte wurde auch der erste ursprungskontrollierte Wein aus Österreich mit der neuen Qualitätsbezeichnung DAC (Districtus Austriae Controllatus) gekeltert.

Weinviertel DAC

Mit der Einführung des Herkunftsvermarktungssystems DAC wurde in Österreichs Weinhierarchie erstmals die Herkunft über die Rebsorte gestellt. Es handelt sich dabei um einen Grünen Veltliner mit typischem Gebiets- und Sortencharakter, d. h. er ist pfeffrig-würzig und feinfruchtig – oder wie es die Weinviertler liebevoll ausdrücken, ein richtiges „Pfefferl".

Weinviertel-DAC-Weine müssen mit max. 6 g/l Restzucker trocken ausgebaut sein und dürfen weder einen Holz- noch einen Botrytiston zeigen. Der Alkoholgehalt muss mindestens 12 Vol.-% betragen.

Rotwein wird vor allem im westlichen Weinviertel gekeltert. Das trockene Kleinklima des Retzerlandes begünstigt seit jeher die Rotweinerzeugung. Wahre Rotweininseln im Meer des Grünen Veltliners sind das Pulkautal, Haugsdorf, Jetzelsdorf und Schrattenthal. Es herrschen die Sorten Blauer Portugieser und Zweigelt vor. Die Umgebung von Röschitz wartet hingegen mit Weißweinen der Sorten Grüner Veltliner und Riesling von mineralischer Finesse und tiefer Würze auf.

Der nordöstliche Teil des Weinviertels steht im Zeichen des Schaumweins. Welschriesling und Grüner Veltliner, vorwiegend auf Lössböden gewachsen, liefern ideale Grundweine für Österreichs bekannteste Sekte.

Im südlichen Weinviertel macht sich der pannonische Klimaeinfluss gehörig bemerkbar. Die Hauptrebsorten sind der Grüne Veltliner und die Zweigeltrebe. Aber auch Welschriesling, Riesling, Weißburgunder und Chardonnay gedeihen hier hervorragend.

Bekannte Weinerzeuger des Weinviertels

- Ebenthal: Herbert Zillinger
- Falkenstein: Jauk, Josef Salomon
- Hagenbrunn: Rudolf Schwarzböck
- Haugsdorf: Josef und Philipp Lust
- Höbersbrunn: Josef Leberwurst
- Hohenwarth: Hans Setzer, Hofbauer-Schmidt
- Mailberg: Schlossweingut Malteser-Ritterorden, Fürnkranz
- Maissau: Jutta Hogl
- Mannersdorf: Roland Minkowitsch, Leopold Kriegl
- Martinsdorf: Else und Peter Zuschmann-Schöfmann
- Obermarkersdorf: Manfred Bannert, Herbert Studeny
- Obernalb: Mandfred und Leopold Ladentrog

LÖSSBÖDEN IM KAMPTAL

- Pernersdorf: Julius Klein
- Poysdorf: Monika und Helmut Taubenschuss, Emmerich und Herta Haimer, Friedrich Rieder (Weinrieder), Rainer Schuckert
- Retz: Franz Gruber
- Röschitz: Alfred Maurer, Ewald Gruber, Gerhard und Herta Gschweicher, Erwin Poller (Pollerhof)
- Schrattenthal: Werner Zull
- Seefeld-Kadolz: Schlossweingut Graf Hardegg
- Stetten: Roman und Adelheid Pfaffl
- Wolkersdorf: Romana und Walter Haindl-Erlacher, Christian Pleil
- Zellerndorf: Franz und Petra Prechtl
- Ziersdorf: Leopold Uibel

Bekannte Lagen

- Hagenbrunn: Sätzen-Fürstenberg
- Hohenwarth: Herrenberg
- Mailberg: Hundschupfen
- Obermarkersdorf: Sündlasberg, Nussberg
- Poysdorf: Tenn, Hermannschachern
- Retz: Altenberg
- Röschitz: Galgenberg
- Schrattenthal: Innere Bergen
- Stetten: Hundsleiten, Zeiseneck
- Zellerndorf: Längen

Qualitätsgemeinschaften

Falkensteiner Berggericht, Premium Weingüter Weinviertel, Weingüter Retzerland

Kamptal (4 000 Hektar)

Zentrum dieses Gebietes ist die Stadt Langenlois. Die Hauptrebsorte ist auch hier der Grüne Veltliner. Wichtig – auch für den Ruf der Region – ist der Riesling. Weißburgunder, Chardonnay sowie der feinaromatische Sauvignon blanc runden das Sortiment ab. Auch die Erzeugung von Sekt ist im Steigen begriffen.

Nur etwa 15 % der Fläche des Kamptals sind mit roten Rebsorten bestockt. Zweigelt und der Blaue Portugieser sind am stärksten vertreten, aber auch Blauburgunder ist immer mehr im Kommen.

Klimatisch gesehen ist das Kamptal mit dem Donauraum vergleichbar. Die Weine zeichnen sich durch Fruchtigkeit, Spritzigkeit und Würze aus. Verwittertes Urgestein auf den Berglagen, das an den Osthängen von Löss und Lehm abgelöst wird, kommt vor allem dem Grünen Veltliner und dem Riesling zugute.

Bekannte Weinerzeuger des Kamptals

- Gobelsburg: Schloss Gobelsburg
- Kammern bei Langenlois: Josef Hirsch
- Langenlois: Willi Bründlmayer, Deiblhof, Ludwig und Michaela Ehn, Ludwig Hiedler, Jurtschitsch (Sonnhof), Klinglhuber, Thomas Leithner, Fred Loimer, Karl Steininger, Rupert Summerer
- Schönberg: Anna und Josef Aichinger, Alfred Deim, Christian Zillner
- Strass: Allram-Haas, Peter Dolle, Johann Topf, Reinhard Waldschütz, Heinrich Weixelbaum, Franz Zottlöderer
- Zöbing: Günther Brandl, Burgi Eder, Erwin Retzl

Bekannte Lagen

- Langenlois, Zöbing: Heiligenstein
- Gobelsburg, Kammern: Lamm
- Langenlois: Käferberg, Loiserberg, Schenkenbichl, Seeberg, Spiegel, Steinmassl
- Strass: Gaisberg, Hasel, Wechselberg

Ein Tipp vom Profi
Zu den besten und bekanntesten Weinen des Kamptals zählen der Riesling und der Grüne Veltliner aus der Lage Heiligenstein bis hin zum Strasser Gaisberg.

Qualitätsgemeinschaften

K & K – Kamptal Klassik, Vinovative, Österreichische Traditionsweingüter

In den sogenannten Kellergassen (im Bild die Kellergasse von Falkenstein) werden nach der Weinlese Kellerfeste gefeiert. Dabei handelt es sich um Kelleranlagen, die häufig außerhalb des Ortes in den Berg getrieben wurden. Hinter oder unter diesen kleinen Häusern verstecken sich jahrhundertealte Keller. Das Wunderbare an diesen Kellern ist, dass die Temperatur immer konstant bleibt.

Kremstal (2 250 Hektar)

Charakteristisch für den Kremser Raum sind die starken klimatischen Unterschiede. Zur Reifezeit strömt aus der Hochebene des umliegenden Waldviertels kühle, sauerstoffreiche Luft ins Tal. Die großen Temperaturschwankungen zwischen Tag und Nacht sowie die hohe Luftfeuchtigkeit begünstigen die Würzigkeit und die Finesse der Weine.

Ein weiteres Geheimnis für das gebietstypische zartblumige Sortenbukett der Weine sind die Urgesteinsverwitterungsböden im Norden. Sie bringen feinfruchtige, mineralisch geprägte Weißweine hervor, während auf den fruchtbaren, kalkreichen Lösslagen im östlichen Teil um Gedersdorf und Rohrendorf satte, fülligere, gleichwohl elegante Veltliner entstehen. Auch die Gegend um Göttweig am gegenüberliegenden Donauufer zählt zu diesem Gebiet.

Die Hauptrebsorte ist der Grüne Veltliner, gefolgt von Riesling und Rivaner.

Bei den Rotweinsorten sind Zweigelt und Blauburgunder am stärksten verbreitet.

Kremstal DAC
Kremstal-DAC-Weine werden ausschließlich aus den Sorten Grüner Veltliner und Riesling gekeltert. Der Stil beider Weine ist trocken und darf weder eine Botrytisnote noch einen Holzton aufweisen. Auch ein zu hoher Alkoholgehalt ist unerwünscht (max. 12–12,5 Vol.-%).

Daneben gibt es eine zweite Stufe bei der Weißweinappellation. Unter der Zusatzbezeichnung „Reserve" müssen die Weine folgende Charakteristik aufweisen: trocken, kräftige Stilistik, ausgeprägtes Sortenaroma, dicht und lang im Abgang mit einem Alkoholgehalt ab 13 Vol.-%. Zarte Botrytis- und Holztöne sind zulässig.

Bekannte Weinerzeuger des Kremstals

- Brunn im Felde: Josef Mantler (Mantlerhof)
- Furth bei Göttweig: Gerald Malat, Helma Müller-Grossmann, Dr. Unger
- Gedersdorf: Erich und Maria Berger, Walter Buchegger
- Krems: Wolfgang Aigner, Salomon (Undhof), Rotweinmanufaktur Wandraschek, Weingut Stadt Krems, Winzer Krems, Anton Zöhrer
- Rohrendorf: Lenz Moser, Sepp Moser, Josef Rosenberger
- Senftenberg: Martin Nigl, Franz Proidl

Die Stadt Krems ist von Weingärten umgeben

Bekannte Lagen

- Furth: Steinbühel
- Gedersdorf: Moosburgerin, Tiefenthal
- Krems: Gebling, Kögl, Sandgrube, Wachtberg, Weinzierlberg
- Krems-Stein: Pfaffenberg, Steiner Hund, Wieden
- Senftenberg: Piri

Qualitätsgemeinschaften

Kremstaler Convent, Österreichische Traditionsweingüter, Vinum Circa Montem

Wachau (1 400 Hektar)

Die Wachau ist ein „weißer" Fleck auf der Karte: 91 % der Rebfläche sind mit Weißweinsorten bepflanzt. Die kaliumreichen Urgesteinsböden und die hohe Luftfeuchtigkeit bedingen, dass die Sorten eine besonders liebliche Blume hervorbringen. Während auf den Urgesteinsböden hauptsächlich Riesling und Grüner Veltliner angepflanzt werden, findet man auf den tiefgründigen Lössböden neben dem Grünen Veltliner auch die Neuburgerrebe (Spezialität aus Spitz) und im Donautal die Sorte Rivaner.

Typisch für die Wachauer Weine ist ihr relativ hoher Säuregehalt. Damit ist eine gute Lagerfähigkeit gegeben.

Da die natürlichen Hänge für die Rebkulturen zu steil sind, wurden Terrassen in den Fels gehauen und Steinmauern errichtet, um die Erde vor dem Abschwemmen zu schützen

Bekannte Weinerzeuger der Wachau

- Dürnstein: Franz Schmidl, Freie Weingärtner Wachau
- Joching: Karl Holzapfel, Jamek-Altmann, Johann Schmelz, Johann Bäuerl, Schmelz
- Mautern a. d. Donau: Nikolaihof, Hutter (Silberbichlerhof)
- Oberloiben: Weingüter F. X. Pichler, Paul Stierschneider (Urbanushof).
- Spitz a. d. Donau: Franz Hirtzberger, Josef Högl, Karl Lagler
- Unterloiben: Leo Alzinger, Emmerich Knoll, Rainer Wess

Die Marken der Vinea Wachau Nobilis Districtus – Steinfeder, Federspiel und Smaragd – sind geschützt

- Weißenkirchen: Manfred Jäger, Andreas Lehensteiner, Prager-Bodensteiner, Karl Stierschneider
- Wösendorf: Rudolf Pichler

Bekannte Lagen

- Dürnstein: Kellerberg, Schütt
- Loiben: Loibenberg
- Spitz: Bruck, Hochrain, Rotes Tor, Setzberg, Singerriedel, Tausendeimerberg
- Weißenkirchen: Achleiten, Klaus, Steinriegl

Qualitätsgemeinschaft

Die Vinea Wachau Nobilis Districtus ist eine Vereinigung von Weinbauern aus der Wachau, die drei Qualitätsweine klassifiziert hat, oder anders ausgedrückt, eine Einteilung in drei „Gewichtsklassen" gemäß ihrem natürlichen Alkoholgehalt vorgenommen hat.

- **Steinfeder:** trocken ausgebaute, leichte, duftende Weißweine mit mindestens 15° KMW und max. 11,5 Vol.-% Alkohol, die in etwa einem Qualitätswein entsprechen.
- **Federspiel:** fruchtige, elegante Weißweine, die in etwa einem Kabinett gleichen und mindestens 17° KMW sowie 11,5–12,5 Vol.-% Alkohol aufweisen.
- **Smaragd:** trocken oder höchstens halbtrocken ausgebaute Weißweine mit mindestens 18,5° KMW sowie 12,5 Vol.-% Alkohol, die in etwa der Spätlese entsprechen.

Smaragdeidechsen fühlen sich in den Weinbergen der Wachau besonders wohl. Sie lieben es, sich an schönen Tagen zwischen den Reben der Weinterrassen zu sonnen und wurden so zum Symbol für die wertvollsten Weine der Wachau – die Smaragdweine.

Traisental (700 Hektar)

Die Weingärten entlang des Traisenflusses weisen eine außergewöhnliche Vielfalt auf: von mächtigen Lössterrassen über mineralische Verwitterungsböden bis hin zu einzigartigen Konglomeratslagen. Hier finden Grüner Veltliner, Riesling und alle Spielarten der Burgunderfamilie ideale Voraussetzungen vor. Die vorherrschende Rebsorte ist der Grüne Veltliner, aus dem meist frische und rassige Weine produziert werden.

Traisental DAC

Neben Weinviertel-, Kremstal-, Mittelburgenland- ist der Traisental-DAC der vierte im Bunde. „Traisental DAC Grüner Veltliner" ist ein frischer, fruchtiger, würziger und trockener Wein ohne Holznote. Die Angabe „Traisental DAC Riesling" garantiert kräftige, trockene, aromatische und mineralische Weine. Beide Weine müssen einen Alkoholgehalt von 12–12,5 Vol.-% aufweisen und kommen ab Jänner des auf die Ernte folgenden Jahres auf den Markt.

Bekannte Weinerzeuger des Traisentals

- Inzersdorf: Ludwig Neumayer
- Nussdorf: AWP Pernikl, Reinhard Herzinger, Alfred Holzer
- Reichersdorf: Markus Huber

Wagram (2 800 Hektar)

Wagram besteht aus zwei durch die Donau voneinander getrennten Teilen. Nördlich der Donau erstreckt sich zwischen den Weinbaugebieten Kamptal und Wien der Bereich **Wagram.** Er ist namensgebend für das gesamte Weinbaugebiet.

Südlich der Donau liegt der zweite, nach der Stadt **Klosterneuburg** benannte Teil. Im Zuge der Umbenennung von Donauland in Wagram erhielt Klosterneuburg den Status einer Großlage.

Eine tiefe Lössschicht prägt die Landschaft des Wagrams und gibt den Weinen einen unverwechselbaren Charakter. Vor allem der Grüne Veltliner (mehr als 50 %) reift zu einem herzhaft würzigen Wein heran. Weitere Weißweinsorten sind Weißburgunder, Riesling, Frühroter Veltliner sowie der Rote Veltliner, der eine gebietstypische Spezialität ist. Bei den Rotweinen spielen der Zweigelt und der Blauburgunder die erste Geige.

Im Raum Klosterneuburg werden vor allem die Sorten Weißburgunder, Rivaner, Riesling, Grüner Veltliner und Zweigelt angepflanzt. Das Stift Klosterneuburg, dem unzählige Weingärten gehören (auch in anderen Weingebieten), zählt zu den größten Weinproduzenten Österreichs. In Klosterneuburg befindet sich das Schul- und Forschungszentrum des österreichischen Weinbaues – eine Anstalt, die zu den ältesten und angesehensten Europas zählt.

Bekannte Weinerzeuger Wagrams

- Fels am Wagram: Horst Kolkmann, Franz Leth, Hans Wimmer-Czerny
- Feuersbrunn: Anton Bauer, Bernhard Ott
- Großriedenthal: Alfred Holzer
- Kirchberg am Wagram: Karl Fritsch (Weinberghof)
- Klosterneuburg: Kelleramt Chorherrenstift, Rudolf Zimmermann

Bekannte Lagen

- Fels: Brunnthal, Fumberg, Scheiben
- Großriedenthal: Goldberg
- Kirchberg am Wagram: Schlossberg

Qualitätsgemeinschaften

Wagramer Selektion, Weingüter Wagram

Carnuntum (1 000 Hektar)

Der Weinbau ist hier durch den Klimaeinfluss des Neusiedler Sees und der Donau äußerst begünstigt. Im Bereich um Prellenkirchen reifen die Trauben durchschnittlich um zwei Wochen früher als im übrigen Niederösterreich. Rund ein Drittel der Rebfläche ist mit den roten Sorten Blaufränkisch und Blauer Zweigelt bepflanzt. Die hohe Qualität der Rotweine aus diesen beiden Sorten hat sich schon weit über die Grenzen Carnuntums herumgesprochen. Merlot, St. Laurent, Cabernet Sauvignon und Syrah werden meist als Cuvéepartner eingesetzt.

Bei den weißen Sorten dominieren der Grüne Veltliner und der Weißburgunder, wobei auch Welschriesling und Chardonnay eine immer wichtigere Rolle spielen.

Weinlese in der Thermenregion

Bekannte Weinerzeuger Carnuntums

- Arbesthal: Johann Böheim, Robert Nadler
- Bruck an der Leitha: Gerhard Seidl, Alois Taferner
- Göttlesbrunn: Johann Edelmann, Walter Glatzer, Philipp und Hans Grassl, Christian Grassl, Franz und Christine Netzl, Gerhard Markowitsch, Oppelmayer, Edith und Hans Pitnauer, Gerhard Pimpel, Alois Taferner
- Höflein: Hannes Artner, Robert Payr, Zwickelstorfer
- Stixneusiedl: Trapl

Bekannte Lagen

- Göttlesbrunn: Haidacker, Rosenberg

Qualitätsgemeinschaft

Rubin Carnuntum

Thermenregion (2 500 Hektar)

Der nördliche Teil der Thermenregion ist ein wahres Weißweinzentrum. Auf den heißen Kalk-Schotter-Böden der nach Süden und Südosten geneigten Hänge der Wienerwaldberge erreichen die Trauben einen sehr hohen Reifegrad. Sie bringen goldgelbe Weine mit feiner Würze hervor. Weltbekannte Spezialitäten sind Weine der Sorten Zierfandler und Rotgipfler, aber auch Neuburger und Weißburgunder. Die Prädikatsweine sind eine Klasse für sich.

In Baden und südlich davon liegt ein Rotweingebiet. Für den Weinkenner klingende Namen wie Gumpoldskirchen, Pfaffstätten, Baden und Traiskirchen finden sich in diesem Teil der Thermenregion.

Die traditionellen Sorten sind Blauer Portugieser, St. Laurent, Blauburgunder, Zweigelt, aber auch Cabernet Sauvignon und Merlot. Die dunklen, samtigen Rotweine von Tattendorf und Umgebung haben seit langem einen ausgezeichneten Ruf.

Bekannte Weinerzeuger der Thermenregion

- Bad Vöslau: Richard Fischer, Robert Schlumberger
- Baden: E. Ceidl, Anton Märzweiler (Streiterhof)
- Gumpoldskirchen: Othmar und Susanne Biegler, Gustav Krug, Loimerandfriends (Schellmann), Richard und Hannes Thiel (Kremsmünsterhof), Harald Zierer
- Guntramsdorf: Rudolf und Edith Gausterer, H. und S. Hofstädter, Gregor Schup
- Pfaffstätten: Leopold Kernbichler, Robert Strasser
- Reisenberg: Toni Hartl
- Sooß: Christian Fischer, Johann Hecher, Grabner-Schierer, Gaby Schlager, Johann Schwertführer

DER NEUSIEDLER SEE BEEINFLUSST DAS KLIMA MASSGEBLICH

- Tattendorf: Familie Auer, Günther Dopler, Landauer-Gisperg, Johanneshof Reinisch, Franz Schödinger (Lerchenfelderhof), Rebhof Schneider
- Teesdorf: Johann Gisperg
- Traiskirchen: Karl Alphart, Josef Piriwe (Josefshof), Andreas Schafler (Schaflerhof), Johann Stadlmann
- Tribuswinkel: Leopold Aumann

Bekannte Lagen

- Baden: Flamming, Harterberg
- Gumpoldskirchen: Brindlbach, Goldknöpferl, Badnerweg, Rasslerin, Wiege
- Tattendorf: Dornfeld, Frauenfeld, Mitterfeld, Stiftsbreite
- Traiskirchen: Mandel-Höh, Rodauner

Qualitätsgemeinschaften

Die Burgundermacher, Thermenwinzer

Die Burgundermacher

Burgenland

Das Burgenland liegt im Einflussbereich des pannonischen Klimas und hat mit 10 °C die höchste Durchschnittstemperatur Österreichs.

Die weitaus wichtigsten Anbaugebiete liegen an den Ufern und in der näheren Umgebung des Neusiedler Sees. Aufgrund seiner Größe und seines Charakters als Steppensee ist er ein riesiger Wärmespeicher, der seine Wärme im Herbst langsam abgibt. Außerdem sorgt er im Sommer und Herbst für eine hohe Luftfeuchtigkeit, was den Reifeprozess und die Edelfäule als Basis für Prädikatsweine höchster Güte günstig beeinflusst.

Im Burgenland gedeihen sowohl Rot- als auch Weißweine von hervorragender Qualität. Die Weine dieser Region zeichnen sich durch besondere Milde aus, sie sind gehaltvoll, bekömmlich und haben einen ausgeprägten Sortengeschmack. Aber auch säurebetonte und trockene Weine sind zu finden. Der Anteil der Prädikatsweine ist aufgrund des günstigen Klimas besonders hoch.

Bei den Rotweinsorten ist es vor allem der Blaufränkisch, der das Feld beherrscht. Er ist die Spezialität des Burgenlandes. Weitere Sorten sind Zweigelt und Cabernet Sauvignon. An Weißweinreben werden hauptsächlich Grüner Veltliner, Welschriesling, Weißburgunder und Rivaner angebaut.

Eine Markengemeinschaft, die sich über das ganze Burgenland erstreckt, ist **„Renommierte Weingüter Burgenland“**.

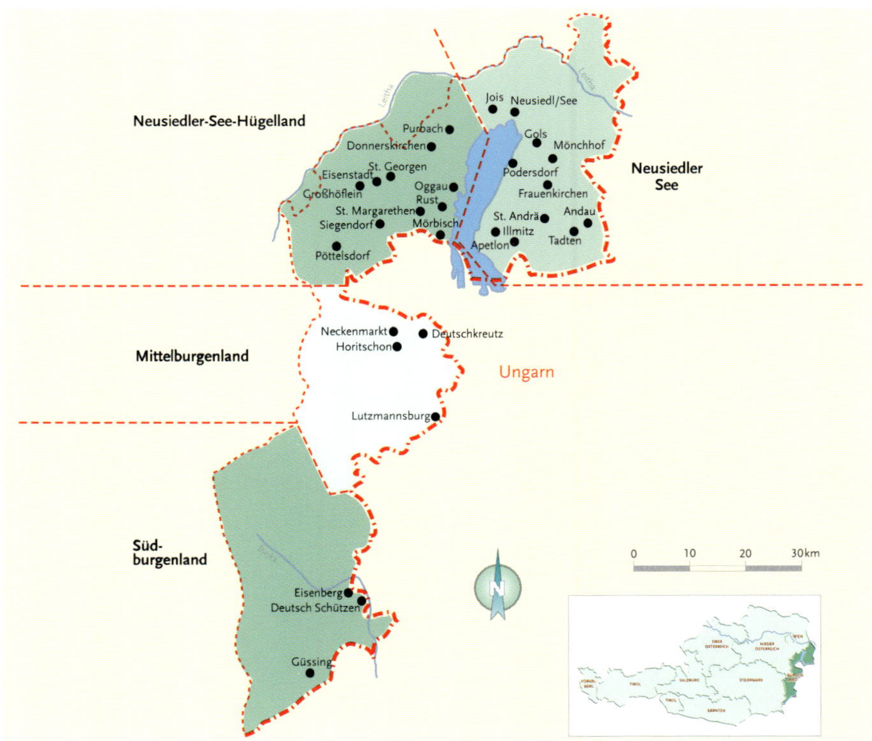

Neusiedler See (9 100 Hektar)

Gute, meist sandige Böden, ein hoher Grundwasserstand und das feuchtwarme Treibhausklima lassen meist milde Weine mit vollem, kräftigem Geschmack reifen. Die Produktion von Prädikatsweinen hat hier eine lange Tradition. Vereinzelt keltern Winzer auch Süßweine aus roten Sorten, wie z. B. aus Blaufränkisch und Zweigelt. Schilfweine werden überwiegend am Ostufer des Neusiedler Sees erzeugt. Das flache, an die ungarische Puszta erinnernde Gebiet am Ostufer des Sees wird als Seewinkel bezeichnet.

Prädikatsweine vom Neusiedler See genießen einen hervorragenden Ruf und brauchen einen Vergleich mit den Sauternes- oder Tokajerweinen nicht zu scheuen. So sind die Süßweine vom Weingut Kracher in Illmitz weltweit bekannt, was unzählige nationale und internationale Auszeichnungen sowie höchste Bewertungen durch die einflussreichsten Weinkritiker der Welt Jahr für Jahr beweisen.

Rund 80 % der Fläche sind mit Weißweinsorten bestockt. Es sind dies vor allem Grüner Veltliner, Welschriesling, Chardonnay, Weißburgunder und Neuburger, aber auch Muskat-Ottonel, Bouvier und Traminer. Bei den Rotweinen dominieren Zweigelt und Blaufränkisch. St. Laurent und Blauburgunder liefern ebenfalls ausgezeichnete Qualitäten. Die Rotweincuvées vom Neusiedler See genießen einen hervorragenden Ruf.

Die Weinbauorte Illmitz und Gols zählen zu den größten Weinbaugemeinden Österreichs.

PRÄDIKATSWEINE VOM NEUSIEDLER SEE GENIESSEN NATIONAL ALS AUCH INTERNATIONAL EINEN AUSGEZEICHNETEN RUF

Bekannte Weinerzeuger der Region Neusiedler See

- Andau: Erich und Harald Scheiblhofer, Johann Schwarz
- Apetlon: Sepp Moser (Seewinkelhof), Peter und Christoph Münzenrieder, Preiner, Roland und Heinz Velich
- Frauenkirchen: Josef Umathum
- Gols: Paul Achs, Werner Achs, Matthias Beck, Gsellmann & Gsellmann, Gernot Heinrich, Heinrich Lunzer, Hans und Christine Nittnaus, Matthias und Nelly Nittnaus, Hans und Anita Nittnaus, Juris/Stiegelmar, Gerhard Pittnauer, Claus Preisinger, Georg Preisinger, Helmut und Gabriele Preisinger, Renner, Rommer, Horst und Georg Schmelzer, Paul Wendelin
- Halbturn: Schloss Halbturn
- Illmitz: Vinzenz Haider (Rosenhof), Franz Heiss, Klein, Kracher (Weinlaubenhof), Helmut Lang, Gerhard Nekowitsch, Hans Tschida (Angerhof), Stefan Tschida (Stölzerhof), Willi Opitz
- Jois: Martin Pasler, Leo Hillinger
- Mönchhof: Hafner, Josef und René Pöckl, Handler
- Podersdorf: Julius Steiner, Tobias Fuhrmann, Josef Lentsch
- St. Andrä: Alfred Ziniel
- Tadten: Robert Goldenits

Bekannte Lagen

- Apetlon: Tiglat
- Frauenkirchen: Hallebühl
- Gols: Altenberg, Gabarinza, Salzberg, Ungerberg

Qualitätsgemeinschaften

Pannobile, Select Gols

Neusiedler-See-Hügelland (4 150 ha)

Rund 25 % der Gesamtrebfläche sind mit Rotweinreben bepflanzt. Die Sorten der Burgunderfamilie werden gerne im Barrique ausgebaut. Besondere Bedeutung hat die Rebsorte Welschriesling. Außerdem ergeben Sorten wie Traminer, Muskateller, Muskat Ottonel, Sauvignon blanc und Sämling 88 faszinierende edelsüße Weine.

Das Westufer des Neusiedler Sees wird vom **Ruster Hügelland** begleitet, an dessen Hängen nicht nur die Ruster und Oggauer, sondern auch die nicht minder hervorragenden Weine aus Mörbisch und St. Margarethen wachsen.

Die Blaufränkischweine aus Rust, Oggau, Zagersdorf und Pöttelsdorf sind von herausragender Qualität. Die Stadt Rust ist zudem der berühmteste Weinort des Burgenlandes. Hier wird besonders die Tradition des Ausbruchweines gepflegt. Der berühmte **Ruster Ausbruch** entspricht einer Trockenbeerenauslese (siehe S. 98).

Bekannte Weinerzeuger des Neusiedler-See-Hügellandes

- Donnerskirchen: Leopold Sommer, Andreas Liegenfeld
- Eisenstadt: Barmherzige Brüder, Thomas Mühlgassner, Nehrer, Erwin Tinhof
- Großhöflein: Josef Leberl, Mariell, Kollwentz-Römerhof
- Mörbisch: Franz Schindler, Franz Sommer, Schönberger

- Oggau: Mad (Haus Marienberg), Hans Reinprecht, Thometitsch
- Pöttelsdorf: Domaine Pöttelsdorf
- Purbach: Birgit Braunstein, Gmeiner, Kloster am Spitz
- Rust: Rudolf Beilschmidt, Feiler-Artinger, Giefing, Hammer, Hermann Hammer, Peter Schandl, Heidi Schröck, Georg Seiler, Strommer, Tremmel, Ernst Triebaumer, Herbert Triebaumer, Günter Triebaumer, Wenzel
- Schützen am Gebirge: Engelbert und Silvia Prieler
- Siegendorf: Klosterkeller Siegendorf
- St. Georgen: Walter Hahnenkamp, Hans Moser, Hans Nehrer
- St. Margarethen: Martin Artner, Rosi Schuster, Michaela und Alexander Unger (Moorhof)

Bekannte Lagen

- Großhöflein: Steinzeiler, Tatschler
- Oggau: Marienthal
- Rust: Gmärk, Marienthal, Oberer Wald, Pandkräftn, Rieglbrand, Umriss, Vogelsang

Qualitätsgemeinschaften

Cercle Ruster Ausbruch, Weinquartett Donnerskirchen, Leithaberg

Mittelburgenland (2 100 Hektar)

Zwei Drittel des Gebietes sind mit Rotweinsorten bepflanzt, wobei hier eindeutig der Blaufränkische die Nase vorne hat. Nicht umsonst wird das Mittelburgenland auch **Blaufränkischland** genannt.

Mittelburgenland DAC

Aus dem Blaufränkischen wird ebenfalls ein österreichischer DAC-Wein gekeltert, der unter der Bezeichnung Mittelburgenland DAC vermarktet wird und in drei Klassen eingeteilt wird:

- Die leichteste Kategorie trägt die Bezeichnung „Mittelburgenland DAC“ oder „Mittelburgenland DAC Classic“. Dabei handelt es sich um einen sortentypischen, fruchtigen, würzigen Blaufränkischen.
- Bei der zweiten Kategorie wird die Bezeichnung „Mittelburgenland DAC“ um die Angabe der Riede ergänzt. Geschmacklich entspricht er dem Classic, ist aber kräftiger und kann auch einen leichten Holzton haben.
- Die kräftigste Kategorie heißt Mittelburgenland DAC Reserve. Dieser Wein muss einen merkbaren Holzton aufweisen.

Beim Weißwein dominiert der Grüne Veltliner, aber auch Welschriesling und Rivaner sind weit verbreitet.

Bekannte Weinerzeuger des Mittelburgenlandes

- Deutschkreutz: Josef Gager, Albert Gesellmann, Johann und Silvia Heinrich, Hans Igler, Walter und Irmgard Kirnbauer, Josef Reumann
- Horitschon: Arachon T. XF.T,Amminger (Rotweinhof), Anton Iby (Iby-Rotweingut), Graf Trauttmansdorff, Iby-Lehrner, Paul Kerschbaum, Paul Lehrner, Familie Mayerhofer, Vereinte Winzer, Franz Weninger
- Lackenbach: Maria Kerschbaum
- Lutzmannsburg: Familie Weber, Rotweingut Prickler
- Neckenmarkt: Heribert Bayer, Franz Draxler, Hufnagel, Anton Hundsdorfer, Rotweingut Lang, Josef Tesch, Wellanschitz-Donatus, Juliana Wieder, Winzerkeller Neckenmarkt
- Unterpetersdorf: Bauer-Pöltl

Bekannte Lagen

Deutschkreuz: Goldberg, Kart, Siglos
Horitschon: Dürrau, Hochäcker
Neckenmarkt: Hochberg

Qualitätsgemeinschaften

Verband Blaufränkisch Mittelburgenland, Vereinte Winzer Blaufränkischland (Horitschon), Vitikult

Südburgenland (500 Hektar)

Im kleinsten Weinbaugebiet des Burgenlandes sind rund 60 % mit Rotweinsorten bepflanzt. Bei den Rotweinen herrscht der Blaufränkische vor, beim Weißwein der Welschriesling.

Der **Uhudler** ist eine seltene Weinsorte (weiß, rosé und rot) aus Direktträgern (unveredelten Sorten, wie z. B. Isabella, Noah, Elvira, Concord, Ripatella) mit einem eigenen Geschmack nach Walderdbeeren (Foxton) und markanter Säure. Er darf nur im Südburgenland unter diesem Namen verkauft werden.

Bekannte Weinerzeuger des Südburgenlandes

- Badersdorf: Familie Jalits
- Deutsch Schützen: Edith und Thomas Kopfensteiner, Körper-Faulhammer (Schützenhof), Reinhold und Erich Krutzler, Wachter & Wiesler (Arkadenhof), Gerald Unger
- Eisenberg: Johann Polczer, Uwe Schiefer
- Pinkafeld: Illa Szemes

Bekannte Lagen

- Eisenberg: Reihburg, Szapary
- Deutsch Schützen: Bründlgfangen, Weinberg

Qualitätsgemeinschaften

Vinum Ferrum Eisenberg, Weinidylle Südburgenland

Steirerland (Steiermark)

Die steirischen Anbaugebiete befinden sich bereits im Klimaeinflussbereich des südlichen Europas. Dieses Klima mit relativ vielen Niederschlägen wirkt sich auf Ertrag und Qualität sehr günstig aus.

Die steirischen Weine, allen voran die Sauvignon blancs, haben sich mit ihrem fruchtigen und frischen Charakter einen ausgezeichneten Ruf in der internationalen Weinwelt erworben. Grund für die unverwechselbare Frische und Fruchtigkeit des steirischen Weines sind die Temperaturunterschiede zwischen Tag und Nacht – selbst im Sommer betragen sie bis zu 15 °C. Neben Sauvignon blanc werden aber auch aus den Sorten Chardonnay (Morillon), Gelber Muskateller und Welschriesling (25 % der Anbaufläche) ausgezeichnete Weine produziert.

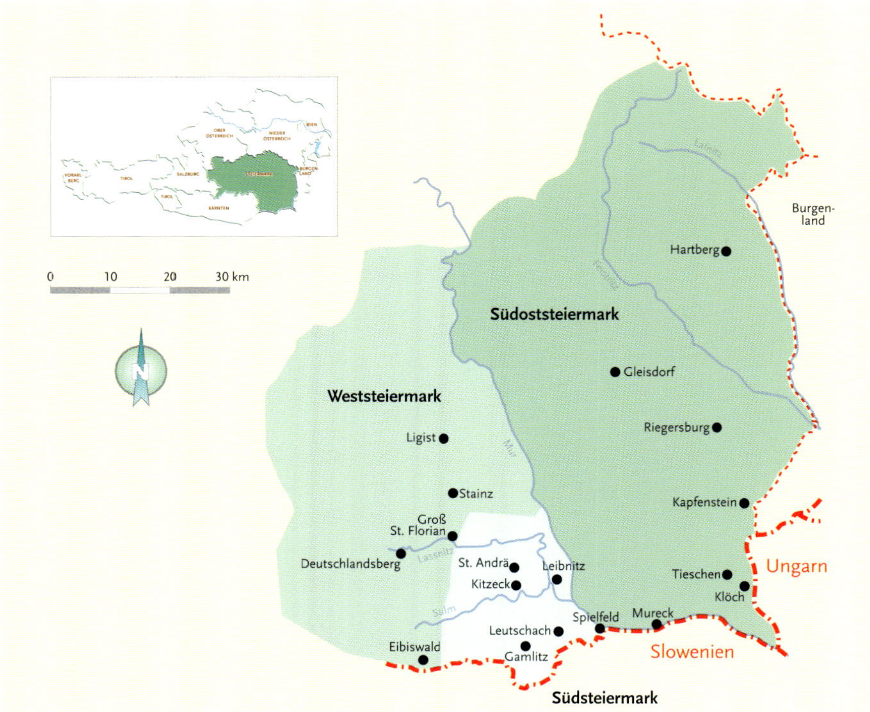

Was den Wienern der Heurige ist, ist den Steiermärkern die **Buschenschank** (in Deutschland Straußwirtschaft). In den Buschenschanken können die Weinbauern ihre selbst erzeugten bäuerlichen Produkte verkaufen – sehr zur Freude aller Liebhaber des Weines und der zünftigen Jause (Brotzeit).

Steirischer Junker
Seit 1995 produzieren mehr als 300 Weinbauern den Steirischen Junker nach den strengen Qualitätskriterien der Marktgemeinschaft Steirischer Wein.

Der steirische Junker ist ein trockener Qualitätsweißwein – genau genommen ein knochentrockener – mit lediglich vier Gramm Restzucker pro Liter und maximal 12 Vol.-% Alkohol.

Er wird bereits im Jahr der Ernte abgefüllt und steht somit in der Tradition des klassischen Heurigen, des italienischen Novello oder des französischen Beaujolais nouveau.

Im Steirerland, das übrigens zu den reizvollsten Weinlandschaften Europas zählt, ist Weinbau Schwerarbeit, da die meisten Reben auf vorwiegend steilen, steinigen, trockenen und heißen Südhängen hoch über der Spät- und Frühfrostgrenze gezogen werden.

Dadurch ist auch häufig der Einsatz teurer Spezialmaschinen notwendig bzw. die Arbeit im Weingarten nicht ungefährlich. Die jüngere Winzergeneration strebt daher eine Terrassierung der Anbauflächen an.

In der Steiermark gibt es vor allem Weißweine, wobei Lagenweine und im Barrique ausgebaute Weine immer häufiger werden. Eine Ausnahme bildet der **Schilcher,** ein meist roséfarbener Wein mit pikanter Säure aus der Blauen-Wildbacher-Traube. Blauer Wildbacher und Zweigelt dominieren mit knapp 90 % die Rotweinflächen der Steiermark.

Steilhänge mit Neigungen von bis zu 60 % sind in der Steiermark keine Seltenheit

Südsteiermark (1 950 Hektar)

Dieses Weinbaugebiet gliedert sich in das **Grenzweingebiet** und das **Sausalgebiet** (westlich von Leibnitz). Im Grenzweingebiet führt die schöne Weinstraße an der Grenze zu Slowenien durch bekannte Weinbauorte, wie z. B. Spielfeld, Ehrenhausen, Gamlitz und Leutschach. Die Hauptsorten sind in erster Linie Welschriesling, Sauvignon blanc, Chardonnay, Weißburgunder und Gelber Muskateller. Schwere Ton-Lehm-Böden bringen kräftige und bukettreiche Weine hervor.

Die steilen Lagen des Sausalgebietes bestehen aus steinigen, trockenen Tonschieferböden.

Bekannte Weinerzeuger der Südsteiermark

- Berghausen: Manfred Tement
- Ehrenhausen: Dreisiebner Stammhaus, Wolfgang Maitz (Rebenburg), Anton Pilch

Typisch für die Steiermark ist der Klapotetz, ein Windrad, das durch sein rhythmisches Geklapper die Vögel von den reifen Trauben fernhalten soll

- Gamlitz: Brolli Arkadenhof, Lackner-Tinnacher, Otto und Theresia Riegelnegg, Hannes Sabathi, Sattler (Sattlerhof), Peter Skoff, Walter und Evelyn Skoff
- Kitzeck: Albert, Kappel, Gerhard Wohlmuth
- Leibnitz: Landesweingut Silberberg
- Leutschach: Adam-Lieleg, Jaunegg, Erwin Sabathi, Eduard und Stefan Tscheppe
- Ratsch an der Weinstraße: Alois und Ulrike Gross, Stefan Potzinger
- Spielfeld/Grassnitzberg: Erich und Walter Polz, Klaus Prünte (Schneckenkogler), Strablegg
- St. Andrä im Sausal: Schlossweingut Harrachegg
- St. Nikolai im Sausal: Harkamp
- Steinbach bei Gamlitz: Gustav und Karl Strauss

Bekannte Lagen

- Berghausen: Zieregg
- Ehrenhausen: Hochsulz
- Gamlitz: Eckberg, Kranachberg, Pfarrweingarten, Sernauberg, Steinbach
- Glanz: Pössnitzberg
- Ratsch: Nussberg
- Spielfeld: Grassnitzberg, Hochgrassnitzberg, Obegg

Qualitätsgemeinschaft

Steirische Terroir- und Klassikweingüter.

Südoststeiermark (1 300 Hektar)

Das Weinbaugebiet erstreckt sich von Hartberg bis Bad Radkersburg. Besonders auf den vulkanischen Böden rund um Klöch gedeiht der hocharomatische Traminer als Hauptsorte. Daneben sind noch Welschriesling, Chardonnay, Weiß- und Grauburgunder, Gelber Muskateller, Riesling und Sauvignon blanc anzutreffen.

Schloss Kapfenstein mit dem Weingut Winkler-Hermaden, © ÖWM, Faber

An dieses Gebiet schließt das **oststeirische Weinbaugebiet** an. Hier liegen mit bis zu 650 Metern Seehöhe die höchstgelegenen Weingärten Österreichs. Vorherrschend ist die Sorte Welschriesling, gefolgt von Weißburgunder, Chardonnay, Grauburgunder und Rivaner, dessen Weine hier ein ausgeprägtes Sortenbukett erreichen.

Die Südoststeiermark gilt als die wärmste Anbauregion innerhalb der Steiermark und ist das Zentrum des steirischen Rotweinanbaus. Besondere Aufmerksamkeit erfährt hier die Zweigelttraube.

Bekannte Weinerzeuger der Südoststeiermark

- Großwilfersdorf: Karl Thaller
- Kapfenstein: Winkler-Hermaden, Gunther Farnleitner
- Klöch: Fritz Frühwirth, Gräflich Stürgkh'sches Weingut, Walter und Elisabeth Müller
- Reiting bei Feldbach: Hutter
- Riegersburg: Anton Amtmann, Martin Wippel
- St. Peter am Ottersbach: Ploder-Rosenberg
- Straden: Frauwallner, Krispel, Albert und Anna Neumeister
- Tieschen: Kolleritsch, Manfred Platzer

Bekannte Lagen

- Kapfenstein: Kirchleiten
- Straden: Klausen, Moarfeitl, Saziani, Steintal
- Tieschen: Aunberg

Qualitätsgemeinschaften

Klöcher Traminer, Eruption

Weststeiermark (450 Hektar)

Der Schilcher ist ein Kind der Weststeiermark. Wenn wundert es also, dass die Weststeiermark auch unter dem Namen **Schilcherland** bekannt ist? Schilcher darf sich nur Schilcher nennen, wenn er zu hundert Prozent aus Blauen-Wildbacher-Trauben, die in der Steiermark gewachsen sind, gekeltert wurde. Wird aus den Wildbachertrauben hingegen ein Rotwein gekeltert, ist dieser als Blauer Wildbacher zu bezeichnen. Bekannt und beliebt sind auch der Schilcher-Frizzante und der Schilcher-Sekt, aber auch die Schilcher-Treberbrände, die aus Schilcher-Trester erzeugt werden.

Neben dem Blauen Wildbacher (mehr als 80 %) als meistverbreiteter Sorte gibt es noch Weißburgunder und Rivaner.

Bekannte Weinerzeuger der Weststeiermark

- Groß St. Florian: Domäne Müller
- St. Stefan ob Stainz: Langmann vulgo Lex, Familie Lazarus, Oswald
- Wies: Familie Jöbstl, Christian Reiterer

Qualitätsgemeinschaft

Der Verband zum Schutz des weststeirischen Schilchers heißt Weißes Pferd. Der Verbandsname bezieht sich auf die Lipizzaner, deren Gestüt sich im weststeirischen Piber befindet.

Die Farbe des Schilchers reicht von zwiebelfarben bis rubinrot. Je länger die Maische stehen bleibt und der Weinbauer mit dem Pressen wartet, desto dunkler wird der Wein.

Wien

Weinbau in der Großstadt? Ist das möglich? Wien zeigt als derzeit einzige Landeshauptstadt vor, dass Weinbau und Weinerzeugung im Stadtgebiet durchführbar sind. Die Erhaltung der Wiener Weingärten ist sogar gesetzlich geregelt. Die Wiener Rebfläche verteilt sich auf sechs Bezirke (Döbling, Floridsdorf, Liesing, Favoriten, Hernals, Ottakring), wobei 86 % aller Weingärten in Döbling (19. Bezirk) und Floridsdorf (21. Bezirk) liegen.

Wiens Weine werden fast alle als Heurige in den Heurigenlokalen der Stadt verkauft. Die Tradition des gemischten Satzes, bei dem verschiedene Rebsorten eines Weinberges gemeinsam gekeltert werden, lebt wieder auf und findet immer mehr Anhänger.

Gemischter Satz

„Eine Rebsorte ist eine Geige, der gemischte Satz aber ist ein Orchester."

Für den gemischten Satz werden verschiedene Rebsorten nebeneinander oder auch bunt gemischt in einem Weingarten zusammen gepflanzt. Egal ob mild oder säurereich, aromatisch oder dezent, früh- oder spätreifend – gelesen und gekeltert wird alles gemeinsam. Sinn dieser Tradition war, dass diese Mischung aus reifen, süßen und säuerlichen (weil vielleicht noch unreifen) Trauben in jedem Jahr verlässlich einen süffigen, frisch fruchtigen Wein ergab. Und der wurde bzw. wird bis heute beim Heurigen verkauft.

Der gemischte Satz erlebt seit einigen Jahren eine Renaissance und wird in der Wiener Gastronomie als Spezialität eingeführt.

Die Wiener Lagen, allen voran der Nussberg in Döbling, bringen aber auch Weine von höchster Qualität hervor.

Mit über 80 % dominiert in Wien der Weißwein. Die Paradesorte ist auch hier (wie kann es anders sein?) der Grüne Veltliner, gefolgt von Chardonnay, Weißburgunder, Riesling, Welschriesling sowie Zweigelt, Blauburgunder und St. Laurent.

Bekannte Weinerzeuger Wiens

- Döbling: Martin Kierlinger
- Grinzing: Hengl-Haselbrunner, Weingut der Stadt Wien, Cobenzl, Hajszan
- Heiligenstadt: Mayer am Pfarrplatz
- Jedlersdorf: Bernreiter, Christ, Karl Lentner
- Langenzersdorf: Petritsch
- Mauer: Michael Edlmoser, Zahel
- Neustift: Fuhrgassl-Huber
- Sievering: Roland Kroiss
- Stammersdorf: Helm, Leopold, Fritz Wieninger
- Stebersdorf: Schilling, Irene Langes

Qualitätsgemeinschaften

Vienna Classic, WienWein (Winzergemeinschaft, die die Tradition des gemischten Satzes wieder aufleben lassen möchte. Die Trauben müssen bereits im Weingarten gemeinsam wachsen).

Wein aus Deutschland

Die Gesamtrebfläche in Deutschland beträgt heute rund 100 000 Hektar. Es werden jährlich knapp zehn Millionen Hektoliter Wein produziert, wovon rund ein Viertel nach Großbritannien, in die USA, die Niederlande und nach Japan exportiert wird.

International gilt Deutschland noch immer als klassisches Weißweinland – kein Wunder, sind doch mehr als 63 % der Gesamtrebfläche mit weißen Rebsorten bestockt.

Deutschland kann auf eine über 2 000 Jahre alte Weinkultur zurückblicken. Unter Kaiser Karl dem Großen (747–814) wurden Wälder gerodet und mit Rebstöcken bepflanzt. Entscheidend für einen kultivierten Weinbau war der Orden der Zisterzienser, der sich intensiv mit der Weingartenpflege, der Rebsortenauswahl und der Weinbereitung auseinandersetzte. Im Mittelalter wurden in deutschen Weinbaugebieten mehr Rot- als Weißweinreben angebaut. Der gemischte Satz (siehe S. 110) war gang und gäbe.

Um 1400 hatte der deutsche Weinanbau mit über 300 000 Hektar Rebfläche seine größte Ausdehnung erreicht; dies ist etwa dreimal so viel wie heute. Der Dreißigjährige Krieg (1618–1648) machte dieser Entwicklung jedoch ein jähes Ende. Viele ehemals blühende Weinregionen, darunter Bayern, Nord-, Ost- und Mitteldeutschland, wurden dem Erdboden völlig gleichgemacht. Missernten, Konkurrenz durch andere Getränke wie das Bier und hohe Zölle und Abgaben taten das ihrige, um die Rebfläche immer mehr schrumpfen zu lassen.

Erst ab dem 18. Jahrhundert erlebte der Weinbau einen neuen Aufschwung, der jedoch durch den Befall der Reblaus erneut zunichte gemacht wurde.

Die Weinberge an der Mosel zählen neben denen an Rhein und Neckar zu den ältesten Weingebieten Deutschlands

Alles, was recht ist, oder das deutsche Weingesetz

Während in den romanischen Ländern die Weinqualität weitgehend mit der Herkunft verknüpft ist und regionale Organisationen darüber entscheiden, ob ein Wein die verbindlichen Vorschriften erfüllt, gilt in Deutschland die amtlich geprüfte Qualität.

So muss jeder deutsche Wein, sofern er als Qualitätswein vermarktet werden soll, bestimmte Auflagen erfüllen. Nach erfolgreicher chemischer und sensorischer Überprüfung wird eine amtliche Prüfnummer (A.-P.-Nr.) erteilt, die auf dem Etikett angeführt werden muss.

Welche Angaben müssen auf dem Etikett stehen?

Verpflichtende Angaben bei einem deutschen Qualitäts- oder Prädikatswein sind die Qualitätsstufe und das Anbaugebiet, aus dem der Wein stammt. Zusätzlich kann eine genauere Herkunftsbezeichnung, ein Weinort oder eine Weinlage genannt werden. Auf dem Etikett angegeben sein müssen außerdem die amtliche Prüfnummer, der Erzeuger (Gutsabfüllung/Erzeugerabfüllung) oder Abfüller, der Alkoholgehalt in Vol.-% und der Flascheninhalt.

Der Jahrgang darf nur angegeben sein, wenn mindestens 85 % des Weins aus der Ernte des genannten Jahrgangs stammen. Die Angabe einer Rebsorte ist erlaubt, wenn 85 % der Trauben von dieser Sorte stammen und somit den Geschmack prägen.

Die Weingüteklassen

Wie in Österreich wird auch in Deutschland der Wein nach dem Zuckergehalt des Mostes klassifiziert. Das Mostgewicht wird mit der Öchsle-Mostwaage gemessen. Ein Grad Öchsle enthält ca. 2,3 g Zucker.

Formel für die Umrechnung von Öchslegraden (Oe) auf die österreichischen Klosterneuburger Mostgrade:

Klosterneuburger Mostgrade = $\frac{\text{Öchslegrade}}{4} - 3$

Weingüteklassen	
Deutsche Tafelweine	▪ Ausschließlich aus inländischen Trauben. ▪ Mostgewicht mindestens 44° Oe. ▪ Alkoholgehalt mindestens 8,5 Vol.-%. ▪ Unterliegen keinem amtlichen Prüfungsverfahren. ▪ Auf dem Etikett darf ein Anbaugebiet oder Bereich, jedoch kein Orts- oder Lagenname angeführt sein.
Landweine	▪ Mostgewicht mindestens 47° Oe. ▪ Um mindestens 0,5 Vol.-% mehr Alkohol als Tafelwein. ▪ Stets trocken oder halbtrocken. ▪ Die Landschaft, aus der die Trauben stammen, muss auf dem Etikett angegeben sein.
Qualitätsweine bestimmter Anbaugebiete (Q.-b.-A.-Weine)	▪ Mostgewicht zwischen 50 und 72° Oe. ▪ Alkoholgehalt mindestens 9 Vol.-%. ▪ Müssen aus einem der 13 deutschen Anbaugebiete stammen (um Verwechslungen zwischen Qualitätsweinen und Tafelweinen zu vermeiden, unterscheidet man laut EU zwischen „bestimmten Anbaugebieten" und „Weinbaugebieten"). ▪ Für jeden Qualitätswein ist, nach Rebsorte und Anbaugebiet unterschiedlich, ein Mindestalkoholgehalt festgelegt. ▪ Qualitätskontrolle. ▪ Amtliche Prüfnummer (A. P.) auf dem Etikett. ▪ Dürfen ebenso wie Tafelweine angereichert (chaptalisiert, siehe S. 61) werden.
Prädikatsweine	▪ Mindestmostgewicht 73° Oe. ▪ Müssen Voraussetzungen der Q.-b.-A.-Weine erfüllen. ▪ Dürfen nicht angereichert werden. ▪ Erhalten nach der Prüfung eine Prädikatsnummer. ▪ Es gibt sechs verschiedene Prädikatsweine mit unterschiedlichen Mindestmostgewichten je nach Rebsorte und Anbaugebiet: Kabinett (67–82° Oe), Spätlese (76–90° Oe), Auslese (83–100° Oe), Beerenauslese (110–128° Oe), Trockenbeerenauslese (150–154° Oe) und Eiswein (110–128° Oe).

Die Geschmacksrichtungen

Trocken

Der Restzuckergehalt beträgt höchstens 4 g pro Liter oder höchstens 9 g Zucker pro Liter, wenn der Restzuckergehalt den Gesamtsäuregehalt (ausgedrückt in Gramm/Liter) höchstens um 2 g pro Liter übersteigt (Formel: Säure + 2 bis zur Höchstgrenze 9).

Halbtrocken

Der Restzuckergehalt beträgt höchstens 12 g pro Liter oder höchstens 18 g pro Liter, wenn der Restzuckergehalt den Gesamtsäuregehalt nicht mehr als um 10 g übersteigt (Formel: Säure + 10 bis zur Höchstgrenze 18).

Lieblich

Der Restzuckergehalt beträgt höchstens 45 g pro Liter, übersteigt aber die Werte von halbtrockenen Weinen.

Süß

Die Angabe süß ist ab 45 g Restzucker pro Liter zulässig.

Typenweine

Typenweine im Sinne des Weingesetzes sind Weine mit einer eindeutigen und geschützten Bezeichnung, die nach festgelegten Bestimmungen hergestellt werden.

Riesling-Hochgewächse

Riesling-Hochgewächse sind Weine, die ausschließlich aus Rieslingtrauben gekeltert werden, und deren Mostgewicht mindestens um 10° Oechsle höher ist als der vorgeschriebene Grenzwert im Anbaugebiet. Weiters müssen sie einen natürlichen Alkoholgehalt haben, der zumindest um 1,5 Vol.-% über den für das Anbaugebiet geltenden Richtwerten liegt. Bei der Kontrolle zur amtlichen Prüfnummer müssen die Weine mindestens 3 (statt 1,5) Punkte erzielen.

Liebfrau(en)milch

Darunter wird ein lieblicher Qualitätswein aus den Rebsorten Riesling, Rivaner (Müller-Thurgau), Silvaner oder Kerner ohne Sortenangabe verstanden. Der Anteil der jeweiligen Traube muss mindestens 70 % betragen. Liebfrau(en) milch wird in den Weinbaugebieten Rheingau, Rheinhessen, Pfalz und Nahe erzeugt.

Moseltaler

Moseltaler ist ein Qualitätswein ohne Sortenangabe aus dem Anbaugebiet Mosel, der ausschließlich aus den Rebsorten Riesling, Rivaner, Elbling oder Kerner hergestellt und halbtrocken oder lieblich ausgebaut wird.

Rotling

Ein Rotling ist ein blass- bis hellroter Qualitätswein aus blauen und weißen Trauben oder deren Maische, die gemeinsam gekeltert werden, wie z. B. Badisch Rotgold.

Weißherbst

Auch wenn der Name etwas anderes vermuten lässt, ist Weißherbst dennoch ein Roséwein, der mindestens den Anforderungen eines Qualitätsweines b. A. entspricht. Der Wein muss aus einer einzigen roten Rebsorte und zu mindestens 95 % aus hell gekeltertem Most hergestellt werden. Die Rebsorte muss in Verbindung mit der Bezeichnung Weißherbst angegeben werden, wie z. B. „Blauer Portugieser Weißherbst".

Qualitätsbezeichnungen

Großes Gewächs

Dies ist eine Bezeichnung für hochwertige Lagen, die vom **VDP (Verband deutscher Prädikats- und Qualitätsweingüter)** für ihre Mitglieder eingeführt wurde. Sie kann an Lagen aller deutschen Anbaugebiete vergeben werden, vorausgesetzt, dass die Lagen den VDP-Bestimmungen entsprechen. Es gibt jedoch zwei Ausnahmen: Das Anbaugebiet Mosel verwendet derzeit als einziges die Bezeichnung „Erste Lage", das Anbaugebiet Rheingau die Bezeichnung „Erstes Gewächs".

Der Traubenadler auf dem Flaschenhals ist das Erkennungszeichen und bürgt für die hohe Qualität der VDP-Weine

Öchsle oder Terroir?

Terroir ist das große Zauberwort. Das erklärte Ziel der Winzer des VDP ist, Weine mit eigenständigem Charakter zu erzeugen, die ein geschmackliches Spiegelbild ihrer Heimat sind.

Großes Gewächs (Erste Lage, Erstes Gewächs): Die besten Lagen sind genau abgegrenzt, die Rebsorten werden den speziellen Terroirgegebenheiten angepasst und der traditionelle Weinstil des Anbaugebietes wird berücksichtigt. Das Terroir muss im Wein erkennbar sein.

Die Trauben werden selektiv von Hand geerntet, das Mostgewicht muss zumindest einer Spätlese entsprechen. Der Maximalertrag beträgt pro Hektar 50 Hektoliter. Eine sensorische Weinprüfung ist obligat. Die Weine werden trocken ausgebaut. Weißweine dürfen frühestens ab September des auf die Weinlese folgenden Jahres, Rotweine noch ein Jahr später, vermarktet werden.

Klassifizierte Lage: Nur Weine aus traditionellen und hochwertigen Weinbergen werden mit dem Lagennamen versehen. Auch hier muss das Terroir der Lage im Wein erkennbar sein.

Gutsweine und Ortsweine: Diese Weine haben einen ausgeprägten Sortencharakter und werden aus traditionellen, gebietstypischen Rebsorten gekeltert.

Classic

Classic-Weine sind Qualitätsweine, die nur aus einer gebietstypischen, klassischen Rebsorte gekeltert werden dürfen. (Natürlich gibt es auch hier – wie kann es anders sein? – eine Ausnahme: Trollinger mit Lemberger aus Würtemberg). In jedem Anbaugebiet sind jedoch andere Rebsorten für die Erzeugung dieser Typenweine zugelassen.

Der Mindestalkoholgehalt liegt bei 12 Vol.-% (Ausnahme: Weinbaugebiet Mosel mit 11,5 %). Der maximal zulässige Restzucker ist Säuregehalt mal 2 oder höchstens 15 g pro Liter.

Selection

Die Bezeichnung Selection gilt für trockene Weine mit noch strengeren Herstellungskriterien als für Classic-Weine.

Der Alkoholgehalt muss bei 12,2 Vol.-% liegen, der Restzucker weniger als 9 g pro Liter betragen. Lediglich beim säurebetonten Riesling sind bis zu 12 g Restzucker möglich.

Ausgewählte Standorte, geringer Ertrag und Handlese sollen für eine besondere Qualität sorgen. Selection-Weine dürfen frühestens am 1. September des auf die Ernte folgenden Jahres verkauft werden. Damit bleibt den Spitzenweinen Zeit zur Reife.

Goldkapsel

Dies ist eine vor allem in den Anbaugebieten Rheingau, Mosel und Pfalz gebräuchliche Bezeichnung für edelsüße Weine. Zumeist sind es kleine Mengen besonderer Qualität, die häufig nur über Auktionen angeboten werden. Man erkennt sie an der goldfarbenen Kapsel über dem Korken.

Weinauszeichnungen

Deutsches Weinsiegel

Es wird von der DLG (Deutschen Landwirtschaftsgesellschaft) für Weine besonderer Qualität verliehen. Das Weinsiegel gibt es je nach Geschmacksrichtung in drei verschiedenen Farben:

- Gelb für trockene Weine
- Grün für halbtrockene Weine
- Rot für alle anderen Weine

Bundes- und Landesprämierungen

Für alle 13 deutschen Anbaugebiete gibt es eine Landesprämierung, die von der jeweiligen Landesregierung anerkannt ist. Auf Bundesebene prämiert die DLG im Anschluss an die regionalen Wettbewerbe. Die Weine werden mit dem goldenen, silbernen und bronzenen Preis ausgezeichnet, die besten Weine mit dem „Goldenen Preis Extra".

Deutsches Weinsiegel

Gelb für trockene Weine

Grün für halbtrockene Weine

Rot für alle anderen Weine

Die Rebsorten

Die bedeutendste weiße Rebsorte Deutschlands ist zurzeit der Riesling. Er sorgt seit Jahren bei diversen internationalen Verkostungen für Furore.

Der Trend zu roten Rebsorten hat sich in den letzten Jahren in allen deutschen Weinregionen deutlich herauskristallisiert. Aber auch die verstärkte Zuwendung zu den Burgundersorten – gleich ob rot oder weiß – sowie die Renaissance der klassischen Rebsorten sind klar erkennbar. So steht der Blaue Spätburgunder (Pinot noir, Blauburgunder) bei den Rotweinsorten an der Spitze, gefolgt von Dornfelder und den Klassikern Blauer Portugieser, Schwarzriesling, Lemberger (Blaufränkisch) sowie St. Laurent. Aber auch Neuzüchtungen wie die Sorte Regent etablieren sich zusehends.

Regent

Die Regent-Rebe ist eine Kreuzung zwischen Diana (Silvaner x Rivaner) und Chambourcin, also das Ergebnis der Kreuzung einer weißen mit einer roten Sorte. Sie ist sehr frostresistent und widerstandsfähig gegen echten und falschen Mehltau. Die Rebfläche weitet sich in Deutschland immer mehr aus, aktuell sind es beinahe 2 200 Hektar. Die Anbauschwerpunkte liegen in Rheinhessen, der Pfalz sowie in Baden.

Die Weine aus Regent sind tiefrot und tanninbetont. Die Aromen von Kirschen oder Johannisbeeren erinnern an andere Rotweinsorten, wie z. B. Cabernet Sauvignon oder St. Laurent. Hochwertiges Lesegut wird auch im Barrique ausgebaut.

Hauptrebsorten für Weißweine

Riesling, Rivaner (Müller-Thurgau), Silvaner, Ruländer (Grauburgunder), Kerner, Weißburgunder, Bacchus, Scheurebe, Gutedel, Chardonnay, Traminer, Elbling.

Hauptrebsorten für Rotweine

Blauer Spätburgunder (Pinot noir, Blauburgunder), Dornfelder, Blauer Portugieser, Blauer Trollinger, Schwarzriesling (Müllerrebe), Regent, Lemberger (Limberger, Blaufränkisch), St. Laurent.

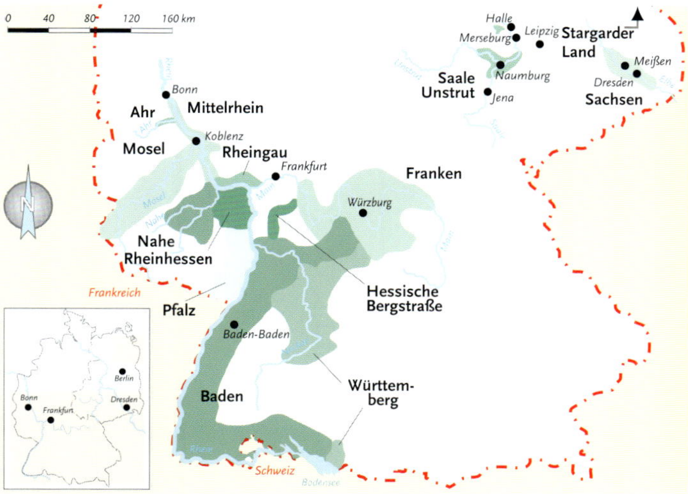

Die Weingebiete an Mosel, Saar und Ruwer kann man getrost als lupenreine Weißweinregionen bezeichnen. Die Winzer aus Württemberg, Baden und Ahr haben sich hingegen dem Rotwein verschrieben.

Weinbaugebiete

Die deutschen Weinbaugebiete gehören zu den nördlichsten der Welt und befinden sich damit im Grenzbereich zwischen dem feuchtwarmen Golfstromklima im Westen und dem trockenen Kontinentalklima im Osten. Die besten Voraussetzungen finden Weinstöcke an den süd- oder südwestlich ausgerichteten Hängen in geschützten Flusstälern. Der Boden zeigt sich sehr vielseitig in Form von Basalt, Buntsandstein, Fels, Löss, Muschelkalk, Porphyr, Schiefer und Vulkangestein. Die lange Vegetationszeit und gemäßigte Sommer sorgen für filigrane und nicht zu alkoholreiche Weine.

Insgesamt gibt es in Deutschland 13 Anbaugebiete. Ein Anbaugebiet setzt sich aus mehreren Bereichen zusammen, ein Bereich aus mehreren Großlagen, eine Großlage wiederum aus verschiedenen Einzellagen.

Mittelrhein

Mittelrhein ist das nördlichste Weinbaugebiet am Rhein und erstreckt sich 100 km auf beiden Seiten des Rheins von der Nahe bis Koblenz bzw. bis zum Siebengebirge. Mittelrhein umfasst die zwei Bereiche Loreley und Siebengebirge.

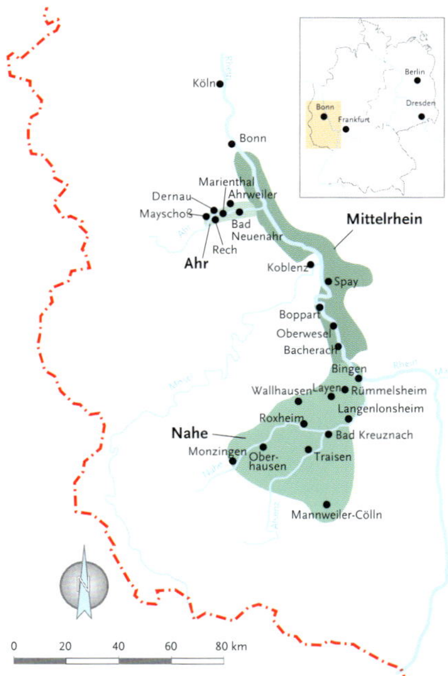

Weinbau wird hier fast zur Gänze auf steilen Terrassen betrieben. Da diese sehr schwierig und kostenintensiv zu bewirtschaften sind, ist die Anbaufläche von vormals 2 000 Hektar auf etwa 470 Hektar geschrumpft. Die kargen Tonschieferböden, der Rhein als ausgezeichneter Wärmespeicher und der niedrige Ertrag sind die Grundlage für die Topqualität der Mittelrheinweine. Die Winzer tragen das ihrige dazu bei, indem sie im Schnitt nur 60 Hektoliter Trauben pro Hektar ernten.

Am Mittelrhein findet vor allem der Riesling ideale Wachstumsbedingungen vor. Er präsentiert sich mineralisch, mit feinem Duft und rassiger Säure. Daneben gedeihen noch Rivaner, Kerner sowie Grau- und Weißburgunder. Die wichtigste rote Rebsorte ist der Spätburgunder. Als eine Spezialität gilt der Rotwein vom Drachenfels (im Siebengebirge), das sogenannte „Drachenblut“, ein Blauer Portugieser.

Bekannte Weinerzeuger im Anbaugebiet Mittelrhein

- Bacherach: Fritz Bastian, Toni Jost (Hahnenhof), Dr. Randolf Kauer, Ratzenberger
- Boppart: August Perll, Königshof
- Oberwesel: Lanius Knab, Albert Lambrich
- Spay: Matthias Müller, Adolf Weingart

Großes-Gewächs-Lagen des VDP

- Bacherach: Hahn, Posten, Wolfshöhle
- Engehöll: Bernstein
- Oberwesel: Oelsberg
- Steeg: St. Jost

Ahr

Die Ahr ist mit 30 Hektar eines der kleinsten Weinanbaugebiete Deutschlands, aber das größte in sich geschlossene Rotweingebiet. Der einzige Bereich heißt Walporzheim-Ahrtal.

Weinanbau an Steilhängen bei Mayschoß an der Ahr

„Klasse statt Masse“ lautet die Devise der Ahrtaler Winzer. Die Spitzenweine der Ahr können nur unter großen Mühen erzeugt werden, da die Weingärten oft an extremen Steilhängen angelegt sind, wo zum Teil nur wenige Rebstöcke nebeneinander Platz finden. Neben dem Spätburgunder zählen der Frühburgunder sowie der Blaue Portugieser und der Dornfelder zu den Spezialitäten der Region.

Bekannte Weinerzeuger im Anbaugebiet Ahr

- Ahrweiler: J. J. Adeneuer, Görres-Linden (Sonnenberg)
- Dernau: Hermann-Ludwig Kreuzberg, Meyer-Näkel
- Heimersheim: Thomas Nelles
- Marienthal: Staatliche Weinbaudomäne Kloster Marienthal
- Mayschoß: Familie Hehle (Deutzerhof)
- Rech: Jean Stodden
- Walporzheim: Brogsitter

Großes-Gewächs-Lagen des VDP

- Ahrweiler: Silberberg, Rosenthal
- Altenahr: Eck
- Dernau: Pfarrwingert
- Heimersheim: Burggarten, Landskrone
- Mayschoß: Mönchberg
- Neuenahr: Kirchtürmchen, Schieferlay, Sonnenberg
- Rech: Herrenberg
- Walporzheim: Gärkammer, Kräuterberg

Nahe

Die Nahe ist ein Nebenfluss des Rheins. Das Weinbaugebiet erstreckt sich von Binnenbrück am Rhein mit einer nicht immer geschlossenen Rebfläche die Nahe aufwärts über Bad Kreuznach bis zum Soonwald. Der einzige Bereich heißt Nahetal.

Eine bewegte Erdgeschichte hat der Region eine große Bodenvielfalt beschert. Weine von der Nahe verknüpfen die Vorzüge der fruchtigen, rassigen Rheinweine mit denen der spritzigen Moselweine. Milde Temperaturen und viel Sonne bilden ein hervorragendes Klima für die mit einem Anteil von über 80 % vorherrschenden weißen Rebsorten.

Der Neuenahrer Sonnenberg ist eine Grosses-Gewächs-Lage

Riesling, Rivaner und Silvaner sowie Weiß- und Grauburgunder, Kerner und Scheurebe führen die Weißweine an. Die roten Sorten sind vor allem mit Dornfelder, Blauem Portugieser und Spätburgunder vertreten.

Bekannte Weinerzeuger im Anbaugebiet Nahe

- Bad Kreuznach: Paul Anheuser, Carl Finkenauer, Reichsgraf von Plettenberg
- Bockenau: Schäfer-Fröhlich
- Feilbingert: Adolf Lötzbeyer
- Langenlonsheim: Willi Schweinhardt, Wilhelm Sizius
- Mannweiler-Cölln: Hahnmühle
- Monzingen: Emrich-Schönleber
- Münster-Sarmsheim: Kruger-Rumpf
- Niederhausen: Gutsverwaltung Niederhausen-Schlossböckelheim, Helmut Mathern
- Oberhausen: Hermann Dönnhoff
- Roxheim: Winzerhof Schaller
- Rümmelsheim: Schlossgut Diel
- Traisen: Dr. Crusius
- Wallhausen: Prinz zu Salm-Dalberg'sches Weingut

Großes-Gewächs-Lagen des VDP

1997 beschlossen die VDP-Winzer der Nahe, dass ausschließlich Rieslingweine aus den besten Weinbergen mit Lagenbezeichnung angeboten werden dürfen.

- Bockenau: Felseneck
- Dorsheim: Burgberg, Goldloch, Pittermännchen
- Monzingen: Frühlingsplätzchen, Halenberg
- Münster-Sarmsheim: Dautenpflänzer, Pittersberg
- Niederhausen: Steinberg, Hermannsberg, Hermannshöhle
- Norheim: Kirschheck, Dellchen
- Roxheim: Berg
- Schlossböckelheim: Felsenberg
- Traisen: Rotenfels
- Wallhausen: Johannisberg, Felseneck

Mosel

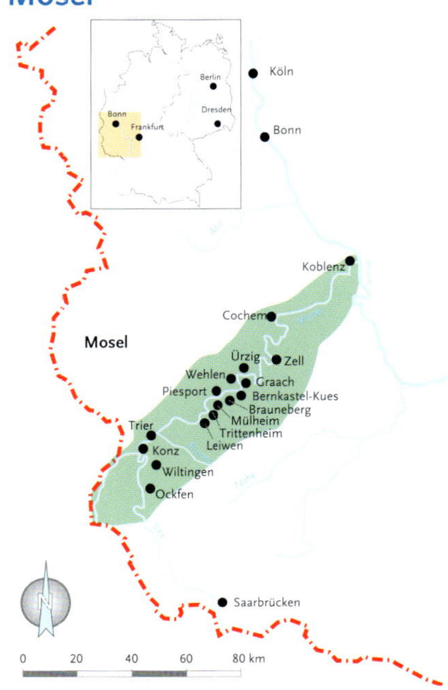

DER BREMER CALMONT IST DER STEILSTE WEINBERG EUROPAS

Die frühere Bezeichnung Mosel-Saar-Ruwer (M-S-R) darf noch bis 2009 für das Etikett verwendet werden.

Links und rechts des stark gewundenen Moseltales sowie der Nebenflüsse Saar und Ruwer liegen zwischen Trier und Koblenz zahlreiche Weinbauorte und Lagen, die den Moselwein in aller Welt berühmt gemacht haben.

Die Ganzbogenerziehung ist eine traditionelle Pfahlerziehung, die an Steilhängen eingesetzt wird. Vor allem in der Region Mosel ist sie weit verbreitet.

Das Mosel-Anbaugebiet ist ein Weingebiet der Superlative. So ist es eines der weitläufigsten Riesling-Anbaugebiete der Welt, mit ca. 9 000 Hektar aber auch das größte Steillagengebiet. Steile Schieferhänge in geschützter Lage, die die Sonnenwärme speichern und nachts wieder abgeben, sowie eine extrem lange Vegetationsperiode lassen leichte, spritzige, elegant fruchtige Weine entstehen. Weltberühmt sind auch die edelsüßen Weine mit hoher Mineralität und Extraktdichte.

Es gibt folgende Bereiche: Bernkastel, Burg Cochem, Moseltor, Obermosel, Ruwertal und Saar.

In den Tälern der beiden Nebenflüsse Saar und Ruwer entstehen hochwertige Weine mit einer lebhaften, fruchtigen Säure. Saarweine (hauptsächlich Rieslinge) werden deshalb auch gerne von Schaumweinerzeugern aufgekauft.

Der Riesling dominiert die Weinberge im Mosel-Anbaugebiet, gefolgt vom Rivaner. An der Obermosel ist mit dem Elbling eine alte Rebsorte heimisch. Zunehmend werden auch Weiß- und Grauburgunder sowie Auxerrois und Chardonnay gepflanzt. Bei den Rotweinreben sind Spätburgunder und Dornfelder zu nennen.

Bekannte Weinerzeuger im Anbaugebiet Mosel

- Bernkastel-Kues: Dr. Loosen (St. Johannishof), Dr. Pauly-Bergweiler, Gutsverwaltung Geheimrat J. Wegeler Erben, Markus Molitor, J. J. Prüm, S. A. Prüm, Willi Schaefer, Studert-Prüm (Maximinhof), Dr. F. Weins-Prüm
- Brauneberg: Fritz Haag, Willi Haag
- Bremm: Reinholf Franzen
- Enkirch: Carl August Immich-Batterieberg
- Erden: Meulenhof
- Kanzem: Johann Peter Reinert
- Klüsserath: Kirsten
- Konz-Filzen: Piedmont
- Konz-Oberemmel: von Hövel
- Leiwen: Grans-Fassian, Carl Loewen, Josef Rosch, St. Urbans-Hof
- Lieser: Schloss Lieser
- Mertesdorf: C. von Schubert'sche Gutsverwaltung Maximin Grünhaus, Karlsmühle
- Mülheim: Max Ferdinand Richter
- Ockfen: Dr. Fischer
- Piesport: Reinhold Haart
- Trier: Bischöfliche Weingüter Trier
- Trittenheim: Franz-Josef Eifel
- Wiltingen: Müller-Scharzhof
- Winningen: Knebel

Erste Lagen des VDP

- Ayl: Kupp
- Bernkastel: Lay, Graben, Badstube, Doctor
- Brauneberg: Juffer, Juffer Sonnenuhr
- Drohn: Hofberger
- Eitelsbach: Karthäuserhofberg
- Erden: Treppchen, Prälat
- Filzen: Pulchen
- Graach: Himmelreich, Josephshöfer, Domprobst
- Hatzenport: Stolzenberg, Kirchberg
- Kanzem: Hörecker, Altenberg
- Kasel: Nies'chen, Kehrnagel
- Leiwen: Laurentiuslay
- Lieser: Niederberg Helden
- Oberemmel: Hütte
- Ockfen: Bockstein
- Piesport: Domherr, Kreuzwingert, Goldtröpfchen, Grafenberg, Schubertslay
- Saarburg: Kupp, Rausch
- Serrig: Schloss Saarstein, Schloss Saarfelser Schlossberg, Würtzberg, Herrenberg
- Trier: Augenscheiner
- Trittenheim: Apotheke, Leiterchen, Felsenkopf
- Ürzig: Würzgarten
- Wawern: Herrenberg
- Wehlen: Sonnenuhr

- Wiltingen: Hölle, Kupp, Braune Kupp, Gottesfuß, Scharzhofberger, Braunfels
- Winningen: Uhlen, Röttgen
- Wintrich: Ohligsberg
- Zeltingen: Sonnenuhr

Qualitätsgemeinschaften

Großer Ring VDP Mosel, Bernkasteler Ring

Rheingau

Der Rheingau ist eines der bekanntesten Anbaugebiete Deutschlands und genießt seit vielen Jahren wegen der Erzeugung von Riesling bester Qualität einen hervorragenden Ruf. Der einzige Bereich des Rheingaus heißt Johannisberg. Vor allem die Spätlesen, aber auch Weine mit höherem Prädikat, zählen zu den Spitzenweinen dieser Region.

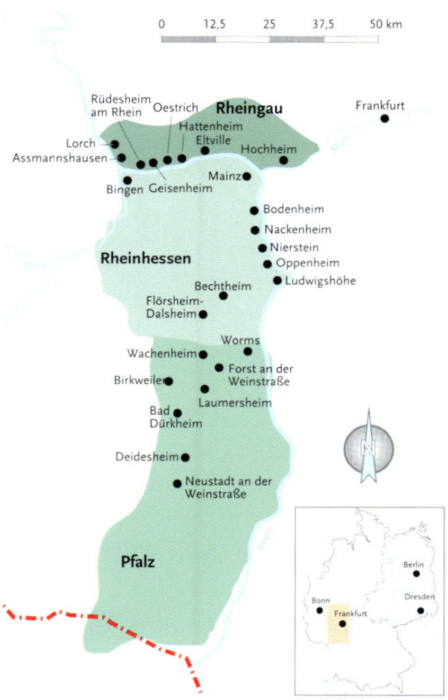

> „Mon Dieu, wenn ich doch so viel Glauben in mir hätte, dass ich Berge versetzen könnte, der Johannisberg wäre just derjenige Berg, den ich mir überall nachkommen ließe."
> *Heinrich Heine (1797–1856)*

In Geisenheim befindet sich die Fachhochschule und Forschungsanstalt für Weinbau, der man eine Reihe von Rebenneuzüchtungen, wie z. B. Armsburger, Dunkelfelder, Ehrenfelser, Reichensteiner, Rotberger und Schönburger, zu verdanken hat.

Die Weinberge sind zum überwiegenden Teil sonnenreiche Südhanglagen. Vom Gebirgszug Taunus gegen Winde gut geschützt, sind die Winter mild und die Sommer warm.

Weinberge bei Rüdesheim

Die typische Flaschenform des Rheingaus ist die Rheingauer Flöte.

> „Good Hoc keeps off the Doc." (Guter Hochheimer macht den Arzt überflüssig.)
>
> Weißweine aus dem Rhein- und Moselgebiet werden in den USA und in Großbritannien als Hock oder Hoc bezeichnet. Der Name leitet sich vom Weinort Hochheim ab. Ein „Hochheimer" (früher ein Synonym für Riesling) war auch der Lieblingswein von Queen Victoria (1819–1901). Von ihr stammt auch der obige Ausspruch.

Seit Jahrhunderten ist die führende Rebsorte im Rheingau der Riesling (ca. 80 %). Nebenbei findet man Rivaner, Kerner, Silvaner, Ruländer, Traminer sowie einige Neuzüchtungen. Die dominierende Rotweinsorte ist der Spätburgunder, der vorwiegend um Assmannshausen wächst.

Bekannte Weinerzeuger im Anbaugebiet Rheingau

- Assmannshausen: August Kesseler
- Eltville: Kloster Eberbach, Freiherrlich Langwerth von Simmern'sches Rentamt
- Erbach (Ortsteil von Eltville): Jakob Jung, Freiherr zu Knyphausen, Schloss Reinhartshausen
- Geisenheim (mit dem Ortsteil Johannisberg): H. H. Eser (Johannishof), Schloss Johannisberg, Prinz von Hessen, Weingut der Forschungsanstalt Geisenheim
- Hallgarten: Fred Prinz
- Hattenheim: Hans Lang, Balthasar Ress, Schloss Schönborn
- Hochheim: Domdechant Werner'sches Weingut, Geheimrat Aschrott, Franz Künstler
- Kiedrich: Robert Weil
- Kreuzwertheim: Fürst Löwenstein
- Lorch: Graf von Kanitz
- Martinsthal: Diefenhardt'sches Weingut (Peter Seyffardt)
- Oestrich: Peter Jakob Kühn
- Oestrich-Winkel: August Eser, Geheimrat J. Wegeler Erben, Querbach, Josef Spreitzer, Schloss Vollrads
- Rüdesheim: Georg Breuer, Dr. Heinrich Nägler
- Walluf: J. B. Becker

Erstes-Gewächs-Lagen des VDP

1999 wurde die Bezeichnung „Erstes Gewächs" für Weine eingeführt. Die Bezeichnung „Erstes Gewächs" ist ausschließlich Weinen der Sorten Riesling und Spätburgunder vorbehalten, die aus besonders hochwertigen Rebflächen im Rheingau stammen. Alle weiteren Anbaugebiete dürfen die sinngemäß identischen Bezeichnungen „Erste Lage" oder „Großes Gewächs" verwenden.

- Erbach: Hohenrain, Steinmorgen, Schlossberg, Marcobrunn, Siegelsberg
- Geisenheim: Kläuserweg
- Hallgarten: Jungfer, Schönhell

- Hattenheim: Mannberg, Wisselbrunnen, Nussbrunnen, Hassel, Pfaffenberg, Schützenhaus, Steinberger
- Hochheim: Kirchenstück, Hölle, Domdechaney
- Johannisberg: Klaus, Schloss Johannisberger, Hölle
- Kiedrich: Gräfenberg
- Lorch: Pfaffenwies, Krone, Kapellenberg
- Martinsthal: Langenberg
- Mittelheim: St.Nikolaus
- Oestrich: Doosberg, Lenchen
- Rauenthal: Baiken
- Rüdesheim: Klosterlay, Bischofsberg, Berg Rottland, Berg Roseneck, Berg Schlossberg
- Walluf: Walkenberg
- Wicker: Mönchsgewann, Nonnberg
- Winkel: Schloss Vollrads (ältestes Weingut Deutschlands), Hasensprung, Jesuitengarten

Charta Rheingau
Bernhard Breuer gründete mit der Charta Rheingau 1984 einen Zusammenschluss erstklassiger Weingüter, die es sich zur Aufgabe machten, den Rheingauer Riesling als trockenen, mittelschweren Wein mit erfrischender Säure zu erzeugen. Die trocken bis halbtrocken ausgebauten Weine müssen zu 100 % aus Riesling gekeltert werden. Jede der schlanken, braunen Schlegelflaschen trägt die charakteristische Kapsel mit dem romanischen Bogen auf weißem Grund und das Charta-Rückenetikett als Garantie. 1999 schlossen sich die Winzer der Charta Rheingau mit dem VDP zusammen.

Rheinhessen

Das Land der tausend Hügel, wie Rheinhessen oft genannt wird, ist mit rund 26 000 Hektar flächenmäßig das größte Weinbaugebiet Deutschlands. Es liegt wie ein Dreieck zwischen Mainz, Worms, Alzey und Bingen. Rheinhessen umfasst die drei Bereiche Bingen, Nierstein und Wonnegau. Mainz, Nierstein und Oppenheim sind Zentren des Weinhandels.

Die Sonne scheint hier im Durchschnitt mehr als 1 500 Stunden im Jahr, und mit nur 500 mm Niederschlag zählt Rheinhessen zu den deutschen Trockengebieten.

Die Region wird nach wie vor stark mit dem Exportschlager Liebfrauenmilch identifiziert, obwohl die Nachfrage nach diesem Wein immer mehr zurückgeht.

Die Vielfältigkeit der rheinhessischen Weine reicht von einfachen Konsumweinen (Schoppenweinen) bis zu Qualitäts- und Prädikatsweinen. Die meisten Spitzenweine stammen von den Weinbergen am linken Rheinufer, der sogenannten Rheinfront. Seit vielen Jahrzehnten zählen Riesling-Beerenauslesen und -Trockenbeerenauslesen zu den besten Süßweinen.

Es sind aber nicht nur die Rieslinge, die für Furore sorgen. Auch die Traditionsrebe Rheinhessens, der Silvaner, auch bekannt unter dem Kürzel „RS", sowie die Spielarten des Burgunders und die Scheurebe machen wieder von sich reden. Rheinhessen hat übrigens die größte Silvaneranbaufläche der Welt.

RS – Kürzel für eine feine Sache
Der RS (Rheinhessen Silvaner) ist ein trockener, sortenreiner Wein. Typisch für den RS ist sein Duft nach Fruchtaromen und Wiesenkräutern. Im Geschmack überzeugt er mit seiner feinfruchtigen Art und einer frischen und lebendigen Säure.

Die Rotweinfläche hat sich innerhalb der letzten zehn Jahre mehr als verdoppelt. Dieser Rotweinboom wurde insbesondere von der Rebsorte Dornfelder getragen. Ein Drittel der rheinhessischen Rebfläche ist nun mit roten Rebsorten bestockt, u. a. auch mit Blauem Portugieser und Spätburgunder.

Selection Rheinhessen
Seit 1992 werden herausragende Weine in einem Wettbewerb ermittelt. Zugelassen sind nur Weine aus den Rebsorten Riesling, Silvaner, Weiß- und Grauburgunder, Gewürztraminer, Blauer Portugieser, Früh- und Spätburgunder. Die Reben müssen mindestens 15 Jahre alt sein, die Ernte der vollreifen Trauben muss von Hand erfolgen. Nach einem schonenden Ausbau werden die Weine von einer Jury getestet, die darüber entscheidet, welcher Wein die Bezeichnung „Selection Rheinhessen" tragen darf.

Bekannte Weinerzeuger im Anbaugebiet Rheinhessen

- Alsheim: Rappenhof
- Bechtheim: Jean Buscher, Ökonomierat J. Geil-Erben
- Biebesheim: K. F. Groebe
- Bingen: Villa Sachsen
- Bodenheim: Kühling-Gillot
- Flörsheim-Dalsheim: Keller, Schales
- Gau-Odenheim: Krugscher Hof
- Gundheim: Michael & Gerhard Gutzler
- Ludwigshöhe: Brüder Dr. Becker
- Nackenheim: Gunderloch
- Nierstein: Winzergenossenschaft Nierstein, Freiherr Heyl zu Herrnsheim, Georg Albrecht Schneider, Sankt Antony
- Oppenheim: Staatliche Weinbaudomäne Oppenheim
- Siefersheim: Wagner-Stempel
- Westhofen: Günter & Philipp Wittmann

Großes-Gewächs-Lagen des VDP

- Bingen: Scharlachberg
- Bodenheim: Burgweg
- Dalsheim: Bürgel, Hubacker

- Dienheim: Tafelstein
- Nackenheim: Rothenberg
- Nierstein: Bruderberg, Pettental, Hipping, Öllberg, Orbel
- Oppenheim: Kreuz, Sackträger
- Siefersheim: Heerkretz, Höllberg
- Westhofen: Aulerde, Kirchspiel, Morstein
- Worms: Liebfrauenstift, Kirchenstück

Qualitätsgemeinschaft

Selection Rheinhessen

Pfalz

Die Weinberge der Pfalz erstrecken sich über eine Länge von 80 km entlang der Bergrücken der bewaldeten Haardt und des Pfälzer Waldes von Worms bis zur französischen Grenze. Sie reichen jedoch nicht bis zum Rhein hinunter. Dies mag auch der Grund dafür sein, dass das Gebiet von Rheinpfalz in Pfalz umbenannt wurde. Die Pfalz ist mit ca. 23 300 Hektar Rebfläche das zweitgrößte deutsche Weinbaugebiet und umfasst die zwei Bereiche Mittelhaardt-Deutsche Weinstraße und Südliche Weinstraße.

Der „König der Weißweine" ist in der Pfalz inzwischen unbestritten der Riesling. Aber auch Weißburgunder und Ruländer behaupten sich immer stärker. Silvaner, Rivaner, Scheurebe, Gewürztraminer, Kerner und Morio-Muskat runden die Weißweinpalette ab.

Immer wichtiger werden die Rotweine. Inzwischen kleiden sich 40 % der pfälzischen Weinstöcke in Rot. Der Dornfelder, der seit Jahren auf Erfolgskurs ist, wird meist trocken und tanninbetont ausgebaut. Ähnliches gilt für die verstärkt angepflanzte Neuzüchtung Regent (siehe S. 114). Daneben überzeugen aber auch spritzig-frische Weißherbste aus der Portugieser-Rebe sowie fruchtige Spätburgunder.

Bekannte Weinerzeuger im Anbaugebiet Pfalz

- Bad Dürkheim: Pfeffingen-Fuhrmann-Eymael, Fitz-Ritter, Karl Schaefer, Kurt Darting
- Birkweiler: Dr. Wehrheim
- Burrweiler: Herbert Messmer
- Deidesheim: Josef Biffar, Reichsrat von Buhl, Dr. Deinhard, Geheimer Rat (Dr. von Bassermann-Jordan)
- Ellerstadt: Heinrich Vollmer
- Forst: Acham-Magin, Georg Mosbacher, Werlé Erben
- Gimmeldingen: A. Christmann
- Laumersheim: Volker & Werner Knipser
- Neustadt: Müller-Catoir, Bergdolt
- Schweigen: Friedrich Becker, Bernhart
- Siebeldingen: Ökonomierat Rebholz
- Wachenheim: Dr. Bürklin-Wolf

Großes-Gewächs-Lagen des VDP

- Bad Dürkheim: Michelsberg
- Birkweiler: Kastanienbusch, Mandelberg
- Burrweiler: Schlossgarten, Im goldenen Jost
- Deidesheim: Kalkofen, Grainhübel, Kieselberg, Hohenmorgen, Langenmorgen, Paradiesgarten
- Dirmstein: Himmelsrech
- Duttweiler: Kalkberg
- Forst: Pechstein, Jesuitengarten, Kirchenstück, Freundstück, Ungeheuer
- Gimmeldingen: Mandelgarten
- Godramstein: Schlangenpfiff
- Großkarlbach: Im großen Garten
- Haardt: Breumel in den Mauern
- Kallstadt: Saumagen
- Kirrweiler: Mandelberg
- Königsbach: Idig, Ölberg
- Laumersheim: Steinbuckel, Kirschgarten
- Leinsweiler: Sonnenberg
- Ruppertsberg: Reiterpfad, Gaisböhl, Spieß
- Schweigen: Sonnenberg, Kammerberg, Sankt Paul, Rädling
- Siebeldingen: Im Sonnenschein
- Ungstein: Weilberg, Kanzel, Mardelskopf
- Weyher: Michelsberg

Franken

Das Anbaugebiet umfasst ca. 6 000 Hektar und ist stark aufgesplittert. Die Weinberge sind grundsätzlich nach Süden ausgerichtet und befinden sich an den Ufern des Mains oder jenen seiner Nebenflüsse. Franken ist in die drei Bereiche Maindreieck, Mainviereck und Steigerwald gegliedert. Mittelpunkt des Weinbaugebiets ist die Barockstadt Würzburg, ihr berühmtester Weinberg ist der Würzburger Stein. Der Name „Stein' steht im Ausland übrigens als Begriff für Frankenwein.

Franken ist ein Weißweinland – rund 80 % der Anbaufläche sind hauptsächlich mit Silvaner, Rivaner, Riesling und Scheurebe bestockt. Die Rebsorte Bacchus ist eine regionale Spezialität. Die Weine Frankens sind rassig, fruchtig und kernig. Rote Rebsorten sind Domina, Regent, Blauer Portugieser und Spätburgunder.

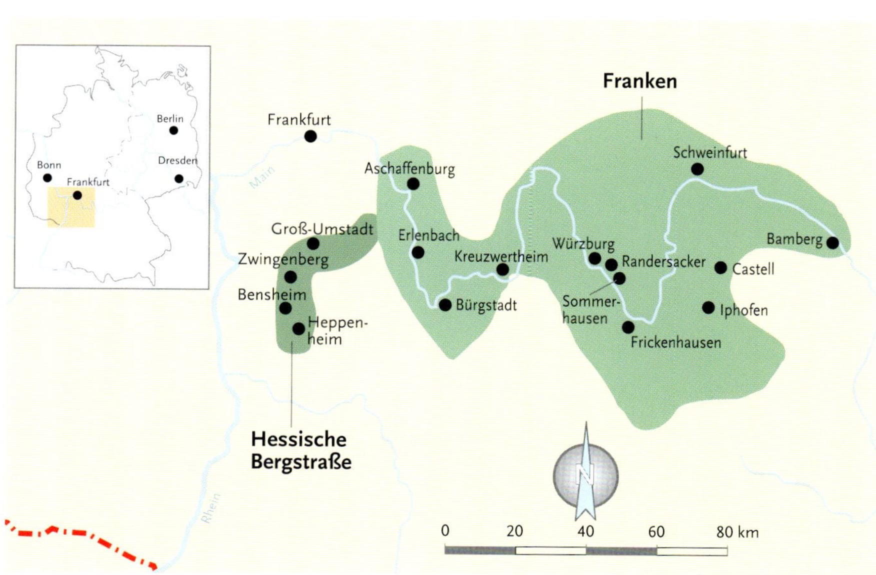

Über 40 % der Weine werden in den berühmten Bocksbeutel abgefüllt. Diese schon seit Jahrhunderten gebräuchliche, ungewöhnliche Flaschenform ist (mit einigen Ausnahmen) für fränkische Qualitätsweine gesetzlich geschützt.

Der Bocksbeutel ist das Markenzeichen des Frankenweins und kann auch als Steinweinflasche bezeichnet werden

„Wer den Bocksbeutel gut kennt, dem werde ich nichts erzählen; wer ihn aber nicht gut kennt, der sei gewarnt. Er hat keine Blume, und man merkt ihm nicht so ohne weiteres an, was in ihm steckt – aber er hat's in sich. Man trinke ihn möglichst auf den Weindörfern, und wenn die Zeit danach ist, versäume man niemals, den Most zu probieren (jeder verträgt davon ein Glas weniger als er glaubt) …

Peter Panter alias Kurt Tucholsky, aus „Wer kennt Odenwald und Spessart?" (1928)

Bekannte Weinerzeuger im Anbaugebiet Franken

- Bürgstadt: Rudolf Fürst
- Castell: Fürstlich Castell'sches Domänenamt
- Erlenbach: Josef Deppisch
- Escherndorf: Michael Fröhlich, Horst Sauer
- Frickenhausen: Bickel-Stumpf
- Iphofen: Ernst Popp, Johann Ruck, Hans Wirsching
- Klingenberg: Stadt Klingenberg
- Kreuzwerthheim: Fürst Löwenstein
- Randersacker: Martin Göbel, Schmitt's Kinder, Josef Störrlein
- Sommerhausen: Schloss Sommerhausen
- Würzburg: Bürgerspital zum Heiligen Geist, Juliusspital, Ludwig Knoll (Weingut am Stein), Staatlicher Hofkeller

Großes-Gewächs-Lagen des VDP

- Bürgstadt: Centgrafenberg, Hunsrück
- Castell: Schlossberg
- Escherndorf: Lump
- Frickenhausen: Kapellenberg
- Großheubach: Bischofsberg
- Homburg: Kallmuth
- Iphofen: Julius Echter Berg, Kronsberg
- Klingenberg: Schlossberg
- Randersacker: Pfülben, Sonnenstuhl
- Rödelsee: Küchenmeister
- Sommerhausen: Steinbach
- Thüngersheim: Johannisberg
- Volkach: Karthäuser, Ratsherr
- Würzburg: Stein, Stein-Harfe, Innere Leiste

Hessische Bergstraße

Die Hessische Bergstraße ist nach Sachsen das zweitkleinste Anbaugebiet und liegt eingebettet zwischen den Flüssen Neckar, Rhein und Main. Das Anbaugebiet umfasst die zwei Bereiche Umstadt und Starkenburg.

Die besten Lagen befinden sich in den zum Rheintal hin geneigten Hängen. Die Böden mit unterschiedlich hohem Lössanteil verleihen den vornehmlich trockenen und halbtrockenen Weißweinen einen feinen, fruchtigen und duftigen Charakter. Die erzeugte Menge ist jedoch so gering, dass die meisten Weine im Gebiet selbst genossen werden.

Bei den weißen Rebsorten dominieren Riesling, Rivaner, Kerner, Weiß- und Grauburgunder, bei den roten Rebsorten Spätburgunder, Dornfelder und St. Laurent.

Bekannte Weinerzeuger im Anbaugebiet Hessische Bergstraße

- Bensheim: Weingut der Stadt Bensheim, Staatsweingut Bergstraße
- Heppenheim: Bergsträsser Winzer
- Zwingenberg: Simon-Bürkle

Baden

Das Anbaugebiet Baden erstreckt sich von der Tauber im Norden bis zum Bodensee im Süden. Die neun Bereiche, in die das Anbaugebiet aufgeteilt ist, sind sowohl landschaftlich als auch klimatisch recht unterschiedlich. Die bunte Palette an Weinen ist also nicht weiter verwunderlich. Im nördlichen Tauberfranken, an der Badischen Bergstraße und im Kraichgau sind es vor allem Rivaner, Riesling und Schwarzriesling, aus denen Weine gekeltert werden. In der Ortenau, im Zentrum Badens, wachsen hauptsächlich Spätburgunder und Riesling, im südlichen Breisgau, am Kaiserstuhl und im Tuniberg vornehmlich Mitglieder der Burgunderfamilie. Im Markgräflerland an der Grenze zur Schweiz wird der gebietstypische Gutedel zu Markgräfler verarbeitet, und am Bodensee gedeihen vor allem Spätburgunder und Rivaner. Die Weine am Bodensee werden übrigens auch Seeweine genannt. Große Tradition hat in Baden der Federweiße.

Die Sonne meint es gut mit den Badener Weinen. Dies ist auch der Grund, warum Baden als einziges deutsches Weinbaugebiet der EU-Weinbauzone B zugeteilt wurde, zu der auch die französischen Regionen Elsass, Savoyen und Loire, aber auch Österreich zählen. Die

Weine müssen somit mehr Oechslegrade aufweisen als Weine der anderen Anbaugebiete.

B & B – Baden trifft Burgunder
Baden ist Burgunderland. Angeführt vom Spätburgunder (Pinot noir), hat die Burgunderfamilie – Ruländer (Grauburgunder), Weißburgunder, Auxerrois ... – über die Hälfte der Gesamtrebfläche Badens erobert.

Samtige, kraftvolle Weine aus Spätburgunder werden immer häufiger im Barrique ausgebaut. Spätburgunder wird aber auch zu Rosé oder Weißherbst verarbeitet.

Eine badische Spezialität ist der Badisch Rotgold, ein Roséwein, bei dem Grauburgunder- und Spätburgundertrauben gemeinsam gekeltert werden. Der Anteil des Grauburgunders muss dabei höher sein (mindestens 51 %).

Bekannte Weinerzeuger im Anbaugebiet Baden

- Baden-Baden: Schloss Neuweier
- Bischoffingen: Abril, Johner
- Bötzingen: Winzergenossenschaft Bötzingen
- Bühl: Jakob Duijn
- Burkheim: Bercher
- Durbach: Laible, Gräflich Wolff Metternich'sches Weingut, Heinrich Männle
- Ihringen: Dr. Heger, Stigler
- Laufen: Hartmut Schlumberger
- Leimen: Seeger
- Mauchen: Lämmlin-Schindler
- Michelfeld: Reichsgraf, Marquis zu Hoensbroech
- Oberrotweil am Kaiserstuhl: Salwey

Großes-Gewächs-Lagen des VDP

- Blankenhornsberg: Doktorengarten
- Bombach: Sommerhalde
- Burkheim: Schlossgarten, Feuerberg
- Durbach: Plauelrain
- Freiburg: Schlossberg
- Glottertal: Eichberg
- Hecklingen: Schlossberg
- Ihringen: Winklerberg

WEINBERG BEI MUNDELSHEIM AN DER NECKAR

- Malterdingen: Bienenberg
- Neuweiler: Mauerberg
- Oberrotweil: Eichberg, Kirchberg, Henkenberg
- Sulzfeld: Husarenkappe, Löchle

Württemberg

Württemberg ist ein stark aufgesplittertes Weinbaugebiet mit ca. 11 500 Hektar, das sich auf die wärmsten Lagen des Neckartales und der Nebenflüsse Rems, Murr, Enz, Bottwar, Zaber, Kocher und Jagst verteilt. Rund 70 % der Anbaufläche sind mit Rotweinsorten bestockt, wobei der Trollinger immer noch das Lieblingskind der Württemberger Winzer ist. Neben Ahr ist Württemberg also das zweite Anbaugebiet, wo mehr Rot- als Weißweine erzeugt werden.

Württemberg umfasst folgende Bereiche: Kocher-Jagst-Tauber, Württembergisch-Unterland, Remstal-Stuttgart, Obere Neckar, Württembergischer Bodensee und Bayrischer Bodensee.

Vielfach bewirtschaften die Winzer nur kleine Parzellen, deren Ertrag sie an eine Winzergenossenschaft liefern. Ca. 80 % des württembergischen Weines werden von den Orts- und Gebietswinzergenossenschaften sowie der Landeszentralgenossenschaft (LZG) in Möglingen ausgebaut. Zu den wenigen Selbstvermarktern zählen auch einige renommierte Weingüter wie Adelshöfe und ehemalige klösterliche Besitztümer sowie die Staatliche Lehr- und Versuchsanstalt für Wein- und Obstbau in Weinsberg. Dieses Institut mit einer Rebfläche von 50 Hektar ist auch das größte Weingut der Region.

Schillerwein
Über die Herkunft des Namens ist man uneins. Glauben manche, dass der Name auf den Dichter Friedrich Schiller zurückgeht, meinen andere, dass die schillernde Farbe des Weines namensgebend war. Unbestritten ist jedoch, dass der Schillerwein aus roten und weißen Trauben gekeltert wird und eigentlich ein Rotling (Roséwein) ist. Die Trauben für einen echten Schiller dürfen ausschließlich aus Württemberg stammen.

Typische Rotweinsorten in diesem Gebiet sind Trollinger, Lemberger, Schwarzriesling, Spätburgunder, Dornfelder, Samtrot, Frühburgunder (Clevner) und Heroldrebe.

Die wichtigste Weißweinrebe ist der Riesling, gefolgt von Rivaner, Kerner, Silvaner und Ruländer.

Bekannte Weinerzeuger im Anbaugebiet Württemberg

- Beilstein: Schlossgut Hohenbeilstein
- Bönnigheim: Ernst Dautel
- Fellbach: Gerhard Aldinger, Rainer Schnaitmann
- Heilbronn: Drautz-Able
- Kernen-Stetten: Karl Haidle
- Kleinbottwar: Graf Adelmann (Burg Schaubeck)
- Neckarzimmern: Burg Hornberg
- Öhringen: Fürst zu Hohenlohe-Oehringen
- Schwaigern: Schlossgut Graf von Neipperg
- Stuttgart: Wöhrwag
- Weinsberg: Lehr- und Versuchsanstalt für Wein- und Obstbau Weinsberg
- Winterbach: Jürgen Ellwanger

HADES

Die Mitglieder von HADES, einer Arbeitsgemeinschaft mehrerer Winzer, bauen Rotweine in neuen Eichenfässern aus. Erkennbar sind die Weine an den besonderen Schlegelflaschen mit dem eingeprägten Emblem der Vereinigung. Der Name setzt sich übrigens aus den Initialen der fünf Winzer zusammen.

Großes-Gewächs-Lagen des VDP

- Bönnigheim: Sonnenberg
- Fellbach: Lämmler
- Gundelsheim: Himmelreich
- Hebsacker: Lichtenberg
- Heilbronn: Stiftsberg
- Hohenbeilstein: Schlosswengert
- Kleinbottwar: Süßmund
- Maulbronn: Eilfingerberg
- Neckarsulm: Scheuerberg
- Neipperg: Schlossberg
- Schnait: Altenberg, Burghalde
- Schozach: Roter Berg
- Schwaigern: Ruthe
- Stetten: Brotwasser, Pulvermächer
- Untertürkheim: Gips, Herzogenberg
- Verrenberg: Verrenberg
- Weinsberg: Schemelsberg

Saale Unstrut

Zwei Flüsse sind namensgebend für das nördlichste Qualitätsweinanbaugebiet Europas: Saale und Unstrut. Saale-Unstrut umfasst die beiden Bereiche Schloss Neuenburg und Thüringen.

Die Weißweinsorten werden traditionsgemäß trocken ausgebaut, einige Winzer experimentieren mit natürlich süßen Weinen der Rebsorten Riesling und Traminer.

Aufgrund der kurzen Vegetationszeit sind die Rebflächen mit früh reifenden Rebsorten bepflanzt. Spät reifende Rebsorten wie Traminer und Riesling sind nur an klimatisch begünstigten Südlagen der Flusstäler zu finden. Die meisten Weinberge sind mit Rivaner, Weißburgunder, Riesling und Silvaner bepflanzt.

Auf einem Viertel der Rebfläche stehen Rotweinsorten, allen voran Blauer Portugieser, Dornfelder, Spätburgunder und Zweigelt. Es sind Raritäten, die meist sehr rasch verkauft sind.

Bekannte Weinerzeuger im Anbaugebiet Saale-Unstrut

- Bad Kösen: Weingut Lützkendorf, Landesweingut Naumburg Kloster Pforta
- Freyburg: Weingut Florian Deckert, Winzergenossenschaft Freyburg, Sektkellerei Rotkäppchen

Großes-Gewächs-Lagen des VDP

- Freyburg: Edelacker
- Karsdorf: Hohe Gräte

Sachsen

Sachsen ist das östlichste und auch kleinste Anbaugebiet Deutschlands. Die zumeist terrassierten Weingärten erstrecken sich an den Hängen der Elbe und ihren Nebenflüssen von Dresden über die Wein- und Porzellanstadt Meißen bis Seußlitz. Sachsen wird in die beiden Bereiche Meißen und Elstertal unterteilt.

Die Weine werden kernig, trocken und sortenecht ausgebaut. Über die Hälfte der Weinberge werden im Nebenerwerb bewirtschaftet. Die Winzer liefern ihren Wein an eine große Winzergenossenschaft in Meißen.

Der Schwerpunkt im sächsischen Sortenspiegel liegt neben Rivaner und Riesling ganz eindeutig auf Weißburgunder und Ruländer. Weitere Weißweinsorten sind Traminer, Kerner, Scheurebe, Bacchus, Elbling und Gutedel. Eine Spezialität der Region ist der Goldriesling. Rotweinsorten sind Spätburgunder, Dornfelder und Regent.

Das Staatsweingut Schloss Wackerbarth erzeugt neben Wein auch Sekt

Bekannte Weinerzeuger in Sachsen

- Dresden: Klaus Zimmerling
- Diesbar: Jan Ulrich
- Meißen: Schloss Proschwitz
- Radebeul: Sächsisches Staatsweingut Schloss Wackerbarth
- Seußlitz: Lehmann

Großes-Gewächs-Lage des VDP

Zadel: Schloss Proschwitz

Wein aus Frankreich

Seit über 2 000 Jahren wird in Frankreich in bekannten Weinschlössern Wein erzeugt. Die Römer waren es, die um etwa 200 v. Chr. die ersten Weingärten anlegten. Sie begründeten damals die weltberühmten Weinbauregionen wie Bordeaux, Burgund, Loire, Rhône, Champagne und Elsass. In der ganzen Welt gelten heute für die meisten Weinproduzenten die französischen Weine als Vorbild.

Die französische Weinerzeugung weist eine große Vielfalt auf, aus der einige Spitzenprodukte bestimmter Anbaugebiete herausragen. Sie sind weltweit als Richtschnur für höchste Qualität anerkannt.

Alles, was recht ist, oder das französische Weingesetz

Die Qualität der französischen Weine wird nach der Herkunft bestimmt (im Gegensatz zu Österreich und Deutschland, wo sie nach dem Zuckergehalt im Most bestimmt wird).

Das INAO (Institut National des Appellations d'Origine), das 1935 gegründet wurde, kontrolliert die Bestimmungen, die für die Weingüteklassen bindend sind. Bei der Gesetzgebung für Europa hat die Europäische Union das französische A.-O.-C.-System als Muster herangezogen. Aufgrund der strengen Gesetzgebung ist es jedem Verbraucher möglich, die Herkunft, den Weintyp und die Eigenschaften des Weines vom Etikett abzulesen.

Weinlese im Burgund

Weingüteklassen	
Vins de Table Tafel- oder Tischweine	■ Einfache Weine. ■ Tragen keine innerfranzösische Herkunftsbezeichnung; der Hinweis „Frankreich" als Produktionsland genügt. ■ Meist ein Verschnitt aus Weinen verschiedener französischer Anbaugebiete. ■ Etwa zwei Drittel aller in Frankreich produzierten Weine sind Vins de Table.
Vins de Pays Landweine	■ Herkunftsregion (Departement oder Produktionszone) ist auf dem Etikett angegeben. ■ Landweine aus verschiedenen Regionen dürfen seit der Ernte 2007 verschnitten und unter der Bezeichnung „Vignobles de France" vermarktet werden. Die Angabe der verwendeten Rebsorten ist erlaubt.
V.-D.-Q.-S.-Weine Vins délimités de Qualité supérieure	■ Weine „höherer Qualität aus begrenzten Anbaugebieten", jedoch eine Stufe unter den A.-C.-Weinen. ■ Sie werden seit einigen Jahren in die Gruppe der A.-O.-C.-Weine eingegliedert, sodass es in absehbarer Zeit die V.-D.-Q.-S.-Weine nicht mehr geben wird.
A.-C.- oder A.-O.-C.-Weine Appellation d'Origine contrôlée Qualitätsweine	■ Weine höchster Kategorie mit strengen Herkunfts- und Produktionsbestimmungen. ■ Anbau nur derjenigen Rebsorten, die ausdrücklich für den jeweiligen A.-O.-C.-Wein zugelassen sind. ■ Begrenzung der Erträge pro Hektar Rebfläche. ■ Mindestalkoholgehalt. ■ Genaue Abgrenzung der Anbaufläche; das „O" von A.-O.-C.-Weinen wird durch die Region, ein Gebiet, eine Gemeinde oder eine Einzellage ersetzt (z. B. Appellation Gevrey-Chambertin contrôlée). ■ Die meisten A.-O.-C.-Weine kommen aus den Regionen Bordeaux, Burgund, Côtes du Rhône, Elsass und Champagne.

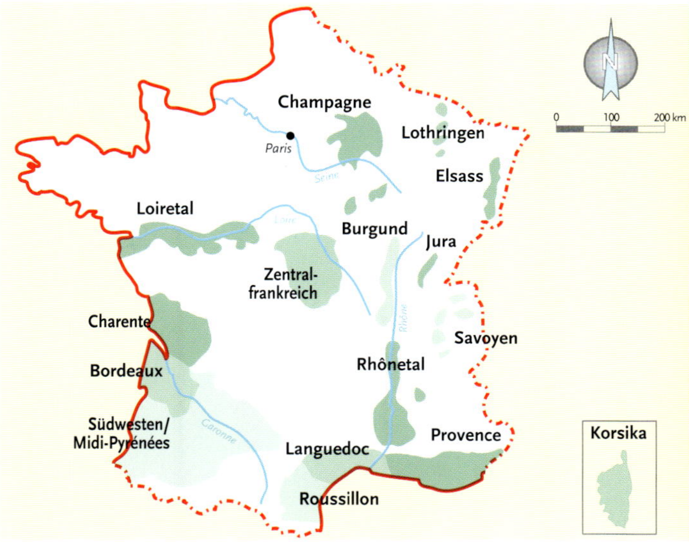

Französische Weinbauregionen

Die Rebsorten

Bedingt durch die Größe des Landes und die damit verbundenen unterschiedlichen klimatischen Bedingungen können nicht überall dieselben Rebsorten angebaut werden. Wir haben daher die bevorzugten Rebsorten anhand der drei Hauptklimazonen Frankreichs beschrieben.

Westen

Der Westen mit den Weinbauregionen Val de Loire (Loiretal), Bordeaux und Sud-Ouest (Südwesten) wird vom milden maritimen Klima und vom atlantischen Klima geprägt.

Hauptrebsorten für Weißweine

Chenin blanc, Sémillon, Sauvignon blanc.

Hauptrebsorten für Rotweine

Merlot, Cabernet Sauvignon, Cabernet Franc.

Norden

Der Norden mit den Weinbauregionen Bourgogne (Burgund), Champagne und Alsace (Elsass) wird vom Kontinentalklima mit extremen Temperaturschwankungen im Sommer und im Winter geprägt.

Hauptrebsorten für Weißweine

Riesling, Gewürztraminer, Chardonnay.

Hauptrebsorten für Rotweine

Pinot noir (Blauburgunder), Gamay.

Süden

Im Süden mit den Weinbauregionen Côtes du Rhône (Rhonetal), Provence, Languedoc-Roussillon (Midi) sowie Corse (Korsika) herrscht reines Mittelmeerklima mit trockenen, heißen Sommern und feuchten, milden Wintern vor.

Hauptrebsorten für Weißweine

Grenache blanc, Ugni blanc, Clairette, Sémillon.

Hauptrebsorten für Rotweine

Syrah, Mourvèdre, Grenache noir.

Weinbauregionen und -gebiete

Bordeaux (Bordelais)

Das Bordelais ist das größte Qualitätsweinanbaugebiet Frankreichs (ca. 123 000 Hektar) und weltweit das größte Qualitätsweinanbaugebiet für Rotwein. Im Gegensatz zu anderen Gebieten besteht hier ein Wein zumeist aus drei oder vier verschiedenen Rebsorten, die zu den weltberühmten Cuvées verschnitten werden. Dieses Verfahren wird **Assemblage** genannt. Die trockenen Weißweine stehen im Schatten der Rotweine.

Der traditionelle Ausbau und die Reife im kleinen Holzfass (Barrique) prägen den Charakter der Rotweine. Sie können je nach Herkunftsort und Jahrgang fruchtig-herb oder vollmundig, leicht oder sehr gehaltvoll, rund oder elegant und finessenreich sein. Weißweine sind meist trocken, von zartem Duft und mittlerem Gehalt. Süße Weißweine (Vins liqueureux) verfügen über ein ausdrucksvolles und doch feines Bukett, einen nachhaltigen, fruchtig-edelsüßen oder likörartigen Geschmack mit langem Nachklang.

Sowohl die körperreichen und feinen Rotweine als auch die süßen Weißweine lassen sich gut lagern, wobei sie sich qualitativ noch verbessern.

En primeur – Chance oder Nepp?
Jedes Jahr bestellen Weinfreunde aus aller Welt Bordeauxweine, die sie noch nicht verkostet haben und erst in zwei Jahren erhalten werden. Dennoch zahlen sie „en primeur" – wie die Weinsubskription in Bordeaux heißt – astronomische Summen im Voraus.

Um den Preis auszuloten, lassen viele Châteaubesitzer ihren Bordeaux Primeur, den neuen Jahrgang, von Händlern und Journalisten verkosten. Auf Basis ihrer Bewertung wird der Wein dann ab sechs Monaten nach der Ernte in Subskription verkauft.

Primeurs werden häufig in mehreren Tranchen angeboten. Beißen die Kunden beim ersten Mal an, wird bei der zweiten und dritten Tranche der Preis nochmals kräftig angehoben. Der Kauf von Spitzenweinen aus Bordeaux hat also auch etwas Spekulatives. Handelt es sich um einen Spitzenjahrgang, kann der Endverbraucherpreis um ein Vielfaches über dem Subskriptionspreis liegen. Stellt sich jedoch heraus, dass der Jahrgang, wie z. B. der 1997er, eher durchschnittlich ist, hat man mit den überhöhten Ausgangspreisen ein sattes Minus eingefahren.

Bordeaux produziert mehr A.-C.-Weine (über 57) als jede andere Region in Frankreich.

Die Hauptrebsorten für Weißweine sind Sémillon, Sauvignon blanc und Muscadelle, für die Rotweine Cabernet Sauvignon, Cabernet Franc, Merlot und Malbec.

Allgemeine Klassifizierung der Bordeauxweine

Die Weinbauregion Bordeaux hat eine Weinklassifizierung, die auf das Jahr 1855 zurückgeht. Heute hat fast jedes Weinbaugebiet Bordeaux' eine eigene Klassifizierung. Grundsätzlich wird sie in drei Stufen vorgenommen.

Allgemeine Herkunftsbezeichnung

Bordeaux A. C. und Bordeaux supérieur A. C. (höherer Alkoholgehalt).

Regionale Herkunftsbezeichnungen

Zum Beispiel Médoc, Graves, St-Émilion, Pomerol, Sauternes.

Lokale Herkunftsbezeichnungen

Sie beziehen sich auf einen Weinbauort, vielfach in Verbindung mit einem Erzeugerbetrieb, z. B. Pauillac (Ort) – Château Latour (Erzeugerbetrieb). In Bordeaux gibt es mehr als 6 000 Châteaus im Sinne eines Weinbaubetriebes. Ein **Grand Vin** ist die Hauptmarke eines Châteaus in Bordeaux.

> **Ein Tipp vom Profi**
> Jedes Château baut nur einen Hauptwein (Grand Vin) aus. Grundweine, die dem Qualitätsanspruch des Erzeugers an seinen Hauptwein nicht genügen, werden oft unter einem Zweitetikett vermarktet. In sehr guten Jahren sind diese Zweitweine (manchmal auch Drittweine) aus namhaften Châteaus eine preiswerte Alternative zu den extrem teuren Hauptweinen.
>
> Die Zweit- und Drittweine der großen Bordelaiser Châteaus werden mit derselben Sorgfalt vinifiziert wie ihre bekannteren Brüder. Das Lesegut stammt aber zumeist von anderen Parzellen und die Cuvée ist anders zusammengesetzt.

Die Weinbaugebiete von Bordeaux (Bordelaise)

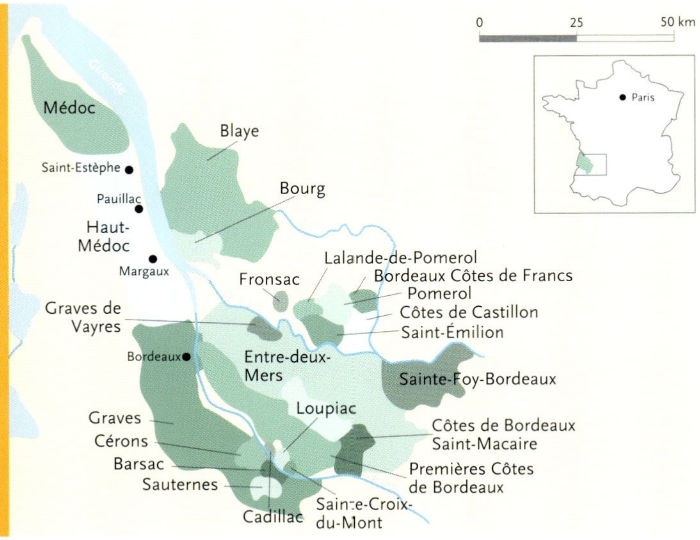

Médoc

Das Médoc liefert herausragende, tanninreiche Rotweine von rubinroter Farbe, großer Rasse und Feinheit und einem besonderen Duft und Aroma, die sehr gut lagerfähig sind. Die Hauptrebsorte ist Cabernet Sauvignon. Sie bildet die Basis aller Rotweine – in der Regel ist sie zu mindestens 60 % enthalten.

> **Ein Tipp vom Profi**
> Die meisten Spitzenweine des Médoc erreichen erst nach einer Lagerung von 15 bis 20 Jahren ihren Höhepunkt.

Die Klassifizierung des Médoc ist nicht nur die erste, sondern auch die präziseste. Sie umfasst 61 Crus classés. **Cru** ist übrigens die Bezeichnung für ein Weingut, ein klassifiziertes Gewächs oder eine klassifizierte Weinlage. **Premier Grand Cru classé** bedeutet „am höchsten bewertetes erstes Gewächs".

Premiers Grands Crus classés (1ers)

- Château Lafite-Rothschild in Pauillac
- Château Mouton-Rothschild in Pauillac
- Château Latour in Pauillac
- Château Margaux in Margaux

Deuxièmes Grands Crus classés ($2^{\text{èmes}}$)

- Château Brane-Cantenac in Cantenac-Margaux
- Château Cos d'Estournel in St-Estèphe
- Château Ducru-Beaucaillou in St-Julien
- Château Durfort-Vivens in Margaux
- Château Gruaud-Larose in St-Julien
- Château Lascombes in Margaux
- Château Léoville-Barton in St-Julien
- Château Léoville-Las-Cases in St-Julien
- Château Léoville-Poyferré in St-Julien
- Château Montrose in St-Estèphe
- Château Baron Pichon-Longueville in Pauillac
- Château Pichon-Longueville Comtesse de Lalande in Pauillac
- Château Rauzan Gassies in Margaux
- Château Rauzan Ségla in Margaux

Troisièmes Grands Crus classés ($3^{\text{èmes}}$)

- Château Boyd-Cantenac in Cantenac-Margaux
- Château Calon-Ségur in St-Estèphe
- Château Cantenac-Brown in Cantenac-Margaux
- Château Desmirail in Margaux
- Château Ferrière in Margaux
- Château Giscours in Labarde-Margaux
- Château d'Issan in Cantenac-Margaux
- Château Kirwan in Cantenac-Margaux
- Château Lagrange in St-Julien
- Château La Lagune in Ludon-Margaux
- Château Langoa-Barton in St-Julien
- Château Malescot St-Exupéry in Margaux

Weingärten im Médoc

- Château Marquis d'Alesme Becker in Margaux
- Château Palmer in Cantenac-Margaux

Quatrièmes Grands Crus classés (4èmes)

- Château Beychevelle in St-Julien
- Château Branaire-Ducru in St-Julien
- Château Duhart-Milon-Rothschild in Pauillac
- Château Lafon-Rochet in St-Estèphe
- Château Marquis de Therme in Margaux
- Château Prieuré-Lichine in Cantenac-Margaux
- Château St-Pierre in St-Julien
- Château Talbot in St-Julien
- Château La Tour Carnet in St-Laurent

Cinquièmes grands Crus classés (5èmes)

- Château d'Armailhac in Pauillac
- Château Batailley in Pauillac
- Château Belgrave in St-Laurent
- Château Camensac in St-Laurent
- Château Cantemerle in Macau
- Château Clerc-Milon in Pauillac
- Château Cos Labory in St-Estèphe
- Château Croizet-Bages in Pauillac
- Château Dauzac in Labarde-Margaux
- Château Grand-Puy-Ducasse in Pauillac
- Château Grand-Puy-Lacoste in Pauillac
- Château Haut-Bages-Libéral in Pauillac
- Château Haut-Batailley in Pauillac
- Château Lynch-Bages in Pauillac
- Château Lynch-Moussas in Pauillac
- Château Pédesclaux in Pauillac
- Château Pontet-Canet in Pauillac
- Château du Tertre in Arsac-Margaux

Ein Tipp vom Profi
Auf den Etiketten ist mit Ausnahme der ersten Stufe (Premier Grand Cru classé) immer nur „Grand Cru classé" vermerkt. Die Bezeichnung Médoc A. C. wird nur für Rotwein verwendet, Weißweine tragen den Vermerk Appellation Bordeaux A. C.

Cru bourgeois

Neben diesen Klassifizierungen gab es bis 2007 noch Crus bourgeois, Crus supérieurs, Crus exceptionnels, Crus grands bourgeois, wobei lediglich die Bezeichnung Cru bourgeois in der Praxis Verwendung fand. Der Verband der Bürgergüter bereitet sich darauf vor, den Begriff „Label Cru bourgeois" als Markenzeichen schützen zu lassen. Viele dieser Weine übertreffen in ihrer Qualität einige der sogenannten klassifizierten Gewächse.

Galaktisch hohe Preise – warum wird so viel bezahlt?
Bordeaux – nein danke. Kann ich mir nicht leisten. Viele Gäste assoziieren mit Bordeauxweinen unverschämt hohe Preise. Dabei sind es nur einige Toplagen (wohlgemerkt nur ganze 5 % der gesamten Bordelaiser Produktion), die die Preise in ungeahnte Höhen treiben. Das Gros der Weine wird zu Normalpreisen verkauft.

Warum wird für diese Weine so viel bezahlt? Der Grund liegt im Gesetz von Angebot und Nachfrage. Das Angebot ist begrenzt, auch wenn die Lagen der Spitzenchâteaus bis auf den letzten Quadratmeter mit Weinreben bepflanzt sind. Die Nachfrage steigt jedoch von Jahr zu Jahr. So soll angeblich bereits jede fünfte Flasche an Kunden in Japan, China oder Russland verkauft werden.

Bekannte Weine aus folgenden Appellationen

- **Médoc:** Château La Tour de By, Château La Cordonne, Château Potensac, Château Loudenne
- **Haut-Médoc:** Château Sociando-Mallet, Château Cissac, Château Citran, Château Ramage-La Batisse, Château Larose-Trintaudon, Château Lamothe-Bergeron, Château Malescasse
- **Saint-Estèphe:** Château Haut-Marbuzet, Château Les Ormez de Pez, Château Lilian-Ladouys, Château Meyney, Château Phélan-Ségur
- **Pauillac:** Château Pibran

- **Saint-Julien:** Château Gloria
- **Margaux:** Château Monbrison, Château Labégorce-Zédé, Château Siran
- **Listrac:** Château Clarke
- **Moulis:** Château Chasse-Spleen, Château Maucaillou, Château Poujeaux

Graves

Die Rotweine aus dem nördlichen Teil sind in ihrem Charakter mit denen des Médoc zu vergleichen. Die roten Hauptrebsorten (es werden rund 65 % Rotweine erzeugt) sind Cabernet Sauvignon, Cabernet Franc und Merlot. Die Weißweine sind zumeist trocken, aber auch lieblich süß.

Klassifizierte Weine aus Graves

- Ein Premier Grand Cru classé: Château Haut-Brion in Pessac
- Grands Crus classés rouges (Appellation Pessac-Léognan): z. B. Château La Mission Haut-Brion (in Pessac), Château Olivier (in Léognan), Château Pape Clément (in Pessac), Domaine de Chevalier (in Léognan; erzeugt einen der langlebigsten und feinsten trockenen Weißweine)
- Grands Crus classés blancs: z. B. Château Bouscaut (in Cadaujac)

Sauternes und Barsac

Diese Regionen zählen zu den besten Weißweingebieten der Welt. Die Trauben werden meist erst dann gelesen, wenn sie Edelfäule aufweisen. Die Weine sind durch den hohen Zuckergehalt likörartig süß und mild. Die Appellation Sauternes contrôlée gilt nur für Süßweine aus den Gemeinden Sauternes, Barsac, Bommes, Fargues und Preignac.

Klassifizierte Weine aus Sauternes und Barsac

- Ein Premier Grand Cru classé: Château d'Yquem (in Sauternes)
- Premiers Crus classés: z. B. Château La Tour-Blanche (in Bommes), Château Guiraud (in Sauternes), Château Lafaurie-Peyraguey (in Bommes), Château Coutet in Barsac und Château Climens in Barsac sowie Château Suduiraut in Preignac
- Deuxièmes Crus classés: z. B. Château Doisy-Daëne in Barsac, Château Filhut in Sauternes und Château de Malle in Preignac

Entre-deux-Mers

Entre-deux-Mers bedeutet „zwischen zwei Meeren". Im übertragenen Sinn sind damit die zwei Flüsse Garonne und Dordogne gemeint. Es werden in erster Linie gute Weißweine und eine geringe Menge Rotweine mittlerer Güte erzeugt. Die Klassifizierung A. C. umfasst ausschließlich trockene Weißweine. Die Rotweine dürfen nur unter der Bezeichnung Bordeaux oder Bordeaux supérieur abgefüllt werden. Sie sind sehr trocken, fruchtig und frisch. Die weißen Hauptrebsorten sind Muscadelle, Sauvignon blanc und Sémillon.

Pomerol

Die Pomerol-Weine haben einerseits das feine Bukett der Médoc-Weine und andererseits den Körper der St-Émilion-Weine. Sie sind sehr langlebig und zeigen eine aromatische Vielfalt und Finesse. Im Pomerol-Gebiet gibt es nur eine geringe Produktion – die Preise der Weine sind daher dementsprechend hoch. Die vorherrschende Rebsorte ist mit rund 75 % der Merlot. Die kräftigeren, robusteren Pomerol-Weine kommen von den Lehmlagen. Die feineren, nicht so kräftigen Rotweine wachsen auf den Kies-, Sand- und Sandsteinlagen.

Bekannte Weine aus Pomerol

Es gibt keine offizielle Klassifizierung, aber **Château Pétrus** gilt in Pomerol als bester Wein und wird zu den besten Weinen aus dem Bordeaux gezählt.

Weitere Aushängeschilder sind Château Beauregard, Château Certan, Château Certan-Guiraud, Château Clinet, Château La Conseillante, Clos de l'Eglise, Château La Croix, Château L'Evangile, Château La Fleur-Pétrus, Château Le Gay, Château Gazin, Château la Grave, Château Lafleur, Château Lafleur-Gazin, Château Latour-à-Pomerol, Château Nenin, Château Le Pin, Château Trotanoy, Vieux Château Certan und Château Vray Croix de Gay.

Garagenweine

Anfang der 1990er-Jahre begannen einige Newcomer im Bordelais, zuerst in Pomerol und St-Émilion, mit großem Erfolg sogenannte Garagenweine zu erzeugen.

Ein bekannter Weinjournalist schrieb dazu: „Die Produktion ist so klein, dass sie in eine Garage passt." In Anlehnung an diese Geschichte wurden die Produzenten als Garagisten bezeichnet. Ihre Weine sind in der Regel weich, voll im Körper, fruchtig, sie weisen reife Tannine auf und sind oftmals konzentriert.

Die Garagenweine trafen häufig den Geschmack von Weinkritikern und wurden zu Kultweinen hochstilisiert – dementsprechend hoch waren auch ihre Preise. Mittlerweile ist der Boom aber etwas rückläufig.

Bekannte Garagenweine sind z. B. Le Pin (Jacques Thienpot); La Mondotte, Clos de la Oratoire (Graf Neipperg); Le Dôme, Le Forge (Jonathan Maltus); La Gomerie (Michel Rolland) und Château Valandraud (Jean-Luc Thunevin).

Saint-Émilion

Aus diesem Gebiet kommen hauptsächlich Rotweine. Die Hauptrebsorte ist Cabernet Franc. Durch ihren Anteil an Merlot reifen die Weine meist schneller, sind voll, rund und weisen ein ausgeprägtes Bukett auf. Sie stammen aus den Lagen des Kalksteinplateaus rund um St-Émilion und von den Kieselböden südlich der Dordogne.

Neben der A. C. St-Émilion gibt es die Appellation Montagne-St-Émilion mit den drei Weinbauorten Lussac, Puisseguin und St-Georges.

Tour de Roy in Saint-Émilion

Südwesten (Sud-Ouest)

Sud-Ouest ist eine Weinbauregion, die südlich an das Bordeaux-Gebiet anschließt und bis in die Pyrenäen reicht. Es ist kein in sich geschlossenes Weinbaugebiet, sondern besteht aus einer Vielzahl verstreuter Anbaugebiete. Es wurde in der Antike als Aquitanien bezeichnet, was so viel wie „Land des Wassers" bedeutet. Hier findet man den Ursprung des französischen Weinbaus.

Die wichtigsten roten Rebsorten sind Cabernet Sauvignon, Cabernet Franc, Malbec (Cot oder Auxerroise rouge), Gamay, Syrah und Tannat. Die weißen Rebsorten sind Sauvignon blanc, Sémillon, Mauzac, Manseng (gros und petit) und Chenin blanc.

Klassifizierte Weine aus Saint-Émilion

- Premiers Grands Crus classés „A":
  Château Ausone, Château Cheval Blanc

- Premiers Grands Crus classés „B":
  z. B. Château Beauséjour, Château Belair, Clos Fourtet, Château Magdelaine, Château Pavie, Château Figeac.
- Grands Crus classés: z. B. Château L'Arrosée, Château Balestard-la-Tournelle, Château Berliquet, Château Cadet-Piola, Château Valandraud und Château Canon-la-Gaffeliére.
- Grands Crus: z. B. Château Béard, Château Bonnet und Château Le Tertre Rôtebœuf.

Alle anderen Weine werden unter „Appellation St-Émilion contrôlée" vermarktet.

Weitere Weinbaugebiete in der Region Bordeaux

Neben den genannten Weinbaugebieten gibt es in der Region Bordeaux noch einige kleinere, z. B. **Cérons, Fronsac, Lalande-de-Pomerol, Bourg** und **Blaye.** Fronsac hat sich in den letzten Jahren einen Namen mit den beiden Appellationen Canon-Fronsac und Fronsac gemacht. Hier werden meist Cabernet Franc und Merlot verschnitten.

Bekannte Weinerzeuger

Château Canon de Brem, Château Fontenil, Château Mazeris-Bellevue, Château Canon-Moueix, Château Moulin-Haut Laroque, Château Moulin-Pey-Labrie, Château Villars.

Bekannte Weinbauregionen und Weine aus der Region Südwesten

- **Jurançon:** Dieser bekannte Weißwein hat ein reiches, einer Beerenauslese ähnliches Bukett und ein ganz seltenes Zimt-Nelken-Aroma.
  Bekannte Erzeuger: Domaine de Bellegarde, Domaine de Cauhapé und Uroulat.
- **Madiran:** Hier entstehen dunkle, kräftige, langlebige Rotweine aus Tannat, Cabernet Sauvignon und Fer.
  Bekannte Erzeuger: Château Montus, Château Bouscassé, Laplace und Domaine Berthoumieu.

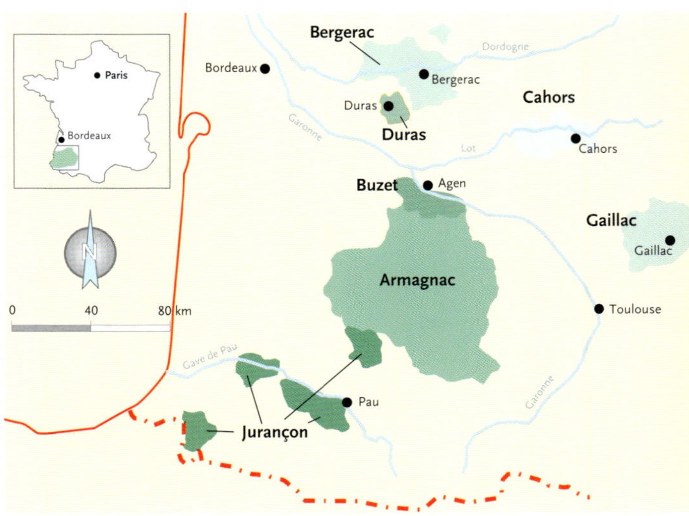

Weinbaugebiete im Südwesten (Sud-Ouest)

- **Pacherenc-du-Vic-Bilh:** Weißwein des Madirans, trocken und süß ausgebaut.
- **Bergerac:** Hier werden je zur Hälfte Rot- und Weißweine erzeugt, wobei ein spezielles Rotweingebiet mit hervorragenden Erzeugnissen Pércharmant nördlich der Stadt Bergerac ist. Die Rotweinrebsorten dieses Gebietes sind hauptsächlich Cabernet Sauvignon, Cabernet Franc, Merlot und Malbec, was eine Ähnlichkeit zu den Bordeauxweinen erkennen lässt. Weißweinreben sind vor allem Sémillon, Sauvignon blanc und Muscadelle. **Bekannte Erzeuger:** Château Court-les-Mûts, Château La Raye, Château Masburel, Clos de la Colline, Clos des Verdots, La Tour des Gendres.
- **Monbazillac:** südlich von Bergerac; es werden süße, dem Sauternes ähnliche Weißweine erzeugt.
- **Lot-et-Garonne:** südlich von Bergerac entlang den Flüssen Lot und Garonne gelegen; es ist das jüngste aller französischen Weinbaugebiete. Weißweine, die vor allem aus dem Teilgebiet der Côtes de Duras kommen, werden aus der Rebsorte Sauvignon blanc gekeltert. Weiter südlich liegen die Côtes du Marmandais, die vor allem für leichte Rotweine bekannt sind.
- **Buzet:** liegt unmittelbar neben dem Weinbaugebiet Armagnac, wobei sich einige Rebflächen in Haut-Armagnac und in Ténareze befinden. Der Buzet rouge hat eine gewisse Ähnlichkeit mit einem leichten Bordeaux. An der Côte du Brulhois werden ebenfalls haupsächlich Rotweine produziert.
- **Cahors:** eigene Appellation controlée mit tiefroten, tanninreichen, herbtrockenen Rotweinen aus der hier heimischen Rebsorte Auxerroise (Malbec) sowie Tannat und Merlot.
- **Gaillac:** Es werden deftig rustikale (ca. 70 %), aber auch leichte (Primeur-)-Rotweine erzeugt, ferner Weißweine, von denen die besten aus dem Gebiet zwischen dem angrenzenden Cahors und Cordes kommen. Ein bekannter Erzeuger ist die Domaine de Labarthe.
- **Gascogne:** Die Weine dieses Gebietes werden zu Armagnac destilliert (siehe S. 281).

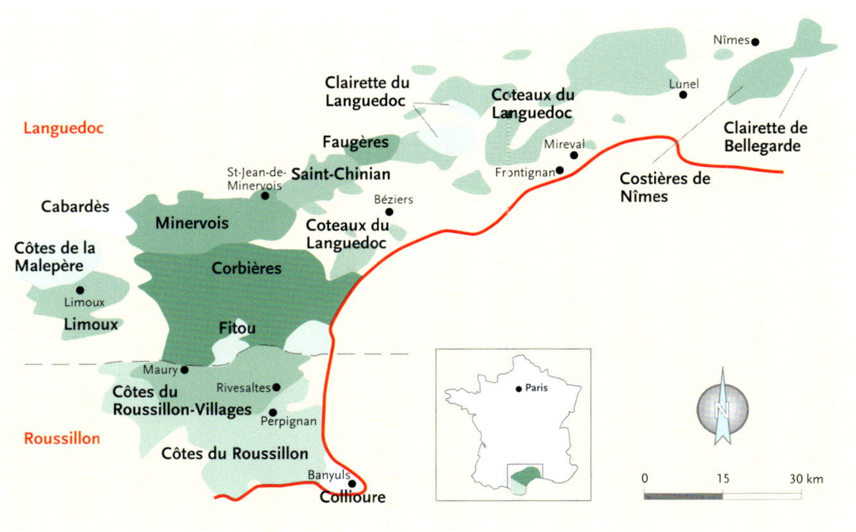

Languedoc-Roussillon (Midi)

Die aufstrebende Region im Südwesten des Landes hat sich in den letzten Jahren sehr viele Appellations contrôlées geschaffen. Ständige Verbesserungen beim Weinbau und bei der Vermarktung tragen zum rasanten Aufstieg der **Vins de Pays d'Oc** bei. Unter dieser Bezeichnung werden alle Vins-de-Pays-Qualitäten aus dem gesamten Midi zusammengefasst, die aus anderen als den für diese Region typischen Rebsorten gekeltert werden. Ausgesprochen interessant sind die Vins de Pays de Sables du Golfe du Lion, deren Reben direkt am Mittelmeer in den Ausläufern der Camargue bis nach Sète im Sand wachsen. Bekanntester Wein ist der **Gris de Gris**, ein frischer, zurückhaltender, fruchtiger Roséwein. Darüber hinaus stammen mehr als 60 % der französischen Land- und Tafelweine aus Languedoc-Roussillon.

Die roten Hauptrebsorten sind Cabernet Sauvignon, Cabernet Franc, Merlot, Syrah und Mourvèdre. Die weißen Hauptrebsorten sind Chardonnay, Sauvignon blanc, Chenin blanc, Viognier und Vermentino.

Bekannte Weinbauregionen und Weine aus Languedoc-Roussillon

- **Clairette du Languedoc:** trockener, lieblicher und süßer Wein, ausschließlich aus Clairette-Trauben hergestellt.
- **Faugères:** körperreiche Rotweine und trockene Weißweine.
- **St-Chinian:** aufstrebendes Weinbaugebiet, bekannt für seine eleganten Rotweine, vor allem aus der Syrah-Traube.
- **Minervois:** würzige, junge Rotweine, überwiegend aus Grenache-, Carignan- und Cinsault-Trauben gekeltert.
- **Corbières:** größtes A.-C.-Gebiet der Region, vor allem bekannt für seine Rotweine.
- **Fitou:** körperreiche Rotweine, qualitativ besser als die Weine aus Corbières.
- **Crémant de Limoux:** einer der traditionsreichsten und beliebtesten Schaumweine des Landes, früher auch als Blanquette de Limoux bezeichnet. Wird überwiegend aus der Mauzac-blanc- und Clairette-Traube hergestellt. Es dürfen auch bis zu 30 % Chardonnay und Chenin blanc verwendet werden.

Bekannte Weinerzeuger

Val d'Orbieu, Skalli und Jeanjean.

Languedoc

Hier werden hauptsächlich rote Land- und Tafelweine, die sogenannten Vins du Midi produziert. Einige der besten Weine werden reinsortig erzeugt. Der Mas de Daumas Gassac, überwiegend aus Cabernet Sauvignon hergestellt, gilt als der berühmteste Landwein des Languedoc.

Bekannte Weinerzeuger

Château La Baronne, Château de Coujan, La Grange de Quatre Sous, Château La Voulte-Gasparets, Les Producteurs de Mont Tauch, Château Canet, Domaine de l'Herbe Sainte, Château La Grave, Listel, Domaine Ste-Eulalie, Mas de Daumas Gassac.

Roussillon

In Roussillon werden die bekannten Süßweine aus Grenache-noir- und Muscat-Trauben in den A.-C.-Gebieten Côtes du Roussillon-Villages und Collioure hergestellt. Die Vins doux naturels (die Restsüße entsteht wie bei Portwein durch Zugabe von Weindestillat während der Gärung, siehe auch S. 37) werden in den A.-C.-Gebieten Muscat de Lunel, Muscat de Mireval, Muscat de Frontignan, Muscat de St-Jean de Minervois, Maury, Banyuls und Rivesaltes erzeugt.

Bekannte Weinerzeuger

Domaine de Chênes, Cazes Frères, Château de Jau, Domaine Seguela, Domaine de Mas Blanc, Vignerons Catalans.

Provence

Diese Region erstreckt sich zwischen den Orten Arles und Nizza entlang der Côte d'Azur und grenzt im Nordosten an das Rhônetal. Die Weißweine sind in der Regel trocken und säurearm, es fehlt ihnen eine gewisse Frische. Die Rotweine sind einfach, unkompliziert und kräftig. Die Roséweine machen den Großteil der Weinproduktion dieser Region aus. Sie sind angenehm frisch und kommen u. a. unter der Bezeichnung „Côtes de Provence" auf den Markt.

Klassifizierte Weine aus der Provence

Bellet, Côte de Provence (größtes A. C.-Gebiet, überwiegend Roséweine), Coteaux Varois, Bandol (bekannt für Rotweine), Cassis, Palette, Les Baux-de-Provence und Coteaux d'Aix-en-Provence.

Bekannte Weinerzeuger

Bastide Blanche, Domaine Bunan, Château de Bellet, Jean Pierre Gaussen, Lafran-Veyrolles, Domaine Ott, Pibarnon, Domaine Richeaume, Domaine Tempier, Domaine de Trévollon.

Rhônetal (Côtes du Rhône)

Diese Region erstreckt sich über eine Länge von fast 200 km von der Stadt Vienne im Norden bis zur alten päpstlichen Residenzstadt Avignon im Süden entlang der Rhône. 95 % der Produktion entfallen auf Rotweine, der Rest auf Rosé- und Weißweine.

Der nördliche Teil gliedert sich in die Teilgebiete Côte Rôtie, Château Grillet, Condrieu, Condrieu-St-Joseph, Hermitage, Crozes-Hermitage, Cornas, St-Péray und Côte Tricastin. Die Rotweine sind in diesem Abschnitt gerbstoffbetonte und langlebige Weine. Die Rotweinsorte Syrah dominiert. Rund um die Städte Avignon und Orange werden opulente, würzige Rotweine und vollmundige Weißweine erzeugt.

Im Süden werden die Weine zunehmend voller, stärker und kräftiger. Der bekannteste Wein dieses Gebietes ist der **Châteauneuf-du-Pape**, der aus bis zu 13 verschiedenen Rebsorten hergestellt wird.

Ein Tipp vom Profi
Die typischen roten Rhône-Weine sind starke, alkoholreiche, tanninhaltige und langlebige Weine, die eine lange Flaschenlagerung brauchen. Sie haben einen adstringierenden (zusammenziehenden) Geschmack.

Klassifizierte Weine aus dem Rhônetal

Châteauneuf-du-Pape, Gigondas, Vacqueyras, Tavel (berühmtester Roséwein Frankreichs), Lirac, Rasteau und Muscat de Beaumes-de-Venise (Vins doux naturels), Coteaux du Tricastin, Côtes du Ventoux, Clairette de Bellegrade, Côtes du Rhone Villages, Clairette de Die mousseux (Schaumwein aus Muscat-Trauben), Côtes du Luberon.

Bekannte Weinerzeuger

Allemand, Château de Beaucastel, Les Cailloux, M. Chapoutier, Château Rayas, J.-L. Chave, August Clape, Jean-Luc Colombo, Yves Cuilleron, Entrefaux, Guigal, Paul Jaboulet Ainé, La Janasse, André Perret, René Rostaing, Marc Sorrel, Georges Vernay, Vieux, Télégraphe, Vins de Vienne.

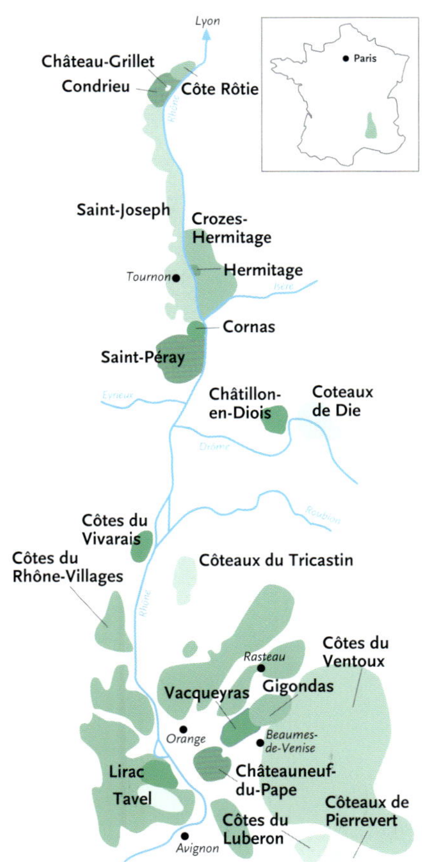

Burgund (Bourgogne)

Spricht man beim Bordeaux von einem eleganten Wein, so ist der Burgunder ein herrlich kräftiger, edler Wein. Im Gegensatz zum übrigen Frankreich sind die Weine im Burgund meist reinsortig. Die Spitzenweine sind langlebig, sehr begehrt und zählen zu den teuersten Weinen der Welt.

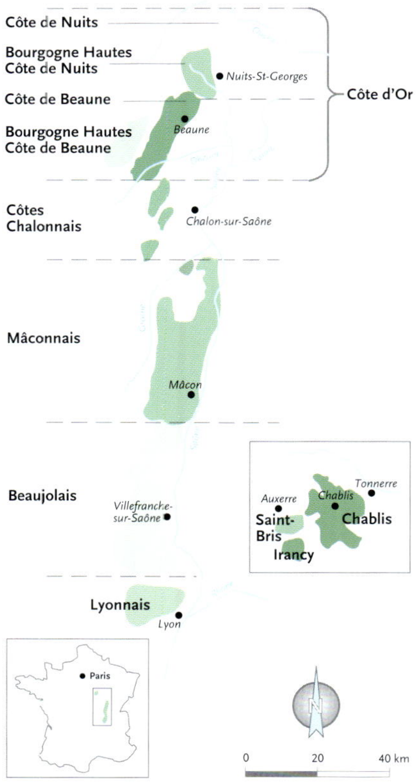

Die Rotweinerzeugung überwiegt mit ca. 80 % deutlich. Die roten Hauptrebsorten sind Pinot noir und Gamay. Die Weißweine werden überwiegend aus den Sorten Chardonnay und Aligoté sowie Pinot blanc hergestellt.

Typisch für das Burgund ist die Vermarktung der Weine durch sogenannte **Négociants.** Diese kaufen das Lesegut auf, verarbeiten es in ihren Kellern und verkaufen die Weine unter ihrem Namen. Bekannte Négociants sind z. B. Joseph Drouhin, George Dubœf, Louis Jaboulet und Louis Latour.

Die Klassifizierung der Burgunderweine umfasst fünf Qualitätsstufen.

Weingärten bei Pommard in Burgund

Grand Cru

Bei der höchsten Qualitätsstufe steht auf dem Etikett nur die Lage, z. B. Le Chambertin, Musigny, Clos de Vougeot, La Romanée-Conti, Corton, Corton-Charlemagne.

Premier Cru

Bei der zweiten Qualitätsstufe scheint auf dem Etikett der Gemeindename mit der Lage auf, z. B. Appellation Nuits-St-Georges „Aux Damodes“ contrôlée, Appellation Volnay „Les Clos des Ducs“ contrôlée. Steht auf dem Etikett der Zusatz 1er Cru (z. B. Appellation Gevrey-Chambertin 1er Cru contrôlée), dann stammt der Wein aus mehreren Premier-Cru-Lagen einer Gemeinde.

Gemeindeweine

Die Appellation communale ist die dritte Qualitätsstufe. Auf dem Etikett steht nur die Gemeinde, wie z. B. Fixin, Vougeot, Vosne-Romanée, Nuits-St-Georges, Gevrey-Chambertin, Pommard, Volnay, Mersault, Santenay, Puligny-Montrachet.

Distriktsweine

Die Appellation régionale ist die vierte Qualitätsstufe, wie z. B. Bourgogne Côtes de Nuits, Bourgogne Côtes de Beaune.

Gebietsweine

Die Appellation générique ist die niedrigste Qualitätsstufe, wie z. B. Bourgogne, Bourgogne Passe-tout-Grains, Bourgogne Aligoté, Crémant de Bourgogne. Die Traubensorten sind vorgeschrieben.

Chablis

Ganz im Norden, außerhalb des eigentlichen Burgund, liegt das Weißweingebiet Chablis. Chablis wird ausschließlich aus Chardonnay-Trauben hergestellt und ist der bekannteste Weißwein Frankreichs. Er ist leicht, trocken, mineralstoffarm, sehr körperreich und gut lagerfähig.

Klassifizierte Weine aus Chablis

- **Grands Crus:** Die Lagenbezeichnungen sind Valmur, Vaudésir, Les Clos, Grenouilles, Les Preuses, Bougros und Blanchots.
- **Premiers Crus:** Es gibt insgesamt 40 Premier-Cru-Bezeichnungen. Als beste Lagen gelten Côte de Léchet, Fourchaume, Mont de Milieu, Montmains, Montée de Tonnere und Vaillons.

ERNTE IN BEAUJOLAIS

- **Chablis:** darf keine Lagenbezeichnung tragen.
- **Petit Chablis:** darf keine Lagenbezeichnung tragen.

Ein Tipp vom Profi
Die Vorzüge eines Grand Cru oder Premier Cru kommen erst nach längerer Lagerzeit zur Geltung.

Bekannte Weinerzeuger und Abfüller

Billaud-Simon, Jean-Marc Brocard, La Chablisienne, René et Vincent Dauvissat, Joseph Drouhin, William Fèvre, Jadot, Laroche, Louis Michel, J. Moreau & Fils, Pinson, Ravenau, Verget.

Côte d'Or

Dieses Gebiet ist das Herzstück des Burgund, von hier kommen die berühmtesten Weine Frankreichs. Die Côte d'Or gliedert sich in die **nördliche Côte de Nuits** und in die **südliche Côte de Beaune.** Während die Côte de Nuits für die besten Rotweine berühmt ist – vor allem die Grands Crus und Premiers Crus – ist die Côte de Beaune für ihre Weißweine aus der Chardonnay-Traube bekannt und weltweit Vorbild für den Barrique-Ausbau. Es ist ein sehr aufgesplittertes Gebiet, in dem jeder Winzer nur ganz kleine Weinberge besitzt. Deshalb spielen die Négociants hier eine so große Rolle. Sie verschneiden die Weine zu einem Produkt immer gleichbleibender Qualität.

Bekannte Rotweine der Côte de Nuits

Le Chambertin, Clos de Tart, Clos de la Roche, Bonnes-Mares, Richebourg, La Tache, Clos de Vougeot, Musigny, Romanée-Conti, Vosne-Romanée, Les Èchézeaux und Richebourg.

Bekannte Weine der Côte de Beaune

Corton-Charlemagne, Meursault, Le Montrachet, Chassagne-Montrachet, Chevalier-Montrachet, Bâtard-Montrachet, Bienvenues-Bâtard-Montrachet und Puligny-Montrachet (Weißweine) sowie Corton, Volnay, Pommard, Aloxe-Corton und Hospice de Beaune (Rotweine).

Bekannte Weinerzeuger der Côte d'Or

Domaine d'Auvenay, Bonneau du Matray, Sylvain Cathiard, Coche-Dury, Jean Grivot, Domaine Gros, Michel Lafarge, Comtes Lafon, Georges Jayer, Jayer-Gilles, Dominique Laurent, Leflaive, Leroy, Meo-Camuzet, Jacques Prieur, Ramonet, Domaine de la Romanée-Conti (DRC), Etienne Sauzet, Verget, Comte de Vogüé.

Bekannte Négociants der Côte d'Or

Bouchard Père & Fils, Champy Père et Cie, Joseph Drouhin, Faiveley, Jadot, Labourè-Roi, Louis Latour, Mommessin.

Côtes Chalonnais

Die Côtes Chalonnais ist die südliche Fortsetzung der Côte d'Or. Hier werden sowohl vorzügliche Weißweine (um die Orte Rully und Montagny) als auch Rotweine (um Mercurey und Givry) erzeugt. Die genannten Gemeinden sind A.-O.-C.-Gemeinden.

Bekannte Weinerzeuger und Négociants

A. et P. de Villaine, Château Rully, Michel Juillot, Clos Saloman, Michel Sarrazin, Thénard und Domaine Jean Vachet.

Mâconnais

Das Mâconnais schließt an die Côtes Chalonnais an. Es werden vorwiegend fruchtige und bukettreiche Weißweine produziert, wie Mâcon Villages (Weißweine aus 43 Gemeinden), Pouilly-Fuissé und St-Véran.

Bekannte Weinerzeuger und Négociants

Henry Goyard, Roger Dubœuf, Maison Mommesin, Jean Thevenet, Domaine de Deux Roches, Cordièr und Michel Forest.

Beaujolais

Bekannt wurde dieses Gebiet durch die intensive Vermarktung des jungen, frischen Rotweins. Die Trauben werden früh geerntet, der Wein reift rasch und kann bald getrunken werden. Er wird leicht gekühlt serviert.

Eine eigene Appellation dürfen folgende Erzeugnisse tragen:

- **Beaujolais:** Weine aus dem ganzen Gebiet.
- **Beaujolais-Villages:** Weine aus 39 ausgesuchten Gemeinden.
- **Beaujolais nouveau (oder Primeur):** ganz junger, frischer, leichter und spritziger Rotwein, der bereits am dritten Donnerstag im November in den Handel kommt. Er wird mithilfe der Macération carbonique (siehe S. 65) hergestellt. Dazu werden ganze Trauben in einem mit Kohlensäure gefüllten Tank unter Luftabschluss vergoren.

Zu diesen allgemeinen Appellationen gibt es zusätzlich Crus, die ihre Gemeinde- bzw. Gebietsbezeichnung tragen dürfen. Die bekanntesten Weine sind jene aus Fleurie, die als fein, fruchtig und blumig gelten, und jene aus Moulin à Vent, die kräftig und besonders lagerfähig sind.

Bekannte Weinerzeuger und Négociants

Christian Bernard, Dubœuf, Jadot, Drouhin, Mommessin, Janin, Jean-Paul Thévenet, Thivin.

Riquewihr im Elsass

Elsass (Alsace)

Dieses Gebiet erstreckt sich zwischen Straßburg im Norden und der Ortschaft Thann im Süden entlang des Rheins. Es wird weinbaukundlich in die beiden Gebiete Bas-Rhin (von Merlenheim bis Orschwiller) und Haut-Rhin (von St-Hippolithe bis Thann) eingeteilt.

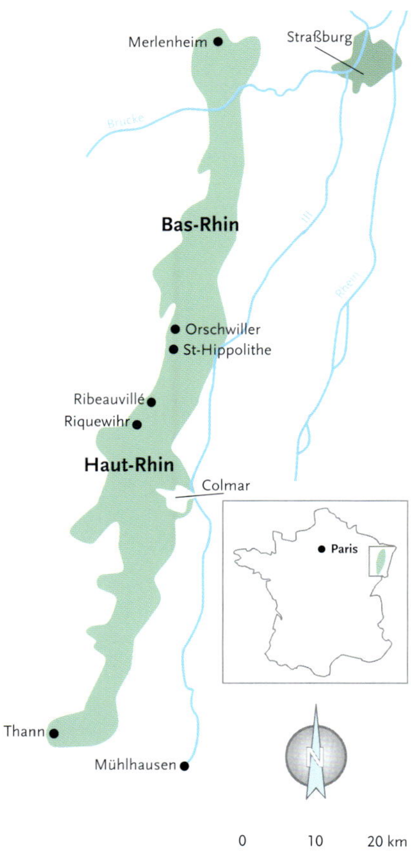

Fast die gesamte Produktion, nämlich 95 %, entfällt auf Weißweine, die meist reinsortig ausgebaut werden. Aus dieser Weinbauregion stammt auch der Crémant d'Alsace (siehe Crémant, S. 196). Die Hauptrebsorten sind Pinot blanc, Traminer, Gewürztraminer, Riesling, Silvaner, Pinot gris (früher auch als Tokay d'Alsace bezeichnet) und Muscat sowie Pinot noir (Blauburgunder).

Eine Spezialität des Elsass ist der **Edelzwicker**, der aus mehreren elsässischen Rebsorten hergestellt wird. Der Edelzwicker ist deshalb eine Rarität, weil alle anderen Elsässer Weine reinsortig gekeltert werden.

In guten Jahren werden aus Riesling, Pinot gris, Muscat und Gewürztraminer ausgezeichnete Spätlesen, sogenannte Vendanges tardives oder Sélections des Grains nobles (Auslesen von edelfaulen Beeren) produziert.

Auf den Etiketten der für das Elsass typischen schlanken Flaschen (Flûtes) sind neben der Appellation auch die Rebsorten angegeben. Der Wein muss zu 100 % aus dieser Rebsorte gekeltert worden sein.

Seit 1975 dürfen sich die besten Lagen im Elsass als Grands Crus bezeichnen. Derzeit gibt es 51 davon. Als bester Riesling des Elsass gilt der Clos St-Hune von der Grand-Cru-Lage Rosacker. Grand-Cru-Weine dürfen nur aus folgenden Rebsorten hergestellt werden: Riesling, Gewürztraminer, Pinot gris und Muscat.

Bekannte Weinerzeuger

Blanck, Marcel Deiss, Leon Beyer, Francis Burn, Hugel, Josmeyer, Kientzler, Kreydenweiss, Kuentz-Bas, Seppi Landmann, Ostertag, Cave de Pfaffenheim, Schlumberger, Schoffit, Trimbach, Weinbach, Zind-Humbrecht.

Weißwein im typischen Alsace-Weinglas

Loiretal (Val de Loire)

Die Loire ist mit ca. 1 000 km der längste Fluss Frankreichs, wobei auf einer Strecke von fast 500 km Weinbau betrieben wird. Mehr als die Hälfte der Produktion entfällt auf Weißwein. Bedeutung und Tradition haben auch die hier erzeugten Rosé-, Rot- und Schaumweine. Ein typisches Merkmal der Loire-Weine ist ihre feine Fruchtigkeit.

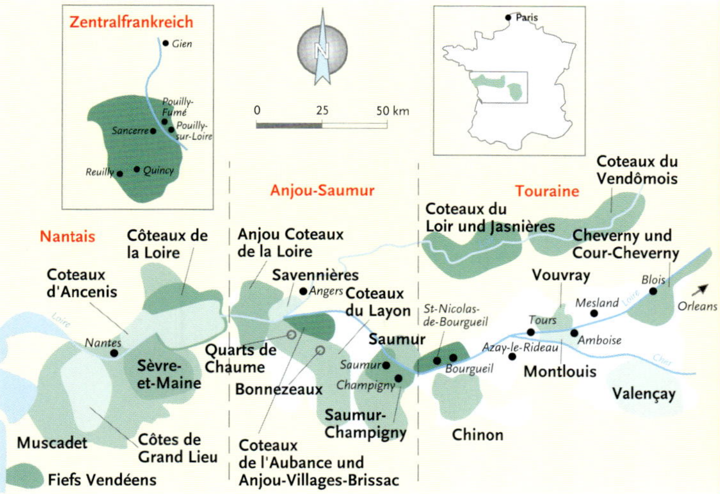

Die Weingebiete im Loiretal

Azay-le-Rideau in der Touraine – ein Anziehungspunkt für Touristen

Das Weinbaugebiet gliedert sich in die vier Anbauzonen Nantais, Anjou-Saumur, Touraine und die Zentralzone.

Nantais

Früher hieß dieses Gebiet Pays Nantais, um jedoch eine Verwechslung mit Vins de Pays zu vermeiden, wurde schließlich das Wort Pays weggelassen.

Dieses Weinbaugebiet liegt im Westen des Landes südlich der Stadt Nantes nahe am Atlantik. Hier ist die Heimat und das Hauptanbaugebiet der Muscadet-Rebe (Melon de Bourgogne). Die daraus gekelterten, trockenen Weißweine passen hervorragend zu Fisch und Meerestieren.

Ein Tipp vom Profi
Die meisten dieser Weine sollten jung getrunken werden.

Bekannte Weine sind u. a. Muscadet de Sèvre et Maine, Muscadet des Côteaux de la Loire und Muscadet du Grand Lieu. Ein weiterer bekannter Wein ist der Gros Plant (Folle blanche), der dem Muscadet ähnlich ist und sehr gut zu Austern passt.

Hervorzuheben ist der Muscadet de Sèvre et Maine sur Lie A. C. Dieser Wein wird einige Monate auf der Hefe belassen und mit ihr abgefüllt. **Sur-Lie-Weine** sind trocken, frisch, etwas säurebetont und weisen eine leicht prickelnde Kohlensäure auf. Für die süßen Weißweine werden die Sorten Chenin blanc und Malvoisie verwendet.

Bekannte Weinerzeuger und Négociants

Aubert Frères, Chéreau-Carré, Domaine Bahaud, Guy Bossard, Michel Chiron, Marquis de Goulaine, Louis Métairau.

Anjou-Saumur

Östlich des Muscadet-Gebietes erstrecken sich, überwiegend südlich der Loire, die Weinberge von Anjou, zu denen auch Saumur gehört. Die Hauptrebsorten für Weißweine sind Sauvignon blanc, Chenin blanc sowie Chardonnay, für Rotweine sind es Cabernet Franc und Gamay.

Die Weinspezialitäten sind sehr trockene und sehr süße Weißweine sowie hervorragende Roséweine (aus Cabernet Franc oder Cabernet Sauvignon) aus Brissac-Quincé.

Bekannte Weinerzeuger

Domaine de Bablut, Domaine Richou, Domaine Beaujeau, Domaine de Breuil und Château de Fesles.

In **Saumur-Champigny** werden hervorragende Schaumweine nach der Champagnermethode hergestellt. Die Hauptrebsorten sind Chenin blanc und Chardonnay für Weißweine und Cabernet Franc für die besten Rotweine an der Loire.

Bekannte Weinerzeuger sind Laurance Ackermann, Cave Cooperative en Saumur, Gratien-Meyer und Langlois-Château.

Savennières

Savennières ist ein kleines Weinbaugebiet mit nur 70 Hektar Rebfläche. Von hier stammt einer der bekanntesten Anjou-Weißweine aus der Chenin-blanc-Traube. Er wird heute meist trocken ausgebaut und zeichnet sich durch einen hohen Alkoholgehalt sowie einen Pfirsichton aus. Er ist sehr gut lagerfähig. Besondere Aufmerksamkeit verdienen die beiden Appellationen Savennières Coulée-de-Serrant und Savennières Roche-aux-Moines.

Touraine

Hier liegen die Orte Chinon, Bourgueil und St-Nicolas-de-Bourgueil, die für die Rot- und Roséweinerzeugung bekannt sind. Um die Städte Vouvray und Montlouis gedeihen sehr süße Weißweine aus Botrytistrauben sowie Weine, die nach dem Champagnerverfahren zu süßen oder trockenen Schaumweinen verarbeitet werden. Die Rebsorten sind dieselben wie in Anjou-Saumur. Die größten A.-C.-Bereiche sind Touraine und Chinon-Bourgueil.

Bekannte Weinerzeuger
Audebert et Fils, Caves des Vins de Rabelais, Charles Joguet, Pascal Lorieux.

Darüber hinaus sind die A.-C.-Bereiche **Vouvray** und **Montlouis** zu nennen. Vor allem aus Vouvray kommen süße, sehr üppige Weißweine aus der Chenin-blanc-Traube. Bekannte Weinerzeuger sind Berger Frères, Delétang et Fils und Gaston Huet.

Zentralfrankreich (Centre)
Der Name leitet sich von der Zentrumslage in Frankreich ab und nicht, wie man vielleicht vermuten könnte, vom Zentrum im Loiretal. Das Gebiet reicht von Orleans im Norden bis Nevers im Süden. Die Hauptrebsorten sind Sauvignon blanc und Chasselas beim Weißwein sowie Pinot noir (Blauburgunder) beim Rotwein.

Am bekanntesten sind die trockenen Weißweine. Der rassige, frische **Sancerre** und der **Pouilly-Fumé** (beide aus Sauvignon blanc), dessen Duft an Feuerstein erinnert, sind weithin bekannte Weinspezialitäten.

Bekannte Weinerzeuger
Domaine Henri Bourgeois, Michel Bailly, Paul Figeat, Château du Nozet, Clos de la Poussie, Domaine Guy Saget, Ladoucette und Les Caves de Pouilly-sur-Loire.

Savoyen (Savoie)
Savoyens wichtigste Weinbaugebiete liegen in Savoie und Haut-Savoie, danach kommen die kleineren von Ain und Isère.

Diese Region liegt nahe der Westschweiz. Die Weine werden jung und frisch getrunken. Der originellste Wein ist der Crépy, der aus der Chasselas-Traube erzeugt wird. Das wichtigste A.-C.-Gebiet ist Vin de Savoie mit der weißen Hauptrebsorte Jaquère und den Nebensorten Roussanne, Chasselas und Chardonnay.

WEINGÄRTEN IN SAVOIE

Bekannte Weinerzeuger
Bolliet, Cave Cooperative des Vins fins de Cruet und J. Perrière et Fils.

Jura (Franche-Comté)
Die kleine Weinbauregion Jura erstreckt sich von Arbois im Norden bis nach Lons-sur-Saunier im Süden. Das Herzstück dieser Region ist Arbois, das gleichzeitig auch die Bezeichnung der wichtigsten Appellation ist. Ganz speziell und nur noch selten anderswo anzutreffen sind die Weißweinrebsorten Trousseau, Poulsard und Savagnin.

Eine Weinspezialität des Jura ist der **Vin jaune**, der ausschließlich aus der Savagnin-Traube gekeltert wird und eine Mindestreifezeit von sechs Jahren im Fass haben muss. Die andere Weinspezialität ist der süße Vin de Paille, ein Strohwein.

Bekannte Weinerzeuger
Domaine Michel Geraletti, Domaine Grand Frères und Domaine Reverchon.

Korsika (Corse)
Der Ursprung des Weinbaues auf dieser Insel geht bis zur Antike zurück. Den Höhepunkt erreichte der korsische Weinbau von 1870 bis zur Reblausplage um die Jahrhundertwende. Heute beträgt die gesamte Rebfläche wieder zirka 33 000 Hektar und erweitert sich stetig, wobei die Weingärten mit international gängigen Rotweinsorten wie Cabernet Sauvignon, Pinot noir und Merlot bepflanzt werden.

Die typischen heimischen Rotweinsorten sind Nielluccio und Sciacarello. Als Weißweinrebsorte besonders typisch ist die Vermentino-Traube, die in allen trockenen Weißweinen mit A.-C.-Status mit einem Anteil von mindestens 75 % enthalten sein muss. Daneben gibt es noch Muscadelle und Chardonnay.

Alle Weine kommen als Vins du Corse oder Vins Corse-Calvi auf den Markt.

Die wichtigsten Weinbaugebiete der Insel sind Ajaccio, Patrimonio, Cap Corse, Calvi, Figari und Porto Vecchio.

Bekannte Weinerzeuger
Clos d'Alzeto, Clos Capitoro, Comte Péraldi, Napoleon Brizi, Clos de Bernardi, Domaine Gentile, Union de Vignerons Associtès du Levant (UVAL), Clos Landry, Domaine Culomb, Clos Nicrosi und Cave Cooperative Omn di Cagna.

Die Weinbaugebiete **Champagne** (siehe S. 186 ff.) und **Charente** (siehe Cognac, S. 278) werden dort näher beschrieben.

Wein aus Italien

Mit einer Rebfläche von rund 800 000 Hektar und der Produktion von rund 50 Millionen Hektolitern Wein nimmt Italien in der weltweiten Weinproduktion zusammen mit Frankreich eine führende Rolle ein. Wein wird vom Norden (Südtirol-Trentino) bis in den tiefsten Süden (Sizilien) angebaut.

Italien zählt zu den ältesten Weinbauländern der Erde, die Anfänge reichen bis 1 000 v. Chr. zurück. Zu dieser Zeit gründeten die Griechen Kolonien auf Sizilien und in den heutigen Regionen Kalabrien und Kampanien, wo sie unter anderem Weinbau betrieben.

Die Römer verfeinerten die Kunst der Vinifizierung, indem sie sich intensiv mit der Züchtung von Rebsorten beschäftigten. Viele der heutigen autochthonen Weintrauben stammen von diesen kultivierten antiken Rebsorten ab.

Weingärten in Südtirol

Bacchus wurde von den Römern als Gott des Weines und des Weinbaus, aber auch der Fruchtbarkeit und der Ekstase verehrt

Mit über 1 000 verschiedenen Arten hat Italien unbestreitbar die meisten Rebsorten der Welt. Davon sind 360 im nationalen Rebsortenregister angeführt, aber lediglich 200 werden für die Erzeugung von D.-O.-C.- und D.-O.-C.-G.-Weinen verwendet.

Der Geschmack und die Qualität der italienischen Weine sind, bedingt durch die verschiedenen Klimazonen, sehr unterschiedlich. So findet man trockene, herbe sowie süße Rot- und Weißweine ebenso wie frische Roséweine. Italien ist aber auch für eine Reihe von Schaumweinen (Spumantes), Perlweinen (Frizzantes) und versetzten Weinen bekannt.

Kleines Abc der Etikettensprache

Abboccato: lieblich.
Amabile: lieblich, etwas süßer.
Annata: Jahrgang.
Bianco: weiß.
Cantina: Kellerei.
Castello: „Schloss“; häufiger Name für ein Weingut.
Classico: noch enger eingegrenzte Gebiete in einem D.-O.-C.-Bereich.
Chiaretto: Bezeichnung für bestimmte helle Roséweine, z. B. Bardolino Chiaretto.
Colle (Colle di ...): Hügelgebiet bzw. aus dem Hügelgebiet von ...; Mehrzahl ist „colli“.
Dolce: süß.
Frizzante: leicht perlend.
Passito: Wein aus teilgetrockneten Trauben, die entweder am Rebstock oder unter Dach getrocknet wurden; sehr süß, hoher Alkoholgehalt.
Satèn: Bezeichnung für einen Spumante aus der Franciacorta, der nur aus weißen Trauben hergestellt wird und max. 15 g Restzucker pro Liter hat.
Secco: trocken.
Superiore: Wein, dessen Alkoholgehalt das vorgeschriebene Minimum überschreitet; manchmal auch ein Hinweis auf eine längere Lagerzeit und eine höhere Qualitätsstufe.
Talento: Bezeichnung für alle Schaumweine, die aus Chardonnay-, Weiß- und Blauburgunder-Trauben mit einer mindestens 15 Monate dauernden Flaschengärung hergestellt werden (ausgenommen Franciacorta).
Tenuta vinicola: Weingut.
Vigna: Weinberg bzw. Lage.
Vigneto: Weinberg.
Vino bianco: Weißwein.
Vino liquoroso: Likörwein (mind. 16 Vol.-%), meist gespritet.
Vino novello: neuer Wein, meist Rotwein, in der Art des Beaujolais Nouveau.
Vino rosato: Roséwein.
Vino rosso: Rotwein.

Alles, was recht ist, oder das italienische Weingesetz

Weingüteklassen	
Vini da tavola Tafelweine	■ Seit 1996 nur Angabe „rosso" oder „bianco" ohne jegliche Herkunfts-, Sorten- und Jahrgangsangabe; davor waren einige der besten Weine, wie z. B. die Super-Toskaner, in dieser Kategorie. ■ Keine Mengen- oder Qualitätskontrollen; der gute Ruf des Abfüllers oder Erzeugers bürgt für die Qualität des Weines.
Vini da tavola indicazione geografica tipica Tafelweine mit typischer geografischer Herkunft – I. G. T.	■ Zu 85 % aus einem gesetzlich bestimmten Anbaugebiet. ■ Aus Trauben, die für das betreffende Gebiet zugelassen oder empfohlen sind. ■ Häufig benannt nach der Provinz oder Region, z. B. Rosso di Toscana, oder mit der Rebsorte, z. B. Pinot Grigio del Friuli.
D.-O.-C.-Weine Denominazione di origine controllata	■ Qualitätsweine mit kontrollierter Ursprungsbezeichnung, z. B. Barbera d'Alba. ■ Genaue Begrenzung des Anbaugebietes. ■ Mindestalkoholgehalt. ■ Vorgeschriebene Rebsorten, Weinbereitungsmethoden und Höchsterträge pro Hektar. ■ Qualitätsprüfung, Mindestreifezeit.
D.-O.-C.-G.-Weine Denominazione di origine controllata e garantita	■ Qualitätsweine mit kontrollierter und garantierter Ursprungsbezeichnung. ■ Höchste Qualitätsstufe. ■ Müssen neben den Qualifikationen der D.-O.-C.-Weine auch vom Erzeuger abgefüllt werden. ■ Nur aus erstklassigen Lagen. ■ Werden zusätzlich mit staatlicher Banderole versehen. ■ Nur wenige Weine sind derzeit als D.-O.-C.-G.-Weine klassifiziert.

D.-O.-C.-G.-Rotweine	Herkunft/Region
Barolo, Barbaresco, Brachetto d'Acqui, Gattinara, Ghemme, Roero	Piemont
Carmignano, Chianti, Chianti Classico, Chianti Montespertoli, Brunello di Montalcino, Vino Nobile di Montepulciano, Dolcette di Dogliani Superiore	Toskana
Bardolino Superiore und Bardolino Classico Superiore	Venetien
Sagrantino di Montefalco, Torgiano Rosso Riserva	Umbrien
Taurasi	Kampanien
Valtellina Superiore und Sforzato	Lombardei
Montepulciano d'Abruzzo delle Colline Teramane	Abruzzen
Cerasuolo di Vittoria	Sizilien
D.-O.-C.-G.-Weißweine	**Herkunft/Region**
Gavi, Roero Arneis	Piemont
Vernaccia di San Gimignano	Toskana
Soave Superiore, Recioto di Soave	Venetien
Vermentino di Gallura	Sardinien
Albana di Romagna	Emilien
Verduzzo di Ramandolo	Friaul-Julisch Venetien
Fiano d'Avellino, Greco di Tufo	Kampanien
D.-O.-C.-G.-Schaumweine	**Herkunft/Region**
Moscato d'Asti, Asti spumante, Roero Arneis spumante	Piemont
Franciacorta	Lombardei
Oltrepò Pavese Spumante Metodo Classico	Lombardei
Vernaccia di Serrapetrona	Marken

WEINBAU-REGIONEN IN ITALIEN

Toskana (Toscana)

Die mittelitalienische Region mit ihrer Hauptstadt Florenz ist die Heimat eines der im Ausland bekanntesten und auch meistgetrunkenen Weine Italiens, des Chianti.

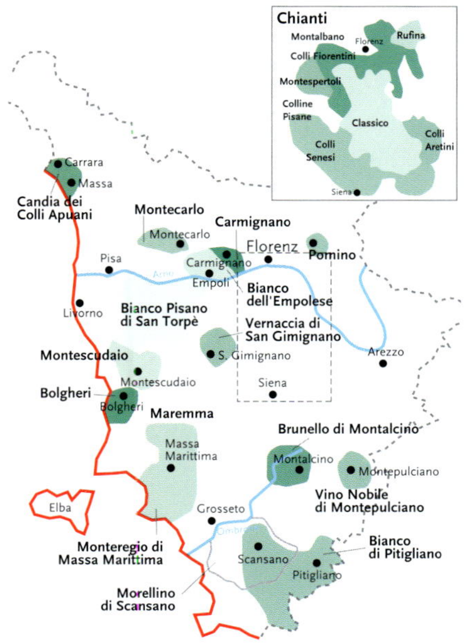

D. O. C., D. O. C. G. – eine sinnvolle Qualitätssicherung?
D. O. C. bedeutet Qualitätswein mit kontrollierter Ursprungsbezeichnung, D. O. C. G. Qualitätswein mit kontrollierter und sogar garantierter Ursprungsbezeichnung. Klingt sehr seriös und trotzdem drängt sich die Frage auf, warum das Wort „garantiert“ unbedingt hervorgehoben werden muss. Stammen Weine mit D.-O.-C.-Prädikat etwa nicht aus den Regionen, die auf dem Etikett angegeben sind?

Eine Garantie auf Herkunft und Qualität ist sicherlich eine gute Sache. Sie sagt jedoch nicht unbedingt etwas über die Qualität der Weine aus. So kann auch ein Tafelwein ohne Herkunftsangabe ein absoluter Topwein sein, wie z. B. der heiß begehrte Tignanello aus der Chiantiregion beweist. Der Grund dafür liegt in den verwendeten Reben. Verarbeitet ein Winzer Rebsorten, die vom Gesetz her für Qualitätsweine nicht zugelassen sind, so bleibt ihm nichts anderes übrig, als seinen Wein als „Vino da Tavola“ zu klassifizieren – auch wenn dieses Tröpfchen noch so edel ist.

Die Rebsorten

Kein Land auf der Erde weist eine solche Vielzahl an verschiedenen Rebsorten auf wie Italien. 200 Sorten sind heute für die Erzeugung der D.-O.-C.- und D.-O.-C.-G.-Weine zugelassen.

Hauptrebsorten für Weißweine

Nach Anbaufläche: Trebbiano, Catarratto bianco, Chardonnay, Garganega, Moscato bianco, Inzolia, Pinot grigio (Ruländer), Prosecco, Malvasia, Pinot bianco (Weißburgunder).

Hauptrebsorten für Rotweine

Nach Anbaufläche: Sangiovese, Montepulciano, Merlot, Barbera, Negroamaro, Nero d'Avola, Lambrusco, Cabernet Sauvignon, Aglianico, Primitivo, Cannonau (Grenache), Corvina, Nebbiolo.

Weinbauregionen und -gebiete

Gemeinsam mit der Toskana steht das Piemont an der Spitze des italienischen Rotweinanbaus. Bei den Weißweinen sind die Regionen Friaul und Venetien federführend.

Drei Viertel der in der Toskana produzierten Weine sind Rot- und Roséweine. Die traditionelle Basis der Rotweine ist die Sangiovese-Traube, die der Weißweine die Trebbiano- und/oder die Malvasia-Traube. Weitere rote Rebsorten sind Cabernet Sauvignon, Cabernet Franc, Merlot, Syrah, Canaiolo und Pinot nero (Blauburgunder). Weitere weiße Rebsorten sind Vernaccia, Chardonnay, Moscato bianco, Pinot bianco (Weißburgunder) und Sauvignon blanc.

Die Toskana ist, vom Weinbau her gesehen, die dynamischste Region Italiens. Grundlegende Neuerungen, wie die hochwertigen Tafelweine (Vino da Tavola, I. G. T. oder auch Super-Toskaner), der Ausbau im Barrique und die Verbindung klassischer italienischer mit internationalen Reben, wurden zu allererst hier eingeführt.

In den letzten Jahren entstanden hier zahlreiche neue D.-O.-C.-Gebiete, wobei v. a. die **Maremma** hervorzuheben ist. In der nördlichen Maremma, der Costa Toscana, befinden sich die Rebflächen zumeist in unmittelbarer Küstennähe zwischen den Orten Carrara und Massa. Der südliche Teil, die eigentliche Maremma, umfasst u. a. die D.-O.-C.-Gebiete Suvereto (Spitzenerzeuger: Tua Rita), Montescudaio und Val di Cornia.

Supertoskaner
Um 1970 wurden erstmals Weine eines neuen Typs geschaffen, die nicht mit den gesetzlichen Vorschriften im Einklang standen, da diese zu wenig Spielraum ließen. Auf den Etiketten wurden sie als Tafelwein (Vino da tavola) gekennzeichnet. Das Neue an diesen Weinen war, dass zu ihrer Herstellung internationale Rebsorten wie Cabernet Sauvignon, Merlot und Syrah mit oder ohne Sangiovese verwendet wurden. Auf die weißen Rebsorten Trebbiano und Malvasia wurde verzichtet. Der Ausbau der Weine erfolgte in Barriquefässern. Die ersten Supertoskaner waren die Rotweine Tignanello und Sassicaia (seit 1994 Bolgheri Sassicaia). Heute werden die meisten dieser Weine als I.-G.-T.-Weine oder unter einer der neu geschaffenen D.-O.-C.-Bezeichnungen vermarktet.

Namhafte Önologen haben über die Jahre zu einer enormen Verbesserung der Kellertechnik beigetragen, die Anbaumethoden wurden völlig modernisiert. Aber auch eine Rückbesinnung auf den Ursprung – das Terroir – hat stattgefunden.

Vin Santo – ein Wein, der vielen heilig ist
Seinen Namen hat der traditionelle Dessertwein wohl daher, dass er früher nur an heiligen Tagen wie Weihnachten, Ostern oder bei Hochzeiten und Taufen, aber auch als Messwein getrunken wurde.

Für den Vin Santo werden die Trauben zum Trocknen an Schnüren aufgehängt bzw. auf Schilf- oder Strohmatten aufgelegt. Dabei verdunstet nach und nach das Wasser in den Trauben, während die Konzen-

tration des Zuckers und der Extraktstoffe unaufhörlich steigt. Erst Ende Dezember werden die rosinenartigen Trauben gepresst. Da der Most nicht genügend Hefen enthält, werden ihm diese durch die sogenannte Madre – eine von der vorigen Vin-Santo-Charge stammende, aus Hefe und Nährstoffen bestehende Weinmutter – zugeführt. Nach dem Abfüllen in kleine Kastanien- oder Eichenholzfässer werden diese versiegelt und auf der sogenannten „Vinsantaia" – in den meisten Fällen ein luftiger Dachboden – gelagert. So wird der Wein dem Wechsel von kaltem Winter und heißem Sommer ausgesetzt. Erst nach frühestens zwei Jahren (oft aber erst nach sechs und mehr Jahren) werden die Fässer wieder geöffnet: Das Ergebnis ist ein üppiger Wein mit einem Alkoholgehalt zwischen 14 und 17 Vol.-%. Vin Santo ist immer eine Assemblage aus dem Inhalt mehrerer Fässer. Zumeist ist Vin Santo süß, es gibt aber auch halbsüße und trockene Varianten.

MONTALCINO LIEGT SÜDLICH VON SIENA. 1980 ERHIELT DER BRUNELLO DI MONTALCINO ALS ERSTER ITALIENISCHER WEIN DAS D.-O.-C.-G.-PRÄDIKAT.

Bekannte Weine der Toskana

Bolgheri

Der bekannte Touristenort hat in den letzten Jahren einige namhafte Produzenten aus anderen Gebieten Italiens angelockt, z. B. Allegrini (Poggio al Tesoro), Antinori (Guado al Tasso) und Angelo Gaja (Ca' Mercanda). Es werden Rot-, Rosé- und Weißweine erzeugt. In der Ebene sind es in erster Linie Cabernet Sauvignon und Merlot, in den höheren (hügeligen) Lagen findet man auch Sangiovese. Auch Syrah und Cabernet Franc sind von Bedeutung. Bei den weißen Sorten sind Vermentino und Sauvignon blanc hervorzuheben.

Bekannte Weinerzeuger: Giovanni Chiappini, Grattamacco, Le Macchiole, Tenuta dell'Ornellaia, Enrico Santini, Tenuta San Guido, Michele Satta. Der Sassicaia-Bolgheri D. O. C. vom Weingut San Guido zählt zu den Spitzengewächsen Italiens. Er wird aus mindestens 80 % Cabernet Sauvignon und 15–20 % Cabernet Franc gekeltert.

Brunello di Montalcino

Der Brunello di Montalcino ist einer der bekanntesten Rotweine Italiens. Er ist gehaltvoll, körperreich, hocharomatisch und langlebig, mit einem Mindestalkoholgehalt von 12,5 Vol.-%. Im Unterschied zu den anderen D.-O.-C.-G.-Weinen der Toskana wird er reinsortig aus der Sangiovese-Grosso-Traube hergestellt.

Die Landschaft Chianti liegt zwischen Florenz und Siena

Bekannte Weinerzeuger: Altesino, Argiano, Banfi, Biondi-Santi, Caparzo, Casanova di Neri, Case Basse, Castelgiocondo, Cerbaiona, Col d'Orcia, Collemattoni, Constanti, Fattoi, Fatoria dei Barbi, Gorelli, La Fiorita, Lisini, Mastrojanni, Siro Pacenti, Il Palazzone, Pieve di Santa Restituta, Poggio Antico, Il Poggione, Salvoni, Talenti, Valdicava, Val di Suga.

Carmignano

Dieser D.-O.-C.-G.-Rotwein aus Sangiovese, Canaiolo, Cabernet Franc und/oder Cabernet Sauvignon stammt aus dem Gebiet westlich von Florenz. Carmignano ist ein runder, voller Wein mit deutlichem Tannin und einem Mindestalkoholgehalt von 12,5 Vol.-%.

Bekannte Weinerzeuger: Ambra, Capezzana, Le Farnete, Piaggia.

Chianti

Chianti, ebenfalls ein Rotwein mit D.-O.-C.-G.-Prädikat, wird aus roten und weißen Trauben hergestellt, wobei die rote Sangiovese-Traube den Löwenanteil trägt (mindestens 80 % für Chianti Classico, 75 % für die anderen Herkunftsbezeichnungen). Die weiteren Sorten sind die rote Rebsorte Canaiolo nero und die weißen Sorten Trebbiano Toscano und Malvasia del Chianti. Chianti kann aber auch reinsortig aus Sangiovese-Trauben oder mit einem Anteil von Cabernet Sauvignon, Merlot oder Syrah gekeltert werden.

Chianti ist nicht gleich Chianti: Die Palette reicht von Weinen, die zum sofortigen Verbrauch geeignet sind, bis zu sehr gut lagerfähigen Spitzenweinen.

Das Chianti-Gebiet ist in mehrere Anbauzonen eingeteilt, wie Chianti Classico (Kernzone), Chianti Fiorentini, Rufina, Montalbano, Colline Pisane, Colli Senesi, Colli Aretini und Montespertoli. Für den Classico beträgt der Mindestalkoholgehalt 12 Vol.-%, für den Riserva 12,5 %, für alle anderen 11,5 Vol.-%. Die Mindestlagerzeit für Riserva sind 27 Monate, ansonsten sieben bzw. vier Monate.

Bekannte Weinerzeuger: Ama, Antinori, Brolio, Carobbio, Castellare, Castell'in Villa, Castello di Verrazzano, Badia a Coltibuono, Felsina, Le Filigare, Fonterutoli, Fontodi, Frescobaldi, Isole e Olena, La Massa, Monsanto, Nittardi, Palazzino, Poggio al Sole, Querciabella, Rampolla, Riecine, Ruffino, San Felice, San Giusto a Rentennao, Selvapiana, Valtellina, Vecchie Terre di Montefili, Villa Cafaggio, Villa Rosa, Volpaia.

Rosso di Montalcino

Rosso di Montalcino ist ein Rotwein aus Sangiovese-Grosso-Trauben mit einer Mindestreifezeit von zehn Monaten und einem Mindestalkoholgehalt von 12 Vol.-%. Er wird gerne als „kleiner Bruder" des Brunello bezeichnet.

Bekannte Weinerzeuger: siehe Brunello di Montalcino.

Rosso di Montepulciano

Dieser Rotwein wird hauptsächlich aus Sangiovese-Trauben (Prugnolo Gentile) gekeltert. Er ist die jüngere Version des Vino Nobile.

Bekannte Weinerzeuger: vgl. Vino Nobile.

Morellino di Scansano

Dieser bekannte D.-O.-C.-G.-Rotwein aus der Provinz Grosseto wird aus 85 % Sangiovese (hier: Morellino) erzeugt.

Bekannte Weinerzeuger: Banti, Belguardo, Fattoria Le Pupille, Fonterutoli, Lohsa (Poliziano), Moris Farms, Castello di Montepò (Jacopo Biondi-Santi), Poggio Argentiera, Tenuta La Parrina.

Vernaccia di San Gimignano

„Er küsst, schmeichelt, beißt und schmeißt!"
Mit diesen Worten beschrieb Michelangelo Buonarroti (1475–1564), berühmter Maler, Bildhauer, Architekt und Dichter, den Vernaccia.

Der D.-O.-C.-G.-Weißwein wird aus einer speziellen und nur in San Gimignano kultivierten Vernaccia-Spielart gekeltert und hat einen Mindestalkoholgehalt von 11 Vol.-%.

Bekannte Weinerzeuger: Falchini, Montenidoli, Il Palagione, Teruzzi & Puthod, Vagnoni.

Vino Nobile di Montepulciano

Dieser Rotwein mit D.-O.-C.-G.-Status aus Montepulciano wird aus folgenden roten und weißen Rebsorten hergestellt: 60–80 % Sangiovese, 10–20 % Canaiolo nero sowie zugelassene andere Rebsorten bis max. 20 %.

Der beste Wein wurde traditionell immer für den Papst und die Kurie im Vatikan reserviert. Daher stammt auch der Beiname „Vino Nobile", was so viel bedeutet wie der Wein für die Vornehmen, sprich für den Adel.

Vino Nobile di Montepulciano ist kräftig, würzig, mit schöner Sangiovesefrucht und leichter Bitternote im Abgang. Er reift zumindest 26 Monate, hat einen Mindestalkoholgehalt von 12,5 Vol.-% und ist lange lagerfähig.

Bekannte Weinerzeuger: Avignonesi, Bindella, Boscarelli, Le Casalte, Fattoria del Cerro, Dei, Poliziano, Talosa, Trerose, Valdipiatta.

Umbrien (Umbria)

Zwischen die Toskana und Rom eingebettet liegt Umbrien, das grüne Herz Italiens. Am Trasimenischen See, dem größten Binnensee Italiens, befinden sich die Colli del Trasimeno, ein D.-O.-C.-Anbaugebiet mit trockenen Weiß- und Rotweinen. Der Torgiano Rosso Riserva und der Sagrantino di Montefalco, beides D.-O.-C.-G.-Weine, gehören zum Besten, was Italien an Weinen zu bieten hat.

Die wichtigsten Rebsorten für die Weißweinerzeugung sind Malvasia, Trebbiano, Verdello, Chardonnay und Riesling Italico. Rotwein wird hauptsächlich aus Canaiolo-, Merlot-, Montepulciano-, Sagrantino- und Sangiovese-Trauben hergestellt.

Bekannte Weine Umbriens

Orvieto

Orvieto ist ein renommierter Weißwein aus der gleichnamigen Stadt.

Orvieto-Weine hatten bereits in der Renaissance einen legendären Ruf. So verlangten die Maler Pinturicchio und Signorelli für ihre Arbeiten im Dom von Orvieto sowie in der Sixtinischen Kapelle als Teil ihres Lohnes Rationen dieses süßen Weines.

Orvieto wird hauptsächlich aus Trebbiano-Toscano- und Verdello-Trauben hergestellt und trocken, halbtrocken, lieblich und süß ausgebaut.

Bekannte Weinerzeuger: Barberani, Bigi, La Carraia, Castello della Sala, Decugnano dei Barbi, Il Palazzone, Vaselli.

Montefalco Sagrantino und Montefalco rosso

Der opulente Montefalco Sagrantino secco mit D.-O.-C.-G.-Prädikat wird sortenrein aus der namensgebenden Rotweinrebe Sagrantino gekeltert und hat einen Alkoholgehalt von 13 Vol.-%. Für den Süßwein Passito mit einem Mindestalkoholgehalt von 14,5 Vol.-% werden die Trauben luft- oder sonnengetrocknet. Beide Weine müssen zumindest 30 Monate reifen.

Passito – eine süße Verführung
Passitos sind Weine, die aus rosinenartigen, das heißt zumeist luft-, aber auch sonnengetrockneten Trauben hergestellt werden. Der Name leitet sich von „appassito", zu Deutsch „welk" ab. So gesehen sind Passitos mit Strohweinen vergleichbar.

Der Montefalco rosso wird zu 60–70 % aus Sangiovese- und bis zu 15 % aus Sagrantino-Trauben gekeltert. Von seiner Charakteristik her ist er leichter zugänglich als der Montefalco Sagrantino.

Bekannte Weinerzeuger: Antonelli, Adanti, Caprai, Colpetrone, Ruggeri.

Torgiano und Torgiano Rosso Riserva

Die Weiß-, Rosé-, Rot- und Schaumweine aus Torgia bei Perugia können sowohl sortenrein (z. B. aus Chardonnay oder Cabernet Sauvignon) als auch im Sortengemisch gekeltert werden. Die Standardqualität des Torgiano Rosso trägt den Namen Rubesco.

Der rubinrote D.-O.-C.-G.-Wein Torgiano Rosso Riserva wird hauptsächlich aus Sangiovese- und Canaiolo-Trauben hergestellt. Ein komplexes Bukett und viel Finesse zeichnen diesen Wein aus, der in außergewöhnlichen Jahren bis zu zehn Jahre für seine Entwicklung benötigt.

Berühmt gemacht durch die Familie Lungarotti, ist der Name heute ein Synonym für den roten Torgiano Riserva; besonders bekannt ist die Lage Vigna Monticchio

Bekannter Weinerzeuger: Die Familie Lungarotti hat nahezu eine Monopolstellung.

Piemont (Piemonte)

Das Land am Fuße der Berge, so die Übersetzung für Piemonte, ist eine der größten und berühmtesten Weinbauregionen Italiens. Im Westen und Norden wird die Region von den Alpen begrenzt, im Süden reicht sie bis zum ligurischen Apennin und im Osten erstreckt sich das Piemont bis in die norditalienische Tiefebene. Es ist eine der wenigen italienischen Regionen, die keinen Zugang zum Meer haben.

Die Spitzenweine **Barolo** und **Barbaresco** haben den Ruf des Piemonts begründet. Wen wundert es also, dass im Piemont die Rotweine das Sagen haben – immerhin besetzen sie 90 % der Gesamtrebfläche. Angebaut werden vor allem die roten Rebsorten Barbera, Dolcetto und Nebbiolo, aber auch Freisa und Brachetto. Daneben finden sich auch einige Weißweinreben, wie z. B. Arneis, Cortese, Moscato bianco und Malvasia. Der Anteil der reinsortigen Weine ist im Unterschied zu anderen Weinbauregionen Italiens besonders hoch. Der Trend zur Weinbereitung aus Einzellagen trifft besonders bei Barolo und Barbaresco zu.

Das Piemont hat jedoch noch mehr zu bieten als opulente Rotweine: Die Schaumweine **Asti Spumante** und **Moscato d'Asti** haben diese Region bis weit über seine Grenzen hinaus bekannt gemacht. Übrigens machen diese beiden ein Drittel der gesamtitalienischen Schaumweinproduktion aus. Ebenfalls berühmt ist der Wermut, wobei alles Interessante dazu bereits im Kapitel „Aperitifs" gesagt wurde und dort nachzulesen ist (siehe S. 17).

Bekannte Weine des Piemonts

Barbera d'Alba, Barbera d'Asti und Barbera del Monferrato

Barberas sind dunkle, säurereiche und tanninarme, kräftige Rotweine aus Barbera-Trauben, der Monferrato gilt als der beste unter ihnen.

Bekannte Weinerzeuger: Braida (Bricco dell' Uccellone), Coppo (Pomorosso).

Mit Bricco dell' Uccellone den Vogel abgeschossen

Eine alte Dame, die früher im Nebenhaus des Weingutes Braida lebte, war der Auslöser für den Namen „Bricco dell Uccellone". Die Dame, die stets in Schwarz gekleidet war und so an einen Raben erinnerte, hatte den Spitznamen „l'uselun", ein Dialektbegriff, der sich vom Wort „l'uccellone" ableitet und „großer Vogel" bedeutet.

Barolo

Die Italiener bezeichnen ihn als „König der Weine" und als „Wein der Könige" – nicht umsonst, wie wir meinen.

Der Barolo, ein Rotwein mit D.-O.-C.-G.-Prädikat, wird aus Nebbiolo-Trauben gekeltert und entweder traditionell im großen Holzfass oder aber im Barrique ausgebaut. Das Anbaugebiet Barolo umfasst die Gemeinden Serralunga, Monforte, Castiglione Falletto, La Morra und Barolo sowie acht weitere Dörfer. Barolo hat in den letzten Jahren die Rebfläche fast verdoppelt.

Ein Tipp vom Profi

Aufgepasst! Beim Barolo gibt es große Qualitätsunterschiede zwischen den einzelnen Gemeinden und Lagen.

Gemeinden und ihre besten Lagen:

- In Serralunga und Monforte: Rionda, Bussia Soprana.
- In Castiglione Falletto: Monprivato, Rocche, Villero.
- In La Morra: Arborina, Brunate, Cerequio, Rocche.
- In Barolo: Brunate, Cannubi.

Barolo ist wesentlich kräftiger als Barbaresco, besitzt deutliches Tannin, eine gute Säure und ein komplexes Aroma. Der Mindestalkoholgehalt liegt bei 13 Vol.-%.

Ein Tipp vom Profi

Barolo braucht lange, um seine widerspenstigen Gerbstoffe zu besänftigen. Die Mindestlagerzeit beträgt drei Jahre (davon zwei im Holzfass), oft darf er aber bis zu zehn Jahre dem absoluten Trinkgenuss entgegenreifen. Seine Farbe wandelt sich dabei von einem Rubinrot zu einem Granatrot.

Bekannte Weinerzeuger: Abbazia dell'Annunziata, Altare, Boglietti, Brovia, Ceretto, Chiarlo, Domenico Clerico, Conterno, Conterno-Fantino, Fontanafredda, Gaja, Giacosa, Marchesi di Barolo, Bartolo Mascarello, Mauro Mascarello, Cesare, Oberta, Pira & Figli, Prunotto, Rocche dei Manzoni, Sandrone, Scavino, Vajra, Vietti, Giovanni Voerzio, Roberto Voerzio.

Barbaresco

Etwas leichter als der Barolo nimmt es der rote Barbaresco mit D.-O.-C.-G.-Prädikat, der ebenfalls aus Nebbiolo-Trauben gekeltert wird. Sein Mindestalkoholgehalt beträgt 12,5 Vol.-%. Beste Lagen sind Santo Stefano, Montestefano, Asili, Rabajà, San Lorenzo, Rio Sordo und Sori Tildin.

Bekannte Weinerzeuger: Castello di Neive, Cesare, Angelo Gaja, Bruno Giacosa, Fiorenza Nada, Fontanabianca, Moccagatta, Pelissero, Produttori del Barbaresco, Prunotto, Albino Rocca, Bruno Rocca, Sottimano, La Spinetta.

Weitere bekannte Weine	Charakteristik	Bekannte Weinerzeuger
Brachetto d'Acqui	■ Rot- und Roséweine aus Brachetto-Trauben mit D.-O.-C.-G.-Prädikat, die nur in geringen Mengen hergestellt werden. ■ Aromatisch, feinfruchtig, mit Rosenbukett und deutlicher Restsüße. ■ Mindestalkoholgehalt 11,5 Vol.-%. ■ Auch als Spumante und Passito erhältlich.	Braida, Banfi, Corregia, Marenco, Scarpa
Dolcetto d'Acqui, Dolcetto d'Alba, Dolcetto d'Asti, Dolcetto delle Langhe Monregalesi, Dolcetto di Diano d'Alba, Dolcetto di Dogliani, Dolcetto di Ovada	■ Fruchtbetonte, säurearme Rotweine aus Dolcetto-Trauben. Der Dolcetto aus Alba gilt als der beste. ■ Mindestalkoholgehalt 11,5 Vol.-%. ■ Meist nur geringe Lagerfähigkeit. ■ Dolcetto di Dogliani Superiore hat D.-O.-C.-G-Prädikat.	Altare, Batasiolo, Ca'Viola, Clerico, Conterno, Gaja, Bruno Giacosa, Prunotto, Bruno Rocca, San Fereolo, Scavino, G. D. Vajra, Voerzio

Gattinara	■ D.-O.-C.-G.-Rotwein aus Nebbiolo-Trauben (86–100 %) ■ Granatrot, kräftig, herb, mit deutlichem Tannin. ■ Mindestalkoholgehalt 12,5 Vol.-%, Mindestreifezeit drei Jahre, davon eines im Holzfass. ■ Riserva mit 13 Vol.-% Alkohol und mindestens vier Jahren Reifung (davon zwei Jahre im Holzfass). ■ Gattinaras bester Qualität ähneln in der Charakteristik dem Barolo.	Antoniolo, Bianchi, Nervi, Travaglini
Gavi (Cortese di Gavi)	■ D.-O.-C.-G.-Weißwein, Frizzante und Spumante aus Cortese-Trauben. ■ Bester und bekanntester aller Cortese-Weine. ■ Dezent fruchtig, rassig und säurereich. ■ Mindestalkoholgehalt 10,5 Vol.-%. ■ Gavi sollte relativ jung getrunken werden.	Banfi, La Scolca, Castelari Bergaglio, Chiarlo, Villa Sparina
Ghemme	■ D.-O.-C.-G.-Rotwein aus mindestens 75 % Nebbiolo sowie Vespolina und Bonarda. ■ Rubinrot, würzig, mit leicht bitterem Abgang, ähnelt dem Gattinara. ■ Mindestalkoholgehalt 12 Vol.-%, Reifezeit mindestens drei Jahre, davon zumindest 20 Monate im Holzfass und neun Monate in der Flasche. ■ Riserva mit 12,5 Vol.-% Alkohol und vier Jahren Mindestreifung.	Antichi Vigneti di Cantalupo, Dessilani, Rovellotti
Asti spumante	■ D.-O.-C.-G.-Schaumwein aus Moscato-bianco-Trauben, mehr dazu auf S. 194.	
Moscato d'Asti	■ Leicht perlender D.-O.-C.-G.-Schaumwein aus Moscato-bianco-Trauben. ■ Geringerer Alkoholgehalt (4,5–6,5 Vol.-%) und Kohlensäuredruck sowie etwas mehr Süße als bei Asti Spumante.	Bera, Braida, Chiarlo, Coppo, Dogliotti Redento, Grimaldi, Marenco, Elio Perrone, Rivetti, Saracco, Torelli
Nebbiolo d'Alba	■ Rotwein aus Nebbiolo-Trauben in den Geschmacksrichtungen trocken und süß. ■ Mindestalkoholgehalt 12 Vol.-%, Mindestreife ein Jahr.	Gaja, Bruno Giacosa, Prunotto, Scarpa, Vietti
Roero	■ D.-O.-C.-G.-Rotwein aus Nebbiolo-Trauben, leicht fruchtig, Mindestalkoholgehalt 11,5 Vol.-%. ■ D.-O.-C.-Weißwein aus Arneis-Trauben, mindestens 10,5 Vol.-% Alkohol; nach dem Gavi ist der Arneis di Roero der bekannteste Piemonteser Weißwein.	Almondo, Bruno Giacosa, Coreggia, Deltetto, Malvirà, Vietti, Gianni Voerzio

Lombardei (Lombardia)

Zwischen dem Alpenbogen im Norden und dem Flusslauf des Po im Süden befindet sich diese Region mit der Hauptstadt Mailand. Im nördlichen Seengebiet herrscht mildes mediterranes Klima. Die norditalienische Tiefebene des Po ist geprägt vom kontinentalen Klima mit sehr heißen und trockenen, gegen Norden hin feuchten Sommern und kalten Wintern.

Der D.-O.-C.-Anteil ist mit 44 % – wie in fast allen norditalienischen Regionen – überdurchschnittlich hoch. Fast die Hälfte der Weine sind Weißweine, inklusive der Grundweine für die Spumante-Erzeugung. Die Lombardei gehört zu den Regionen, in denen rote und weiße Mischsätze deutlich überwiegen. Die gegenwärtig besten Weine kommen aus der Franciacorta und vom Gardasee.

Die Hauptrebsorten für Rotweine sind Barbera, Cabernet Franc, Cabernet Sauvignon, Croatina, Merlot, Nebbiolo und Pinot nero (Blauburgunder). Der Weißwein wird hauptsächlich aus Chardonnay, Pinot bianco (Weißburgunder), Riesling, Riesling Italico (Welschriesling), Sauvignon blanc und Trebbiano gewonnen.

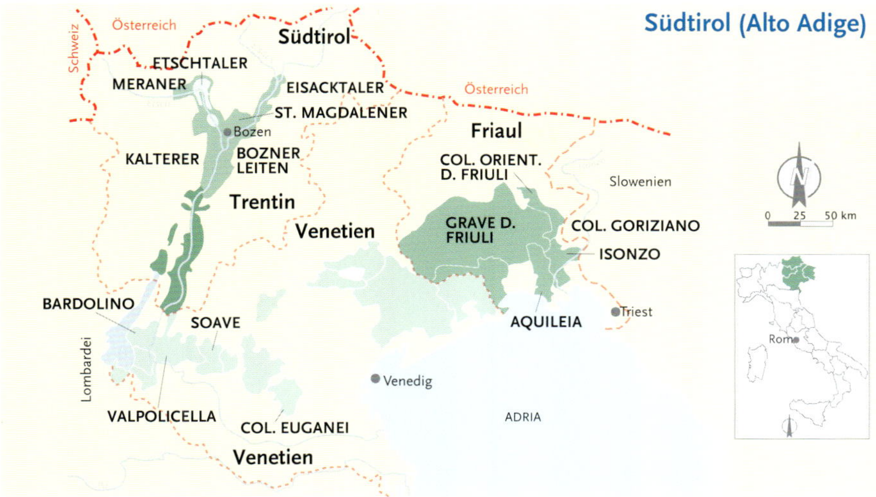

Bekannte Weine der Lombardei

Franciacorta

Die Weiß- und Rotweine sind unter der Bezeichnung Terre di Franciacorta zusammengefasst. Die D.-O.-C.-G.-Schaumweine werden alle nach dem traditionellen Flaschengärverfahren aus den Rebsorten Pinot nero, Chardonnay und Pinot bianco hergestellt, wobei die Ausbauzeiten meist länger als die bei Champagner sind.

Bekannte Weinerzeuger: Bella Vista, Ca' del Bosco, Cavalleri, Enrico Gatti, San Cristoforo, Compagnoni, Uberti.

Oltrepò Pavese

Das Oltrepò produziert eine breite Palette an Rot-, Rosé- Weiß- und Schaumweinen. Es ist der größte Produzent von Pinot-nero-Trauben in Italien, sie werden hier auf ca. 2 000 Hektar angebaut. Ab dem Jahrgang 2007 muss Rotwein aus Pinot nero reinsortig gekeltert werden.

Valtellina (Rosso della Valtellina)

Dieser D.-O.-C.-Rotwein mit 11 Vol.-% Alkohol wird zu 80 % aus Nebbiolo (hier: Chiavennasca) gekeltert. Er ist kräftig und würzig mit leichter Bitternote im Abgang.

Der Valtellina Superiore D.-O.-C.-G. mit 12 Vol.-% wird aus mindestens 90 % Nebbiolo hergestellt. Er ist aromareich, komplex, dicht und fein und sehr gut lagerfähig.

Eine Spezialität ist der D.-O.-C.-G.-Valtellina Sforzato (Sfursat), ein mächtiger Rotwein aus teilgetrockneten Trauben.

Bekannte Weinerzeuger: Ar. Pe. Pe., Bettini, Conti Sertoli Salis, Nera, Negri, Rainoldi, Triacca.

Südtirol (Alto Adige)

Die Weinbauregion Südtirol entspricht geografisch der Provinz Bozen. Südtirol hat aufgrund seiner Topografie nur eine begrenzte Menge an Rebflächen, die sich in den Alpentälern entlang der Flüsse Eisack und Etsch erstrecken. Bis auf wenige Ausnahmen wird der Weinbau auf Hang- und Hügellagen in einer Seehöhe von über 500 Metern betrieben. Das vorherrschende kontinentale Klima sorgt für warme Sommer und kalte Winter mit relativ großen Temperaturschwankungen.

In Südtirol war die Weinszene in den vergangenen Jahren heftig in Bewegung. Das Image, Lieferant von billiger, vordergründig süffiger Massenware zu sein, wurde von engagierten Winzern durch sorgfältige Vinifizierung mit Erfolg bekämpft. So findet man heute auf der Karte vieler italienischer Toprestaurants auch wieder Weine aus Südtirol. Zumeist handelt es sich jedoch um Weißweine oder um den immer beliebteren Pinot nero (Blauburgunder).

Die Kellereigenossenschaften haben mit einem Produktionsanteil von 74 % einen besonderen Stellenwert im Südtiroler Weinbau. Sie erzeugen neben guten Basisweinen auch Spitzenweine in großen Mengen.

Neben den beiden autochthonen roten Rebsorten Vernatsch (Schiava) und Lagrein Dunkel werden auch Blauburgunder, Merlot und Cabernet Franc erfolgreich angebaut. Ein Drittel der Südtiroler Weinberge ist mit weißen Rebsorten bepflanzt – Tendenz steigend. Pinot grigio (Grauburgunder), Weißburgunder und Chardonnay stehen dabei an der Spitze, gefolgt von Gewürztraminer, Riesling, Silvaner, Sauvignon blanc, Rivaner, Kerner und Weißfraneler (Welschriesling).

Vor allem die autochthonen Rotweinsorten Lagrein und Vernatsch werden gerne auf Pergolen gezogen

Die drei ursprünglichen Rebsorten in Südtirol
Immer mehr Südtiroler Winzer wenden sich wieder ihren traditionellen Rebsorten wie Gewürztraminer, Lagrein Dunkel und Vernatsch (Schiava) zu. Die Ergebnisse können sich sehen lassen.

Der **Gewürztraminer** stammt aus Tramin an der Südtiroler Weinstraße und hat von hier aus die ganze Welt erobert. Dieser trockene Weißwein ist im Geschmack würzig, aromatisch, angenehm und körperreich.

Der **Vernatsch** ist die am meisten verbreitete Rebsorte in Südtirol, aus der der Kalterer See gewonnen wird. Hellrubinrot, leicht trocken und fruchtig, ist er wegen seines geringen Säuregehalts und seiner minimalen Tanninanteile sehr mild und bekömmlich.

Der **Lagrein Dunkel** ergibt mit Ertragsbeschränkung und richtigem Ausbau rubin- bis granatrote, würzige, vollmundige Weine mit Veilchenaroma.

Bekannte Weine Südtirols

Südtiroler (Südtirol, Alto Adige)

Südtiroler sind Weiß-, Rosé- und Rotweine, die aus einer Vielzahl von Rebsorten (meist reinsortig) erzeugt werden und den Namen der Rebsorte tragen. Bozner Leiten, Meraner Hügel und St. Magdalener werden aus Vernatschtrauben hergestellt. Der Südtirol weiß ist eine Cuvée aus mindestens 75 % Chardonnay sowie Grau- und Weißburgunder. Bei den Rotweinen werden Cuvées, wie z. B. die Cuvée Lagrein-Merlot, angeboten. Weitere Weine sind Südtirol Eisacktaler, Südtirol Terlaner und Südtirol Vinschgauer.

Kalterer See (Kalterer)

Als Kalterer See werden Rotweine aus bestimmten Gemeinden der Provinz Bozen sowie einigen Gemeinden in der Provinz Trient bezeichnet. Kalterer See wird aus Großvernatsch und/oder Edelvernatsch und Grauvernatsch erzeugt.

Bekannte Weinerzeuger: Josef Brigl, Franz Gojer, Franz Haas, Tenuta J. Hofstätter, Klosterkellerei Muri Gries, Köfererhof, Alois Lageder, H. Lun, Josef Niedermayr, Ignaz Niedrist, Malojer-Gummerhof, Manincor, Castel Schwanburg, J. Tiefenbrunner, Elena Walch, Baron Widmann; Kellereigenossenschaften Eisacktaler, Erste & Neue Kaltern, Gries, Kurtatsch, Laimburg, Nals & Magreid-Entiklar, Schreckbichl, St. Michael, St. Magdalener, St. Valentin, Terlan und Tramin.

Trentin (Trentino)

Den Löwenanteil an der Weinproduktion beanspruchen die Rotweine für sich, angeführt von der Vernatschrebe (Schiava). Teroldego (rot), Marzemino (rot) und Nosiolo (weiß) sind lokale Rebsorten, die in guten Jahren ausgezeichnete Qualitäten liefern. Die wichtigste Weißweinsorte ist Chardonnay.

Die Schaumweinproduktion nach der Metodo Classico (Flaschengärung) hat im Trentin eine lange Tradition.

Bekannte Weine des Trentins

Dazu zählen Weiß-, Rosé-, Rot- und Schaumweine aus dem D.-O.-C.-Bereich Trentino sowie der Teroldego Rotaliano, ein sehr guter Rotwein aus der gleichnamigen Rebsorte, der auch als Roséwein erhältlich ist. Als Spezialität gilt der Vino Santo D. O. C. aus Nosiola.

Bekannte Weinerzeuger: Cantina La Vis e Valle di Cembra, Conti Martini, Endrizzi, Elisabetta Foradori, Pojer-Sandri, Zeni, Sebastiani, Ritratti, Guerrieri Gonzaga; namhafte Schaumweinproduzenten aus dieser Region sind Cavit, Letrari, Rotari und Ferrari.

Friaul (Friuli) – Julisch Venetien (Venezia Giulia)

Das Friaul liegt im nordöstlichen Teil Italiens an der Grenze zu Österreich und Slowenien. Es gilt als die wichtigste Weißweinregion Italiens. Die Weißweine sind fruchtig und mit guter Säure versehen. In den letzten Jahren hat aber auch der Ausbau von hochwertigen Rotweinen einen beachtlichen Aufschwung genommen. Erstklassige Merlots und Cabernets Francs haben von sich reden gemacht.

An Weißweinsorten sind vor allem Tocai friulano (bei Export ist nur die Bezeichnung „Friulano" zulässig), Chardonnay, Riesling Renano, Riesling Italico, Sauvignon blanc, Traminer Aromatico, Pinot bianco (Weißburgunder), Pinot grigio (Grauburgunder), Ribolla, Picolit und Verduzzo zu nennen. Bei den roten Sorten überwiegen Cabernet Franc, Merlot, Pinot nero (Blauburgunder) sowie die wiederentdeckten Sorten Refosco, Schioppettino und Tazzelenghe.

Bekannte Weine Friauls – Julisch Venetiens

Weine	Wissenswertes	Bekannte Weinerzeuger
Carso	D.-O.-C.-Gebiet bei Triest; bekannt sind v. a. der Rosso, der Terrano, der Vitovska und der Malvasia Istriana.	Castelvecchio, Edi Kante, Zidarich
Collio oder Collio Goriziano	Weine aus der Provinz Gorizia (Görz) an der Grenze zu Slowenien, eines der berühmtesten Weißweingebiete Italiens; es gibt einige Großkellereien, den Ruf des Collio haben jedoch die vielen kleinen Winzer begründet. „Collio bianco" ist eine Cuvée aus verschiedenen der insgesamt 13 zugelassenen Traubensorten.	Borgo Conventi, Borgo del Tiglio, Castello di Spessa, Collavini, Marco Felluga, Josko Gravner, Jermann, Renato Keber, La Castalleda, Livon, Princic, Radikon, Russiz Superiore, Schiopetto, Venica & Venica, Zuani
Colli Orientali del Friuli	Die Weißweine aus dem Hügelland östlich von Udine gehören zu den feinsten des Friauls. In den letzten Jahren werden auch herausragende Rotweine produziert. Die Dessertweine Picolit und Ramandolo (aus der Verduzzo-Rebe) sind wieder verstärkt im Kommen.	Abbazia di Rosazzo, Girolamo Dorigo, Le Vigne di Zamo, Livio Felluga, Walter Filiputti, Ronco del Gnemiz, Ronchi di Manzano, Dri
Isonzo	Renommiertes Weißweingebiet im Südosten von Cormons, steht dem Collio kaum nach. Geprägt wird die Landschaft durch den Fluss Isonzo, der das Anbaugebiet auch in zwei Unterzonen teilt: Rive Alte rechts vom Flusslauf in der Nähe der Hügel des Collio und Rive di Gare links davon, näher dem Meer und den Karsthochzonen an der slowenischen Grenze.	Bressan Nereo, Tenuta di Blasig, Pierpaolo Pecorari, Giovanni Puiatti, Ronco del Gelso, Vie di Romans, Tenuta Villanova, Lis Neris

Venetien (Veneto)

Die üppige Region zwischen Gardasee und Venedig ist mit außerordentlich fruchtbaren Böden und einem gemäßigten Klima gesegnet. Sie ist die Wiege einiger der bekanntesten Weine Italiens, wie des Bardolinos, des Soaves und des Valpolicellas.

Die dominierende Rebsorte ist die weiße Garganega, gefolgt von Pinot bianco (Weißburgunder) und Trebbiano. Bei den roten Sorten haben Corvina Veronese, Rondinella und Molinara das Sagen, aber auch Cabernet Sauvignon, Merlot und Chardonnay gewinnen immer mehr an Boden.

Bekannte Weine Venetiens

Bardolino

Bardolino ist ein D.-O.-C.-Gebiet, das nach der gleichnamigen Stadt östlich des Gardasees benannt ist. Der Rotwein wird hauptsächlich aus Corvina, Rondinella und Negrara hergestellt. In der Regel ist er trocken, harmonisch, hellrubinrot mit fruchtigem Bukett. Bardolino aus der ältesten Anbauzone (das sind die Gemeinden Bardolino Garda, Lazise, Affi, Costermano und Cavaion Veronese) darf die Bezeichnung Classico tragen. Ein Superiore wird er ab mindestens 12,5 Vol.-% und einer Lagerdauer von zwölf Monaten – er trägt wie der Classico Superiore das D.-O.-C.-G.-Prädikat.

Bekannte Weinerzeuger: Anselmi, Guerrieri-Rizzardi, Masi, Tommasi, Zenato.

Soave

Soave ist der mengenmäßig bedeutendste Weißwein aus der gleichnamigen Gemeinde in der Provinz Verona. Er ist ein schlanker, kräftiger Wein mit guter Frucht, nicht zu säurebetont, der aus Garganega, Pinot bianco, Trebbiano di Soave und Chardonnay verschnitten wird. Soave gibt es auch als Frizzante und Spumante.

Verona gilt als das Weinzentrum Italiens, hier findet jährlich die berühmte Weinmesse Vinitaly statt

Der Name „Soave" leitet sich angeblich von den Schwalben ab, die sich hier im Mittelalter niederließen. Er bedeutet aber auch sanft oder lieblich und beschreibt somit den Charakter des Soave.

Während der Classico mindestens 10,5 Vol.-% hat, muss der Superiore mit D.-O.-C.-G.-Prädikat 12 Vol.-% aufweisen. Der **Recioto di Soave** ist ein süßer, fruchtiger Dessertwein mit D.-O.-C.-G.-Prädikat und 14 Vol.-% Alkohol. Man verwendet für seine Herstellung nur die reifsten und zuckerhaltigsten Beeren, die auf Gittern getrocknet und im Winter verarbeitet werden.

Bekannte Weinerzeuger: Anselmi, Bolla, Coffele, Gini, Guerrieri-Rizzardi, Inama, Pasqua, Pieropan, Pra, Sartori, Suavia, Tamellini.

Valpolicella

Valpolicella ist ein bekannter D.-O.-C.-Rotwein aus dem gleichnamigen Gebiet nördlich von Verona. Er wird u. a. aus Corvina, Rondinella und Molinara gekeltert. Valpolicella ist rubin- oder purpurrot, trocken, mit traubigem Aroma und leicht bitterem Abgang. Er hat ebenso wie der Classico einen Alkoholgehalt von mindestens 11 Vol.-%, als Superiore mindestens 12 Vol.-%.

Neben der Standardqualität gibt es Valpolicella-Weine aus begrenzten Anbaugebieten, und zwar Valpolicella Classico und Valpolicella Valpantena. Aus angetrockneten Trauben wird der **Amarone della Valpolicella** hergestellt. Er ist bitter und trocken im Abgang und zeichnet sich durch besondere Opulenz und Langlebigkeit aus. Der **Recioto della Valpolicella** ist die süße Version des Amarone. Er ist fruchtig, körperreich und von intensivem Aroma.

Bekannte Weinerzeuger: Accordini, Allegrini, Bertani, Brunelli, Bolla, Dario Boscaini, Dal Forno, Masi, Quintarelli, Le Ragose, Serègo-Alighieri, Speri, Tedeschi, Tenuta Sant'Antonio.

Colli Euganei

Die Euganeischen Hügel befinden sich südlich von Padua. Der qualitativ hochwertigste Wein ist der Rosso, überwiegend aus Merlot. Bekannt ist auch der Serprino aus Prosecco-Trauben, den es als Stillwein und als Frizzante gibt.

Bekannte Weinerzeuger: Lorenzo Begali, Borin, Tommaso Bussola, Le Ragose, Vignalta, Villa Sceriman.

Prosecco di Conegliano-Valdobbiadene

Der Prosecco von Conegliano-Valdobbiadene aus der Prosecco-Traube ist einer der beliebtesten Schaumweine Italiens. Bekannt sind der Frizzante und der Spumante. Die Lage Cartizze gilt als besonders gut; Exportland Nummer 1 ist Deutschland.

Bekannte Weinerzeuger: Adami, Bisol, Col Vetoraz, Le Colture, Ruggeri.

Emilien (Emilia-Romagna)

Die Region liegt zwischen der Po-Ebene im Norden und dem Apennin im Süden.

Wein wird vor allem in drei Teilgebieten angebaut. Die erste Anbauregion liegt im Westen um die Städte Modena, Reggio, Parma und Piacenza. Von hier stammt der bekannte **Lambrusco.** Die zweite Anbauzone, Colli Piacentini, befindet sich im äußersten Nordwesten der Emilia südlich der Stadt Piacenza. Die dritte wichtige Anbauzone liegt in der Romagna südöstlich von Bologna und reicht über Faenza, Ravenna und Rimini bis hin zur Adria. Das Gebiet wird durch drei Sortenweine bestimmt, die aus Albana, Sangiovese bzw. Trebbiano hergestellt werden. Sie tragen die Zusatzbezeichnung „di Romagna". Die weißen Haupttrebsorten sind Albana, Pinot bianco, Sauvignon blanc und Trebbiano Romagnolo. Bei den roten Sorten sind vor allem Barbera, Fortana, Merlot, Cabernet Sauvignon sowie die Spielarten der Lambrusco-Rebe zu nennen.

Bekannte Weine Emiliens

Albana di Romagna

Der Albana di Romagna aus der Rebsorte Albana war der erste als D. O. C. G. klassifizierte Weißwein in Italien. Er wird als Secco, Amabile, Dolce und Passito hergestellt. Der Secco ist hell, trocken und hat einen leichten Bittermandelgeschmack. Besonders geschätzt wird auch der Passito.

Bekannte Weinerzeuger: Castelluccio, Celli, Cesari, Ferrucci, Tre Monti, Zerbina.

Lambrusco

Wer kennt sie nicht, die leicht prickelnden Rot- und Roséweine Emiliens? Lambrusco-Weine sind der Verkaufsschlager der Emilia-Romagna. Sie werden in mehreren Gebieten Emiliens großteils mithilfe des Tankgärverfahrens (siehe S. 193) hergestellt, wobei nur gut 10 % der erzeugten Menge als D.-O.-C.-G.-Weine eingestuft sind. Der Rest wird als Tafelwein unter der Bezeichnung Lambrusco dell'Emilia und Lambrusco di Modena vermarktet.

Lambrusco ist fast immer leicht prickelnd, es gibt jedoch auch Stillweine

Terrassenweinbau in Cinque Terre; das großteils schroffe und steinige Land ist schwer zu bewirtschaften – die terrassierten Weingärten wurden in mühevoller Arbeit in den Fels gehauen

Lambruscos haben einen geringen Alkoholgehalt von 10,5 Vol.-% oder noch weniger, werden sowohl trocken als auch lieblich ausgebaut, duften nach Erdbeeren oder Kirschen und sind tanninarm. Den Hauptanteil der Produktion stellen hellfarbene kirschrote Rotweine.

Die vier nach der Lambrusco-Sorte bzw. Gemeinde benannten D.-O.-C.-Zonen sind Lambrusco di Sorbara, Lambrusco Grasparossa di Castelvetro, Lambrusco Reggiano und Lambrusco Salamino di Santa Croce.

Ein Tipp vom Profi
Ein Lambrusco sollte jung getrunken werden.

Bekannte Weinerzeuger: Bellei, Caprari, Casali, Cavicchioli, Graziano, Lini Oreste, Medici Ermete e Figli, Moro, Rinaldo Rinaldini, Riunite (mit 60 Mio. Flaschen größter Produzent), Venturini Baldini.

Sangiovese di Romagna

Der rubinrote Wein wird hauptsächlich aus Sangiovese-Trauben gekeltert. Er ist fruchtig, würzig, hat einen mittleren Körper und 11,5 Vol.-% Alkohol. Er wird auch als Novello, Superiore (15 Vol.-% Alkohol) und Riserva (zwei Jahre Alterung) produziert.

Bekannte Weinerzeuger: Dal Nespoli, Fattoria di Paradiso, Spaletti, Tre Monti, Zerbina.

Ligurien (Liguria)

Im südwestlichen Teil Norditaliens, zwischen Ventimiglia und La Spezia, erstreckt sich diese Region an der italienischen Riviera. Bedingt durch die Steilküste und die spärlichen Anbaumöglichkeiten an den Hängen des Apennins im Hinterland, ist Ligurien eine der kleinsten Weinbauregionen Italiens.

60 % der hier produzierten Weine sind Rotweine, die vornehmlich aus Barbera, Dolcetto, Freisa, Merlot, Rossese und Sangiovese hergestellt werden. Die wichtigsten Rebsorten für Weißweine sind Albarola, Bosco, Pigato, Trebbiano und Vermentino.

Bekannte Weine Liguriens

Cinque Terre

Cinque Terre ist ein Weißwein aus mindestens 60 % Bosco-Trauben, die an den steil zum Meer abfallenden Hängen westlich von La Spezia wachsen. Aus teilgetrockneten Trauben wird der Sciacchetrà hergestellt.

Bekannte Weinerzeuger: Walter De Battè, Bisson, Forlini e Capellini.

Rossese di Dolceacqua (Dolceacqua)

Dieser Rotwein mit 12 Vol.-% Alkohol wird aus Rossese-Trauben gekeltert. Obwohl der Name des Weines „dolce acqua" eigentlich auf einen süßen Wein hinweisen würde, handelt es sich um einen trockenen, fruchtigen Rotwein mit mildem Tannin. Der Superiore mit einer zwölfmonatigen Reifezeit und 13 Vol-% ist dagegen kräftiger.

Bekannte Weinerzeuger: Colle dei Bardellini, Guglielmi, Lupi, Terre Bianchi.

Marken (Marche)

Längs der Adriaküste zwischen Rimini und Porto Ascoli erstreckt sich die Region Marken, die Heimat der hervorragenden trockenen Verdicchio-Weißweine.

Die Weißweine werden hauptsächlich aus der Bianchello-, Malvasia-, Pinot-bianco-, Trebbiano- und Verdicchio-Rebe gewonnen. Die Hauptrebsorten für Rotwein sind Barbera, Ciliegiolo, Merlot, Montepulciano, Pinot nero und Sangiovese.

Bekannte Weine der Marken

Verdicchio dei Castelli di Jesi

Der grüngelbe, trockene, fruchtige Weißwein mit deutlicher Säure wird zu mindestens 85 % aus Verdicchio gekeltert. Daneben gibt es einen alkoholreichen Passito, einen zwei Jahre gelagerten Riserva, einen Spumante und einen Spumante Riserva.

Bekannte Weinerzeuger: Bonci, Bucci, Fazi Battaglia, Garofoli, Marconi, Saratelli, Umani Ronchi.

Verdicchio di Matelica

Die Weiß- und Schaumweine sind nicht so bekannt wie der Verdicchio dei Castelli di Jesi, werden aber ebenso aus mindestens 85 % Verdicchio hergestellt.

Rosso Conero

Dieser körperreiche Rotwein aus mindestens 85 % Montepulciano-Trauben stammt aus der Gegend um die Hafenstadt Ancona am Fuß des Monte Conero.

Bekannte Weinerzeuger: Conte Leopardi Dittajuti, Fazi Battaglia, Maurizio Marchetti, Moroder, Umani Ronchi, Solvano Strologo, Le Terrazze.

Weingarten bei Frascati

Latium (Lazio)

Das um Rom gelegene Gebiet ist eine der größten und fruchtbarsten Weinregionen Italiens. Fast die gesamte Weinproduktion entfällt auf Weißweine. Sie werden hauptsächlich aus den Rebsorten Bellone, Bombino bianco, Chardonnay, Malvasia und Trebbiano gewonnen. Das Gebiet Castelli Romani ist das wichtigste Weinbaugebiet.

Bekannte Weine Latiums

Est! Est!! Est!!! di Montefascione

Dieser Weißwein wird hauptsächlich aus Trebbiano-Toscano- und Malvasia-Trauben gekeltert. Er ist trocken, frisch, fruchtig, hat einen leichten Mandelgeschmack und wird auch als Spumante erzeugt.

Bekannte Weinerzeuger: Falesco, Mazziotti, Villa Seiano.

Frascati

Der strohgelbe, milde Weißwein von den Hügeln um Rom wird aus Malvasia- und/oder Trebbiano-Trauben erzeugt und kommt auch als Spumante in den Handel.

Bekannte Weinerzeuger: Fontana Candida, Castel de Paolis, Villa Simone, Conte Zandotti.

Abruzzen (Abruzzi)

Die Weinreben wachsen an den sonnigen Hängen, die zur Adria abfallen. Neben dem D.-O.-C.-Wein Montepulciano d'Abruzzo wird noch der weiße D.-O.-C.-Wein Trebbiano d'Abruzzo erzeugt.

Montepulciano d'Abruzzo

Der Rotwein aus mindestens 85 % Montepulciano-Trauben trägt die Bezeichnung Montepulciano d'Abruzzo Rosso bzw. Montepulciano d'Abruzzo Colline Teramane, der Roséwein die Bezeichnung Montepulciano d'Abruzzo Cerasuolo. Der Rotwein ist tiefdunkel und hat einen kräftigen Körper sowie eine schöne Brombeerfruchtnote. In Spitzenjahren ist er einer der besten Weine Italiens mit einem beachtlichen Alterungspotenzial.

Bekannte Weinerzeuger: Agriverde, Bove, Farnese, Illuminati, Masciarelli, Montori, Nicodemi, Valentini.

Apulien (Puglia)

Diese Region – auch als „Ferse" des italienischen Stiefels bezeichnet – ist mit einer jährlichen Produktionsmenge von ca. 9 Millionen Hektolitern Wein die zweitgrößte Weinregion des Landes. Der Anteil an Qualitätsweinen von lediglich 4 % nimmt sich dagegen beinahe kläglich aus.

Castel del Monte – das weithin sichtbare Wahrzeichen Apuliens

Apulien lässt sich in zwei Teilgebiete gliedern. Im südlichen Teil, von Tarent am Ionischen Meer quer durch das Land nach Brindisi an der Adria, herrscht überwiegend heißes, trockenes Klima. Das zweite Anbaugebiet, der nördliche Teil, erstreckt sich entlang der Küste, hier liegt auch die Regionalhauptstadt Bari. Es ist durch warmes, trockenes und zum Landesinneren hin etwas kühleres Klima geprägt.

Die für die Herstellung verwendeten wichtigsten Rebsorten dieser Region sind die roten Sorten Primitivo, Bombino nero, Montepulciano, Sangiovese, Uva di Troia und Negroamaro sowie die weißen Sorten Bombino bianco, Pampanuto und Trebbiano Toscano.

Bekannte Weine Apuliens

Bekannte Weine sind der **Castel del Monte** aus der Provinz Bari, der **Primitivo di Manduria,** der **Salice Salentino** (Rosso und Rosato zählen zu den besten Weinen der Region) und die aus dem Gebiet Salento stammenden I.-G.-T.-Weine **Gratticciaia** und **Duca d'Aragona.**

Bekannte Weinerzeuger: Accademia dei Racemi (Gruppe kleiner, qualitätsorientierter Erzeuger), Agricole Vallone, Candido, Conti Zecca, Felline, Leone di Castris, Rivera, Cosimo Taurino, Tormaresca.

Weingärten in Pompeji mit Blick auf den Vesuv

Kampanien (Campania)

Kampanien mit der Hauptstadt Neapel ist eines der ältesten Weinbaugebiete Italiens. Schon 1000 v. Chr. gründeten hier griechische Siedler Kolonien. Später perfektionierten die Römer den Weinbau und nannten die Region „Campania felix“ (glückliches Land), da es wegen seines heißen und mediterranen Klimas sowie seiner hauptsächlich vulkanischen Böden für den Weinbau wie geschaffen war.

Im Landesinneren werden eher körperreiche Rot- und Weißweine hergestellt, während im Küstengebiet und an den Hügeln des Vesuvs fruchtige, frische Weißweine entstehen.

Die wichtigsten Weißweinrebsorten sind Coda di Volpe bianca, Falaghina, Fiano, Greco, Forastera und Verdeca. Die Rotweine werden hauptsächlich aus Piedirosso-, Sangiovese- und Aglianico-Trauben hergestellt. Aus letzterer Sorte wird einer der bedeutendsten Weine des Südens – der **Taurasi** – gekeltert.

Bekannte Weine Kampaniens

Fiano di Avellino

Der D.-O.-C.-Weißwein aus dem gleichnamigen Gebiet wird aus der Fiano-Rebsorte gekeltert. Er ist trocken, aromatisch, hat ein leichtes Haselnussaroma und mindestens 11,5 Vol.-%.

Bekannte Weinerzeuger: D’Antiche Terra Vega, Feudi di San Gregorio, Mastroberardino, Vadiaperti.

Greco di Tufo

Die Weiß- und Schaumweine aus dem gleichnamigen Gebiet in der Region Avellino werden aus Greco-Trauben hergestellt. Die Weißweine sind hell, trocken, fruchtig, gehaltvoll und haben ein eigenwilliges Aroma. Der Mindestalkoholgehalt beträgt 11,5 Vol.-%.

Bekannte Weinerzeuger: siehe Fiano di Avellino.

Taurasi

Der hervorragende D.-O.-C.-G.-Rotwein aus Aglianico-Trauben ist kräftig und würzig, hat einen hohen Tanningehalt und einen Mindestalkoholgehalt von 12 Vol.-%.

Ein Tipp vom Profi
Taurasi zählt zu besten Rotweinen Italiens und kann mit dem Barolo (Piemont) und dem Brunello di Montalcino (Toskana) auf eine Stufe gesetzt werden. Er kann ohne Weiteres 20 Jahre und länger gelagert werden.

Bekannte Weinerzeuger: Mastroberardino (bekannte Einzellage Radici), Feudi di San Gregorio, Struzziero.

Vesuvio und Lacryma Christi del Vesuvio

Die Trauben für die Weiß-, Rosé- und Rotweine wachsen an den Hängen des Vesuvs in der Provinz Neapel. Die Erzeugnisse unter dem Namen Vesuvio sind von einfacherer Qualität. Den Lacryma Christi del Vesuvio („Tränen Christi“) gibt es ebenso als weißen, roten und roséfarbenen Schaumwein, den weißen darüber hinaus als Likörwein.

Bekannte Weinerzeuger: Azienda Vinicola Sorrentino, Mastroberardino.

Kalabrien (Calabria)

Die sogenannte „Fußspitze“ des italienischen Stiefels ist von einem sehr heißen, trockenen, mediterranen Klima geprägt. In den tief eingeschnittenen Tälern des Apennins wird Wein bis zu einer Höhe von 1 000 Metern angebaut.

Die Hauptrebsorten für Rotweine sind Gaglioppo und Greco nero. Weißweine werden vorwiegend aus Greco bianco hergestellt.

Cirò

Die Rot- und Roséweine werden hauptsächlich aus Gaglioppo-Trauben gekeltert, der Bianco aus Greco-Trauben.

Bekannte Weinerzeuger: Librandi, Fattoria San Francesco.

Sizilien (Sicilia)

Sizilien ist die größte Insel Italiens und wird durch die Meerenge von Messina vom Festland getrennt. Begünstigt durch das heiße, subtropische Klima war Sizilien jahrzehntelang eine Region der Dessertweine. In den letzten Jahren wurden neue Rebsorten kuliviert, aus denen hervorragende Qualitätsweine gekeltert werden.

80 % aller sizilianischen Weine stammen aus Genossenschaftskellereien. Dass sich verschiedene Weine in die Spitze der italienischen Weinliga einge-

reiht haben, ist jedoch einigen privaten Erzeugern zu verdanken. Obwohl Sizilien über rund 20 D.-O.-C.-Bezeichnungen verfügt, werden die Flaschenweine meist als Sicilia I. G. T. abgefüllt.

Die wichtigsten sizilianischen Anbaugebiete für Qualitätswein sind Trapani mit dem bekannten Dessertwein **Marsala** (siehe S. 36) und dem trockenen Weißwein Alcamo, das Ätnagebiet und die Anbauzonen um Syracus und östlich von Ragusa. Vor allem die verschiedenen Moscato- und Malvasia-Weine haben außerhalb der Insel Berühmtheit erlangt. Beispiele dafür sind der Malvasia delle Lipari und der Moscato di Pantelleria.

WEINGARTEN BEI MARSALA

Der Anteil der weißen Trauben an der Gesamtproduktion liegt bei 70 %. Die Hauptrebsorten für die Weißweinerzeugung sind Inzolia, Catarrato comune, Catarrato lucido, Chardonnay, Moscato und Trebbiano. Verstärkt widmet man sich auch den autochthonen Sorten Carricante und Grecanico. Neben Rotweinen aus internationalen Rebsorten wie Cabernet Sauvignon, Merlot oder Syrah, die hier ideale Bedingungen vorfinden, werden immer mehr Rotweine auch aus einheimischen Rebsorten wie Calabrese, Frappato, Nerello Cappuccio, Nerello Mascalese, Nero d'Avola und Perricone erzeugt.

Bekannte Weine Siziliens

Alcamo (bekanntester D.-O.-C.-Weißwein Siziliens), Contessa Entellina (Weißwein), Litra (hervorragender Rotwein aus Cabernet Sauvignon und Nero d'Avola), Milla e una Notte (sehr guter Rotwein, überwiegend aus Nero-d'Avola-Trauben), Moscato di Pantelleria und Moscato Passito di Pantelleria (volle, konzentrierte, vielschichtige Weiß-, Dessert- und Schaumweine aus Moscato-Trauben), Duca Enrico (in Barrique ausgebaut, gilt als der beste Rotwein Siziliens), Rosso del Conte (Rotwein), Terre d'Agala (dichter, rubinroter Tafelwein), Chardonnay Planeta (reinsortig, im Barrique ausgebaut), Terre di Ginestra (Weißwein).

Sella e Mosca ist das größte sardische Weingut in Alghero in der Provinz Sassari

Bekannte Weinerzeuger: Abbazia Santa Anastasia, De Bartoli, Benanti, Tasca d'Almerita-Regaleali, COS, Cusumano, Donnafugata, Duca di Salaparuta, Firriato, Gulfi, Planeta, Rapitalà, Settesoli, Tenuta delle Terre Nere.

Sardinien (Sardegna)

Die Sommer auf Sardinien sind lang, trocken und heiß. Der Weinbau wird zudem von den starken Winden Mistral und Schirokko geprägt. Die Weinbaugebiete befinden sich größtenteils im Küstengebiet, auf den niedrigen Hügeln und im Flachland.

Die Temperaturen sind in den verschiedenen Teilregionen der Insel sehr unterschiedlich. Während im kühleren Norden vor allem frische, fruchtige Weißweine entstehen, finden die Trauben für Rot-, Weiß- und Dessertweine auf der warmen Süd- und Westseite der Insel mit unterschiedlichen Kleinklimaten gute Bedingungen.

Die traditionellen sardischen Weine sind gehaltvoll, füllig und alkoholreich, einige davon trocken, viele weisen eine beachtliche Süße auf. Die wichtigste und edelste Weißweinrebsorte ist die Vernaccia, die in der Provinz Oristano angebaut wird und die Basis für Weine mit einer sherryähnlichen Note bilden.

D.-O.-C.-Weine werden nur aus einer Rebsorte gekeltert, d. h., eine Hauptrebsorte wird nur mit geringen Mengen anderer Rebsorten (max. 15 %) verschnitten. Der Anteil an Qualitätsweinen auf der Insel steigt ständig.

Bekannte Weine Sardiniens

Vermentino di Gallura (kräftiger, fruchtiger D.-O.-C.-G.-Weißwein), Cannonau di Sardegna (Rot- und Roséwein), Marchese di Villamarina (Rotwein), Vernaccia di Oristano (Weiß- und Süßweine mit sherryähnlichem Charakter).

Bekannte Weinerzeuger: Argiolas, Capichera, Contini, CS di Gallura, CS di Jerzu, CS del Vermentino, Sella & Mosca.

Wein aus Spanien

Mit knapp 1,2 Millionen Hektar Rebfläche ist Spanien flächenmäßig das größte Weinbauland der Welt. Mit seiner Weinproduktion von 40–42 Millionen Hektolitern rangiert es nach Frankreich und Italien an dritter Stelle.

Vor wenigen Jahrzehnten noch war Spanien vor allem für zwei Weine berühmt: den Rioja und den Sherry. Daneben kannte man vielleicht noch den Malaga. Mittlerweile haben aber auch die Weine aus den Gebieten Ribera del Duero, Penedès, Priorato, Somontano und Toro die internationale Weinwelt von ihrer Qualität restlos überzeugt und sind wiederum zum Vorbild für die Regionen Jumilla, Montsant, Utiel-Requena und Yecla geworden.

CASTILLO DE MILMANDA, KATALONIEN

Bereits 3 000 Jahre v. Chr. wurden in Spanien Reben kultiviert. Unter dem Einfluss der Römer kam es 200 v. Chr. zu einer ersten Blütezeit. Im 8. Jahrhundert wurde dem Weinbau jedoch durch den Einfall der Mauren ein jähes Ende bereitet. Diese rodeten aus religiösen Gründen große Teile der Weinberge oder erlaubten nur die Produktion von Rosinen. Erst nach 700 Jahren gelang den Christen die Rückeroberung und somit eine Neubelebung der Weinkultur.

In der zweiten Hälfte des 19. Jahrhunderts fielen auch die spanischen Weingärten der Reblaus zum Opfer. Nur Rioja blieb vorerst verschont, und als die Reblaus auch dieses Gebiet erreichte, waren die meisten Weingärten bereits mit veredelten, reblausresistenten Rebstöcken bepflanzt. Der besondere Aufstieg von Rioja begann mit der Ansiedelung französischer Weinbauern, die infolge der heimischen Reblausplage ihre Existenz verloren hatten. Ihre ausgefeilte Kellertechnik prägte den spanischen Weinbau nachhaltig. Während des spanischen Bürgerkrieges und unter dem Regime von General Franco wurden etliche Weingärten zerstört. Nach dem Beitritt Spaniens zur EU im Jahre 1986 gab es im spanischen Weinbau einen Neubeginn. Heute ist Spanien eines der dynamischsten Weinländer der Welt.

Waren früher die meisten spanischen Weine ein Verschnitt verschiedener Rebsorten und/oder Weine aus mehreren Weinbauregionen, werden heutzutage einige der besten Weine aus der Albariño-, der Verdejo-, der Garnacha- und der Tempranillo-Rebe reinsortig gekeltert. Viele der alten spanischen Rebsorten, wie der aromatische Albariño und der Verdejo, haben in den letzten Jahren eine Renaissance erlebt. Die Erforschung der einheimischen Rebsorten ist einer der Schwerpunkte im spanischen, vor allem aber im katalonischen Weinbau. Der Winzer Miguel Torres hat hier eine Vorreiterrolle. Zusammen mit Jean Leon gilt er als Pionier des modernen spanischen Weinbaus. Bei den Weißweinen stehen nun Frucht und Frische im Vordergrund, während die oxidativ ausgebauten Weißweine fast ganz verschwunden sind. Bei Rotwein hat es ebenfalls eine deutliche Verschiebung gegeben, man strebt nach höherer Traubenreife, weniger Säure sowie mehr Primärfrucht und neuem Holz.

Kleines Abc der Etikettensprache
Abocado: halbsüß.
Anejo: Der Wein wurde mindestens 25 Monate in Eichenfässern oder in Flaschen gelagert.
Blanco: weiß.
Bodega: Betrieb, der Wein anbaut, erzeugt oder vertreibt; die wörtliche Übersetzung lautet Weinkeller.

Crianza oder Vino de Crianza (vom spanischen „criar" „reifen, großziehen"): Wein, der ab dem dritten Jahr mindestens ein Jahr im Eichenfass (Barrique) gereift ist.
Cosecha: Jahrgang, Ernte.
Dulce: süß.
Elaborado por: Bezeichnung für ausgebaut und/oder verschnitten.
Espumoso: schäumend.
Noble: Der Wein wurde mindestens 18 Monate in Eichenfässern oder Flaschen gelagert.
Finca: Weingut oder Lage.
Generoso: aufgespriteter Aperitif und Dessertwein; wörtlich übersetzt bedeutet generoso „großzügig".
Pago: Weinberg oder Kleinlage; auch kleines Gebiet mit außergewöhnlichen Weinen.

Rancio: Bezeichnung für einen alten, gelagerten Wein bzw. für einen oxidierten Wein, der bei einem schnellen Temperaturwechsel unter Einfluss von Luft (im Holzfass oder in großen Korbflaschen) seine Reifung erfahren hat.
Reserva: Wein, der mindestens drei Jahre in Fass und Flasche gereift ist, davon zumindest ein Jahr im Eichenholzfass. Der Wein darf also erst im vierten Jahr nach der Ernte ausgeliefert werden. Ein Gran Reserva muss zwei Jahre im Holzfass und mindestens drei Jahre in der Flasche (oder einem Tank) lagern. Es dürfen nur Weine aus guten Jahrgängen verwendet werden. Für Weißweine gilt: sechs Monate im Holzfass und vier Jahre in der Flasche.

Rosado: Roséweine, dürfen in Spanien auch aus roten und weißen Trauben bzw. Weinen hergestellt werden.
Seco: trocken.
Semi- oder Mediacrianza (Roble): inoffizielle Bezeichnung für Weine mit (bis zu sechsmonatigem) Ausbau im Eichenfass und Stahltank.
Tinto: rot.
Viejo: Wein, der mind. 36 Monate gelagert wurde; oxidativer Ausbau.
Vino de Aguja: Perlwein.
Viña: Bezeichnung für Weinberg, oft auch Weingut.
Vino sin Crianza (Joven): Wein, der nach der Gärung keinen besonderen Ausbau erfahren hat und nur kurz oder gar nicht im Fass gereift ist.
Vino primero: Jungwein nach dem Vorbild des Beaujolais nouveau.

Alles, was recht ist, oder das spanische Weingesetz

Wie in Frankreich und Italien wird die Weinqualität auch in Spanien nach der Herkunft bestimmt.

Weingüteklassen	
Vinos de Mesa/VdM (Tischweine) mit den zwei Bezeichnungen:	Einige der besten spanischen Weine werden unter dieser Bezeichnung abgefüllt. Meist stammen sie von Winzern, die am Rande oder außerhalb von D.-O.-Gebieten liegen, z. B. Bodegas Mauro und Abadia Retuerta in Ribera del Duero.
Vino de Mesa (Tischwein)	Gebiet und zugelassene Rebsorten sind angegeben.
Vino de la Tierra (Landwein)	Muss einen Mindestalkoholgehalt aufweisen; wird einer Prüfung unterzogen; traditionelle Bezeichnung: z. B. Vino de la Tierra de Castilla.
Vinos de Calidad Producidos en una Región Determinada	Qualitätsweine mit geografischer Ursprungsbezeichnung.
Vino de Calidad con Indicación Geografica (V. I. C. G.)	Angabe: Vino de Calidad de … (Ortsname); Ursprungsbezeichnung für Qualitätsweine besonderer Anbaugebiete.
Indicación Geografica Viñedas de España	Darf nur für Landweine, Likörweine, Weine aus überreifen Trauben sowie für Perlweine verwendet werden, wenn sie aus Gebieten stammen, deren Weine als Vino de la Tierra klassifiziert sind.
Denominación de Origen (D. O.)	Qualitätswein mit kontrollierter Ursprungsbezeichnung; Festlegung der Anbauzonen, Rebsorten, Ertragsgrenzen, Alkoholgrade etc. durch regionale Kontrollbehörden (Consejo Regulador).
Denominación de Origen Calificada (D. O. Ca.)	Qualitätswein mit besonders strengen Bestimmungen; entspricht ungefähr den italienischen D.-O.-C.-G.-Weinen.
Vino de Pago und Vino de Pago Calificada	Weine aus besonderen Einzellagen; um die Bezeichnung D. O. Pago führen zu können, müssen diese Weine über mindestens fünf Jahre von hervorragender Qualität sein. Die Trauben stammen vom genannten Weingut, wo auch Herstellung und Abfüllung erfolgen. Die Weine müssen zumindest die Richtlinien für eine D. O. Ca. erfüllen. Befindet sich die gesamte Lage innerhalb einer D. O. Ca., so darf die Bezeichnung „Vino de Pago Calificado" verwendet werden.

Die Rebsorten

Obwohl zwei Drittel der spanischen Rebfläche mit weißen Rebsorten bestockt sind, sind es dennoch die Rotweine, die Weinliebhaber auf der ganzen Welt begeistern.

Hauptrebsorten für Rotweine

Vor allem die Grenache- und die Tempranillo-Rebe sind in Spanien weit verbreitet. Die Garnacha, so die spanische Bezeichnung für Grenache, kommt hier in einer ganzen Reihe von Spielarten vor. Bobal, Graciano, Mencia, Monastrell und Cariñena sind weitere bedeutende rote Sorten. Auch Cabernet Sauvignon, Merlot und Syrah haben überall in Spanien Fuß gefasst.

Die Tempranillo-Traube gilt in Spanien als die Königin der roten Sorten. Typisch sind ihr duftiger, fruchtbetonter Charakter sowie ihr großes Reifepotenzial im Holz.

Hauptrebsorten für Weißweine

Unter den weißen Rebsorten sind neben der Garnacha blanca die Sorten Airén, Macabeo (Viura) und Palamino am weitesten verbreitet.

Weinbauregionen und -gebiete

Spanien ist in 17 Weinbauregionen eingeteilt. In ihnen befinden sich 68 Qualitätsweinbaugebiete (D.-O.-Gebiete). Nur die wichtigsten werden im Folgenden vorgestellt.

Spanische Weinbau-Regionen

La Rioja

Durchquert man die Pyrenäen von Frankreich kommend in Richtung Süden, erreicht man bald das Tal des Ebro. Am Mittellauf südlich von Pamplona erstreckt sich auf ca. 120 km Länge und 40 km Breite die bekannteste Weinregion Spaniens. Sie verdankt ihren Namen dem „Rio Oja“, einem der sieben Nebenflüsse des Ebro.

Nachbargemeinden aus anderen Regionen haben schon vor der Klassifizierung einen Rioja-Wein erzeugt. So ist es auch gekommen, dass die Rioja bis heute in die Regionen Navarra und Baskenland hineinreicht. 1991 wurde der Weinregion Rioja als erster der Status einer Denominación di Origen Calificada (D. O. Ca.) zuerkannt. Die gesamte Rebfläche beträgt 62 000 Hektar.

Früher gab es in der Rioja eine ganze Reihe von Rebsorten, heute wird der rote Rioja aus folgenden Sorten gekeltert: Tempranillo (zu 80 %), Garnacha tinta, Mazuelo, Graciano, Maturana parda und Maturana tinta. Für den weißen Rioja werden Viura, Malvasia, Garnacha blanca sowie die seit 2007 neu zugelassenen Sorten Chardonnay, Sauvignon blanc, Maturana blanca, Tempranillo blanco, Turruntés und Verdejo verwendet.

Die Tempranillo-Traube wird am häufigsten angebaut, und zwar vorwiegend in den Zonen Rioja Alta und Rioja Alavesa. Ihr Anteil liegt bei den meisten Rioja-Rotweinen bei mindestens 80 %. Weine, die ausschließlich aus Tempranillo-Trauben hergestellt werden, haben einen ausgezeichneten Charakter, Kraft, Harmonie und Aroma. Die Garnacha-tinta-Traube ist die Hauptsorte in der Rioja Baja. Sie reift rasch und harmoniert perfekt mit der Tempranillo-Traube.

Bereits um 1560 wurde der erste Winzerverband in dieser Gegend gegründet. La Rioja war die erste Region Spaniens, in der bereits 1926 ein D.-O.-Gebiet bestimmt wurde.

Ein Tipp vom Profi
Bestimmte früher einzig und allein das System des Ausbaus (Crianza, Reserva, Gran Reserva) die Wertung des Weines, sind es heute die Lagen. Klassische Riojas durchlaufen einen langen Holzausbau und kommen nahezu ausgereift als Reservas und Gran Reservas auf den Markt.

Moderne Riojas tragen individuelle, von den Winzern kreierte Namen; es wird dabei auf Bezeichnungen wie Crianza, Reserva und Gran Reserva verzichtet. Moderne Riojas sind früher trinkreif und zeigen neben einer enormen Fruchtfülle, Konzentration und Dichte auch – bedingt durch die Graciano-Traube – eine gewisse Frische.

DIE KOLOSSALEN BARRIQUEFÄSSER „LIMOUSIN" DER BODEGAS BILBAÍNAS

Rioja Alavesa

Die kleinste Weinbauzone mit einer Rebfläche von ca. 10 000 Hektar erstreckt sich am Nordufer des Ebro von Haro bis östlich von Logroño. Zu den wichtigsten, insgesamt 18 Weinbaugemeinden der Alavesa gehören Labastida im Westen und Elciego, Laguardia und Oyón im Osten. Es werden hauptsächlich Rotweine aus der Tempranillo-Traube erzeugt, aber auch geringe Mengen Weiß- und Roséwein. Im Allgemeinen sind die Rotweine kräftig, fruchtig und mild. Sie reifen schneller als die Weine von Rioja Alta und sind nicht so lange haltbar wie diese.

Bekannte Weinerzeuger

Bodegas Artadi-Cosecheros Alaveses, Bodegas Campillo, El Coto, Faustino, Marqués de Riscal (erzeugt u. a. „Barón de Chirel Tinto Reserva"), Bodegas Martinez Bujanda (erzeugt u. a. den bekannten „Conde de Valdemar"), Bodegas Primica, Granja Nuestra Señora de Remelluri, Bodegas Fernando Remirez de Ganuza, Viña Izadi, Bodegas Ysios.

Rioja Alta

Aus dieser Zone kommen die besten Riojas, die sich durch ihren harmonischen Geschmack, ihre Farbintensität und ihr hervorragendes Aroma auszeichnen. Charakteristisch ist auch der Ausbau in „Barricas", der den Weinen ihre typische reife Note gibt.

Auch in Rioja Alta ist die Tempranillo-Traube das Lieblingskind der Winzer, die Rotweine enthalten jedoch einen höheren Anteil an Mazuela, Garnacha und Graciano.

Ein Tipp vom Profi
Riojas aus der Zone Rioja Alta sind von allen Rioja-Weinen die am längsten lagerfähigen.

Die bedeutendsten Weinbauzentren sind Haro, Cenicero, Fuenmayor, Logroño und Naverrete.

Bekannte Weinerzeuger

Bodegas Altanza, Bodegas Berberana, Bodegas Bilbaínas („Viña Pomal Tinto Gran Reserva"), Bodegas Ramón Bilbao, Bodegas Lan, Bodegas Marqués de Murrieta, Bodegas Martínez Bujanda, Bodegas Montecillo, Bodegas Muga, Bodegas Palacio, Bodegas Paternina, Bodegas Riojanas, Bodegas Roda, Campo Viejo, Compañía Vinícola del Norte de España (C. V. N. E.), Finca Allende S. L., Granja Nuestra Señora de Remelluri, La Rioja Alta, Marqués de Cáceres, R. López de Heredia, Viños de los Herederos del Marqués de Riscal.

Rioja Baja

Die Qualität der Rioja-Baja-Weine ist nicht so fein wie die der Weine von Rioja Alavesa und Rioja Alta. Sie sind wuchtiger, extraktreicher und alkoholstärker. Rioja-Baja-Weine werden gerne zum Verschneiden mit anderen Riojas verwendet. Die rote Garnacha ist die Hauptsorte in diesem Gebiet. Sie erreicht hier ihre beste Reife.

Bekannte Weinerzeuger

Barón de Ley, Palacios Remondo, Alicia Rojas.

Navarra

Die Region Navarra liegt zwischen dem Baskenland und Aragonien und erstreckt sich in Nordsüdrichtung von den Pyrenäen bis zum Ebrobecken. Fast die ganze Rebfläche von Navarra wird von zwei Herkunftsgebieten, nämlich der D. O. Navarra im Norden und dem D.-O.-Ca.-Gebiet Rioja Baja im Süden, bestimmt.

Navarra gilt als eines der dynamischsten und erfolgreichsten Weinbaugebiete Spaniens. In Navarra werden Weiß-, Rosé- und Rotweine erzeugt. Sehr bekannt sind die Roséweine, die fast ausschließlich aus Garnacha-Trauben erzeugt werden.

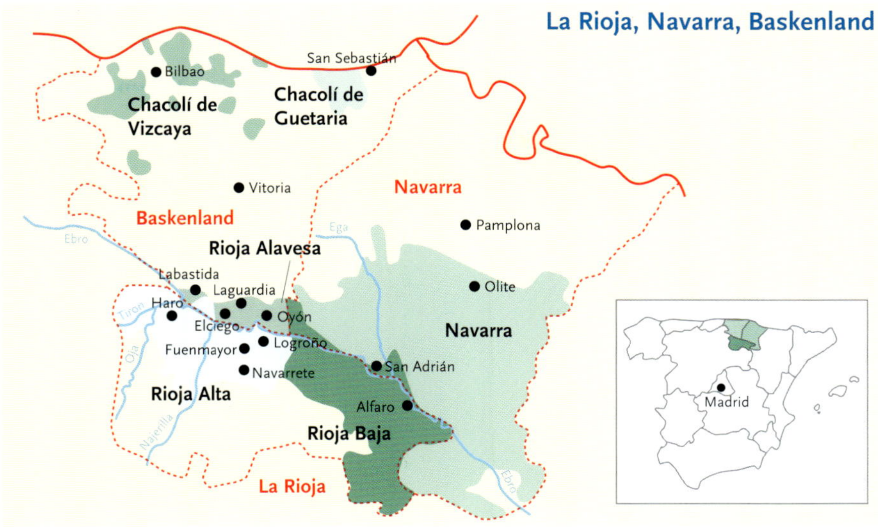

Die am häufigsten angepflanzte Rebsorte ist die Tempranillo, gefolgt von der Garnacha. Weitere rote Rebsorten sind Cabernet Sauvignon, Merlot, Graciano und Mazuelo. Die meisten Rotweine sind ein Verschnitt von drei bis fünf verschiedenen Rebsorten. Die hier erzeugten Rotweine, insbesondere die Reservas, gehören zu den besten des Landes. Der Trend geht in Richtung konzentrierter und fruchtbetonter Rotweine.

Die weiße Hauptrebsorte ist Viura. Weiters werden noch Garnacha blanca, Malvasia, Moscatel und Chardonnay für die Erzeugung von Weißweinen verwendet.

Bekannte Weinerzeuger

Bodega de Sarria, Bodegas Castillo de Monjardin, Julián Chivite, Guelbenzu, Nekeas, Ochoa, Orvalaiz, Marco Real, Señorio de Otazu, Palacio de la Vega, Vicente Malumbres, Viñas Magaña.

Seit 2007 hat das Weingut Señorio de Arínzano den Vino-de-Pago-Status (siehe S. 154). Es befindet sich im Besitz der Familie Chivite.

Baskenland (Pais Vasco)

In dieser im Norden gelegenen Weinbauregion herrscht ein gemäßigtes Klima. Die Produktion des Baskenlandes kann in zwei sehr unterschiedliche Weintypen unterteilt werden. An der Küste wird der traditionelle Chacoli, ein leicht perlender Weiß- bzw. Rotwein, angebaut. Im Süden, wo der Ebro durch Alava fließt, entstehen die berühmten Reservaweine der Rioja. Eine Besonderheit ist, dass diese Rebflächen zur D. O. Rioja (Rioja Alavesa) zählen.

Bekannter Weinerzeuger

Marques de Griñón.

Galicien (Galicia)

Die Region im Nordwesten Spaniens ist durch ein mildes ozeanisches Klima mit kontinentalem Einfluss geprägt. Hier entstehen elegante, leichte, sehr frische Weißweine, die aus Rebsorten hergestellt werden, die in anderen spanischen Weinbauregionen sehr selten sind, wie z. B. Treixadura, Torrontés und Godello. Der **Albariño** zählt zu den besten Weißweinen der Region. Die Rotweine entwickeln hier eine gute Säure und ein elegantes Fruchtaroma.

In Galicien haben fünf Weine das D.-O.-Prädikat. Es sind dies Monterrey, Rias Baixas, Ribeira Sacra, Ribeiro und Valdeorras.

Rias Baixas

Seinen besonderen Ruf als exzellentes Weißweingebiet verdankt das Rias Baixas den fruchtigen, frischen, körperreichen Weinen mit ausgeprägter Säure, insbesondere den zu 100 % aus der Albariño-Traube erzeugten. Andere Weißweine müssen zum Großteil aus Albariño-Trauben hergestellt werden (mindestens 70 %) und werden mit anderen Weinen aus den Rebsorten Blanca o Marques, Treixadura, Caiño blanco, Loureira und Torrontés verschnitten.

Bekannte Weinerzeuger

Bodegas Beiramas, Conde de Albarei, Martin Códax, Galegas, Fillaboa, Pazo de Señorans, Salnesur, Terros Ganda, Valdamor.

Valdeorras

Der Name „Valdeorras" bedeutet „Goldenes Tal", weil hier in früheren Zeiten Gold gewonnen wurde. Gold wird in Valdeorras zwar nicht mehr abgebaut, dafür sind die hier erzeugten Weißweine aus den Sorten Godello, Palomino und Dona blanca Gold wert und zählen zu den besten Weinen Spaniens. Sie sind aromatisch, haben einen gut ausgewogenen Säuregehalt und ein volles Bukett. Der Spitzenwein dieses Gebietes ist der **Guitán Godello**, den es im Normal- und Barriqueausbau gibt. Die Rotweine werden überwiegend aus der Mencia-Traube hergestellt. Sie sind leicht, duftig und haben eine kirschrote Farbe.

Bekannte Weinerzeuger

Godeval, Valdesil, La Tapada.

Kastilien-León (Castilla y León)

Die Region produziert Weine von beachtenswerter Vielfalt. Die Palette reicht von Weiß- und Schaumweinen aus Rueda, den leichten Rotweinen aus Bierzo und Cigales bis hin zu den stilvollen Rotweinen aus Ribera del Duero.

Zwei Flüsse, nämlich der Ebro und der Duero, spielen die Hauptrolle in der Entwicklung der Rebkulturen. Ihr Einfluss schwächt die hier herrschenden extremen klimatischen Bedingungen weitgehend ab.

Es gibt eine Vielzahl von Rebsorten, die besten sind Tinto fino für Rotweine und Verdejo für Weißweine.

In Kastilien-León gibt es 13 geschützte Gebiete. Die besten Weine kommen aus den D.-O.-Gebieten Ribera del Duero, Toro, Rueda und Cigales.

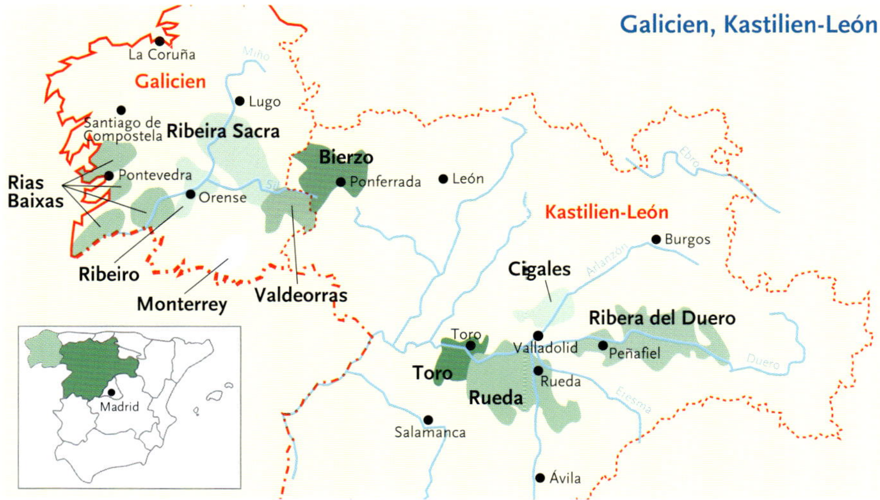

Ribera del Duero

In diesem D.-O.-Gebiet an beiden Ufern des Duero werden über eine Länge von 110 km überwiegend Rotweine erzeugt, die neben den Riojas und den Weinen Kataloniens zum Besten zählen, was Spanien an Weinen zu bieten hat. Darüber hinaus werden einige Roséweine erzeugt.

Hauptrebsorte ist die Tinta del País (eine Variante der Tempranillo-Rebe), die besonders für den Ausbau im Barrique geeignet ist. Sie ergibt sehr komplexe und gut lagerfähige Weine. Garnacha tinta, Cabernet Sauvignon, Malbec und Merlot werden ebenfalls verwendet.

Bekannte Weinerzeuger und Weine

Gut Ding braucht Weile

Ribera del Duero wurde vor allem durch das legendäre Weingut Vega Sicilia berühmt, das 1864 von Don Eloy Lacanda y Chaves im Stil der Weingüter des Médoc angelegt wurde. Nachdem er zuerst mit den aus Frankreich importierten Rebsorten Cabernet Sauvignon und Merlot gearbeitet hatte, entdeckte er bald, dass die spanische Sorte Tinta del País bei entsprechender Pflege ebenso hervorragende Weine hervorbrachte. Im Jahre 1915 wurde das Weingut von der Familie Herrero übernommen und bald darauf schlug die Geburtsstunde der Cuvée Unico (Einzigartiger). Unico zählt inzwischen zu den besten, aber auch teuersten Rotweinen Spaniens. Die Gärung erfolgt in Holzbottichen. Nach der ebenfalls in Holzfässern erfolgten malolaktischen Gärung ruht der Wein ein halbes Jahr. Für die weitere Verarbeitung des Unico werden nur die besten Fässer als Basis herangezogen. Der Ausbau im Barrique erfolgt in neuen Fässern aus französischer Eiche und dauert ein bis zwei Jahre. Danach reift der Wein in alten Eichenfässern zumindest fünf Jahre, um dann in Flaschen abgefüllt zu werden und nochmals mindestens drei Jahre weiterzureifen. Frühestens nach elf Jahren kommt der Unico mit einem stattlichen Alkoholgehalt von 16 Vol.-% auf den Markt. Nur in besonders guten Jahren wird ein „Unico Reserva Especial" hergestellt, der aus verschiedenen Jahrgängen verschnitten wird und frühestens nach 14 Jahren zum Verkauf bereitsteht.

Der Zweitwein „Valbuena" mit einer Reifezeit von fünf Jahren mutet dagegen beinahe wie ein Jungwein an.

Alejandro Fernández, eine der größten Persönlichkeiten des spanischen Weinbaus, gründete 1972 seine Bodega. Die Spitzenweine heißen **Pesquera Janus** und **Pesquera Alenza Tinto.** Sie werden reinsortig aus Tempranillo erzeugt. Ein typischer Pesquera ist schon jung gut zugänglich, dunkel, körperreich, enorm fruchtbetont und hat ein zartes Vanillearoma. Er ist aber auch sehr gut lagerfähig.

Der **Dominio de Pingus Tinto** (100 % Tinta del País) ist ein spanischer Spitzenwein, der auch international höchste Bewertungen erhält. Er wird von dem gebürtigen Dänen Peter Sisseck in Kleinstmengen erzeugt. Der Zweitwein heißt „Flor de Pingus".

Peréz Pascuas stellt hervorragende Rotweine in Pedrosa de Duero her. Als Spitzenweine gelten der Viña Pedrosa Tinto Gran Reserva und der Peréz Pascuas Gran Selección Tinto Gran Reserva.

Weitere nennenswerte Weinerzeuger: Aaltc, Alión, Arzuaga Navarro, Bodegas Ismael Arroyo, Bodegas Balbás, Bodegas Téofilo Reyes, Félix Callejo, Matarromera, Carmelo Rodero, Emilio Moro, Condado de Haza (reinsortiger Tinto fino). Frutos Vilar, Hacienda Monasterio, Pago de los Capellanes, Pago de Carravovejas, Torremilanos.

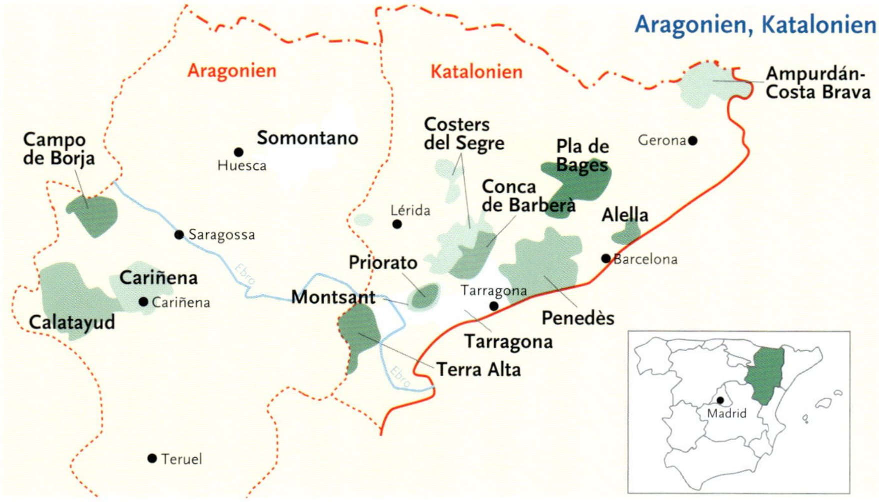

Aragonien (Aragón)

Die Region liegt im nördlichen Teil Spaniens. Sie ist sehr trocken, lediglich in der Nähe des Ebro gibt es eine etwas höhere Luftfeuchtigkeit. Der Anteil an Qualitätsweinen ist gering, hervorzuheben sind die D.-O.-Gebiete Cariñena (südlich von Saragossa) und Somontano.

Bekannte Weinerzeuger

In Cariñena: Bodega Cooperativa San Valerno, Martinez Gutiérrez Vinicola Cariñena.

In Somontano: Venta d'Aubert mit dem Spitzenwein „Domus Tinto" (ohne D. O.) aus Cabernet-Sauvignon- und Garancha-Trauben, Viñedos y Crianzas del Alto Aragón (Enate) mit den Spitzenweinen „Enate Blanco Chardonnay 234" und „Enate Tinto Reserva Cabernet Sauvignon", Viñas del Vero mit der Spitzen-Cuvée „Blecua", Bodegas Pirineos. Die Genossenschaft Comarcal di Somontano de Sobrarbe erzeugt einen Großteil der Weine der Region.

Katalonien (Cataluña)

Katalonien ist eine der größten und vielfältigsten Weinregionen Spaniens. Sie hat sich im Laufe der letzten Jahrzehnte einen Namen als Versuchsfeld für neue Techniken, Verfahren und Rebsorten gemacht.

Aus den katalonischen Weinbaugebieten kommen überwiegend Weißweine, Cavas (siehe S. 196) und Dessertweine. Die Weine werden zum Großteil aus den traditionellen Rebsorten Macabeo, Xarel-lo und Parellada gewonnen. Aber auch französische und deutsche Rebsorten werden für die Erzeugung von Weißweinen herangezogen.

Aus Cabernet Sauvignon, Merlot, Pinot negro, Tempranillo, Garnacha tinta und anderen roten spanischen Rebsorten werden feinste Rotweine gekeltert.

Die besten Weine Kataloniens kommen aus den D.-O.-Gebieten Conca de Barberà, Costers del Segre, Penedès und Priorato. Die Rotweine aus Penedès

Toro

Toro liegt im Westen Kastiliens und ist nach der gleichnamigen Stadt benannt. Es werden Weiß-, Rosé- und Rotweine erzeugt. Die rote Hauptrebsorte ist Tinta de Toro, eine nahe Verwandte der Tempranillo-Rebe. Alle Rotweine müssen zu 75 % aus dieser Rebsorte hergestellt werden. Als zweite Sorte wird Garnacha tinta angebaut. Die Rotweine sind gehaltvoll, konzentriert und alkoholreich (bis 17 Vol.-%).

Für die Herstellung von Weißwein dürfen die Sorten Malvasia und Verdejo verwendet werden. Die Weißweine werden meist jung getrunken.

In den letzten Jahren investierten bekannte Winzer aus anderen Weinbaugebieten, wie z. B. Antonio Sanz, Vega Sicilia und Alejandro Fernández, in dieses aufstrebende Gebiet.

Weinkeller der Bodegas Vega Saúco

Bekannte Weinerzeuger

Bodegas Alquiriz, Dos Victorias, Estancia Piedra, Bodegas Fariña, Finca Sobreño, Frutos Villar, Vega Saúco, Jacques & Francios Lurton, Bodegas Maurodos, Bodegas Numanthia, Telmo Rodriguez, Bodegas Vega de Toro.

Rueda

Rueda, benannt nach der gleichnamigen Stadt, war schon im 16. Jahrhundert für seine Weißweine berühmt. Auch heute werden hier ausschließlich Weißweine produziert.

Die wichtigste Rebsorte ist Verdejo. Weiters findet man Viura, Palomino und Sauvignon blanc. Die Rueda-Weißweine müssen zu mindestens 50 % aus der Verdejo-Rebe gekeltert werden. Als Rueda Superior werden sie bezeichnet, wenn sie einen Anteil von mindestens 85 % aufweisen und mindestens sechs Monate gelagert wurden.

Bekannte Weinerzeuger

Alvarez y Diez, Belondrade, Bodegas Cerrosol, Dos Victorias, Lurton, Pagos del Rey, Palacio de Bornos, Marqués de Riscal, Vinos Sanz.

Cigales

Hier werden vorwiegend Roséweine aus roten und weißen Rebsorten hergestellt, die zu den besten Spaniens zählen. Sehr bekannt ist der **Torondos Rosé**. Die Rotweine, insbesondere die Reserva, gewinnen immer mehr an Bedeutung. Sie werden überwiegend aus der Tempranillo-Traube (Tinto del País) gekeltert.

und Priorato haben den ausgezeichneten Ruf der nordspanischen Rotweine mitbegründet.

Conca de Barberà

Diese Zone westlich von Barcelona hat einen Weißweinanteil von 75 %. Die Weißweine werden aus der Macabeo- und der Parellada-Traube hergestellt. Sie sind fruchtig, frisch und können eine leichte Zitrusnote aufweisen. Überwiegend werden sie jedoch für die Cava-Erzeugung (siehe S. 196) verwendet. Aus diesem Gebiet kommen der **Torres Milmanda Chardonnay**, einer der besten Weißweine Spaniens, der **Grans Muralles**, ein exzellenter Rotwein aus den Sorten Monastrell, Garnacha, Cariñena und Garró und der **Gran Coronas Mas la Plana Black Label**, eine Cabernet-Sauvignon-Auslese, die ebenfalls zu den Spitzenweinen Spaniens zählt.

Bekannte Weinerzeuger

Celler Mas Foraster, Concavins, Miguel Torres.

Costers del Segre

In dieser Zone werden sowohl Weiß-, Rosé-, Rot- als auch Schaumweine erzeugt. Der Großteil des Lesegutes wird für die Cava-Herstellung verwendet. Bekannt sind die Cuvées von Cabernet Sauvignon und Tempranillo (Ull de Llebre).

Bekannte Weinerzeuger

Raimat (mit dem Spitzenwein „Abadia Tinto Reserva“), Castell del Remei, L'Olivera SC.

Penedès

Zwischen Barcelona und Tarragona liegt Penedès, das größte und wichtigste Weinbaugebiet Kataloniens. Hier befindet sich auch das Zentrum der spanischen Cavaproduktion, rund ein Fünftel der Rebfläche ist im Besitz der Cavaproduzenten.

Im Penedès wird zu 75 % Weißwein hergestellt. Zugelassene Trauben sind Macabeo, Xarel-lo, Parellada, Subirat Parent, Chardonnay, Chenin blanc, Gewürztraminer, Riesling und Moscato. Der Großteil der gut ausgewogenen, trockenen und fruchtigen Weißweine ist für eine rasche Konsumation bestimmt. Weine besonderer Qualität, die reinsortig gekeltert werden, sind auch für eine längere Lagerzeit geeignet.

Die gängigen Rotweinsorten sind Tempranillo (Ull de Llebre), Garnacha tinta, Monastrell, Cariñena, Samsó, Cabernet Sauvignon, Cabernet Franc, Merlot und Pinot negro.

Bekannte Weinerzeuger

Albet i Noya, Can Ráfols dels Caus, Ferret i Mateu, Hill, Juvé y Camps, Jean León, Mas Comtal, Masia Bach, Marqués de Monistrol, Pinord, Raventós I Blanc, Vallformosa, Jané Ventura, Miguel Torres.

Priorato

Priorato ist eine gebirgige Enklave im Süden Kataloniens mit D.-O.-Ca.-Status. Der Weinbau wird hier in kleinen Parzellen oder auf Terrassen auf den vulkanischen Böden steiler Berghänge betrieben. Die Erträge sind äußerst gering, sie überschreiten selten 2 000 kg pro Hektar. Die vulkanischen Böden sind das Besondere im Priorat und bestimmen den Charakter der Weine ganz wesentlich. Die verwitterte Lava (Llicorella) sowie uralte Pflanzungen der Sorten Garnacha und Cariñena bringen im Zusammenwirken mit den heißen Sommern einzigartige, körperreiche, alkoholstarke und tiefdunkle Rotweine von großer Mineralität hervor. Der Mindestalkoholgehalt liegt bei 13,5 Vol.-%, er kann jedoch bis zu 19 Vol.-% erreichen.

Priorato ist ein Rotweinland. Zugelassene rote Rebsorten sind Garnacha tinta, Garnacha peluda und Cariñena. Weiters findet man noch Cabernet Sauvignon, Merlot und Syrah. Das Priorat ist auch bekannt für einige ausgezeichnete Rancios (siehe S. 154) aus roten Trauben und Generosos (aufgespritete Aperitif- und Dessertweine).

Ein Tipp vom Profi

Mit der Bezeichnung „Clos“ wurde in Priorato ursprünglich eine Lage oder ein abgegrenzter Rebgarten bezeichnet. Heute wird dieser Begriff sehr häufig verwendet, allerdings nicht mehr für Lagenwein.

Einige der besten Weine aus diesem Gebiet tragen die Bezeichnung Clos, wie z. B. Clos de l'Obac, Clos Dofi, Clos Erasmus, Gran Clos und Clos Mogador.

Bekannte Weinerzeuger

Antoni Alcover, René Barbier, Masia Barril, Cellers Capofons-Ossó, Cellers Fuentes, Cims de Porrera, Clos dels Llops, Costers del Siurana, Cellers de Scala Dei, Cellers Vilella de la Cartoixa, La Vinya del Vuit, Mas d'en Gil, Mas Igneus, Mas Martinet Viticultors, Alvaro Palacios, Rotllan Torra, Vall Llach / Mas Martinet.

L'Ermita – ein großer Wein in großen Flaschen

Dieser enorm konzentrierte, fruchtbetonte Rotwein aus sehr alten Garnacha- und Cariñena-Reben vom Weingut Alvaro Palacios zählt zu den Spitzenweinen Spaniens. Der Ertrag liegt lediglich bei 10 Hektolitern pro Hektar. L'Ermita wird auch in großformatige Flaschen, wie z. B. Magnum (1,5 Liter) oder Doppelmagnum (3 Liter), abgefüllt. Flaschenübergrößen sind ideal für Weine außerordentlicher Qualität, da die Reifung bzw. Alterung langsamer vor sich gehen.

Montsant

Montsant ist ein neues D.-O.-Gebiet, das fast vollständig das D.-O.-Gebiet Priorato umschließt. Wie in Priorato entstehen auch hier die charaktervollsten Weine aus Trauben von teilweise bis zu 100 Jahre alten Garnacha- und Cariñena-Reben. Ergänzt werden diese traditionellen Sorten durch Cabernet Sauvignon, Merlot, Syrah und Tempranillo. Rund zwei Drittel der Weine werden von alteingesessenen Kooperativen erzeugt.

Bekannt wurde die Gegend mit den typischen Windmühlen vor allem durch den Schriftsteller Miguel de Cervantes (1547–1616) und seinen Roman „Don Quijote de la Mancha“

Bekannte Weinerzeuger
Europvin Falset, Celler Capçanes, Capafons Ossó.

Extremadura

In der Region im Westen Spaniens sind heiße Sommer und geringe Niederschläge üblich. Ein Großteil der Produktion geht als Verschnittwein nach Jerez, Asturien und Galicien. Das wichtigste Anbaugebiet ist D. O. Ribera del Guadiana mit der Subzone Tierra de Barros, aus der einige sehr gute, konzentrierte Rotweine kommen.

Kastilien-La Mancha (Castilla-La Mancha)

Im Zentrum des Landes gelegen, ist Kastilien-La Mancha mit rund 700 000 Hektar flächenmäßig die größte Weinbauregion Spaniens.

Die weiße Traditionssorte Airén bringt leichte und neutrale Weißweine hervor. Bei den Rotweinsorten herrschen Cencibel und Garnacha vor. Die Spezialität der Region sind die **Claretes**, Verschnitte aus 90 % Airén und 10 % Rotwein, die farblich einem Roséwein ähneln. Das Gros der Weinproduktion sind jedoch Weißweine, die als Verschnittweine in andere Gebiete geliefert oder destilliert werden.

Während aus der D. O. La Mancha neben den Claretes noch hervorragende Weißweine kommen, wissen Kenner die exzellenten Rotweine aus der D. O. Valdepeñas zu schätzen. Traditionell werden allen Rotweinen von La Mancha und Valdepeñas mit Ausnahme der Spitzenweine große Mengen weißer Trauben beigemischt.

La Mancha

Der maurische Name „Manxa“ für „gedörrtes Land“ bringt es auf den Punkt: Die weitläufige Ebene ist eine Region der Extreme. Frostige Winter bis minus 20 °C wechseln sich mit heißen und sehr trockenen Sommern mit über 40 °C ab.

Die typischen Weißweine dieses Gebietes, hauptsächlich aus der Sorte Airén, sind hellgelb und duftig, zeigen aber wenig Frucht und eine geringe Säure. Sie werden als Verschnittweine verwendet oder destilliert. Es gibt aber Bemühungen, durch frühere Lese und temperaturkontrollierte Gärung frischere und fruchtigere Weißweine auszubauen. Die Rotweine werden überwiegend aus den Sorten Tempranillo, Garnacha, Morava, Cabernet Sauvigon und Merlot gekeltert.

Bekannte Weinerzeuger
Alejandro Fernández, Calzadilla Rodriguez y Berger, Dominio di Valdepusa, Dehasa de Carrizal, Finca Antigua, Mas que Vinos, Ribera del Duraton, Vinicola de Castilla.

In dieser Region sind die Weine von vier Weingütern als „Vino de Pago“ (siehe spanisches Weingesetz, S. 154) klassifiziert: Domino de Valdepusa (Marqués de Griñon), Finca Elez (Bodegas Manuel Manzaneque), Finca El Guijoso (Sánchez Muliterno) und Finca Dehesa del Carrizal (Dehesa del Carrizal).

Valdepeñas

Der häufigste Weinstil von Valdepeñas ist der Clarete, ein blasser Rotwein mit einem gesetzlichen Mindestanteil von 25 % Cencibel, der ansonsten aus weißen Trauben erzeugt wird. Die Weißweine sind frisch, fruchtig und werden jung getrunken. Die besten Rotweine werden nur aus roten Trauben erzeugt.

Ein Tipp vom Profi
Die fassgereiften, exzellenten Reservas und Gran Reservas sind seit einigen Jahren eine preiswerte Alternative zu den Rioja-Weinen.

Bekannte Weinerzeuger
Bodegas Espinosa, Bodegas Real, Casa de la Viña, Los Llanos, Felix Solis.

Andalusien (Andalucía)

Andalusien ist die südlichste Weinbauregion Spaniens. Die Sommer sind trocken und heiß, die Winter sehr gemäßigt. Die kalkhaltigen Böden sind häufig mit Braunerde oder Quarzsandschichten überzogen. Sie wirken wie ein Schwamm, der die beträchtlichen Niederschläge im Winter speichert, um sie in der Hitze des Sommers an die Reben abzugeben.

Mehr als die Hälfte der bebauten Rebfläche Andalusiens beanspruchen die vier D.-O.-Gebiete Condado de Huelva, Jerez (siehe Sherry, S. 21 ff.), Málaga (siehe S. 35) und Montilla-Moriles (siehe S. 36). Die meisten andalusischen Weine sind aufgespritet.

Wein aus Portugal

Spricht man von portugiesischem Wein, denkt man in erster Linie an Portwein und Madeira. Neben diesen weltbekannten Likörweinen hat Portugal aber eine reiche Vielfalt an großartigen Weiß-, Rosé- und Rotweinen zu bieten.

Neben den Portweinen sind es vor allem die Roséweine, die am meisten exportiert werden. In den letzten Jahren machen aber auch immer mehr Rotweine, vor allem aus dem Douro-Tal, dem Alentejo, dem Dão-Gebiet und der Bairrada von sich reden. Bei den Weißweinen überzeugen die erfrischenden, leichten Vinhos Verdes.

Aufgrund der größtenteils sehr kargen und steinigen Verwitterungsböden und der oftmals kleinen Anbauflächen sind die Erträge häufig geringer als in anderen Weinbauländern. Etwas mehr als 40 % der Weine Portugals sind Weißweine, knapp 60 % Rot- bzw. Roséweine.

Mit der Erzeugung von Roséweinen wurde in Portugal erst in den Vierzigerjahren des 20. Jahrhunderts begonnen, und zwar vor allem in der Umgebung von Vila Real im Douro-Gebiet. Die Marken „Mateus Rosé (halbtrocken mit CO_2-Zusatz) und „Lancers Rosé", Verschnittweine aus überwiegend roten, aber auch weißen Traubensorten, erreichten schnell internationale Bedeutung. Sie wurden zu den meistverkauften Roséweinen der Welt.

Alles, was recht ist, oder das portugiesische Weingesetz

Ähnlich wie in Frankreich gibt es bei der Weinklassifizierung vier Qualitätsstufen.

Weingüteklassen	
Vinhos de Mesa	Tafelweine
Vinhos regionais	Regionalweine
I.-P.-R.-Weine (Indicação de Proveniência Regulamentada)	Weine höherer Qualität aus begrenzten Anbaugebieten
D.-O.-C.-Weine (Denominação de Origem Controlada)	Weine mit kontrollierter Ursprungsbezeichnung

Weinbauregionen und -gebiete

Portugal ist in elf Regionen und 25 D.-O.-C.-Gebiete eingeteilt. Letztere umfassen knapp 85 % der gesamten Rebfläche des Landes. Die I.-P.-R.-Zonen entsprechen in etwa der französischen V.-D.-Q.-S.-Stufe (siehe S. 124). Das Gesetz sieht vor, dass nach fünf Jahren kontinuierlicher Qualitätsentwicklung bzw. -einhaltung einem I.-P.-R.-Gebiet der D.-O.-C.-Status verliehen wird. Die besten Weine kommen aus nachfolgenden Gebieten.

Douro-Tal

Alentejo

Die Ebenen des Alentejo erstrecken sich von der Atlantikküste bis zur spanischen Grenze.

Die kräftigen, körperreichen, rubinfarbenen Rotweine zeigen schon in jungen Jahren eine ausgewogene, reife Frucht mit harmonischen Tanninen. Spitzenweine haben ein großes Potenzial, das sich nach längerer Reifezeit mit grandioser Finesse und Eleganz zeigt. Die Weißweine sind grundsätzlich eher leicht, frisch und spritzig und haben eine milde Säure.

Bekannte Weinerzeuger

Borba, Portalegre, Redondo, Navegante, Reguengos, Herdade do Esporão, Morgado da Canita, Pousio, Quinta do Monte da Terrugem, Tapada do Chaves, Terras do Cante.

Algarve

Die Weine der Algarve sind mit einem hohen Alkoholgehalt von 13 Vol.-% und darüber relativ schwer. Von der Gesamtproduktion entfallen nur etwa 3 % auf Weißweine, die jedoch durch einen fruchtig-delikaten Geschmack bei niedrigem Säuregehalt und strohgelber Farbe auffallen.

Die Rotweine sind samtig und fruchtig. Die in ihrer Jugend rubinroten Weine nehmen mit dem Alter mehr und mehr Topastöne an.

Ein Tipp vom Profi
Alle Weine von der Algarve sollten relativ jung getrunken werden.

Bekannte Weinerzeuger

Adega Cooperativa Lagoa, Quinta da Várzea.

Bairrada

Bairrada ist in Portugal eines der wichtigsten Zentren für die Sekterzeugung. Die dazu verwendete Weißweintraube, die Bical, wird hauptsächlich in Bairrada kultiviert. Weine aus der Bical-Traube sind durch ihren harmonischen Säure- und Extraktgehalt besonders kräftig und schmackhaft.

Darüber hinaus ist Bairrada auf die Erzeugung von Rotweinen spezialisiert, wobei das Gros dieser Weine aus einer einzigen Sorte, der Baga-Traube, gewonnen wird. Das Farbspektrum reicht von einem Hellrot bis zum tiefdunklen Granatrot, das Bukett ist stets aromatisch und angenehm, der Geschmack körperreich, kräftig und robust.

Ein Tipp vom Profi
Kenner setzen Bairrada-Weine aus der Baga-Traube häufig auf eine Stufe mit den besten französischen Weinen. Sie zeigen sich auf ihrem Höhepunkt besonders samtig und geschmeidig.

Während Bairrada-Weine früher eine relativ lange Lagerung benötigten, findet man heute vollmundige und reife Weine, die schon kurz nach der gesetzlichen Mindestlagerzeit von 18 Monaten in Eichenholzfässern und weiteren sechs Monaten in der Flasche ausgezeichnet schmecken.

Bekannte Weinerzeuger

Cantanhede, Mealhada, Mogofores, Vilarinho do Bairro, Casa Agríc. de Saima, Casa do Canto, Caves Aliança, Caves Borlido, Caves do Pontão, Caves Império, Caves Messias, Caves Primavera, Caves São Domingos, Caves Valdarcos, Estação Vitivinícola da Bairrada, João Garcia Pulido, Manuel A. Ribeiro de Almeida, Óis do Bairro, Quinta da Rigodeira, Quinta das Bágeiras, Quinta do Carvalhinho, Secular Cave de Portugal, Sidónio de Sousa, Luís Pato (vielfach ausgezeichnet), Vinhos Capela.

Dão

Das D.-O.-C.-Gebiet bezieht seinen Namen von dem südlich des Douro fließenden Flüsschen. Zwei Drittel der hier produzierten Weine sind fruchtige oder samtige Weine von rubinroter Farbe, deren Sortenbukett sich mit zunehmendem Alter entwickelt.

Ein Tipp vom Profi
Wegen des meist hohen Gerbstoffgehaltes benötigen Dão-Rotweine in der Regel eine längere Lagerzeit.

Douro, Madeira und Setubal

Entlang des Flusses Douro wachsen die Reben für den weltberühmten Portwein (siehe S. 26 ff.). Einige Portweinerzeuger produzieren aber auch mit Erfolg geschmeidige Rotweine, trockene Weißweine sowie Roséweine.

Auf der Atlantikinsel Madeira wird der gleichnamige versetzte Wein erzeugt (siehe Madeira, S. 32 ff.). Aus Setubal südlich von Lissabon stammt der bekannte Dessertwein Moscatel de Setubal.

Vinho Verde

Das D.-O.-C.-Gebiet Vinho Verde gilt als die wichtigste Produktionszone für weiße und rote Tafelweine. Vinho Verde ist zugleich auch die Gattungsbezeichnung für den hier erzeugten Wein, der im Ausland sehr bekannt ist.

Der Name „Vinho Verde", was „grüner Wein" bedeutet, bezieht sich nicht, wie man glauben könnte, auf eine grüne Farbe – 55 % der Produktion sind Rotweine –, sondern vielmehr auf die Frische und Spritzigkeit dieses jungen, säurereichen, leichten Weines.

Bekannte Weinerzeuger

Braga, Ponte da Barca, Ponte de Lima, Viana do Castelo, Casa Agríc. Compostela, Vila Nova de Famalicão, Dom Salvador, Quinta da Torre-Paderne, Manuel António Ferreira, Palácio da Brejoeira, Quinta do Ameal, Quinta da Aveleda, Quinta Covela, Quinta do Minho, Quinta do Paço de Teixeiró, Quinta da Pena, Quinta de S. Cláudio, Quintas de Melgaço, Casa do Adro, Casa de Cerdeiro, Casa Pinheiro.

Wein aus der Schweiz

Der schweizerische Weinbau wird hauptsächlich auf einer Meereshöhe von 400 bis 600 Metern betrieben. Die Gesamtrebfläche beträgt ca. 15 000 Hektar, der jährliche Weinertrag liegt bei ungefähr 110 bis 120 Millionen Litern. 60 % davon entfallen auf Weißwein, 35 % auf Rotwein und 5 % auf Rosé- und Schaumweine. Die Weine werden fast ausschließlich im eigenen Land konsumiert.

Weinbaugebiete der Schweiz

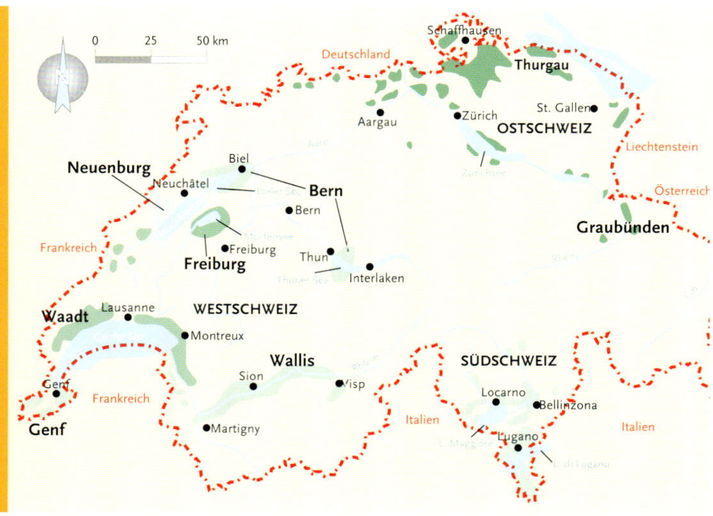

Alles, was recht ist, oder das Schweizer Weingesetz

Generell gilt eine Qualitätssicherung durch Schutzbezeichnungen. So gibt es geschützte Markennamen und Spezialbezeichnungen für Weine aus bestimmten Kantonen und aus bestimmten Traubensorten, für die überdurchschnittliche Qualitätsanforderungen gelten. Alle Angaben, wie Herkunft, Ursprung, Rebsorte, Jahrgang, Alkoholgehalt und Erzeuger, müssen auf dem Etikett stehen.

Als weitergehende Anstrengung zur Qualitätssicherung haben sich die vier Organisationen zur Förderung des Qualitätsgedankens zum Verband VQH (Vinum Qualitatis Helveticum) zusammengeschlossen.

Weinbauregionen und -gebiete

Westschweiz

Die Hauptrebflächen liegen im Rhône-Tal und am Genfer See. Die Erzeugung umfasst überwiegend Weißweine (90 % aus der Chasselas-Rebe), aber auch Rot- und Roséweine (Blauburgunder und Gamay) von guter Qualität.

Die Hauptanbaugebiete sind Wallis (berühmt sind die Weinberge von Visperterminen, die bis über 1 100 Meter hinaufsteigen und als die höchstgelegenen Europas gelten), Waadt, Genf, Neuenburg, Freiburg und Bern.

Südlage zur Stadt Sitten (Sion)

Bekannte Weinerzeuger

A. Orsat, Les Fils Maye, A. Biollaz, Vins Bonvin, F. Varone, R. Gilliard, M. Gay, Cave Molignon, Domaine Mont d'Or, Cave St-Pierre, Caves Imesch, B. Rouvinez, Mathier, Rolaz & Fils, Hammel, Cave A. Chevalley, Cave de Jolimont, Societé Vinicole de Perroy, Domaine du Matheray, Uvavins-Vaud, Ville de Lausanne, Caves Bujard, Les Frères Dubois, L. Bovar, H. Contesse, J. & P. Testuz, Obrist, H. Badoux, P. & A. Indermühle, Association Viticole d'Yvorne, J. Crousaz, A. Cornut, Vin Union Genève.

Ostschweiz

Die Ostschweiz wird in die sechs Gebiete Zürich, Schaffhausen, Aargau, Graubünden, Thurgau und St. Gallen untergliedert.

Die Ostschweiz ist ein Land der Rotweine, die alle, wie auch die süffigen Rosés und sogar der sogenannte **Federweiße** (ein „Fastweißer") aus der Burgundertraube gekeltert werden. Diese Weine sind in der Regel fruchtig und leicht spritzig und können sowohl leicht als auch gehaltvoll sein. Es gibt aber

Kleines Abc der Etikettensprache
Fendant: Walliser Weißweine aus Chasselas-Trauben (Schweizer Bezeichnung für Gutedel-Trauben).
Johannisberg: Walliser Weißweine der Rebsorte Silvaner. Johannisberg AOC zählt zu den großen Weinen der Schweiz.
Dôle: hochwertige Walliser Rotweine aus Blauburgunder-Trauben (Synonym: Klevner) mit oder ohne Zusatz von Gamay-Trauben.
Dorin: Waadtländer Weißweine aus Chasselas-Trauben. Der beste Dorin heißt Terravin.
Nostranos: Weine, die aus europäischen Rebsorten gekeltert werden, wie z. B. die blauen Trauben Merlot, Bondola, Bonardo und Freisa sowie die weißen Trauben Chasselas, Sémillon und Sauvignon blanc.
Salvagnin: Waadtländer Rotwein aus Blauburgunder- und/oder Gamay-Trauben.
Perlan: Genfer Weißweine aus Chasselas-Trauben.
Merlot VITI (Vini Ticinesi): Qualitätsmarke für Tessiner Rotweine aus Merlot-Trauben.
Winzer-Wy: Qualitätsmarke für Weine der Ostschweiz.
Œil de Perdrix: geschützte Bezeichnung für Schweizer Roséwein aus der Blauburgunderrebe.
Süßdruck: Schweizer Bezeichnung für Roséweine.
Schafiser und Twanner: Weine aus den Weinbauorten Schafis und Twann am Bieler See im Kanton Bern.

Castello di Morcote im Tessin

auch fruchtige, frische und spritzige Weißweine sowie Spezialitäten, wie den aromatischen **Completer** und den herben, eleganten **Räuschling.**

Ein Tipp vom Profi
Completer und Räuschling schmecken jung getrunken am besten.

Bekannte Weinerzeuger

Der Großteil der Ernte wird in der Ostschweiz von lokalen Winzergenossenschaften, vom VOLG (Verband Ostschweizerische Landwirtschaftliche Genossenschaft) Zürich und Winterthur sowie von einigen großen Kellereien (z. B. der Weinkellerei Rutishauser in Scherzingen und den Staatskellereien des Kantons Zürich) und Weinhandelsfirmen verarbeitet und verkauft. Das Weingut von Martha und Daniel Gantenbein in Graubünden ist vielen Weinkennern weit über die Ostschweiz hinaus ein Begriff.

Südschweiz

Die Südschweiz ist die kleinste Produktionszone der Schweiz. Dazu gehören der Kanton Tessin und das Graubündner Tal Misox (Mesolcina).

In dieser Weinbauregion werden fast ausschließlich Rotweine produziert, die kräftig, körperreich und angenehm harmonisch sind. Außerdem zeichnen sie sich durch eine gute Lagerfähigkeit aus. Der **Chiaretto** ist ein hell gekelterter Wein aus roten Trauben, der **Rosato** – ein Roséwein – wird aus Merlot-Trauben gekeltert.

Bekannte Weinerzeuger

Cantina Sociale Mendrisio, Cantina Sociale Giubiasco, Angelo Delea, Agriloro S. A., Fratelli Corti, Carlo Tamborini, Fratelli Valsangiacomo, Daniel Huber, Werner Stucky, Adriano Kaufmann, Christian Zündel, Matasci Fratelli, Terreni alle Maggia, Zanini.

In den Reblagen von Vallombrosa wurden vor 100 Jahren die ersten Merlot-Trauben des Tessins angepflanzt. Das Weingut verfügt zum Teil noch über 100-jährige Rebstöcke.

Wein aus Griechenland

Griechenland ist das älteste europäische Weinbauland. Ein Qualitätsbewusstsein hat sich aber erst in den letzten 30 Jahren entwickelt, was dazu führte, dass sich der Weinbau in dieser Zeit stärker veränderte als in den letzten zwei Jahrtausenden der Weinkultur. Vor allem die EU-Richtlinien brachten den Weinbau, die Weinerzeugung und die Qualität auf den heutigen Standard.

Schwierigkeiten ergeben sich vor allem durch die besonders kleinen Rebflächen, die noch dazu weit auseinander liegen. Ein wirtschaftliches Arbeiten ist daher kaum möglich. Zum Teil kämpfen die Weinbauern mit überalterten Rebstöcken, mit geringem Ertrag und unzeitgemäßer Kellereitechnik.

Das Klima in den griechischen Weinbergen ist großteils sehr heiß. Die Feuchtigkeit, die von den Meeresbrisen ins Land gebracht wird, wirkt sich jedoch mäßigend auf die Trauben aus. Die Böden sind meist steinig, mit Unterschichten aus Löss, Lehm, Sand oder Kreide. Auf den Inseln dominieren Vulkangesteinsböden.

Jährlich werden rund 4 Mio. Hektoliter Wein erzeugt, 60 % Weißweine und 40 % Rot- und Roséweine.

DAS METEORA-KLOSTER ÜBERRAGT DIE WEINGÄRTEN THESSALIENS

Alles, was recht ist, oder das griechische Weingesetz

Die heute gültige Weinklassifizierung ist gemäß den EU-Richtlinien entstanden und nimmt wie in den meisten europäischen Weinbauländern folgende Einteilung vor.

Weingüteklassen	
Epitrapezios (Tafelweine)	Einfachste Kategorie; die Weine sind unter bestimmten Markennamen im Handel.
Topikus Oinos (Landweine)	Im Moment die erfolgreichste Kategorie der griechischen Weine; werden aus unterschiedlichen Rebsorten sortenrein oder verschnitten erzeugt.
Onomasias Proelefsis Anoteris Piotitas (O. P. A. P.) (Qualitätsweine aus bestimmten Anbaugebieten)	Nach dem Vorbild des französischen A.-O.-C.-Systems; insgesamt gibt es 22 O.-P.-A.-P.-Regionen in ganz Griechenland. Sie decken ca. 10 % der Weinerzeugung ab. Zu erkennen sind diese Weine an einer roten Banderole, die eine Herkunfts-, Abfüll- und Jahrgangscodierung aufweist.

Die Rebsorten

An die 300 Rebsorten werden in Griechenland angepflanzt, aus denen in den 1960er-Jahren ein Qualitätssortenregister erstellt wurde, das sich auf 25 Rebsorten beschränkt.

Hauptrebsorten für Weißweine
Assyrtiko, Athiri, Debina, Malagousia, Moscato, Robola, Rotitis, Savatiano und Vilana.

Hauptrebsorten für Rotweine
Agiorgitiko, Kotsifali, Limnio, Mavrodaphne und Xinomavro.

Weinlese

Weinbauregionen und -gebiete

Mazedonien und Thrakien
Die Winzer dieser Region sind auf die Erzeugung von Rotweinen spezialisiert. Die Hauptrebsorte ist die rote Kinomavro. Es gibt vier Herkunftsbezeichnungen: Naoussa, Goumenissa, Amynteon und Côtes de Meliton.

Bekannte Weinerzeuger
Kostas Lazaridis, Sithonia, Tsantalis.

Thessalien
Thessalien liegt in Mittelgriechenland. Der Weißwein Anchialos und der Rotwein Rapsani – beide trocken – tragen eine Herkunftsbezeichnung.

Bekannte Weinerzeuger
Hatzimihalis, Katsaros.

Ipiros
In der im Nordwesten Griechenlands liegenden Region wird der aromatische, spritzige Weißwein Zitsa gekeltert.

Bekannter Weinerzeuger
Katogi Averoff.

Peloponnes
Herkunftsbezeichnungen tragen die Weißweine Mantinia und Patras, der Rotwein Nemea und die Süßweine Mavrodaphne Patras, Moscatos Patras und Moscatos Rion.

Bekannte Weinerzeuger
Antonopoulos, Boutari, Cambas, Gaia Estate, Mercouri, Oenoforos, Papaïoanou, Parparoussis, Skouras, Spyropoulos, Tselepos.

Kreta
Kreta, die älteste Weinregion im Mittelmeerraum, ist für seine Rotweine bekannt. Es werden vier Anbaugebiete – Daphnes, Peza, Archanes und Sitia – unterschieden.

Bekannte Weinerzeuger
Economou, Lyrarakis, Sitia Co-op.

Zentralgriechenland und die Halbinsel Evia
Mehr als ein Viertel der griechischen Weine stammt von hier, wo hauptsächlich die weißen Sorten Savatiano und Roditis für die Herstellung des Retsinas angebaut werden.

Retsina – die ureigene Weinspezialität Griechenlands
Retsina ist ein einfacher, geharzter Muskatwein. Er wird zwar wie jeder trockene Weißwein hergestellt, dem Most wird aber zusätzlich Pinienharz beigefügt, das nach dem ersten Abzug des Jungweines wieder ausgeschieden wird. Von der EU wurde Retsina als eine traditionelle Bezeichnung anerkannt.

Ägäische Inseln
Auf den ägäischen Inseln herrscht ein sehr mildes Klima, das den Weinbau begünstigt. Gebiete mit Herkunftsbezeichnung sind die Inseln Samos und Limnos. Samos ist die Heimat des bekannten weißen Dessertweines gleichen Namens, der aus Muskattrauben gekeltert wird. Auf Limnos werden sowohl weiße Muskat-Dessertweine als auch trockene und liebliche Weißweine hergestellt.

Samos – einer der bekanntesten griechischen Weine
Der aromatische weiße Süßwein aus Muskatellertrauben wird auf der Insel Samos hergestellt. Die Trauben sind zum Zeitpunkt der Verwendung bereits überreif, der Most weist einen Restzuckergehalt von 130 g pro Liter auf. Indem man dem noch nicht voll vergorenen Most Branntwein zusetzt, wird die Gärung gestoppt. Nach einer fünfjährigen Reifezeit in Eichenholzfässern hat der Samos einen natürlichen Alkoholgehalt von zirka 14 Vol.-% und wird mit Branntwein der Region auf 15 Vol.-% aufgespritet.

Bekannter Weinerzeuger
Kyathos.

Ionische Inseln
Auf den Inseln Leukas und Kephalonia wird bis zu einer Höhe von 2 000 Metern Wein angebaut. Die Herkunftsbezeichnung Kephalonia gilt für den trockenen Weißwein Robola und die beiden Likörweine Mavrodaphne Kephalonia (rot) und Moscatos Kephalonia (weiß).

Bekannter Weinerzeuger
Genitilini (Robola).

Wein aus Ungarn

Ungarn ist ein Land mit einer langen Weintradition. Bereits im 17. Jahrhundert wurden die berühmten Tokajerweine in Europa gehandelt. Seit dem Ende der kommunistischen Herrschaft haben Weinbau und Weinproduktion einen großen Wandel erfahren. Viele Weingüter und Kellereien wurden privatisiert, alte Rebbestände gerodet und durch internationale Sorten ersetzt. Der Anteil der Weißweine liegt bei 70 %.

Die beliebteste und am meisten verbreitete Rebsorte ist in Ungarn der weiße Olaszrizling (Welschriesling).

Der Plattensee, an dessen flachen Ufern sich die Weinberge entlangziehen, ist der größte See Europas. Klimatisch gesehen wirkt er als großartiger Wärmespeicher und -spender.

WEINGÄRTEN IN MÁD IN DER TOKAJHEGYALJA

Weinbauregionen und -gebiete

Nordtransdanubien

In Nordtransdanubien (nördlich des Plattensees) werden vor allem in den Regionen Badacsony, Balatonfüred-Csopak und Balaton-Mellék vollmundige, fruchtige und schwere Weißweine aus den Sorten Kéknyelü (Blaustiel), Szürkebarat (Grauburgunder) und Olaszrizling (Welschriesling) erzeugt. Hervorzuheben ist der Soproni Kékfrankos (Blaufränkisch), ein tiefroter, körperreicher, samtiger Rotwein aus Sopron.

Bekannte Weinerzeuger

Badacsony Borászati Szövetkezet, Biovitis Pince, Borbély Családi Pincészet, Domäne Edegger, Elsö Magyar Borház KFT SZT Orbán Pincészet, Figula Pincészet, Fodorvin Családi Pincészet, Hét Kál-Vidéki Scheller Szölöbirtok, In Csopak, Jásdi Pince, Kál-Vin Pincészet KFT, Koczor Kálmán, Lesence RT Pincészete, Mészáros József Pincéje, Ódon Pince, Öregbaglas RT, Villa Juris, Vinárius KFT.

Südtransdanubien

In Südtransdanubien (südlich des Plattensees) sind vor allem Szekzárd – eines der ältesten ungarischen Weinbaugebiete – und Villány-Siklós zu nennen. Hier wachsen die besten Rotweine Ungarns. Sie sind dunkel, kraftvoll und würzig. Blaufränkischer, Merlot und Blauburgunder sowie die Cabernets sind die bevorzugten Sorten.

Bekannte Weinerzeuger

Agricordial KFT, Aliscavin Borászati RT, Bock Pince Panzió, Dúzsi Tamás, Gere Attila (die Rotwein-Cuvées zählen zu den besten Weinen Ungarns), Gere Tamás Pincéje, Heimann És Fiai Pince, Malatinszky Kúria Szölöbirtok, Polgár Pincészet, Vida Péter.

Nordungarn

Das nordungarische Eger ist die Heimat des bekannten Rotweines Egri Bikavér (Erlauer Stierblut), eines aromatischen, kräftigen, tiefroten Weines aus Blaufränkisch-, Cabernet- und Merlot-Trauben. Auch die Weißweine aus Eger und dem benachbarten Mátraalja sind ausgezeichnet.

Aus der Tokajhegyalja im Nordosten, benannt nach der Stadt Tokaj, kommen die international bekanntesten Qualitätsweine Ungarns. Spitzenweine sind der edelsüße Tokaji Aszú und die Tokaji Eszencia (siehe Seite 277 f.) sowie der trockene Tokaji Szamorodni.

Bekannte Weinerzeuger

Árvay És Társa Pincészet, Dobogó Pincészet, Egervin RT, FVM Szölészeti És Borászati Kutató Intézet, G.I.A. Pincészet, Gál Tibor, Gróf Degenfeld Szölöbirtok És Pincészet, Hétszölö RT, Imperial Tokaji Borászat, Monyók Pincészet (großer Vorrat an alten Jahrgängen), Royal Tokaji Borászati KFT (auf Aszú-Weine spezialisiert), Szepsy István Borászata (auf Aszú-Weine spezialisiert), Szölöskert Szövetkezet, Tokaj Disznókö Szölöbirtok, Tokaj-Oremus Pincészet.

Wein aus Slowenien

Die Weinbaugebiete Sloweniens liegen etwa auf der gleichen geografischen Breite wie Mittelfrankreich. Durch ihr Klima, die Bodenbeschaffenheit und die günstigen Lagen sind sie für den Weinbau besonders geeignet.

Slowenien verfügt daher über eine bunte Palette von Weinen, die von einfachem Tisch- oder Tafelwein, dem Landwein über den Qualitätswein mit geografischer Herkunft bis zu den Spitzenweinen, wie Spätlesen, Auslesen, Beerenauslesen, Trockenbeerenauslesen und Eiswein reicht. Etwa 70 % davon sind Weißweine.

Weingärten bei Medena

In der Regel werden die Weine nach der Rebsorte und dem Herkunftsgebiet oder der Anbauzone benannt, während sogenannte Gattungsweine oder Weinvarietäten aus drei bis fünf Sorten eines bestimmten Anbaugebietes nur den Namen des Herkunftsgebietes tragen.

Weinbauregionen und -gebiete

Podravje

Das Gebiet um die Drau ist mit etwa 7 200 Hektar das wichtigste des Landes. Unter den sieben Weinbauzonen sind Maribor, Radgona-Kapela, Ljutomer-Ormõz und Háloze besonders hervorzuheben. Sie liefern ausgewogene, extraktreiche, trockene und halbtrockene Weine der Sorten Laški Rizling (Welschriesling), Sauvignon, Beli Pinot (Weißburgunder), Chardonnay u. a., die als die besten des Landes gelten. In guten Jahren gibt es eine Reihe von Prädikatsweinen, wie z. B. Eisweine und Spätlesen.

Bekannte Weinerzeuger

Amon, Haloze, Imeno, Jeruzalem Ormož, Jože Kupljen, Ljutomerčan, Curin Prapotnik, Jože Protner, Vinag, Zlati Grič, Rakičan, Radgonske gorice, Kapela Vina, Dveri Pax Jarenina, Kogl, Steyer, Valdhuber, Vinag Maribor.

Posavje

Das Gebiet liegt zu beiden Seiten der Save und dehnt sich auf deren Nebenflüsse Sotla und Krka aus.

Hier werden hauptsächlich frische, betont fruchtige Weine mit niedrigem Alkoholgehalt und angenehmer Säure produziert. Die Rotweine sind hell- oder rubinrot, leicht und harmonisch. Eine lokale Spezialität ist der Cviček, ein leichter Roséwein mit viel Säure und geringem Extrakt.

Bekannte Weinerzeuger

Bauerngenossenschaft KZ Krško, Mercator KZ Metlika, Vino Brežice, Janez & Mika Istenic, Šturm.

Primorska

Das Gebiet umfasst die küstennahen Landstriche, die teils an der italienischen Grenze und teils an der Adria liegen. Hervorzuheben sind die aromatischen, angenehm trockenen und milden Weißweine, wie z. B. Rebula, Vipavec und Malvazija, sowie die dunklen, vollmundigen Rotweine aus Merlot- und Refoško-Trauben. Eine Spezialität ist der purpurrote Kraški-Teran vom Karst aus Refoško-Trauben. Er ist trocken und würzig und hat einen hohen Gehalt an Milchsäure sowie einen mäßigen Alkoholgehalt.

Bekannte Weinerzeuger

Ivan Batic, Goriška Brda (größte Genossenschaft Sloweniens), Ales Kristančič (bekanntestes slowenisches Weingut „Movia"), Ščurek, Jakončič, Marjan Simičič, Slovenijavino, Vinakoper, Vina Kras Sežana, Vipava.

Wein aus den USA

In den Vereinigten Staaten hat der Weinbau Tradition, denn bereits um die Mitte des 16. Jahrhunderts wurden im Osten des Landes Weingärten mit einheimischen Sorten angepflanzt. In Kalifornien begannen Missionare im Jahre 1769 mit einer einzigen europäischen Rebsorte. Später, um 1830, pflanzten französische Siedler europäische Sorten in großer Menge und bereiteten daraus hervorragende Weine.

Die ersten Exporte kalifornischer Weine fanden bereits im Jahre 1856 nach England, Deutschland, ins zaristische Russland, nach Australien und China statt. Danach wurde in den 1920er-Jahren der Alkoholkonsum in Kanada und den USA gesetzlich verboten (Prohibition) – und der Weinbau wurde weitgehend aufgegeben. Es dauerte bis in die Mitte der 1950er-Jahre, bis der Weinbau wieder Bedeutung erlangte.

WEINGÄRTEN IN KALIFORNIEN

Alles, was recht ist, oder das amerikanische Weingesetz

Im Jahre 1978 wurde nach französischem Vorbild eine modifizierte „Appellation contrôlée" geschaffen. Das Land wurde in **Approved Viticultural Areas (AVAs)** eingeteilt. Derzeit gibt es rund 189 AVAs, wobei allein in Kalifornien 107 AVAs liegen, die meisten davon an der North Coast.

Die Weinbaubetriebe entscheiden selbst, abhängig von Klima, Bodenart, historischen oder politischen Gegebenheiten, über Gebietsmarkierungen oder Gebietsgrenzen.

Weingüteklassen	
Varietal Wines Weine aus bestimmten Rebsorten	▪ Mindestens 75 % aus der angegebenen Sorte. ▪ Bei Angabe des Ursprungsgebietes (z. B. Kalifornien) müssen 100 % der Trauben von dort kommen. ▪ Bei Angabe des Countys (z. B. Napa Vally) beträgt der Anteil mindestens 75 %. ▪ Bei Angabe einer AVA beträgt der Anteil mindestens 85 %. ▪ Bei Angabe einer Lagenbezeichnung beträgt der Anteil mindestens 95 %. ▪ Bei Jahrgangsangabe müssen mindestens 95 % aus diesem Jahr stammen.
Semi Generic und **Generic Wines** Typenweine	▪ Sind meist „jug wines", die in Karaffen oder 1,5-Liter-Flaschen auf den Markt kommen. ▪ Tragen Fantasienamen, wie Burgundy, Rhine oder Chablis. ▪ Die Produktion ist kaum geregelt.

Kleines Abc der Etikettensprache
Blush Wine: Roséwein.
Bottled by: Laut amerikanischem Recht muss die Weinfirma, aber nicht unbedingt das erzeugende Weingut angegeben werden; „grown, produced and bottled by" besagt, dass der Wein garantiert aus dem Weingut stammt; noch enger ist der Begriff „estate bottled by", der besagt, dass der Wein aus eigenen Weingärten stammt.
Fortified: mit Alkohol versetzter Wein.
Late harvest Wine: Wein besonderer Leseart; Selected Late Harvest (Spätlese), Individual Bunch Selected Late Harvest (Beerenauslese), Individual Berry Late Harvest (Trockenbeerenauslese).
Meritage: Verschnitt, Cuvée.
Vineyard: Lage, aber auch Weinerzeuger.
Vintage: Jahrgang.
Vintner: Weinerzeuger.
Winery: Weinhandel, Abfüller.

Weinbauregionen und -gebiete

Ist von amerikanischen Weinen die Rede, denken die meisten dabei automatisch an kalifornischen Wein. In gewisser Hinsicht hat dies auch seine Richtigkeit: Der weitaus größte Teil der Weinproduktion in den USA findet dort statt. Was die wenigsten jedoch wissen, ist, dass auch andere Bundesstaaten einiges zu bieten haben, wie z. B. die aufstrebenden Weinanbaugebiete Oregon und Washington. Die aus Oregon stammenden Weine aus Pinot-noir-Trauben sorgen schon seit längerer Zeit für Furore.

25 von 50 Staaten verfügen inzwischen über eine oder mehrere AVAs. Die bekanntesten dieser Staaten liegen im Nordwesten der USA (Oregon, Washington, Idaho, Arizona), im Osten (Virginia, New York, Ohio) und im Südwesten (New Mexico, Texas).

Kalifornien

Kalifornien trägt die Bezeichnung „Wine State" völlig zu Recht, da Wein hier ein bedeutender Wirtschaftsfaktor ist.

Die Hauptrebsorten für Weißweine sind Chardonnay, French Colombard, Chenin blanc und Sauvignon blanc. Für Rotweine werden vorwiegend Cabernet Sauvignon, Zinfandel und Merlot angebaut, gefolgt von Pinot noir, Grenache, Barbera und Syrah.

Zinfandel – ein kalifornisches Kind
Eine der meist angebauten roten Rebsorten in Kalifornien ist der Zinfandel. Charakteristisch für die vollmundigen Rotweine sind die an Zimt und Himbeeren erinnernden Aromen und ein hoher Alkoholgehalt. Aber auch Roséweine, sogenannte Blush Wines, werden daraus hergestellt.

Kalifornien ist in fünf Hauptgebiete unterteilt, die North Coast, die Central Coast, die South Coast, das Central Valley und die Sierra Foothills.

North Coast

Die North Coast erstreckt sich entlang der Küste nördlich von San Francisco und ist in folgende Countys aufgeteilt: Lake, Mendocino, Napa und Sonoma. Diese Countys sind wiederum in unzählige kleinere Subregionen unterteilt, die alle mehr oder weniger stark von den kühlen Nebeln des Pazifiks profitieren.

Das **Napa Valley** ist das bekannteste Anbaugebiet der USA. Es ist ein wahres Ballungszentrum des Weinbaus mit klingenden Namen wie Robert Mondavi, The Hess Collection oder Clos du Val.

Weitere bekannte Weinanbaugebiete sind **Sonoma Valley, Russian River Valley, Alexander Valley, Dry Creek Valley, Santa Rosa** und **Carneros.** Im Russian River Valley gedeihen aufgrund des Nebels Chardonnay und Pinot noir außergewöhnlich gut. Carneros ist bekannt für seine Weiß- und Schaumweine. Vor allem die hiesigen Chardonnays sind von exzellenter Qualität.

Central Coast

Die Central Coast schließt an die North Coast an und erstreckt sich bis Los Angeles und von der Küste landeinwärts

Kalifornische Weinbaugebiete	Bekannte Weinerzeuger
Napa Valley	Beaulieu, Beringer, Caymus, Clos du Val, Cuvaison, Dalla Valle, Dominus, Duckhorn, Far Niente, Franciscan Oakville, Frog's Leap, Grgich Hills, Groth, Heitz, The Hess' Collection, Robert Mondavi, Newton, Opus One, Schramsberg, Shafer, Silverado, Stag's Leap
Sonoma, Sonoma Valley	Arrowood, Château de Baun, Château St. Jean, Dry Creek, Gallo, Iron Horse, Kenwood, Peter Michael
Central Valley	Gallo
Alexander Valley	Château Souverain, Clos du Bois, Geyser Peak, Jordan, Simi
Russian River Valley	Kistler, Williams Selyem, Simi
Carneros	Acacia, Artesa, Buena Vista, Carneros Creek, Cline, Saintsbury
Mendocino	Fetzer, Greenwood Ridge
Central Coast	Bonny Doon, Chalone, Ridge
Santa Barbara	Au Bon Climat, Camelot, Sanford

bis zum Central Valley. Sie umfasst u. a. die Countys Monterey, San Luis Obispo und Santa Barbara. Einige der besten und teuersten Chardonnays und Pinot noirs kommen von hier.

Central Valley

85 % aller kalifornischen Weine kommen aus dem Central Valley. Weinbauzentren sind das San Joaquin Valley und das Sacramento Valley.

Opus One – ein Wein, der Kontinente verbindet
Die Idee, qualitativ hochwertigen und bordeauxtypischen Wein in Kalifornien zu erzeugen, hatten Robert Mondavi (Kalifornien) und Baron Philippe de Rothschild (Château Mouton-Rothschild, Bordeaux) bereits 1979. Aus der Idee ist einer der besten kalifornischen Weine entstanden – der Opus One, ein Rotwein aus Cabernet-Sauvignon- und einem kleinen Anteil von Cabernet-Franc-Trauben.

Opus One Winery

Washington

Das Klima dieser Weinbauregion, die im Nordwesten der USA und an der Grenze zu Kanada liegt, ist durch sehr heiße Sommer und kalte Winter geprägt. An der Westküste ist es feucht und regnerisch, im Osten hingegen kühl und sehr trocken.

Die wichtigsten Weinbaugebiete sind Columbia Valley, Yakima Valley und Walla Walla. Der moderne Weinbau europäischen Stils begann hier erst Ende der 1960er-Jahre, als Professoren der Washingtoner Universität mit europäischen Reben erfolgreich experimentierten. Aus dieser Arbeit entwickelte sich die Weinfirma Columbia Winery.

Die Rebsorten, die heute gepflanzt werden, sind die weißen Sorten Chardonnay, Sauvignon blanc, Sémillon blanc sowie die Rotweinsorten Cabernet Sauvignon, Pinot noir und Merlot.

Bekannte Weinerzeuger

Apex, Barnard Griffin, Canoe Ridge, De Lille, Estate, Château Ste. Michelle, Columbia Crest, Columbia, Kestrel, L'Ecole No. 41, Leonetti, Matthews, Seven Hills, Tefft, The Hogue, Woodward Canyon, Yakima River.

Oregon

Die Weinbauregion liegt südlich von Washington. Oregon, Washington und Idaho werden zusammen auch als Pazifischer Nordwesten bezeichnet.

In Oregon wird hauptsächlich in den Tälern der Flüsse Rogue, Umpqua und Willamette Weinbau betrieben. Am bekanntesten sind die reinsortigen Weine aus Pinot noir und die Rotweincuvées, deren Hauptanteil von Pinot noir getragen wird.

Für Weißweine werden hauptsächlich Chardonnay, Weißburgunder, Ruländer und Sémillon verwendet, für Rotweine Pinot noir, Cabernet Sauvignon, Merlot und Syrah.

Bekannte Weinerzeuger

Adelsheim, Amity, Archery Summit, Beaux Frères, Domaine Drouhin Oregon, Domaine Serene, Elk Cove, Erath, Giradet, King Estate, Medici, Montinori, Oak Knoll, Ponzi, Rex Hill, St. Innocent, Sokol Blosser, Torii Mor, Willa Kenzie.

New York

New York ist nach Kalifornien der zweitgrößte US-Weinproduzent. Als AVAs sind folgende Gebiete klassifiziert: Cayuga Lake, Finger Lakes, Lake Erie (auch in den Staaten Ohio und Pennsylvania), The Hamptons/Long Island, Hudson River Region, Long Island, Niagara Escarpment, North Fork of Long Island und Seneca Lake.

Das größte Weinanbaugebiet New Yorks ist die Region Finger Lakes, eine Gruppe von Gletscherseen. Diese Seen sorgen für ein Klima, das dem der Weinbauregionen an Rhein und Mosel ähnelt. Das Gebiet ist bekannt für Weine aus Riesling, Cabernet Sauvignon und Pinot noir.

Die Mehrheit der Weingüter in New York sind kleine und mittelständische Familienbetriebe. Neben einer Vielzahl traditioneller Reben (Vitis vinifera), wie z. B. Chardonnay, Gewürztraminer, Riesling, Merlot, Cabernet Franc und Pinot noir, werden auch amerikanische Rebsorten, wie z. B. Delaware, Diamond, Dutchess, Elvira, Isabella, Niagara und Concord, angebaut.

Europa trifft Amerika
Grundsätzlich werden zwei Rebengattungen unterschieden, die gekeltert werden können: die Vitis vinifera und die Vitis labrusca (amerikanische Wildrebe). Letztere wird wegen ihres ausgeprägten, an Erdbeeren (eher positiv) oder Fuchsurin (negativ) erinnernden Geschmacks, des sogenannten Foxtons, auch als Erdbeer- oder Fuchsrebe bezeichnet. Werden diese beiden Gattungen gekreuzt, entsteht eine dritte Gruppe von Rebsorten, die sogenannten Hybriden oder interspezifischen Rebsorten (french-american varieties). Auch sie haben zumeist noch einen mehr oder weniger ausgeprägten Foxton.

Im Weinanbaugebiet New York werden viele Weine aus diesen interspezifischen Rebsorten gekeltert.

Von den Rebsorten der Vitis vinifera wird vor allem der Chardonnay großflächig angebaut. Fast jedes Weingut hat einen Wein dieses Typs. Eine weitere beliebte Rebsorte ist der Riesling.

Bekannte Weinerzeuger

Anthony Road, Bedall, Cayuga Ridge, Duck Walk, Lakewood, Lenz, Macari, Osprey's Dominion, Pindar, Wölffer.

Wein aus Argentinien

Argentinien mit seiner spanisch-italienischen Geschichte ist ein Land mit einer ausgeprägten Weinkultur. Die Anfänge des argentinischen Weinbaus gehen auf das Jahr 1556 zurück, als spanische Missionare die ersten Reben bei Santiago del Estero pflanzten. Die bis heute bei der Tafelweinerzeugung dominierende Rebsorte Criolla soll von diesen klösterlichen Weingärten abstammen. Ende des 19. Jahrhunderts, bedingt durch den Einfluss spanischer und italienischer Einwanderer, nahm der Weinbau im Gebiet von Mendoza einen enormen Aufschwung. In den letzten Jahrzehnten wurden Rebsorten aus Italien, Frankreich und Spanien ausgepflanzt, was die Qualität der Weine erheblich verbesserte.

Ab 1980 wurde versucht, qualitativ höherwertige Weine zu produzieren. Diese Neuorientierung war eng verknüpft mit der Reduzierung der Anbauflächen.

Die für den Export interessanten Weine stammen von einer neuen Generation, und zwar aus Bodegas, die seit einigen Jahren (genauer gesagt seit 1996) durch internationale Erfolge großes Ansehen genießen.

Aufgrund der Andenkette ist das Klima von starker Trockenheit geprägt. So verzeichnet Argentinien mehr als 300 Sonnentage pro Jahr. Ohne die künstliche Bewässerung mit Andenschmelzwasser, das mit einem umfangreichen Kanalsystem durch die Weingärten geleitet wird, wäre der Weinbau nicht möglich.

Alles, was recht ist, oder das argentinische Weingesetz

Weingüteklassen	
Vinos de Corte	▪ Ausschließlich für den Verschnitt bestimmt. ▪ Mindestwerte für Alkohol-, Säure- und Extraktgehalt.
Vinos Communes (Tafelweine)	▪ Richtwerte für Alkohol-, Säure- und Extraktgehalt. ▪ Auf Qualität, Herkunft (Lagenanforderung), Jahrgang und Reinsortigkeit wird kein Wert gelegt. ▪ Sie werden in großen Mengen erzeugt und in Glasbehältern verkauft.
Vinos Finos (Qualitätsweine)	▪ Unterliegen strengeren Kontrollen durch das Instituto Nacional de Vitivinicultura. ▪ Aufzeichnungen über Herkunft, Rebziehung, Erntemethoden, Sorte und Weinbehandlung. ▪ Analytische und organoleptische Prüfung, Mindest- und Höchstwerte für die Weininhaltsstoffe. ▪ Bestimmungen bezüglich Vinifikation und Lagerung.
Kategorie A	Es handelt sich dabei meist um fruchtige, leichte Weiß-, Rosé- und manchmal auch Rotweine, die eher reduktiv und sortentypisch schmecken. Die Lagerung soll sechs bis zwölf Monate dauern. Nach der Flaschenfüllung muss außerdem sechs Monate bis zum Verkauf gewartet werden.
Kategorie B	In diese Kategorie gehören die besten Weißweine und die hochwertigsten Rotweine. Ernteüberprüfung, biologischer Säureabbau und Lagerung in Holzfässern von mindestens einem Jahr werden überprüft. Nach der Abfüllung muss der Wein mindestens drei Jahre in der Flasche lagern. Qualitätsweine, die als Regionalweine bestimmter Provinzen verkauft werden, müssen zu 100 % aus dem Weinbaugebiet stammen und auch dort abgefüllt worden sein.
D.-O.-C.-Weine (Denominación de Origen)	Die Klassifikation ist noch im Aufbau begriffen. In einigen Distrikten wurde sie bereits eingeführt, und zwar in: ▪ Mendoza: Distrikt Luján de Cuyo, San Rafael, Maipú, Tupungatotal. ▪ La Rioja: Valles de Famatina (Famatina-Täler). ▪ San Juan: Pedernaltal.

Die Rebsorten

Hauptrebsorten für Weißweine

Chardonnay, Chenin blanc, Sauvignon blanc, Weißburgunder, Ruländer, Ugni blanc, Sémillon, Riesling, Friulano, Traminer, Torrontés, Pedro Ximénez, Moscatel, Criolla, Cereza.

Hauptrebsorten für Rotweine

Malbec, Cabernet Sauvignon, Cabernet Franc, Merlot, Pinot noir, Carignan, Petit Verdot, Tannat, Bonarda, Syrah, Barbera, Nebbiolo, Sangiovese, Tempranillo.

Weingärten in Mendoza, im Hintergrund die Anden

Weinbauregionen und -gebiete

Es gibt sechs Hauptregionen: Mendoza, Salta, La Rioja, Catamarca, San Juan und Rio Negro; zwei weitere kleine Regionen liegen in den Provinzen Córdoba und San Luis. Wir gehen hier nur auf die wichtigsten Regionen ein.

Mendoza

Da die Weinbauregion Mendoza sehr trocken ist, befinden sich die Anbauflächen – ähnlich Oasen – nahe den Flüssen, die das nötige Wasser zur Bewässerung liefern. Teilweise wird Wasser aus bis zu 300 Meter tiefen Brunnen verwendet. Rund 75 % des argentinischen Weines werden hier produziert.

Die fünf Bereiche sind Nord-Mendoza (Norte Mendocino), Rio Mendoza (Alta del Rio Mendoza), Ost-Mendoza (Este Mendocino), Süd-Mendoza (Sur Mendocino) und das Uco-Tal (Valle de Uco).

Bekannte Weinerzeuger

Arizú Leoncio, Luigi Bosca, Esmeralda, Catena, Lavaque, Navarro Correas S. A., Norton, Pascual Toso, Proviar, Santa Ana, San Telmo, Sutter, Weinert, Balbi – Maison Calvet, Chandon S. A., La Rual, Lopez, Nesman S. A., Peñaflor S. A., Casa Vinícola Nieto & Senetiner, Etchart, Finca Filchman, Goyenechea y Cia, La Agrícola, Martins Domingos, Orfila, Valentín Bianchi.

Argentinische Weingärten – biologisch bewirtschaftet

Im Allgemeinen sind Pflanzenschutzmittel im argentinischen Weinbau aufgrund des vorherrschenden Klimas nicht notwendig. So ist beispielsweise die Behandlung der Reben gegen Mehltau nur in geringem Umfang nötig, da das trockene Klima Schimmelpilze und bakterielle Schädlinge kaum entstehen lässt. In den meisten Jahren muss auch nicht gegen Botrytis behandelt werden, da die intensive Sonneneinstrahlung und die lockere Auspflanzung der Rebflächen dem Grauschimmel keine Chance geben. Auch der Einsatz von Kunstdünger ist nicht notwendig, da die Bewässerung großteils mit Wasser aus den Andenflüssen erfolgt. So werden den bereits mineralischen Böden noch weitere Mineralstoffe zugeführt. Gedüngt wird daher lediglich mit Guano und Gründünger.

Salta

Bekannt ist diese Region vor allem für ihre aromatischen und körperreichen Weißweine aus der Rebsorte Torrontés. Die Rotweine sind sehr würzig, haben eine tiefe Farbe und ein reiches Bukett. Salta, auch Norte genannt, wird in Zukunft weiter an Bedeutung gewinnen.

Bekannte Weinerzeuger

La Rosa (Michel Torino), Viña Riojanas.

ERNTEARBEITER, SOGENANNTE COSECHEROS, DER BODEGAS LOPEZ IN MAIPÚ

La Rioja

La Rioja ist das älteste Weinbaugebiet Argentiniens. Da das Klima hier sehr trocken und sonnig ist, werden hauptsächlich Tafelweine produziert. Weiße Rebsorten dominieren, gefolgt von roten Sorten geringer Farbintensität. Die Weißweine sind lieblich, aromatisch, haben wenig Säure und eine goldgelbe Farbe.

Bekannte Weinerzeuger

Nacari, La Riojana Cooperativa Vitivinifrutícola de la Rioja Ltda.

San Juan

Dieses Weinbaugebiet liegt nördlich von Mendoza in den Tälern von Zoda, Ullun und Tullun. Die Rebflächen befinden sich hier näher am Äquator, wodurch es wärmer ist und die Weine zum Teil schwerer sind und weniger Säure haben. Durch die Bewässerung ist es aber auch möglich, fruchtig-frische Weißweine zu erzeugen.

Bekannter Weinerzeuger

Y Viñedos Santiago Graffigna Ltda.

Rio Negro

Das Klima ist hier wesentlich kühler als in den anderen Weinbaugebieten, die Weine zeigen sich daher auch wesentlich fruchtiger und säurereicher. Obwohl die Weine aus dem Rio-Negro-Gebiet bis jetzt nur 5 % der argentinischen Produktion ausmachen, zeigen europäische Investoren, vor allem Champagnerhäuser, großes Interesse.

Bekannter Weinerzeuger

Establecimiento Humberto Canale S. A.

Die meisten Weingärten liegen in einer Höhe zwischen 1 700 Metern im Norden und 300 Metern im Süden

Wein aus Chile

Chiles Weinbaugeschichte ist eng mit der Ankunft der spanischen Eroberer im 16. Jahrhundert verknüpft, die die Weinkultur aus Europa mitbrachten. Ab der Mitte des 19. Jahrhunderts entschieden sich die Winzer für die französische Linie, was Rebsorten, Reberziehung und Ausbaumethoden betraf. 1979 führte das Weingut Miguel Torres, eine Tochtergesellschaft der Bodegas Torres in Spanien, moderne Technologien ein. Alle anderen Weingüter folgten bald darauf diesem Beispiel.

Heute zählen die chilenischen Weinbaubetriebe zu den fortschrittlichsten der Welt. Kalifornische, französische, spanische und italienische Produzenten gründeten in Chile eine Vielzahl neuer Betriebe, die zwar erst wenige Jahrgänge abgefüllt haben und sich noch im Aufbau befinden, jedoch Spitzenqualitäten produzieren, die sich mit den besten Cabernets der Welt messen können. Es sind dies u. a. die Weine Don Melchor und Casa Real. Die Cuvées Seña, Almaviva, Caballo Loco, Clos Apalta und Montes Alpha M zählen ebenfalls zum Besten, was Chile zu bieten hat.

Kaum ein Land hat günstigere Wachstumsbedingungen für Wein als Chile. Die Weingärten liegen zumeist in Tälern westlich der Anden in einer Seehöhe zwischen 600 und 1 000 Metern und ziehen sich als schmales Band über eine Länge von 1 400 Kilometern. Die kühlen Nachttemperaturen wirken sich äußerst positiv auf die Entwicklung der Aromen aus.

Viele der Rebflächen entstanden erst in den Achtziger- und Neunzigerjahren des 20. Jahrhunderts oder wurden in diesem Zeitraum neu ausgepflanzt, d. h., die Qualität der Rebstöcke ist im Steigen begriffen. Künstliche Kanalsysteme zur Bewässerung der Weingärten sind nach dem Vorbild Argentiniens entstanden.

Weingärten am Fusse der Anden

Alles, was recht ist, oder das chilenische Weingesetz

Das chilenische Weingesetz orientiert sich in erster Linie an europäischen Regelungen. In den neuesten Bestimmungen von 1999 findet man die gesetzlichen Grundlagen für die Weinherstellung und die Weinbezeichnungen. Bei den erlaubten Vinifikationsmethoden orientiert man sich stark an den Normen von Weinbauländern aus warmen Klimazonen. So ist die Zugabe von Säure gestattet, das Chaptalisieren (Aufbessern des Lesegutes, siehe S. 61) jedoch nicht. Ebenfalls erlaubt ist die Verwendung von Chips und Staves aus Eichenholz für Weine mit Barriquecharakter (siehe S. 67).

29 erlaubte Rebsorten wurden definiert, sofern eine Herkunftsbezeichnung angegeben ist. Dazu gehören alle international wichtigen Sorten, nicht aber die Pais-Rebe. Um Herkunftsbezeichnungen zu führen, müssen die Bodegas Mitglied eines Kontrollrates werden, der auch die Einhaltung der Vorschriften überwacht.

Es wird zwischen Weinregion, Subregion (Tälern) und Ortslagen unterschieden. Letztere sind aber selten auf einem Etikett zu finden, da sie außerhalb Chiles nicht sehr bekannt sind. Für Ausbau und Reifezeit gibt es keine gesetzlichen Vorschriften.

Im chilenischen Weinbau wird derzeit intensiv an einem Konzept der geschützten Herkunftsbezeichnung gearbeitet. Der Begriff des Terroirs wird vor allem für die Spitzenbetriebe immer wichtiger. So gibt es Überlegungen, in bestimmten Tälern nur noch ausgewählte Rebsorten anzubauen und zuzulassen.

Die Rebsorten

Hauptrebsorten für Weißweine

Sauvignon blanc, Moscatel Alejandra, Muskateller, Chardonnay, Sémillon, Torontel, Chasselas, Riesling, Gewürztraminer.

Hauptrebsorten für Rotweine

Pais (in Kalifornien unter dem Namen Mission bekannt; Weine aus dieser Traube sind nicht für den Export bestimmt), Cabernet Sauvignon, Merlot, Carignan, Tintoreras, Cot (Malbec), Carmenère, Pinot noir.

Der Anteil der roten Trauben an der Gesamtproduktion beträgt 60 %.

Weinbauregionen und -gebiete

Die drei wichtigsten Regionen Chiles sind Aconcagua, das Zentraltal und die Südregion. Jede dieser Regionen ist in Unterregionen und Zonen unterteilt, die alle mit der Bezeichnung „Valle“ (Tal) beginnen.

Aconcagua

Das Aconcaguatal liegt etwa 100 Kilometer nördlich von Santiago. Bekannt ist Aconcagua für seine Cabernet Sauvignons mit dem für chilenische Weine typischen Cassis- und Eukalyptusaroma. Im erst seit ca. 20 Jahren für den Weinbau genützten Valle de Casablanca entstehen durch kühle Nächte und morgendlichen Nebel aus Chardonnay und Sauvignon blanc exzellente Weißweine.

Bekannte Weinerzeuger

Concha y Toro, Santa Carolina, Casablanca, Santa Rita, Seña, Veramonte, Villard, Viña Errázuriz.

Zentraltal

Zur größten Weinbauregion Chiles gehören weit auseinanderliegende Unterzonen, die sich durch sehr unterschiedliche Wachstumsbedingungen auszeichnen.

Valle del Maipo

Im Maipotal in unmittelbarer Nähe von Santiago herrschen ideale klimatische Bedingungen für den Weinbau.

Wie alles begann
Die ersten Weingärten wurden im Maipotal im 19. Jahrhundert angelegt. Damals wurden französische Experten zurate gezogen, um für die Rebsorten Cabernet Sauvignon, Merlot und Carmenère die besten Lagen zu finden, die sie im Maipotal auch vorfanden.

Bekannte Weinerzeuger

Almaviva, Antiyal, Aquitania, Azienda Chadwick, Canepa, Carmen, Casablanca, Concha y Toro, Cousiño Macul, Haras de Pirque, Santa Ines, Santa Rita, Undurraga, Viña Baron Philippe de Rothschild.

Valle del Rapel

Südlich von Maipo werden in Rapel in den Seitentälern zweier Flüsse hervorragende Rot- und Weißweine produziert. Cabernet Sauvignon ist hier die meistangebaute Traube, gefolgt von Chardonnay, Merlot und Sémillon.

Bekannte Weinerzeuger

Bisquertt, Caliterra, Casa Lapostolle, Casa Silva, Cono Sur, Los Vascos, Mont Gras, Morandé, Santa Emiliana, Viña de Larose.

Die weiteren zum Zentraltal gehörenden Unterzonen heißen Valle de Curicó und Valle del Maule. Sie sind durch große Temperaturunterschiede von bis zu 18 °C zwischen Tag und Nacht und ein deutlich feuchteres Klima gekennzeichnet.

Südregion (Región del Sur)

Die südlichste Region mit den Zonen Valle del Itata, Valle del Biobío und Valle del Malleco liegt 400 Kilometer südlich von Santiago. Hier wurden früher ausschließlich große Mengen einfachen Tafelweins für den Inlandsmarkt erzeugt. Neuerdings experimentieren einige Weingüter mit Rebsorten wie Gewürztraminer, Cabernet Franc und Syrah.

Das Tal des Biobío ist mit einer Jahresdurchschnittstemperatur von 13 bis 14 °C die kühlste Weinbauzone Chiles.

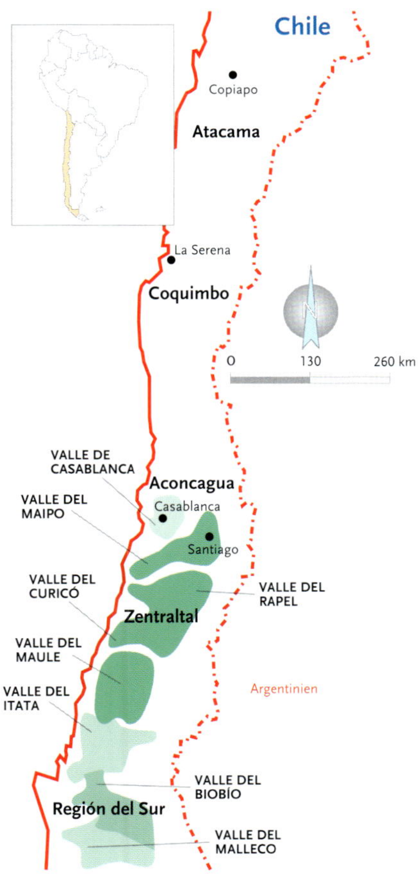

Wein aus Südafrika

1655 pflanzte der holländische Gouverneur Jan van Riebeeck die ersten Rebstöcke am Fuße des Tafelberges in der Kapprovinz. Sein Nachfolger Simon van der Stel gründete die Stadt Stellenbosch und legte den bekannten Weinberg Constantia an. Er war ein wahrer Weinbaupionier, da er bereits damals die ersten Verordnungen bezüglich Traubenernte und sauberer Verarbeitung erließ. Von seinem Gut Groot Constantia stammte auch der südafrikanische Dessertwein gleichen Namens, der bereits zur Zeit Napoleons auf dem europäischen Markt eine wichtige Rolle spielte. Die aus ihrer französischen Heimat vertriebenen Hugenotten (der Name des Anbaugebietes Franschhoek, was so viel wie Franzosenwinkel bedeutet, erinnert noch an sie) sowie deutsche Weinbauern lieferten einen wichtigen Beitrag zur Entwicklung des südafrikanischen Weinbaus.

Auf rund 100 000 Hektar Rebfläche werden jährlich 10 Mio. Hektoliter Wein erzeugt, wobei 64 % auf Weißweine entfallen. Obwohl der Weinbau in Südafrika schon mehr als 300 Jahre alt ist, hat dieses Land erst seit den 70er-Jahren des 20. Jahrhunderts Einzug in die Riege der führenden Weinbaunationen der Welt gehalten. Waren es früher nur Dessertweine aus der Muskatellertraube, die hergestellt wurden (neben Grundweinen für die Brandy-Erzeugung), werden heute viele Weiß- und Rotweine der Spitzenklasse produziert und auch zunehmend exportiert.

Weingärten in Franschhoek

Alles, was recht ist, oder das südafrikanische Weingesetz

Grundsätzlich sind **Non-Certified Wines** Tafelweine, die in verschiedenen Flaschen oder in Tetrapaks in den Handel kommen. **Certified Wines** sind Qualitätsweine, die die Vorschriften bezüglich Ursprung, Sorte und Jahrgang erfüllen müssen, um ein Qualitätssiegel zu erhalten. Qualitätsweine tragen eine einfache, schwarz-weiß gehaltene Schleife, auf der eine Kontrollnummer eingedruckt ist, die vom Wine-and-Spirit-Board nach Prüfung der Weine vergeben wird.

Das südafrikanische Weingesetz regelt vor allem die Etikettensprache. Im Jahre 1973 wurden die ersten kontrollierten Ursprungsbezeichnungen (Wine of Origin), basierend auf Bestimmungen der EU, gesetzlich anerkannt. Das **Wine-of-Origin-System (WO)** teilt das Land in Regionen, Distrikte und Wards ein.

Die Rebsorten

Hauptrebsorten für Weißweine

Chenin blanc, Colombard, Sultana, Hanepoot, Chardonnay, Sauvignon blanc und Riesling.

Hauptrebsorten für Rotweine

Cabernet Sauvignon, Cinsaut, Pinotage, Merlot und Shiraz (Syrah).

Weinbauregionen und -gebiete

Südafrika wird in fünf Weinregionen aufgeteilt: Coastal Region, Breede River Valley, Klein Karoo, Olifants River und Overberg. Am bedeutendsten ist die im Umkreis von Kapstadt gelegene Coastal Region, die vorwiegend für Qualitätsweine bekannt ist. Zu dieser Region gehören die Distrikte Stellenbosch, Paarl, Cape Point, Tygerberg, Boberg sowie Swartland und Tulbagh.

Die jährliche Weinversteigerung auf dem Weingut Nederburg ist das grösste Weinereignis Südafrikas

Weingarten in Delheim

Cape Doctor

In der Kapregion herrscht mediterranes Klima mit langen, trockenen Sommern und regnerischen Wintern. Durch das Zusammentreffen des Atlantischen und des Indischen Ozeans entstehen erfrischende Meeresbrisen, die die hohen Temperaturen des Sommers mildern. Gelegentlich bläst sogar ein böiger, kalter Wind, den die Einheimischen Cape Doctor nennen. Er beschädigt zwar die Reben, verhindert aber gleichzeitig die Ausbreitung von Rebkrankheiten.

Stellenbosch

Stellenbosch ist einer der wichtigsten Weinbau-Distrikte östlich von Kapstadt. Die Weißweine sind großteils leicht, trocken und herrlich fruchtig, die Spätlesen aus Chenin Blanc bekannte Spezialitäten. Die Rotweine sind meist kräftig und voll. In Stellenbosch werden aber auch sehr gute Schaumweine erzeugt.

Bekannte Weinerzeuger

Alto, Avontuur, Bergkelder, Blaauwklippen, Clos Malverne, Cordoba, Delaire, Delheim, Gilbey's Distillers & Vintners, Glen Carlou, Hartenberg, Jordan, Kaapzicht, Kanonkop, Lanzerac, L'Avenir, Longridge, Meerlust, Morgenhof, Mulderbosch, Neethlingshof, Neil Ellis, Rustenberg, Saxenburg, Simonsig, Stellenbosch Farmer's, Stellenzicht, Thelema Mountain, Vergelegen.

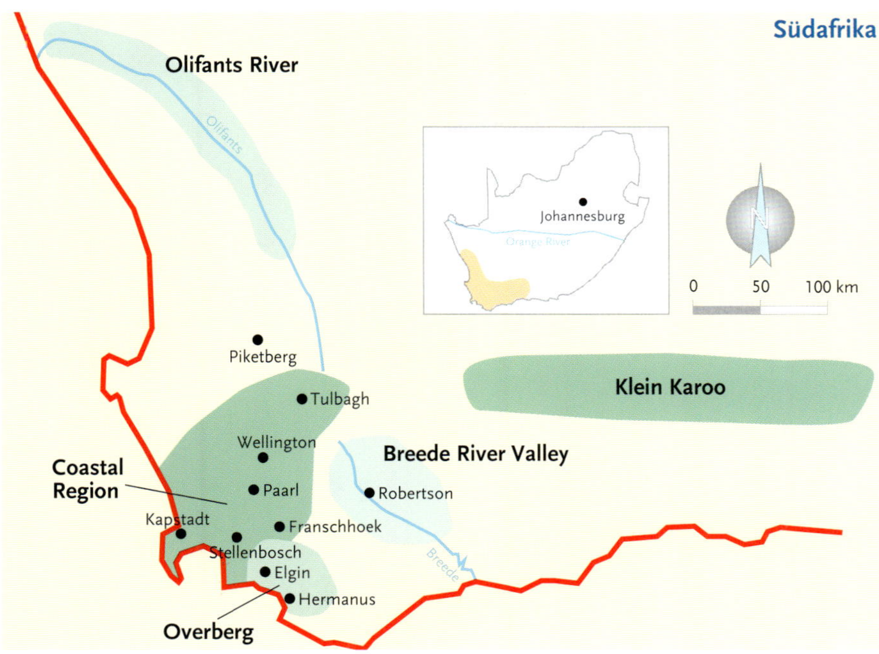

Paarl

Das Weinbaugebiet liegt etwa 50 Kilometer nordöstlich von Kapstadt. Aus Cinsaut-, Cabernet-Sauvignon- und Pinotage-Reben werden weiche und fruchtige Rotweine gekeltert. Die am besten gedeihenden Weißweinreben sind Chenin blanc, Riesling, Clairette blanche, Palomino und Sémillon. Sie liefern hervorragende, fruchtige Weißweine. Rosés und Schaumweine werden ebenfalls erzeugt.

Bekannte Weinerzeuger

Agusta, Backsberg, Boschendal, Cape Chamonix Wine Far, Cathedral, Fairview, Franschhoek, Glen Carlou, KWV International, Laborie, La Motte, Landskroon, Mont du Toit, Nederburg, Plaisir De Merle, R & de R Fredericksburg, Villiera Estate.

Wein aus Australien

Lange Zeit dominierten versetzte Weine vom Sherry- und Portweintyp sowie kräftige Rotweine aus der Shiraz-Rebe die australische Weinproduktion. Heute werden neben sehr guten und in großen Mengen erzeugten Konsumweinen auch internationale Spitzenweine hergestellt, die auch exportiert werden.

Weinbau wird ausschließlich im Süden des Kontinents betrieben, wobei die Weißweine zwei Drittel der Weinproduktion ausmachen. Ein Teil des Weißweins wird zu Schaumwein verarbeitet.

Bei den Weißweinen sind vor allem die eleganten Chardonnays, die finessereichen Sauvignon blancs, die weichen, kraftvollen Sémillons sowie die duftigen und körperreichen Rieslinge, die dem traditionellen australischen Weinstil entsprechen, zu nennen. Dieser Stil wird allerdings zunehmend von den frischen, fruchtigen, dezent holzbetonten Weinen abgelöst.

Bei den Rotweinen sind die dunkelroten, geschmeidigen oder wuchtig-würzigen Shiraz-Weine sowie die vollmundigen Cabernet Sauvignons, Merlots und Pinot noir hoch angesehen. Die Australier lehnen den harten Tanningehalt kräftiger Rotweine ab, wie er etwa bei französischen oder italienischen Weinen zu finden ist. Wenn schon Tannin, dann Tannin aus Holzfässern, weil es weich und süß ist.

Die beiden Sorten Cabernet Sauvignon und Shiraz werden gerne zu einem kräftigen, würzigen, nach Eukalyptus duftenden Wein verschnitten, den es in dieser Art nur in Australien gibt. Die Sorte, die auf dem Etikett als Erste genannt wird, gibt im Verschnitt den Ton an. Je nach Mischverhältnis weist der Wein mehr auf die Strenge (Cabernet Sauvignon) oder auf die Fülle (Shiraz) hin. Cabernet Sauvignons werden gerne in Barriques aus französischer Eiche ausgebaut, während alle anderen Rotweine überwiegend in süßerer amerikanischer Eiche reifen.

WEINGARTEN IN AUSTRALIEN

Alles, was recht ist, oder das australische Weingesetz

Insgesamt ist das australische Weingesetz recht liberal und industriefreundlich, wobei die Kontrollen aber sehr genau sind. Der Gesetzgeber verlangt Angaben über die verwendeten Rebsorten, die Herkunft der Trauben und den Jahrgang. Angeführt werden weiters der Hersteller, der Ort und die Region (Adresse).

Wird auf dem Etikett eine Rebsorte angegeben (was normalerweise der Fall ist), muss der Wein zu 85 % deren Trauben enthalten. Dies gilt auch für das genannte Weingebiet und den Jahrgang. Einige Produzenten sind sogar schon dazu übergegangen, die Lagennamen (Paddocks) zu verzeichnen.

Waren früher europäische Namen zur Bezeichnung bestimmter Weinstile durchaus gängig, man denke an „Chablis“, „Burgundy“, „Champagne“ und „Claret“, so sind sie heute nach dem Abschließen eines Abkommens mit der EU von den Weinetiketten verschwunden. Stattdessen erfinden die Erzeuger bestimmte Markennamen, z. B. Grange Hermitage von Penfolds, wenn sie die Rebsorte nicht angeben können, weil der Wein verschnitten wurde.

Die Rebsorten

Hauptrebsorten für Weißweine

Chardonnay, Sémillon, Riesling, Sauvignon blanc.

Hauptrebsorten für Rotweine

Shiraz, Cabernet, Sauvignon, Merlot, Pinot noir, Grenache, Mourvèdre.

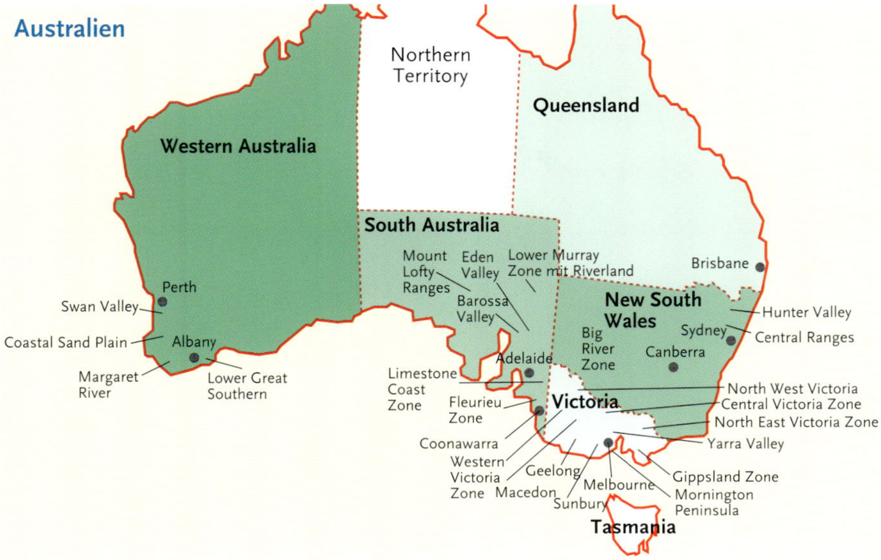

Weinbauregionen und -gebiete

Neusüdwales (New South Wales)

Neusüdwales liegt im Südwesten des australischen Kontinents. Die bevorzugten Rebsorten sind Shiraz, Sémillon und Chardonnay. Die Weine sind in der Regel duftig und robust und entfalten sich durch längere Lagerung erst richtig.

Im **Hunter Valley** – nahe der Küste gelegen – werden einige der feinsten australischen Weine bereitet. Im Lower Hunter Valley wächst die Paradesorte Sémillon, die außergewöhnlich lagerfähige, trockene Weißweine liefert. Diese Weine vertragen eine Reifezeit von zehn und mehr Jahren, ohne mit Holz in Kontakt gewesen zu sein. Es werden aber auch hervorragende Weißweine aus Chardonnay und Rotweine aus Shiraz gekeltert.

Bekannte Weinerzeuger

Brokenwood, Bloodwood, Canobolas-Smith, Cowra, Craigmoor, Drayton's Family, Lindemans, Hungerford Hill, Huntington, McGuigan, Montrose, Pepper Tree, Petersons, Rosemount Estate, Thistle Hill, Tyrell's, Windowrie.

Victoria

Die Böden, die besonders nährstoffreich sind, lassen die Reben gut gedeihen und ermöglichen die Erzeugung ganz vorzüglicher Weine. Viele Weingärten Victorias, die im Inland liegen, wurden aber hauptsächlich zur Tafelweinerzeugung angelegt.

In den Achtziger- und Neunzigerjahren des 20. Jahrhunderts ging die Erschließung des **Yarra Valley** rasant vor sich. Vor allem die großen Weinfirmen, wie z. B. Foster's Wine Estates, haben kräftig investiert und den Aufschwung in den letzten Jahren stark vorangetrieben. Den Großteil der Rebflächen im Yarra Valley nehmen heute Pinot noir, Cabernet Sauvignon und Shiraz sowie Chardonnay für sich in Anspruch. Aus diesen Sorten werden feine Cuvées hergestellt. Aber auch hervorragende reinsortige Pinot noirs, Shiraz' und Chardonnays, vielfach aus kleineren Weinbaubetrieben, sind zu finden. Darüber hinaus ist das Yarra Valley bekannt für trocken ausgebaute Sémillons und edelsüße Botrytis-Weine.

Bekannte Weinerzeuger

Arthurs Creek, De Bortoli, Diamond Valley, Domaine Chandon, Fergusson, Goldstream Hills, Jasper Hill, Mount Mary, Oakridge, St. Huberts, Tarrawarra, Yarra Yarra, Yarra Yering, Yeringberg.

Weinlese auf dem Weingut Tyrell's im Hunter Valley

DAMIT DIEBISCHE VÖGEL SICH NICHT ÜBER DIE TRAUBEN HERMACHEN KÖNNEN, WERDEN NETZE ÜBER DIE REBSTÖCKE GESPANNT

Südaustralien (Southern Australia)

Die Region liefert über die Hälfte der Gesamtweinproduktion des Landes. Es werden überwiegend die Weißweine Riesling, Chardonnay und Sauvignon blanc sowie die körperreichen, trockenen Rotweine Cabernet Sauvignon und Shiraz erzeugt. Das **Barossa Valley** ist mit Abstand die wichtigste und international bekannteste Region. **Adelaide Hills** und **Coonawarra** erzeugen hervorragende Sauvignons blancs und Chardonnays sowie Cabernet- und Shiraz-Weine.

Bekannte Weinerzeuger

Basedow, BRL Hardy (Prestigeserie „Eileen Hardy"), Château Yaldara, Henschke (Einzellagen-Shiraz „Hill of Grace"), Lyndoch Hills, Wolf Blass, Miranda Rovalley, Penfolds, Peter Lehmann, Saltram, Seppelt, St. Hallett, Tollana.

Penfolds

Penfolds zählt zu den weltbesten Weinerzeugern und ist die berühmteste Rotweinkellerei Australiens. Zu den klassischen Penfolds-Weinen gehören der Kultwein „Grange" (aus Shiraz, manchmal mit etwas Cabernet Sauvignon; wurde früher als Hermitage bezeichnet), „Shiraz Magill Estate", „Koonunga Hill Shiraz/Cabernet Sauvignon", „Bin 707 Cabernet Sauvignon", „Kalimna Shiraz", „St. Henri Shiraz" sowie der wuchtige „Chardonnay Yattarna".

Barossa Valley in Südaustralien

COONAWARRA IST BERÜHMT FÜR SEINEN TERRA-ROSSA-BODEN (ZIEGELROTE ERDSCHICHT ÜBER KALKSTEINGRUND)

Westaustralien (Western Australia)

Die Region zeichnet sich durch eine wechselhafte Landschaft – Küstenebene und Bergland – aus. Bei den Weißweinen sind Riesling, Chardonnay, Sauvignon blanc und Sémillon, bei den Rotweinen Cabernet Sauvignon, Shiraz und die Cuvée Cabernet-Merlot zu nennen. Bei den Erzeugern überwiegen kleine Kellereien, die eine breite Palette von Weiß- und Rotweinen liefern.

Das noch relativ junge Weinbaugebiet **Margaret River** erzeugt Rot- und Weißweine von ausgezeichneter Qualität, ebenso das Gebiet **Lower Great Southern** südlich von Perth, das aus den Sorten Shiraz, Cabernet Sauvignon sowie Chardonnay Weine höchster Qualität hervorbringt.

Bekannte Weinerzeuger

Alkoomi, Amberley, Ashbrook, Cape Mentelle, Capel Vale, Château Barker, Château Xanadu, Conteville, Coorinja, Cullen, Devil's Lair, Evans & Tate, Frankland, Goundrey, Houghton, Lamont, Leeuwin (Prestigeserien „Art Serie Chardonnay" und „Prelude"), Moss Wood, Olive Farm, Peel, Plantagenet, Redbrook, Sandalford, Vasse Felix.

Wein aus Neuseeland

Seit 1985 hat sich Neuseeland vor allem mit Weißweinen aus Sauvignon blanc und Chardonnay von hervorragender Qualität weltweit einen Namen gemacht. Weniger bekannt ist allerdings, dass in Neuseeland auch hervorragende Rotweine gekeltert werden. Sowohl das Klima als auch die Böden schaffen günstige Wachstumsbedingungen, sodass die Weine Kraft und Struktur sowie Frische und Lebendigkeit ausstrahlen.

Die Weinbaugebiete erstrecken sich über eine Länge von rund 1 000 Kilometern von Norden nach Süden über die zwei Inseln. Bedingt durch die klimatischen Gegebenheiten zeigen neuseeländische Weine ein breites Spektrum an Geschmacksnuancen, alle Weine haben jedoch eine betont fruchtige Note. Während auf der Südinsel ausgezeichnete Weine aus Sauvignon blanc, Pinot noir und Riesling sowie Qualitätsschaumweine entstehen, findet man auf der Nordinsel hervorragende Rotweine aus den Bordeauxsorten und aus der Sorte Shiraz.

Neuseeland und der Schraubverschluss
Neuseeland war bereits in den 1980er-Jahren Vorreiter für den Einsatz von Drehverschlüssen bei Weißweinflaschen. Ab 2005 wurden bereits zwei von drei neuseeländischen Flaschen – darunter viele weiße Spitzenweine – mit Drehverschluss versehen. Der Drehverschluss macht aber auch vor Rotweinen nicht halt – so wird seit einigen Jahren untersucht, wie die Reifung von Rotweinen in Flaschen mit Drehverschluss verläuft.

Die Rebsorten

Insgesamt werden in Neuseeland zu 75 % Weißweine erzeugt.

Hauptrebsorten für Weißweine
Sauvignon blanc (wichtigste Rebsorte in Neuseeland), Chardonnay, Riesling, Pinot gris (Ruländer), Sémillon, Gewürztraminer.

Hauptrebsorten für Rotweine
Pinot noir, Merlot, Cabernet Sauvignon, Malbec, Cabernet Franc, Shiraz, Pinotage.

Weinbauregionen und -gebiete

Insgesamt hat Neuseeland 11 Weinbauregionen, die sich auf die Nord- und die Südinsel aufteilen. Die drei größten Weinbaugebiete sind Marlborough auf der Südinsel sowie Gisborne und Hawkes Bay auf der Nordinsel.

Nordinsel

Da das Klima auf der Nordinsel wärmer ist, findet man hier günstige Anbaubedingungen für Cabernet Sauvignon und Merlot. Weiters werden in den Gebieten um Auckland sowie südlicher, um Gisborne und Hawkes Bay, hervorragende Chardonnays in großer Anzahl angebaut.

Das oftmals ausgezeichnete Weingut Villa Maria in Marlborough war eines der ersten Weingüter der Welt, das sich zur „korkfreien Zone" erklärte und seine Weine mit Schraubverschluss versah

Bekannte Weinerzeuger
Babich, Brajkovich, C. J. Pask, Coopers Creek, Corbans, Craggy Range, Delegat's, Felton Road, Esk Valley („The Terraces", ein Lagenwein, der nur in besonderen Jahren hergestellt wird), House of Nobilo, Kim Crawford, Kumeu River, Matua Valley, McDonald, Mills Reef, Montana (Schaumweinmarke „Lindauer"), Morton, Ngatarawa, Nobilo, Pleasant Valley, Rongopai („The Heritage"), Sacred Hill, Stony Ridge (Spitzencuvée „Larose"), Te Mata Estate („Elston Chardonnay", „Coleraine"), Villa Maria Estate.

Südinsel

Durch den Sauvignon blanc vom bekannten Weingut Cloudy Bay in Marlborough ist die gesamte Region erst so richtig bekannt geworden. Heute produzieren die Weingüter in Nelson, Canterbury und vor allem in Marlborough hervorragende Weine aus Riesling, Sauvignon blanc und Pinot noir.

Bekannte Weinerzeuger
Allan Scott, Cloudy Bay, Corbans Marlborough, Forrest, Grove Mill, Herzog's Winery (rote Spitzencuvée „Spirit of Marlborough"), Hunter's, Kim Crawford, Montana, Nautilus, Quartz Reef, Seifried, Selaks, Shingle Peak, Vavasour, Villa Maria, Wairau River, Winegrowers of Ara.

Champagner & Co

Ganz gleich, aus welchem Anlass gefeiert wird, ob Hochzeit, Schiffstaufe oder Sonstiges – sie sind fast immer dabei: Die Rede ist von Champagner & Co. Was alle Schaumweine auszeichnet, ist das mehr oder weniger lebhafte Spiel der feinen Kohlensäurebläschen, die so wunderbar auf Zunge und Gaumen prickeln.

Champagner, eine Art Nationalheiligtum Frankreichs, gilt als König aller Schaumweine. Was viele jedoch nicht wissen, ist, dass auch viele andere Schaumweine nach der Champagnermethode hergestellt werden. Da sie jedoch nicht aus der Champagne stammen, sind sie nicht legitimiert, diesen Namen zu tragen. Sei's drum – es sind trotz allem prickelnde Köstlichkeiten, die es wert sind, entdeckt zu werden.

Champagner

Seinen Namen verdankt der schäumende Wein einem nordfranzösischen Landstrich, der Champagne, wo er aus Rot- und Weißweintrauben gekeltert und nach strengen Bestimmungen hergestellt wird. Die Rebfläche der Champagne wurde 1908 geografisch festgelegt und durch ein Gesetz aus dem Jahre 1927 auf maximal 34 000 Hektar begrenzt.

„In Zeiten des Sieges verdient man ihn, in Stunden der Niederlage braucht man ihn."
Napoleon

Wie so vieles andere entstand auch Champagner aus einer Laune der Natur. In der nördlich gelegenen Champagne konnten aufgrund der kühlen Witterung die Weine oft nicht vollständig vergären, da sich die Hefe gewissermaßen in den Winterschlaf begab. Im Frühjahr wurden die Resthefen durch das warme Wetter plötzlich wieder munter und verursachten in den Fässern eine zweite Gärung.

Der Name „Champagner" ziert nur Schaumweine aus der Champagne

Das nachträgliche Schäumen ihrer Weine löste bei den Winzern in der Champagne keinesfalls Begeisterungsstürme aus. Im Gegenteil: Schäumender Wein galt als fehlerhaft und minderwertig und wurde im wahrsten Sinne des Wortes verteufelt. Die damalige Bezeichnung „Vin du Diable" (Teufelswein) spricht Bände.

Ganz anders verhielt es sich in Großbritannien. Dort avancierten die spritzigen „Schäumer" bald zu einem beliebten Getränk der britischen Upperclass.

Wurden in der Champagne zu jener Zeit noch undichte Holzpfropfen und leicht zerbrechliche Flaschen eingesetzt, gab es in England bereits Eichenkorken und robustere Flaschen, die dem enormen Kohlensäuredruck standhielten. Erst einige Zeit später setzten sich diese dickwandigen Flaschen und die Eichenkorken langsam auch in der Champagne durch. Zudem hatten manche Winzer in der Champagne erkannt, dass ihr „Teufelswein" in anderen Ländern beinahe vergöttert wurde.

Ende des 17. Jahrhunderts begann man, dem Wein bei der Flaschenabfüllung Zucker und Melasse beizufügen, um ihn zum Schäumen zu bringen. Beim Versuch, diese unberechenbare Gärung zu beherrschen, tappten die Winzer jedoch im Dunkeln. Erst durch die Untersuchungen von Louis Pasteur (1822–1895) verstand man die Grundlagen der Gärung und konnte somit den Gärprozess steuern. Die Bestimmung des Zuckergehaltes und die Entwicklung spezieller Hefen ermöglichten eine kontrollierte zweite Gärung in der Flasche.

Lange Zeit war Champagner trübe, da sich die Hefe der zweiten Gärung weiter in der Flasche befand. 1806 erfand Barbe-Nicole Clicquot-Ponsardin („Veuve Clicquot") mit ihren Kellermeistern das Rütteln (Remuage) und Enthefen (Degorgieren). Der Legende nach soll ein Küchentisch das erste Rüttelpult gewesen sein.

„Wie lieb und luftig perlt die Blase der Witwe Klicko in dem Glase."
Wilhelm Busch in Anspielung auf die berühmte Veuve Clicquot (Witwe Clicquot)

Champagner – eine Weltmarke

Die Bezeichnung „Champagne" ist seit dem Jahr 1919 markenrechtlich geschützt und darf nur für Schaumweine aus der Champagne verwendet werden. Alle nicht aus dieser Wein-

Anbaugebiete in der Champagne

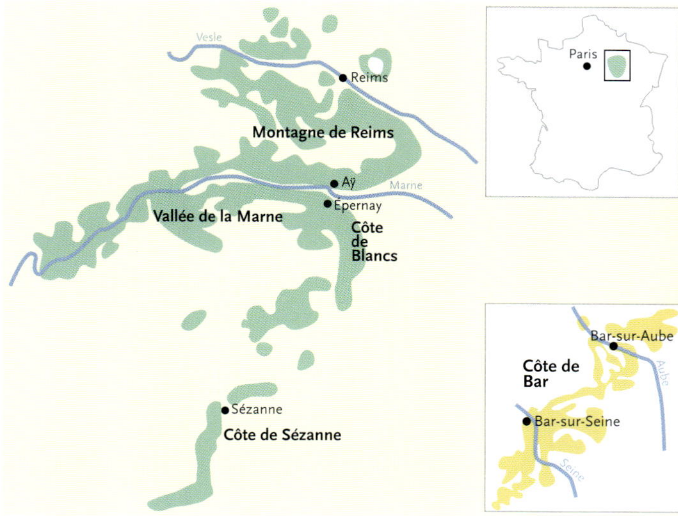

bauregion stammenden Schaumweine tragen in Frankreich und in Luxemburg die Bezeichnung „Crémant" oder „Vin mousseux", in Österreich und Deutschland „Sekt", in Spanien „Cava", in Italien „Spumante" und in englischsprachigen Ländern „Sparkling Wine".

Champagner hat den Status einer Appellation d'Origine Contrôlée, auch wenn dies meist nicht auf dem Etikett vermerkt ist.

Champagner unterliegt heute den strengsten Herstellungsvorschriften aller Schaumweine, deren Einhaltung vom Comité Interprofessionnel du Vin de Champagne (C. I. V. C. = Dachverband der Champagnerwinzer und -häuser) kontrolliert wird.

Welche Bestimmungen gibt es für Champagner?

- Streng abgegrenztes Anbaugebiet.
- Bestimmte Rebsorten.
- Anbauvorschriften, wie z. B. Pflanzendichte und Rebschnitt.
- Ertragsbeschränkung, die Traubenmenge pro Hektar wird jährlich festgelegt.
- Handlese.
- Schonende, sofortige Pressung sowie festgelegter Höchstertrag beim Keltern.
- Mindestzuckergehalt des Mostes.
- Flaschengärung nach der „Méthode Champenoise".
- Mindestlagerzeit auf der Hefe.
- Verbot des Transvasierverfahrens für Flaschengrößen zwischen 0,375 und 3 Litern.

Die Rebsorten

Champagner ist zumeist ein schäumender Weißwein, der aus zwei blauen und einer weißen Rebsorte gekeltert wird:

- **Pinot noir (Blauburgunder):** Die Traubensorte verleiht dem Wein Körper, Kraft sowie Langlebigkeit.
- **Pinot Meunier (Müllerrebe, Schwarzriesling):** Die Weine reifen schneller, die Traube sorgt für Frische und Fruchtigkeit und verstärkt das Bukett.
- **Chardonnay:** Die Traubensorte gibt dem Wein Eleganz, Rasse und Feinheit.

Die Anbaugebiete

Rund 90 % der 34 000 Hektar Rebfläche sind im Besitz von etwa 15 000 Winzern, gut 2 000 von ihnen produzieren und vermarkten selbst Champagner. Die meisten Winzer gehören jedoch einer Genossenschaft an, wobei etwa 3 000 Winzer Champagner von der Genossenschaft zurücknehmen und unter eigenem Etikett verkaufen. Die großen Champagnerhäuser dominieren den Markt, obwohl sie nur 10 % der Rebfläche besitzen. Langfristige Ernteverträge mit Winzern sichern daher die benötigten Traubenmengen für die Produktion.

Jährlich werden ca. 2,5 Millionen Hektoliter Wein (gut 330 Millionen Flaschen) erzeugt. Aufgrund der langen Reifezeit lagern etwa 1,5 Milliarden Flaschen in den Kellern der Hersteller und Handelshäuser.

Die Champagne ist die kleinste Weinbauregion Frankreichs und umfasst nur 2 % der Rebfläche des Landes. Die Region wird in fünf Gebiete gegliedert, die sich durch ihre Lagen, die Bodenverhältnisse, das Klima und die Größe deutlich voneinander unterscheiden.

Montagne de Reims

Die Rebflächen sind zu zwei Drittel mit blauen Sorten bepflanzt und liegen in den Tälern der Flüsse Vesle, Ardre und Marne. Montagne de Reims ist die kühlste Zone, in der einige Weingärten sogar nach Norden ausgerichtet sind.

Vallée de la Marne

Das Marnetal ist das bevorzugte Terroir der Pinot-Meunier-Rebe. Aber auch Pinot noir und Chardonnay sind vertreten. Das Marnetal hat vor allem Süd- und Südostlagen.

Côte de Blancs

Ihren Namen verdankt die Côte de Blancs (weißer Hang) den berühmten Kreidefelsen. In dieser Region dominiert die Chardonnay-Rebe.

Côte de Bar

Die südlichste Appellation mit den Anbaugebieten Bar-sur-Seine und Bar-sur-Aube liegt etwa 100 Kilometer südöstlich von Épernay, nahe der Nordgrenze zum Chablis-Gebiet, und ist fast ausschließlich mit Pinot noir bepflanzt.

Côte de Sézanne

Dieses Champagnergebiet wurde erst in den 1960er-Jahren angelegt und liegt südlich von Épernay. Das Gebiet ist hauptsächlich mit Chardonnay bepflanzt.

Die Champagnererzeugung (Méthode champenoise)

Die Weinlese

Jedes Jahr legt der C.I.V.C. (Dachverband der Champagnerwinzer und -häuser) das Datum für den Beginn der Weinlese für jede Weinbaugemeinde und jede Rebsorte entsprechend dem Reifegrad der Trauben fest. Der Verband bestimmt im Einklang mit dem Institut für Herkunftsbezeichnungen (Institut National des Appellations d'Origine oder I.N.A.O.) auch, welcher Höchstertrag an Trauben pro Hektar für die Champagnererzeugung verwendet werden darf. Lesebeginn ist meist Ende September, die Trauben werden von Hand gelesen.

Das Keltern erfolgt in für die Champagne typischen Pressen, den Coquards

Damit die Trauben nicht durch ihr Eigengewicht aufplatzen, kommen sie in Kunststoffkisten, die höchstens 50 kg Trauben enthalten

Das Keltern

Ein Charakteristikum der Champagnerherstellung ist, dass die weißen Weine zu zwei Dritteln aus blauen Trauben hergestellt werden. Aus diesem Grund unterliegt das Keltern sehr strengen Regeln:

- Keltern von ganzen Trauben/Beeren, um die Mazeration zu verhindern.
- Begrenzter Ertrag beim Keltern: 160 kg Trauben für 102 l Most.
- Aufteilung der Moste in zwei Teilmengen.

Aus dem traditionellen Kelterinhalt von 4 000 kg Trauben, dem sogenannten **Marc**, gewinnt man in mehreren Keltervorgängen 20,5 Hektoliter **Cuvée** und 5 Hektoliter **Taille.** Die aus der Cuvée gewonnenen Moste ergeben Weine von großer Finesse, die sich außerdem gut für die Alterung eignen. Die aus der Taille (zweiten Pressung) hergestellten Weine unterscheiden sich von jenen durch kräftige, einfachere Aromen und eine schnelle Entwicklung. Die geschwefelten und geklärten Moste werden anschließend getrennt in die Gärbehälter gefüllt.

Die erste Gärung

Sie vollzieht sich wie bei der Stillweinerzeugung, nach etwa drei Wochen erfolgt der Abstich.

Die Assemblage (das Verschneiden der Grundweine)

Um den Benediktinermönch Dom Pérignon (1638–1715), Kellermeister und Prokurator der Abtei von Hautvillers, ranken sich viele Legenden. So wird immer wieder behauptet, dass er der „Erfinder" des Champagners sei, was jedoch nicht stimmt. Vielmehr ist er der Begründer des Weißkelterns von blauen Trauben und der Assemblage, also der Kunst, verschiedene Weine zu besonderen Cuvées zu mischen.

Die Assemblage ist der grundlegende Schritt für die Herstellung von Champagner. Pinot- und Chardonnay-Weine aus unterschiedlichen Gebieten, Lagen und Jahrgängen (Reserveweinen) verleihen dem Champagner seine Persönlichkeit. Die Assemblage wird nur von erfahrenen Kellermeistern durchgeführt.

Wenn ein Jahrgang durch besonders gute Eigenschaften besticht, werden ausschließlich Weine dieses Jahrgangs zur Cuvée verschnitten, und man erhält einen **Champagne millésimé** (Vintage), also einen Jahrgangschampagner.

Unter Non-Vintage versteht man einen Normalverschnitt, der zu rund 70 % aus dem aktuellen Jahrgang und den sogenannten Reserveweinen hergestellt wird. Die Cuvée wird stabilisiert, filtriert und gelagert.

Die zweite Gärung

„Brüder! Kommt geschwind. Ich trinke Sterne!", soll Dom Pérignon begeistert ausgerufen haben, als er Champagner trank.

Die zweite Gärung in der Flasche, die **„Méthode champenoise"**, dient dazu, aus dem Stillwein einen Schaumwein zu machen.

Der erste Schritt ist das Abziehen des Weins in Flaschen, was erst ab dem 1. Januar nach der Ernte geschehen darf. Damit eine zweite Gärung stattfinden kann, wird eine **Fülldosage (Liqueur de Tirage)** – bestehend aus in Wein gelöstem Rüben- oder Rohrzucker und Rein-

Traditionelle Gärverschlüsse

zuchthefe – zugesetzt. Die Menge der Fülldosage darf den Gesamtalkohol im Wein um höchstens 1,5 Vol.-% erhöhen.

Anschließend werden die Flaschen mit einem Kronkorken oder mit traditionellen Gärverschlüssen verschlossen und in den kühlen Kellern auf Brettern („sur lattes") gestapelt.

Während der mehrwöchigen Gärung erhöht sich der Alkoholgehalt, und der Kohlensäuredruck steigt auf 5 bis 6 Bar. Obwohl die aktive Leistung der Hefe spätestens nach einigen Wochen ausgeschöpft ist, bedeutet dies nicht, dass der Champagner fertig ist. Champagner muss mindestens 15 Monate, Jahrgangschampagner mindestens drei Jahre lagern, und zwar ab dem Zeitpunkt, zu dem der Wein in Flaschen gefüllt wird.

Ein Tipp vom Profi

Diese gesetzlich festgelegte Frist wird bei qualitätsbewussten Erzeugern fast immer überschritten und liegt im Durchschnitt bei Weinen ohne Jahrgang zwischen zwei und drei Jahren und bei Jahrgangschampagner zwischen vier und zehn Jahren.

Der Champagner lagert nun auf der Hefe („sur lie"), die zwar schon abgestorben ist, ihn aber erst jetzt durch enzymatische Prozesse an sein volles Aroma heranführt. Die lange Reifung sorgt aber auch dafür, dass sich die Kohlensäure mit dem Wein gut bindet und später im Glas mit lang anhaltendem Perlen und feinem Schaum Furore macht.

Was die feinen Bläschen mitteilen

Das Perlen des Champagners wird auch als Moussieren oder Perlage bezeichnet. Kenner beurteilen die Qualität von Champagner anhand der Beschaffenheit seiner Kohlensäurebläschen: Je feiner die aufsteigenden Perlen und je harmonischer sich der an der Oberfläche bildende Schaumkranz zeigt, desto größer der Genuss. Große Kohlensäurebläschen werden hingegen abwertend als „œil de crapaud" (Froschauge) bezeichnet.

Da die Hefen den gesamten in der Flasche eingeschlossenen Sauerstoff aufzehren, ist der Wein vor einer Oxidation optimal geschützt.

Das Rütteln

Nach der Reifezeit muss die Hefe entfernt werden. Dazu werden die Flaschen anfangs fast waagrecht in Rüttelpulte gesteckt. Während der nächsten drei Wochen werden die Flaschen jeden Tag durch den Rüttler etwas gerüttelt, gedreht und steiler gestellt, bis sich der Hefesatz beim Korken absetzt.

Rüttelpulte

Deutlich ist der Hefesatz im Flaschenhals erkennbar

Von Hand gerüttelt wird heute nur noch selten, vor allem in größeren Betrieben läuft das Ganze meistens vollautomatisch ab.

Rüttelkörbe, sogenannte Gyropalettes

Die blank gerüttelten Flaschen werden entweder „sur pointe“ (Korken nach unten) aufbewahrt oder zum Degorgieren (Enthefen) gebracht.

Cuvées zu Beginn der Gärung und nach dem Rütteln

Das Degorgieren

Um die abgesetzte Hefe aus der Flasche zu bekommen, wird der Flaschenhals in eine –20 °C kalte Gefrierlösung getaucht, sodass die Hefe als Pfropf gefriert. Beim maschinellen Entfernen des Korkens wird der gefrorene Satz durch den Druck aus der Flasche geschleudert (Dégorgement). Dabei geht ein geringer Teil des Flascheninhaltes verloren, der wieder aufgefüllt werden muss.

Die Dosage

Im nächsten Schritt wird die Flasche mit der sogenannten **Versanddosage**, einer Mischung aus Reservewein (Wein älterer Jahrgänge, der meist in Edelstahltanks lagert), Rohrzucker, evtl. Süßreserve und Esprit de Cognac aufgefüllt. Mischverhältnis und Zuckermenge der Dosage bestimmen die Geschmacksrichtung, die der Champagner bekommen soll. Abhängig vom Restzuckergehalt unterscheidet man verschiedene Sorten (siehe Tabelle); die Bezeichnungen sind in den EU-Ländern verbindlich. Anstatt mit den Begriffen „mild“, „doux“ etc. kann der Gehalt an Zucker über 50 g pro Liter auch in Gramm pro Liter angegeben werden.

Restzucker in Gramm pro Liter	Österreich Deutschland	Frankreich	England
0 bis 3	Naturherb	Brut nature, Brut zéro, Brut sauvage, Pas dosé, Dosage zéro	
0 bis 6	Extra herb	Extra brut, Non dosé	Extra brut
bis 15	Herb	Brut	Brut
12 bis 20	Extra trocken	Extra dry, Extra sec	Extra dry
17 bis 35	Trocken	Sec	Dry
33 bis 50	Halbtrocken	Demi-sec, Semi-sec, Demi-doux	Medium dry
über 50	Mild	Doux	Sweet

Die Verkorkung

Nach Zugabe der Dosage werden die Flaschen endgültig verschlossen, und zwar mit Naturkorken. Die Korken werden etwa auf die Hälfte ihrer Länge mit hohem Druck in den Flaschenhals gepresst. Dabei verkleinert sich der Durchmesser von ursprünglich 31 mm auf etwa 17 mm. Die typische Pilzform entsteht dadurch, dass sich die Korken oberhalb des Flaschenhalses wieder zur ihrer ursprünglichen Form ausdehnen können.

Links ein Champagnerkorken in seiner ursprünglichen Form, rechts ein Champagnerkorken nach dem Öffnen der Flasche nach langer Lagerung

Danach werden die Korken mit einer Metallkappe und einem Drahtkorb – der sogenannten **Agraffe** – am Flaschenhals befestigt, damit sie nicht mehr ausfahren können.

Agraffe

Die Lagerung

Um eine perfekte Homogenität des Weines zu erzielen, werden die Flaschen kurz gelagert.

Die Etikettierung (Adjustierung)

Zum Schluss wird die Flasche mit einer Halsschleife und einem Etikett versehen. Bei Jahrgangschampagner (Vintage) steht auf dem Etikett auch der Jahrgang.

Flaschengrössen für Champagner

Das Markenzeichen der Sektmanufaktur Kessler sind zwei Kellnerlehrlinge, sogenannte Piccolos. Zwischen 1920 und 1930 etikettierte Kessler die Viertelflaschen mit dem Piccolo-Motiv und es dauerte nicht lange, bis die Bezeichnung „Piccolo" für die kleinste Sektflasche in den allgemeinen Sprachgebrauch übergegangen war.

Die Flaschen

Champagnerflaschen gibt es in verschiedenen Größen. Die Palette reicht von der Piccoloflasche mit 0,2 l bis zur gigantischen 27-l-Flasche.

Ist Ihnen schon einmal aufgefallen, dass nahezu alle Schaumweinflaschen eine konische Vertiefung im Flaschenboden haben? Diese Vertiefung dient aber nicht, wie häufig behauptet, zum einfacheren Servieren. Sie sichert vielmehr die Druckbeständigkeit der Flasche.

Flaschengrößen für Champagner

Größe	Inhalt in Litern	Bezeichnung	Deutsche Bezeichnung
1/4	0,2 l	Quart	Baby, Piccolo (Pikkolo), Knirps
1/2	0,375 l	Demi	Split, halbe Flasche
1/1	0,75 l	Imperial	ganze Flasche
2	1,5 l	Magnum	doppelte Flasche
4	3 l	Jeroboam	vierfache Flasche
6	4,5 l	Rehoboam	sechsfache Flasche
8	6 l	Methusalem	achtfache Flasche
12	9 l	Salmanazar	zwölffache Flasche
16	12 l	Balthazar	sechzehnfache Flasche
20	15 l	Nebukadnezar	zwanzigfache Flasche
24	18 l	Melchior/Goliath	vierundzwanzigfache Flasche
35	26,25 l	Souverain	fünfunddreißigfache Flasche
36	27 l	Primat	sechsunddreißigfache Flasche

Die Champagnerarten

„Beim Bordeaux bedenkt, beim Burgunder bespricht, beim Champagner begeht man Torheiten."
Jean Brillat-Savarin (1755–1826), französischer Gastronom und Schriftsteller

Blanc de Blancs

Die Cuvée besteht ausschließlich aus Weinen der Chardonnay-Traube.

Blanc de Noirs

Für die Cuvée werden ausschließlich Weine der Pinot-noir- und Pinot-Meunier-Trauben verwendet.

Crémant

Früher nannte man Champagner, dem vor der zweiten Gärung weniger Zucker und Hefe beigegeben wurde und der daher nur einen Druck von 3,5 Bar aufwies, Crémant. Heute bezeichnet man alle Schaumweine mit kontrollierter Herkunftsbezeichnung außerhalb der Champagne als Crémant.

Rosé Champagne

Bei der Erzeugung von Rosé-Champagner hat der Kellermeister die Wahl zwischen zwei Methoden.

Rosé d'Assemblage

Bei der Cuvéebereitung wird der weiße Grundwein mit 8 bis 15 % Rotwein (vorwiegend aus Pinot noir) verschnitten, um die gewünschte Farbe und den Geschmack zu erhalten.

Rosé de Saignée

Bei dieser Variante wird die Farbe durch Einmaischen der blauen Trauben (meist Pinot noir) gewonnen. Die Kaltmazeration (siehe S. 59) kann je nach Reife der Trauben zwischen 12 Stunden und drei Tagen dauern, so lange, bis die gewünschte Farbe erreicht ist. Im Anschluss wird die Maische abgepresst.

Kleines Abc der Etikettensprache

C.M. (Coopérative de Manipulation): Genossenschaft, die das Traubenmaterial ihrer Mitglieder ausbaut und vermarktet.
M.A. (Marque d'Acheteur): Marke eines Handelshauses bzw. Großabnehmers.
Millésimé (Vintage): Cuvée aus Weinen eines Jahrgangs (Jahrgangschampagner).
N.D. (Négociant Distributeur): kauft fertige, in Flaschen abgefüllte Weine, die er etikettiert und vermarktet.
N.M. (Négociant manipulant): Champagner eines Champagnerhauses, das Weine für die Cuvée zukauft. Dies trifft auf fast alle bekannten Champagnerhäuser zu.
Prestige-Cuvée: exklusive Champagnermarke eines Produzenten.
R.C. (Récoltant Coopérateur): Der Winzer erhält von seiner Genossenschaft verkaufsfertigen Wein zurück, den er selbst vermarktet.
R.M. (Récoltant manipulant): Champagnerwinzer, der ausschließlich aus Weinen seiner Ernte im eigenen Betrieb Champagner herstellt.
Terroir-Champagner: Lagencuvées; die Weine spiegeln den speziellen Charakter einer Lage wider, wie z. B. „Clos de Goisses" aus dem Haus Philipponnat oder „Clos du Mesnil" von Krug.
Tête de Cuvée: der beim Pressen zuerst abfließende Most; er wird unter leichtem Druck gewonnen und weist die höchste Qualität auf. Der Most hat ein ausgewogenes Verhältnis von Zucker, Säure und Extrakten.

Bekannte Champagnererzeuger

Champagnerhaus	Ort	Cuvée de Prestige
Henri Abelé	Reims	Sourire de Reims
Alfred Gratien	Épernay	Cuvée Paradis
Agrapart et Fils	Avize	Blanc de Blanc Venus
Ayala	Aÿ	Grande Cuvée, Rosé Nature
Bauget-Jouette	Épernay	Cuvée Jouette
Besserat de Bellefon	Épernay	Cuvée de Moines
Billecart-Salmon	Mareuil-sur-Aÿ	Grande Cuvée
Boizel	Épernay	Joyau de France
Bollinger	Aÿ	Vieilles Vignes Françaises
De Castellane	Épernay	Commodore
Cattier	Chigny-les-Roses	Clos du Moulin
Gaston Chiquet	Dizy	Blanc de Blancs
Deutz	Aÿ	Amour de Deutz
De Venoge	Épernay	Cuvée Grand Vin de Princes, Cuvée Louis XV
Duval-Leroy	Vertus	Femme de Champagne
Fleury Père & Fils	Courteron	Rosé de Saignée Brut
Gauthier	Épernay	Grande Réserve Brut
Gosset	Aÿ	Celebris
Heidsieck & Co Monopole	Épernay	Diamant Bleu
Piper-Heidsieck	Reims	Rare
Henriot	Reims	Cuvée des Enchanteleurs
Jacquesson	Dizy	Avize Grand Cru, Grand Vin Signature
Krug	Reims	Clos du Mesnil
Lanson	Reims	Noble Cuvée, Grand Millésimé
Laurent-Perrier	Tours-sur-Marne	Grand Siècle „La Cuvée"
Marie Stuart	Reims	Cuvée de la Sommelière
Mercier	Épernay	Vendange
Moët & Chandon	Épernay	Dom Pérignon, Dom Pérignon Rosé
Mumm	Reims	Mumm de Cramant
Perrier-Jouët	Épernay	Belle Époque
Pommery	Reims	Cuvée Louise
Louis Rœderer	Reims	Cristal, Brut Millésimé
Philipponnat	Reims	Reserve Rosé
Pol Roger	Épernay	Cuvée Sir Winston Churchill
Ruinart	Reims	Dom Ruinart, Blanc de Blancs
Salon	Le Mesnil-sur-Oger	S
Taittinger	Reims	Comtes de Champagne
Veuve Clicquot-Ponsardin	Reims	La Grande Dame

Bekannte Genossenschaften und Genossenschaftsmarken: Beaumont de Crayères, Blin, Le Brun de Neuville, Veuve Devaux, Nicolas Feuillatte, Palmer, De Saint-Gall, Jacquart, Mailly Champagne.

Sekt (Qualitätsschaumwein)

Sekt ist die Bezeichnung für alle Schaumweine aus Österreich, der Schweiz und Südtirol sowie für Qualitätsschaumweine aus Deutschland. Auch in Südtirol verwendet man die Bezeichnung Sekt.

Welche Angaben müssen auf dem Etikett stehen?

- Die Bezeichnung „Schaumwein".
- Das Nennvolumen: e (EU-Norm) darf hinzugefügt werden.
- Die Geschmacksangabe: abhängig vom Zuckergehalt in Gramm pro Liter (siehe S. 190).
- Der Alkoholgehalt in Vol.-%; nur volle oder halbe Einheiten.
- Der Hersteller oder Verkäufer in der Reihenfolge: Name, Gemeinde, Staat.
- Die Angaben Importeur, importiert durch, Einführer oder eingeführt durch: Name oder Firmenname, Gemeinde(-teil) und Staat.
- Der Begriff **Hauersekt** darf in Österreich (in Deutschland **Winzersekt**) nur für Qualitätsschaumwein bestimmter Anbaugebiete (Sekt b. A.) verwendet werden, wenn der Weinbaubetrieb die Trauben (Qualitätsrebsorten) und den daraus hergestellten Wein im eigenen Betrieb gewonnen hat, eine traditionelle Flaschengärung erfolgte, der Weinbaubetrieb den Wein auch vermarktet und auf dem Etikett der Weinbaubetrieb, die Sorte und der Jahrgang aufscheinen.
- Der Name des Weinbaugebietes muss zusätzlich auf dem Korken stehen.

Die Herstellungsverfahren

Die Erzeugung von Sekt (Qualitätsschaumwein) darf nur in Flaschen oder in Tanks erfolgen.

Bei der klassischen Flaschengärung wird der Sekt wie Champagner gerüttelt

Die klassische Flaschengärung (das traditionelle Verfahren)

Der Sekt wird auf dieselbe Art wie Champagner hergestellt.

Das Transvasierverfahren

Die aus verschiedenen Grundweinen bestehende Cuvée wird mit der Fülldosage gut vermischt und in Flaschen gefüllt. Die zweite Gärung und die Lagerung auf der Hefe erfolgen also in der Flasche. Nach der Gärung, frühestens nach zwei Monaten, wird der Inhalt der Flaschen jedoch zur Reifung in einen Tank umgefüllt. Nach insgesamt neun Monaten Reifezeit (davon zwei Monate in der Flasche) erfolgt mithilfe von Gegendruck die Enthefung über Filter. Dann wird der Sekt mit der Versanddosage versetzt und in die Flaschen gefüllt.

Durch diese Methode erspart man sich das aufwendige Rütteln und das Degorgieren.

Das Tankgärverfahren (die Großraumgärung oder Méthode Charmat)

In einem Drucktank wird die Cuvée mit der Fülldosage versetzt und es wird somit die zweite Gärung eingeleitet. Die Gärung dauert drei bis vier Wochen. Die Reifung des Rohschaumweins kann durch ein installiertes Rührwerk unterstützt werden, in dem die Hefe mit dem Rohsekt beliebig oft in Verbindung gebracht wird. Dadurch verkürzt sich die Mindestlagerzeit auf der Hefe von 90 auf 30 Tage.

Nach der Trennung von den Trubteilchen erfolgt die Reifelagerung. Vor der Abfüllung wird der Schaumwein mit der Versanddosage versetzt, dann auf

–5 °C abgekühlt und unter Gegendruck in Glasflaschen gefüllt. Nur in diesem Kältezustand können Weinstein und Hefereste entfernt und ein Kohlensäureverlust vermieden werden. Qualitätsschaumweine werden entweder mit Naturkorken oder Kunststoffkorken verschlossen.

Vom Beginn der Gärung bis zur Abfüllung dauert die Herstellung mindestens sechs Monate.

Bekannte Sekterzeuger

Bekannte Sekterzeuger in Österreich	Marken
Ferschli	MM
Henkell & Söhnlein	Henkell Trocken, Kardinal, Fürst Metternich, Söhnlein Brillant, Kupferberg
Inführ	Eigenmarken
Kattus	Hochriegl Alte Reserve, Hochriegl Rosé Alte Reserve, Großer Jahrgang
Kleinoscheg	Herzogmantel, Admiral Rot, Schilchersekt
Klenkhart	Ritter, Schloss Raggendorf
Schlumberger	Goldeck, Sparkling, DOM, Rosé, Mounier
Stift Klosterneuburg	Klostersekt Grande Reserve Mathäi
Szigeti	Eigenmarken
Winzer Krems	Haus Österreich
Winzersekte (Hauersekte)	z. B. von den Weingütern Bründlmayer, Steininger, Regele, Christian Reiterer sowie von der Gruppe Südoststeirische Winzer
Bekannte Sekterzeuger in Deutschland	**Marken**
Henkell & Söhnlein	Carstens SC, Deinhard, Henkell Trocken, Fürst Metternich, Rüttgers Club, Söhnlein, Kupferberg
Peter Herres	Faber
Rotkäppchen-Mumm	Rotkäppchen, MM, Mumm, Geldermann
M. Chandon	Eigenmarken
Hoehl	Eigenmarken
Kessler	Eigenmarken
Winzersekte	z. B. Sektkellerei Bardong, Sektgut Menger-Krug, Sektgut Solter, Sekthaus Raumland, Wein- und Sektgut Wilhelmshof, Erzeugergemeinschaft Winzersekt Sprendlingen
Bekannte Sekterzeuger in der Schweiz	**Marken**
Bujard	Private Cuvée
Dettling	Blanc de Blancs
Mauler	Baccarat Rosé

Weitere Schaumweine

Schaumwein aus erster Gärung

Der auch als Naturschaumwein bezeichnete schäumende Wein wird in Italien, vereinzelt auch in Frankreich erzeugt.

Asti bzw. Asti spumante und Moscato d'Asti

Diese bekannten Naturschaumweine aus Muskatellertrauben kommen aus den drei Provinzen Cuneo, Asti und Alessandria im Piemont und tragen das D.-O.-C.-G.-Prädikat. Der Asti spumante ist ein Synonym für Schaumwein mit nur einer Gärung. „Spumante" bedeutet übrigens „schäumend".

Die Gärung, die in großen Druckbehältern erfolgt, wird durch Kälte gestoppt, wenn ein Alkoholgehalt zwischen 7 und 9,5 Vol.-% erreicht ist. Ein Teil des Zuckers bleibt unvergoren. Daher haben diese Schaumweine einen etwas süßlichen, mostigen Geschmack und eine kräftigere Färbung als andere Schaumweine. Nach dem Herausfiltern der Hefe werden die Naturschaumweine abgefüllt. Der Alkoholgehalt im Fertigprodukt kann 11 oder 12 Vol.-% erreichen.

Bekannte Erzeuger von Asti spumante

Cinzano, Contratto, Dogliotti-Caudrina, Gancia, Martini-Rossi, Fratelli Martini.

Bekannte Erzeuger von Moscato d'Asti

Braida, Caudrina, Fontanafredda, Rivetti, La Spinetta, Traversa, Vajra, Vietti.

Spumante

Mitte des 19. Jahrhunderts begannen piemontesische Weinhäuser mit der Produktion von Spumante aus der Moscato-Traube sowie von trockenen Schaumweinen aus der Chardonnay- und der Pinot-noir-Traube.

Heute werden Spumantes hauptsächlich mithilfe des Tankgärverfahrens produziert. Der Anteil der Spumantes, die mithilfe der Metodo classico, der klassischen Flaschengärung, hergestellt werden, ist relativ klein. 40 % dieser Schaumweine kommen übrigens aus dem Trentin.

Talento
Seit 2003 ist die offizielle Bezeichnung für einen Qualitätsschaumwein, der aus Chardonnay-, Pinot-nero- und Pinot-bianco-Trauben nach der traditionellen Metodo classico (Flaschengärung) hergestellt wurde, Talento. Nebenbei muss die Flaschengärung mindestens 15 Monate dauern.

Ausgenommen von dieser Regelung ist der Franciacorta D. O. C. G., dessen Produzenten keine Zusatzbezeichnung wie Spumante oder Talento auf ihrem Etikett wünschen.

Die führenden Gebiete sind das Piemont und Venetien, gefolgt von der Lombardei mit dem Oltrepò-Pavese- und dem Franciacorta-Gebiet sowie vom Trentin.

Ein Tipp vom Profi
Schaumweine aus diesen Regionen sind wegen ihres guten Preis-Leistungs-Verhältnisses als Alternative zu Champagner sehr geschätzt.

Bekannte Spumantes

Lombardei: Franciacorta D. O. C. G. von Bellavista, Fratelli Berlucchi, Guido Berlucchi, Ca' del Bosco, Cavalleri, Gatti, Uberti, Villa; Oltrepò Pavese D. O. C. Metodo classico
Marken: Vernaccia di Serrapetrona.
Piemont: Alta Langa D. O. C. Metodo classico, Brachetto d'Acqui D. O. C. G (rot, süß).
Trentin: Trento D. O. C. (Schaumwein auf Chardonnay-Basis) von Cavit, Ferrari, Letrari, Mezzacorona und Rotari.

PERLWEIN MIT KORKEN, DER MIT EINER KORDEL GESICHERT IST

Veneto: Prosecco D. O. C., Proseccos von ausgezeichneter Qualität kommen aus dem Appellationsdreieck Valdobbiadene – Vittorio Veneto – Conegliano. Als Spitzenprodukte gelten die Schaumweine von der Steillage Cartizze; bekannte Erzeuger sind Adami, Bisol, Angelo Bortolin, Fratelli Bortolin, Canevel, Capenè Malvoti, Col Vetoraz, La Marca, Marsuret, Ruggeri und Venegazzù.

Perlwein

Perlwein wird mithilfe des **Imprägnierverfahrens** hergestellt. Dabei wird dem fertigen Wein Kohlensäure unter Druck zugesetzt, die Dosage wird beigegeben und das Produkt unter Gegendruck abgefüllt. Nach diesem Verfahren werden auch Obst- und Fruchtschaumweine erzeugt. Der Nachteil von Perlwein ist, dass die künstliche Kohlensäure keine feste Bindung mit dem Wein eingeht. Dadurch ergibt sich ein grobes Mousseux, also große Kohlensäurebläschen, die im Glas rasch entweichen.

Die Flaschen werden nicht so wie bei Champagner oder Sekt durch einen Drahtkorb (Agraffe) fixiert, sondern sind mit einem Drehverschluss oder einem Korken mit einer darüber befindlichen Kordel oder Folie verschlossen. Die Bezeichnung Perlwein muss auf dem Etikett stehen.

Frizzante

Frizzante ist die italienische Bezeichnung für Perlwein, der zumeist aus Norditalien stammt. Der Begriff Frizzante wird auch in anderen Ländern zur Bezeichnung von Perlwein genutzt.

Der Kohlensäuredruck beträgt zwischen 1 und 2,5 Bar. Wenn Frizzante Kohlensäure zugesetzt wird, muss er auf dem Etikett als „Perlwein mit zugesetzter Kohlensäure" (Vino frizzante gassificato) gekennzeichnet sein.

Bekannte Frizzantes

Kattus Frizzante, Schilcher Frizzante (Firma Bauer), Punkt Genau (Weinbau Gruber), Marca Trevigiana.

Prosecco in aller Munde
Prosecco wird fälschlicherweise oft als Synonym für Schaum- oder Perlweine verwendet. Genau genommen ist Prosecco jedoch eine weiße Rebsorte aus dem italienischen Venetien, aus der vor allem Frizzantes (Perlweine) oder Spumantes erzeugt werden.
Bei Prosecco frizzante entweicht die Kohlensäure nach dem Öffnen der Flasche sehr schnell, mit dem Resultat, dass er dann schal schmeckt. Ein Prosecco spumante hingegen perlt im Idealfall viel länger und feiner.

Crémant/Vin mousseux

Unter dieser Bezeichnung werden alle Schaumweine aus Frankreich zusammengefasst, die außerhalb der Champagne erzeugt werden. Die meisten Schaumweine werden im Elsass und im Burgund, gefolgt von Loire und Limoux, produziert. Die meisten werden zwar nach der Méthode champenoise hergestellt, dürfen jedoch nicht als Champagner bezeichnet werden, da sie nicht aus dem gesetzlich geschützten Gebiet der Champagne kommen. Die Bezeichnung „Crémant" ist für Qualitätsschaumweine b. A. nur in bestimmten französischen Gebieten und in Luxemburg vorgesehen.

Schaumweinflaschen während der zweiten Gärung; die Flaschen werden im kühlen Keller auf Brettern („sur lattes") gestapelt

Die meisten Crémants/Vins mousseux mit der Herkunftsbezeichnung Appellation d'Origine Contrôllée werden durch Flaschengärung hergestellt.

Bekannte Crémants

Elsass: Crémant d'Alsace.
Languedoc: Blanquette de Limoux, Crémant de Limoux.
Loiretal: Anjou, Vouvray, Crémant de Loire.
Rhônetal: Clairette de Die, Crémant de Die.
Weitere Crémants: Crémant de Bourgogne, Bordeaux, Gaillac, Savoyen, Crémant du Jura.

Cava

Seit 1970 ist Cava (katalanisch für Keller) die amtliche Bezeichnung für spanischen Qualitätsschaumwein. Seit 1986, also dem Beitritt Spaniens zur EU, hat Cava die „Denominación Cava".

Die Geschichte des spanischen Schaumweins geht bis ins Jahr 1872 zurück. Damals entschloss sich José Raventós, der in Frankreich die Champagnererzeugung kennengelernt hatte, auch in seiner Heimat Katalonien einen Schaumwein nach der Champagnermethode herzustellen. Er verwendete erstmals die heutigen Standardsorten und legte den Grundstein zur bekannten Cava-Kellerei Codorníu.

Zur Erzeugung von Cava werden die weißen Rebsorten Macabéo, Parellada und Xarel-lo verwendet, manchmal werden auch Chardonnay und Subirat (Malvasia Riojana) beigegeben. Die roten Sorten sind Garnacha, Monastrell und Pinot noir. Die Herstellung erfolgt mit der traditionellen Flaschengärung. Der Alkoholgehalt liegt zwischen 10,8 und 12,8 Vol.-%, die Mindestlagerzeit beträgt neun Monate. Etwa 95 % der Cavas kommen aus dem Penedès (siehe S. 160) im Nordosten Spaniens um Sant Sadurní d'Anoia.

Bekannte Erzeuger

Neben Codorníu zählt die Firma Freixenet zu den größten Produzenten des Landes. Albet í Noya, Augustí Torelló, Castillo de Perelada, Giró Ribot, Juvé y Camps, Masía Vallformosa, Mont-Ferrant, Parxet, Raimat, Raventós í Blanc, Roger Goulat und Rovellats sind weitere bekannte Erzeuger.

Krimsekt

Der Sekt wurde erstmals 1799 auf der Halbinsel Krim exklusiv für den russischen Zarenhof hergestellt. Krimsekt wird nach der Champagnermethode erzeugt und drei Jahre gelagert. In Europa sind die Sorten Krimskoje Rot, Weiß Brut und Weiß Halbtrocken im Handel.

Sparkling Wine

In den USA werden alle Schaumweine, die eine zweite Gärung durchmachen, Sparkling Wines genannt.

Sparkling Wines mit der Bezeichnung „champagne" weisen in den USA auf eine Flaschengärung hin, weiters die Begriffe „fermented in the bottle" oder „classic method". Weitere Bezeichnungen wie „champagne style", „champagne type" oder „champagne bulk process" deuten darauf hin, dass die zweite Gärung in größeren Behältern mit einem Fassungsvermögen von über einer Gallone (3,8 Litern) stattgefunden hat.

Mit der Bezeichnung „transfer process", wird auf das Transvasierverfahren hingewiesen, „bulk process" oder „Charmat process" bedeutet Tankgärung.

Weiße Sparkling Wines werden vor allem aus den Rebsorten French Colombard, Folle blanche, Chenin blanc, Pinot blanc (Weißburgunder) und Chardonnay hergestellt. Für rote Schaumweine und Roséschaumweine werden überwiegend Zinfandel, Gamay, Ruby Cabernet und Grignolino verwendet.

Bekannte Erzeuger

Almadén, Beaulieu, Santa Clara, Rutherford, Gallo, Inglenook, Hanns Kornell, Schramsberg, Sebastiani, Weibel.

Obstschaumwein

Obstschaumweine bzw. schaumweinähnliche Getränke werden nach der verwendeten Frucht (Apfel-, Birnen-, Pfirsich-, Johannisbeer-, Weichsel- [Sauerkirschen-], Erdbeerschaumwein o. Ä.) benannt. Sie können Kohlensäure durch eine erste oder zweite Gärung entwickeln. Der Zusatz von Kohlensäure ist ebenfalls zulässig (Imprägnierverfahren). Das Ausgangsprodukt ist immer ein weinähnliches Getränk.

In Österreich unterliegen Obstschaumwein und Obstperlwein den Bestimmungen des Weingesetzes.

Der Einkauf und die Lagerung

Schaumweine sind zum Zeitpunkt des Einkaufs bereits trinkreif und müssen nicht mehr längere Zeit gelagert werden. Es ist daher nicht sinnvoll, Schaumweine für eine lange Lagerung einzukaufen.

Schaumweine mit Standardqualität erreichen ihren Höhepunkt innerhalb von zwei Jahren, Jahrgangschampagner oder noble Prestige-Cuvées können fünf Jahre und länger lagern. Bei Champagnern der Spitzenklasse ist es aber durchaus möglich, dass sie auch nach dem Degorgieren noch weitere Qualitätsnuancen entwickeln. Der Kohlensäuredruck kann zwar langsam abnehmen, der Geschmack wird jedoch harmonischer und die Aromen werden intensiver.

Ein Tipp vom Profi
Der Degorgierzeitpunkt von Champagner ist auf dem Etikett angegeben. Aber auch die Form des Korkens einer geöffneten Flasche sagt einiges darüber aus, wie lange er in der Flasche war: Geht der Korkenfuß unten in die Breite, steckte er noch nicht sehr lange in der Flasche (eventuell kürzer als ein Jahr). Ist der Korkfuß hingegen schmal, dann wurde der Champagner bereits vor längerer Zeit verkorkt.

Schaumweine sind wahre Nachtschattengewächse. Sie reagieren sehr empfindlich auf Licht, vor allem auf die Strahlungsenergie von Leuchtstoffröhren. Man leistet ihnen also einen guten Dienst, wenn man sie dunkel lagert. Schaumweine mit Naturkorken werden liegend, jene mit Kunststoffkorken sowie Viertelflaschen mit Schraubverschluss stehend gelagert.

Ausgeprägter Kellerschimmel auf Champagnerflaschen

Die Lagertemperatur

Schaumweine werden kühl bei ca. 12 °C gelagert. Offene Flaschen können mit speziellem Druckverschluss gekühlt 24 Stunden ohne große Qualitätseinbußen aufbewahrt werden.

Das Service

Das ideale Schaumweinglas ist schlank und tulpenförmig. Diese Form betont den Duft, und das Moussieren (Perlen) hält länger an.

Das ideale Schaumweinglas ist tulpenförmig

Prestige-Cuvées und andere hochwertige Schaumweine kommen in etwas größeren tulpenförmigen Gläsern noch besser zur Geltung.

Weitere geeignete Gläser sind der Sektkelch und die Sektflöte.

Sektkelch

Sektflöte

Herrliche Anekdoten ranken sich um das legendäre Coupe-Glas. Tatsache ist jedoch, dass die Sektschale von Form und Funktion her völlig ungeeignet für Schaumweine ist, da sich die Bukettstoffe und die Kohlensäure durch die große Oberfläche sehr schnell verflüchtigen. Zudem wird die Optik des Perlenspiels beeinträchtigt.

Beim Servieren von Asti Spumante ist die Sachlage etwas anders. Sein Aroma kommt durch diese Glasform erst richtig zur Geltung.

Sektschale und Asti Spumante sind ein gutes Team

Ein Tipp vom Profi
Rückstände von Reinigungsmitteln im Glas sind der Untergang der Kohlensäurebläschen. Die Gläser sollten daher nach dem Abspülen unbedingt noch einmal mit heißem Wasser nachgespült werden.

Um Duft und Aromen wahrnehmen zu können, sollten die Gläser nicht zu sehr gefüllt werden

SCHAUMWEINE SIND IDEALE ESSENSBEGLEITER

Die ideale Trinktemperatur für halbtrockene und süße Schaumweine liegt zwischen 6 und 8 °C, für trockene und qualitativ hochwertige Schaumweine zwischen 8 und 10 °C. Beste Jahrgangschampagner und Prestige-Cuvées schmecken am besten bei einer Trinktemperatur von 10–12 °C.

Ein Tipp vom Profi
Je süßer der Schaumwein, desto kühler soll er serviert werden, je trockener und hochwertiger (z. B. Jahrgangschampagner), desto wärmer.

Champagner & Co – wann und wozu?

„Ich trinke ihn, wenn ich glücklich bin, und ich trinke ihn auch, wenn ich traurig bin. Manchmal trinke ich ihn, wenn ich allein bin; in Gesellschaft trinke ich ihn sowieso. Selbst wenn ich keinen Appetit habe, nehme ich gern ein Gläschen zu mir. Und wenn ich Appetit habe, greife ich natürlich auch zu ihm. Aber sonst rühre ich ihn nicht an, außer wenn ich durstig bin."
Lily Bollinger (1899–1977) auf die Frage, wann sie Champagner trinke. Sie leitete vier Jahrzehnte lang die Geschicke des Hauses Bollinger.

Schaumweine sind perfekte Aperitifs. Sie machen den Anfang eines Essens nicht zu alkoholschwer und wirken durch die natürliche Kohlensäure erfrischend und appetitanregend.

Gute Schaumweine haben ebenso viele Geschmacksnuancen wie Stillweine. So zeigt sich Schaumwein erster Güte nicht nur von der prickelnd-erfrischenden Seite, sondern er offenbart auch die verwendete Traubensorte.

Viele Feinschmecker sind der festen Überzeugung, dass Schaumweine die perfekten Essensbegleiter sind, vor allem zu Speisen ohne Saucen. Eine Auswahl verschiedener Schaumweine mit geschmacklicher Vielfalt wird von diesen Gästen einfach vorausgesetzt.

Ein Tipp vom Profi
Auch bei glasweiser Ausschank sollte auf die Marke geachtet werden.

Bier

Wenn Sie in Österreich oder Bayern ein Bier bestellen, bekommen Sie im Normalfall ein Helles, in Köln ein Kölsch, in Düsseldorf ein Alt und im Rest von Deutschland höchstwahrscheinlich ein Pils. In England werden Sie ein Ale erhalten, in Irland ein Guinness und in der übrigen Welt meist ein Lager. Bier zeigt sich in unzähligen Facetten, ob blank oder trüb, mit oder ohne Schaumkrone, hell oder dunkel, malzig-mild oder hopfenbitter, mit mehr oder weniger Alkohol.

Es gibt Hunderte von Bierspezialitäten, seien es traditionsreiche Biersorten, die typisch für eine bestimmte Region sind, oder neue Kreationen, mit denen die Brauereien den Bedürfnissen der Konsumenten nach Abwechslung entgegenkommen.

Die Rohstoffe

„Hopfen und Malz, Gott erhalt's!" Bier ist ein alkoholisches und kohlensäurehaltiges Getränk, das hauptsächlich aus Gerstenmalz, Hopfen und Wasser durch Vergärung mit Hefe hergestellt wird.

Das Malz

Malz kann aus verschiedenen Getreidearten gewonnen werden, wie z. B. Gerste, Weizen, Roggen und Dinkel. Für die Biererzeugung wird hauptsächlich Gerste verwendet.

Gerstenbier

Österreichische Biere werden hauptsächlich aus Gerstenmalz hergestellt und haben einen geringfügigen Reisanteil. Es gibt aber auch reine Gerstenmalzbiere.

Das deutsche Reinheitsgebot

Diese Verordnung aus dem Jahre 1516 besagte, dass Bier nur aus Gerste, Hopfen und Wasser gebraut werden dürfe. Durch die EU wurde dieses Gebot aufgehoben. Die Zugabe von Weizen, Roggen, Reis, Mais, Dinkel und Hafer ist in kleinen Mengen erlaubt.

Die hochwertigste Braugerste ist die zweizeilige Sommergerste

Weizenbier (Weißbier)

Es wird aus mindestens 50 % Weizenmalz hergestellt, der Rest ist Gerste. Aber auch Weizenbiere mit 100 % Weizen sind auf dem Markt zu finden.

Roggen- oder Dinkelbier

Bis zum 15. Jahrhundert wurde Bier üblicherweise aus Roggenmalz gebraut. Danach durfte Roggen aufgrund von Missernten nur noch zum Backen verwendet werden. Als Grundlage für Malz diente von nun an Gerste, die für die Herstellung von anderen Nahrungsmitteln weniger geeignet ist.

Roggen- und Dinkelbier werden aus mindestens 50 % Malz der betreffenden Getreideart gebraut.

Das Brauwasser

Wenn man bedenkt, dass Bier hauptsächlich aus Wasser besteht, kann man verstehen, wie entscheidend die Wasserqualität für den Biergeschmack ist.

Brauwasser stammt entweder aus eigenen Quellen oder wird vor dem Brauen so aufbereitet, dass der Härtegrad dem Biertyp entspricht. So wird für helle, hopfenbetonte Biere meist weiches Wasser verwendet, während für dunkle und vollere Biere hartes Wasser geeigneter ist.

Der Hopfen

Hopfen verleiht dem Bier nicht nur seinen unvergleichbaren zartbitteren Geschmack, sondern sorgt für die Schaumbildung und die Haltbarkeit des Bieres. Er ist sozusagen die „Seele" eines jeden Bieres.

Grundsätzlich werden zwei Hopfensorten unterschieden: zum einen die aromareichen, zum anderen die bitterstoffreichen Sorten, die je nach Biersorte in unterschiedlichen Mengen beigefügt werden. Damit den Brauereien ganzjährig Hopfen zur Verfügung steht, werden aus den Hopfendolden Hopfenextrakte oder Hopfenpellets hergestellt.

Die wichtigsten Hopfenanbaugebiete Österreichs sind das Mühlviertel, das Waldviertel und das Gebiet um Leutschach in der südlichen Steiermark. Das größte Hopfenanbaugebiet der Welt ist die Hallertau in Bayern.

Die Reinzuchthefe

Die Hefe betreibt nicht nur die alkoholische Gärung, sondern hat auch großen Einfluss auf den Geschmack und den Charakter des Bieres.

Im Braugewerbe unterscheidet man zwei große Gruppen – die **ober-** und die **untergärige Bierhefe.** Steigt nach dem Gärprozess die Hefe nach oben, wird das Bier als obergärig bezeichnet, sinkt sie hingegen auf den Boden des Gärbehälters ab, nennt man sie untergärig. Die meisten Biersorten sind untergärig.

Die beiden Hefegruppen vergären den Zucker auf unterschiedliche Weise und bilden verschiedene Gärnebenprodukte (Aromastoffe). Obergärige Biere schmecken in der Regel deutlich fruchtiger als untergärige.

Obergärige Biere sind z. B. Weizenbier, Altbier und Kölsch. Zur Gruppe der untergärigen Biere gehören alle Lagerbiertypen, wie Pilsner, Münchner, Dortmunder und Märzenbiere.

Die Biererzeugung

Malz, Hopfen und Wasser für sich machen noch kein Bier. Um einen wirklich guten Gerstensaft herzustellen, ist ein langwieriges und kompliziertes Verfahren notwendig, bei dem nach und nach die verschiedenen Rohstoffe eingebracht werden.

Das Mälzen

Am Anfang der Bierherstellung steht das Mälzen, bei dem das Malz aus dem Getreidekorn gewonnen wird.

In der Mälzerei angekommen, werden die Getreidekörner durch Zugabe von Wasser im sogenannten Keimkasten zum Keimen gebracht. Die keimenden Körner werden **Grünmalz** genannt.

GRÜNMALZ

Der Zweck des Mälzens ist die Gewinnung von Enzymen für den Brauprozess. Diese werden durch das Keimen gebildet und erfüllen beim späteren Maischen eine wichtige Funktion: Sie verwandeln die im Getreidekorn enthaltene Stärke in Malzzucker, der für die Gärung notwendig ist.

Damit die Keimlinge nicht zu viel von der kostbaren Stärke für ihr eigenes Wachstum verbrauchen, wird der Keimvorgang nach ca. einer Woche durch Heißlufttrocknen oder – wie es in der Fachsprache heißt – **Darren** unterbrochen. Nebenbei erhält das Malz dadurch sein charakteristisches Malzaroma. Es entsteht das **Darrmalz.** Als Faustregel gilt: Je höher die Temperatur, mit der das Malz getrocknet wird, desto dunkler wird das Bier. Eine Besonderheit ist das Darren über offenem Feuer. Das Malz, das zur Erzeugung von Rauchbier dient, wird dabei mit Rauch durchzogen.

Hell oder dunkel?

Welche Farbe das Bier schlussendlich hat, wird durch die Temperatur bestimmt. Für helles Bier wird Malz bei einer Temperatur zwischen 70 und 85 °C gedarrt, das Farbspektrum des Bieres reicht dabei von hellgelb, gelb, bernsteinfarben bis kupferfarben.

Malz für dunkles Bier wird bei 90 bis 110 °C gedarrt. Die dunkle Farbe kann aber auch durch Zusatz von Farbmalz (150 bis 200 °C) erreicht werden.

Nach Entfernen der Wurzelkeime ist das Malz braufertig.

Darren von Grünmalz

Das Maischen und Läutern

Das Malz wird in den Schrotmühlen zerkleinert (geschrotet) und im Maischbottich mit Wasser versetzt. Diesen Vorgang nennt man **Einmaischen.**

Einmaischen

Dann wird die Maische stufenweise auf ca. 70 °C erhitzt. Dabei werden die Enzyme aktiviert, die die Stärke im Darrmalz zu Malzzucker spalten.

IN DEN SUDPFANNEN WIRD DIE WÜRZE MIT DEM HOPFEN GEKOCHT

Anschließend wird die Maische im **Läuterbottich** von den festen Bestandteilen des Malzes befreit. Übrig bleibt eine Flüssigkeit, **die ungehopfte Würze.**

Das Brauen

Der Sinn des Brauens ist mit zwei Worten erklärt: Geschmacksbildung und Stammwürzegehalt.

Die Geschmacksbildung

Dazu wird die ungehopfte Würze in die **Sudpfanne** (Würzepfanne) gegeben und zusammen mit dem Hopfen gekocht. Erst durch den Hopfen erhält das Bier seinen typisch herbbitteren Geschmack. Nach etwa zweistündigem Kochen werden die Hopfendolden entfernt, und die gehopfte Würze oder **Stammwürze** ist fertig.

Der Stammwürzegehalt

Beim Kochen verdampft natürlich Wasser, dadurch steigt automatisch die Konzentration der Stammwürze. Der Stammwürzegehalt (Extrakt- bzw. Zuckergehalt), der entscheidend für die Alkoholstärke des Bieres ist, kann somit genau festgelegt werden.

Die Stammwürze wird zur Abkühlung durch Kühlapparate gepumpt und in die Gärbehälter geleitet.

Das Gären

Nun kommt die Hefe ins Spiel. Man versetzt die abgekühlte Würze in Gärtanks oder in Gärbottichen mit ober- oder untergäriger Reinzuchthefe, die den Zucker in Alkohol und Kohlensäure umwandelt.

Hitzig und aufbrausend versus kühle Zurückhaltung

Obergärige Hefen arbeiten am besten bei Temperaturen zwischen 15 und 20 °C, während es untergärige Hefen bei 6 bis 9 °C deutlich kühler lieben.

Nun wird auch klar, warum die obergärige Braumethode auch die ältere ist. Temperaturen, wie sie für die untergärige Methode benötigt werden, waren früher nur im Winter möglich. Erst mit der Einführung von Kühltechniken war der Siegeszug der untergärigen Biere nicht mehr aufzuhalten.

Wenn Hefe und Malzzucker aufeinandertreffen, entstehen die schaumigen Kräusen

Obergäriges Bier

Der Begriff „obergärig" leitet sich von der Tatsache ab, dass obergärige Hefen durch die starke Kohlensäureentwicklung zur Oberfläche des Gärgutes wandern. Die Hauptgärung läuft schnell ab und ist in drei bis fünf Tagen abgeschlossen.

Untergäriges Bier

Untergärige Hefe setzt sich nach der Gärung am Boden des Gärbehälters ab. Die Gärdauer ist länger als bei obergärigen Bieren und dauert fünf bis zehn Tage.

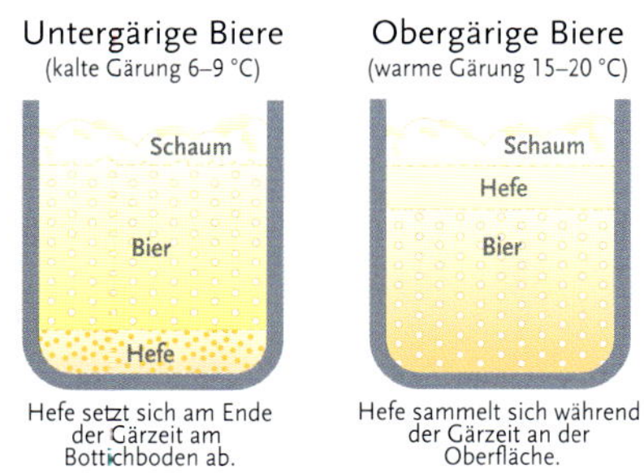

Spontangäriges Bier

Bei diesen Bieren wird keine Hefe zugesetzt. Vielmehr wird die Gärung durch frei in der Luft fliegende Hefesporen angeregt, die in den offenen Gärbottich gelangen. Diese ursprüngliche Art, die Würze zur Gärung zu bringen, wird heutzutage nur noch von traditionellen belgischen Brauereien bei der Erzeugung von Bierspezialitäten, wie z. B. Lambic und Gueuze (siehe S. 209) praktiziert.

Die Nachgärung

Nach rund einer Woche ist die Hauptgärung abgeschlossen. Die Hefe wird herausgefiltert, das Ergebnis ist das **Jungbier**, das nun in den Lagerkeller zur **Nachgärung (stillen Gärung)** kommt, um dort bei etwa 0 °C weiterzureifen. Dabei klärt sich das Bier und baut Kohlensäure ab.

Nach etwa zwei- bis dreimonatiger Lagerung ist das Bier ausgereift. Einfache Biere lagern nur sechs bis acht Wochen, Stark- und Spezialbiere bis zu vier Monate und länger.

Alkoholfreies Bier

Räumen wir gleich zu Anfang mit einem Missverständnis auf: Alkoholfreies Bier ist nicht völlig frei von Alkohol. Laut Gesetz darf sich ein Bier mit maximal 0,5 Vol.-% Alkohol alkoholfrei nennen.

Was aber muss getan werden, damit Bier keinen Schwips bekommt? Zwei Möglichkeiten stehen dafür zur Auswahl: Die alkoholische Gärung kann unterbrochen bzw. reduziert werden, bevor sich Hefe und Zucker im Gärbottich so richtig austoben können. Oder der Alkohol wird erst nach getaner Arbeit, sprich Gärung, entzogen.

ABFÜLLANLAGE

Das Abfüllen

Ausgereiftes, geklärtes (blankes) Bier wird nach sorgfältiger Filtrierung in Flaschen, Fässer, Container oder Dosen abgefüllt.

Bier filterlos

Zwickelbier (Zwickl, Kellerbier) ist ein ungefiltertes, naturtrübes Bier, in dem noch die Hefe und die Eiweißstoffe enthalten sind. Sie bewirken seine Trübung und geben ihm seinen einzigartig würzigen Geschmack. Gleichzeitig machen sie das Bier aber auch empfindlicher gegenüber zu warmer Lagerung und kürzer haltbar, weswegen das Zwickel – bis auf wenige Ausnahmen – fast ausschließlich für die Gastronomie angeboten wird, und zwar im Fass.

Wie das Zwickelbier zu seinem Namen kam

Seinen Namen verdankt das Zwickelbier dem kleinen Hahn, der sich an jedem Gär- oder Lagertank befindet und zur Entnahme von Bierproben dient. Dieser Hahn wird von den Brauern „Zwickl" genannt. Übrigens soll der Zwicklhahn nicht nur der Probehahn des Braumeisters gewesen sein, sondern auch eine munter fließende Bierquelle für dürstende Kellerburschen.

Die Flaschengärung

Bei manchen Biersorten, wie z. B. bei hefetrüben Weizenbieren oder bei manchen belgischen Trappistenbieren, ist der Gärprozess zum Zeitpunkt der Abfüllung jedoch nicht abgeschlossen. Damit diese traditionellen Biersorten so schmecken, wie man es von ihnen erwartet, braucht es eine zweite Gärung in der Flasche. Da aber ohne Hefe kein Gärprozess stattfinden kann, wird ein Teil der Hefe mit in die Flasche gefüllt.

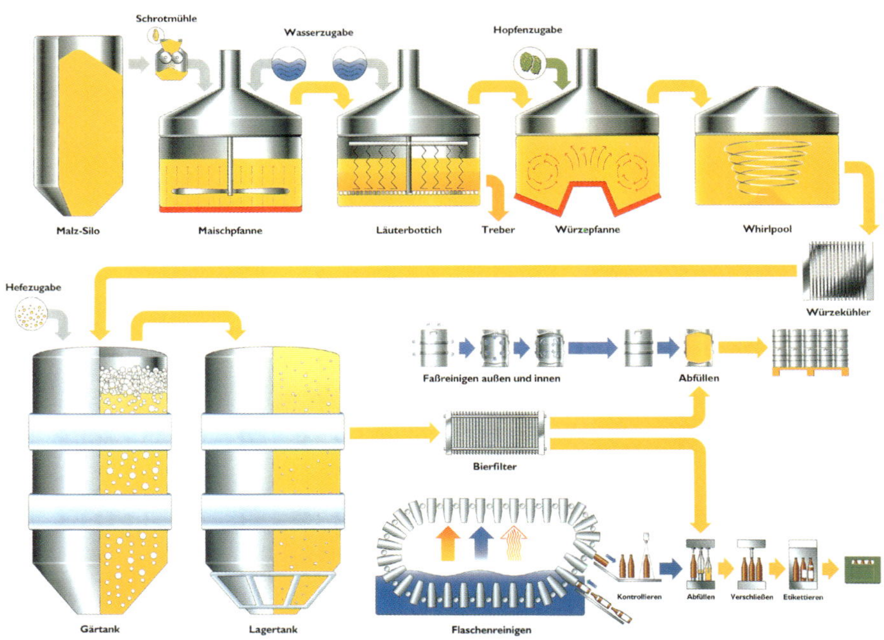

Biererzeugung Schritt für Schritt

Die Bierarten

Biere gibt es viele – man kann sie nach der Getreideart, der Farbe, der Gärart oder nach dem Alkohol- und Stammwürzegehalt unterscheiden. Bevor wir uns verschiedenen Bierarten näher widmen, wollen wir jedoch auf Begriffe wie Vollbier, Schankbier und Starkbier eingehen. Dabei handelt es sich um eine Einteilung nach dem Alkohol- und Stammwürzegehalt.

Bierarten nach dem Alkohol- und Stammwürzegehalt

Der Stammwürzegehalt gibt an, wie viel vergärbarer Extrakt in der Würze (vor der Gärung) enthalten ist. Ein Grad (Grad Plato) Stammwürze bedeutet, dass in 100 Gramm unvergorener Würze ein Gramm Extrakt – die gelösten Stoffe aus Malz und Hopfen – enthalten ist. Dieser Extrakt enthält hauptsächlich den Malzzucker, Eiweißstoffe, Vitamine, Spurenelemente sowie die Bitter- und Aromastoffe des Hopfens.

Der Stammwürzegehalt darf daher nicht mit dem Alkoholgehalt des Biers verwechselt werden. Der Alkoholgehalt lässt sich mit der Formel „Stammwürze dividiert durch 2,5“ abschätzen.

Beispiel: $\frac{12^\circ}{2{,}5}$ = ca. 4,8 Vol.-% Alkohol

Biergattungen in Österreich	Stammwürze	Alkoholgehalt	Charakteristik
Alkoholfreies Bier		Höchstens 0,5 Vol.-%	Sehr hell.
Alkoholarmes Bier	Unter 10°	Höchstens 1,9 Vol.-%	Sehr hell, extrem leicht und mild, wenig Charakter.
Leichtbier	Unter 9°	Höchstens 3,7 Vol.-%	Sehr hell, wenig Kalorien; seit der Einführung der 0,5-Promille-Grenze erleben Leichtbiere einen wahren Boom, und viele Brauereien führen mittlerweile ein Leichtbier im Programm.
Schankbier	9–11°	Ca. 4,3 Vol.-%	Hellgelb, leicht, schmeckt mild hopfenbitter.
Vollbier	Mindestens 11°	5–5,9 Vol.-%	Harmonisch, ausgewogen malzig und mild hopfenbitter; Vollbier mit mindestens 12,5° kann die Bezeichnung **„Spezialbier“** tragen.
Stark- bzw. Bockbier	Mindestens 16°	Ca. 7 Vol.-%	Bernsteinfarben, stark, vollmundig, würzig, fein gehopft, alkoholreich. Im Allgemeinen wird Bockbier zu Weihnachten, Ostern und zum 1. Mai (Maibock) gebraut. Im Vergleich zu Standardbieren variiert bei Bockbier jedes Jahr der Alkoholgehalt und der Geschmack.
Doppelbock	Mindestens 18°	7–12 Vol.-%	Extrastarkes Bier, das für einen begrenzten Zeitraum, oft als Festbier, erzeugt wird. Viele Doppelbockbiere tragen Namen, deren Endsilbe -ator lautet, wie z. B. Salvator, Paulator und Kulminator.

Biergattungen in Deutschland	Stammwürze
Bier mit niederem Stammwürzegehalt	2,5–6,9°
Schankbier	7–10,9°
Vollbier	11–15,9°
Stark- bzw. Bockbier	Mindestens 16°

Untergärige Biere

Pils (Pilsener)

Pils ist mit Abstand die beliebteste Biersorte in Deutschland

Pils – eine böhmisch-österreichisch-deutsche Erfolgsgeschichte
Das erste Pils der Welt wurde in Böhmen 1842 hergestellt. Genauer genommen und wie der Name schon sagt, in der Stadt Pilsen, die damals noch zu Österreich gehörte.

Der damals in Pilsen amtierende bayrische Braumeister Josef Groll fügte dem Lagerbier mehr Hopfen als gewöhnlich zu, und so entstand das erste „Lagerbier Pilsner Art". Pils war also ursprünglich eine Herkunftsbezeichnung. Der Bekanntheitsgrad des Pilsners stieg unaufhörlich, und bald wurde Pilsner landauf, landab gebraut. Ab 1900 wurde die Kurzform Pils die offizielle Gattungsbezeichnung für helle, stark gehopfte Biere.

Pils ist ein helles Vollbier mit einem Stammwürzegehalt von mindestens 11 %. Ein typisches Pils ist goldfarben und hat eine starke Hopfenbetonung, was aber nicht heißt, dass es besonders bitter sein muss. In den letzten Jahren ist ein Trend zu Pilsbieren mit weniger ausgeprägten Hopfen- und Bitternoten zu verzeichnen.

Pils schmeckt natürlich auch in den verschiedenen Ländern unterschiedlich. So ist das böhmische Pilsbier wesentlich milder als z. B. jenes aus Norddeutschland.

Lager

Während in Norddeutschland vorwiegend Pils getrunken wird, fließen in Österreich zu rund 80 % Lager- bzw. Märzenbiere durch durstige Kehlen. Aber auch in der Schweiz zählt Lagerbier zu den meistgetrunkenen Biersorten. Als „Export" sind sie vor allem in Dortmund, als „bayrisches Helles" im Süden Deutschlands nach wie vor äußerst beliebt.

Wie das Lagerbier zu seinem Namen kam
Die Herstellung von untergärigem Bier verlangt nach niederen Temperaturen. Bis zur Erfindung von Kältemaschinen war der März deshalb üblicherweise der letzte Monat im Jahr, in dem die Außentemperaturen niedrig genug waren, um untergäriges Bier zu brauen. Nun werden Sie verstehen, warum dieses „Frühlingsbier" auch Märzenbier genannt wurde.

Die vor allem in Deutschland gängigere Bezeichnung „Lagerbier" (Märzen und Lager sind im Prinzip ein und derselbe Biertypus) kommt wiederum daher, dass dieses „Frühlingsbier" früher mit mehr Stammwürze gebraut wurde und somit länger lagerfähig war. Darüber hinaus wurde es in speziellen Bierkellern über den Sommer gelagert, gekühlt von Eis, das aus den Bergen herangeschafft worden war. So konnte man auch während der Sommermonate dem Bier frönen, bis die Bierproduktion im Herbst wieder anlief.

Helle Lagerbiere sind etwas weniger stark gehopft, malzaromatisch, kräftig und ein wenig süß. Wegen ihrer meist hellgelben Farbe werden sie auch als „Helles" bezeichnet.

Dunkle Lagerbiere haben ein malziges Aroma und einen runden, leicht süßlichen Geschmack.

Märzenbier

Das Märzen hat in Österreich mindestens 11° Stammwürze und ca. 4,4 Vol.-% Alkohol, in Deutschland mindestens 13° Stammwürze.

Märzen ist in der klassischen Variante goldgelb, es gibt jedoch auch dunkle Märzen. Märzenbier ist ein körperreiches, kräftiges, süffiges Bier, das ausgewogen malzig und mild hopfenbitter schmeckt.

Export

Auch das Export ist ein Lagerbier, das vorwiegend in Bayern, Baden-Württemberg und im Ruhrgebiet gebraut wird. Früher wurde das für den Export bestimmte Bier stärker gebraut, damit es auch auf längeren Transportwegen, z. B. nach Übersee, nicht verdarb. Heute wird es mit einem Stammwürzegehalt von rund 12° hergestellt.

Exportbier hat einen kräftigmalzigen Geschmack und eine leichte Süße und ist weniger stark gehopft als ein Pils. Es gibt sowohl helle als auch dunkle Varianten.

Man unterscheidet drei Brauarten: die **Dortmunder**, die **Münchner** und die **Wiener Brauart.** Während die Dortmunder und Wiener Biere eher hopfenorientiert sind, dominiert im Münchner Export das deutlich dunklere Münchner Malz den Geschmack.

Schwarzbier

Seit Anfang der 1990er-Jahre ist das extrem dunkle, vollmundige und oft malzbetonte Bier wieder auf Erfolgskurs und findet immer mehr Anhänger. Die dunkle Farbe ergibt sich durch Malz, das bei 90 bis 110 °C gedarrt wird, sie kann aber auch durch Zusatz von Farbmalz erreicht werden. Schwarzbier wird auch als Malzbier bezeichnet.

Obergärige Biere

Weizenbier (Weißbier)

Hefetrübes Weizenbier

Weizenbier ist ein obergäriges Vollbier, dessen Weizenmalzanteil mindestens 50 % beträgt, der Rest ist Gerstenmalz.

Weizenbier oder Weißbier?
Das Weizenbier wird häufig, vor allem in Bayern, Weißbier genannt. In Anbetracht dessen, dass es auch dunkle Weizenbiere gibt, mutet der Name „Weißbier" etwas eigenartig an.

Die Bezeichnung „Weißbier" ist ein Überbleibsel aus der Vergangenheit. Damals waren die Biere üblicherweise rot, braun oder schwarz, die helle Farbe des Weizenbieres stand dazu im krassen Gegensatz und der Name Weißbier war geboren.

Weizenbiere sind kohlensäurereich, spritzig und vom Geschmack her weniger bitter als manch andere Biere, da sie weniger gehopft sind. Es gibt sie in zwei Varianten: gefiltert und klar als **Kristallweizen** oder ungefiltert und hefetrüb als **Hefeweizen.** Beide Varianten gibt es sowohl in hell als auch in dunkel.

Helles hefetrübes Weizenbier schmeckt vollmundig und fruchtig. Der typische Hefegeruch ist unverkennbar. Dunkles Hefeweizen zeigt anstelle der Fruchtaromen ein dezentes Malzaroma.

Kristallweizenbiere sind sehr spritzig, manchmal werden sie daher auch Champagnerweizen genannt. Ihr Geruch ist nur leicht hefig.

Berliner Weiße

Das klassische Berliner Weizenbier ist ein leicht hefetrübes Schankbier mit einem Stammwürzegehalt von 7 bis 8° und einem Alkoholgehalt von gerade eben 2,8 Vol.-%. Seinen Geschmack verdankt es einem einzigartigen Brauverfahren. Dabei werden während der obergärigen Gärphase Milchsäurebakterien zugegeben, die die Apfelsäure in die mildere Milchsäure umwandeln. Das Ergebnis ist ein leicht prickelndes, säuerliches und zugleich erfrischendes Bier.

Die Berliner Weiße ist übrigens eine markenrechtlich geschützte Spezialität.

Man kann die Berliner Weiße pur, aber auch mit einem Schuss (ca. 2 cl) Himbeer- oder Waldmeistersirup trinken. Die Bestellung lautet dann entweder Berliner Weiße rot bzw. grün oder einfach Berliner Weiße mit Schuss.

Altbier

Der Name „Alt" bezieht sich nicht auf eine lange Haltbarkeit, sondern auf die alte obergärige Braumethode.

Altbier (oft nur Alt genannt) ist eine dunkle obergärige Bierspezialität, die hauptsächlich in Düsseldorf und am Niederrhein erzeugt wird. Düsseldorf gilt als die Altbiermetropole. Die Farben variieren zwischen bernsteinfarben, kupferrot bis hin zu dunkelbraun. Der Geschmack ist würzig-herb.

Kölsch

Kölsch ist ein helles blankes Vollbier, das unter diesem Namen nur in Köln und seiner unmittelbaren Umgebung gebraut werden darf. Kölsch ist nicht nur ein Sortenname, sondern auch eine rechtlich geschützte Herkunftsbezeichnung.

Kölsch ist goldfarben, schmeckt leicht hopfenherb und riecht dezent nach Hefe.

Rauchbier

Rauchbier ist eine obergärige Bierspezialität mit einem rauchigen Aroma. Verantwortlich dafür ist das Malz, das über dem Rauch von brennenden Holzspänen gedarrt wird.

Ale

In Großbritannien ist die Bezeichnung „ale" praktisch ein Synonym für „beer". Es ist ein obergäriges Bier, das in unterschiedlichen Geschmacksrichtungen, Farben und Stärkegraden angeboten wird, wie z. B. Mild Ale, ein volles, süßliches Bier von dunkler Farbe mit relativ wenig Hopfen, oder Pale Ale, ein eher trockenes, helles Bier mit deutlich mehr Hopfenaroma. Eines der beliebtesten Biere in England ist das **Bitter Ale,** ein kupferfarbenes Bier mit sehr bitterem Geschmack.

Kilkenny ist ein Red Ale, das zwar bitter aber dennoch etwas milder schmeckt als ein Stout

Das weltweit bekannteste Stout ist das irische Guinness aus Dublin

Stout

Stout ist ein schwarzbraunes, sehr bitteres, vollmundiges Bier mit einer ausgeprägten, cremefarbenen Schaumkrone. Es wird aus besonders stark geröstetem Gerstenmalz gebraut und ist vor allem in englischsprachigen Ländern beliebt.

Trappistenbiere

Diese obergärigen Biere werden ausschließlich in niederländischen oder belgischen Trappistenklöstern (siehe S. 213) gebraut. Vom Gesetz her dürfen nur Trappistenklöster ihr Bier auf Etiketten etc. als Trappistenbier kennzeichnen.

Spontangärige Biere

Lambic

Auch Lambic wird wie alle anderen Biere aus Malz, Wasser und Hopfen hergestellt. Der kleine Unterschied besteht jedoch in der Hefe, die nicht zugesetzt wird, sondern in Form von wilden Hefesporen, die sich in der Luft befinden, in die offenen Gärbottiche gelangt. Darum werden Lambics in Belgien, wo sie herkommen, auch wilde Biere genannt.

Das Resultat dieser spontanen Gärung ist ein sehr trockenes Bier mit weinig-bittersüßem Geschmack und – bedingt durch die Gärung im Holzfass – wenig Kohlensäure. Lambics werden als jung bezeichnet, wenn sie ein Jahr alt sind, ihre volle Reife erreichen sie aber erst nach drei Jahren. Junges Lambic hat kaum Schaum, erst wenn es reift, zeigt es eine kleine Haube.

Gueuze

Die Gueuze ist ein Verschnitt aus alten und jungen Lambic-Bieren. In der Flasche erfährt das Bier eine Nachgärung, die zu einem erhöhten Kohlensäuregehalt führt.

Die Hauptaufgabe des Braumeisters – des Gueuzestekers – liegt darin, aus vielen verschiedenen Lambic-Fässern fünf oder sechs Lambics zu selektieren und zu mischen. Beim Verschneiden ist Fingerspitzengefühl angesagt: Junge Lambic-Biere enthalten noch Zucker, der für die zweite Gärung in der Flasche notwendig ist. Wird jedoch zuviel junges Lambic beigesetzt, besteht die Gefahr, dass die Flaschen durch Überdruck explodieren. Die älteren Lambics sind hingegen die Geschmacksträger. Wird zuviel des älteren Lambics beigefügt, kann die Gueuze nicht richtig gären und verliert dadurch ihre Kohlensäure.

Nach dem Verschneiden wird das Bier in Flaschen abgefüllt und mit einem Korken verschlossen. Die Flaschen werden für mindestens zwei Jahre liegend gelagert und wie Champagnerflaschen regelmäßig gedreht.

Gueuze hat in der Regel einen säuerlichen Charakter und moussiert leicht.

Fruchtlambics

Kriek (flämisch für Sauerkirsche) ist ein rotes, säuerlich-fruchtiges Lambic, in das Sauerkirschen, vorzugsweise aus dem Brüsseler Vorort Schaerbeek, zwecks zweiter Gärung im Fass eingelegt wurden.

Ein weiteres bekanntes Fruchtlambic ist das **Framboise** (mit Himbeeren). Heutzutage werden jedoch auch andere Fruchtsorten, wie z. B. Erdbeeren, Pfirsiche und Schwarze Johannisbeeren, verwendet.

Faro

Es schien vor einiger Zeit fast so, als ob Faro, eine alte, in Brüssel sehr beliebte Biersorte, von Gueuze und Pils vollkommen verdrängt werden würde. Heute wird Faro jedoch wieder von vielen belgischen Brauereien hergestellt.

Faro wird aus mehreren Lambics verschnitten und ist von rötlicher Farbe. Bei der Flaschenabfüllung wird dem Bier neben Pfeffer, Orangenschalen und Koriander auch Kandiszucker zur Flaschengärung zugesetzt.

Radler

Der Radler ist ein Biermischgetränk, das aus Bier und Limonade besteht. Wurde der Radler ursprünglich aus dunklem Vollbier und klarer Limonade im Verhältnis 1 : 1 gemischt, wird heute dazu meist helles Bier verwendet.

Viele Brauereien stellen mittlerweile Fertigprodukte in unterschiedlichen Geschmacksrichtungen, wie z. B. Zitrone, Holunder und Himbeere, her.

Der Einkauf und die Lagerung

Bier wird in folgenden Gebinden angeboten: Flaschen mit 0,33 und 0,5 Liter Inhalt (bei speziellen Sorten auch kleinere), Fässer (meist Aluminiumfässer; die sogenannten KEGs oder Container haben einen Inhalt von 12, 30 oder 50 Litern) und Dosen. Biertanks werden nur in Betrieben mit entsprechendem Absatz eingesetzt.

KEGs haben ein Fassungsvermögen von 12, 30 oder 50 Litern

Wird Fassbier geliefert, muss man ihm vor dem Anzapfen eine Ruhezeit von mindestens zwei Tagen zugestehen. Wird diese Zeit nicht einkalkuliert, kann die Schaumkrone nach dem Ausschenken schnell zusammenfallen. Je länger die Lagerzeit ist, desto stabiler wird die Schaumkrone.

Auch Bier mag es dunkel. Es in einem eigenen lichtgeschützten Bierlagerraum aufzubewahren, ist natürlich das Beste, was man für Fassbier, aber auch für Flaschenbier machen kann. Die Lagertemperatur sollte konstant zwischen 6 und 8 °C betragen und nicht unter 5 °C fallen, da sonst das Bier durch eine Eiweißflockung trüb wird. Bei richtiger Temperatur klärt sich das Bier allerdings wieder.

Frisches Bier schmeckt einfach am besten. Daher sollte Bier nicht unnötig lange gelagert, sondern binnen drei Monaten getrunken werden (pasteurisiertes Bier nach einem halben Jahr). Bier zeigt sein wahres Alter im Geruch: Hat es bereits seine beste Zeit hinter sich, macht sich ein muffiger, abgestandener Geruch bemerkbar. Dies kann übrigens auch passieren, wenn das Bier zu viel Licht abbekommen hat.

Sinn macht es, die Fässer einer Sorte nach dem **First-in-first-out-Prinzip**, also nach der Reihenfolge ihrer Anlieferung, zu verbrauchen. Ist ein Fassbier einmal angezapft, sollte es innerhalb von fünf Tagen ausgeschenkt werden.

Ein Tipp vom Profi
Der von einem Fachmann einmal korrekt eingestellte Betriebsdruck sollte nicht mehr verändert werden.

Bekannte Brauereien in Österreich

Bundesland	Brauerei	Produkte
Oberösterreich	Braucommune Freistadt	Freistädter: Ratsherrntrunk, Märzen, Dunkel, Midium (Leichtbier), Biozwickl, Weihnachtsbock, Rauchbier
	Brauerei Grieskirchen	Pils, Märzen, dunkles und helles Export, Festbock, Leichtbier („Das Leichte"), Weißbier als helle und dunkle Variante, Radler
	Brauerei Hofstetten	Kübelbier, Granitbier, Pilsbier, Spezialbier, Dunkles, Märzenbier, Bockbier, Kürbisbier, Sündenbock, Honigbier, Bio-Honig-Bock
	Kapsreiter Brau AG	Landbier in den Sorten Goldbraun, Hell und Bock (abgefüllt in Bügelverschlussflaschen), Märzen, Elfer (leichteres Bier)
	Brauerei Ried	Märzen, UrEcht, Weißbier, Festbock, Rieder Dunkel, Weißbierbock, Radler

	Schloss Eggenberg	Hopfenkönig (Pils), Hopfenkönig Medium, Classic Märzen, Premium Lager, Naturtrüb, Festbock, Urbock (ist mit 23° Stammwürze eines der stärksten Biere der Welt), Nessie (Starkbier, gebraut aus schottischem Highland-Whisky-Malz), Samichlaus (wird vor der Abfüllung 10 Monate gelagert, es kann viele Jahre in der Flasche reifen und passt zu schweren Speisen und Desserts, besonders zu Schokolade, oder wird als Digestif getrunken), Hanfbier, Libero (alkoholfreies Bier)
	Stiftsbrauerei Schlägl	Urquell, Kristall, Kristall Leicht, BIO Roggen, Abtei Pils, Malzkönig (dunkles Bier), Stifter Bier (obergäriges Bier), Doppelbock
	Brauerei Zipf (Brau Union Österreich AG)	Zipfer: Urtyp, Medium, Märzen, Pils, Sparkling, Doppelgold (malzbetontes Spezialbier), Kellerbier, Bockbier, Lemon
	Brauerei Wurmhöringer	Märzen, Schankbier (Goldkrone), Privat Pils, Thermenbräu nach Pilsner Brauart, Leichtes Landbräu, Festbock, Römerweg-Radler
Niederösterreich	Brauerei Schwechat	Schwechater: Bier, Zwickl, Radler; Schlossgold (alkoholfrei)
	Hubertus Brauerei	Hubertus: Märzen, Pils, Herrenpils, Dunkel, Festbock, Radler
	Brauerei Wieselburg	Wieselburger Stammbräu
	Brauerei Zwettl	Zwettler: Original, Export Lager, Dunkles, Export, Stiftsbräu (Schankbier, nur in der Flasche erhältlich), Pils, Zwickel, Kuenringer Festbock, Radler
	Privatbrauerei Fritz Egger	Egger: Premium, Zwickl 1868, Märzen, Leicht, Radler
	Bierbrauerei Karl Theodor Trojan	Schremser: Premium, Edelmärzen, Roggen, Doppelmalz (dunkles Bier), Pils, Weihnachtsbräu (Bockbier)
Wien	Ottakringer Brauerei	Ottakringer: Helles, Urban, Bock, Dunkles, Schnitt (Mischung aus hellem und dunklem Bier), Zwickl, Zwickl Rot, Null Komma Josef (alkoholfrei), Radler
Salzburg	Hofbräu Kaltenhausen (Brau Union Österreich AG)	Edelweiss: Hefetrüb, Kristallklar, Hofbräu, Dunkel, Gamsbock (Weißbierbock) Kaiser: Fasstyp, Premium, Goldquell, Doppelmalz, Pils, Bock, 2,9 % (Leichtbier), Kellerbier, Radler
	Stieglbrauerei	Stiegl: Goldbräu, Gold Spezial, Pils, Leicht, Zwickl, Paracelsus Zwickl, Original Stieglbock, Weizengold hefefein und dunkel, Gaudi-Radler
	Privatbrauerei Josef Sigl	SIGLs Beer-Bop-Collection Trumer: Pils, Weizen, Diamond Beer
Steiermark	Brauerei Göss (Brau Union Österreich AG)	Gösser: Märzen, Spezial, Stiftsbräu (dunkles Bier), Zwickl, Gold, Bock, Natur-Radler
	Brauerei Puntigam (Brau Union Österreich AG)	Puntigamer: Märzen, Panther, Winterbier Reininghaus Jahrgangspils
Kärnten	Brauerei Hirt	Hirter: Privat Pils, Märzen, 1270, Biobier, Weizen, Biohanfbier, Morchl (dunkles Bier), Zwickl, Festbock, Radler
	Vereinigte Kärntner Brauereien AG	Villacher: Märzen, Glocknerpils, Dunkel, Zwickl, Hausbier, Festbock, Frühlingsbier (Leichtbier), EDITION°07 Schleppe: Märzen, Pils, Dunkel, Zwickel, Weizenbier, Festbock, Doppelbock, Altbier
Tirol	Zillertaler Brauerei	Zillertal: Märzen, Pils, Weißbier hell, Dunkel, Schwarzes, Zwickl, Gauder Bock, Radler
	Bürgerbräu (Brau Union Österreich AG)	Kaiser (siehe Hofbräu Kaltenhausen), Adambräu
Vorarlberg	Brauerei Fohrenburg	Fohrenburger: Jubiläum, Spezial Edition, Weizen, Ohne (alkoholfrei), Radler
	Mohrenbrauerei	Mohren: Pfiff, Spezial, Export, Leicht, Pilsner, Kellerbier, Bockbier, Gambrinus (gebraut nach Münchner Art), Radler

Neben diesen Bierfirmen haben sich in den letzten Jahren eine ganze Reihe von sogenannten **Gasthausbrauereien** etabliert, wie z. B. das Haydnbräu in Eisenstadt, das Salm Bräu, das Fischerbräu, das Siebensternbräu und die 1516 Brewing Company in Wien, die Burgbrauerei Clam in Klam bei Grein an der Donau (Oberösterreich), die Schlossbrauerei Weinberg in Weinberg bei Kefermarkt (Oberösterreich), die Wirtshausbrauerei Brauhäusl am Steinberg bei Graz und die Theresienbrauerei in Innsbruck.

Biergärten sind im Sommer ein beliebter Treffpunkt

Bekannte Brauereien in Deutschland

Das Bundesland Bayern hat die größte Dichte an Brauereien und Gasthausbrauereien im ganzen Bundesgebiet.

Brauerei	Produkte
Aying	Bräu Hell, Premium Pils, Jahrhundert-Bier, Altbairisch Dunkel, Celebrator (dunkler Doppelbock), Liebhards Kellerbier, Bräu-Weisse, Urweisse (dunkles Weizenbier), Kirta-Halbe, Winterbock, Radler
Becks's Bier	Beck's: Pilsener, Gold (helles Lager), Alkoholfrei, Green Lemon, Chilled Orange, Ice Haake-Beck: Pils, 12, Alster (Biermischgetränk), Kräusen, Export, Edel-Hell, Maibock
Berliner Kindl	Berliner Kindl: Jubiläums Pilsener, Pils, Export, Heller Bock, Dunkler Bock, Berliner Weisse
Binding	Binding: Römer Pils, Export, Lager, Doppelbock, Braumeisters Kraftmalz (obergärig, dunkel), Schöfferhofer Weizen, Clausthaler (alkoholfrei)
Bitburger	Bitburger
DAB (Dortmunder Actien Brauerei)	DAB: Pilsener, Export, Diät Pils
Diebels	Diebels: Alt, Pils
Dom	Dom Kölsch
Erdinger Weißbräu	Erdinger Weißbier: Mit feiner Hefe, Dunkel, Kristallklar, Pikantus Dunkler Weizenbock, Alkoholfrei, Leicht, Schneeweiße, Urweisse, Champ
Hacker-Pschorr	Hacker-Pschorr: Münchner Hell, Münchner Gold, Braumeister Pils, Münchner Dunkel, Münchner Radler, Oktoberfest Märzen, Anno 1417 (Kellerbier), Animator (Doppelbock), Superior, Hefe Weisse, Dunkle Weisse, Leichte Weisse, Sternweisse
HB (Hofbräuhaus München)	Hofbräu: Original, Dunkel, Maibock, Münchner Weisse, Oktoberfestbier
Henninger	Henninger: Kaiser Pilsner, Export, Radler, Diät Pils
Holsten	Astra, Tuborg, Duckstein, Feldschlösschen Dresden, Feldschlösschen Braunschweig, Holsten Pilsener, Lübzer, Carlsberg
Jever	Jever: Pilsener, Light, Fun (alkoholfrei), Lime, Dark, Maibock
Krombacher	Krombacher: Pils, Weizen, Extramild, Alkoholfrei, Radler

Kulmbacher	Kulmbacher: Eisbock, Gold, Export, Lager Hell, Festbier, Edelherb, Leicht, Alkoholfrei, Radler EKU: Pils, Hell, Export, Festbier, Radler, 28 (Doppelbock) Mönchshof: Original, Lager, Schwarzbier, Landbier, Kellerbier, Bockbier, Weihnachtsbier Kapuziner Weißbier: Mit feiner Hefe, Kristallklar, Schwarz, Leicht, Alkoholfrei, Winter
Löwenbräu	Löwenbräu: Urtyp, Original, Weisse, Schwarze Weisse, Premium Pils, Triumphator (dunkles Starkbier), Oktoberfestbier, Dunkel, Alkoholfrei, Radler
Maisel	Maisel's Weisse: Original, Light, Alkoholfrei, Dunkel, Hell, Kristallklar, Dampfbier (obergärig)
Paulaner	Paulaner Weißbier: Naturtrüb, Dunkel, Kristallklar, Leicht, Alkoholfrei Original Müncher Familie: Hell, Dunkel, Urtyp Münchner: Hell Leicht, Hell Alkoholfrei, Diät Bier, Premium Pils Oktoberfest Bier, Salvator (Doppelbock)
Radeberger	Radeberger Pilsener
Spaten	Spaten: Münchner Hell, Pils, Oktoberfestbier, Diätpils, Alkoholfrei
Warsteiner	Premium Verum, König Ludwig Weissbier, König Ludwig Dunkel, Frankenheim, Herforder, Weissenburg, Paderborner Gold, Isenbeck
Weihenstephan (älteste Brauerei der Welt)	Hefeweissbier, Hefeweissbier Dunkel, Kristallweissbier, Original, Tradition, Pilsner, Korbinian (Doppelbock), Festbier, Vitus (Weizenbock)

Weitere bekannte ausländische Brauereien

Standort	Brauereien
Belgien	Belle Vue (Lambic), Boon, Cantillon (Lambic, Gueuze, Kriek und Faro), Chapeau, InBev (mit der bekannten Marke Stella Artois), De Keersmaeker (Kriek), De Kluis, De Troch (Lambic), Fonteinen (Gueuze), Hoegaarden, Huyghe, Leffe, Lindemans, Mort Subite, Rodenbach (Altbier), Timmermans, St. Louis (Gueuze, Lambic) Trappistenklöster: Orval, Rochefort, Westmalle und Westvleteren
Niederlande	Amstel, Grolsch, Heineken, Oranjeboom Trappistenklöster: Achel, Chimay und La Trappe
Schweiz	Feldschlösschen-Hürlimann (mit den Marken Cardinal, Gurten, Hürlimann, Feldschlösschen, Valaisanne, Warteck)
England	Guinness, Bass, Allied Lyons, Mansfield, Whitbread, Worthington
Irland	Guinness
Tschechien	Budvar (Budweiser Bier), Pizeňsky Prazdroj (Pilsner Urquell), Radegast (Birell, alkoholfrei)
Dänemark	Carlsberg A/S (mit den Marken Carlsberg und Tuborg)
Frankreich	Kronenbourg
Italien	Dreher, Forst, Moretti, Wührer, Wunster
USA	Anheuser-Busch (mit den Marken Michelob und Budweiser, wobei letzteres nicht mit dem Budweiser aus Tschechien zu verwechseln ist), Miller, Coors, Schlitz
Mexiko	Corona, Sol
Australien	Foster

Das Service

Ein Bier ohne Schaum? Eine Vorstellung, bei der es so manchem kalt über den Rücken läuft. Der feinporige weiße Schaum gehört zum Bier wie die Krone zum König. Der Grundtenor lautet, dass Bier ohne Schaum schal schmeckt. Dass die weiße Haube ein Merkmal für gute Qualität ist, stimmt aber nur bedingt, da es Biersorten gibt, die keinen opulenten Schaum bilden, wie z. B. das britische Ale.

Haben Sie sich schon einmal gefragt, warum Bier eigentlich Schaum bildet?

Sie denken an die Kohlensäure? Das stimmt, aber nur zu einem gewissen Grad. Die Kohlensäure gibt es bekanntermaßen auch beim Champagner, der ja – wie wir alle wissen – keine Schaumkrone trägt. Was ist also anders? Das Geheimnis liegt in den Eiweißteilchen, die im Bier vorhanden sind. Diese werden durch den Druck der Kohlensäurebläschen an die Oberfläche des Bieres getragen, wo sie den feinporigen weißen Bierschaum bilden.

NICHT JEDES BIER BILDET EINE SO PRÄCHTIGE SCHAUMKRONE WIE DAS PILS

Die Biergläser

Zum optimalen Biergenuss gehört auch das richtige Glas. Welches Bierglas zu welchem Bier passt, ist keine Geheimwissenschaft, vielmehr kann man einer einfachen Faustregel folgen: **Je malziger ein Bier, desto dickwandiger das Glas, je hopfiger, desto höher und schlanker.** Bei sehr großen Gläsern (z. B. Maß und Weizenbierglas) ist das Glas dicker, damit sich das Bier nicht so rasch erwärmt.

Viele Brauereien bieten eigene Glasserien an, die optimal auf ihre Marke abgestimmt sind.

Bier	Serviertemperatur	Glas
Leichtbier	6 °C	Dünnwandiger Pokal
Pils	7–9 °C	Dünnwandige Tulpe oder Pokal, evtl. Stange
Lager/Märzenbier	8–9 °C	Becher, Henkelglas, Tonkrug
Bockbier	10 °C	Bauchiges Glas, evtl. Tonkrug, stark gehopftes Bockbier auch im Pokal
Doppelbock	10–12 °C	Bauchiges Glas, Ballonglas
Weizenbier	8 °C	Weizenbierglas Beim Einschenken eines Hefeweizenbieres muss die Hefe mit ins Glas. Dazu halten Sie am besten einen letzten Schluck in der Flasche zurück, schwenken die Flasche, um die Hefe aufzuwirbeln, und gießen anschließend das Ganze in das Glas. Halten Sie dabei den Flaschenhals nicht in den Schaum. Mancherorts hat es sich eingebürgert, Weizenbier mit einer Zitronenscheibe im Glas zu servieren. Die Zitrone schadet jedoch dem Schaum und verfälscht den Geschmack des Bieres.

Kölsch	8–10 °C	Stange (schmales, zylindrisches Glas mit 0,2 l Inhalt)
Alt	8–10 °C	Altbierbecher (kurzes, gedrungenes Glas mit 0,2 l Inhalt) oder Altbierpokal
Berliner Weiße	8–10 °C	Bierschale oder Kelch Für Berliner Weiße mit Schuss wird zuerst der Sirup (ca. 2 cl) in die Schale geleert, danach wird mit Schwung eine halbe Flasche Berliner Weiße eingegossen und schließlich der Rest langsam nachgeschenkt. So entsteht die feste, cremige Schaumkrone. Es kann ein Strohhalm dazu serviert werden.
Ale	18 °C	Becher
Stout	18 °C	Becher
Gueuze	5–6 °C	Becher
Kriek	5–6 °C	Ballonglas oder Schwenker
Trappistenbier	12–14 °C	Bierschale, Kelch oder Schwenker

Maß

Henkelglas

Bierbecher

Biertulpe

Bierstange

Weizenbierglas

Bierschale

Bierschwenker

Altbierbecher

Bierpokal

Das Zapfen von Bier

Beim **Bierausschank mit Pression** wird mithilfe von Kohlendioxid das Bier zur Zapfsäule befördert. Die Bierleitung dorthin sollte möglichst kurz sein, um das Bier zu schonen und das Zapfen zu erleichtern.

Beim **Bierausschank mit Premixanlagen** befindet sich das Bier in Containern (KEGs), die mit Gegendruck abgefüllt wurden, d. h., der Container hat so viel Druck, dass das Bier herausgepresst wird, wenn man den Zapfhahn betätigt.

Das richtige Einschenken

Vor dem Einschenken muss das Bierglas gründlich mit der **Gläserdusche** gespült werden. Auf diese Weise wird das Glas gekühlt, der Temperaturunterschied zwischen Bier und Glas hält sich in Grenzen und das lästige Schäumen wird verhindert.

1 **Das Bier wird auf drei Mal gezapft:** Halten Sie das Glas schräg unter den voll geöffneten Zapfhahn und füllen Sie es bis zur Hälfte auf.

Ein Tipp vom Profi
Kölsch und Altbiere können in einem Zug gezapft werden.

2 Wenn sich der Schaum etwas gesenkt hat, wird nachgezapft.

Beim Nachzapfen sollte der Hahn nicht ins Bier eingetaucht werden. Dadurch wird Luft in das Bier gedrückt und Kohlensäure herausgetrieben.

3 Zuletzt wird die Schaumkrone durch mehrmaliges schnelles Öffnen und Schließen des Zapfhahnes aufgesetzt.

Unarten in der Praxis
Auf keinen Fall sollte vorgezapft werden. Dabei verliert das Bier seine Kohlensäure und wird schal.

Eine weitere Unart ist das Zusammenleeren zweier halbvoller Gläser. Oft ist dies zu beobachten, wenn beim Zapfen zu viel Schaum entsteht und dieser sich nur langsam setzt. Viele Servicemitarbeiter mischen diese Biere dann später, um den Schwund zu reduzieren. Leider ist das Bier aber dann schon abgestanden.

Die 7-Minuten-Pils-Legende oder totgezapftes Bier
Wer sich mit dem Pilszapfen sieben Minuten Zeit lässt, bekommt garantiert ein schales Bier, aus dem die Kohlensäure längst entschwunden ist.

Eine schöne Schaumkrone entsteht bei zwei- bis dreimaligem Nachzapfen innerhalb von etwa drei Minuten – mit dem Vorteil, dass das Bier noch wunderbar auf der Zunge prickelt.

Die Krux mit dem Schaum

Das Bier schäumt beim Zapfen zu viel

- Das Bier ist zu warm (zu warmer Kühlraum bzw. defekte Kühlmaschine).
- Das Bier wurde nicht lange genug vorgelagert (ein 50-l-Fass benötigt 24 Stunden, um von 20 °C auf 8 °C hinunterzukühlen.
- Die Kohlendioxid- oder Mischgasflasche ist leer.
- Der Zapfhahn ist verschmutzt.
- Die Begleitkühlung ist defekt.
- Zu hoher Volumenstrom: Der Volumenstrom (Bier, das in einer gewissen Zeit durch die Leitung fließt) ist abhängig vom Betriebsdruck sowie von Querschnitt, Länge und Verlauf der Leitung. Bei zu hohem Volumenstrom schießt das Bier zu schnell ins Glas, wobei viel Kohlensäure verloren geht und man zunächst nur Schaum im Glas hat. Der Schankvorgang wird also nicht beschleunigt, sondern verzögert.
- Das Bier ist nachimprägniert (hängt zu lang am CO_2-Druck).

Das Bier gibt keinen Schaum

- Das Bier ist zu kalt.
- Das Fass ist undicht.
- Kohlendioxid konnte entweichen (das Bier ist schal).
- Durchlaufkühler: Der Bierdurchfluss am Kompensatorhahn ist zu langsam eingestellt.
- Glas mit Fettspuren: Der größte Feind des Bierschaums ist Fett. Es zwingt den Schaum sofort in die Knie und lässt ihn in große Blasen zerfallen.
- Glas mit Waschmittelresten: Der Schaum haftet nicht am Glas und verflüchtigt sich sehr schnell.

Ein Tipp vom Profi
Auch Lippenstift enthält Fett und zeigt sich extrem anhänglich. Auch wenn die Gläser in der Spülmaschine gereinigt werden, lösen sich Lippenstiftreste oft nicht gänzlich auf. Ein Blick auf das Glas kann also nie schaden.

Nachtwächter
So wird das Bier genannt, das über Nacht in der Leitung steht. Dieses Bier sollte nicht mehr verkauft werden, da es seine Qualität eingebüßt hat.

Ausschankmaße

Für den offenen Bierausschank gibt es folgende Maße:

Pfiff	=	0,1 l
Stange	=	0,2 l
Seidel	=	0,3 l
„Eurokrügel"	=	0,4 l
Krügel (Halbe)	=	0,5 l
Maß	=	1 l

Die Reinigung der Schankanlage

Der Auslauf des Zapfhahnes muss täglich, der Zapfkopf bei jedem Fasswechsel gereinigt werden. Auch das Tropfblech und das Spülbecken müssen täglich gesäubert und desinfiziert werden.

Das Reinigen der Bierleitung (am besten wöchentlich) sorgt für ein gut gezapftes Bier. Geregelt wird die Reinigung der Schankanlagen durch die Schankanlagenverordnung, den Prüfbericht für Kälteanlagen und das Wartungskontrollblatt für Bier. In der Gastronomie ist für die Überprüfung der Reinigung von Schankanlagen ein Serviceheft zwingend vorgeschrieben. Es beinhaltet folgende Punkte:

- Generalreinigung (Leitungen, Anstichamaturen, Steckkupplungen, Zapfhähne, Durchlaufkühler),
- Überprüfung von Dichtheit (Förderdruck, Getränketemperatur, Wassermenge und -reinheit),
- Qualitätsprüfung (Zapfen eines Probeglases).

Eine chemische Reinigung in regelmäßigen Abständen ist nötig, da eine mechanische Reinigung allein weder keimhemmend wirkt, noch die entstandenen Beläge ausreichend entfernt.

DAVID – ein innovatives Zapfsystem

Das neue Bierzapfsystem DAVID ist die ideale Lösung für kleine und mittelgroße Gastronomiebetriebe, die jährlich zwischen 10 und 50 Hektoliter Bier umsetzen. Es eignet sich aber auch als mobile Variante für den Einsatz in Gastgärten, auf Terrassen etc. Die Bierleitung ist fix mit dem Fass verbunden und wird beim Fasswechsel mit wenigen, einfachen Handgriffen ausgetauscht. Dadurch entfällt das mühsame Reinigen der Bierleitungen. Die beiden 20-Liter-Fässer, für die DAVID Platz bietet, sind immer gekühlt, ebenso wie die Bierleitung in der Schanksäule.

BIERSOMMELIERS SIND U. A. FÜR DIE QUALITÄT UND DIE PERFEKTE PRÄSENTATION DES BIERES VERANTWORTLICH

Bier – wann und wozu?

Immer mehr Gäste bevorzugen als Begleiter zu einem guten Essen Bier. Einzelne Biersorten korrespondieren auch sehr gut mit verschiedenen Speisen. Eine fachlich korrekte Bierberatung kann somit bei Bierfreunden großen Anklang finden.

Aperitif und Speisen	Passendes Bier
Als Aperitif	Pils, Weizenbier
Zu Vorspeisen	Pils, Leichtbier
Zu stark gewürzten Speisen (z. B. mit Curry)	Schankbier, Märzenbier
Zu Fisch und Schalentieren	Helles Weizenbier, Pils, Stout, Rauchbier (zu Räucherfisch)
Zu Geflügel, Kalb, Kaninchen	Pils, Spezialbier, Weizenbier
Zu Gebratenem oder Gegrilltem	Spezialbier, Bockbier (bei Rind, Wild)
Zu deftigen Gerichten	Spezialbier, Märzenbier
Zu Käse	Bockbier, Märzenbier, Hefeweizenbier
Zum Dessert	Doppelbock, Bockbier, dunkles Bier

In der gehobenen Weinkultur ist der Sommelier nicht mehr wegzudenken. Seit einiger Zeit wird in Österreich und Deutschland auch die Ausbildung zum **Biersommelier** angeboten. Biersommeliers sind zum einen Experten, um den Gast über den Herstellungsprozess des Bieres zu informieren und bei der Bierauswahl passend zur gewählten Speise zu beraten. Sie sind aber auch verantwortlich für die Bierqualität, das fachgerechte Service, die Erstellung einer Bierkarte und den Einkauf.

Most (Obstwein)

Bereits vor 2 000 Jahren wussten die Kelten, was man Äpfeln und Birnen entlocken kann. Auch den Römern war das Getränk unter dem Namen „vinum mustum“ bekannt. So berichtete Plinius der Ältere (23 bis 79 n. Chr.), ein römischer Gelehrter: „Man macht Wein aus Birnen und allen Sorten von Äpfeln.“ Von „mustum“ leitet sich auch der Begriff „Most“ ab, was so viel wie frisch und jung bedeutet.

Noch vor wenigen Jahren schien es, dass der Most durch Bier und Wein vollständig verdrängt werden würde. Unter Most stellte man sich ein rustikales Getränk ohne jede Raffinesse vor. Gepresst wurde, was sich pressen ließ, und war es auch Obst, das wochenlang auf dem Boden gelegen hatte. Dieser Umstand machte den Haustrunk zu einem Zufallsprodukt – in guten Jahren spritzig und fruchtig-süß, in manch anderem Jahr so sauer, dass es eine Zumutung für den Gaumen war.

Erst ein steigendes Qualitätsbewusstsein der Mostproduzenten sowie gezielte Marketingstrategien Mitte der 1990er-Jahre verhalfen dem Most zu seinem Comeback. Heute kann man ihn nicht nur bei den gemütlichen Mostheurigen genießen, sondern auch in gepflegten Wirtshäusern der Region.

Das Mostobst

Most ist nicht gleich Most: Nicht alle Gäste meinen das Gleiche, wenn sie Most bestellen. Kommen Gäste aus einer Gegend, in der der Wein dominiert, verstehen sie darunter normalerweise den süßen, unvergorenen Traubenmost. In Teilen Österreichs (in Vorarlberg und Oberösterreich, im niederösterreichischen Mostviertel, in Kärnten, in Teilen der Steiermark), in Süddeutschland und in der Schweiz versteht man unter der Bezeichnung „Most" vergorenen Birnen- und Apfelsaft.

Die Mostobstsorten

Birnen und Äpfel sind die Basis für den Most, wobei man mehr als 300 Mostäpfel- und Mostbirnensorten unterscheidet.

Für die Mostherstellung wird vornehmlich reifes, unbehandeltes Fallobst aus Streuobstanlagen verwendet. Die Erntezeit ist im Oktober.

In Oberösterreich nennt man den Most auch liebevoll „Landessäure"

Lange Zeit wurden die Obstbaumzeilen vernachlässigt oder gar gerodet. Most und Mosttrinken waren einfach aus der Mode. Heute ist der Most durch gezielte Qualitätsverbesserungen und Marketingstrategien (Mostkosten, kulinarische Großereignisse inmitten der Obstgärten etc.) wieder auf Erfolgskurs. Aber auch der Trend „Zurück zur Natur" hat das Seinige dazu getan, dass der Most in der Beliebtheitsskala nach oben gerückt ist. Eine schöne Nebenerscheinung dieser Erfolgsstory ist die Tatsache, dass die einst stiefmütterlich behandelten Streuobstanlagen wieder gepflegt und viele alte Fruchtsorten in beeindruckenden Initiativen neu angepflanzt werden.

Des Kaisers neue Bäume
Kaiserin Maria Theresia (1717–1780) ließ während ihrer Regierungszeit zur Pflege der Landeskultur an allen Straßen ihres Reiches Obstbäume pflanzen. So entstanden vielerorts Alleen von Mostbirnbäumen. Ihr Sohn, Kaiser Joseph II. (1741–1790), erließ ein Dekret, das alle Jungverheirateten verpflichtete, einen Obstbaum zu setzen.

Während der Blüte im Frühling wird das Land von einem weißen Blütenschleier überzogen

Die Birnenmostgebiete in Österreich liegen im Alpenvorland zwischen Salzburg und St. Pölten (dazu gehört auch das niederösterreichische Mostviertel) sowie in der Rheinebene Vorarlbergs. Apfelmostgebiete sind in der Steiermark, in Kärnten sowie in der Buckligen Welt in Niederösterreich zu finden. In Bayern, Baden-Württemberg sowie in Oberösterreich wird Most meist aus Birnen mit einer Beimengung von Äpfeln gekeltert.

Mostbirnen sind im Normalfall klein, säuerlich und haben einen relativ hohen Gerbstoffgehalt. Die Säure ist im Vergleich zu Mostäpfeln gering. Typische Mostbirnen sind z. B. Dorsch-, Landl-, Speck-, Knoll-, Pichel-, Stiegl- und Rosenhofbirnen. Gängige Mostäpfelsorten sind z. B. Bohn-, Erbachhofer-, Brünnerling-, Maschansker- und Weinäpfel.

Die Mosterzeugung

Die Qualität der Mostprodukte hat sich in Österreich in den letzten zehn bis fünfzehn Jahren kontinuierlich verbessert. Guter Most fordert ebenso wie Wein eine sorgfältige Kellerwirtschaft. Das Credo der Mostspezialisten lautet „Qualität vor Quantität".

Wesentlich für einen guten Most sind einwandfreies Obst, eine sorgfältige Obstwaschung, eine gezielte Gärung und natürlich die richtige Lagerung. Übrigens spricht man beim Most nicht vom Gären, sondern davon, dass er im Fass plaudert.

NUR AUS EINWANDFREIEM OBST KANN GUTER MOST ENTSTEHEN

Das Streuobst wird von Hand gelesen (geklaubt), säuberlich gewaschen und dann in einer Obstmühle zerkleinert. Dann wird die Maische gepresst, und es entsteht der Süßmost, ein unvergorener Apfel- oder Birnensaft, der nicht nur Kindern schmeckt.

Der frisch gepresste Saft wird wenn nötig geklärt (entschleimt) und in Kunststoff- oder Edelstahlbehältern, seltener in Holzfässern, durch Zugabe von Reinzuchthefe zu einer gezielten, reintönigen Gärung gebracht. Die Gärdauer beträgt maximal vier bis sechs Wochen. Nach Beendigung der Gärung wird der Most so rasch wie möglich vom Geläger (den Trubstoffen) abgezogen.

Anschließend wird der Most durch Schwefelung, Schönung, Zusatz von Apfel- oder Zitronensäure zur Erhöhung von Säuregehalt und Haltbarkeit, Aufzuckerung und Filtration so behandelt, dass ein haltbares Produkt entsteht.

Der Alkoholgehalt von Most liegt zwischen 4 und 8 Vol.-% Alkohol. Zum Vergleich: Bier hat etwa 5 Vol.-%, Wein um die 12 %.

Ein Tipp vom Profi
Ein guter Most ist blank, d. h., er ist vollkommen durchscheinend.

Mostarten in Österreich	
Süßmost	Frisch gepresster, alkoholfreier, naturreiner Saft.
Birnenmost	Vergorener Saft aus Mostbirnen, der sich bis ins späte Frühjahr hält.
Apfelmost	Vergorener Apfelsaft, der über mehrere Jahre hin lagerfähig ist.
Mischmost	Vergorener Saft aus Äpfeln und Birnen, der vom Spätherbst über den Winter bis zur neuen Ernte getrunken wird.
Cidre	Kohlensäurehaltige Mischung aus Most und Obstsaft mit einem geringen Alkoholgehalt von ca. 3,5 Vol.-%.

Die Geschmacksrichtungen

So vielfältig die Anbaugebiete sind, so unterschiedlich sind auch deren Moste. In Österreich unterscheidet man beim Most vier Geschmacksrichtungen.

Geschmacksrichtungen	Charakteristik
Mild	Hat wenig Säure oder einen hohen Restzuckergehalt, der höher ist als der Säurewert (dann kann die Säure auch höher sein), besitzt keine deutlich spürbaren Gerbstoffe.
Halbmild	Ist trocken (der Restzuckergehalt ist kleiner oder gleich dem Säurewert), besitzt keine deutlich spürbaren Gerbstoffe, ist vollmundig und spritzig.
Kräftig	Deutlich spürbarer Gerbstoffgehalt (auch wenn der Säuregehalt niedrig ist und der Restzucker hoch), ist gehaltvoll, frisch, mitunter auch etwas herb.
Resch	Ausgeprägte Fruchtsäure (ab 8 %), ist durchwegs herb im Geschmack.

Andere Länder, andere Moste

In Südhessen wird der Most Apfelwein (Äbbelwoi oder Ebbelwei) genannt. Rund um Frankfurt am Main ist der Apfelwein das Getränk schlechthin. In Baden-Württemberg und in der Schweiz ist – so wie in Österreich – von Most die Rede.

Mostindien
Der Schweizer Kanton Thurgau wird von Mostanhängern auch liebevoll Mostindien genannt. Der Namensteil „Most" ergibt sich aus der Eigenschaft als Apfelanbaugebiet. Welche Bewandtnis es jedoch mit dem Wort „Indien" hat, ist vielen Leuten nicht bekannt. Es rührt daher, dass die Form des Kantons der von Indien ähnelt.

In Süd- und Mittelhessen wird der Apfelwein (Ebbelwoi) traditionell im sogenannten Bembel serviert

Aber auch in Frankreich (Cidre), Großbritannien, Irland und in den USA (Cider), in Spanien (Sidra), Slowenien (Jablocnik) und Finnland (Siideri) gibt es Apfelwein in vielen Variationen.

Cidre

In Frankreich, vornehmlich in der Normandie und in der Bretagne, wird der berühmte Cidre hergestellt. Dieser prickelnde Apfelwein in Farbvariationen von Dunkelgelb bis Braun ist stark perlend und schmeckt sehr aromatisch.

Die Herstellungsweise unterscheidet sich aber deutlich von der des deutschen Apfelweines bzw. des österreichischen Cidre. Bis zu zwölf verschiedene Apfelsorten werden für einen guten Cidre verwendet. Je nach Mischungsverhältnis der süßen, sauren und herben Äpfel fällt der Geschmack des Cidre unterschiedlich aus.

Die französischen Äpfel enthalten verhältnismäßig wenig Stickstoff, den die Hefen für ihren Stoffwechsel brauchen. Die Gärung verläuft daher sehr bedächtig. Soll der Cidre durchgegärt werden, braucht er dazu etwa drei Monate. Der hessische Apfelwein zeigt sich im Vergleich dazu beinahe rasant, da er bereits in der Hälfte der Zeit fertig ist. Durch den langsamen Gärprozess bleibt viel Kohlensäure im Cidre gelöst, die für das leichte Moussieren – eine typische Eigenart des Cidre – verantwortlich ist. Aber auch eine relativ niedrige Gärtemperatur sorgt für ein gemächliches Gärtempo.

Man unterscheidet den eher herben **Cidre brut** mit ca. 4 Vol.-% Alkohol und den lieblichen **Cidre doux** mit nur etwa 2 Vol.-%. Cidre ist übrigens auch das Ausgangsprodukt für den berühmten Calvados (siehe S. 297).

Cider

In Großbritannien ist Cider ein ausgesprochen beliebtes Getränk. So ist in vielen britischen Gaststätten der Zapfhahn für Cider vom Fass neben dem für Bier eine Selbstverständlichkeit.

Das Service

Wurde Most früher nur aus rustikalen Krügeln getrunken, serviert man ihn heute auch in eleganten Stielgläsern. Immer mehr Mostsommeliers übernehmen, ähnlich wie beim Wein, die professionelle Begleitung bei Mostverkostungen und speziellen Themenabenden.

Die ideale Serviertemperatur von Most liegt zwischen 6 und 8 °C. Zu gepflegtem Essen wird Most im Stielglas kredenzt, um den fruchtigen Aromen genügend Raum zur Entfaltung zu geben. Zu einer zünftigen Jause gehört der Most aber unbedingt in einen Mostkrug oder in ein Henkelglas (Krügel).

Most im Stielglas

Zu einer zünftigen Jause passt ein Most wunderbar

Most – wann und wozu?

Geschmacksrichtungen	Wozu?
Milde oder halbmilde Moste	Als Aperitif (wirkt appetitanregend und verdauungsfördernd); Cidre sowie verschiedene Spezialmoste oder -sekte sind als Aperitif eine feine Alternative zu Prosecco und Co. Als Durstlöscher, zu Vorspeisen, Blattsalaten, Fisch, Geflügel, zu Frischkäse in allen Variationen, aber auch zu Desserts.
Kräftige Moste	Zu Käse mit Rotkultur und Schnittkäse sowie zur deftigen Speckjause.
Resche Moste	Durch den hohen Säuregehalt sind sie als erfrischender Durstlöscher oder Jausenbegleiter sehr beliebt.
Traditionelle Mosttrinker bevorzugen meist kräftige oder resche Moste. Sie passen zur landestypischen Jause, aber auch zu kräftigen Hauptspeisen, Gebackenem und Fleischspeisen mit gebundenen Saucen. Diese Mostarten eignen sich auch für die Glühmostherstellung.	

Alkoholfreie Getränke

Gleich ob Fruchtsaft, Mineralwasser, Limonade oder Eistee – alkoholfreie Getränke schwimmen auf der Welle des Erfolges. Dafür sind nicht nur verstärkte Alkoholkontrollen verantwortlich, sondern auch ein neues Gesundheitsbewusstsein. Vor allem Fruchtsäfte sind eine tolle Sache: Sie schmecken nicht nur gut, sondern sind auch erfrischend und gesund.

Besonders im Trend liegen Erfrischungsgetränke, die dem Gast ein rundes Geschmackserlebnis in Verbindung mit einem gesundheitlichen Mehrwert und weniger Kalorien bieten. So steigt der Absatz von Near-Water-Getränken (Wässer mit leichtem Fruchtsaftanteil) von Jahr zu Jahr, aber auch Getränke mit Bio-Siegel erfreuen sich steigender Beliebtheit.

Wasser

Legen Sie doch einmal kurz das Buch beiseite und denken Sie an Ihr Restaurant. Wie wird Mineralwasser dort präsentiert? Sind auf der Getränkekarte mehrere Marken zu finden oder wird es lapidar als Mineralwasser am Ende der Karte angeführt? Wird Mineralwasser in Gläser gefüllt, die eine Augenweide sind oder wird es in Limonadengläsern serviert? Wird bei der Bestellung von Wein auch gleich ein passendes Mineralwasser empfohlen? Hat sich in Ihrem Betrieb bereits die Erkenntnis durchgesetzt, dass Mineralwasser heutzutage ein fester Bestandteil gepflegter Gastlichkeit ist?

Wie wichtig Wasser für unser Wohlbefinden ist, hat sich bereits in unserem Bewusstsein verankert. Dieses Wissen hat aber auch die Rolle des Wassers in der Gastronomie verändert.

MENSCHEN KÖNNEN OHNE FESTE NAHRUNG BIS ZU VIERZIG TAGE ÜBERLEBEN, OHNE FLÜSSIGKEIT JEDOCH HÖCHSTENS VIER TAGE

Die Trinkwasserarten

Wasser ist nicht gleich Wasser. Wasser ist nicht länger nur ein Durstlöscher, sondern ein weitverbreitetes Lifestyle-Getränk, das in der Gastronomie in vielen Sorten angeboten wird.

Trinkwasser

Trinkwasser soll einen angenehmen und erfrischenden Geschmack haben sowie farb- und geruchlos sein. Außerdem darf es keine Krankheitskeime, ekelerregenden Stoffe und schädlichen Bestandteile enthalten. Bei der Aufbereitung zu Trinkwasser sind chemische Zusatzstoffe, wie z. B. Chlor, zugelassen.

Trinkwasser aus eigenen Brunnen oder Quellen, das für die Zubereitung von Speisen und Getränken sowie für die Geschirrreinigung verwendet wird, muss von der Gesundheitsbehörde überprüft werden.

Abgefülltes Trinkwasser ist industriell aufbereitetes Wasser, das in geeignete Behältnisse abgefüllt wird. **Natürliches Quellwasser** muss aus einem unterirdischen Vorkommen stammen und unterliegt den gleichen hygienischen Anforderungen wie natürliches Mineralwasser. Das Etikett muss die Bezeichnung „Quellwasser" tragen, ein ernährungsphysiologisches Gutachten ist nicht erforderlich.

Trinkwasser wird gerne zum Mischen von alkoholfreien Getränken bestellt. In vielen Betrieben wird es gekühlt von der Thekenzapfanlage angeboten.

Granderwasser
Immer mehr Gastronomen schwören auf Granderwasser. Durch die Grandertechnologie wird Wasser in seine ursprüngliche naturreine Form zurückversetzt. Johann Grander, der Erfinder, nannte diesen Vorgang Wasserbelebung. Eine wissenschaftliche Erklärung fehlt bislang, trotzdem konnten Wissenschafter Veränderungen des Wassers beweisen, wie z. B. eine hohe Widerstandskraft sowie eine verstärkte Selbstreinigungs- und Lösungskraft. Positiver Effekt dabei: Es werden weniger Wasch- und Reinigungsmittel benötigt. Granderwasser wird aber auch als Trinkwasser hoch geschätzt.

Sodawasser

Sodawasser ist Trinkwasser, das mit Kohlensäure (mindestens 4 g pro Liter) versetzt wird und in Plastikflaschen und Containern in den Handel kommt. In der Gastronomie wird Sodawasser auch mit Thekenzapfgeräten hergestellt.

Man verwendet Sodawasser zum Mischen mit alkoholfreien und alkoholischen Getränken, wie z. B. Soda Zitrone, G'spritzter (Weißweinschorle), Whisk(e)y Soda und Campari Soda. Bei der Zubereitung von Mixgetränken dient Sodawasser als Filler (z. B. bei Fizzes).

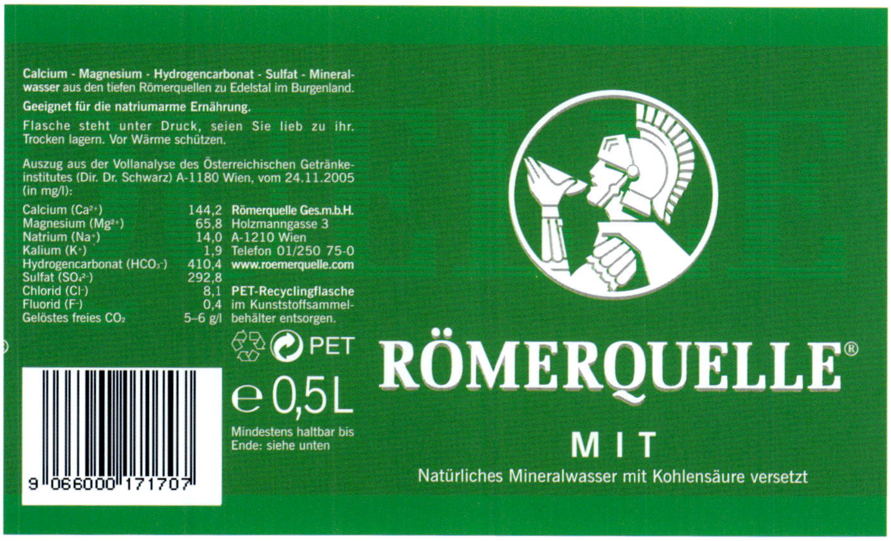

Natürliches Mineralwasser muss den strengen Bestimmungen des Lebensmittelkodex entsprechen und

- mindestens 1 000 mg (1 g) gelöste feste Stoffe pro Liter oder
- mindestens 250 mg natürliches Kohlendioxid enthalten oder
- entsprechende ernährungsphysiologische Eigenschaften aufweisen, die durch ein Gutachten belegt sind.

Kleines Abc der Etikettensprache

Aromatisiertes Wasser (Flavoured Water): Mineralwasser, das mit Auszügen von Früchten oder Kräutern aromatisiert wird. Aromatisierte Wässer werden auch als Near-Water-Getränke bezeichnet und zählen zur Gruppe der Erfrischungsgetränke, wie z. B. Römerquelle Lemon, Vöslauer Balance, Gasteiner Elements.
Natürliches Mineralwasser ohne Kohlensäure: enthält nur eine geringe Menge eigener Quellkohlensäure.
Säuerling: ist ein natürliches Mineralwasser, das mindestens 250 mg eigene Quellkohlensäure pro Liter enthält. Es wird keine Kohlensäure zugesetzt.
Selters: ist eine deutsche Marke, gilt in Deutschland aber auch als Synonym für Mineralwasser.
Sprudel: Säuerling, der unter natürlichem Gasdruck hervortritt („hervorsprudelt").
Stille, milde und sanfte Wässer (kohlensäurearme Wässer): enthalten weniger Kohlensäure, üblicherweise 1,5 bis 2,5 g CO_2 pro Liter.

Natürliches Mineralwasser

Mineralwasser entsteht, indem Regenwasser Hunderte Meter durch verschiedene Gesteinsschichten sickert. Dabei wird es mit Mineralstoffen (Magnesium, Kalzium, Natrium, Kalium etc.) und Spurenelementen (Eisen, Zink, Jod, Mangan etc.), aber auch mit Kohlensäure angereichert. Die Gesteinsschichten bestimmen im Wesentlichen den Charakter des Mineralwassers. Wasser ist also nicht gleich Wasser. Es schmeckt danach, wo es jahrtausendelang hindurchgeflossen ist. Je länger diese Reise dauert, desto reiner ist das Wasser, desto mehr Mineralstoffe hat es gebunden und desto typischer ist sein Geschmack.

Kohlensäure hält das Wasser frisch und prägt auch seinen Geschmack. Viele der natürlichen Mineralwässer sind einige Tausend Jahre alt.

Mineralwasser ist Quellwasser von ursprünglicher Reinheit, das am Ort der Quelle oder in unmittelbarer Nähe abgefüllt wird und einem behördlichen Anerkennungsverfahren unterzogen wurde. Die Bezeichnung „natürlich" sagt eigentlich schon alles aus: Das Wasser darf nicht mehr behandelt werden. Lediglich Kohlendioxid kann zugesetzt bzw. Eisen kann entfernt werden.

Haben Sie sich schon öfter über den Begriff „enteisent" gewundert?
Er ist häufig auf dem Etikett von Mineralwasserflaschen zu lesen. Enteisent bedeutet, dass das ursprünglich im Wasser enthaltene Eisen herausgefiltert wurde. Würde das nicht geschehen, bekäme das Wasser kurz nach dem Öffnen der Flasche eine rostbraune Farbe, da das Eisen bei Sauerstoffkontakt oxidiert.

Länder	Bekannte Marken
Österreich	Alpquell, Frankenmarkter, Gasteiner, Gleichenberger Johannisbrunnen, Güssinger, Juvina, Long Life, Josefsquelle, Markus-Quelle, Minaris, Montes, Peterquelle, Preblauer, Römerquelle, Silberquelle, Severinquelle, Sulzegger Sauerbrunnen, Vöslauer, Vitus, Waldquelle
Deutschland	Apollinaris, Arienheller, Bad Camberger Taunusquelle, Bad Vilbeler Urquelle, Brohler, Cave H_2O, Christinen, Elisabethen Quelle, Franken Brunnen, Fürst Bismarck Quelle, Gerolsteiner, Hassia Sprudel, Hessen-Quelle, Margon Brunnen, Neuselters, PrimAqua (Ayinger St. Andreas Quelle), Rheinfels Quelle, Rhenser, RhönSprudel, Rosbacher, Selters, Spreequell, Staatlich Fachingen (Heilwasser), Stralsunder Mineralbrunnen, Teinacher, Tönissteiner, Überkinger
Frankreich	Badoit, Chateldon, Contrexéville, Evian, Perrier, Thonon, Vichy, Vittel, Volvic, Volvillante

Schweiz	Adelbodner, Henniez, Passugger, Rhäzünser, Valser
Italien	Cavagrande, Cottorella, Fabia, Fontalba, Levissima, Natía, Panna, Plose, Recoaro, San Benedetto, San Damiano, San Pellegrino
Spanien	Font Vella, Imperial, San Narciso
Portugal	Glaciar, Luso
Belgien	Aquarel, Bru-Chevron, Chaudfontaine, Spa
Slowenien	Radenska, Rogaska (Heilwässer)
Ungarn	Apenta, Hunyadi János (Heilwasser), Parady
Tschechien	Karlsbader
Großbritannien	Highland Spring, Malvern, Hildon, Tau, Tŷ Nant
Schweden	Ramlösa
Norwegen	Voss
USA	Bartlett, Bling, Crystal Geyser, Mendocino, Mountain Valley Water
Japan	Finé, Rokko No

Tafelwasser

Tafelwasser ist Wasser, das aufbereitet und nachträglich behandelt werden darf (z. B. durch Zusatz von Mineralstoffen). Basis für Tafelwässer können Trink- oder Mineralwässer sein, die mit Kohlensäure versetzt oder auch in ihrer natürlichen Beschaffenheit abgefüllt werden. Früher wurden sie als künstliche Mineralwässer bezeichnet. Hinweise auf eine bestimmte geografische Herkunft oder auf die Zusammensetzung sind nicht erlaubt, da Tafelwasser an jedem beliebigen Ort hergestellt und abgefüllt werden darf.

Für die Gastronomie ist von Vorteil, dass Tafelwasser im Gegensatz zu Mineralwasser im Container zu beziehen ist und offen ausgeschenkt werden darf. Die gehobene Gastronomie verkauft jedoch größtenteils Flaschenware.

Heilwasser

Heilwasser ist ein Mineral- oder Thermalwasser mit nachgewiesener Heilwirkung. Thermalwasser muss beim Austritt aus der Erde eine Temperatur von mindestens 20 °C aufweisen. Während Mineralwasser dem Lebensmittelgesetz unterliegt, handelt es sich beim Heilwasser um ein (freiverkäufliches) Arzneimittel im Sinne der Arzneimittelverordnung.

Der Einkauf

Im Sortiment eines gastronomischen Betriebes sollten sowohl kohlensäurehaltige als auch stille Mineralwässer mit höherer und geringerer Mineralisierung vertreten sein. Mineralwässer sind in folgenden Flaschengrößen erhältlich: 0,2 l – 0,25 l – 0,33 l –0,5 l – 0,75 l – 1 l – 1,5 l. In der Gastronomie werden neben der 0,25-Liter-Flasche die 0,33-Liter- und die 0,75-Liter-Flasche immer beliebter.

Der Trend geht zu Flaschen, die durch ein besonderes Design hervorstechen. In vielen Hotels der Luxusklasse ist seit einiger Zeit ein vermehrter Konsum von Wasser zu verzeichnen, was Spezialkarten mit bis zu 40 verschiedenen Wassermarken bezeugen. Der Herkunft, z. B. Cloud Juice aus Tasmanien (reinstes Regenwasser aus der australischen Wüste), sowie den Preisen sind dabei keine Grenzen gesetzt.

Die Lagerung

In unangebrochenen Flaschen ist Mineralwasser über einen längeren Zeitraum (siehe Ablaufdatum) haltbar. Man lagert es am besten kühl und dunkel. Angebrochene Flaschen können gut verschlossen einige Tage im Kühlfach aufbewahrt werden.

Das Service

Das edelste Glas für das Service von Mineralwasser ist zweifelsohne das Stielwasserglas. Darüber hinaus sind Tumbler, Wasserbecher und Originalgläser (mit Firmenaufdruck versehene Gläser) üblich.

Das Stielwasserglas ist niedriger als die Weingläser

Stille Wässer zeigen sich bei 15 bis 18 °C von ihrer besten Seite, kohlensäurehaltige bei 8 bis 10 °C. Wasser mit einer Temperatur von weniger als 5 °C versetzt bei vielen Menschen den Magen in Aufruhr. In manchen Ländern ist es üblich, Wasser zu servieren, das beinahe

Stilles Mineralwasser ist für den Magen sehr bekömmlich

Wasser sollte ein möglichst unauffälliger Begleiter sein

gefroren ist. So erwarten vor allem amerikanische und japanische Gäste, dass Eiswasser zum Essen eingestellt wird.

Eiswürfel und Zitronenscheiben oder -spalten im Wasserglas sollten nur auf ausdrücklichen Wunsch des Gastes gereicht werden. Die Zitrone (vor allem ihre ölige Schale) überdeckt den Eigengeschmack des Wassers.

Wasser – wann und wozu?

Mineralwasser ist ein neutraler Begleiter zu allen Gerichten der nationalen und internationalen Küche. Da Mineralwasser keine Kalorien enthält, eignet es sich vorzüglich als Getränk bei Diäten und Schonkost. Besonders beliebt sind in diesem Zusammenhang kohlensäurearme Wässer.

Kohlensäurehaltige und stark mineralisierte Mineralwässer sind beliebte, erfrischende Durstlöscher, sie eignen sich aber auch als Aperitif vor dem Essen. Wer jedoch unter Sodbrennen leidet, sollte einen Bogen um die echten „Sprudler" machen. Stilles Wasser – also ohne Kohlensäure – ist wesentlich bekömmlicher.

Ein Glas Mineralwasser zwischen den Gängen ist pure Erholung für Gaumen und Zunge und lässt sie wieder sensibler reagieren.

Wasser und Wein

Immer mehr Weinliebhaber beschäftigen sich mit der Frage: „Welches Wasser passt zu welchem Wein?"

Wasser ist nicht gleich Wasser, jedes Wasser hat seinen eigenen Geschmack. Sie kennen vielleicht das eine oder andere Mineralwasser, das aufgrund seiner starken Mineralisierung fast salzig schmeckt. Andere Wässer sind durch die Kohlensäure besonders säurebetont. Und dann gibt es noch jene Mineralwässer, die basisch sind und sehr mild schmecken.

Das Wasser sollte den Geschmack des Weines nicht verfälschen. Das, worauf es ankommt, sind vor allem die Mineralisierung und der Kohlensäuregehalt.

- Zu tanninreichen Weinen passt Wasser, das wenig oder keine Kohlensäure enthält, da diese den herben Geschmack der Tannine betont.
- Trockene Weißweine mit ausgeprägter Säure verlangen nach Mineralwasser mit wenig Kohlensäure, da die Säure des Weins durch stark kohlensäurehaltiges Wasser verstärkt wird.
- Bei säure- und gerbstoffarmen Weinen sind höher mineralisierte Wässer empfehlenswert, da die Mineralstoffe die Säure und die Tannine hervorheben und bei Süßweinen die Süße mildern.

Ein Tipp vom Profi

Je stiller das Wasser und je geringer die Natrium- und Sulfatwerte, desto unverfälschter der Weingenuss. Je mineralhaltiger ein Wasser ist, desto geschmacksintensiver ist es. Zum Mischen eignet sich daher stark mineralhaltiges Wasser schlecht, da sich Farbe und Geschmack verändern können. Mischt man beispielsweise stark eisenhaltiges Mineralwasser mit Wein, ergibt sich eine rostbraune Farbe. Junge, frische Weine eignen sich noch am besten für höher mineralisierte Wässer.

Heilwässer sind aufgrund ihres hohen Mineralstoffgehalts und ihres Eigengeschmacks keine idealen Weinbegleiter. Das gleiche trifft auch auf Mineralwässer mit 6 g Kohlensäure und mehr zu.

Wasser zur Kaffee- und Teezubereitung

In manchen Ländern wird aufgrund der schlechten Trinkwasserqualität für die Zubereitung von Kaffee und Tee sowie von Speisen Mineralwasser verwendet. Für die Kaffee- und Teezubereitung eignen sich am besten mineral- und kohlensäurearme Wässer.

Mineralwasser – ein Verkaufsschlager?

Wussten Sie, dass Mineralwasser das deckungsbeitragsstärkste Segment in der Gastronomie ist und diesbezüglich noch vor Tee und Kaffee liegt? Immerhin braucht man für das Service von Mineralwasser keine Maschinen, kaum Energie und keine zeitaufwendigen und arbeitsintensiven Vorbereitungen.

Wer fragt, der führt

Allerdings bringt nur aktives Anbieten von Mineralwasser auch vermehrte Bestellungen. Dass der Gast wählen kann, müssen Sie ihm vorher klarmachen. Fragen Sie ihn, ob er ein Mineralwasser mit viel oder wenig bzw. ohne Kohlensäure, mit höherem oder geringerem Mineralgehalt haben möchte und ob er es gekühlt, leicht gekühlt oder ungekühlt bevorzugt. So können Sie gleich zwei Fliegen mit einer Klappe schlagen: Einerseits zeigen Sie, welches Sortiment an Mineralwasser Ihr Betrieb führt, andererseits geben Fragen dieser Art dem Gast das Gefühl, dass er es mit einem kompetenten Servicemitarbeiter zu tun hat, und Sie werden – was noch besser ist – meist mit einer Bestellung belohnt.

Ein Tipp vom Profi
Mineralwasserkarten können in Zeiten, in denen Begriffe wie Wellness, gesunde Ernährung und Kalorienbewusstsein in aller Munde sind, eine wachsende Interessentengruppe ansprechen. Unter der Rubrik

ZU JEDER FLASCHE WEIN SOLLTE AUTOMATISCH MINERALWASSER ANGEBOTEN WERDEN

„Mineralwässer“ auf der Getränkekarte dürfen übrigens nur natürliche Mineralwässer stehen, auf keinen Fall Tafel- oder Quellwässer.

Das Leid mit dem Leitungswasser

Durch das steigende Gesundheitsbewusstsein ist der Konsum von Leitungswasser in den letzten Jahren enorm gestiegen. Viele Gäste vergessen aber leider, dass das Ausschenken von Leitungswasser für den Gastronomen Arbeit und Aufwand bedeutet.

Man muss die Sache jedoch unter verschiedenen Blickwinkeln betrachten: Bestellt ein Gast nur Leitungswasser und fällt seine Konsumation auch sonst reichlich mager aus, ist das für den Gastronomen natürlich ein Umsatzrückgang. Wird jedoch beispielsweise eine Speise und ein Glas Wein bestellt, sollte der Bitte um ein Glas Leitungswasser natürlich nachgekommen werden. Auch das ist Service, den Gäste sehr wohl schätzen.

Umsatzfördernde Maßnahmen

Die Flasche zur Flasche

Zu jeder Flasche Wein kann eine große Flasche Mineralwasser angeboten werden. Das Wasser wird entweder in den Preis des Weines mit einkalkuliert oder im Paket günstiger angeboten.

Vorteile:

- Automatische Mineralwasserbestellung zu jeder Flasche Wein.
- In der Regel wird dasselbe Mineralwasser nachbestellt.
- Größere Flaschen sind für den Gast günstiger.

Die Flasche am Tisch

Eine weitere Möglichkeit, den Verkauf anzukurbeln, besteht darin, eine Flasche Mineralwasser in einem Flaschenkühler am Tisch einzustellen, bevor noch die Gäste Platz nehmen. Selbstverständlich muss dabei schriftlich hingewiesen werden, wie viel die Flasche kostet, wobei ein wichtiger Punkt nicht unerwähnt bleiben sollte: Mineralwasser muss zu einem fairen Preis angeboten werden. Ist es zu teuer, kommt es in der Regel zu Leitungswasserbestellungen.

Vorteile:

- Was man sieht, das kostet man. Viele Gäste nehmen dieses Angebot in Anspruch.
- Leitungswasser müsste ausdrücklich bestellt werden.
- Die Servicemitarbeiter werden bei gleichzeitigem Eintreffen vieler Gäste durch eine „Erstversorgung“ am Tisch entlastet.

Frucht- und Gemüsegetränke

„Flüssiges“ Obst und Gemüse wirken erfrischend, versorgen den Organismus mit Flüssigkeit und liefern uns Vitamine, Mineralstoffe, Spurenelemente und bioaktive Wirkstoffe.

Am besten sind Frucht- und Gemüsegetränke natürlich frisch gepresst. Doch auch Fertigsäfte mit 100 % Frucht- oder Gemüseanteil sind gute Alternativen.

Fruchtgetränke

Die Herstellung

Fruchtsaft kann auf zwei verschiedene Arten produziert werden. Die Früchte werden entweder direkt gepresst (man spricht dann auch von Direktsaft) oder aus Fruchtsaftkonzentrat hergestellt.

Direktsaft

Nach der Ernte werden unreife Früchte aussortiert und die restlichen Früchte gewaschen, in einer Mühle zerkleinert und in weiterer Folge gepresst. Um den entstandenen Saft haltbar zu machen, wird er noch gefiltert (außer naturtrübe Säfte), pasteurisiert und dann entweder sofort abgefüllt oder für die spätere Abfüllung in Getränketanks zwischengelagert. Vor allem heimische Obstsorten werden als Direktsaft verarbeitet.

FRISCH GEPRESSTE FRUCHTSÄFTE SCHMECKEN EINFACH AM BESTEN

Pasteurisierung – kurz und effektiv

Früher oder später setzt bei allen Fruchtsäften die Gärung ein. Bis Mitte des 19. Jahrhunderts war dieser Prozess nicht zu verhindern. Deshalb konnten Fruchtsäfte früher nur in den Erntemonaten genossen werden.

Heute stehen uns überall und zu jeder Jahreszeit Fruchtsäfte aus aller Herren Länder zur Verfügung. Diesen Umstand verdanken wir dem französischen Wissenschaftler Louis Pasteur, der herausfand, dass durch Erhitzen die für den Gärungsprozess verantwortlichen Mikroorganismen außer Gefecht gesetzt werden. Die Pasteurisierung war erfunden und einer Früchteverarbeitung ohne Gärung stand nichts mehr im Wege.

Beim Pressen von Äpfeln entsteht zunächst naturtrüber Apfelsaft. Soll dieser klar werden, muss er noch gefiltert werden.

Konzentrat

Manche Früchte wachsen nicht in unseren Breiten, wie z. B. Orangen oder Ananas. Für Fruchtsaftkonzentrate werden die Früchte direkt im Ursprungsland geerntet und sofort zu Fruchtsaft weiterverarbeitet, um Aromen, Frische und Vitamine so gut wie möglich zu erhalten. Ein weiteres Argument für Konzentrate sind die minimierten Lager- und Transportkosten. Frisch gepresster Fruchtsaft besteht zu fünf Sechstel aus Wasser. Da es wenig Sinn macht, fünf Sechstel Wasser mit hohem Energieaufwand durch die halbe Welt zu befördern, werden den Säften unter Vakuumbedingungen erst das Aroma und dann so viel Wasser entzogen, bis der Saft auf ein Sechstel seines ursprünglichen Volumens reduziert ist.

Das Fruchtsaftkonzentrat wird tiefgekühlt und so in die Zielländer weitertransportiert. Um aus dem Fruchtsaftkonzentrat wieder trinkfertigen Fruchtsaft herzustellen, werden dem Fruchtkonzentrat die Fruchtaromen und das Wasser wieder beigefügt. Durch Pasteurisieren werden die Säfte haltbar gemacht und in einem weiteren Schritt in Flaschen, Tetrapaks und Dosen abgefüllt.

Orangenbäume blühen und tragen gleichzeitig Früchte. Darum erfolgt die Orangenernte nach wie vor hauptsächlich händisch.

Dank diesem Verfahren sind Säfte von Früchten, die nicht in unseren Breitengraden wachsen, trotzdem das ganze Jahr über erhältlich.

Arten von Fruchtgetränken

Was das Reinheitsgebot für die Bierherstellung, ist die EU-Fruchtsaftrichtlinie für die Produktion von Fruchtsäften.

Fruchtsaft

Fruchtsaft darf sich ein Produkt nur nennen, wenn es weder mit Konservierungsmitteln, Farbstoffen und Zucker versetzt noch mit Wasser verdünnt wurde. Es muss also zu 100 % aus dem Saft der Frucht bestehen, die auf der Verpackung angegeben ist.

Was ist eigentlich Süßmost?
Süßmost ist ein unvergorener Fruchtsaft, der durch Pressen von Äpfeln und/oder Birnen sowie Trauben gewonnen wird.

Wird der Süßmost nicht durch Pasteurisieren haltbar gemacht, vergärt der in ihm enthaltene Fruchtzucker zu Alkohol und aus dem alkoholfreien Süßmost wird Most.

Multivitaminsäfte werden aus mehreren Fruchtsorten hergestellt

Fruchtnektar

Fruchtnektar ist eine Mischung aus Fruchtsaft und/oder Fruchtmark, Wasser und Zucker bzw. Süßstoff. Der Mindestfruchtanteil liegt je nach Fruchtart zwischen 25 und 50 % (manchmal ist der Anteil aber auch höher). Allerdings darf auch Nektar nicht mit Aroma-, Farb- und Konservierungsstoffen angereichert werden.

Die Frage, wie viel Frucht in einem Fruchtnektar steckt, beantwortet das Etikett

Manche Früchte, wie z. B. Schwarze Johannisbeeren, haben von Natur aus so viel Fruchtsäure, dass sie nicht als Fruchtsaft angeboten werden können. Sie würden als purer Saft viel zu sauer schmecken. Hier macht es also durchaus Sinn, sie zu Fruchtnektar mit hohem Zuckeranteil zu verarbeiten.

Saft aus Schwarzen Johannisbeeren ist sehr säurereich und kann, wenn er nicht verdünnt ist, auch zu Sodbrennen führen

Auch Säfte, die von Natur aus sehr süß sind, wie z. B. Traubensaft, oder aber sehr dickflüssige Säfte, wie z. B. Pfirsich- und Marillen-(Aprikosen-)Saft, werden verdünnt.

Orangen- oder Apfelnektare können durch Verdünnung mit Wasser zu geringeren Kosten hergestellt werden als reine Fruchtsäfte, sie sind aber auch nicht so hochwertig, da der Fruchtanteil geringer ist. Außerdem sind sie durch den hohen Zuckeranteil wahre Kalorienbomben.

Kleines Abc der Etikettensprache

ACE-Getränke: enthalten eine Extraportion der Vitamine A, C und E.
Ascorbinsäure: Vitamin C.
Bioaktive Wirkstoffe (sekundäre Pflanzenstoffe): sind gesundheitsfördernde Stoffe, wie z. B. Polyphenole und Karotinoide, die das Krebsrisiko senken, cholesterin-, infektions-, entzündungshemmend wirken und das Immunsystem stärken.
Fruktose: Fruchtzucker mit hoher Süßkraft.
Multivitaminsaft: Multivitaminsäfte sind mit Vitaminen angereicherte Fruchtsäfte, die aus mehreren Fruchtsorten hergestellt werden. Als Grundlage dienen zumeist Orangen- und Apfelsaft, denen in ganz unterschiedlichen Mengen Bananenpüree, Trauben-, Ananas-, Maracuja- oder Mangosaft bzw. auch andere Fruchtsäfte zugefügt werden.
„Ohne Zuckerzusatz“: Diese Angabe bedeutet nicht, dass es sich um ein zuckerfreies Getränk handelt; es wird ihm zwar kein Zucker zugesetzt, es enthält jedoch in der Regel fruchteigenen Zucker.
„Reich an Vitamin C“: Vitamin-C-Gehalt von mindestens 250 mg pro Liter.
Saccharose: Rohr- oder Rübenzucker.
„Vitamin-C-haltig“: Vitamin-C-Gehalt von mindestens 150 mg pro Liter.

Gemüsegetränke wirken basisch und können somit ein Zuviel an Säuren im Körper abbauen

Fruchtsaftgetränk

Fruchtsaftgetränke haben einen Fruchtsaftanteil von mindestens 40 % bei Kernobst oder Trauben, von mindestens 6 % bei Zitrusfrüchten und von mindestens 10 % bei anderen Früchten. Die restlichen Zutaten sind Wasser, Zucker oder Süßstoffe und weitere Lebensmittelzusatzstoffe, wie z. B. Aromastoffe und Säuerungsmittel.

Smoothies

Die Bezeichnung „smooth“ kommt aus dem Englischen und bedeutet „fein, gleichmäßig, cremig“. Und so fühlen sich die Smoothies auf der Zunge auch an, für die im Gegensatz zu herkömmlichen Fruchtsäften die ganze Frucht außer der Schale und den Kernen verarbeitet wird. Basis der Smoothies ist somit das Fruchtpüree, das je nach Rezept mit Säften gemischt wird, um eine fein-cremige Konsistenz zu erhalten.

Viele Smoothies sind zwar reich an Vitaminen und sekundären Pflanzenstoffen, haben aber gleichzeitig einen sehr hohen Fruchtzuckeranteil. Als Durstlöscher eignen sie sich also nicht.

Sirupe

Unter Sirup versteht man einen Dicksaft mit hohem Zuckergehalt, der erst durch Verdünnen mit Wasser zu trinken ist. Sirupe können Fruchtanteile, naturidentische Aromastoffe oder künstliche Aromen enthalten. Der Verdünnungsfaktor muss angegeben werden, wie z. B. 1 : 6, d. h. ein Teil Sirup mit sechs Teilen Wasser.

Gemüsegetränke

Der große Vorteil von Gemüsesäften liegt auf der Hand: Sie sind sehr mineralstoffreich, haben aber im Schnitt nur halb so viele Kalorien wie Fruchtsäfte. Was jedoch viele nicht wissen, ist, dass sie im Körper basisch wirken und somit ein Übermaß an Säuren abbauen, die durch zuviel Kaffee, Alkohol, Fleisch und Stress entstehen.

Die Herstellung

Nachdem das Gemüse gereinigt bzw. geschält wurde, wird es blanchiert und zerkleinert. Durch Pressen, Passieren oder Extrahieren gewinnt man entweder Gemüsemark, das noch Pflanzenteile enthält, oder Gemüsesaft.

Um die Herstellung von der Erntesaison unabhängig zu machen und um Kosten bedingt durch lange Transportwege zu sparen, wird auch Gemüse so wie Früchte häufig zu Konzentrat verarbeitet, aus dem später durch Rückverdünnen mit Wasser der Saft entsteht.

Arten von Gemüsegetränken

Gemüsesaft

Gemüsesaft besteht zu 100 % aus Gemüse. Die Ausgangsstoffe sind Gemüse, Gemüsemark, konzentrierter Gemüsesaft oder konzentriertes Gemüsemark.

Bei den **Gemüsesäften** unterscheidet man zwischen **unvergorenen** und **milchsauer vergorenen Säften.** In milchsauer vergorenen Säften, wie z. B. Rote-Rüben-Saft (Rote-Bete-Saft) oder Sauerkrautsaft, wurde der Zucker teilweise in Milchsäure umgewandelt. Durch das Verfahren verändert sich auch der Geschmack.

Verschiedene Zutaten, wie z. B. Salz, Zucker, Gewürze, Kräuter, Essig, Wein-, Milch-, Zitronen- oder Äpfelsäure sowie Geschmacksverstärker, dürfen zugesetzt werden.

Gemüsemischsäfte bestehen aus mindestens zwei Gemüsesäften. Gegebenenfalls können zur geschmacklichen Abrundung höchstens 10 % Gemüsemark oder Fruchtsäfte und Fruchtmark zugefügt werden.

Der **Gemüsesaftcocktail** besteht aus mindestens drei Gemüsesäften und wird oft auch mit Fruchtsäften kombiniert.

Gemüsetrunk oder -nektar

Darunter versteht man Gemüsesäfte, die mit Trinkwasser verdünnt werden. Der Anteil an Gemüsesaft oder Gemüsemark muss mindestens 40 % betragen, bei Rhabarber mindestens 25 %.

Vorwiegend werden Karotten-, Tomaten-, Sauerkraut-, Weißkraut-, Sellerie- und Rote-Rüben-Säfte sowie Mischungen hergestellt.

Der Einkauf

Frucht- und Gemüsesäfte werden heute in allen Betrieben angeboten. Sie sind in den verschiedensten Handelsformen erhältlich. In der Gastronomie werden sie, wenn sie nicht frisch gepresst sind, normalerweise in Flaschen serviert. Teilweise sind PET-Flaschen und Tetrapaks in Verwendung.

Die Lagerung

Man lagert Frucht- und Gemüsesäfte am besten kühl und dunkel. In angebrochenen Gebinden gären sie in kurzer Zeit.

Das Service

Die ideale Serviertemperatur für Frucht- und Gemüsesäfte liegt bei 8 bis 12 °C. Frucht- und Gemüsesäfte werden normalerweise in der Originalflasche (Gastronomiegröße) mit Originalglas oder in einem Tumbler serviert. Eiswürfel werden nur auf Wunsch des Gastes dazugegeben.

FAIRTRADE – ein anderer Weg

Immer mehr Menschen möchten auch im Restaurant oder Hotel FAIRTRADE-Produkte genießen.

Das Prinzip von FAIRTRADE ist sehr einfach: Die Produzenten erhalten für die Rohstoffe faire Preise, unabhängig von den Weltmarktpreisen. So kann eigenverantwortlich gewirtschaftet werden, die Menschen in den Entwicklungsländern können ihre Existenz weitgehend sichern und soziale Mindeststandards in puncto Gesundheit und Bildung erreichen.

Länder	Bekannte Frucht- und Gemüsegetränkemarken
Österreich	Cappy, Pfanner (Gourmet), Pago, Biodiät (Biotta), Rauch (Rauch, Happy Day, Bravo), Ybbstaler Obstverwertung (YO, Obi, Hohes C), Mautner Markhof (Sirupe), Spitz (Sirupe), Darbo (Sirupe)
Deutschland	Valensina, Punica, Riemerschmid (Sirupe), Diäta, Schneekoppe, Granini (Eckes-Granini), Niehoffs, Vaihinger (Niehoffs Vaihinger Fruchtsäfte GmbH), Burkhard
Schweiz	Biotta
Italien	Fabbri (Sirupe), Zuegg (die Säfte heißen Skipper)
USA	Campbell's V8

Zu Karotten-(Möhren-)Saft wird oft etwas Olivenöl gereicht, das beigemischt, die Aufnahme des enthaltenen Provitamins A steigert

Werden frisch gepresste Säfte bestellt, serviert man sie im Stielwasserglas bzw. im mittleren oder großen Tumbler auf einem Unterteller mit Serviette. Bei Gemüsegetränken gibt man noch einen Kaffeelöffel dazu.

Ein Tipp vom Profi
Vor dem Ausschenken sollte man den Fruchtsaft in der Flasche aufschütteln. Wird frisch gepresster Saft im Glas serviert, muss er vorher nochmals in einer Karaffe aufgerührt werden. Dies geschieht jedoch nicht vor dem Gast, sondern im Office oder an der Schank.

Beim Servieren von Gemüsesäften können Menagen eingestellt werden. So wird z. B. Tomatensaft gerne mit Salz, Pfeffer, Tabasco, Worcestershiresauce und Zitronensaft gewürzt.

Obst- und Gemüsesäfte – wann und wozu?

Obst- und Gemüsesäfte sind ein wesentlicher Bestandteil des Frühstücksangebotes. Sie füllen Vitamin- und Mineralspeicher im Körper wieder auf.

Frucht- und Gemüsesäfte eignen sich aber auch als Aperitif. Vor allem Säfte, die nicht zu süß sind und über genügend Säure verfügen, wie z. B. frisch gepresster Orangensaft, Cranberry-, Grapefruit- oder Johannisbeersaft, stimmen den Gaumen auf „mehr“ ein.

Frucht- und Gemüsesäfte sind darüber hinaus ideale Essensbegleiter zu Vollwertgerichten sowie zu Speisen der vegetarischen Küche. Sie werden aber auch bei Diäten, bei der Reduktions-, Kranken- und Schonkost empfohlen. So ist beispielsweise Grapefruitsaft ein passender Begleiter für Diäten, da er kalorienarm und mit einer Fülle an Bitterstoffen gesegnet ist, die der Fettverdauung auf die Sprünge helfen.

Ein Tipp vom Profi
Vielen Menschen behagen die Aromen von Karotten (Möhren), Tomaten, Roten Rüben etc. nicht. Etwas Orangen-, Apfel- oder Birnensaft verleiht diesen Säften eine fruchtigere Note.

Was in Frucht- und Gemüsesäften alles steckt …	
Apfelsaft	Beinhaltet zahlreiche Vitamine und Mineralstoffe. Vermischt mit Mineralwasser ersetzt er als Durstlöscher beim Sport ideal die süßen isotonischen Getränke. Naturtrüber Apfelsaft regt zusätzlich die Verdauung an.
Orangensaft	Sein wichtigster Inhaltsstoff ist Vitamin C. An heißen Sommertagen erfrischt ein Glas Orangensaft und macht wieder munter, da dieser Saft – auch wenn er bei Zimmertemperatur getrunken wird – von innen her kühlt.
Johannisbeersaft	Wirkt bei Husten segensreich. Ungekühlt getrunken stärkt er die Atemwege und lindert den Reizhusten.
Traubensaft	Er ist zwar gesund, aber wegen seines hohen Gehalts an natürlichem Fruchtzucker sehr kalorienreich. Am gesündesten ist der rote Traubensaft, der jede Menge Vitamine des B-Komplexes enthält.
Karotten-(Möhren-)saft	Ist der klassische Lieferant für Provitamin A, das im Körper zu Vitamin A umgewandelt wird.
Tomatensaft	Enthält viele Mineralstoffe sowie Vitamine und ist wegen seines geringen Säuregehalts besonders bekömmlich. Außerdem wird dem roten Farbstoff Lycopin eine krebsvorbeugende Wirkung nachgesagt.

Limonaden und andere Erfrischungsgetränke

Der Urtyp aller industriell hergestellten Limonaden, der englische Lemon-Squash, ursprünglich ein reines Naturprodukt aus Wasser, Zucker und Zitronensaft, wurde erstmals Ende des 19. Jahrhunderts hergestellt.

Die Basis aller Erfrischungsgetränke ist Wasser oder Mineralwasser. Hinzu kommen geruchs-, geschmacks- und farbgebende sowie süßende Stoffe. Kohlensäure kann, muss aber nicht zugesetzt werden. Erfrischungsgetränke dürfen nicht mehr als 0,5 % Alkohol pro Liter enthalten. Außerdem können Mineralsalze, Vitamine, Molke und Malzextrakte zugesetzt werden.

Zu den Erfrischungsgetränken zählen auch die aromatisierten Mineralwässer (siehe S. 227) und der Eistee (siehe S. 262).

Für die Biolimo von Vöslauer werden nur Früchte aus biologischem Anbau verwendet

Arten von Erfrischungsgetränken

Natürliche Limonaden

Der Begriff „Limonade“ leitet sich vom italienischen Ausdruck „limonata“ ab, der ein gesüßtes Zitronenwasser bezeichnet.

Eine natürliche Limonade besteht aus dem frisch gepressten Saft von Zitrusfrüchten, der mit Wasser, Mineralwasser, Zucker oder Süßstoff zubereitet wird.

Fruchtsaftlimonaden

Fruchtsaftlimonaden enthalten einen Saftanteil von mindestens 6 % der namensgebenden Frucht, bei Kernobst-, Ananas- und Traubensaft von mindestens 30 %. Außerdem können natürliche Aromen und Fruchtfleisch zugesetzt werden. Der Rest besteht aus Wasser und Zucker. Der Mindestfruchtgehalt ist auf dem Etikett vermerkt.

Bekannte Produkte: Frucade, Orangina, Sinalco.

Limonaden

Sie werden unter Verwendung von Fruchtsaft (weniger als 6 %) oder Kräuterauszügen oder Aromen und Trinkwasser mit oder ohne Zugabe von süßenden Stoffen hergestellt.

Bekannte Produkte: Sprite, Fanta, Keli, Schartner, Seven Up, Bluna, Vöslauer Biolimo.

Colalimonaden

Colalimonaden orientieren sich in Aussehen und Geschmack am weltweiten Vorbild Coca-Cola. Sie enthalten Phosphorsäure (Säuerungsmittel) und Koffein (65 bis 250 mg pro Liter) und wirken daher anregend.

Bekannte Produkte: Coca-Cola, Pepsi-Cola, Afri-Cola, Red Bull Cola.

Kräuterlimonaden

Sie beziehen ihren Geschmack aus Kräuterauszügen.

Bekanntes Produkt: Almdudler.

Bitterlimonaden

Sie enthalten Bitterstoffe, wie z. B. Chinin (max. 85 mg pro Liter), und werden als **Tonic** bezeichnet, wenn sie mindestens 15 mg Chinin enthalten. Chinin wird aus der Rinde des Chinabaumes gewonnen.

PRODUKTE VON SCHWEPPES IN GASTRONOMIEGRÖSSEN

Bekannte Produkte: Schweppes Tonic Water, Schweppes Bitter Lemon und Bitter Orange, Kinley Tonic, Fever Tree.

Ingwerlimonaden

Der Geschmack ist auf Auszüge der Ingwerwurzel zurückzuführen.

Ingwerwurzel

Bekanntes Produkt: Ginger Ale; Ginger Ale ist ein klassischer „Filler" für Longdrinks.

Malzlimonaden

Besser bekannt sind Malzlimonaden unter der Bezeichnung „alkoholfreies Bier" (siehe auch S. 205). Der Begriff „alkoholfrei" ist missverständlich, da Malzlimonaden bis zu 0,5 Vol.-% Alkohol enthalten dürfen.

Bekannte Produkte: Schlossgold, Null Komma Josef, Birell, Clausthaler.

BIONADE

BIONADE ist eine neue Limonadenart, die in Deutschland seit einigen Jahren für Furore sorgt. Der Unterschied zu herkömmlicher Limonade besteht darin, dass BIONADE durch Fermentation (Vergärung) von Malz hergestellt wird. Wie bei Bier werden nur die Ausgangsstoffe Malz und Wasser verwendet. Bei einer Gärung entsteht grundsätzlich Alkohol, wenn Zucker im Spiel ist. Bei BIONADE ist es erstmals gelungen, den Zucker – so wie bei der Honigproduktion der Bienen – in Gluconsäure anstatt Alkohol umzuwandeln. Diese milde Fruchtsäure ist geschmacksneutral und verstärkt die Süßkraft. Nach der Lagerung und Filtrierung werden Kohlendioxid und natürliche Frucht- und Kräuteraromen zugesetzt.

Molkelimonaden

Wird bei alkoholfreien Erfrischungsgetränken in hervorhebender Weise auf einen Molkezusatz hingewiesen, muss er mindestens 40 % betragen.

Bekanntes Produkt: Latella.

Kracherl

Sie können naturidentische oder künstliche Aromen oder Farbstoffe enthalten.

Wenn's kracht ...

In Österreich und Süddeutschland ist der Begriff Kracherl für Limonadengetränke immer noch gebräuchlich. Wenn man jedoch fragt, wie es zu diesem Namen kam, herrscht ratloses Schweigen. Der Name hat etwas mit dem Verschluss zu tun. Den ersten Kracherlflaschen diente eine Glaskugel als Verschluss. Sie befand sich im Inneren der Flasche und wurde durch den Druck der Kohlensäure nach oben an die mit einer Gummidichtung versehene Öffnung gepresst.

Zum Öffnen wurde die Glaskugel mit dem Daumen in die Flasche gedrückt, was meist von einem krachenden Geräusch begleitet war. Da die Reinigung dieses Verschlusses jedoch sehr umständlich war, wurde er bald von Bügelverschlüssen und später von Kronenkorken abgelöst.

Isotonische Getränke

Die Mineralstoffgetränke sind so zusammengesetzt, dass sie den durch starkes Schwitzen verursachten Wasser- und Mineralstoffverlust durch Mineralsalze ausgleichen können. Üblicherweise enthalten sie vor allem Wasser, Zucker, Mineralstoffe, Vitamine (B, C, Biotin, E), Aromastoffe und Farbstoffe.

Isotonische Getränke können auch als Mineralsalzgetränke, Mineralstoffgetränke oder Mineralgetränke bezeichnet werden.

Bekannte Produkte: Isostar, Isotonic, Isofresh, Mega Basic, Vitamalz, Gatorade, Esprit.

Energydrinks
Sie sind stark koffeinhaltig (ca. 320 mg pro Liter) und haben daher eine anregende Wirkung. Energydrinks enthalten Wasser, Zucker, Zitronensäure, Koffein (auch aus der Guaranapflanze), verschiedene B-Vitamine, Aroma- und Geschmacksstoffe sowie Zusatzstoffe, wie z. B. Taurin.

Bekannte Marken: Red Bull, Taurus, Flying Horse, Dynamite, Shark, Mystery, Dark Dog etc.

Wellnessdrinks
Wellness bedeutet Wohlbefinden. Diese Kategorie umfasst also Getränke, die das Wohlbefinden erhöhen sollen. Dazu zählen z. B. Fruchtgetränke, die mit Vitaminen und Mineralstoffen angereichert wurden, oder das Getränk **Kombucha,** eine gesüßte Teemischung, vergoren mit Hefe, Milchsäurebakterien und dem Kombuchapilz.

Near-Water-Getränke, wie z. B. Römerquelle Emotion, Vöslauer Balance oder Gasteiner Elements, zählen ebenfalls zu dieser Gruppe. Diese Mineralwässer enthalten Aromen, Frucht- oder Kräuterextrakte, Fruktose und künstliche Säuerungsmittel.

Der Einkauf und die Lagerung

Es sind verschiedene Handelsformen üblich (Verkauf in Flaschen oder Containern). Man sollte schon beim Einkauf aus Umweltschutzgründen auf die Gebindeform achten.

Erfrischungsgetränke lagert man am besten kühl und dunkel. Kohlensäurehaltige Limonaden werden in angebrochenen Flaschen schnell schal.

Kleines Abc der Etikettensprache

Antioxidantien: Konservierungsmittel.
Zuckerarm: Der Gehalt an Zucker darf höchstens 4 % betragen.
Nur mit fruchteigenem Zucker: kein Zusatz von süßenden Stoffen.
Kalorienreduziert, brennwertvermindert, kalorienarm, energiearm, „light“: Der Zucker wird durch Süßstoffe ersetzt. Der Brennwert (Energiemenge, die beim Abbau der Nahrung im Körper frei wird) ist, verglichen mit dem Standardprodukt, um mindestens 30 % reduziert.
Kalorienfrei, energiefrei: maximal 1 kcal bzw. 4,2 kJ pro 100 ml.

Ausschankanlagen

In der Gastronomie erfolgt der Ausschank von alkoholfreien Getränken zunehmend mit Schankanlagen.

Voraussetzungen dafür sind:
- Erstklassig gewartete und hygienisch einwandfreie Anlagen mit hohem technischem Standard.
- Qualitativ hochwertige Produkte.
- Fachgerechte Behandlung der Container, wie z. B. Einhaltung der empfohlenen Lagerbedingungen und Aufbrauchfristen.

Die Vorteile von Thekenzapfgeräten sind der geringe Lagerraumbedarf und die automatische Kühlung. Ein Nachteil ist, dass sie täglich gereinigt werden müssen.

Grundsätzlich werden zwei Typen von Schankanlagen unterschieden, und zwar Premixanlagen und Postmixanlagen.

Premixanlage (PEM)
Dabei wird der Container mit dem fertigen Originalgetränk mit Steckanschluss an die Schankanlage angeschlossen. Von dort kann das Getränk mit CO_2-Druck portionsweise entnommen werden.

Premixanlage (PEM)

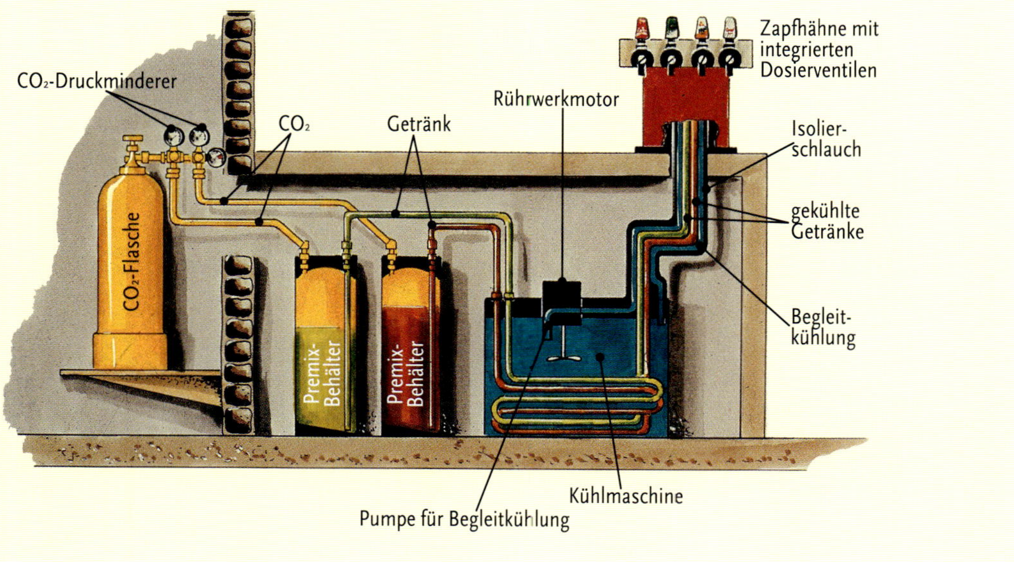

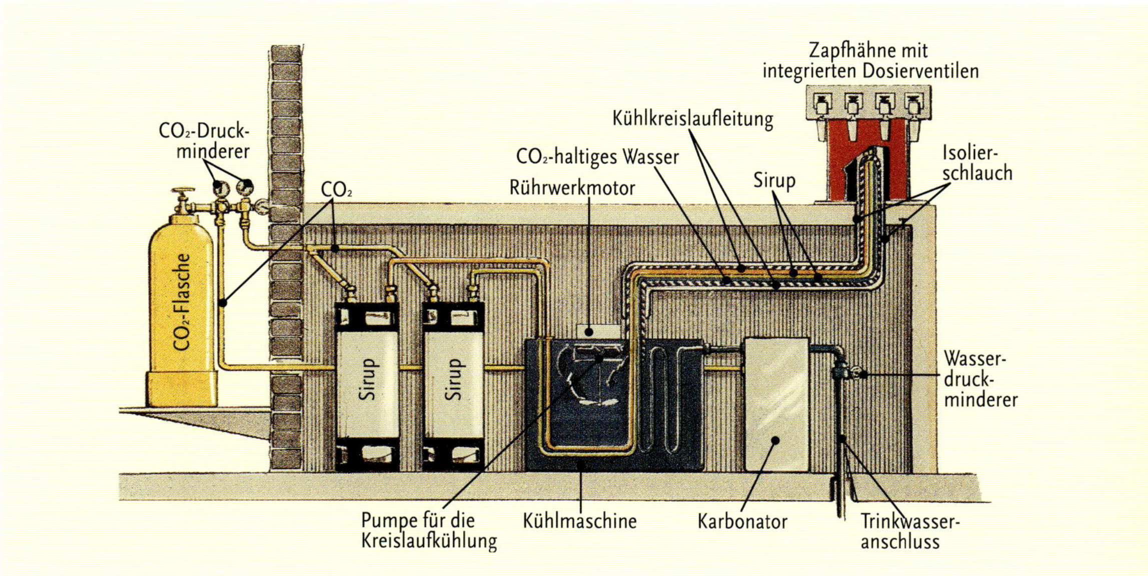

Postmix-anlage (POM)

Postmixanlage (POM)

Hier wird nicht der Behälter mit dem Fertiggetränk, sondern der mit Sirup an das Zapfgerät angeschlossen. Bei Betätigung des Zapfhahnes wird der Sirup mit Treibgas zum Zapfhahn befördert und an Ort und Stelle mit vorgekühltem, CO_2-versetztem Wasser vermischt.

Postmixanlagen eignen sich für Betriebe mit einem Verkaufspotenzial von über 60 Portionen (zu je 0,25 l) pro Öffnungstag (bei 310 Öffnungstagen pro Jahr). Es gibt bereits Kleinzapfanlagen (Mini-POMs), in denen Sirupkleinbehälter (z. B. mit einem Inhalt von einem Liter) eingesetzt werden.

Das Service

Die ideale Serviertemperatur für Limonaden und Erfrischungsgetränke liegt zwischen 8 und 10 °C, die Ausnahme bilden Colalimonaden, die am besten mit einer Temperatur zwischen 4 und 6 °C schmecken.

Limonaden können im Tumbler, im Limonadenglas oder in einem Originalglas (mit Firmenaufdruck) serviert werden. Im letzten Fall wird die Originalflasche häufig mitserviert. Eiswürfel sollten nur auf Wunsch des Gastes ins Glas gegeben werden. Bei Fruchtsaftlimonaden muss der Fruchtsatz vor dem Ausschenken aufgeschüttelt werden.

Originalflasche mit Tumbler

Energydrinks werden gerne direkt aus dem Originalgebinde getrunken.

Erfrischungsgetränke – wann und wozu?

Limonaden und Mischungen mit Mineral- und Sodawasser werden nicht nur von Kindern und Jugendlichen, sondern auch von Erwachsenen gerne bestellt. Vor allem in Fast-Food-Restaurants gehören Limonaden zum Standardangebot. Sie sind jedoch keine idealen Essensbegleiter, da sie den Geschmack jeder Speise übertönen.

Limonaden enthalten viel Zucker und damit Kalorien. Eine Alternative sind Erfrischungsgetränke mit künstlichen Süßstoffen oder natürliche Limonaden.

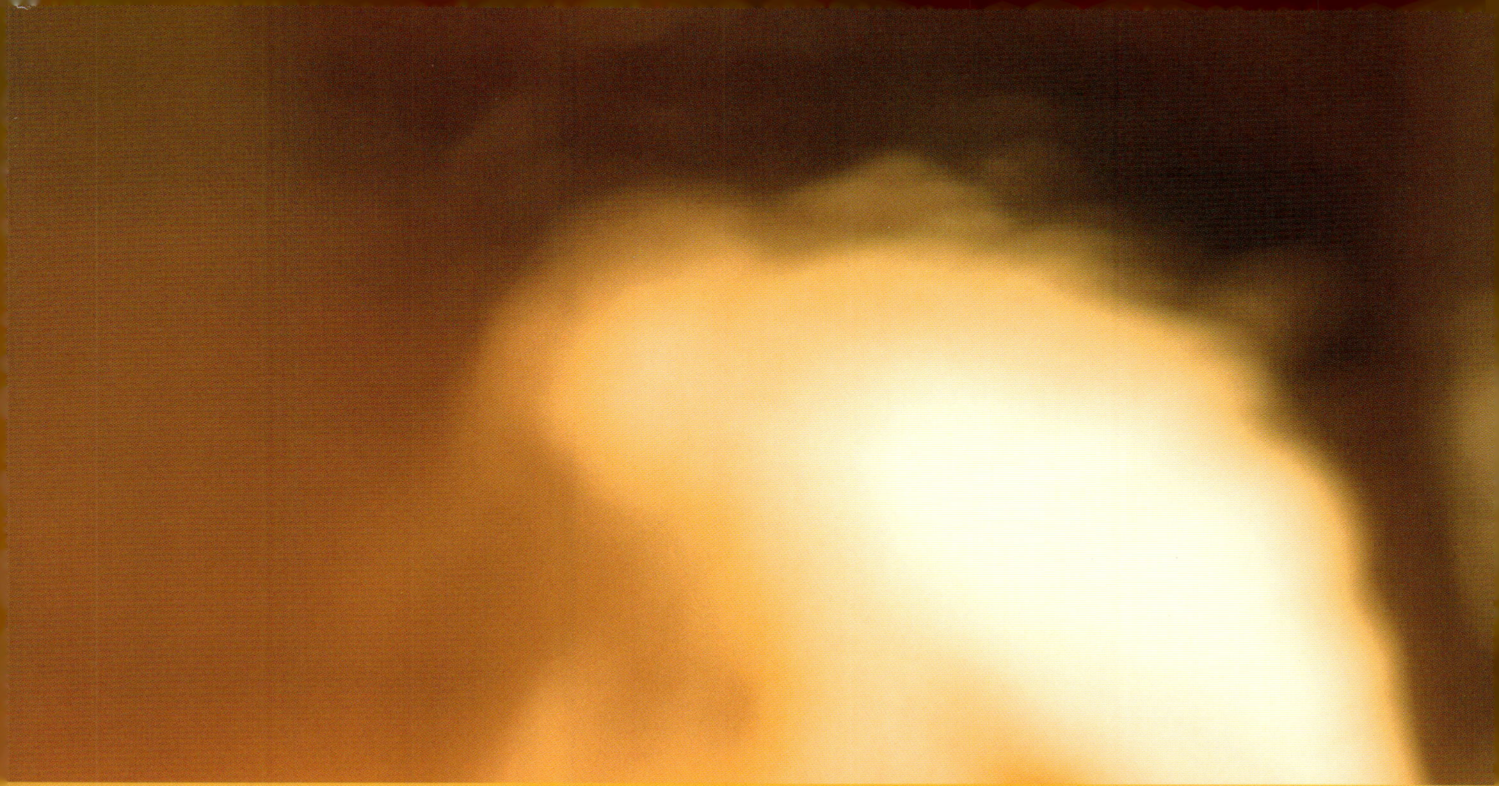

Kaffee, Tee & Co

Kaffee gehört zu den populärsten Getränken der Welt. Überall hat er seine Anhänger, die ihm treu ergeben sind – wie sonst ist es zu erklären, dass so mancher am Morgen zuerst eine Tasse Kaffee trinkt, bevor er in den Spiegel schaut? Dem Kaffeegenuss wird zu jeder Tageszeit gefrönt, sei es am Morgen, am Vormittag, nach dem Essen, während des Essens, am Nachmittag, am Abend oder sogar spät in der Nacht.

Jedes Land hat seine eigene Art, Kaffee zu trinken. So sind in Äthiopien drei Tassen Kaffee Pflicht. Die erste Tasse dient dem puren Genuss, bei der zweiten werden Probleme besprochen, die dritte schließlich dient dem Segen aller Anwesenden.

Böse Zungen behaupten, Tee sei einfach heißes, gefärbtes Wasser – welch Unwissende! Teesorten gibt es wie Sand am Meer, und auf (nicht ganz so) viele Arten kann man Tee auch genießen. Da gibt es die Puristen, die Tee ganz unverfälscht trinken, sozusagen nach dem Reinheitsgebot. Andere wiederum fügen Zucker, Zitrone, Milch, ja sogar Butter hinzu, wobei Letzteres zugegebenermaßen etwas gewöhnungsbedürftig ist. Auch Tee beinhaltet wie Kaffee Koffein. Trotzdem wird Tee nicht wegen seiner anregenden Wirkung getrunken. Wahre Teeliebhaber genießen – um es mit den Worten T'ien Yihengs, eines chinesischen Gelehrten, auszudrücken – den Tee, um den Lärm der Welt zu vergessen.

Kaffee

Kaffee ist mehr als nur ein köstliches Getränk, er ist sozusagen Lebenselixier unzähliger Menschen. Gerade jetzt, wo Kaffee – bedingt durch Zubereitungssysteme wie Nespresso & Co – auf der Welle des Erfolges reitet, ist der Anspruch an wirklich guten Kaffee immens gestiegen. Die Gäste, die sich zu Hause Espresso in Topqualität gönnen, verlangen diese Qualität auch zu Recht in der Gastronomie. Gastronomen mit Köpfchen haben längst erkannt, dass exzellenter Kaffee die Visitenkarte des Hauses ist.

Viele Legenden ranken sich um die Geburtsstunde des Kaffees. Seine faszinierende Geschichte begann aller Wahrscheinlichkeit nach in der Provinz Kaffa im Hochland von Südwest-Äthiopien, wo noch heute der wild wachsende Kaffeebaum zu finden ist. Von hier aus gelangte der Kaffee zuerst in den Jemen, dann nach Arabien und Ägypten. Das schwarze, bittere Getränk mit der anregenden Wirkung war schon seit der frühen Antike im Morgenland ein Bestandteil des täglichen Lebens. Bereits im 11. Jahrhundert waren weder der Kaffee noch die Kaffeehäuser aus dem gesellschaftlichen Leben der islamischen Welt wegzudenken.

Österreicher und Deutsche sind passionierte Kaffeetrinker, die im europaweiten Vergleich nur von den Skandinaviern übertrumpft werden

Die Europäer mussten sehr lange auf ihren ersten Kaffee warten. Die Araber erklärten nämlich den Kaffeeanbau zum Staatsgeheimnis, die Ausfuhr keimfähiger Pflanzen war strengstens verboten. Als der Handel im 16. Jahrhundert zwischen Morgen- und Abendland zunahm, löste der Kaffee in der alten und neuen Welt helle Begeisterung aus. Im südarabischen Hafen Mocha (daher der Name Mokka) wurden die Schiffe europäischer Handelshäuser beladen.

Sowohl keimfähige Bohnen als auch Pflanzen wurden nach Europa geschmuggelt, wo man die Kaffeesträucher anfänglich in Glashäusern und Orangerien züchtete. Doch bald begannen die Europäer Kaffee in ihren tropischen Kolonien anzupflanzen. Dadurch verloren die Araber das Handelsmonopol, und Kaffee entwickelte sich zu einem der meist gehandelten Rohstoffe der Welt.

Überall in Europa entstanden Kaffeehäuser. In Konstantinopel öffnete 1554 das erste Kaffeehaus auf europäischem Boden seine Pforten. Um 1570 zählte man in der Metropole am Bosporus bereits 600 Kaffeehäuser. In der Folge entstanden Kaffeehäuser in vielen Großstädten, wie 1645 in Venedig, 1650 in Oxford, 1652 in London, 1659 in Marseille und in weiterer Folge in Amsterdam, New York, Paris und Hamburg.

Die Wiener brauchten den Kaffee nicht erst mühsam zu importieren, er wurde ihnen von den türkischen Heerscharen Mohammeds IV. 1683 „frei Haus" geliefert. Zwei Jahre später konnte man sich bereits im ersten Wiener Kaffeehaus des Griechen Johannes Theodat verabreden. Franz Georg Kolschitzky, Besitzer des Kaffeehauses „Zur blauen Flasche", setzte dann den ersten Schritt zur Wiener Kaffeekultur. Er filterte den ungeliebten Kaffeesud aus und fügte dem Ganzen Milch und Honig hinzu.

Bereits im 18. Jahrhundert waren die Kaffeehäuser wichtige Treffpunkte für Künstler, Schriftsteller, Geschäftsleute, die aufstrebende bürgerliche Gesellschaft und den Adel. Im 19. Jahrhundert breitete sich der Wiener Kaffeehaustyp weiter aus, sodass aus dem Wiener Kaffeehaus eine österreichische Institution wurde.

DIE WEISSEN BLÜTEN ÄHNELN IN AUSSEHEN UND DUFT DEM JASMIN

Die Pflanze

Der Kaffeebaum (Coffea) wächst in Gebieten zwischen dem 25. Breitengrad nördlich und südlich des Äquators. Damit der Kaffeestrauch gedeihen kann, sind feuchtwarmes tropisches oder subtropisches Klima, lockere, humusreiche Böden und ausreichende Niederschläge erforderlich.

Neue Pflanzen werden entweder direkt aus Samen oder aus Stecklingen gezogen

Wenn die Pflanzen eine Höhe von 30 bis 50 cm erreicht haben, werden sie in Plantagen ausgepflanzt. Nach drei bis vier Jahren Pflege tragen sie die ersten Früchte und können weitere 15 bis 20 Jahre gute Ernten liefern. In den Tropen tragen die Pflanzen ununterbrochen Früchte. Blüten und Früchte finden sich in unterschiedlichen Reifestadien an den Sträuchern.

Die Kaffeefrucht, wegen ihres Aussehens oft als Kirsche bezeichnet, ist eine zweisamige Steinfrucht.

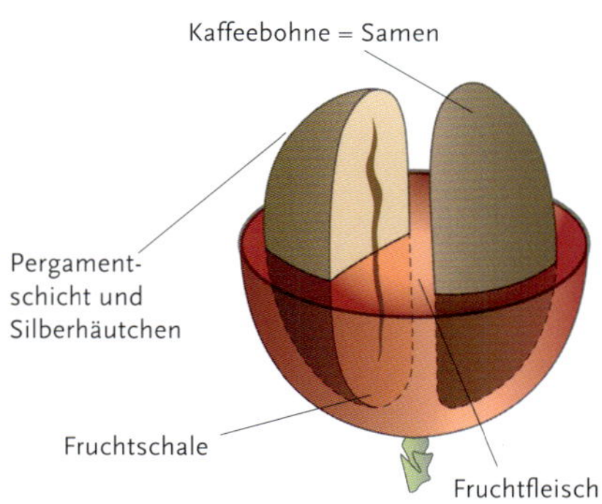

Die Farbe der Kaffeekirschen verändert sich mit zunehmender Reife von Grün über Gelb zu einem leuchtenden Rot. Einige Varietäten sind bei ihrer Vollreife knallgelb.

Der Anbau

Der Kaffeebaum wird heutzutage großteils in Plantagen angepflanzt, wo die Sträucher in einer Höhe von zwei bis drei Metern beschnitten werden, um eine rationelle Bearbeitung und Ernte der Früchte zu gewährleisten.

Von den zahlreichen **Coffea-Arten** sind nur zwei Sorten für den weltweiten Anbau und Handel von Bedeutung. Dies sind **Coffea arabica** und **Coffea canephora**, auch **Coffea robusta** genannt.

Hochlandkaffee (Coffea arabica)

Coffea arabica gedeiht am besten in Lagen zwischen 600 und 2 000 Metern Seehöhe. Die Früchte reifen langsamer als die der Coffea robusta (acht bis zehn Monate nach der Blüte) und der Ertrag ist geringer. Deswegen, aber auch weil er einfach besser als Tieflandkaffee schmeckt, ist Hochlandkaffee teurer. Grundsätzlich gilt: Je höher die Lage, umso besser der Kaffee.

Die Sorte Arabica bringt höherwertigen, aromareichen, milden Kaffee mit dezenter Säure und feinem Duft sowie geringerem Koffeingehalt als Robusta hervor. Der Koffeingehalt liegt bei geröstetem Kaffee zwischen 0,8 und 1 ‰.

Arabicabohnen sind länglich, eiförmig, blaugrün und haben nur eine leicht angedeutete, gewundene Furche

Die besten Arabicas kommen aus Äthiopien, Kenia, Jamaika, Kolumbien, Brasilien, Guatemala, Peru, Mexiko und Hawaii.

Tieflandkaffee (Coffea robusta)

Die Robusta-Pflanze bevorzugt Lagen zwischen dem Meeresspiegel und 600 Metern Seehöhe. Sie verträgt feuchtwarmes Klima, Temperaturen von über 30 °C und ist, wie der Name schon sagt, sehr robust. Robusta ist widerstandsfähig gegen Krankheiten und Schädlinge und zeigt sich in Bezug auf den Boden anspruchslos. Da sie mehrmals im Jahr blüht, schneller wächst und mehr Früchte produziert, ist der Ertrag höher als bei den Arabicas.

Robusta-Bohnen sind eher rundlich, gelb oder bräunlichgrün und weisen eine geradlinige, tiefere Furche auf

Robusta wird durch den höheren Gehalt an Koffein, Gerbstoffen und Chlorogensäure von vielen Konsumenten als bitter, holzig und rau empfunden. Der Koffeingehalt liegt bei geröstetem Kaffee zwischen 1,5 und 2,5 ‰.
Die besten Robusta-Sorten kommen aus Indien (Washed Parchment HB), Uganda und Brasilien.

Die wichtigsten Anbauländer

Zehn Staaten produzieren 78 % der weltweiten Ernte von Kaffeebohnen. Die Weltproduktion liegt bei ca. 60 000 Tonnen pro Jahr. Davon entfallen zwei Drittel auf die Sorte Arabica und ein Drittel auf die Sorte Robusta.

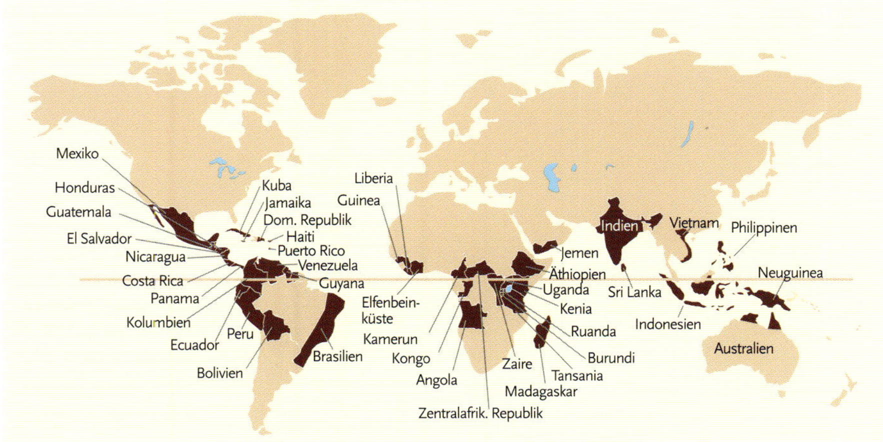

BEIM AUSPFLÜCKEN WERDEN NUR DIE REIFEN KAFFEEKIRSCHEN GEERNTET

Die Ernte

Jede Ernte ist anders – das hat mit den Bodenverhältnissen und dem Klima zu tun. Je nachdem, ob es heiß oder mild, feucht oder eher trocken ist, entwickeln die Kaffeefrüchte in jedem Erntejahr andere Nuancen. Man kann die Kaffeeernte eines Jahres also durchaus mit Wein vergleichen– jeder Jahrgang hat seinen eigenen Charakter.

Wegen der unterschiedlichen Reifestadien der Früchte haben sich zwei Erntemethoden durchgesetzt.

Das Auspflücken (Picking)

Händisch werden in mehreren Durchgängen immer nur die reifen Früchte gepflückt. Mit diesem aufwendigen und arbeitsintensiven Verfahren wird eine ausgezeichnete Qualität erzielt.

Das Abstreifen (Melken, Stripping)

Sobald ein durchschnittliches Reifestadium erreicht ist, werden die Früchte manuell von den Zweigen gestreift.
Mit den reifen Früchten kommen auch unreife und überreife (bereits fermentierte) Früchte, aber auch Zweige und Blätter mit, die anschließend aussortiert werden.

In flachen Gebieten kann auch maschinell geerntet werden, was kostengünstiger ist. Die Qualität der Ernte entspricht der Stripping-Methode.

Die Erzeugung

Die Aufbereitung

Nach der Ernte gelangen die Früchte zur Aufbereitungsanlage, wo der Rohkaffee für den Export verarbeitet wird. Um handelsfertigen Kaffee zu erhalten, werden folgende Methoden angewandt:

- die **trockene Aufbereitung** (ungewaschener Kaffee) und
- die **nasse Aufbereitung** (gewaschener Kaffee).

Man erkennt die gewaschenen Kaffeebohnen an ihrer schönen grünblauen Farbe, an dem feinen Geschmack nach dem Rösten und dem edlen Aroma.

WÄHREND DER TROCKNUNG WERDEN DIE FRÜCHTE IMMER WIEDER GEWENDET

Die trockene Aufbereitung

Die sortierten und gereinigten Früchte werden auf großen Flächen ausgebreitet und etwa drei Wochen lang in der Sonne getrocknet, bis die Kaffeebohnen in ihrer Hülse rasseln.

Das Enthülsen erfolgt mithilfe von Schälmaschinen; das vertrocknete Fruchtfleisch, die Pergamenthaut (Hornschale) und das Silberhäutchen werden dabei entfernt.

Die nasse Aufbereitung

Dieses aufwendigere Verfahren wird in Ländern mit ausreichender Wasserversorgung durchgeführt oder in jenen Ländern, die durch das eher regnerische Klima nicht trocken aufbereiten können.

Schwemmkanal

Nach dem Aussortieren, Reinigen und Quellenlassen der Kaffeekirschen im Schwemmkanal werden die Früchte durch eine Maschine mit rotierenden Scheiben und fester Klinge (Pulper) befördert, die die Bohnen freilegt.

Nach dem Pulpen kommen die Kaffeebohnen ein bis zwei Tage zur Fermentation in große Wasserbecken. Die Fermentation hat Einfluss auf die Geschmacksbildung der Kaffeebohnen; das restliche Fruchtfleisch (die Schleimschicht) wird dabei gelöst. Danach werden die Bohnen gewaschen und in weiterer Folge entweder in der Sonne oder mit Heißluft getrocknet.

Die Bohnen **(Pergaminos)** sind noch von der Pergamentschicht und dem Silberhäutchen geschützt, die im Anschluss mit Schäl- und Poliermaschinen entfernt werden.

Die halbtrockene Aufbereitung

Die Kaffeekirschen werden mit einer speziellen Maschine geschält und zum Teil entschleimt. Die Fermentationsphase wird somit umgangen. Die freigelegten Bohnen werden entweder in der Sonne oder in Trockenapparaten getrocknet, um die verbleibenden Schleimschichtreste zu entfernen. Diese Aufbereitung benötigt im Vergleich zum nassen Verfahren weniger Wasser, die daraus gewonnenen Kaffees nennt man **„semi-washed“**.

Das Sortieren, Reinigen und Klassifizieren

Nach der Aufbereitung erfolgt das Sieben nach Größen und Handelsklassen. Dabei werden Verunreinigungen, wie z. B. Steinchen und Ausschussbohnen, durch Sieb- und Gebläseeinrichtungen oder händisch aussortiert.

Die Klassifizierung erfolgt je nach Herkunftsland unterschiedlich: So können die Bohnen nach Sorte, Form und Größe („extra large bean“, „large bean“, „good bean“, „small bean“, „peaberry“) bzw. Menge an Fehlbohnen und Fremdkörpern (Steinchen, Holzstücke), aber auch nach Farbe und geschmacklichen Eigenschaften klassifiziert werden.

Die Lagerung und das Abfüllen für den Transport

Nach der Klassifizierung wird der Rohkaffee für die Zwischenlagerung oder die Verschiffung in Jute- oder Sisalsäcke abgefüllt. Etwa 70 Millionen Sack Kaffee kommen so pro Jahr in die Verbraucherländer. „Blue-Mountain-Kaffee“ aus Jamaika wird noch immer in traditionellen Holzfässern exportiert.

In den Verbraucherländern angelangt, werden in den Röstereien weitere Säuberungs- und Selektionsverfahren durchgeführt.

Das Rösten
Erst durch das Rösten werden die über 800 Aroma- und Geschmacksstoffe zum Leben erweckt und geben dem Kaffee seinen einzigartigen Geschmack. Das Ergebnis hängt von der Erfahrung des Röstmeisters und vom verwendeten Röstverfahren ab. So kann vor dem Vermischen zuerst jede Sorte für sich geröstet werden, oder aber die verschiedenen Sorten werden zuerst vermischt und dann geröstet.

Wenn Kaffeebohnen Farbe bekennen
Kaffeebohnen sind nicht von Anfang an braun, das werden sie erst beim Rösten. Der Rohkaffee wird dazu in Rösttrommeln oder schwebend im Heißluftstrom bei 200 bis 260 °C geröstet. Die Bohnen verfärben sich braun und werden größer, während ihr Gewicht abnimmt. Das passiert deshalb, weil aus den Bohnen Wasser und flüchtige Aromastoffe entweichen. Um ein Nachrösten zu verhindern, wird der Kaffee auf Raumtemperatur abgekühlt. Die Bohnen sind nun spröde und zum Mahlen bereit.

Das Rösten wird selbstverständlich auf die Kaffeesorte, die Herkunft sowie die spätere Zubereitungsart (Filterkaffee, Espresso) abgestimmt. Wesentlich für die Ausbildung des Aromas und seine spezielle Farbe sind auch die im Kaffee enthaltenen Kohlenhydrate und Proteine.

Das A & O des Röstens
- Gut gerösteter Kaffee hat eine gleichmäßige Färbung (kastanienbraun).
- Zu schnell und hell gerösteter Kaffee ist säurebetonter. Er eignet sich für die Filterzubereitung, da der Säuregehalt für eine stärkere Extraktion zu hoch ist.
- Mittlere Röstungen sind für die Karlsbader Methode und die Kolbenkaffeemaschine geeignet, da der Säuregehalt bei der Röstung bereits abgenommen hat.
- Für die Espressozubereitung werden dunklere Röstungen bevorzugt. Die Bohnen weisen weniger Säure und mehr Karamelltöne auf.

Nach dem Rösten werden die heissen Bohnen sofort abgekühlt

- Sehr dunkle Röstungen enthalten auch mehr Bitterstoffe.

Das Verpacken
Nach dem Rösten reagiert Kaffee empfindlich auf Licht, Feuchtigkeit und Sauerstoff. Damit der Kaffee haltbar und vor allem „genießbar“ bleibt, muss er rasch abgepackt werden. Vor dem Verpacken werden noch schlechte (Fehlbohnen) und verbrannte Bohnen aussortiert.

Die Kaffeearten

Ist auf der Getränkekarte Kaffee angeführt, handelt es sich immer um Bohnenkaffee.

Bohnenkaffeemischungen
Bohnenkaffee ist selten solo – meistens wird er als Mischung angeboten. So treffen in einer Mischung oft bis zu acht verschiedene Sorten aufeinander. Der Grund dafür ist einfach erklärt: Ein Kaffee, der ausschließlich aus Bohnen einer Ernte und Anbauregion besteht, würde unseren Gaumen wenig entzücken. „Unharmonisch, zu bitter, zu sauer” wäre das vernichtende Urteil. Die Kunst des Kaffeemischens liegt also darin, Bohnen unterschiedlicher Art und Herkunft harmonisch zu vereinen. Natürliche Schwankungen in der Qualität des Rohkaffees werden durch ständige Kontrollen und Anpassungen der Mischung und Verarbeitung ausgeglichen.

Sortenreine Bohnenkaffees
Wie der Name schon sagt, handelt es sich um unvermischten Kaffee aus einer bestimmten Region bzw. aus einer bestimmten Plantage. Diese Sorten sind normalerweise von besonders guter Qualität.

Entkoffeinierter Kaffee

> Koffeinfreier Kaffee: der Untergang des Abendlandes!?

Dieser Ausspruch ist an Pathos wohl kaum mehr zu übertreffen. Tatsache ist jedoch, dass viele Menschen auf Koffein

Sortenreiner Bohnenkaffee ist meist ein Kaffee der Superlative: besonders gut und besonders teuer

einfach empfindlich reagieren. Gerade in den Abendstunden ist die anregende Wirkung nicht immer erwünscht. Für jene, die trotzdem nicht auf Kaffee verzichten wollen, ist entkoffeinierter Kaffee eine Alternative (auch wenn Kenner der Materie das Gegenteil behaupten).

Wie wird das Koffein eigentlich entfernt?

Das Entkoffeinieren findet immer vor dem Röstprozess statt, das heißt, das Koffein wird bereits mithilfe von Wasserdampf, Kohlendioxid oder bestimmten Lösungsmitteln aus den rohen Kaffeebohnen herausgelöst. Erst dann werden die Bohnen geröstet. Der Restkoffeingehalt im Rohkaffee darf in Ländern der EU höchstens 0,1 % betragen.

Säurearmer (reizarmer) Kaffee

Um den Kaffee für Menschen mit empfindlichem Magen (Galle, Leber) verträglich zu machen, wird aus den Bohnen mit Wasserdampf und Lösungsmitteln ein Teil der Gerbsäure entfernt. Er wird koffeinhaltig und entkoffeiniert angeboten.

Schonkaffee und milder Kaffee – ein und dasselbe?

Sein blaues Wunder kann man erleben, wenn man guter Dinge ein paar Tassen milden Kaffees trinkt und denkt, man könne danach schlafen. Denn entgegen der noch immer weitläufigen Meinung ist milder Kaffee kein Schonkaffee. So ist er weder entkoffeiniert noch für den Magen bekömmlicher. Milder Kaffee wird lediglich aus Bohnen (meist aus Brasilien und Kolumbien) hergestellt, die weniger Säure enthalten. Die Milde bezieht sich also nur auf den Geschmack.

Instantkaffee (löslicher Kaffee)

Zunächst wird Röstkaffee aufgebrüht. Dann wird der Kaffeesatz entfernt und der Kaffeeextrakt einem Trocknungsverfahren unterzogen.

Beim **Sprühtrocknen** werden zuerst dem Kaffeeextrakt die Aromastoffe entzogen. Der aufbereitete Extrakt wird im Heißluftstrom versprüht, das Wasser verdampft und die Trockenmasse bleibt als Pulver zurück. Dem Pulver werden am Ende des Verfahrens die Aromastoffe wieder beigegeben.

Bei der **Gefriertrocknung** wird der Kaffeeextrakt aufgeschäumt und sekundenschnell tiefgefroren. Die dabei entstehenden Eisplatten werden zermahlen und die Eiskristalle bei niedriger Temperatur in der Vakuumkammer verdampft. Zurück bleibt ein lösliches Granulat.

Der Vorteil dieses Verfahrens ist, dass die Aromastoffe im Ausgangsprodukt verbleiben und weniger in Mitleidenschaft gezogen werden.

Aromatisierte Kaffeemischungen

Unmittelbar nach dem Rösten werden die Bohnen mit natürlichen oder naturidentischen Aromen besprüht. Die geschmacklichen Qualitäten des Basiskaffees bleiben dadurch voll spürbar, die zusätzlichen Aromen (Vanille, Haselnuss, Amaretto, Schokolade etc.) runden den Kaffeegeschmack ab.

Kaffee-Ersatzmittel (Surrogate)

Das sind Röstprodukte aus anderen Pflanzen, wie Gerstenmalz, Feigen oder Zichorien (Malzkaffee, Feigenkaffee, Zichorienkaffee).

Der Einkauf

Kaffee schmeckt immer besser, wenn er aus röstfrischer Ware zubereitet wurde. Kaffee, der gehortet wird, weil er gerade im Angebot war, macht vielleicht kurzfristig den Eigentümer glücklich, nicht aber den Gast. Es macht also durchaus Sinn, den Einkauf auf den Verbrauch abzustimmen.

Noch immer gibt es Betriebe, die an der Kaffeequalität sparen. Schade, denn gerade in unserer Zeit, in der Kaffee eng mit Lifestyle verbunden ist, sind Gäste gerne bereit, einiges für guten Kaffee zu zahlen.

Bohnenkaffeemischungen werden nach wie vor am meisten verkauft, nicht zuletzt deswegen, weil sortenreine Plantagenkaffees sehr teuer sind. Manche Betriebe haben sich bereits auf unbekanntes Terrain vorgewagt und bieten Kaffeeexperten (und jenen, die es noch werden wollen) neben der Standardkaffeemischung weitere spezielle Röstungen an – ein Experiment, das beim momentanen „Kaffeehype" möglicherweise von Erfolg gekrönt sein wird.

Die besten Bohnen aus aller Welt	
Maragogype	Die größten aller Kaffeebohnen, auch Elefantenbohnen genannt. Sie wachsen im Hochland von Mexiko, Nicaragua, Kolumbien und Guatemala. Maragogype schmeckt sanft und mild.
Kenia AA	In den Hochebenen von Kenia (1 000–2 000 m Seehöhe) wachsen Arabicas mit einzigartigem Aroma und sanfter angenehmer Säure.
Hawaii Kona Fancy	Hawaii Kona Fancy gehört zur Weltspitze des Kaffees. Die Bohnen sind nahezu perfekt ebenmäßig geformt. Der Kaffee hat ein immens komplexes Aroma.
Sulawesi Toraja	Auf der Inselgruppe Sulawesi in Indonesien ernten Familien des Toraja-Stammes den Kaffee in ihren Gärten. Viele Händler und Röster halten den Sulawesi Toraja für den besten Kaffee der Welt. Er schmeckt leicht rauchig und kräftig-herb nach Bitterschokolade.
Brasilien Fortaleza	Fortaleza liegt im Nordosten Brasiliens. Dort gedeiht Kaffee bis 500 m Seehöhe. Die Früchte reifen schneller als in der Hochebene, die Bohnen entwickeln kaum Säure.
Jamaika Blue Mountain	Ein Kultkaffee, der zu den teuersten der Welt gehört (120–160 Euro/kg). Der Kaffee wächst oberhalb von 700 m Seehöhe in den oft nebelverhangenen Blue Mountains auf Jamaika. Das Hochlandklima und der säurehaltige Boden lassen die Arabica-Bohnen statt der üblichen fünf Monate bis zu zehn Monate reifen. Dadurch gedeihen große, feste und gehaltvolle Bohnen.
Kopi Luwak	Von diesem Kaffee aus Java werden nur um die 200 kg jährlich verkauft. Dementsprechend ist der Preis, der sich auf 1 000 US-Dollar/kg beläuft. Die reifen Früchte werden von der Palmzibetkatze gefressen, die die Kaffeebohnen wieder ausscheidet. Im Verdauungstrakt der Tiere werden die Bohnen natürlich fermentiert.

Die Lagerung

Kaum etwas ist flüchtiger als das Aroma von Kaffee. Außerdem nimmt Kaffee, insbesondere in gemahlener Form, rasch fremden Geruch an. Er sollte daher gut verschlossen, kühl, trocken und lichtgeschützt gelagert werden. Außerdem ist es ratsam, von der Originalpackung nur jene Menge in den Vorratsbehälter der Kaffeemühle zu füllen, die in den nächsten Stunden verbraucht wird.

Halteverbot für Kaffee?

Gemahlener Kaffee verliert seine Aromastoffe ca. 50-mal schneller als ganze Bohnen. Nebenbei beginnen die im Kaffee enthaltenen Öle, Fette und Wachse durch den Kontakt mit Sauerstoff zu oxidieren und beeinträchtigen dadurch den Geschmack.

Ein Tipp vom Profi

Füllen Sie Kaffee nicht in andere Behältnisse um. Jedes Umfüllen bedeutet einen unnötigen Aromaverlust. Wird dennoch eine Vorratsdose verwendet, sollte der Kaffee nicht lose eingefüllt, sondern mitsamt der Originalverpackung in der Dose aufbewahrt werden.

Die Zubereitung

Der Geschmack von zubereitetem Kaffee wird durch die Konzentration und den Grad der Extraktion bestimmt. Die Konzentration ergibt sich aus der Dosierung, d. h. aus der Menge des verwendeten Kaffees. Der Mahlgrad, die Brühzeit, das Wasser und die Zubereitungsart entscheiden hingegen darüber, welche Inhaltsstoffe des Kaffees beim Brühen herausgelöst (extrahiert) werden.

Die Brühzeit

Die im Kaffee enthaltenen wasserlöslichen Duft- und Aromastoffe und die wasserunlöslichen Partikel (der sogenannte Körper des Kaffees) werden durch das heiße Wasser in unterschiedlicher Geschwindigkeit extrahiert. Am schnellsten lösen sich die Duftstoffe, dann die wohlschmeckenden Aromastoffe, zuletzt die bitteren Aromastoffe. Und somit wären wir beim nächsten Thema, dem Mahlgrad.

Die Mahlung

Der Mahlgrad muss auf die Art der Kaffeezubereitung abgestimmt sein. Das entscheidende Merkmal dabei ist die Durchlässigkeit des Kaffeepulvers: Ist die Brühzeit kurz (Espresso: ca. 25 Sekunden), muss das Kaffeemehl relativ fein sein. Das hat etwas mit der Oberfläche zu tun – je größer diese ist, umso mehr Angriffsfläche bietet sie für das Wasser. Bei zu grober Mahlung hat das Wasser keine Zeit, die Geschmacks- und Aromastoffe herauszulösen und der Kaffee schmeckt dünn und leer.

Umgekehrt funktioniert es ebenso: Je länger die Brühzeit ist (Filterkaffee: ca. vier Minuten), desto gröber muss der gemahlene Kaffee sein. Ist der Kaffee zu fein gemahlen, werden Koffein, Chlorogensäure, Bitter- und Röststoffe in rauen Mengen ausgelaugt. Das Ergebnis ist „Kaffee bitter".

Wenn es heiß hergeht …

Kaffee schmeckt einfach am besten, wenn er erst unmittelbar vor der Zubereitung schonend gemahlen wurde. Wird beim Mahlen eine Temperatur von 40 °C überschritten, verflüchtigen sich die Aromen und ätherischen Öle. Überhitzt die Mühle, ist das Resultat ein bitterer Kaffee mit unangenehmem Geruch.

Die Kaffeemenge

Die Kaffeemenge wird von der Zubereitungsart, der Tassenanzahl und vom subjektiven Empfinden (kräftiger oder schwacher Geschmack) bestimmt. Für einen Liter Filterkaffee werden etwa 60 g Kaffee verwendet, für eine kleine Tasse Espresso etwa 7 bis 8 g. Bei zu hoher oder zu niedriger Dosierung verlängert oder verkürzt sich die Kontaktzeit von Wasser und Kaffee und es entsteht trotz guter Kaffeequalität, Röstung und perfektem Mahlgrad ein Getränk, das entweder bitter oder einfach fade schmeckt.

Das Wasser

Jede Tasse Kaffee besteht zu mehr als 98 % aus Wasser, deshalb hat die Wasserqualität einen wesentlichen Einfluss auf das Endprodukt. Die Mineralstoffe und Salze im Wasser bilden mit dem Chlorgehalt einen bestimmten Nebengeschmack.

Für die Kaffeezubereitung sollte immer frisches Wasser mit einem pH-Wert von 7 und einer Gesamthärte von 8 °dH (Grad deutscher Härte) verwendet werden. Vor Inbetriebnahme der Kaffeemaschine muss die Wasserqualität überprüft und ein entsprechendes Filtersystem eingesetzt werden.

Zubereitungsverfahren in der Gastronomie

Kaffee lässt sich auf vielerlei Weise zubereiten. Ob manuell oder maschinell – fast jeder Kaffeeliebhaber schwört auf seine ganz spezielle Methode.

Fachlich wird bei der Kaffeezubereitung zwischen „Kaffee kochen" wie bei der türkischen Methode und „Kaffee zubereiten" wie bei Filter- und Espressomaschinen unterschieden. Jede Art der Kaffeezubereitung beeinflusst das Kaffeegetränk auf seine Weise. Wir werden in diesem Buch nur die gängigen Zubereitungsmethoden beschreiben.

Filterkaffee

In einen Papier- oder Metallfilter wird mittelfein gemahlener Kaffee gegeben, der mit frischem, heißem (nicht kochendem) Wasser aufgegossen wird. Die ideale Wassertemperatur liegt je nach Kaffeesorte zwischen 88 und 95 °C. Das Wasser zum Aufbrühen sollte nie über 95 °C heiß sein oder gar kochen.

Ein Tipp vom Profi
Kaffee (vor allem Arabica-Sorten mit feiner Fruchtsäure) reagiert im wahrsten Sinne des Wortes „sauer", wenn er mit zu heißem Wasser aufgegossen wird.

Das Zauberwort bei Kaffee heißt **Frische.** Nichts geht über frisch gebrühten Kaffee. Der klassische Filterkaffee hingegen wird meist kannenweise „auf Vorrat" zubereitet und oft lange warm gehalten. Durch die flüchtigen Aromen und die Oxidation mit Sauerstoff „kippt" der Kaffee und bekommt einen unangenehmen Geschmack. Aus diesem Grund sollte Filterkaffee stets nur für den unmittelbaren Bedarf zubereitet und nicht länger als 30 Minuten warm gestellt werden. Lässt sich das Warmhalten nicht vermeiden, sollte die Temperatur im Vorratsbehälter 85 °C nicht überschreiten. Thermoskannen eignen sich zum Warmhalten grundsätzlich besser als Glaskannen, die auf der Warmhalteplatte der Kaffeemaschine stehen.

Wasser	Charakter	Wirkung
Weiches Wasser (Wasserhärte: 0–8 °dH)	Eher sauer, niedriger pH-Wert	Betont die Säure des Kaffees.
Hartes Wasser (Wasserhärte: 9–30 °dH)	Eher basisch, hoher pH-Wert	Extrahiert nicht so gut, die feinen Fruchtsäuren (besonders bei Arabica-Sorten) werden neutralisiert, dem Kaffee fehlen Aroma- und Geschmacksfülle.

Espresso

Der Espresso ist der Inbegriff des Kaffees. „Espresso" bedeutet so viel wie „schnell" oder „rasch". Sein Siegeszug begann 1855, als auf der Weltausstellung in Paris die erste Kaffeemaschine präsentiert wurde. Ab 1901 erfolgte in Italien die industrielle Serienfertigung von Espressomaschinen.

Espressomaschine

Espressomaschinen arbeiten mit einem Druck von etwa 9 Bar. Erst dieser hohe Druck und eine Wassertemperatur von ca. 92 °C führen zur Emulsion der kaffeeeigenen Öl- und Fettsubstanzen und somit zur sogenannten Crema.

Gut zubereiteten Espresso erkennt man an der Crema, einer dichten, feinporigen Schicht, die den Zucker einige Sekunden hält, bevor er versinkt und die Crema sich wieder verschließt. Espresso sollte eigentlich nicht in Glastassen serviert werden, wir haben für dieses Foto jedoch eine Ausnahme gemacht, um die Crema besser sichtbar zu machen.

Überhaupt liefert die Crema wichtige Hinweise auf die korrekte Einstellung sowie Abstimmung von Kaffeemühle (Menge und Mahlgrad), Kaffeemischung und Kaffeemaschine (Brühtemperatur und Druck).

Die Kunst, einen guten Espresso zu machen

Fehler	Ursachen
Der Espresso hat zu wenig Aroma.	▪ Es wurde zu wenig Kaffee verwendet. ▪ Der Kaffee ist zu alt oder wurde vor zu langer Zeit gemahlen. ▪ Die Röstung ist zu hell. ▪ Die Mahlung ist zu grob. ▪ Der Kaffee wurde schlecht verpackt oder zu warm gelagert. ▪ Es wurde zu viel bzw. zu hartes Wasser (über 8° dH) verwendet. ▪ Der Brühdruck liegt unter 7 bar. ▪ Die Brühtemperatur liegt unter 90 °C.
Der Espresso ist zu sauer.	▪ Die Röstung ist zu hell. ▪ Die Kaffeesorte ist zu säureintensiv. ▪ Die Brühtemperatur liegt unter 85 °C. ▪ Der pH-Wert des Wassers liegt unter 7.
Der Espresso ist zu bitter.	▪ Die Kaffeesorte hat einen zu hohen Robusta-Anteil. ▪ Die Brühtemperatur liegt über 95 °C. ▪ Die Röstung ist zu dunkel. ▪ Es wird eine minderwertige Kaffeesorte verwendet. ▪ Die Extraktionszeit ist zu lang. ▪ Der Mahlgrad ist zu fein. ▪ Die Kontaktteile der Espressomaschine werden nicht ausreichend gereinigt.
Der Espresso hat einen Fremdgeschmack.	▪ Das verwendete Wasser ist stark chlorhaltig. ▪ Die Bohnenqualität ist minderwertig. ▪ Der Kaffee ist zu alt – er schmeckt ranzig. ▪ Die Espressomaschine und die Siebe bzw. der Siebträger sind verschmutzt. ▪ Der Bohnenbehälter ist mit oxidierten Ölen, Wachsen und Fetten verunreinigt.
Der Espresso hat wenig oder gar keine Crema.	▪ Der Kaffee ist zu alt. ▪ Der Kaffee wurde schlecht verpackt oder zu warm gelagert. ▪ Die Espressomaschine oder die Tassen sind verschmutzt. ▪ Das Wasser ist zu weich (unter 4° dH). ▪ Die Brühtemperatur liegt unter 85 °C. ▪ Die Kaffeemahlung ist zu grob – die Extraktion verläuft zu schnell. ▪ Die Kaffeemahlung ist zu fein – die Extraktion verläuft zu langsam.
Die Crema löst sich schnell auf.	▪ Die Brühtemperatur liegt über 95 °C. ▪ Die Mahlung ist zu grob oder zu fein. ▪ Die Espressotassen sind zu kalt oder zu heiß. ▪ Der Wasserdruck ist zu niedrig.
Die Crema ist zu hell.	▪ Die Röstung ist zu hell. ▪ Die Brühtemperatur liegt unter 85 °C. ▪ Der Kaffee ist zu alt. ▪ Die verwendete Kaffeemenge ist zu gering.
Die Crema ist zu dunkel, der Kaffee schmeckt verbrannt.	▪ Die Mahlung ist zu fein. ▪ Die verwendete Kaffeemenge ist zu groß. ▪ Der Espresso wird zu lange extrahiert. ▪ Die Brühtemperatur oder der Wasserdruck ist zu hoch. ▪ Die Kaffeeröstung ist zu dunkel.

Siebträgermaschine

Siebträgermaschinen müssen mangels eines eigenen Mahlwerks vor jedem Brühvorgang händisch mit bereits gemahlenem Kaffee beschickt werden. Abhängig vom gewünschten Kaffeegetränk wird Kaffeemehl für ein oder zwei Tassen Espresso gleichmäßig in das Filtersieb eingefüllt und mit dem Stempel (Tumper) angepresst, bevor der Siebträger in das Gerät eingesetzt wird.

Beim Pressen mithilfe des Stempels ist Fingerspitzengefühl gefragt. Wurde das Kaffeemehl nicht dicht genug gepresst, fließt das Wasser viel zu schnell durch. Die Extraktion ist unvollständig und der Espresso wird zu dünn.

Ein Tipp vom Profi
Befreien Sie vor dem Einsetzen in die Maschine immer den Rand des Siebträgers von Kaffeemehlresten. Das schont die Dichtungsringe.

Danach steht der Zubereitung nichts mehr im Wege.

Nach dem Brühvorgang wird der Siebträger wieder abgenommen und das verbrauchte Kaffeemehl aus dem Filtersieb entfernt.

Bei halbautomatischen Siebträgermaschinen erfolgt die Portionierung und Mahlung des Kaffees in einer integrierten Mühle, der gemahlene Kaffee gelangt direkt in den Siebträger.

Espresso-Vollautomat

Mit einem oder mehreren Vorratsbehältern (für verschiedene Kaffeesorten), integriertem Mahlwerk und intelligenter Technik bereiten Vollautomaten auf Knopfdruck frische Kaffeespezialitäten. Viele dieser Maschinen verfügen über ein Selbstreinigungssystem und sind mit einem Schankanlagen-Abrechnungssystem verknüpft.

Mithilfe der Dampfdüse, auf die bei manchen Geräten noch eine spezielle Aufschäumhilfe aufgesetzt wird, kann der für klassischen Cappuccino nötige Milchschaum hergestellt werden

Noch ein Wort zur Hygiene

Kaffeebohnen enthalten Fett und Wachs, die sich beim Aufbrühen lösen und an alle Kontaktflächen legen. Da diese Stoffe mit Sauerstoff oxidieren, beeinflussen sie auch den Geschmack. Es ist daher sehr wichtig, den Bohnenbehälter, die Kaffeemaschine (Brühgruppe und Siebträger) sowie die Kaffeemühle täglich mit Sorgfalt zu reinigen.

Die Dampfdüse, mit deren Hilfe auch Milch aufgeschäumt wird, sollte eigentlich nach jeder Verwendung gereinigt werden. Oder würden Sie gerne aus einem Glas trinken, an dem bereits seit Stunden Milchreste kleben?

Die Karlsbader Methode

Eine interessante Filtervariante ist die Karlsbader Methode. Die Zubereitung ist zeitaufwendig, nach Meinung von Kaffeeexperten lohnt es sich aber, denn das Ergebnis ist ein fein aromatischer, milder, bekömmlicher Kaffee.

Die Karlsbader Kanne besteht aus einer Porzellankanne, einem Porzellanfilter mit Siebboden und einem Wasserverteiler mit Deckel. Letzterer dient nach der Zubereitung als Kannendeckel.

Zubereitung

1 Die Bohnen vor der Zubereitung frisch und etwas gröber (grießkörnig) als bei anderen Filtersystemen mahlen. Die Kaffeemenge beträgt für die erste Tasse 10 g und für weitere Tassen 6 bis 8 g, je nach individuellem Empfinden.

2 Die Kanne vorwärmen und das Kaffeepulver in den Porzellanfilter geben.

3 Den Wasserverteiler aufsetzen und mit ca. 88 °C heißem Wasser aufgießen. Der Brühvorgang dauert maximal vier Minuten.

4 Anschließend den Porzellanfilter mit dem Wasserverteiler entfernen, die Kanne mit dem Deckel verschließen und den Kaffee einschenken.

Die Karlsbader Methode eignet sich exzellent für die individuelle Zubereitung am Tisch des Gastes. Ein Kaffeesommelierwagen ist dabei natürlich das Tüpfelchen auf dem i.

Türkische Zubereitung

Türkischer Kaffee wird, wie bereits erwähnt, gekocht.

Zubereitung

Die Bohnen werden mehlfein mit der türkischen Kaffeemühle gemahlen. Pro Tasse werden ca. 6 g in ein Kupferkännchen mit Stiel, Cesve genannt, gegeben, und je nach Wunsch werden Zucker und eine Prise Kardamom beigemengt. Je nach Zuckerbeigabe unterscheidet man bei türkischem Kaffee: Sade – ohne Zucker, Utra – mit wenig Zucker und Sekerly – mit viel Zucker.

Anschließend wird der Kaffee mit kaltem Wasser aufgegossen. Da der Kaffee beim Kochen aufschäumt, darf nicht bis zum Rand aufgefüllt werden. Den Kaffee lässt man dreimal aufkochen und sich ca. zwei Minuten setzen. Dann wird er in Mokkagläser oder Tassen gefüllt und serviert.

Das Service

Heiße Kaffeegetränke sollten ausschließlich in vorgewärmten Kaffeeschalen oder hitzebeständigen Gläsern auf einem Unterteller mit Kaffeelöffel serviert werden. Auch Kaffeekannen müssen vorgewärmt sein. Espressotassen sind dickwandiger, damit die Wärme nicht so rasch entweicht.

Frisches Obers (Sahne) oder frische Milch in einem Kännchen ist eine Selbstverständlichkeit. In vielen Betrieben wird das Obers jedoch in abgepackten Portionen gereicht.

Ein Glas Wasser zum Kaffee wird von Gästen sehr geschätzt. Der Geschmack des Kaffees wird dadurch neutralisiert.

Kaffee – wann und wozu?

Kaffee bzw. Kaffeegetränke sind zum Frühstück sowie zur Jause sehr beliebt. Vor allem am Nachmittag sind Gäste aus Österreich und Deutschland einem Kaffee mit Kuchen oder Torte sehr zugeneigt.

Kaffee ist auch der klassische Abschluss eines Mittag- oder Abendessens. Vergessen Sie daher nicht auf diesen Zusatzverkauf.

Ein Tipp vom Profi
Bieten Sie zum Kaffee auch gleich einen Digestif (siehe S. 274 ff.) an. Auch Mineralwasser eignet sich bestens für den Zusatzverkauf.

Die Liebe zum Detail
Nicht nur die Qualität des Kaffees, sondern auch die Präsentation und das Service müssen stimmen. Dazu gehören neben den richtigen Untertassen mit den richtigen Löffeln auch Milch und Obers (Sahne) von bester Qualität, Zucker und Süßstoff, evtl. kleine süße Aufmerksamkeiten sowie ein Glas Wasser. Selbstverständlich sollten alle diese Dinge schon vorbereitet sein, bevor die Tasse auf der sauberen Untertasse mit dem Henkel nach rechts platziert wird. Mokka- oder Kaffeelöffel sollen parallel zum Henkel liegen. Ein letzter Kontrollblick – und schon kann der perfekte Kaffee ohne Qualitätsverlust serviert werden.

Ob Kaffee auf einem Tablett bzw. einer Kaffeehaustragetasse zum Tisch gebracht wird oder ob nur die Tasse eingestellt wird, ist natürlich von Betrieb und Standard abhängig. Kurzum: Die Liebe zum Detail ist auch hier ein Muss!

Ein Tipp vom Profi
Oft kann es passieren, dass einige Tropfen Kaffee auf der Außenseite der Tasse landen. Dieser Kaffeerest sollte auf jeden Fall vor dem Servieren entfernt werden. Wenn beim Service etwas schiefläuft und z. B. die Zuckersäckchen mit Kaffee beschmutzt werden, sollten diese ausgetauscht werden.

Kaffeegetränke und Kaffeespezialitäten

Die Basis für alle Kaffeegetränke ist der Espresso. Der Mokka, wie er in Österreich und hier vor allem in Wien bestellt wird, ist eigentlich die orientalische Variante des Espresso. Der ursprüngliche Mokka wird jedoch nicht in einer Kaffeemaschine zubereitet, sondern aufgekocht. Heute wird bei der Bestellung eines Mokkas ein Espresso serviert.

Kennen Sie den schon? Sagt der Kaffee zum Obers (Sahne): „Komm doch rein!“ Darauf das Obers: „Also gut – ehe ich mich schlagen lasse.“

Wiener-Kaffeehaus-Klassiker	
Kleiner Mokka	Kleiner Espresso, kleiner Schwarzer oder Piccolo.
Kleiner Brauner	Kleiner Espresso mit Obers (Sahne) oder Milch.
Einspänner	Kleiner Espresso mit Schlagobers-(Sahne-)Haube und mit Staubzucker bestreut, im Glas serviert.
Kapuziner	Kleiner Espresso mit etwas Obers (Sahne) (dunkelbraun).
Wiener Melange	Kleiner Espresso, etwas verlängert, mit Milch und Milchschaum.
Franziskaner	Sehr helle Melange mit Schlagobers-(Sahne-)Haube.
Verlängerter Schwarzer	Kleiner Espresso, mit heißem Wasser verlängert.
Verlängerter Brauner	Kleiner Espresso, mit heißem Wasser verlängert, mit Milch oder Obers (Sahne) serviert.

Großer Schwarzer	Doppelter Espresso.
Großer Brauner	Doppelter Espresso, mit Milch oder Obers (Sahne) serviert.
Türkischer	Im Kupferkännchen (Cesve) zubereitet; bei der Bestellung fragen, ob der Kaffee ohne Zucker, mit wenig Zucker oder mit viel Zucker serviert werden soll.

Wiener-Kaffeehaus-Spezialitäten	
Konsul	Großer Espresso mit einem Schuss Obers (Sahne) (dunkelbraun).
Schale Nuss	Kleiner Espresso in der sogenannten Nusstasse (sehr kleine Espressotasse) mit etwas Obers (Sahne).
Schale Gold	Kleiner Espresso, 1/3 Kaffee, 2/3 Obers (Sahne).
Obers g'spritzt	Kleiner Espresso kurz, 1/3 Kaffee, 2/3 Obers (Sahne).
Kaffee verkehrt	1/3 Kaffee (Espresso), 2/3 Milch.
Obermayer	Großer Espresso, auf dem eine dünne Schicht kaltes, ungeschlagenes Obers (Sahne) schwimmt; nach einem Wiener Philharmoniker benannte Kaffeehausspezialität.
Kaisermelange	Verlängerter kleiner Espresso, mit geschlagenem Eidotter und Honig, auf Wunsch auch Zucker, verquirlt.

Wiener-Kaffeehaus-Spezialitäten mit Alkohol	
Mokka g'spritzt	Kleiner oder großer Espresso mit 2 cl Cognac, Weinbrand oder Rum.
Fiaker	Kleiner Espresso im Glas mit 2 cl Rum, Cognac oder Weinbrand und Schlagobers-(Sahne-)Haube.
Maria Theresia	Kleiner Espresso mit Orangenlikör und Weinbrand (zu gleichen Teilen), 2 Kaffeelöffeln Rohrzucker, Schlagobers-(Sahne-)Haube mit buntem Streuselzucker; im Laufglas serviert.
Pharisäer	Verlängerter kleiner Espresso in der großen Tasse, mit 2 Kaffeelöffeln Zucker und 2 cl Rum vermischt, mit Schlagobers-(Sahne-)Haube; auch im Glas serviert.
Mazagran	Gesüßter, mit Eiswürfeln gekühlter kleiner Espresso im Glas mit 2 cl Maraschino; auch mit Maraschino und Rum möglich.

Kaffeeklassiker aus Italien	
Espresso	Kleiner Espresso schwarz, ca. 30 ml.
Ristretto	Kleiner Espresso schwarz, kurz (also mit wenig Wasser).
Espresso macchiato	Kleiner Espresso mit Milch (macchiato = gefleckt).
Cappuccino	Kleiner Espresso in der großen Tasse mit cremigem Milchschaum; Original-Cappuccino wird ohne Kakaopulver serviert.
Espresso doppio con Latte	Großer Espresso mit Milch.
Latte macchiato	Besteht aus drei Schichten; die unterste Schicht ist heiße Milch, die oberste Schicht ist geschäumte Milch; die mittlere Schicht ist ein Espresso, der durch den Milchschaum hindurchgegossen wird.
Caffè Latte	Kleiner Espresso mit viel heißer Milch und Milchschaum, in einer großen Schale (oder einem Glas) serviert.
Trend-Cappuccinos	Cappuccinos mit Vanillesirup (vaniglia), Karamellsirup (caramella), Minzesirup (menta), Kokosnusssirup (cocco) und Haselnusssirup (nocciola); in diesen Geschmacksrichtungen ist auch Latte macchiato erhältlich.

Kaffeegetränke mit Schuss für heiße Tage	
Caffè corretto con Amaretto (Mandellikör)	Kleiner Espresso schwarz mit 2 cl Amaretto di Saronno.
Caffè corretto con Grappa	Kleiner Espresso schwarz mit 2 cl Grappa.
Caffè milanese	Eiskaffee mit 2 Kugeln Schokoladeneis, Schlagobers-(Sahne-)Haube und Schokosplittern.
Caffè Pucci	Großer Espresso mit braunem Zucker, 2 cl braunem Rum, 2 cl Amaretto und Schlagobers-(Sahne-)Haube.
Caffè shakerato	Kleiner kalter Espresso mit Zucker im Shaker kalt geschüttelt und im Cocktailglas serviert.
Iced Cappuccino	Geeister Cappuccino.
Irish Coffee	2 Kaffeelöffel Rohzucker und 4 cl Irish Whiskey mit Kaffee aufgießen, leicht geschlagenes Obers (Sahne) vorsichtig über einen warmen Löffel in den Kaffee laufen lassen; evtl. mit einer Prise fein gemahlenem Kaffee bestreuen.
Wiener Eiskaffee	Vanilleeis mit kaltem Kaffee und Schlagobers; in dickwandigem Laufglas oder Eiskaffeeglas mit Limonadenlöffel und evtl. Strohhalm serviert; Staubzuckerstreuer dazugeben.
Berliner Eiskaffee	Wie Wiener Eiskaffee, aber mit Kaffeeeis zubereitet.
Rüdesheimer Kaffee	In eine vorgewärmte Rüdesheimer Spezialtasse 3 bis 4 Stück Würfelzucker und 4 cl erwärmten Asbach Uralt (Weinbrand) geben und mit einem (langen) Streichholz anzünden. Dann entweder die Schale drehen oder mit einem langen Barlöffel umrühren, bis sich der Zucker gelöst hat und der Alkohol verbrannt ist. Mit starkem Kaffee aufgießen, mit Vanillezucker gesüßtes Schlagobers (Schlagsahne) daraufgeben und mit Schokoladenstreusel bestreuen.
Café Brûlot	1 Stück Würfelzucker mit Weinbrand tränken und in der vorgewärmten Tasse entzünden, mit einem kleinen Espresso ablöschen; wird auch mit kleiner Schlagobers-(Sahne-)Haube serviert.

Zehn Irrtümer über Kaffee

1. Kaffee entzieht dem Körper zu viel Wasser.
„Kaffee dehydriert den Körper nicht. Ich wäre sonst schon Staub.“ Diese Aussage eines unbekannten Kaffeetrinkers wird seit einiger Zeit auch von Ernährungswissenschaftlern bestätigt. So dient auch Kaffee zur Flüssigkeitsversorgung des Körpers.

2. Je länger Kaffee zieht, desto besser schmeckt er.
Die meisten Aromastoffe lösen sich rasch aus dem Kaffeemehl. Nur Bitterstoffe (vorwiegend Gerbsäure) brauchen mehr Zeit, um sich zu entfalten.

3. Kaffeebohnen dürfen nicht im Kühlschrank gelagert werden.
Die aromatischen Verbindungen von geröstetem Kaffee sind gegen Kälte immun. Eine luftdichte Verpackung schützt vor Feuchtigkeit und Fremdgerüchen.

4. Mineralwasser eignet sich für die Kaffeezubereitung.
Mineralwasser mit hohem Mineralstoffgehalt und Eigengeschmack neutralisiert die feinen Säuren im Kaffee und verfälscht den Geschmack.

5. Salz auf das Kaffeemehl zu streuen rundet den Geschmack ab.
Salz verstärkt die Säure und schadet dem Geschmack des Kaffees.

6. Ein „verlängerter Espresso“ ist leichter.
Durch das intensive Auslaugen des Kaffeemehls bei der Espressozubereitung (Überextraktion) verdreifacht sich der Schadstoffanteil im Kaffee gegenüber einem kleinen Espresso.

7. Mit H-Milch gelingt Milchschaum optimal.
Die Qualität des Schaums wird durch den Eiweißgehalt und durch die Temperatur der Milch bestimmt, nicht durch die Konservierung. Außerdem schmeckt Frischmilch einfach besser. Die Milch sollte beim Aufschäumen nicht über 65 °C erhitzt werden, da sonst die Eiweißmoleküle verbrennen.

8. Rohkaffee und gerösteter Kaffee sind Jahre haltbar.
Frisch geernteter Kaffee – frisch geröstet, frisch gemahlen und frisch aufgebrüht – entfaltet das beste Aroma. Aber: Manche Sorten benötigen auch eine bestimmte Reifezeit.

9. Hohe Brühtemperatur ergibt einen kräftigeren Kaffee.
Durch das Kochen von Kaffee bzw. durch das Aufbrühen mit kochendem Wasser wird der Kaffee bitter. Die Brühtemperatur sollte unter 95 °C liegen.

10. Durch eine feine Mahlung wird weniger Kaffee benötigt.
Wenig Kaffee, sehr fein gemahlen, kann zu einem dünnen, bitteren Kaffee führen. Der Mahlgrad muss unbedingt auf die Zubereitungsart abgestimmt werden.

Barista – ein Beruf für die Zukunft?

„Barista“ ist eigentlich die italienische Bezeichnung für „Bartender“. Während ein Barista in Italien alle Arten von Getränken serviert, wird in unseren Breiten jemand so bezeichnet, der Kaffeegetränke fachgerecht zubereitet und serviert. Ein Barista oder Kaffeesommelier muss ein umfassendes Wissen in Bezug auf Kaffeesorten, Kaffeeröstung, das Bedienen und die Wartung von Espressomaschinen sowie die Zubereitung von Kaffeetränken haben.

Im Gespräch versucht der Kaffeesommelier herauszufinden, welche Vorlieben die Gäste in Bezug auf Kaffee haben. Die gewünschte Kaffeespezialität wird am Kaffeesommelierwagen mit inkludiertem Gasbrenner direkt beim Tisch des Gastes zubereitet. Durch eine vortreffliche Beratung kann der Umsatz von Kaffee enorm gesteigert werden.

Latte-Art oder ein Herz für Cappuccino

Schaumverzierungen gibt es nur für Cappuccino. Mit Kakao wird in Italien kein Kaffee verziert, außer evtl. ein Espresso, auf dessen Crema etwas Kakao gestaubt wird.

Arbeitsablauf

Zuerst wird der Milchschaum gemacht, dann erst der Kaffee. So wird der Schaum schön dicht, und der Kaffee ist frisch und heiß.

1 Milch in eine Kanne (max. 1 Liter Fassungsvermögen) bis zur Hälfte füllen.

2 Zum Vorreinigen und Erhitzen kurz Dampf aus der Düse lassen. Dann die Düse ca. 1 cm tief in die Milch eintauchen und so lange schäumen, bis das Volumen im Kännchen um ca. 50 % zugenommen hat. Das Kännchen wird dabei nicht bewegt – geschäumt wird nur durch Druck.

Jede Milch schäumt anders

Damit guter Schaum entsteht, sind zwei Punkte ausschlaggebend: ein hoher Eiweißgehalt und die richtige Temperatur. Erst bei 65 °C bindet sich das Milcheiweiß. Darum kann man kalte Milch auch nicht aufschäumen. Heißer darf die Milch allerdings nicht werden, da sonst das Eiweiß gerinnt und der Schaum nicht mehr zu gebrauchen ist (nebenbei kann man das Kännchen auch nicht mehr halten). Der Fettgehalt der Milch beeinflusst nur den Geschmack und hat nichts mit dem Schaum zu tun: je fetter, desto geschmackvoller.

3 Nach dem Aufschäumen einen leeren Dampfstrahl zum Nachreinigen ablassen und mit einem sauberen, feuchten Tuch den Dampfhahn abwischen.

4 Kännchen mit dem Schaum einige Male auf der Arbeitsplatte aufklopfen, dann mindestens 10 bis 15 Sekunden stehen lassen. Erst durch diese Wartezeit bindet das Milcheiweiß, und der Schaum wird schön kompakt.

5 Espresso zubereiten.

6 Nun wird dem Espresso die „Krone“ aufgesetzt. Dabei gilt immer: Schaumkännchen **schwenken, ansetzen, gießen.** Wird man unterbrochen, muss man wieder schwenken, ansetzen und gießen, da man sonst den Schaum nicht perfekt in die Tasse bringen würde.

Den Milchschaum in die Mitte der Tasse gießen, sodass ein Kreis entsteht. Dabei sollte auf keinen Fall abgesetzt werden.

Die Tasse wird völlig mit Milchschaum aufgefüllt.

Kurz bevor die Tasse voll ist, das Kännchen absenken …

… und über die Tassenmitte nach vorne fahren.

So entsteht das Herz.

Mit etwas Übung geht das Herz bald leicht von der Hand

Tee

Hinter dem kurzen Namen Tee, Tea, Thé, Cha oder Chai verbirgt sich ein Getränk von großer Vielfalt. So ist Tee reich an Aromen, feinen Düften, ätherischen Ölen sowie heilsamen Inhaltsstoffen. Nebenbei wirkt er anregend und fördert die Konzentration.

Unter Tee versteht man die aufbereiteten Blätter, Knospen und zarten Stiele des Teestrauches.

Teestrauch

Tee – ein kleines Wort mit grosser Vielfalt

„Camelia thea“, so die botanische Bezeichnung, ist eine jahrtausendealte Kulturpflanze. Tee wurde erstmals in China kultiviert und als Heilmittel verwendet. Niemand kann genau sagen, wann die Menschen aus den Blättern des Teestrauches erstmals ein belebendes Getränk zubereitet haben. In der Zeit der Tang-Dynastie im China des 7. Jahrhunderts n. Chr. gab es über den Tee, seine Herkunft, seine Sorten und die richtige Zubereitung ein berühmtes Buch, das „Ch'a-King“ von Luh-Yü. Einige Jahrhunderte später wurde die Zubereitung des Tees zum Mittelpunkt eines buddhistischen Rituals, aus dem sich im 8. Jahrhundert die japanische Teezeremonie entwickelte. Die Holländer waren die Ersten, die chinesischen Tee nach Europa importierten. Bald darauf begannen die Engländer mit der East India Company den Teehandel aufzubauen. Wurde Tee anfänglich nur als Heilmittel in Apotheken gehandelt, fand man schon bald Geschmack an seinem feinen Aroma.

Tee kennt keine Grenzen und ist in vielen Ländern Europas zu einem begehrten Genussmittel geworden. Er konnte aber hier nicht annähernd die Bedeutung erlangen, die er in asiatischen Ländern hat. Auch nicht Ende des 19. Jahrhunderts, als die vorwiegend chinesischen grünen Tees von den kräftigeren, dem europäischen Geschmack eher entsprechenden Schwarztees aus Indien und Ceylon (Sri Lanka) abgelöst wurden. Heute ist Tee mit einer Jahresweltproduktion von 2,9 Millionen Tonnen das populärste Getränk der Erde. Weltweit werden jährlich 700 Milliarden Tassen Tee zubereitet.

Die Pflanze

Tee ist eine immergrüne Pflanze und bevorzugt warmes, feuchtes, tropisches oder subtropisches Klima.

Teegärten, wie Plantagen auch genannt werden, können kleine Felder sein, aber auch riesige Gebiete, die ganze Berghänge mit einem grünen Pflanzenteppich überziehen

Pro Hektar werden heute 15 000 Jungpflanzen an Berghängen, Terrassen oder ebenerdigen Flächen ausgepflanzt.

Two leaves and a bud – in Qualitätsplantagen wird ausschliesslich mit der Hand gepflückt

Die Ernte

Ein Teestrauch hat Tausende Blätter, aber nicht jedes Blatt wird zu Tee. Die „Pflückformel" für Qualitätstee lautet weltweit **„Two leaves and a bud"**. Das heißt, dass nur die beiden obersten Blätter und die Knospe vom Strauch gepflückt werden dürfen, da sie das feinste Aroma haben. In den Wachstumsperioden kann man die Blätter eines Teestrauchs etwa alle 10 bis 15 Tage ernten.

Man erntet erstmals vom fünfjährigen Strauch. Die Pflanzen werden jährlich zum Ende der Pflücksaison auf eine Höhe von 1 bis 1,4 Metern zurückgeschnitten. Dies fördert den Neuaustrieb, erleichtert die Pflückarbeit und hält die Bewuchsdecke (den Pflücktisch) niedrig und dicht. Wild wachsend würden Teebäume eine Höhe von 15 Metern und mehr erreichen. Im Plantagenanbau werden Assampflanzen nach etwa 30 Jahren und Chinapflanzen nach etwa 60 Jahren erneuert. Je kühler das Gebirgsklima, desto älter können die Büsche werden.

Der Anbau

Rund um die Welt entlang des Äquators zwischen dem 43. Grad nördlicher und dem 30. Grad südlicher Breite wächst Tee wie ein Gürtel durch die unterschiedlichen geografischen sowie klimatischen Zonen, Nationen und Kulturen.

Die wichtigsten Anbauländer

Jeder Tee hat – so wie auch Wein und Kaffee – seinen eigenen, unverwechselbaren Charakter. Nicht nur die Pflanze selbst spielt dabei eine Rolle, sondern auch das Anbaugebiet, das Klima, der Boden, die Erntezeit, die Lage und die Verarbeitung. Je jünger die Blätter und Knospen sind und je langsamer sie wachsen, desto wertvoller fällt die Teequalität aus. Deshalb stammen die feinsten Tees aus hoch gelegenen Teekulturen.

Indien

Mit 870 000 Tonnen produziert Indien ca. ein Drittel der Welternte. Die wichtigsten Exporthäfen sind Kalkutta, Madras und Mumbay (Bombay).

Darjeeling

Um die Stadt Darjeeling, was übersetzt „Platz des Donners" bedeutet, liegt an den Südhängen des Himalaja das berühmteste Teeanbaugebiet der Welt. Von den etwa 200 Teegärten, die zwischen 1 500 und 2 800 Metern Seehöhe liegen, stammen die wertvollsten und feinsten Hochlandtees der Welt.

Die Ernte der ersten Triebe beginnt im Hochland nach der Winterpause Ende März, Anfang April. Sie tragen die Bezeichnung First Flush oder First Flush Darjeeling. Die Tees sind hell im Aufguss, schmecken zart, frisch, blumig und haben ein feines, spritziges Aroma.

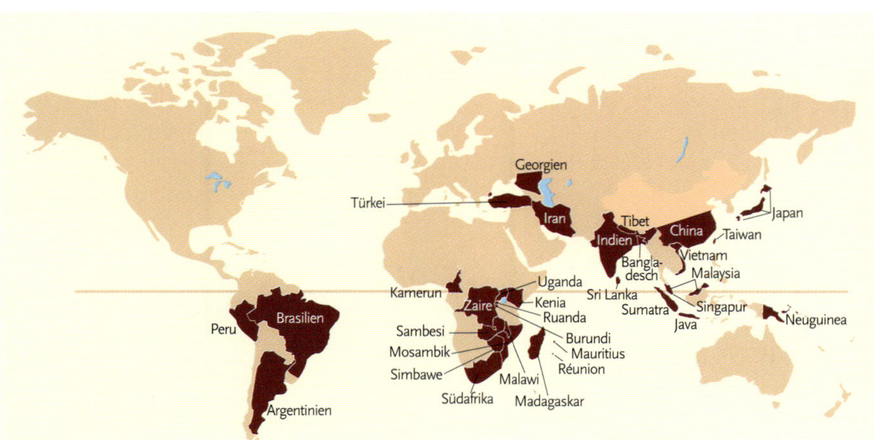

An den Südhängen des Himalaja wachsen die feinsten Hochlandtees

Ab Mai wird der **Inbetween** geerntet, der noch deutliche Züge des First Flush zeigt. Die zweite Ernte **Second Flush** findet von Ende Mai bis Juni statt. Second Flush Darjeelings sind aromatische Tees höchster Qualität, die jedoch schwerer, kräftiger, würziger und dunkler im Aufguss sind.

Mit dem Beginn des Monsunregens ab Juli folgen die durch schnelles Wachstum aromatisch nicht so ausgeprägten **Bread-and-Butter-Teas** (Regentees). Nach dem Ende der Regenzeit ab Oktober können nochmals aromatisch anspruchsvolle Tees gepflückt werden. Von **Autumnal Qualities** (Herbstqualitäten) spricht man, wenn die Teeblätter durch die Herbstsonne eine bestimmte Farbe und Geschmacksrichtung annehmen. Im Dezember wird die Teeproduktion infolge der kühlen Witterung eingestellt.

Assam
Die Hochebene in Nordindien zu beiden Seiten des Flusses Brahmaputra ist mit 200 000 Hektar das größte zusammenhängende Teeanbaugebiet der Welt. Assam First Flush schmeckt duftig, frisch, blumig und würziger als Darjeeling First Flush. Die besten und hochwertigsten Assams werden während der Second-Flush-Zeit zwischen Ende Mai und Ende Juni geerntet. Die Tees schmecken kräftig, würzig und malzig, die Aufgussfarbe ist kupferrot oder dunkelbraun.

Dooars
Das Anbaugebiet im Nordosten Indiens bringt Tees von darjeelingähnlichem Charakter hervor, die für Teemischungen verwendet werden.

Sri Lanka
Der Tee wird nach dem alten Landesnamen Ceylon benannt. Ganzjährig wechselnde Monsun- und Passatwinde verursachen auf Sri Lanka unterschiedlich ausgeprägte Qualitätsperioden. Die Anbaugebiete liegen im zentralen Hochland und werden in drei Kategorien eingeteilt:

- **Lowgrowns:** wachsen unter 600 Metern Seehöhe (Tee für Blends).
- **Mediumgrowns:** wachsen zwischen 600 und 1 300 Metern (Lagen mit kraftvollen Sorten).
- **Highgrowns:** Tee bester Qualität wird zwischen 1 300 und 2 500 Metern geerntet. Die drei Highgrown-Gebiete sind Uva, Dimbula und Nuwara Eliya.

Teepflückerinnen in Sri Lanka

China
Das Land mit der ältesten Teetradition erzeugt vorwiegend Grüntees (siehe S. 261), Oolong-Tees (siehe S. 261), aber auch Schwarztees für den Export. Die Teeanbaugebiete mit 1 Million Hektar erstrecken sich über ganz Südchina sowie über die Inseln Hainan Dao und Taiwan. Die Pflücksaison beginnt traditionell im März mit dem Ernten von jungen Blättern, die an der Unterseite noch mit weißem Kälteflaum behaart sind – dem sogenannten weißen Tee. Im wärmeren Mai erfolgt die Quing-Ming-Pflückperiode. Der mit Blütenduft angereicherte Nebeltau setzt sich an den jungen Teeblättern ab und verstärkt so ihr Aroma. Weitere Pflückungen erfolgen nach der warmen Regenzeit im trockenen Sommer und Herbst.

Anhui
Aus vielen wild- und halbwild wachsenden Teegärten im zerklüfteten Bergland kommen erlesene Teesorten, wie z. B. der Keemun-Tee. Der weltbekannte Tee ist die Krönung der chinesischen Schwarzteekunst. Er hat ein einzigartiges „getoastetes“ Aroma, einen wunderbaren Duft und ist im Geschmack voll, rund und fruchtig-süß. Das Geheimnis seines speziellen Geschmacks ist ein ätherisches Öl, Myrcenal genannt, das auch in Lorbeerblättern vorkommt, aber bei keiner anderen Gattung des Teestrauchs.

Fujian
Der Ruf der weißen Tees aus Nordfujian ist legendär. Südfujian ist hingegen für die Sorte Lapsang Souchong, einen sogenannten Rauchtee (siehe S. 262), bekannt.

Yunnan
Fast angrenzend an das indische Assamgebiet wird Yunnan als Ursprungsgebiet der Teepflanze angesehen. Berühmtheit hat der Pu-Erh-Tee erlangt, ein grüner Tee, der mit einem Teepilz angereichert wird.

Taiwan (Formosa)
Hoch im Ansehen stehen neben dem Grüntee die halbfermentierten Oolong-Tees. Die Fancy Oolongs erzielen zum Teil höhere Preise als die wertvollsten Darjeelings. Die Bezeichnung Oolong bedeutet übrigens „schwarzer Drache“.

Japan
Die im 8. Jahrhundert aus China eingeschmuggelten Teepflanzen haben sich an das kühlere Klima Japans gewöhnt. In Japan wird ausschließlich Grüntee erzeugt. Die Anbaufläche von etwa 60 000 Hektar verteilt sich auf sieben Hauptanbaugebiete. Wichtigstes Anbaugebiet ist Shizuoka mit den Hochgebirgslagen am Fujijama. Fast die Hälfte des japanischen Tees (vor allem Senchas) wird hier gepflückt.

Sencha – gedämpfter Tee
Dieser gelblichgrüne, helle Tee wird in Japan am häufigsten getrunken. Der Geschmack ist leicht herb und frisch und hat eine leichte Restsüße. Je dunkler das Blatt, desto besser die Qualität.

DAS BLATTGUT WIRD ZUM WELKEN AUSGEBREITET

Nach dem ersten Rollen werden entstandene Klumpen durch ein Rüttelsieb (Ballbreaker) aufgelöst. Dabei wird die erste feine Aussiebung mit den jüngsten gepflückten Blättern gewonnen.

Rüttelsieb

Gebiete von Bedeutung sind auch **Kagoshima** auf Kyushu sowie Kyoto mit dem **Uji-Distrikt**, der schon vor Jahrhunderten den berühmten Kaisertee lieferte und heute den Weltmarkt mit kostbarstem Grüntee – dem Gyokuro – und besten Senchas versorgt. Eine Besonderheit sind die sogenannten **Schattentees.** Dafür werden die Teesträucher einige Wochen vor der Ernte mit Planen abgedeckt, um ein besonders hohes Aroma zu erzielen. Der Tee schmeckt sehr intensiv, fein-herb und enthält neben viel Karotin die Vitamine A und D.

Indonesien

Auf Java, Sumatra und Malaysia wird Tee ganzjährig produziert, dieser wird vielfach für Schwarzteemischungen verwendet.

Afrika

Die Teeanbauländer Afrikas erzeugen etwa 15 % des weltweiten Tees, vorwiegend für den englischen Markt im CTC-Verfahren.

Die Teearten und ihre Aufbereitung

Fermentierter oder schwarzer Tee

Die Teeblätter werden bereits in Fabriken der Anbauländer fertig aufbereitet.

Das Welken

Auf belüfteten Welktischen werden die Blätter in dünnen Lagen aufgelegt und 8 bis 24 Stunden gewelkt. Dabei verlieren sie etwa 30 % der Feuchtigkeit und ihre charakteristische Festigkeit.

Das Rollen

Die geschmeidigen Blätter werden in Rollmaschinen unter dosiertem Druck gerollt. Die Blattzellen werden dadurch aufgebrochen und leicht zerrissen, sodass der Zellsaft austritt.

Rollmaschine

Die ausgesiebten groben Blätter werden, um die Zellen weiter aufzubrechen, noch einmal gerollt und wieder gesiebt. Anschließend werden die einzelnen Aussiebungen fermentiert.

CTC-Methode

CTC steht für: **C**rushing = Zermahlen, **T**earing = Zerreißen, **C**urling = Rollen. Es handelt sich also um eine maschinelle Verarbeitung, bei der die Teeblätter mithilfe gedornter Walzen sowohl gerollt als auch zerrissen werden. Mit dieser Methode werden vorwiegend Broken Teas (siehe S. 261) erzeugt.

Das Fermentieren

Bei diesem Arbeitsgang, der viel Fingerspitzengefühl verlangt, erhält der Schwarztee sein typisches Aroma und seine Farbe. Im Fermentationsraum werden die Blätter etwa 10 cm hoch aufgeschichtet und bei einer Luftfeuchtigkeit von 95 % und einer Temperatur um 25 °C ein bis zwei Stunden fermentiert. Dabei verbindet sich der Sauerstoff mit dem Zellsaft und löst eine Gärung aus. Mit zunehmender Oxidation der Zellsäfte verfärben sich die Blätter kupferrot, während der Gerbstoffgehalt abnimmt. Anhand der Intensität der Verfärbung und des Geruchs weiß der Fermentationsmeister, wann die Fermentation abgebrochen werden muss.

Das Trocknen

Die fermentierten Blätter werden mit Heißluft bei 80 °C etwa 30 Minuten getrocknet. Erst jetzt verfärben sich die Blätter schwarz. Das Trocknen ist wichtig für die Haltbarkeit des Tees.

Das Reinigen und Sortieren

Reinigen und Sortieren gehen Hand in Hand. Das Teematerial wird durch Stufensiebe nach verschiedenen Größen wie Blatt-Tee, Broken Tea (Aussiebungsgrad unter 5 mm), Fanning (Aussiebungsgrad unter 2 mm) und Dust (feinste Aussiebung) sortiert.

Auslese von Blattstängeln

Das Verpacken

Der fertige Tee wird in Sperrholzkisten verpackt, die, um einen Aromaverlust zu vermeiden, mit Metallfolie ausgekleidet sind.

Teesortierung und Teebezeichnungen

In früheren Zeiten konnte man aus den Teebezeichnungen die Stellung des gepflückten Blattes und so die Qualität ableiten. Heute bedient sich der weltweite Teehandel zwar der traditionellen Größenbezeichnungen, man kann jedoch keinen Rückschluss auf die Qualität ziehen, da die Teequalität nur bedingt etwas mit der Blattgröße zu tun hat. Die tatsächliche Qualität kann nur durch Verkostung festgestellt werden.

TEEBLÄTTER VOR UND NACH DER FERMENTATION

Blatttee

Die Blätter werden bei der Aufbereitung nur wenig gebrochen, sodass sie vom Wasser nur geringfügig ausgelaugt werden können. Blatttees sind deshalb leicht und aromatisch.

Blatttee-Bezeichnungen	Wissenswertes
Flowery Orange Pekoe (FOP)	Nur die jüngsten Blätter des Zweiges werden verwendet. Flowery bedeutet blumig, der Tee hat ein sehr blumiges Aroma.
Golden Flowery Orange Pekoe (GFOP)	Im Tee sind goldbraune Blätter enthalten, es werden junge, zarte Blattknospen verwendet.
Tippy Golden Flowery Orange Pekoe (TGFOP)	Als Tippy bezeichnet man Darjeeling-Tees mit einem großen Anteil an Blattspitzen junger, zarter Teeblätter, die weniger Zellsaft haben und sich beim Fermentieren nicht dunkel verfärben. „Tippy“ ist kein besonderes Qualitätsmerkmal.
Orange Pekoe (OP)	Lange, drahtige Blätter, größer als beim FOP.
Pekoe (P)	Chinesische Bezeichnung für „weißer Flaum“; gemeint sind die jungen, zarten Blätter, die an der Unterseite noch den weißen Flaum haben. Pekoes sind kräftiger im Aufguss als Orange Pekoes, weil sie mehr Blattrippen enthalten.
Souchong (S)	Chinesische Bezeichnung für sehr grobe, minderwertige Blätter mit schwachem Aroma.

MATCHA IST EIN PULVERISIERTER GRÜNTEE

Broken Tea

Das ist Tee, dessen Blätter mehrmals gebrochen werden. Broken Teas ergeben einen kräftigeren Aufguss, da sich aufgrund der größeren Oberfläche mehr Geschmacks- und Aromastoffe im Teewasser lösen.

Broken Teas werden durch ein zusätzliches B gekennzeichnet, wie etwa bei FBOP (Flowery Broken Orange Pekoe).

Fanning

Fannings sind kleine Blattteilchen, die beim Sieben größerer Sortierungen anfallen. Sie färben den Aufguss sehr rasch und kräftig und werden daher beigemischt oder für Teebeutel verwendet.

Ebenso wie Dust wird auch Fanning heutzutage mithilfe der CTC-Methode hergestellt.

Dust

Dust ist kleinstblättriger Tee, der hauptsächlich in die Beutelproduktion fließt.

Wenn Tee Staub aufwirbelt ...

Dust wird gelegentlich aus Unkenntnis Staub genannt, was naheliegend ist, da die korrekte Übersetzung aus dem Englischen tatsächlich Staub bedeutet. Der wirkliche Teeblattfeinstaub, der beim Aussieben anfällt, wird jedoch als Fluff bezeichnet und kommt nicht in den Handel.

Schwarzteemischungen (Blends)

Bis auf wenige Tees sind fast alle im Handel befindlichen Sorten Mischungen. Tees werden gemischt, um einen gleichbleibenden Geschmack zu erzielen und saisonale Qualitäts- und Preisschwankungen (z. B. durch unterschiedliche Pflückzeiten) auszugleichen.

- **Darjeeling-Himalaja:** Schwarzteemischung aus den besten Hochlandtees.
- **Englische Teemischung:** Auswahl von Spitzentees aus Darjeeling, Assam und Sri Lanka. Bekannt sind English Breakfast oder English Evening.
- **Ostfriesenmischung:** kräftige Schwarzteemischung, die sich aus Assam-, Java- und Sumatra-Tees zusammensetzt. Bekannt ist auch die Ostfriesen-Spezial-Mischung.

Oolong-Tee (halb fermentierter Tee)

Nach einem kurzen Welkvorgang von vier bis fünf Stunden erfolgt eine geringe Fermentation. Der Prozess wird abgebrochen, sobald sich der äußere Rand der Blätter bräunlich färbt. Im Anschluss werden die Blätter getrocknet und gerollt bzw. nach dem Rollen im Heißluftofen getrocknet.

Halb fermentierter Tee ist etwas milder und leicht aromatisch im Geschmack, der Aufguss ist goldfarben oder tieforange.

Grüner Tee

Die Blätter werden im erhitzten Wok mit Dampf behandelt, wodurch sie ihre grüne Farbe erhalten. Durch das Erhitzen werden die Enzyme deaktiviert, die bei der Schwarzteeproduktion die Fermentation einleiten. Die Blätter sind jetzt weich und geschmeidig und können zu ihrer charakteristischen Gestalt gerollt werden. Schließlich lässt man den Tee in mechanischen Trocknern oder in heißen Pfannen trocknen.

Grüner Tee hat ein feines Aroma, schmeckt aber etwas bitter. Die bekanntesten Grünteesorten sind Chun Mee (kleines, geschnittenes Blatt), Gunpowder und Silver Dragon.

Schießpulver zum Trinken

Zu kleinen Kugeln gerollt, erinnern die Teeblätter des Gunpowders an Schrotkugeln. Beim Aufgießen knistern die Blätter. Der Geschmack ist herb und kräftig. Je kleiner die Kugeln, desto besser die Qualität. Gunpowder hat den höchsten Koffeinanteil aller grünen Tees.

Matcha

Matcha ist ein erlesener, pulverisierter Grüntee, der für die japanische Teezeremonie Chanoyu verwendet wird. Der Tee ist dunkelgrün, reich an den Vitaminen A und D sowie Karotin und hat ein sehr intensives, fein-herbes Aroma. Er ist ausgesprochen belebend.

Weißer Tee

Seinen Namen verdankt der weiße Tee dem weißen, seidenartigen Flaum, der die jungen Teeknospen umschließt. Er wird deshalb auch Frühlingsflush genannt.

Für Spitzentees werden nur ungeöffnete Blattknospen aus der im Süden Chinas gelegenen Provinz Fujian verwendet. Für die Herstellung von einem Kilogramm weißen Tee sind ca. 30 000 handgepflückte Knospen nötig. Seinen milden Geschmack erhält weißer Tee durch eine schonende Licht- und Lufttrocknung.

DER FLAUM AN DER BLATTUNTERSEITE VERLEIHT DEN GETROCKNETEN TEEBLÄTTERN EINE WEISSLICH-SILBERNE FARBE

Gelber Tee

Gelber Tee wird ausschließlich in China produziert und zählt zu den teuersten Teespezialitäten. Es handelt sich dabei eigentlich um einen weißen Tee, der nach der Ernte nicht sofort weiterverarbeitet wird. So findet eine minimale Fermentation statt. Manchmal wird gelber Tee auch als Grüntee eingestuft.

Rauchtee

Für diese Teesorte werden die Blätter während des Trocknens im Rauch von harzreichem Holz geräuchert. Dadurch bekommt der Tee ein ganz besonderes Aroma mit einer kräftig rauchigen Note und einen intensiven Duft. Ein bekannter Rauchtee ist der Lapsang Souchong.

Ein Tipp vom Profi
Lapsang Souchong eignet sich ausgezeichnet für die Zubereitung im Samowar (siehe S. 266), da er auch bei längerer Ziehzeit nicht bitter wird.

Aromatisierte Tees

Aromatisierte Tees findet man in zwei Ausprägungen. Die klassischen aromatisierten Tees kommen aus China. Dazu wird Grüntee oder eine Mischung aus Grün- und Schwarztee durch Zugabe von frischen Blüten aromatisiert. Die Blüten werden regelmäßig abgesiebt und wieder durch frische Blüten ersetzt, bis das gewünschte Aroma erreicht ist. Die bekanntesten Varianten sind Rosentee und Jasmintee, die oft noch Blütenreste enthalten.

Steigender Beliebtheit erfreuen sich in Europa aromatisierte Schwarz- oder Grüntees. Dabei wird der Tee mit unterschiedlichen natürlichen oder naturidentischen Aromen angereichert. Bekannte Geschmacksrichtungen sind Fruchtaromen wie Kirsche, Maracuja, Vanille und andere Gewürze (z. B. Anis oder Zimt) oder Zitrusaromen wie Orange, Limone oder auch Bergamotte, die im Earl Grey, einem der ältesten Aromatees, enthalten ist.

Angeboten werden aber auch auffällige, künstlich komponierte Aromen wie Mandel, Bratapfel, Schokolade, Pfefferminze, Erdbeere usw. Bei vielen dieser aromatisierten Sorten spielt die Qualität des verwendeten Tees eine untergeordnete Rolle, da er nur als Trägermaterial des Aromastoffs benötigt wird.

Jasmintee ist der beliebteste Blütentee in China und wird gerne zum bzw. nach dem Essen getrunken

Speziell behandelte Teegetränke

Zu dieser Gruppe zählen entkoffeinierter Tee, Teeextrakte, Instantteeprodukte und Eistee. **Eistee** ist ein Erfrischungsgetränk und wird mit Extrakten aus Tee bzw. direkt mit Tee hergestellt. Die im Handel angebotenen Eistees müssen mindestens 0,12 % Teeextrakt enthalten. Eistees können auch mit Fruchtsaft, z. B. Pfirsich- oder Zitronensaft, vermischt sein.

Erfunden wurde Eistee bereits 1904, als der Teehändler Richard Blechynden seinen Tee an einem heißen Sommertag über Eiswürfel goss. Heute zählt Eistee, der mit Zucker oder Zitrone getrunken wird, zu den beliebtesten Getränken in Amerika und Europa.

Früchte-, Gewürz-, Kräuter- und Medizinaltees

Früchte-, Gewürz- und Kräutertees sind im eigentlichen Sinne keine Tees, da ihre Basis nicht die Teepflanze sondern getrocknete, stark aromatische Rinden, Samen, Früchte, Blüten, Blätter, aber auch Wurzeln diverser Pflanzen sind. Sie werden jedoch ähnlich wie echter Tee zubereitet.

Zahlreiche Früchte-, Kräuter- und Gewürztees haben eine beruhigende oder heilende Wirkung. Früchtetees sind häufig reich an Vitaminen und enthalten kein Koffein. Sie werden meist zu Teemischungen zusammengestellt. Viele dieser Tees sind beliebte Durstlöscher.

Früchte-, Gewürz- und Kräutertees	Bestandteil	Charakteristik
Baldriantee	Aus der Wurzel des Baldrians	Wirkt beruhigend.
Fencheltee	Aus dem Samen des Fenchels	Wirkt blähungshemmend; lindert Husten.
Hagebuttentee	Aus den Früchten der wilden Heckenrose	Zart duftend, fruchtiger Geschmack; wirkt entzündungshemmend sowie verdauungsfördernd und harntreibend.
Hibiskustee	Aus den Kelchblättern der Hibiskusblüte (Malve)	Vitaminreich, leicht säuerlich.
Kamillentee	Aus den Blüten der römischen Kamille	Fein duftend, leicht bitterer Geschmack; wirkt entzündungshemmend, bei Magenschmerzen sollte der Kamillentee nur lauwarm genossen werden, da ansonsten Übelkeit entsteht.
Lindenblütentee	Aus den Blüten des Lindenbaums	Süßlicher Geschmack; wirkt schweißtreibend und krampflösend.
Pfefferminztee	Aus den Blättern der Pfefferminze	Kräftiges Aroma und frischer Geschmack; wirkt schmerzstillend und krampflösend, speziell bei Magen- und Darmbeschwerden.
Matetee	Aus den Blättern des brasilianischen Matestrauches	Kräftiger, rauchiger Geschmack, bei zu langem Ziehen jedoch bitter; Mate ist koffeinhaltig und wirkt bei kurzer Ziehdauer anregend; der erste Aufguss mit nicht kochendem Wasser wird weggeschüttet, danach kann öfter aufgegossen werden.

Rooibos-Tee

Der Rooibos-Tee ist Südafrikas Nationalgetränk, der Rooibush („roter Busch") selbst ist ginsterähnlich und stammt aus Südafrika. Die Blätter werden nach der Ernte zerkleinert und fermentiert, dadurch entsteht die charakteristische rote Farbe.

Rooibos-Tees vereinen die angenehmen Eigenschaften von Schwarz-, Früchte- und Kräutertees. Sie schmecken aromatisch und herb, sind koffeinfrei und enthalten viele gesundheitsfördernde Inhaltsstoffe. Eine Neuheit ist der grüne Rooibos-Tee.

Honeybush-Tee

Honeybush-Tee stammt wie der Rooibos-Tee aus Südafrika und wird auch Berg- oder Kaptee genannt. Er zeichnet sich durch seinen vollen, runden, honigsüßen Geschmack aus. Honeybush-Tee ist dem Schwarztee sehr ähnlich, enthält aber nur sehr wenig Koffein und Gerbstoffe.

Der Einkauf und die Lagerung

Auch beim Einkauf von Tee – gleich ob im Beutel oder offen – kommt die Qualität vor dem Preis.

Tee kann gut auf Vorrat eingekauft werden, man muss ihn jedoch luftdicht, kühl und trocken lagern. Tee, der einmal Feuchtigkeit aufgenommen hat, ist nicht mehr verwendbar. Schwarz- und Kräutertees müssen getrennt gelagert werden, da Schwarztees leicht Fremdgerüche annehmen. Das eigene Aroma wird dann überlagert.

Die Zubereitung

Früchte-, Kräuter-, Gewürz- und Schwarztee

Für Früchte- und Kräutertee benötigt man pro Tasse 3 bis 5 g Tee, für Schwarztee 1 bis 2 g. Die ideale Menge hängt vom verwendeten Tee, vom Wasser und vom persönlichen Geschmack ab.

Ein Tipp vom Profi
2 g entsprechen einem Teelöffel.

Zubereitung

1 Frisches Wasser zum Kochen bringen. Weiches Wasser ist dabei besser als hartes. Bei Beeinträchtigungen durch Kalk oder Chlor empfiehlt sich mitunter der Einsatz eines Wasserfilters.

2 Den Tee in eine vorgewärmte Porzellan-, Ton- oder Glaskanne geben und mit kochend heißem Wasser aufgießen. Das Wasser aus dem Automaten mit ca. 90 °C ist daher nicht geeignet.

3 Die Stärke des Tees bestimmt man einzig und allein durch die verwendete Menge, seine Wirkung durch die Dauer des Ziehenlassens.

Bereits in den ersten zwei Minuten nach dem Aufguss geben die Teeblätter fast das ganze Koffein frei, während die Gerbstoffe sich langsam und während der gesamten Ziehdauer lösen. Das bedeutet, je kürzer der Tee zieht, desto anregender wirkt er, je länger er zieht, desto beruhigender wirkt er auf den Magen- und Darmtrakt.

Ein Tipp vom Profi
Bei sehr kleinen Blattgraden, z. B. Tee in Aufgussbeuteln, lösen sich die Gerbstoffe etwas schneller. Schwarztee sollte nicht länger als fünf Minuten ziehen, da er sonst bitter schmeckt. Aromatisierten Schwarztee lässt man max. 2 ½ Minuten ziehen. Kräuter-, Gewürz- und Früchtetees sollten mindestens 5 Minuten und können bis zu 10 Minuten ziehen.

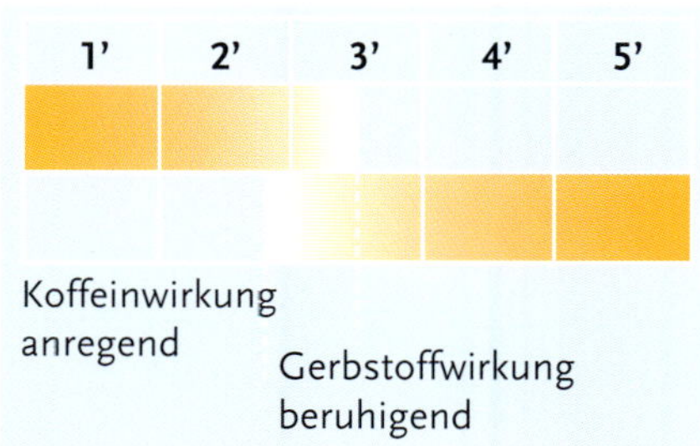

Schwarzer Tee enthält neben Mineralstoffen, Vitaminen, Gerbstoffen und ätherischen Ölen etwa so viel Koffein wie Kaffee, es wirkt jedoch anders auf den menschlichen Organismus als das des Kaffees. Das Koffein des Tees – auch Tein genannt – ist zu einem großen Teil an die Gerbstoffe gebunden und wird erst im Darm gelöst, mit dem Resultat, dass die belebende Wirkung langsam einsetzt, dafür aber länger anhält und ebenso langsam wieder abklingt. Tein wirkt also nicht aufputschend, sondern über einen längeren Zeitraum anregend.

Grüner, weißer und Oolong Tee

Zubereitung

1 Kochendes Wasser vor dem Aufguss auf zirka 75 °C abkühlen lassen.

2 Ca. 2 g Tee pro Tasse Tee mit dem abgekühlten Wasser aufgießen und folgende Ziehzeiten beachten:

- **Chinesischer Grüntee und Oolong Tee:** 2–3 Minuten
- **Japanischer- und aromatisierter Grüntee:** 1–1 ½ Minuten
- **Ceylon Grüntee:** 2–4 Minuten
- **Weißer Tee:** 5–7 Minuten

Grüner Tee kann mehrmals aufgegossen werden. Teekenner wissen um die feinen geschmacklichen Unterschiede.

Ein Tipp vom Profi
Man kann grünen Tee auch mit 100 °C heißem Wasser aufgießen. Diesen ersten Aufguss trinkt man allerdings nicht, sondern gießt ihn ab. Die verbleibenden Teeblätter lässt man einige Zeit ziehen, bis man sie wiederum mit heißem Wasser aufgießt. Der zweite Aufguss schmeckt dadurch nicht mehr so bitter.

Das Service

Viele Teetrinker bevorzugen „Teegenuss pur", um den feinen geschmacklichen Unterschieden auf die Spur zu kommen. Tee kann aber auch mit frischer kalter Milch (keine Kondensmilch), Obers (Sahne) oder Alkohol und einer Auswahl an Zuckersorten und Honig serviert werden. In guten Betrieben wird ein Kännchen heißes Wasser zum Nachgießen dazu serviert.

Die Verbindung von Zitrone und schwarzem Tee steht unter keinem guten Stern, da das Aroma dadurch völlig verändert wird.

Das Aroma von grünem Tee kommt am besten zur Geltung, wenn er pur und ungesüßt getrunken wird.

Teekenner trinken Tee am liebsten aus einer dünnwandigen Porzellantasse

Ein Tipp vom Profi
Teegefäße sollten immer vorgewärmt werden, da Tee bei jeder Abkühlung an Aroma verliert.

Damit der Teebeutel abgelegt werden kann, sollte ein passender Unterteller eingestellt werden (ein ausgequetschter Teebeutel am Rand der Untertasse ist wirklich kein schöner Anblick).

In erstklassigen Betrieben wird beim Servieren von Schwarz-, Grün-, Oolong- und Weißtees nach der gewünschten Ziehdauer gefragt, um dann den Tee

Eistees und Teecocktails werden im Tumbler serviert

entsprechend in eine weitere vorgewärmte Kanne abzuseihen. Es gibt aber auch Tee-Kippkannen, bei denen der Tee von den Teeblättern getrennt wird, sobald sie schräg gestellt (gekippt) werden. Manchmal werden auch Kannen mit einem Einsatz für Teeblätter verwendet, der nach der gewünschten Ziehdauer entfernt wird.

Eine Möglichkeit, Tee warmzuhalten, ist die Verwendung eines Stövchens aus Porzellan oder Ton.

Ein Tipp vom Profi
Geben Sie sich nicht mit der klassischen Order „Tee mit Milch" zufrieden. Der Gast wird staunen, wenn Sie diese Bestellung mit der Frage parieren: „Welcher Schwarztee darf es denn sein? Wir hätten gerade ... ein wunderbarer Tee mit einem Duft nach ..." Sie müssen bei Ihren Empfehlungen ja nicht ganz so weit gehen, wie der Butler in folgender Episode.

Von einem Besuch bei Baron Alfred de Rothschild
Ein Butler in Livree erschien und fragte: „Wünschen Sie Tee oder frischen Pfirsich, Sir?" Ich entschied mich natürlich für Tee und der Livrierte fragte sofort: „Indischen, chinesischen oder Ceylontee, Sir?" Ich wählte den indischen und postwendend kam die nächste Frage: „Mit Rahm oder Milch, Sir?" Ich nahm Milch und wurde nun nach der Rindersorte gefragt: „Jersey, Hereford oder Shorthorn, Sir?"

Cecil Rhodes,
Gründer des Staates Rhodesien

Echte Teeliebhaber sind immer auf der Suche nach neuen Geschmackserlebnissen. Eine **Teespezialitätenkarte**, in der die geschmacklichen Besonderheiten erklärt werden, hilft diesen Gästen auf ihrer Entdeckungsreise.

Tee – wann und wozu?

Tee kann heiß oder kalt (mit oder ohne Eiswürfel) getrunken werden, und zwar zu jeder Tages- und Jahreszeit.

Schwarz- und Kräutertees werden gerne zum Frühstück getrunken, eignen sich aber auch als Begleiter zu kleinen Zwischenmahlzeiten (Sandwiches und Tee).

In England ist der **Afternoon Tea** eine Institution. In Japan, vor allem aber in China, ist grüner Tee das Hauptgetränk und wird nicht nur tagsüber, sondern auch zum Essen selbst gereicht. Auch bei uns beenden immer mehr Gäste ihre Mahlzeit mit einer guten Tasse Tee.

Ein neuer Trend in der Gastronomie sind **Teemenüs**, mit denen vor allem gesundheitsbewusste Gäste in Wellnesshotels begeistert werden sollen. Dazu müssen die Servicemitarbeiter über die Teesorten, deren Herkunft und Herstellung sowie über das notwendige Service gut informiert sein.

Andere Länder, andere Sitten

In vielen Teilen der Erde ist Tee nicht einfach nur ein Getränk, sondern eine Weltanschauung. Im Laufe der Zeit haben sich hier ganz bestimmte Regeln für den Umgang mit Tee herauskristallisiert.

In Europa werden hauptsächlich kräftige, aromatische Tees (z. B. aus Indien oder Sri Lanka) getrunken. Schwarztee aus China wird meist als zu weich und zu rauchig empfunden. Grünem Tee wird eine gesundheitsfördernde Wirkung nachgesagt. Der Konsum ist in den letzten Jahren stark gestiegen.

Ostfriesland

Die Ostfriesen waren die Ersten, die in Deutschland Tee getrunken haben. Eine Besonderheit der ostfriesischen Teekultur ist die Zubereitung bzw. Verfeinerung von Tee: In die Tasse kommt zunächst ein dickes Stück Kandis – Kluntje genannt –, dann wird der Schwarztee eingeschenkt und ein wenig „Rohm" (ungeschlagenes Obers bzw. Sahne) wird beigegeben. Umrühren ist dabei streng verpönt. So genießt der Ostfriese zuerst den Tee mit dem „Wulkje" (Sahnewölkchen), dann den herben Teegeschmack und schließlich den gesüßten Tee vom Boden der Tasse.

Großbritannien

Die Vorliebe der Engländer für Tee versteht man erst, wenn man ihren Kaffee gekostet hat.

Anonym

Für die Briten ist Tee und Teetrinken mehr als eine Tradition oder ein wärmendes Getränk: Sie haben den Genuss von Tee zu einer Lebensart stilisiert. Der Engländer trinkt im Schnitt sechs

Tassen Tee pro Tag. Die erste Tasse, den Early Morning Tea, nimmt er oft noch vor dem Frühstück zu sich. Anschließend trinkt er den Breakfast Tea, um dann zur Teatime den traditionellen Fünf-Uhr-Tee zu genießen. Dabei wird der Tee stark zubereitet und mit frischer Milch serviert und zwar nach dem M.i.f.-(milk in first-)Prinzip.

Der Weg zum Himmel führt an der Teekanne vorbei.
Sprichwort aus Großbritannien

Wenn Schotten eine Tasse Tee genießen, geben sie erst ein wenig (manchmal auch etwas mehr) Whisky in die Tasse, streuen etwas Zucker darüber, übergießen die Mischung mit starkem heißem Tee und garnieren das Ganze mit Obers (Sahne).

Japan

Ein Bad erfrischt den Körper, eine Tasse Tee den Geist.
Sprichwort aus Japan

Bis ins kleinste Detail ausgefeilt ist die japanische Teezeremonie, abgeleitet vom Zen-Buddhismus. Für diese kunstvolle Form des Teekonsums zu besonderen Anlässen werden ein spezielles Zubehör und ein grüner Pulvertee, der Matcha, verwendet. Jeder Handgriff ist bei der Teezeremonie genau vorgegeben.

Der Matcha wird mit einem Teebesen aus Bambus in der Trinkschale geschlagen …

… bis er dickflüssig ist

Korea, Japan, Vietnam und China

Ein Mord mag verziehen werden, eine Unhöflichkeit beim Tee nie.
Sprichwort aus China

In diesen Ländern verwendet man keine Siebe oder Beutel, sondern gießt das heiße Wasser direkt zu dem Tee in die Kanne oder Tasse. Die nassen, in der Regel unzerkleinerten Teeblätter sind schwerer als das Wasser und setzen sich am Grund des Gefäßes ab. Der Tee kann so problemlos oben abgegossen bzw. abgetrunken werden. Ebenfalls in Benutzung sind Siebeinsätze in der Kanne, welche die Teeblätter zurückhalten sollen.

In Japan, Korea und China wird der Tee bis zu sechs Mal aufgegossen, bevor man neue Teeblätter verwendet. Nach dem ersten Aufguss zu wechseln gilt übrigens als ein Zeichen von Dekadenz.

Russland

Im Mittelpunkt der russischen Teetradition steht der Samowar, ein großer Behälter aus Kupfer, Bronze oder Porzellan.

Eine kleine Kanne (Tscheinik) mit extrem stark aufgegossenem Tee krönt den Behälter. Im traditionellen Samowar wird das Teewasser durch glühende Holzkohle, die sich in einer kaminartigen Röhre im Innern des Behälters befindet, auf dem Siedepunkt gehalten. Heute gibt es aber auch elektrisch beheizbare Samoware. Mithilfe eines kleinen Hahnes gießt man das heiße Wasser aus dem Wasserbehälter in die Tasse. Der Tee-Extrakt in der Kanne wird im Verhältnis 1/3 zu 2/3 mit dem heißen Wasser gemischt.

In Russland wird Tee häufig ohne Milch und meist aus Gläsern getrunken. Die asiatisch-muslimischen Bevölkerungsgruppen trinken den Tee auch gerne mit Milch. Beliebt ist der Genuss mit einem Stück braunem Zucker oder einem Löffel fruchtiger Marmelade, die in den Mund genommen wird und über die der bittere und starke Tee geschlürft wird. In Mittelasien (Südkasachstan, Kirgisien, Usbekistan, Turkmenistan und Tadschikistan) wird fast ausschließlich grüner Tee getrunken.

Marokko

In Marokko wird Minzetee aus Gläsern zu jeder Gelegenheit getrunken. Eine Spezialität ist eine Mischung aus Gunpowder und Nana-Minze – der Thé à la Menthe.

Kakao

Nicht wenige behaupten, heiße Schokolade sei das einzig Wahre, um Liebeskummer, Stress und all die anderen kleinen Ärgernisse des Alltags zu vergessen. Ob dampfend heiß oder kalt – Kakao verspricht in jeder Lage Genuss, vorausgesetzt das Rohmaterial und die Zubereitung stimmen.

Kakaobaum

Das Ursprungsland des Kakaos ist Mexiko. Schon lange bevor Christoph Columbus die neue Welt entdeckte und Hernán Cortés sie eroberte, war die Frucht des Kakaobaumes für die Maya und die Azteken von unschätzbarem Wert. So dienten die Kakaobohnen nicht nur als Gewichtseinheit, sondern auch als Zahlungsmittel. Die Azteken bereiteten aus den gerösteten, zerstampften Kakaobohnen, Wasser, Maismehl und Pfeffer ein bitter-scharfes Getränk und nannten es „xocolatl", was „bitteres Wasser" bedeutet. Und bitter war das Getränk in der Tat.

Hernán Cortés brachte den Kakao nach Spanien. Dort schien jedoch niemandem die Schokolade mit ihrem eigentümlichen Geschmack so recht zu munden. Erst der Zusatz von Zucker und Gewürzen sorgte dafür, dass Schokolade rasch an Popularität gewann und ihrem Siegeszug – ausgehend vom spanischen Königshof über ganz Europa – nichts mehr im Wege stand. Die Spanier passten übrigens den aztekischen Zungenbrecher „Xocolatl" ihrer Sprechweise an, indem sie ihn in „chocolate" umbenannten.

Ein wichtiger Entwicklungsschritt zur Schokolade, wie wir sie heute kennen, wurde um 1700 in England gesetzt, als man damit begann, den Kakao mit Milch anstatt Wasser zu vermengen. Kakao blieb aber dennoch bis ins 19. Jahrhundert ein Getränk der Adeligen und der Reichen.

Kakao – die Götterspeise

Der schwedische Biologe Carl von Linné nannte den Kakao „Theobroma". Dieser Name setzt sich aus zwei griechischen Wörtern zusammen, und zwar Theos (Gott) und Broma (Speise), also Götterspeise. Ob sich Carl von Linné dabei auf die Azteken bezog, die Kakao als Geschenk des Gottes Quetzalcoatl betrachteten, oder auf das nahrhafte Getränk, bleibt ein Geheimnis. Dass Schokolade göttlichen Ursprungs ist, werden ihm auf jeden Fall all jene bestätigen, die dem braunen Stoff verfallen sind.

Die Pflanze

Der Kakaobaum ist ein Unterholzbaum, der das ganze Jahr über blüht und zugleich Früchte trägt. Erst im Alter von zwei bis drei Jahren bildet der Kakaobaum Blüten. Die größte Anzahl an Blüten erreicht er im Alter von zehn bis zwölf Jahren, dann trägt er bis zu 10 000 Blüten pro Jahr.

Die reifen, je nach Sorte grüngelben oder roten, melonenförmigen Früchte sind bis zu 30 cm lang und wiegen bis zu 500 g. Pro Jahr trägt ein Baum etwa 20 bis 30, in guten Jahren bis zu 50 Früchte.

Die Samen sind etwa 2 cm lang und 1 cm breit. Die Bohnen, der Grundstoff für die Schokolade, sind sehr nährstoffreich, sie enthalten Fett, Eiweiß, Stärke, Gerb- und Mineralstoffe, Theobromin sowie geringe Spuren von Koffein. Die Wirkung von Theobromin ähnelt der des Koffeins, ist aber deutlich schwächer. Kakaogetränke sind also für Kinder völlig unbedenklich.

Kakaosorten

Criollo

Der Criollo hat einen zartbitteren, feinaromatischen, milden Geschmack und gilt als der edelste Kakao. Er wird auch als Würzkakao bezeichnet und für die Erzeugung von Edelschokolade verwendet.

Forastero

Forasteros sind wesentlich widerstandsfähiger und ertragreicher als Criollos. Deshalb werden sie heute bevorzugt angebaut. Etwa 80 % der weltweiten Kakaoernte stammen von dieser Sorte. Die meisten Forasteros haben einen kräftigeren Kakaogeschmack, sind kaum aromatisch und teilweise bitter bzw. säuerlich.

Trinitario

Trinitario ist eine Kreuzung der oben genannten Sorten, die die hohe Qualität der Criollos mit der Robustheit der Forasteros verbindet. Trinitarios können einen kräftigen Geschmack, eine leichte Säure und ausdrucksstarke Aromen hervorbringen.

IM FRUCHTFLEISCH EINGEBETTET LIEGEN AN DIE 50 SAMEN, DIE KAKAOBOHNEN

Der Anbau

Kakao wird heute in tropischen Gebieten bis etwa 20 Grad nördlicher und südlicher Breite angebaut. Nur in diesem Gebiet ist das Klima ausreichend warm und feucht. Da der Kakaobaum Sonneneinstrahlung nicht schätzt, wird im Plantagenanbau darauf geachtet, dass er durch Mischbepflanzung (Kokospalmen, Bananenstauden, Avocado-, Mangobäume etc.) genügend Schatten erhält. Durch die Schattenlage wird gleichzeitig der Wuchs auf etwa 6 Meter Höhe begrenzt und somit die Ernte der Früchte erleichtert. Ohne diese Maßnahme kann ein Kakaobaum bis zu 15 Meter hoch werden.

Die wichtigsten Anbauländer

Die Hauptanbaugebiete haben sich inzwischen von Mittelamerika nach Afrika verlagert. Das Land mit der größten Kakaoproduktion der Welt ist die westafrikanische Elfenbeinküste, die mit einer Million Tonnen Kakaobohnen etwa ein Drittel der weltweiten Ernte produziert.

Die Aufbereitung

Die geernteten Früchte werden mit Macheten aufgeschlagen und das Fruchtfleisch mitsamt den Kakaobohnen aus den Schalen gelöst.

Das Fermentieren

Auf die Ernte folgt die Fermentation, ein Gärprozess. Zur Fermentation wird das Fruchtfleisch mit den Kakaobohnen auf Bananenblättern ausgebreitet und mit einer weiteren Schicht von Blättern abgedeckt. Die Kakaobohnen können zur Fermentation aber auch in Körbe oder Fässer gegeben werden. Am meisten verbreitet ist heute die Fermentation in großen Holzkisten (Kassettenfermentation).

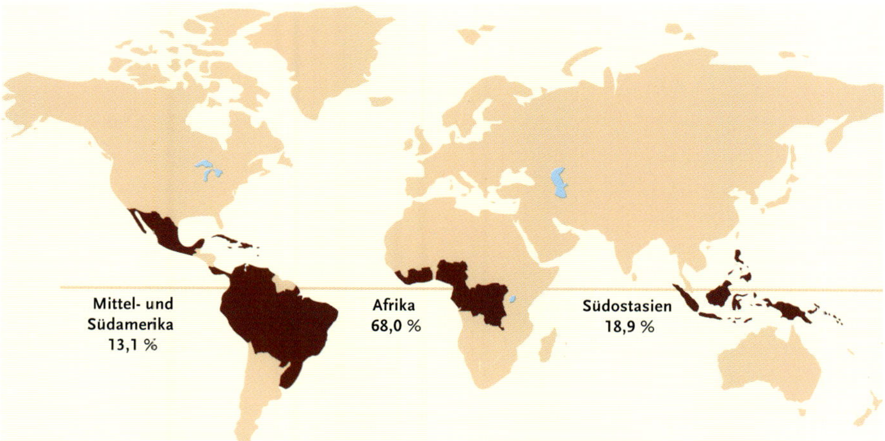

Hauptanbaugebiete von Kakao und ihr prozentueller Produktionsanteil

Durch den gelöcherten Boden des Gärbottiches kann der ätzende Saft, der bei der Fermentation entsteht, abfließen

DIE BOHNEN HABEN NACH DEM TROCKNEN NUR NOCH 7 % FEUCHTIGKEIT UND SIND AUF DIE HÄLFTE IHRER URSPRÜNGLICHEN GRÖSSE GESCHRUMPFT

Kakaonibs

Das weiße, zuckerhaltige Fruchtfleisch beginnt sehr schnell zu gären und entwickelt dabei eine Temperatur von etwa 50 °C, die verschiedenste chemische und biologische Prozesse auslöst. Entscheidend für die spätere Schokolade ist, dass die Bohnen kurz aufkeimen. Ohne das Keimen hätte die Schokolade nicht ihren gewünschten Geschmack. Die beginnende Keimung wird durch den dabei entstehenden Alkohol gestoppt, die Zellwände der Bohnen werden zerstört und der Zellsaft kann sich in der ganzen Bohne ausbreiten. Dadurch wird der bittere Geschmack der Bohnen gemildert und ihre typischen Geschmacks- und Aromastoffe entstehen. Außerdem erhalten die zuvor weißlichgelben Bohnen ihre braune Farbe.

Bei der Fermentation wird auch das Fruchtfleisch von den Bohnen gelöst. Durch das anschließende Waschen werden die Fruchtfleischreste entfernt.

Die Dauer der Fermentation schwankt, abhängig von der Kakaosorte, zwischen zwei und zehn Tagen.

Das Trocknen
Das Trocknen erfolgt traditionell in der Sonne, aufgrund klimatischer Probleme in manchen Anbaugebieten aber auch in Trockenöfen.

Das Verpacken
Anschließend werden die Kakaobohnen sortiert und in Säcken à 60 kg für den Versand in die Verbraucherländer bereitgestellt. Die Namen der Kakaobohnen entsprechen dem Herkunftsland oder dem Ausfuhrhafen. Die weitere Verarbeitung erfolgt in den Schokolade produzierenden Ländern.

Die Erzeugung von Kakao und Schokolade

Bis zum Genuss von flüssiger oder fester Schokolade ist es ein langer Weg.

Das Rösten
Bereits beim Einkauf der Kakaosorten wird eine Vorentscheidung über die spätere Qualität getroffen. Getrennt nach Sorten werden die Kakaobohnen gereinigt und sorgfältig geröstet. Beim Rösten entwickelt der Kakao sein volles Schokoladenaroma. In letzter Zeit geht man dazu über, die Schale bereits vor dem Rösten zu entfernen.

Das Brechen, Schälen und Vermahlen
In der Brechmaschine werden die frisch gerösteten, heißen Bohnen von ihren Schalen befreit und in kleine Stücke, die Kakaonibs, gebrochen.

Der Kernbruch wandert weiter in die Kakaomühle, wo er bei einer Temperatur von 70 °C vermahlen wird. Dadurch entsteht eine dickflüssige, braune Kakaomasse mit 50–60 % Fettgehalt, die schon ganz nach Schokolade ausschaut, aber noch keine ist.

Kakaomasse

An dieser Stelle teilt sich der Weg in zwei unterschiedliche Richtungen der Verarbeitung: Kakaopulver und Kakaobutter auf der einen Seite und Schokolade auf der anderen.

Kakaobutter und Kakaopulver
Die flüssige Kakaomasse wird in großen Pressen so zusammengepresst, dass die Kakaobutter klar und goldgelb wie Sonnenblumenöl abfließt. Sie zählt zu den beständigsten und wertvollsten Pflanzenfetten und wird in erster Linie für die Herstellung hochwertiger Schokolade verwendet. Zurück bleibt der Kakao-Presskuchen, der, je nach verwendetem Druck, schwach oder stark entölt (Magerkakao), anschließend

Presskuchen

Das spanische Wort „concha" für Muschel leitet sich übrigens von der ursprünglichen Form der Rühranlage ab

gemahlen und zu Kakaopulver weiterverarbeitet wird. **Kakao** ist schwach entöltes Kakaopulver mit 20 bis 25 % Kakaobutteranteil. Er ist dunkel, mild, sehr nahrhaft und grob gemahlen.

Magerkakao ist stark entöltes Kakaopulver mit 8 bis 20 % Kakaobutteranteil. Er ist sehr fein gemahlen, hell und herb im Geschmack. Kakaopulver dient nicht nur zur Herstellung von Trinkschokolade, sondern auch zur Erzeugung anderer Schokoladenprodukte, wie z. B. Kuchen, Torten, Keksen, Mousse, Eis und Pudding.

Schokolade

Soll aus der Kakaomasse Schokolade werden, wird sie, abhängig vom gewünschten Produkt, mit Zucker, Kakaobutter und Milchprodukten (heute fast ausschließlich in Form von Milchpulver) vermischt. So entsteht, je nach Zusammenstellung der Zutaten, eine herbere oder mildere Sorte bzw. eine Schokolade mit mehr oder weniger feinem Schmelz.

Feinwalzen

Um dem Gemisch einen feinen Schmelz zu geben, wird die Masse zunächst durch große Stahlwalzen geschickt. Alle Bestandteile werden dabei so fein zermahlen, bis am Ende nur mehr feines Pulver übrig bleibt.

Conchieren

Die fein zermahlene, trockene Masse wird in Rühranlagen, den sogenannten Conchen, bis zu 72 Stunden lang verrührt und dabei veredelt. Durch die Wärme blühen die Aromen auf, störende Aromaanteile entweichen und die Kakaobutter verflüssigt sich abermals. Dadurch können sich die Zucker- und Fettpartikel besonders fein verteilen und verleihen somit der Schokoladenmasse ihren zarten Schmelz. Zutaten, wie z. B. Nüsse oder Rosinen, werden jetzt beigemischt, und die Schokoladenmasse ist fertig für das Gießen in Tafel- oder Hohlformen.

Der Einkauf

Trinkschokolade

Trinkschokolade kommt heutzutage als fertiges Pulver, aber auch in Form von Tafeln, Flocken, Kugeln oder Pastillen in den Handel. Sie besteht aus Schokoladenpulver, Kakaobestandteilen, Voll- und Magermilchpulver, Salz und Vanillin.

Bekannte Marken

Suchard, Pompadour, Van Houten, Douwe-Egberts, Gold, Cadbury.

Kakaogranulate

Sie bestehen aus Eiweiß, Zucker, Fett, Kakaoanteilen und Vitaminen.

Bekannte Marken

Ovomaltine, Benco, Siggi, Nesquick.

Die Lagerung

Kakao soll kühl, trocken, geruchsfrei, dunkel und verschlossen (aromageschützt) gelagert werden. Fremdgerüche (Gewürze) und Feuchtigkeit beeinträchtigen das Aroma des Kakaos.

Die Zubereitung

Trinkschokolade und Kakao aus Granulat sind zwei verschiedene Paar Schuhe. Wer einmal wirklich gute Trinkschokolade genossen hat, weiß um die unvergleichlich cremige Konsistenz.

Trinkschokolade

Wird Trinkschokoladenpulver verwendet, gießt man dieses mit heißem Wasser auf. Man kann aber auch fein geriebene Schokolade (20–25 g) mit heißer Milch aufgießen und eventuell mit Schlagobers (Schlagsahne) garnieren. Beide Varianten müssen nicht mehr gesüßt werden. Anders verhält es sich mit Trinkschokolade, die aus zerlassener Kochschokolade und heißer Milch zubereitet wird – sie muss unbedingt gezuckert werden.

TRINKSCHOKOLADE WIRD MIT HEISSEM WASSER AUFGEGOSSEN

Varianten von Trinkschokolade	Zubereitung
Wiener Schokolade	Zwei gehäufte Kaffeelöffel fertige Schokoladencreme (als „Wiener Schokolade" im Handel erhältlich) mit heißer Milch verrühren, einen Schuss Weinbrand beigeben und das Getränk mit einer Schlagobershaube (Schlagsahne) krönen.
Orangenschokolade	Trinkschokolade mit Orangensaft und Grand Marnier abschmecken.
Irische Schokolade	Trinkschokolade mit irischem Whiskey und Bienenhonig verfeinern, mit Schlagobers (Schlagsahne) und geraspelter Schokolade garnieren.
Dickflüssige Trinkschokoladen	Sie werden in vielen Geschmacksrichtungen angeboten, wie z. B. Nuss-Nugat und Bourbonvanille, und werden mit heißer Milch mithilfe eines Milchschäumers schaumig gerührt. V. a. in südlichen Ländern wird heiße Schokolade sehr dickflüssig, häufig in Verbindung mit Süßgebäck, serviert.

Trinkschokolade der etwas anderen Art
Die Azteken mischten geröstete, zerstampfte Kakaobohnen mit Maismehl, Zimt, Chili, Vanille und Wasser und schlugen die breiige Flüssigkeit so lange, bis sich eine dichte Schaumkrone bildete. Die Schokoladenmanufaktur Zotter aus Österreich hat sich dieser alten Zubereitungsart besonnen und Trinkschokolade der etwas anderen Art geschaffen. Dazu werden kleine gefüllte Schokoladetafeln unterschiedlichster Geschmacksrichtungen in heißer Milch aufgelöst und mit einem Quirl in der Tasse oder im Glas schaumig gerührt.

Kakao

Für Kakao benötigt man pro Portion etwa 20 g (wohlgemerkt Kakaopulver, nicht Kakaogranulat).

Ein Tipp vom Profi
Da sich Kakaopulver in Flüssigkeit nur schwer auflöst, ist es ratsam, das Kakaopulver vorerst mit Zucker und etwas heißem Wasser in einer Schale anzurühren. Erst dann kann man es gut in heißes Wasser oder heiße Milch einrühren.

Kakaogranulate

Sie werden mit kalter oder heißer Milch aufgegossen und nicht gesüßt, weil sie bereits sehr viel Zucker enthalten. Man kann sie auf Wunsch mit Obers (Sahne) verfeinern.

Mit Kakao lässt es sich auch mixen. Es gibt Rezepte mit und ohne Alkohol, wie z. B. Kakao Vital (Kakao mit 4 cl Orangensaft).

Das Service

Warme Kakao- und Schokoladengetränke werden in Kakao- oder Schokoladentassen, in speziellen Gläsern (mit Henkel) sowie Portionskännchen serviert.

Servieren von Trinkschokolade im Wiener Kaffeehaus

Sind die Getränke kalt, wird ein Tumbler mit Untertasse und Serviette verwendet.

Kakaogetränke (nicht Getränke aus Kakaogranulat) sind dunkler und bitterer als Schokoladengetränke. Zu einem guten Service gehören deshalb eine Zuckerauswahl und ein Glas Wasser.

Milchmischgetränke

Milch ist eines der ältesten, wenn nicht – neben Wasser – das älteste Getränk der Menschheit. Der Wert dieses Nahrungsmittels war schon vor Jahrtausenden bekannt, nicht umsonst wird im Alten Testament das Gelobte Land als Land beschrieben, in dem Milch und Honig fließen. Milch ist ein wertvolles, beinahe vollkommenes Nahrungsmittel, in dem alle wichtigen Nährstoffe in einem ausgewogenen Verhältnis enthalten sind.

Rezepte

Milchmischgetränke können kalt oder warm sowie alkoholfrei oder alkoholhaltig sein. Kalte Milchmischgetränke werden aus Voll-, Mager-, Butter-, Sauermilch oder Joghurt zubereitet. Man unterscheidet Shakes, Frappés und Milchpunsche.

Shakes sind kalte Milchmischgetränke ohne Speiseeis, mit oder ohne Alkohol. Das Grundrezept lautet: 1/8 Liter Milch, 3 Eiswürfel, 2 Esslöffel beliebiger Sirup oder pürierte Früchte, Zucker oder Honig. Zubereitet werden Shakes im Mixer oder Shaker, durch Zugabe von Obers (Sahne) wird das Ganze noch cremiger.

Frappés sind kalte Milchmischgetränke mit Speiseeis. Sie werden mit oder ohne Alkohol zubereitet. Das Grundrezept lautet: 1/8 Liter Milch, 2 Kugeln Speiseeis, 1 Esslöffel dazupassender Sirup oder pürierte Früchte. Schlagobers und/oder Früchte sind die passende Garnitur.

Milchpunsche sind warme Milchmischgetränke mit Alkohol. Dazu werden 2 Barlöffel Zucker mit 4 cl Punschessenz, Rum oder Arrak erhitzt, in ein vorgewärmtes Punschglas gegeben und mit heißer Milch aufgefüllt.

Banana-Milkshake

Banane, püriert	1/2
Orangensaft	2 cl
Honig	2 Barlöffel
Mandelsirup	1 Dash
Milch	1/8 l

Im Mixer mit Eiswürfeln zubereiten.
Garnitur: Bananenscheibe.

Erdbeer-Shake

Erdbeermark	4 cl
Zitronensaft	1 cl
Läuterzucker	2 cl
Milch	1/8 l

Im Mixer oder Shaker mit Eiswürfeln zubereiten.
Garnitur: Erdbeere.

After-Eight-Frappé

Schokoladeeis	2 Kugeln
Bitterschokoladeraspel	2 Barlöffel
Pfefferminzsirup, weiß	1 Barlöffel
Milch	1/8 l

Im Mixer zubereiten.
Garnitur: Schlagobers-(Sahne-)Haube, geriebene Bitterschokolade, Minzeblatt.

IST AUF DER GETRÄNKE-KARTE MILCH ANGEFÜHRT, HANDELT ES SICH DABEI IMMER UM KUHMILCH

Ein Tipp vom Profi
Frische, Natürlichkeit, aber auch der Hinweis auf den Herkunftsbetrieb sind wichtige Argumente beim Verkauf. Die Rückverfolgbarkeit von Lebensmitteln zum Erzeuger wird für viele Gäste immer wichtiger. Falls Sie in einem Betrieb arbeiten, der Milch vom eigenen Hof anbietet oder von einem bestimmten Hof bezieht, scheuen Sie sich nicht, dies zu erwähnen. Vor allem bei ausländischen Gästen wird Österreich als Land mit einer intakten Umwelt (Berge, kristallklare Bäche, grüne Wiesen etc.) wahrgenommen. Eine Bemerkung über die Herkunft (Milch frisch vom Hof) kann daher nur positiv sein.

Beeren-Smoothie

Himbeeren	40 g
Heidelbeeren (Blaubeeren)	40 g
Zucker	1 Esslöffel
Zimt	1 Prise
Milch	1/8

Im Mixer mit Eiswürfeln zubereiten.
Garnitur: Stick mit Beeren.

Der Einkauf und die Lagerung

Qualitativ gute Milch ist weiß bis gelblich, fast geruchlos, undurchsichtig und schmeckt leicht süßlich. Milch und Milcherzeugnisse sind Frischprodukte, d. h., sie sind nur begrenzt haltbar.

Milch muss lichtgeschützt, verschlossen und gekühlt bei 4 bis 6 °C aufbewahrt werden.

Das Service

Milch wird kalt oder warm im Milchglas bzw. im Keramikbecher serviert. Milchmischgetränke werden im Tumbler mit einem Trinkhalm gereicht.

Werden als Garnitur Schlagobers (Schlagsahne) oder Früchte verwendet, serviert man das Glas mit einem Limonadenlöffel auf einem Unterteller mit Serviette.

Milch – wann und wozu?

Trinkmilch ist Bestandteil des Frühstücksangebots in der Gastronomie. Sie wird entweder pur getrunken oder zu Zerealien (z. B. Cornflakes) serviert. Ein Glas Milch bzw. Milchmischgetränk ist auch eine gesunde Zwischenmahlzeit. Bei amerikanischen Gästen ist es durchaus üblich, kalte Milch zu den Mahlzeiten bzw. zu einem Imbiss zu trinken.

Viele Kinder trinken gerne ein Glas Milch zwischendurch

Digestifs und Spirituosen

Digestifs sind ein wunderbarer Abschluss einer guten Mahlzeit und lassen sie behaglich ausklingen. Auf einem Digestifwagen kommen die teils ausgesprochen schönen Flaschen besonders gut zur Geltung. Der große Vorteil eines solchen Wagens besteht aber darin, dass man mit ihm zum Tisch des Gastes fahren kann und der Gast somit einen schönen Überblick über das gesamte Sortiment erhält. Die Flaschen müssen dabei natürlich so stehen, dass der Gast die Etiketten bzw. die Beschriftung lesen kann.

Versetzte Weine und Prädikatsweine

Während die trockenen und halbtrockenen Sorten als Aperitif gereicht werden, sind die halbsüßen und süßen Varianten perfekte Digestifs.

Sherry

Als Digestifs eignen sich die süßen Sherrysorten wie Cream Sherry und Pale Cream, aber auch süße Olorosos. Alles Weitere zum Thema Sherry finden Sie im Kapitel „Aperitifs", S. 21 ff.

Das Service

Cream Sherry passt gut zu Desserts, Blau- und Grünschimmelkäse, Gänseleberpastete, wird aber auch gerne statt eines Cognacs oder Likörs als Digestif getrunken. Als Digestif und zu Desserts wird er bei Zimmertemperatur gereicht, er kann aber auch gekühlt oder auf Eis serviert werden.

Pale Cream eignet sich gut gekühlt sowohl als Aperitif als auch als Digestif, passt aber auch gut zu Desserts.

Süße Olorosos passen zu Nachtisch, Eis und Süßgebäck. Sie werden mit einer Temperatur von 15 °C serviert.

Portwein

Als Digestifs eignen sich Rubys, Tawny Ports, Colheitas und Vintage Ports. Alles Weitere zum Thema Portwein ist im Kapitel „Aperitifs", S. 26 ff., nachzulesen.

Das Service

Alte Tawnys serviert man entweder leicht gekühlt zu Desserts, zu Blauschimmelkäse oder mit einer Temperatur von 16 bis 18 °C als perfekten Abschluss nach einem Essen.

CREAM SHERRY IST EIN PERFEKTER DIGESTIF UND EIN WUNDERBARER BEGLEITER ZU DESSERTS

Ein Tipp vom Profi
Eine Idealkombination ist Stilton mit Portwein.

Alle weiteren Portweine werden mit einer Temperatur zwischen 16 und 18 °C serviert.

Vintage Ports korrespondieren auch hervorragend mit Schokoladendesserts. Da sie in der Flasche reifen, bildet sich ein Bodensatz. Sie sollten daher immer dekantiert werden.

Ein Tipp vom Profi
Vintage Ports sollten 24 Stunden vor dem Dekantieren aufgestellt werden, damit sich das Depot am Flaschenboden absetzen kann. Nach dem Öffnen bzw. Dekantieren ist es ratsam, sie innerhalb von 24 Stunden sowie LBVs innerhalb eines Monats zu konsumieren.

Tonging – das Öffnen der Vintage Ports mit einer Portweinzange

Bei Jahrgangsportwein, der viele Jahrzehnte in der Flasche altert, ist der Korken oft brüchig, er klebt am Flaschenhals fest und ist daher schwer zu entfernen. Eine traditionelle Art, einen Vintage Port zu öffnen, ist das Abtrennen des Flaschenhalses unterhalb des Korkens mit einer Portweinzange.

1 Die Flasche mehrere Stunden oder über Nacht aufrecht stellen, damit sich das Depot am Boden absetzen kann.

2 Den ringförmigen Vorderteil der Zange mithilfe eines Gasbrenners zum Glühen bringen.

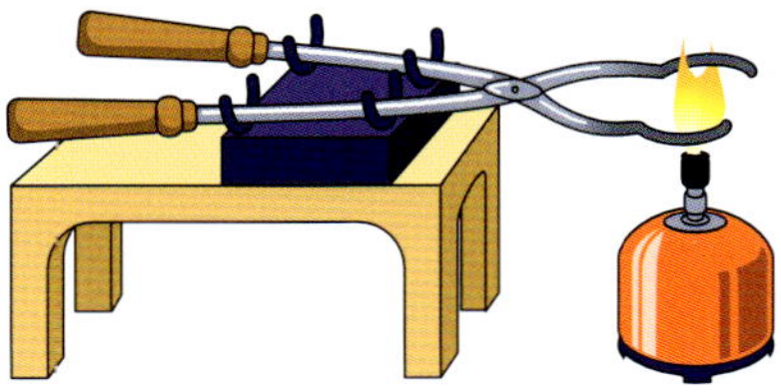

3 Mit dem ringförmigen Zangenteil den Flaschenhals unterhalb des Korkens ca. zwei Minuten fixieren – die Hitze überträgt sich somit auf das Glas.

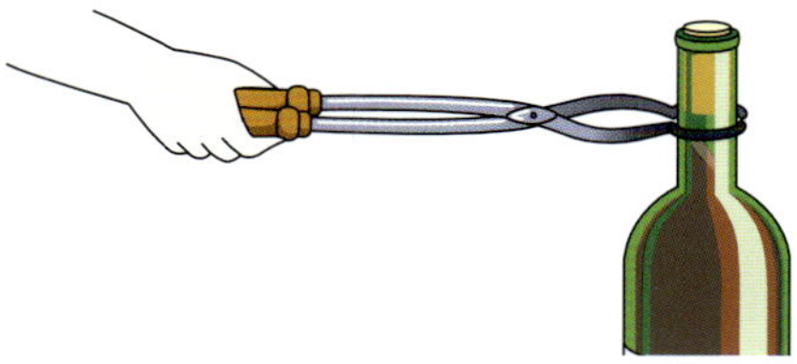

4 Die Zange beiseitelegen und ein Tuch, in das Crushed Ice eingewickelt wurde, um den Flaschenhals legen.

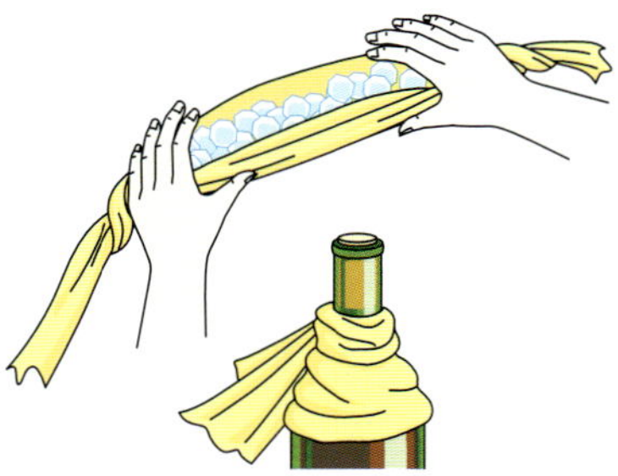

5 So lange warten, bis man ein Klicken vernimmt. Das Klicken bedeutet, dass der Temperaturunterschied (Hitze und Eis) das Glas mit einem sauberen Sprung abgetrennt hat. Nach einigen Sekunden den Flaschenhals mit dem Korken entfernen und auf einem kleinen Teller ablegen.

6 Anschließend wird der Wein vorsichtig in eine Dekantierkaraffe umgefüllt, das Depot bleibt in der Flasche zurück.

Weitere versetzte Weine

Madeira	
Bual	Eignet sich als Digestif, passt aber auch sehr gut zu Käse und Süßspeisen. Ältere Weine korrespondieren hervorragend mit Schokoladendesserts. Trinktemperatur: 13–14 °C.
Malvasia/Malmsey	Im Alter wird er likörartig und eignet sich besonders als Begleiter zu Petit Fours, Pralinen, Schokolade, aber auch als Abschluss eines Essens und als Begleiter zur Teatime. Trinktemperatur: 16–18 °C.
Malaga	
Dulce Color, Malaga Moscatel, Malaga Pedro Ximénez, Lágrima	Die süßen Malagas eignen sich mit einer Temperatur von 16 bis 18 °C als Digestif oder leicht gekühlt (13–14 °C) als Begleiter zu Desserts.
Marsala	
Superiore	Die süßen Varianten werden leicht gekühlt zu Desserts oder mit einer Trinktemperatur von 16 bis 18 °C als Digestif serviert.
Moscatel de Setúbal	
Moscatel de Setúbal	Passt wunderbar zu Schokoladen und Nugatdesserts bzw. zu Blauschimmelkäse. Trinktemperatur: 14–16 °C.

Tokajer

Um den Tokajer rankt sich eine ganze Reihe von alten Geschichten. So wird ihm eine heilende Wirkung zugeschrieben, und man kann ihn als „Vinum tokajense passum" bis heute in den Apotheken in kleinen Glasflaschen mit geschliffenem Glasstöpsel kaufen.

Der Name Tokajer stammt von dem ungarischen Städtchen Tokaj im Weinbaugebiet Tokajhegyalja (Tokajer Hügelland) in Nordostungarn. Im westlichen Teil um Mád herrscht Löss vor, im Osten dagegen Vulkangestein mit rötlicher Erde. Die typischen Tokajerkeller sind in dieses Vulkangestein hineingebohrt.

Die von den Karpaten geschützten Weinberge sind durch hohe Luftfeuchtigkeit während der Nächte und durch lange, warme Herbste klimatisch sehr begünstigt.

Der Tokajer ist meist eine Cuvée aus Furmint, Hárslevelü (Lindenblättrigem) und Gelbem Muskateller.

Tokaji Eszencia (Tokajeressenz)

Die ausgelesenen edelfaulen Trauben kommen auf Keltertische, wo ihre Haut platzt und der Saft ohne Druck, d. h. ohne Pressen, abfließt. Dieser extrem zuckerreiche Most kommt in Fässer, in denen er sehr langsam vergärt. Die Tokajeressenz ist sehr süß und weist einen Alkoholgehalt von 6 bis 10 Vol.-% auf.

Tokaji Aszú

Wenn der Saft für die Tokajeressenz abgeflossen ist, bereitet man aus dem Rest der rosinenartig eingeschrumpften Beeren in kleinen Butten eine Maische. Diese Maische wird dem Wein, der aus den nicht edelfaulen Trauben gekeltert wurde (Tokaji Szamorodni), zugesetzt. Je nachdem, wie viele Butten zu einem Fass Wein gegeben werden, unterscheidet man drei-, vier-, fünf- oder sechsbuttige Aszú-Weine. Die Maische wird

12 bis 36 Stunden ausgelaugt, dann wird abgepresst, und der Wein beginnt zu gären. Die Aszú-Weine weisen einen Alkoholgehalt zwischen 13,5 und 15,5 Vol.-% auf und brauchen mindestens drei Jahre zur Reifung. In modernen Betrieben wird der Wein allerdings nicht mehr in Holzfässern, sondern in Edelstahltanks vergoren.

Pflückerin bei der Aszú-Ernte

Prädikatsweine

Die Prädikatsweine werden aus Trauben bereitet, die so süß sind, dass die Gärung nicht den gesamten Zucker in Alkohol umwandeln kann. Dies trifft vor allem bei Beerenauslesen, Ausbruch und Trockenbeerenauslesen, Strohweinen und Eisweinen zu (mehr dazu auf S. 98).

Das Service

Anstelle eines Desserts wird gerne ein Prädikatswein empfohlen, das Ausschankmaß ist dabei 1/16 l. Prädikatsweine werden etwas kühler getrunken, idealerweise mit einer Temperatur von 10 bis 12 °C.

Ein Tipp vom Profi
Bestellt der Gast einen Blau- oder Grünschimmelkäse zum Nachtisch, empfehlen Sie dazu einen Prädikatswein. Er harmoniert hervorragend mit dieser Käseart.

Destillate aus Wein

Was für ein Tausendsassa die Weintraube ist, sieht man daran, dass aus ihr nicht nur süßer Traubensaft und Wein gemacht werden können, sondern auch Hochprozentiges. Dazu werden die Rückstände aus der Weinerzeugung ebenso verwendet wie die Pressrückstände der Weinmaische, aus denen die Tresterbrände (Grappa, Marc) destilliert werden. Selbst die verbliebene Hefe aus der Weinerzeugung ist wiederverwendbar und dient der Herstellung von Hefebränden (Gelägerbränden, Glöger).

Alle Brennereierzeugnisse aus Wein, die unter Zusatz von destilliertem bzw. demineralisiertem Wasser auf Trinkstärke herabgesetzt werden, gehören in die Gruppe der Weindestillate.

Die berühmtesten Destillate aus Wein sind Cognac und Armagnac. Sie stammen beide aus Frankreich und dürfen ausschließlich aus Weinen bestimmter geschützter Gebiete gebrannt werden. Für Cognac ist dies die Charente, für Armagnac die Gascogne.

Diese Herkunft macht auch den Unterschied zwischen Weinbrand und Brandy aus. Die Herkunftsgebiete in Deutschland, Österreich, Italien, Spanien (ausgenommen Brandy de Jerez), Portugal und Griechenland sind nicht geschützt.

Cognac

Cognac ist ein Destillat aus Weißweinen, die ausschließlich aus der **Charente** kommen, einem in Frankreich gesetzlich geschützten Gebiet. Die Hauptstadt dieses Gebietes ist Cognac, die dem weltbekannten Weinbrand seinen Namen gegeben hat. Unter allen Weindestillaten der Welt gilt Cognac als das vornehmste. An Eleganz und Finesse kommt ihm kein anderes gleich.

Alle französischen Destillate aus Wein, die nicht aus der Charente stammen, werden als **Eau de Vie de Vin** bezeichnet.

Schwarz auf gelb
Seit 1941 überwacht die französische Staatsverwaltung, das Bureau National Interprofessionnel du Cognac (B. N. I. C), die Produktion der edlen Brände. Neben der Prüfurkunde stellt diese Behörde auch das berühmte gelbe Zertifikat (Acquit á caution régional jaune d'or) aus. Diese Urkunde befindet sich in jeder Cognac-Kiste, egal in welches Land der Erde sie auch immer exportiert wird.

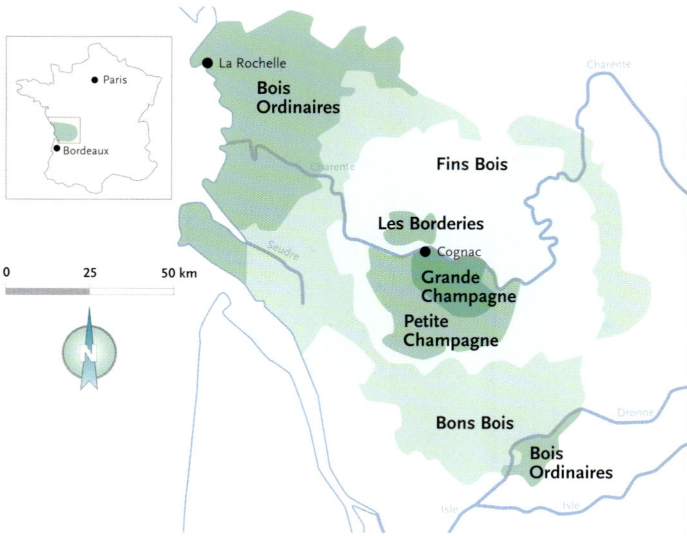

Wie Baumringe muten die Lagen der Charente an, die sich um das Städtchen Cognac anordnen

Die Weinbaugebiete

Die Rebfläche der Charente beträgt ca. 80 000 Hektar, etwa 6 200 Winzerbetriebe erzeugen die Trauben bzw. die Weißweine für die Cognac-Herstellung. Die Charente wird in sechs Anbaugebiete unterteilt.

Grande Champagne

Die Grande Champagne mit der Stadt Cognac ist sozusagen das Herz der Charente. Von hier stammen die Trauben für den besten Cognac. Die stark kreidehaltigen Böden sorgen für ein bukettreiches Destillat. Etwa 15 % der Brennweine kommen aus dem besten Anbaugebiet, der Appellation Grande Champagne Contrôlée. Nur Brände aus diesem Anbaugebiet dürfen sich Premier Cru nennen.

Petite Champagne

Das Gebiet umschließt die Grande Champagne im Süden wie ein Hufeisen. Der Kreideanteil der Böden ist ein wenig geringer, und die Weine zeigen sich feinblumig und feurig. Etwa 19 % der Cognac-Weine kommen aus diesem Gebiet.

Les Borderies

Die kleinste Region schließt unmittelbar an die Grande Champagne an. Ihre fetten, lehmhaltigen Böden bringen Weine mit kräftigem Aroma, aber ohne besondere Feinheit hervor. Der Anteil am Gesamtertrag liegt bei 5 %. Die Destillate sind körperreich und besitzen ein ausgeprägtes Bukett.

Fins Bois

Das Anbaugebiet umschließt die drei vorher genannten Regionen wie ein Ring. Hier wird der größte Teil, etwa 41 % des Gesamtertrags der Charente, erzeugt.

Bons Bois

Die Brände dieses Gebietes (rund 17 %) gelten als besonders feurig.

Bois Ordinaires / Bois à Terroir

Die Weine aus dem nordwestlichen Bereich sind unbedeutend.

Die Rebsorten

Das Gesetz lässt eine Vielzahl verschiedener Rebsorten zu. Die Hauptsorte heißt Ugni blanc, besser bekannt als Trebbiano. Der Rest entfällt v. a. auf die Sorten Folle blanche und Colombard.

Die Erzeugung

Die Weinlese, das Keltern der Trauben und die Weinbereitung erfolgen nach traditionellen Methoden. Der gewonnene Traubensaft wird sofort zum Gären gebracht, wobei der Zusatz von Zucker untersagt ist. Nach einer dreiwöchigen Gärung haben die Jungweine einen Alkoholgehalt von etwa 9 Vol.-%. In diesem Stadium sind sie sauer und aufgrund ihres geringen Alkoholgehalts besonders gut für die Destillation geeignet. Diese muss spätestens am 31. März des darauffolgenden Jahres beendet sein.

Die Destillation

Der Destillationsprozess hat sich seit der Entstehung von Cognac nicht verändert, und so ist die **Charentaiser Brennblase mit zweifacher Destillation** („à repasse“) nach wie vor im Einsatz.

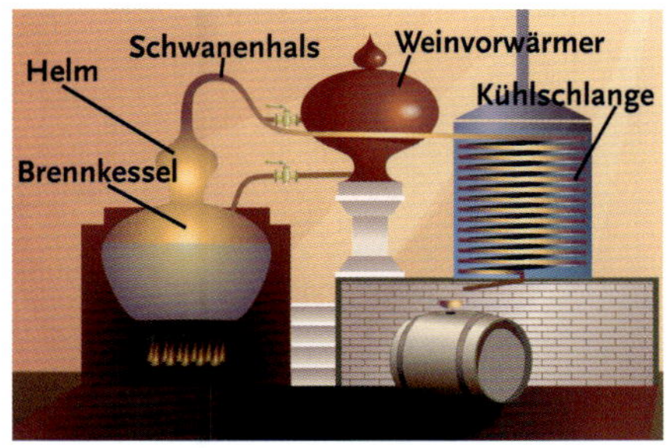

Oft ist die Charentaiser Brennblase mit einem energiesparenden Weinvorwärmer gekoppelt. Dieser wird von den aufsteigenden Alkoholdämpfen durchlaufen und ermöglicht so das Vorwärmen des Weines auf 60 °C. Der vorgewärmte Wein wird dann in einer nächsten Phase destilliert.

Raubrand

Der ungefilterte Wein wird in den Brennkessel gefüllt und auf den Siedepunkt erhitzt. Die aufsteigenden Alkoholdämpfe sammeln sich im Helm und gelangen durch den Schwanenhals in die Kühlschlange (das Kühlbecken). Dabei kondensieren sie und laufen als **Raubrand** (Brouillis) mit rund 30 Vol.-% Alkohol ab.

Feinbrand

Bei der **Feinbranderzeugung** (Bonne Chauffe) wird der Raubrand erneut in den Brennkessel gefüllt und erhitzt. Der zuerst abfließende, alkoholreiche **Vorlauf** (Tête/Kopf), der 1 bis 2 % der Destillation ausmacht, wird abgetrennt. Nur aus dem klaren **Mittellauf**, dem Herzstück der Destillation mit 60 bis max. 72 Vol.-% Alkohol wird Cognac hergestellt. Nicht umsonst wird der Mittellauf auch **Cœur**, zu Deutsch Herz, genannt. Sinkt der Alkoholgehalt auf 60 Vol.-%, werden dieses zweitrangige

Destillat (Secondes) und der anschließend abfließende Nachlauf (Queues) nochmals abgetrennt.

Der Ablauf des Destillationszyklus erfordert vom Destillateur große Aufmerksamkeit und Erfahrung. Er entscheidet über den Anteil an feinem Hefetrub bzw. über die Verwendung des zweitrangigen Destillates im Wein oder Raubrand.

Die Lagerung und Reifung

Nach dem Brennvorgang muss der wasserklare Brand in Fässern aus Limousin-Eiche lagern. Dieses Holz ist stark tanninhaltig und eignet sich besonders gut zur Lagerung des Destillates. Eine Alternative sind Fässer aus Troncais-Eiche, die weniger Tannin beinhalten und deshalb besonders für Cognacs mit kürzeren Lagerzeiten geeignet sind. Für die Lagerung haben sich Fässer mit 350 Litern Inhalt bewährt, wenngleich es auch größere, sogenannte „tonneaux", mit 450 Litern Inhalt gibt.

Ein Werk der Zeit

Die Reifung erstreckt sich oft über Jahrzehnte, wobei natürlich jedes Fass seinem Alter gemäß einen anderen Einfluss auf das Destillat hat. Und hier beginnt die Aufgabe des Kellermeisters, des **Maître de Chai:** Er bestimmt, welches Fass wann eingesetzt wird. In den ersten Monaten sind dies vorrangig junge Fässer. Mit fortschreitender Reife greift er jedoch auf immer ältere Gebinde zurück, die ihre Gerbsäure bereits abgegeben haben. Die aus dem Eichenfass ausgelaugten Stoffe sowie der reifefördernde Sauerstoffaustausch durch das Holz verändern das Aussehen und geben dem Destillat seine typisch goldgelbe oder feurigbraune Farbe. Auch der Geschmack wird weicher und vollmundiger, ein exquisites Bukett mit feiner Vanillenote entsteht.

Nach einer über 40-jährigen Fasslagerung kommt der Reifeprozess langsam zum Stillstand. Viele Cognacs werden deshalb in große Glasballons (Dame Jeanne) gefüllt, damit sie – abgeschottet von äußeren Einflüssen – ihren Zustand nicht mehr verändern.

DIE CHARENTAISER BRENNBLASE: DIE DESTILLATION ERFOLGT TRADITIONSGEMÄSS IN ZWEI SEPARATEN BRENNVORGÄNGEN

Die Reduktion

Während der langen Fasslagerung verdunstet stets ein Teil des Destillats. Sinnigerweise nennt man diesen Vorgang mit einem Anflug von Poesie den „Anteil der Engel". Den Fässern wird deshalb über die Jahre behutsam destilliertes bzw. entmineralisiertes Wasser zusammen mit schwachem Cognac hinzugefügt, um schließlich die gewünschte Trinkstärke von mindestens 40 Vol.-% zu erreichen.

Anteil der Engel

Pro Jahr verdunsten ca. 2 bis 3 % des Cognacs, das sind umgerechnet über 20 Millionen Flaschen Cognac. Diesen hohen Tribut nehmen die Cognac-Erzeuger jedoch in Kauf, um die besondere Qualität halten zu können.

Das Verschneiden (Mariage)

Ist die Zeit der Reife abgeschlossen, folgt ein weiterer wichtiger Schritt – die **Mariage**, zu Deutsch die Vermählung. Das Verschneiden der Cognacs ist das Werk des Kellermeisters.

Es gilt als besondere Kunst, verschiedene Destillate so miteinander zu vermischen, dass entweder eine bestimmte einheitliche Qualität oder ein neues Cognacprodukt dabei entsteht. Es werden aber auch sorten- oder regionsreine Destillate, sogenannte **Single Cru** abgefüllt, in denen sich die Handschrift und der Charakter der jeweiligen Domäne bzw. ihres Kellermeisters wiederfinden.

Kellermeisterin von Remy Martin; mit einer Mischung aus Präzision und Erfahrung stellt sie, ähnlich wie beim Kreieren eines Parfums, subtile Kompositionen aus Destillaten verschiedener Alters, unterschiedlicher Sorten und Lagen zusammen

Der Einkauf

Welche Angaben müssen auf dem Etikett stehen?

- Die Bezeichnung Cognac oder Eau de Vie de Cognac oder Eau de Vie des Charentes.
- Der Flascheninhalt.
- Der Alkoholgehalt (mindestens 40 Vol.-%).
- Angaben wie die regionalen Appel-

lationen: Grande Champagne, Petite Champagne, Fins Bois, Bons Bois.

- Altersbezeichnungen: Jeder Cognac besteht aus Destillaten unterschiedlichen Alters. Die Bezeichnung gibt nur Auskunft über das Alter des jüngsten Cognacs, der für die Komposition verwendet wurde. In der Regel verwenden die Händler zur Herstellung ihrer Verschnitte sehr viel ältere Destillate, als gesetzlich vorgeschrieben ist.

Kleines Abc der Etikettensprache

- **V. S. (very special) oder *** (3 Sterne/Trois Étoiles):** Cognac, dessen jüngstes Destillat mindestens zwei Jahre alt ist.
- **V. S. O. P. (very superior old pale), Réserve:** Cognac, dessen jüngstes Destillat mindestens vier Jahre alt ist.
- **Napoléon, X. O., Hors d'Age:** Cognac, dessen jüngstes Destillat mindestens sechs Jahre alt ist (durchschnittlich werden 20- bis 40-jährige Cognacs verwendet).
- **Millésimes (Jahrgangs-Cognac):** Cognac, dessen Destillate nur aus einem einzigen Erntejahr stammen. In diesem Fall wird das Erntejahr auf dem Etikett angegeben. Cognac Millésimes wird nur selten hergestellt.
- **Fine:** Dieser Begriff ist durch ein Gesetz von 1928 zur Bezeichnung von Traubenbranntweinen und Bränden aus Apfelweinen zugelassen. Er gibt keine Auskunft über das Alter.
- **Cognac Grande (Fine) Champagne, Cognac Petite (Fine) Champagne, Cognac (Fine) Borderies, Cognac (Fine) Fins Bois, Cognac (Fine) Bons Bois:** Die Destillate stammen zu 100 % aus dem Anbaugebiet der genannten Appellation. Der Zusatz „Appellation Contrôlée" oder „A. O. C." zu den vorgeschriebenen Angaben ist Pflicht.
- **Fine Champagne:** Bezeichnung für Cognac, der nur mit Destillaten verschnitten ist, die aus der Grande (mindestens 50 %) und der Petite Champagne stammen.
- **Single Distillery Cognac:** Cognac, der nur aus Feinbränden einer Destillerie hergestellt wird. Bekannte Erzeuger sind die Firmen Hennessy, Izambard und Le Peu.

Bekannte Marken

Bisquit, Camus, Chabasse, Courvoisier, Davidoff, Cognac Pierre Ferrand , Leopold Gourmel, Fillioux, Frapin, Lafragette, Hennessy, Hine, Rémy Martin, Martell, Delamain, Larsen, La Pouyade, Meukow, Monnet, Moyet, Otard, Polignac, Renault, Louis Royer.

De-luxe-Cognacs

Das sind die Topmarken der Cognac-Häuser. Diese Cognacs von X.-O.-(extremly old) bzw. De-luxe-Qualität enthalten 60, 80 aber auch 100 Jahre alte Cognacs. Cognac-Erzeuger nennen diese Reifestufe **Age des Épices**, zu Deutsch Gewürzalter, weil sich durch die lange, ungestörte Lagerung neben den floral-fruchtigen Aromen des typischen Cognacs zusätzlich weiche, komplexe Gewürznoten bilden.

Hennessy X.O.

Bekannte Produkte sind u. a. Rémy Martin Louis XIII, Martell Cordon Bleu, Hennessy Richard und Hennessy Paradis, Courvoisier XO Impérial, Hine Triomphe und Hine Family Reserve, Delamain Trés Venerable und Delamain Vesper Grande Champagne, Otard Extra, Léopold Gourmel Quintessence, Lhéraud XO und Adam.

Armagnac

Armagnac ist das älteste französische Weindestillat. Hergestellt wird es im Südwesten Frankreichs im Herzen der **Gascogne,** und zwar ausschließlich aus Weinen dieses Gebietes. Armagnac ist nachweislich älter als Cognac. Er darf in Jahrgängen, die bis ins 19. Jahrhundert reichen, verkauft werden.

Die Weinbaugebiete

In der Gascogne dürfen nur die Trauben aus drei bestimmten Gebieten für die Armagnac-Erzeugung verwendet werden, die durch ihr unterschiedliches Terroir geprägt sind.

- **Bas-Armagnac:** Um die Stadt Eauze werden auf sandigen Böden die besten Trauben (55 %) für die Armagnacerzeugung geerntet.
- **Armagnac-Ténarèze:** In diesem Gebiet gedeihen die Reben auf Tonböden. Die Destillate sind leichter und altern schneller.
- **Haut-Armagnac:** Das Gebiet ist für die Produktion von geringer Bedeutung.

Die Rebsorten

Für Armagnac sind zehn Rebsorten zugelassen, in erster Linie prägen aber vier, nämlich Ugni blanc, Folle blanche, Baco 22 A und Colombard, seinen Charakter.

Die Erzeugung

Die Herstellungsverfahren sind gesetzlich geregelt, die Kontrolle unterliegt dem „Bureau National Interprofessionnel de l'Armagnac".

Die Trauben werden im Oktober geerntet und gepresst, die Gärung erfolgt auf natürliche Weise. Die Weine weisen in der Regel einen hohen Säure- und einen niedrigen Alkoholgehalt auf und behalten ihre Frische und ihre Aromen bis zu ihrer Destillation. Der zu brennende Wein darf mit Kräutern, Haselnüssen und Pflaumen versetzt werden, die dem Destillat sein ausgeprägtes Aroma verleihen.

Die Destillation

Die Destillation findet im Winter statt und muss bis spätestens 15. Februar des auf die Ernte folgenden Jahres abgeschlossen sein. Etwa 95 % der Armagnacproduktion werden mit dem für die Region typischen „Alambic armagnacais" destilliert, einem sogenannten **kontinuierlichen Verfahren** (siehe S. 295). Dieses bewirkt, dass Bestandteile des Weines, die bei der Cognacdestillation ausgeschieden werden, erhalten bleiben. Der Destillierapparat besteht vollständig aus Kupfer und trägt entscheidend zum eigenständigen Charakter des Armagnacs bei. Ein raffiniertes System aus durchlöcherten Platten und Röhren sorgt dafür, dass der Armagnac frei von allen schädlichen Bestandteilen ist, aber besonders viele Duft- und Geschmacksstoffe des Weines enthält.

Alambic armagnacais mit Kupferbrennblasen

Früher wurde über offenem Feuer zweimal destilliert, bevor man zum kontinuierlichen Verfahren überging. Einige Erzeuger von Armagnac verwenden auch heute noch eine Apparatur, die nach dem Prinzip der zweifachen Destillation funktioniert.

Die Lagerung und Reifung

Die Lagerung des Destillates erfolgt in Fässern aus Limousin- oder Gascogne-Eiche mit einem Füllvermögen zwischen 225 und 420 Litern.

Die frischen Destillate kommen in neue Fässer und werden nach dem Herauslösen der Aroma- und Gerbstoffe in ältere, gebrauchte Fässer umgefüllt. Darin können sich die Destillate in einer etwas gemächlicheren Art weiterentwickeln: Die aus dem Holz gelösten Aromen gewinnen an Finesse, Anklänge von Vanille und Backpflaume stoßen hinzu, die Farbe ändert sich von Bernstein zu Mahagoni. Beeinflusst wird diese Entwicklung durch eine langsame Oxidation.

Während der Lagerzeit von mindestens zwei bis höchstens 40 Jahren verdunstet ein Teil des Alkohols, und auch der Alkoholgehalt verringert sich um ca. 0,5 Vol.-% pro Jahr. Der Schwund wird durch eine Mischung aus destilliertem Wasser und schwachem Armagnac, die sogenannten Petites Eaux (kleine Wässer), ersetzt, bis die Trinkstärke erreicht ist.

Wenn der Kellermeister den Reifeprozess als beendet betrachtet, beginnt er mit der **Assemblage.** Armagnac wird entweder aus mehreren Eaux de Vie verschiedenen Alters und verschiedener Gebiete gemischt oder als Jahrgangs-Armagnac (Millésimes) angeboten. Der Alkoholgehalt liegt zwischen 38 und 43 Vol.-%.

Der Einkauf

Kleines Abc der Etikettensprache

- **Appellation Armagnac Contrôlée:** Verschnitt von Destillaten aus zwei oder drei Armagnac-Regionen. Die Herkunftsbezeichnung setzt voraus, dass Wein und Destillat aus der jeweiligen Region stammen (z. B. Appellation Haut-Armagnac Contrôlée).
- **Millésime (Jahrgangs-Armagnac):** Die Mindestlagerung beträgt zehn Jahre. Der auf dem Etikett vermerkte Jahrgang bezeichnet das Erntejahr.
- **Altersbezeichnungen:** Bei Verschnitten ist immer das Alter des jüngsten Destillates angegeben.
- **Drei Sterne, *** (Trois Étoiles):** mindestens zwei Jahre gelagert.
- **V. S. (very special), Sélection, De Luxe:** mind. drei Jahre gelagert.
- **Superieur, Premièr Choix, Grande Sélection:** mind. vier Jahre gelagert.
- **V. O. (very old), V. S. O. P. (very superior old pale), Réserve, Grande Fine:** mind. fünf Jahre gelagert.
- **Napoléon, Vieille Réserve, Hors d'Age, X. O (extremly old):** über fünf Jahre gelagert. Beim Hors d'Age handelt es sich um einen Verschnitt, dessen jüngstes Destillat mindestens 10 Jahre im Holzfass gereift ist.

In der Kürze liegt die Würze

Um das Angebot übersichtlicher und die auf den Etiketten vermerkten Bezeichnungen verständlicher zu gestalten, wurde von den Erzeugern eine Einteilung vorgenommen, die nur noch zwei Kategorien vorsieht:

- **Armagnac** für alle Erzeugnisse mit weniger als fünf Jahren Reifezeit,
- **Vieil Armagnac** für alle Destillate mit mehr als fünf Jahren Reifezeit.

Bekannte Marken

Larresingle, Clés des Ducs, Janneau, Marquis de Montesquiou, Gerland, Sempé, Goudoulin, Albagnan, Château de Hontambère, Duffau, Samalens.

Eau de Vie de Vin

Als Eau de Vie de Vin wird französischer Weinbrand bezeichnet, der außerhalb der Gascogne und der Charente erzeugt wird. Der Alkoholgehalt beträgt 40 Vol.-%.

Bekannte Marke

De Ville V. S. O. P.

Weinbrand

Weinbrand wird in vielen Ländern erzeugt. In Österreich ist er laut Gesetz ein Edelbrand aus Wein, der sowohl aus 100 % Weindestillat bestehen kann, aber auch als Verschnitt mit höchstens 50 % hochgradigem Weindestillat (Halbverschnitt) erzeugt wird. In jedem Fall beträgt die Reifungszeit mindestens ein Jahr, bei Fässern mit einem Fassungsvermögen unter 1 000 Litern mindestens sechs Monate. Der Alkoholgehalt beträgt mindestens 36 Vol.-%.

Österreichischer/deutscher Qualitätsweinbrand besteht zu 100 % aus hochwertigem Weindestillat und wird aus einheimischen Grundweinen erzeugt.

Bekannte Marken

Österreich: Bouchet, Stock, Spitz.
Deutschland: Asbach, Dujardin, Eckes, Scharlachberg, Mariacron, Chantré, Melcher's Rat, Jacobi, Wilthener, Winkelhausen.

Brandy

Brandy ist ein sehr allgemeiner Begriff, der weltweit für verschiedenartigste Spirituosen verwendet wird. In erster Linie sind damit jedoch Weinbrände gemeint, vor allem aus südeuropäischen Ländern, insbesondere Spanien. Generell ist Brandy milder und weicher als Weinbrand. Der spanische Brandy wird auch als Brandy de Jerez bezeichnet. Die Produktionsmenge dieses andalusischen Brandys ist größer als jene Frankreichs und Deutschlands zusammen.

Brandy de Jerez

Der Grundwein wird fast ausschließlich aus Airén-Trauben gekeltert. Die Destillate werden von großen Brennereien mit einem einheitlichen Qualitätsstandard erzeugt und dann nach Jerez gebracht, wo sie nach individuellen Rezepten der Erzeugerfirmen gelagert und verfeinert werden.

Brandy wird in Sherry-Fässern nach dem traditionellen Solera-System (siehe Sherry, S. 21 ff.) gelagert. Durch das oftmalige Umfüllen aus den oberen in die unteren Fassreihen sowie aufgrund der klimatischen Bedingungen in Andalusien reift der Brandy besonders rasch. Da in den Fässern bereits Sherry gelagert wurde, nimmt der Brandy auch dessen Charakter an. Einfache Brandys sind bereits nach sechs Monaten trinkbar, Brandys guter Qualität bleiben einige Jahre im Fass.

Kleines Abc der Etikettensprache

- **Sherry Solera:** mindestens sechs Monate, durchschnittlich 1 ½ Jahre gereift.
- **Solera Reserva:** mindestens ein Jahr, durchschnittlich drei Jahre gereift.
- **Solera Gran Reserva:** Premium-Kategorie, mindestens drei Jahre, meist bis zu acht Jahren gereift.

Ein spezieller Kontrollrat, der „Consejo de Regulador", überwacht alle Vorschriften und sichert damit die Qualität und Eigenständigkeit des Brandy de Jerez.

Bekannte Marken

Spanien: Miguel Torres Imperial, Cardenal Mendoza, Carlos 1, Osborne („Veterano", „Conde de Osborne"), Bobadilla („Brandy 103"), Gonzalez Byass („Soberano", „Lepanto"), Domecq, Gran Duque d'Alba, Lustau.
Italien: Stock 84, 84 Originale, 84 V. S. O. P., Stock X. O., Vecchia Romagna Etichetta Nera.
Griechenland: Metaxa 3 Sterne bis 7 Sterne.
Portugal: Antiqua V. S. O. P.

Pisco

Pisco ist ein Branntwein aus Wein (hauptsächlich Muskateller) und Weintrestern (Pressrückständen der Weinmaische), der v. a. in Peru, Chile und Argentinien hergestellt wird. Er ist hell und wasserklar und wird in Tongefäßen gelagert. Sein Alkoholgehalt liegt zwischen 40 und 45 Vol.-%.

Bekannte Marken

Alto del Carmen, Capel, Pisco Control, Pisco Soldeica und Inca.

Weinhefebrand (Gelägerbrand, Glöger, Hefer)

Nach der Gärung von Wein setzen sich am Fassboden alle festen Bestandteile ab. Sie werden als Geläger bezeichnet und sind je nach Wein gelb- oder rotbraun. Geläger besteht hauptsächlich aus abgestorbener Weinhefe, Weinstein, Eiweiß, Farb- und anderen Trubstoffen. Nach dem Abziehen des Weines vom Geläger (vgl. auch Weinerzeugung, S. 62) werden diese Rückstände, die noch eine beträchtliche Menge Wein enthalten, gepresst. Aus diesem Gelägerpresswein wird der Weinhefebrand destilliert.

Tresterbrand (Grappa)

Tresterbrände sind Edelbrände, die ausschließlich aus Pressrückständen der weißen oder roten Maische hergestellt werden. In Frankreich werden sie als **Marc**, in Italien als **Grappa** und in der Schweiz als Träsch oder Marc bezeichnet. Der Alkoholgehalt muss mindestens 37,5 Vol.-% betragen.

Früher verkauften die italienischen Winzer ihre Trester an Unternehmen, die daraus Destillate herstellten. Heute erzeugen viele Winzer selbst Grappa. Da diese hochprozentige Spirituose eine steile Karriere gemacht hat, haben sich in Italien auch große Unternehmen etabliert, die ausschließlich Grappa herstellen. In Österreich und Deutschland sind es nach wie vor die Winzer, die die Tresterbrände herstellen oder herstellen lassen.

Es gibt glasklare Grappas und solche, die im Holzfass gelagert werden. Sie erfahren dadurch eine Gelbtönung. Hier ist jedoch Vorsicht geboten: Während in Österreich und Deutschland die Farbe tatsächlich von der Fasslagerung stammt, darf in Italien Zuckercouleur beigegeben werden. Die Lagerung erfolgt zumeist in Eichenfässern und dauert ein bis zehn Jahre.

Neben den rebsortenreinen Grappas werden viele auch aus einer Trester-Cuvée hergestellt. Der sortenreine „Grappa Monovitigno“ genießt bei den Gästen höchstes Ansehen.

Der Deckel auf dem Glas dient zur Erhaltung der Duft- und Aromastoffe

Bekannte Erzeuger und Marken

Österreich: Jurtschitsch, Böckl, Bründlmayer, Kollwentz, Gölles, Walek, Stadlmann, Weinlaubenhof Kracher, Lagler.
Deutschland: Löwenstein, Vallendar, Schweinhardt, Breuer, König, Fürst, Weingut Fürst von Castell, Weingut Graf Adelmann, Winzergenossenschaft Grantschen, Gutzler, Becker, Siegrist, Johner, Heger.
Italien: Bocchino, Grappa Julia, Vite d'Oro, Piave, Nonino, Ceretto, Romano Levi, Jacopo Poli.
Frankreich: Marc de Champagne (Moët & Chandon, Pommery), Marc de Bourgogne (Robert Chevillon, Hospices de Beaune), Marc d'Alsace (Preiss).

Der Einkauf und die Lagerung

Die Flaschengrößen von Weinbränden reichen von ganz kleinen Flaschen (Miniaturen) bis 0,75-Liter-Flaschen und vereinzelt größeren Flaschen. Generell sollen Brände im Dunkeln bei gleichbleibend kühler Temperatur stehend gelagert werden, um einen Kontakt des Korkens mit dem Alkohol zu verhindern.

Das Service

Das Ausschankmaß ist generell für alle Weindestillate 2 oder 4 cl.

Cognac, Armagnac & Co

Der traditionelle Cognacschwenker wird immer häufiger durch das klassische Cognacglas ersetzt.

Die ideale Trinktemperatur der Weindestillate liegt bei 18 °C. Ist ein Brand zu kalt, wird die Aroma- und Geschmacksentfaltung gehemmt. Trotzdem gibt es Gäste, die kühlere Varianten bevorzugen. So wünschen z. B. Gäste aus dem asiatischen Raum als Aperitif einen gekühlten Cognac bzw. einen Cognac auf Eis (mit und ohne Wasser). Ein Trend, der sich in letzter Zeit herauskristallisiert, ist, Cognac auf minus 18 °C zu kühlen und in eisgekühlten Gläsern als Aperitif zu servieren. In kleinen Schlucken genossen, entfalten sich die Aromen des Cognacs dabei langsam am Gaumen.

Abzuraten ist von der Variante, Cognacgläser anzuwärmen. Dabei kommen die feinen Aromen nicht mehr zur Geltung, sie präsentieren sich flach und auf jeden Fall zu wenig markant.

Cognacglas

Tresterbrand

Grappa serviert man am besten in einem dünnwandigen Obstdestillatglas (siehe S. 296) mit einer Temperatur zwischen 8 und 10 °C, Grappa besonderer Qualität mit 18 °C.

Weindestillate – wann und wozu?

Weinbrände werden gerne nach Abschluss eines Essens als Digestif oder zu Kaffee genossen. Bei letzterer Verbindung liegt der Schwerpunkt auf Aromen, die sich aus dem Ausbau des Destillates in Eichenholzfässern ergeben. Die Anklänge von Holz und Rauch, Röstnoten, Kaffee- und Kakaoaromen finden sich auch beim Kaffee wieder. Die Bitterkeit des Kaffees gleicht aber auch die Säure des Brandes aus und verstärkt so den Eindruck von Weichheit.

Cognacs werden gerne direkt vor dem Gast aus der Flasche ausgeschenkt. Sehr alte Cognacs werden auch im Dekanter angeboten.

Ein Tipp vom Profi
Bestellt ein englischer oder amerikanischer Gast einen Brandy, versteht er darunter einen Cognac.

Destillate aus Getreide

Roggen, Weizen, Gerste, Hafer, Mais, Reis, Hirse und Buchweizen sowie Getreide- oder Biertrester können die Basis für Getreidedestillate wie Whisk(e)y, Genever, Gin, Aquavit und Wodka bilden.

Whisky & Whiskey

Heute wird Whisk(e)y auch in anderen Ländern, wie z. B. den USA, Kanada, Japan, Deutschland und Österreich produziert.

Whisky oder Whiskey, das ist hier die Frage
Die Schreibweisen Whisky und Whiskey sollten ursprünglich den schottischen Whisky vom irischen Whiskey unterscheiden. Nach dem Oxford-Dictionary sind beide Schreibweisen zugelassen. In Irland und in den USA wird hauptsächlich (aber nicht ausschließlich) die Schreibweise mit „e" verwendet.

„WASSER DES LEBENS" NENNEN IHN DIE SCHOTTEN UND IREN, DIE BEREITS IM 5. JAHRHUNDERT N. CHR. WHISK(E)YS – DAMALS NOCH WASSERKLAR – DESTILLIERTEN

Die Erzeugung

Whisk(e)y wird durch Destillieren von Getreidemaische gewonnen. Wurden früher dazu nur Gerste und Hafer verwendet, verarbeitet man heute auch Weizen, Mais und Roggen. Jedes Erzeugerland produziert geschmacklich unterschiedliche Sorten.

Das Mälzen

Nach dem Reinigen wird das Getreide mit Wasser befeuchtet und anschließend zum Keimen gebracht. Während des etwa fünftägigen Keimprozesses kommt es zur Bildung von Enzymen, die die spätere Umwandlung der Stärke in Einfachzucker ermöglichen. Diese Enzyme werden beim Darren, dem Trocknen des sogenannten Grünmalzes mit Heißluft, wieder ruhig gestellt. In Schottland wird dazu traditionell eine spezielle Darre benutzt, die mit Torf befeuert wird. Dies führt zum typischen, mehr oder weniger starken Rauchgeschmack mancher schottischer Whiskys. Die meisten Destillerien mälzen jedoch nicht mehr selbst, sondern kaufen das Malz zu.

Das Maischen

Damit die Enzyme wieder aktiv werden, wird das Malz (Grist) geschrotet und anschließend mehrmals mit heißem Wasser im Maischebottich vermischt.

Das Maischen von gemälztem Getreide

In der Regel wird der Grist bei der Malt-Whisk(e)y-Erzeugung dreimal mit heißem Wasser aufgegossen und der Zucker durch ständiges Rühren herausgelöst. Der erste Mischvorgang wird mit etwa 65 °C heißem Wasser durchgeführt und dauert ca. eine halbe Stunde. Sobald der Rührvorgang gestoppt wird, setzen sich die festen Bestandteile am Boden ab und die Flüssigkeit kann abgelassen werden. Beim zweiten Mal wird die Maische mit weniger, dafür heißerem Wasser (ca. 75 °C) aufgegossen. Auch dieses „süße Wasser" wird nach einer bestimmten Zeit abgezogen und mit dem ersten Abstich vermengt. Diese Mischung wird als **Würze (wort)** bezeichnet. Der dritte Aufguss erfolgt mit beinahe kochendem Wasser, um den restlichen Zucker zu lösen. Da er nur wenig Zucker enthält, wird er meist für den Aufguss beim nächsten Maischvorgang verwendet.

Das Maischen von teilgemälztem Getreide

Schwieriger wird die Umwandlung von Stärke in Zucker, wenn ungemälztes Getreide (z. B. für Grain, Bourbon, Rey oder Tennessee Whisky) verwendet wird. Zunächst werden die benötigten Getreidesorten getrennt gemahlen. Dann wird das Getreide in einer Art überdimensionalem „Dampfkochtopf" gekocht (Mais länger als Weizen), damit sich die harten Zellwände öffnen. Die Zugabe des Zweitgetreides (Roggen, Weizen) erfolgt bei einer Temperatur von ca. 70 °C. Um die Enzyme nicht zu zerstören, wird das Malz erst bei einer Temperatur im Bereich um 65 °C zugefügt.

Die saure Maische (Sour Mash)

Bei Whiskey aus den USA ist die Zugabe von **Sour Mash** (Backset oder Thin Stillage) üblich, in Tennessee sogar vorgeschrieben. Es handelt sich dabei um den Rückstand aus der letzten Destillation, der mit seinem Säuregehalt unerwünschte Bakterien abtötet, den Gärverlauf kontrollierbarer macht sowie Geschmack und Bukett verstärkt. Sour Mash kann sowohl beim Einmaischen als auch bei der Gärung zugefügt werden.

Beim Sweet-Mash-Verfahren wird nur frische Maische vergoren.

Die Gärung

Die abgekühlte Würze wird gefiltert oder ungefiltert (wie bei Grain Whisky) in die **Washbacks (Fermenters)** geleitet. In den Gärbehältern aus Kiefern- oder Lärchenholz bzw. Edelstahl wird der dunklen, stark zuckerhaltigen Flüssigkeit die Hefe „Saccharomyces cerevisiae" zugesetzt, und die Gärung wird eingeleitet.

Der größte Feind der Fermentation sind Essigbakterien bzw. der Schaum, der bei der Gärung entsteht. Um die Entwicklung dieser Bakterien zu verhindern, werden deshalb die Washbacks verschlossen, und der Schaum wird durch ein Rührwerk in die Flüssigkeit getaucht. Nach vier Tagen ist die Gärung abgeschlossen. Bis hierher ähnelt die Herstellung von Whisk(e)y also der von Bier (vgl. S. 203 ff.), und das Resultat der Gärung erinnert tatsächlich stark an Bier. Der Alkoholgehalt beträgt nach der Gärung 8 bis 10 Vol.-%, und das Wash oder Brewers Beer, wie es im Fachjargon genannt wird, kann nun destilliert werden.

LANGE, SCHLANKE POT-STILLS ERZEUGEN EINEN REINEN, LEICHTEN ALKOHOL, WEIL WENIGER GESCHMACKSTRÄGER MITGENOMMEN WERDEN, WÄHREND KURZE BRENNBLASEN VIELE AROMEN IN DAS DESTILLAT WANDERN LASSEN

Die Destillation

Das Prinzip der Alkoholgewinnung bei Bränden ist immer gleich. Destilliert wird entweder mit dem **Pot-Still-Verfahren** oder mit dem **Patent-Still-Verfahren**, das auch als Coffey- oder Column-Still-Verfahren bzw. kontinuierliche Destillation bekannt ist (mehr dazu auf S. 295).

Beim Destillieren ist es wichtig, dass Öle und leichte Esther mitgenommen werden, da sie es sind, die dem Whisk(e)y seinen typischen Geschmack verleihen.

Pot-Still-Verfahren

In der **ersten Brennblase (Wash-Still)** wird der Alkohol auf einen Gehalt von ca. 25 Vol.-% gebrannt. Erst in der **zweiten Brennblase (Wine- oder Spirit-Still)** wird ein Destillat mit 70 Vol.-% Alkohol erzeugt. Bei der in Irland üblichen dreifachen Destillation gibt es eine dritte Brennblase (mehr dazu auf S. 288).

Ein Brennmeister (Stillman) kann den neuen Whisk(e)y nicht probieren. Er kann ihn höchstens im verplombten Auffangbehälter (Spirit-Receiver) begutachten, die Temperatur messen und muss sich sonst auf seine Erfahrung verlassen. In kleineren Destillerien wird das gesammelte Destillat vom Auffangbehälter direkt in die Fässer gepumpt. In größeren Destillerien wird das Destillat zunächst in einem größeren Behälter, dem Spirit-Vat, gesammelt, um Geschmacksunterschiede auszugleichen, und dann in die Fässer gefüllt.

Die Reifung

Die Reifezeit für schottischen und irischen Whisk(e)y beträgt mindestens drei, für amerikanischen Whiskey zwei Jahre. Üblich ist eine Lagerungszeit von sechs, acht oder zwölf Jahren, aber auch von 16, 18, 20, 25, 30 bis 50 Jahren. Wie bei allen Destillaten, die in Holzfässern reifen, reduzieren sich jährlich der Alkoholgehalt sowie die Flüssigkeit um einen geringen Prozentsatz.

Die Nachfärbung und Kühlfiltration

Ein Färben der Whisk(e)ys mit Zuckercoleur ist zulässig und nimmt keinen Einfluss auf den Geschmack.

Unter bestimmten Temperaturen können Whisk(e)ys leicht eintrüben. Auslöser dieser Trübungen sind langkettige Fettsäuren. Deshalb wird Whisk(e)y meist einer speziellen Kältefiltrierung (Chillfiltration) unterzogen, bei dem er auf ca. 5 °C bzw. knapp unter den Gefrierpunkt gekühlt und gefiltert wird. Nachteilig ist, dass dabei auch Teile der Geschmacksträger (Esther), die sich um diese Fettsäuren sammeln, herausgefiltert werden, was wiederum zu einer Verringerung der Aromastoffe führt.

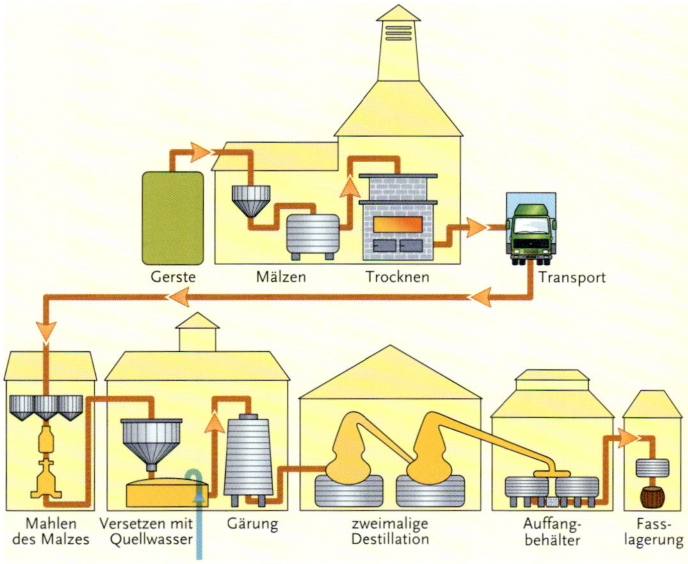

So entsteht schottischer Malt Whisky

Ein Tipp vom Profi
Unternehmen, die diese Verfahren nicht anwenden, machen auf dem Etikett ihrer Produkte mit den Hinweisen „non-chillfiltered" und „no artificial colouring" aufmerksam.

Scotch Whisky

Schottischer Whisky wird zurzeit in 85 Brennereien gebrannt. Darüber hinaus gibt es zahlreiche stillgelegte Destillerien, in denen jedoch noch große Mengen einzigartiger Malts auf Lager liegen und auf ihre Abfüllung warten. Die einzelnen Brennereien und die von ihnen hergestellten Whiskys werden verschiedenen Regionen zugeteilt.

Highlands

Diese Region wird gerne weiter in die Central, Northern, Western und Eastern Highlands unterteilt. Highland Malts sind meist kräftig im Geschmack.

Speyside

Das Gebiet befindet sich entlang des Flusses Spey in den Grafschaften Morayshire und Banffshire und liegt eigentlich in den Highlands. Speyside gilt mit über 50 Destillerien auf engstem Raum als das Kernland des schottischen Whiskys. Speyside-Malts haben einen eher milden, runden und feinen Geschmack.

Lowlands

In dieser Region wird leichterer und weicherer Whisky produziert. Manche Lowland-Whiskys werden dreifach gebrannt.

Islay

Islay gehört zur Inselgruppe der inneren Hebriden und ist der Westküste Schottlands vorgelagert. Die Malts sind in der Regel besonders kräftig und stark und zeichnen sich zum Teil durch einen besonders rauchigen Geschmack aus.

Die Whiskys anderer Inseln, wie z. B. Arran, Mull, Jura, Skye und Orkney, zeigen keinen einheitlichen Charakter. Nur der leichte Salzgeschmack, hervorgerufen durch die Seeluft, ist eine Gemeinsamkeit der Insel-Malts.

Schottischer Whisky ist bekannt für seinen typischen Rauchgeschmack, der beim Darren (Trocknen) des Gerstenmalzes über offenem Torffeuer entsteht. Aber auch in anderen Ländern werden Whisk(e)ys mit Rauchgeschmack produziert. Das weiche, klare Berg- und Moorwasser tut das Seinige zur Güte des schottischen Whiskys. Nach den zur Herstellung verwendeten Grundmaterialien unterscheidet man zwischen **Malz-Whisky (Malt Whisky)** und **Korn-Whisky (Grain Whisky).** Ist es ein reiner, unverschnittener Malt oder Grain Whisky, wird er als **Straight Whisky** bezeichnet.

Malt Whisky

Malt Whisky ist die ursprünglichste Form des Whiskys. Er besteht zu 100 % aus getorftem Gerstenmalz und wird im Pot-Still-Verfahren durch zweimalige Destillation hergestellt. Danach wird er mindestens drei Jahre in Fässern aus amerikanischer Eiche oder in alten Sherry-, Port-, Bourbon- und manchmal auch in Madeirafässern gelagert.

Bekannte Marken

Aberlour, Ardbeg, Balvenie, Bowmore, The Glenlivet, Glenfiddich, Glen Grant, Glenkinchie, Knockando, Laphroaig, Lagavulin, The Macallan, Rosebank, Springbank, Talisker.

Grain Whisky

Er besteht aus Mais (nur noch in geringen Mengen), Weizen, teilweise gemälzter Gerste und anderen Getreidesorten und wird nach dem Patent-Still-Verfahren hergestellt. Grain Whisky ist mild, leicht, hat wenig Farbe und wird hauptsächlich zum Verschneiden (Blending) mit Malts verwendet. Reine Grain Whiskys werden eher selten abgefüllt.

In Schottland produzieren derzeit sieben Destillerien Grain Whisky. Bis auf Loch Lomond befinden sich alle in den Lowlands. Wenn man bedenkt, dass neun von zehn Flaschen schottischen Whiskys Blends sind, wundert es nicht weiter, dass die Destillerien eher Erdölraffinerien gleichen, in denen gewaltige Whiskymengen produziert werden.

Bekannte Marken

Invergordon, Loch Lomond.

Blended Scotch Whisky

Blended Scotch Whisky wird aus Grain Whiskys und Malt Whiskys unterschiedlicher Jahrgänge und Herkunft so zusammengestellt, dass stets der gleiche markentypische Geschmack gegeben ist.

Zwischen 40 und 60 verschiedene Einzeldestillate werden für so manchen **Blend** vermischt. Eine Altersangabe auf dem Etikett muss sich auf den jüngsten in diesem Blend enthaltenen Whisky beziehen. Im Schnitt liegt das Verhältnis Grain zu Malt bei 75 : 25. Ab einem Anteil von 35 % Malt Whisky spricht man von einem De-luxe- oder Premium-Blend.

Bekannte Marken

Johnnie Walker Red Label, White Horse, J & B Rare, Cutty Sark, Black & White, Ballantine's, Grant's, Bell's, The Famous Grouse, Dean's, Dewar's White Label, Old Smuggler, Teacher's, VAT 69, Whyte & Mackay.

Bekannte De-luxe-Scotch-Blends

Johnnie Walker Black Label, Chivas Regal Gold Signature, Ballantine's Brown Label, Grant's Royal, Dimple Haig.

Kleines Abc der Etikettensprache

- **Single Malt:** Malt Whisky aus einer einzigen Destillerie.
- **Blended (vormals Vatted) Malt:** Mischung aus Whiskys unterschiedlicher Destillerien, die vollständig aus gemälzter Gerste hergestellt wurden.
- **Cask Strength** (Fassstärke): Angabe für Whisky, dem nach der Lagerung kein Wasser mehr zugesetzt wurde. Der Alkoholgehalt variiert je nach Lagerdauer, Fassqualität und Alkoholgehalt des Ursprungsdestillats. Auch ein Verschnitt verschiedener Fässer aus einer Destillerie hat Fassstärke, solange kein Wasser hinzugefügt wurde.
- **Vintage** (Jahrgangswhisky): Die verwendeten Whiskys stammen aus dem angeführten Jahrgang.
- **Single Cask** (Einzelfass): Der Whisky stammt aus einem einzelnen Fass (gebräuchlich insbesondere für schottischen Whisky).
- **Finish** (Ausbau): Hinweis zu den Fässern, die zur Lagerung verwendet wurden. So wurde z. B. bei der Angabe **„Port Wood Finish"** der Whisky (teilweise) in gebrauchten Portweinfässern gelagert. Weitere Beispiele: Sherry Wood Finish, Madeira Wood Finish, French Oak Finish.
- **Double Wood Finish:** Der Whisky reifte in zwei verschiedenen Fässern.

Irish Whiskey

Der klassische Irish Whiskey wird aus ungemälzter und gemälzter Gerste bereitet, die im Heißluftofen gedarrt wurde. Deshalb ist der typische Irish Whiskey ohne Rauchgeschmack.

Wie durch Steuerhinterziehung ein neuer Whiskeytyp entstand

Lange Zeit wurde Irish Whiskey nur aus gemälzter Gerste erzeugt, bis die englischen Besatzer im 19. Jahrhundert die Malzsteuer einführten. Um diese Malzsteuer wenigstens zum Teil zu umgehen, destillierten die findigen Iren daraufhin ihr „Lebenswasser" aus gemälzter und ungemälzter Gerste. Diese Whiskeys wurden wie ihre Vorgänger im Pot-Still-Verfahren destilliert und daher als **Pot Still Whiskeys** bezeichnet. Als man später wieder dazu überging, Whiskey aus gemälztem Gerstenmalz zu erzeugen, bezeichnete man jenen aus der gemischten Maische als **Pure Pot Still Whiskey.**

Malt Whiskey und Pure Pot Still Whiskey werden heute wie damals mehrheitlich dreimal destilliert.

Große Bedeutung haben auch die **Irish Blended Whiskeys.** Bestanden sie anfangs nur aus reinen Malt Whiskeys und Pure Pot Still Whiskeys, erzeugen die Brenner heute auch Grain Whiskeys. Mehrheitlich werden sie aus ungemälzten Getreidesorten mit einem kleinen Anteil Gerstenmalz im Patent-Still-Verfahren erzeugt.

Die etwas andere Art

Die Destillerie Cooley füllt als einzige Brennerei Irlands auch einen „Single Grain Whiskey" (Greenore) ab. Auch beim Malt Whiskey beschreitet Cooley eigene Wege: Das Malz wird über Torffeuer gedarrt und der Whiskey nur zweimal destilliert, was beides für Irland unüblich ist.

Die Destillation

Bei der dreifachen Destillation ist zwischen die erste Brennblase **(Wash-Still)** und die dritte Brennblase **(Spirit-Still)** eine weitere Brennblase **(Low-Wines-Still)** geschaltet. Das Destillat aus der ersten Brennblase wird in zwei Fraktionen von unterschiedlichem Alkoholgehalt – die sogenannten **„weak low wines"** und die **„strong low wines"** – geteilt. Die leichteren „weak low wines" werden in der zweiten Brennblase destilliert und erneut in **„weak feints"** und **„strong feints"** unterteilt. Während die „weak feints" in den nächsten Ansatz der „weak low wines" kommen, werden die „strong feints" zusammen mit den „strong low wines" in der dritten Brennblase zum Endprodukt destilliert. Durch diesen Prozess entsteht ein weicher und etwas süßlicher Whiskey.

Die Reifung

Auch bei irischen Whiskeys ist es üblich, sie in gebrauchten Fässern aus den USA zu lagern. Hauptsächlich werden Fässer, in denen bereits Tennessee und Bourbon Whiskey reifte, dazu verwendet. Ein Teil des Destillates reift auch in gebrauchten Sherry- bzw. Portweinfässern. Daher spricht man in Irland auch vom **„Vatting"** (von engl. Vat = Mischfass). Die vorgeschriebene Reifezeit beträgt drei Jahre.

Bekannte Marken

Irish Blended Whiskey: Crested Ten, Inishowen, Jameson, Midleton Very Rare, Paddy, Tullamore Dew, John Power & Son, Bushmills Black Bush.
Irish Single Malt: Bushmills Malt, Connemara (aus getorftem Malz, nur zweifach destilliert), Locke's 8 Year Old, Tyrconnell.
Irish Pure Pot Still: Red Breast, Green Spot.
Irish Single Grain Whiskey: Greenore.

American Whiskey

Seit der zweiten Hälfte des 18. Jahrhunderts wurden in den USA von schottischen und irischen Auswanderern Whiskeys hergestellt. Im Laufe der Zeit begann man, als Grundmaterialien nicht nur Gerste, sondern auch Mais und Roggen (selten Weizen) zu verwenden. Die amerikanischen Whiskeys sind schwer, körperreich und ein wenig süßlich. Man unterscheidet **Bourbon, Rye, Corn und Tennessee Whiskey.** Die amerikanische Whiskeyproduktion konzentriert sich auf die Bundesstaaten Kentucky und Tennessee.

Bourbon Whiskey

Bourbon Whiskey hat seinen Ursprung im amerikanischen Bundesstaat Kentucky. Er muss zumindest aus 51 % Mais hergestellt werden, weitere Zusätze sind Roggen und Gerste.

Bourbon Whiskey wird im Patent-Still-Verfahren hergestellt, auf maximal 80 Vol.-% Alkohol gebrannt und mit maximal 63 Vol.-% mindestens zwei Jahre in ausgekohlten Weißeichenfässern gelagert. Das Sour-Mash-Verfahren ist in Kentucky zwar nicht verpflichtend, aber dennoch üblich.

Ausbrennen der Fässer

Kleines Abc der Etikettensprache

- **Straight Bourbon:** stammt aus einer Destillerie, hat einen Alkoholgehalt von mindestens 40 Vol.-% und eine Fassstärke bis zu 62 Vol.-%.
- **Blended Straight Bourbon:** Verschnitt mehrerer Straight Bourbons.
- **Blended Bourbon:** Mischung aus verschiedenen Bourbon Whiskeys mit einem Mindestanteil von 51 % Straight Bourbon.
- **Straight:** Whiskey, der aus einer einzelnen Brennerei stammt.
- **Single Barrel:** Der Whiskey stammt aus einem einzelnen Fass.

Bekannte Marken

Buffalo Trace (ehemals Ancient Age), Elijah Graig, Four Roses, Jim Beam, Labrot & Graham, Maker's Mark, Old Crow, Old Forester, Old Grand Dad, Seagrams 7 Crown, Wild Turkey, Van Winkle.

Tennessee Whiskey

Der Tennessee Whiskey entsteht auf ähnliche Weise wie der Bourbon Whiskey, allerdings ist das Sour-Mash-Verfahren in Tennessee Pflicht.

Mais hält mit etwa 80 % den Löwenanteil, Roggen rundet den Geschmack ab, Gerstenmalz wird zur Verzuckerung der Getreidestärke benötigt. Hervorzuheben ist der ungewöhnlich milde Charakter, den das Destillat durch ein aufwendiges Filtrationsverfahren mit Holzkohle aus Zuckerahorn bekommt. Dieses Filtrationsverfahren macht den Tennessee zu einer Besonderheit unter den amerikanischen Whiskeys.

Lincoln County Process (Leaching oder Charcoal Mellowing)

Das frische Destillat, „White dog“ genannt, sickert durch eine etwa dreieinhalb Meter (12 feet) dicke Holzkohleschicht, bevor es in die Reifefässer gefüllt wird. Diese Filterung ergibt das reinste Destillat, weil unerwünschte Fuselöle weitgehend eliminiert werden. Aufgrund seiner Reinheit und Milde ist der Whiskey wesentlich empfänglicher für die Aromen aus den neuen Eichenfässern. Durch die Holzkohle erhält er so nebenbei auch eine gewisse Süße und einen leicht rauchigen Ton.

Filtrationsverfahren mit Holzkohle

Bekannte Marken

Jack Daniel's (wird nach der Alterung nochmals gefiltert, was ihn besonders mild macht), George Dickel.

Rye Whiskey

Ursprünglich war Rye Whiskey oder einfach nur Rye der meistverbreitete Whiskey in ganz Nordamerika. Erst zum Ende der Prohibition wurde er in der Popularität von Bourbon und Tennessee Whiskey abgelöst und wird heute nur noch in geringen Mengen erzeugt. Rye Whiskey besteht aus mindestens 51 % Roggen und reift mindestens zwei Jahre in neuen, ausgekohlten Eichenfässern. Es gibt aber auch eine pure, unverschnittene Variante, den **Straight Rye Whiskey.**

Die Herstellung verläuft wie bei Bourbon, wobei der Rye von vielen Kennern als intensiver, fruchtiger und würziger beschrieben wird als der Tennessee und der Bourbon.

Bekannte Marken

Jim Beam Rye, Old Overholt, Pikesville, Rittenhouse, Wild Turkey Rye, Van Winkle Rye.

Corn Whiskey

Dieser Whiskey wird aus mindestens 80 % Mais (Corn) hergestellt. Er darf maximal auf 80 Vol.-% Alkohol destilliert werden und muss mindestens zwei Jahre in frischen oder gebrauchten Eichenfässern lagern.

Bekannte Marke

Platte Valley Kentucky Corn Whiskey.

Canadian Whisky

Ausgangsstoffe für kanadischen Whisky sind hauptsächlich Roggen und Mais. Auch Gerste, Weizen sowie Zusätze von Sherry, Obstwein oder Fruchtsäften sind in geringem Maße (bis zu 2 %) erlaubt. Canadian Whiskey wird ausschließlich im Patent-Still-Verfahren erzeugt, sofort nach der Destillation verschnitten und mindestens drei Jahre in Eichenfässern bzw. Sherry- und Brandyfässern gelagert.

Kleines Abc der Etikettensprache

- **Canadian Rye Whisky:** Hauptbestandteil der Getreidemischung ist Roggen.
- **Canadian Bourbon Whisky:** Hauptbestandteil der Getreidemischung ist Mais.

Kanadische Whiskys sind leicht, relativ geschmacksneutral und heller als alle anderen Whiskys. Meist werden in Kanada Blended Whiskys erzeugt.

Ein Tipp vom Profi

Für die meisten whiskyhaltigen Cocktails wird Canadian Whisky verwendet, da er am neutralsten ist und somit am besten mit den anderen Zutaten harmoniert. Im Barjargon wird unter Canadian Whisky häufig Rye Whisky verstanden, obwohl in Kanada auch sehr viele Bourbons erzeugt werden.

Bekannte Marken

Black Velvet, Canadian Club (C. C.), Canadian Mist, Cape Breton, Forty Creek, Glen Breton, Glenville, Pendleton, Pike Creek, Seagram's (VO, Crown Royal), Tangle Ridge.

Japanischer Whisky

Viele Länder haben versucht, Whisky herzustellen. Den Japanern ist es gelungen, ein Produkt zu entwickeln, das (an den japanischen Geschmack angepasst) dem Scotch Whisky von allen nachgemachten Produkten am ähnlichsten ist.

Bekannte Marken

Suntory, Nikka, Kirin/Mitsubishi.

Ein klassisches Whisk(e)y-Glas ist das Old-Fashioned-Glas

Bekannte Whisk(e)y-Erzeuger in Österreich und Deutschland

Österreich	Waldviertler Roggenhof (Roggenreith), Hans Reisetbauer (Kirchberg-Thening), Michael Weutz (St. Michael im Sausal), Brauerei LAVA Bräu (Feldbach)
Deutschland	Bellerhof-Brennerei (Owen), Brennerei Anton Bischof (Wartmannsroth), Brennerei Höhler (Aarbergen), Destillerie Sonnenschein (Witten an der Ruhr), Robert Fleischmann (Eggolsheim), Christian Gruel (Owen), Mönchguter Hofbrennerei zur Strandburg (Rügen), Thomas Rabel (Owen-Teck), Steinwälder Hausbrennerei Schraml (Erbendorf), SLYRS Destillerie (Schliersee/Neuhaus), Spirituosenmanufaktur Hammerschmiede (Zorge), Spreewälder Feinbrand & Spirituosenfabrik (Schlepzig), Kurt Zaiser (Köngen)

Der Einkauf und die Lagerung

Die Flaschengrößen reichen von ganz kleinen Flaschen (Miniaturen) bis 0,75-Liter-Flaschen, vereinzelt gibt es auch größere Flaschen. Sie werden stehend gelagert und müssen stets gut verschlossen sein.

Das Service

Das Old-Fashioned-Glas eignet sich gut für Blends und für Whisk(e)ys, die mit Eis oder Soda getrunken werden. Malt Whisk(e)ys sollten hingegen bei Raumtemperatur in einem tulpenförmigen Stielglas (Nosing-Glas) oder einem speziellen Single-Malt-Whisk(e)y-Glas serviert werden, um den Aromen genügend Raum zu geben. In Gläsern, die sich nach oben hin verjüngen, kann sich das Bukett besonders gut konzentrieren. Das Ausschankmaß ist 4 cl.

Single-Malt-Whisk(e)y-Glas

Ein Tipp vom Profi

Whisk(e)ys, die in Fassstärke (ca. 60 Vol.-% Alkohol) abgefüllt wurden, sind ohne Zugabe von Wasser häufig zu stark, um sie genießen zu können. Wasser mindert einerseits die Schärfe des Alkohols und verstärkt andererseits die Aromen des Whisk(e)ys.

Schotten und Iren verdünnen ihren Whisk(e)y meist mit Wasser im ungefähren Verhältnis von 1 : 1. Das Servieren von Whisk(e)y zusammen mit einem Glas oder einer kleinen Karaffe Wasser gehört einfach zu einem guten Service.

Amerikaner trinken Whisk(e)y gerne „on the rocks" oder zusammen mit Limonaden (z. B. Cola, Ginger-Ale oder Seven Up).

Für Cocktails sollte man zwar guten Whisk(e)y verwenden, Single Malts eignen sich aufgrund ihres Charakters jedoch lange nicht so gut wie die leichteren Canadian-Sorten. Bourbon Whiskey wird auch in Sours verwendet, da der Geschmack anderer Whisk(e)ys mit sauren Zusätzen nicht gut harmoniert.

Genever (Jenever)

Gebrannt wurde Genever erstmals im holländischen Ort Schiedam bei Rotterdam. Er gilt seit dem 15. Jahrhundert als Nationalgetränk der Niederlande. Heute wird Genever in vielen Ländern hergestellt. Für die Erzeugung werden vorwiegend Gerste, Roggen und Mais verwendet, die Hauptbestandteile zur Aromatisierung sind Wacholder, Kümmel, Anis und Koriander. Der Alkoholgehalt liegt zwischen 38 und 43 Vol.-%.

Aus den Getreidearten wird unter Zusatz von Darrmalz eine Maische hergestellt. Diese wird vergoren und in drei aufeinanderfolgenden Brennvorgängen destilliert. Nach dem zweiten Brennvorgang nimmt man die Aromatisierung mit den Gewürzen vor. In Holland ist es Vorschrift, Malzwein (Moutwijn) – ein Destillat aus Gerstenmaische – beizumengen. Entsprechend dem Malzweinanteil unterscheidet man zwischen **altem (oude) Genever** mit mindestens 5 % Malzwein und **jungem (jonge) Genever** mit weniger Malzwein. Oude Genever hat einen malzig-kornigen Geschmack, Jonge Genever ist hingegen leichter und hat eine zarte Wacholdernote. Die Bezeichnungen „Oude" und „Jonge" haben übrigens nichts mit dem Alter des Genevers zu tun, sondern beziehen sich lediglich auf die ältere bzw. jüngere Herstellungsart.

Guten Genever erkennt man auch an der Farbe. Durch eine mehrere Jahre lange Reifung in Eichenfässern erhält das Destillat eine goldgelbe Färbung.

Bekannte Marken

Bokma, Bols, De Kuyper (Holland).

Das Service

Genever wird gerne nach einem Essen, als Begleiter zu Bier oder wie in den Niederlanden auch als Aperitif getrunken. In den Niederlanden und in Belgien wird Genever auch zu kalten Fischgerichten und Meeresfrüchten gereicht.

Genever reicht man gut gekühlt, das Ausschankmaß ist 2 oder 4 cl. Meist wird er im Originalglas der jeweiligen Marke serviert.

Gin

Gerste und Roggen sind die Grundlage für die Maische, die im Patent-Still-Verfahren destilliert wird. Gin erhält seinen charakteristischen Geschmack durch eine Vielzahl an Kräutern und Gewürzen, deren Zusammensetzung ein sorgsam gehütetes Geheimnis der einzelnen Erzeuger ist. Die Gewürzmischung besteht neben Wacholderbeeren u. a. aus Koriandersamen, Anis, Angelikawurzeln, Kümmel, Kalmus, Lakritze, Kardamom, Muskat und den ätherischen Ölen von Zitronen- und Bitterorangenschalen. Sie wird jedoch nur dosiert beigegeben, sodass der Wacholdergeschmack nicht übertönt wird.

Gin und seine holländischen Wurzeln

Gin gilt heute allgemein als englische Spirituose, wenngleich er eigentlich ein Abkömmling des Genever ist. In England angekommen, begann der Genever sein angelsächsisches Eigenleben und wurde fortan unter dem Namen Gin destilliert. Vor allem die englischen Seeleute schätzten ihn ganz besonders und machten ihn in aller Welt bekannt. 1690 wurde durch einen Erlass bestimmt, dass Gin nur aus Getreide, das in England gewachsen ist, hergestellt werden dürfe.

Für die Aromatisierung sind zwei Verfahren üblich, die nebeneinander oder einzeln angewendet werden:

- **Destillation:** Die aufsteigenden Alkoholdämpfe des Neutralalkohols werden bei der Destillation direkt über die auf einem Siebboden ausgebreiteten Gewürze und Wacholderbeeren geleitet und nehmen dabei die Aromen auf.
- **Mazeration:** Die Wacholderbeeren und Würzstoffe werden in Alkohol angesetzt, in die Kornmaische gemischt und mit dieser destilliert.

Gin benötigt keine Reifung und ist wasserklar. Vor der Abfüllung wird er auf die gewünschte Trinkstärke gebracht: In der EU muss Gin einen Alkoholgehalt von mindestens 37,5 Vol.-% haben, bessere Produkte weisen einen höheren Alkoholgehalt bis 47 Vol.-% auf. Fachleute bezeichnen alkoholarmen Gin als rau, hart oder kratzig, die alkoholstärkeren, britischen Varianten hingegen als runder und weicher.

Laut EU-Verordnung darf Gin auch aus Äthylalkohol landwirtschaftlichen Ursprungs (z. B. Melasse) erzeugt und mit Aromastoffen/Essenzen versetzt werden. Das Endprodukt muss nach Wacholder schmecken.

Ginarten

- Der **Dry Gin** und der **London Dry Gin** sind ungesüßte Gins.
- Leicht gesüßt sind hingegen der **Old Tom Gin** und der **Plymouth Gin.**

Die **versetzten Gins** sind nicht wasserklar, sondern nehmen die Farbstoffe der Zusätze auf. Es gibt **Sloe Gin** (zählt zu den Likören, er ist gesüßt sowie mit Schlehen und Schlehensaft versetzt), **Almond Gin** (mit Bittermandeln), **Apple Gin** (mit Äpfeln), **Lemon Gin** (mit Zitronen), **Blackcurrant Gin** (mit schwarzen Johannisbeeren) und **Orange Gin** (mit Bitterorangen).

GIN IST BESTANDTEIL VIELER COCKTAILS, WIE Z. B. DES DRY MARTINI

Bekannte Marken

Beefeater (London Dry Gin, Crown Jewel), Bols (Dry Gin, Silver Top), Boord's (Finest Dry Gin, Old Tom Gin), Booth's (Old Tom Gin), Curtis (London Dry Gin), Bombay (Sapphire, Dry Gin) Finsbury (London Dry Gin), Gilbey's (Old Tom Gin, London Dry Gin), Gordon's (London Dry Gin, Distiller's Cut, Sloe Gin), Hendrick's (Scottish Gin), London Hill (Dry Gin), Tanqueray (London Dry Gin, No. Ten, Rangpur), Seagram's (Extry Dry, Dry Gin), Reisetbauer (Blue Gin).

Das Service

„Der trockenste Martini ist eine Flasche guter Gin, die einmal neben einer Vermouthflasche gestanden hat."

Gin wird selten pur getrunken, sondern ist Bestandteil vieler Longdrinks (Gin Fizz, Tom Collins), Before-Dinner-Cocktails (Dry Martini, Gimlet, Bronx) und anderer Mixgetränke. Gin Tonic ist ein klassischer Longdrink aus Gin und Tonic Water. Das Mischverhältnis kann von 1 : 6 bis 1 : 3 variieren. Er wird in einem Longdrinkglas auf Eis serviert, der Glasrand wird mit einer Zitronen- oder Limettenscheibe garniert. Pur wird Gin in einem kleinen Tumbler auf Eis serviert, auf Wunsch mit Zitronen- oder Limettenscheibe. Das Ausschankmaß beträgt 4 cl.

Aquavit (Akvavit)

Aquavit ist eine äußerst beliebte Spirituose in Dänemark und den übrigen skandinavischen Ländern, aber auch in Norddeutschland.

Er wird aus hochreinem Alkohol landwirtschaftlichen Ursprungs (z. B. aus Getreide oder Kartoffeln) mit 96 Vol.-% hergestellt. Um ihn trinkfähig zu machen, wird er entweder mit niedrigprozentigem Alkohol oder mit demineralisiertem Wasser auf 37,5 bis 45 Vol.-% verdünnt.

Eine sehr wichtige Zutat ist neben aromatischen Gewürzen und Dillsamen der Kümmel, welcher den Aquavit so bekömmlich für den Magen macht.

Hochwertiger Aquavit reift in Eichenfässern. Manchmal wird er – so wie Whisk(e)y – in Sherry- oder Portfässer gelagert, wie z. B. der „Linie Aquavit". Dieser edle Tropfen reift 19 Wochen auf Schiffen, die den Äquator kreuzen. Das Wort Linie ist also als Synonym für den Äquator zu verstehen.

Wie der „Linie Aquavit" zu seinem Namen kam

Der Legende nach sollte im Jahr 1805 ein Handelsschiff eine Ladung Aquavit nach Australien bringen. Dort stellte sich jedoch heraus, dass der Abnehmer inzwischen verstorben war, und man segelte in Ermangelung eines anderen Abnehmers mitsamt der Ladung wieder Richtung Heimat. Zu Hause angekommen, entdeckte man beim Verkosten des Aquavits, dass dieser deutlich feiner schmeckte als je zuvor. Durch die ständigen sanften Bewegungen der Sherryfässer waren mehr Sherrynoten in das Destillat gelangt, und der Brand hatte mehr Farbe angenommen.

Heute steht auf der Rückseite des Vorderetiketts (durch die Flasche sichtbar) immer, mit welchem Schiff der „Linie Aquavit" transportiert wurde sowie das Datum der Äquatorüberquerungen.

Bekannte Marken

Aalborg, Holger Danske, Linie Aquavit, Malteserkreuz, Bommerlunder.

Das Service

In Norddeutschland und Skandinavien wird Aquavit gut gekühlt zusammen mit Bier als Aperitif getrunken. Entgegen deutscher Gewohnheit wird Linie Aquavit in seinem Ursprungsland Norwegen bei 18 °C getrunken, damit sich der Geschmack besser entfalten kann.

Wodka

Die Heimat des Wodkas sind Polen und Russland (GUS). Wodka ist weltweit die meist verkaufte Spirituose.

Die Grundmaterialien für Wodka sind in der Regel Getreidemischungen, aber auch Melasse sowie rohe oder gedämpfte Kartoffeln, die mit Gerstengrünmalz gemaischt werden. **Roggen** ist heute das übliche Getreide für die Wodkaherstellung in Osteuropa. Daraus hergestellter Wodka hat einen weichen, milden, leicht süßlichen Charakter. In westlichen Ländern wird oft Weizen, aber auch Gerste verwendet. Der Geschmack von Wodkas aus **Kartoffeln** ist gewöhnlich schwerer und süßlicher. Vor allem in Polen und der Ukraine wird Wodka vielfach aus Kartoffeln hergestellt. **Melasse,** ein Nebenprodukt der Zuckerproduktion, gilt als der billigste und qualitativ schlechteste Rohstoff für Wodka. Der Geschmack des daraus gebrannten Wodkas ist meistens etwas süßer als der von Getreidewodka.

Wodka soll im Gegensatz zu anderen Spirituosen ein neutral schmeckendes Produkt sein. Durch das mehrmalige Brennen und Destillieren (meist im Patent-Still-Verfahren) verliert der Wodka beinahe alle Geschmacksstoffe. Nach der Destillation wird er noch so lange durch Aktivkohle filtriert, bis er möglichst geschmacksneutral und weich ist.

Wodka sollte mindestens 37,5 Vol.-% Alkohol enthalten, Standard sind 40 Vol.-%, es gibt aber auch Wodka mit einer Trinkstärke von 55 Vol.-%, wie z. B. den Krepkaya.

Neben den klaren, neutralen Produkten erfreuen sich aromatisierte Wodkas großer Beliebtheit. Sie werden mit Gewürzen, verschiedenen Beeren, exotischen Früchten, Kräutern, Wurzeln, Büffelgras, Vanille, Pfeffer etc. versetzt und haben einen Alkoholgehalt von ca. 20–40 Vol.-%.

Bekannte Marken

Viele Wodkamarken werden in mehreren Ländern in Lizenz hergestellt.
GUS: Stolichnaya Elit, Stolitschnaya, Moskovskaya, Sibirskaya, Zarskaya.
Polen: Belvedere, Wyborowa, Zyntia Extra, Zubrovka, Grasovka.
Österreich: Oval, Puriste.
Schweden: Absolut.
Deutschland: Gorbatschow, Eristoff, Nikita.
Frankreich: Grey Goose.
Finnland: Finlandia.
USA: Popov, Smirnoff, Samovar.

Das Service

In den traditionellen Herstellungsländern wird Wodka gerne pur und eiskalt getrunken. Sehr oft werden Gläser und Flaschen im Tiefkühlfach aufbewahrt. In Russland und Polen wird Wodka pur konsumiert, und zwar oft im Rahmen einer Mahlzeit.

Wodka ist Bestandteil von vielen Mixgetränken. So wird er z. B. mit Orangensaft (Screwdriver), sonstigen Fruchtsäften oder mit Limonaden gemixt. Unverzichtbar ist er für die Zubereitung einer Bloody Mary (siehe S. 38).

Wodka „on the rocks“ wird in einem kleinen Tumbler serviert. Für das wahre Wodka-Trinkerlebnis eignen sich kleine, hohe, schmale Gläser mit einem geringen Durchmesser. 100 g fasst die sogenannte **Stopka**, das traditionelle russische Wodkaglas.

Eine ganz und gar elitäre Kombination sind Kaviar und Wodka. Dazu wird Wodka eisgekühlt getrunken, um den Geschmack des Kaviars nicht zu überdecken.

Wodka passt nicht nur zu Gerichten mit Sauerrahm und Sauerkraut, sondern auch zu verschiedenen Fischgerichten, vor allem zu Hering. Auch Krustentiere mit ihrem süßlichen Fleisch harmonieren sehr gut mit Wodka. Pökelfleisch und stark geräucherte Fleischwaren werden durch den Genuss von Wodka leichter verträglich und helfen bei der Verdauung.

Korn, Kümmel und Wacholder

Ein Kornbrand wird ausschließlich aus Gerste, Hafer, Weizen, Buchweizen oder Roggen hergestellt. Der Unterschied zu Whisk(e)y besteht darin, dass Korn nicht im Würzeverfahren gewonnen wird. Sein Mindestalkoholgehalt muss 32 Vol.-% betragen, der von Kornbrand-Doppelkorn oder auch Edelkorn mindestens 37,5 Vol.-%.

Ist der Korn mit Kümmel aromatisiert, wird er als Kümmel oder Kümmelkorn bezeichnet. Korn kann aber auch mit Wacholderbeeren oder Wacholderdestillat aromatisiert werden. Eine der beliebtesten Spirituosen in Deutschland ist zweifellos der **Steinhäger**, laut europäischen Begriffsbestimmungen eine Spirituose mit Wacholder. Steinhäger darf nach EU-Recht nur in Steinhagen hergestellt werden.

Bekannte Marken

Berentzen, Berliner Kümmel, Breslauer, Echter Nordhäuser, Fürst Bismarck, Doornkaat Der Ostfriesische, Fürstensteiner Steinhäger, Gilka Kümmel, Hardenberg Rittersporn, Hasse's Original Steinhäger, Helbing, Hofbrand Echter Steinhäger, Jückemöller Bure Korn, Lehmet Rostocker Doppelkümmel, Münchner Kindl, Münsterländer, Niewarker, Nordhäuser, Schinkenhäger, Schlichte Steinhäger.

Meist werden Korn & Co in einfachen Schnapsgläsern serviert

Destillate aus Kernobst, Steinobst und Beerenfrüchten

Zu den Obstbränden bzw. Obstdestillaten zählen alle Spirituosen, die ausschließlich durch alkoholische Gärung und Destillation frischer Früchte oder frischen Mostes gewonnen werden. Edelbrände sind ein zu 100 % reines Destillat, d. h. Alkohol und Aroma werden aus ein und demselben Ausgangsprodukt hergestellt.

VERKOSTUNGSRAUM DER BRENNEREI REISETBAUER

Rohstoffe

Die Basis eines jeden Obstbrandes sind gesunde, vollreife, sortentypische Früchte. Fäulnis und Schädlingsbefall ruinieren das Aroma, unreife Früchte haben zu wenig Zucker, der für die Vergärung und Alkoholausbeute enorm wichtig ist. Verwendete man früher ausschließlich Obst, das nicht mehr anders zu verarbeiten war, arbeiten heute die qualitätsorientierten Brenner mit Tafelobst.

Zweifelsohne zählen Äpfel, Birnen, Marillen (Aprikosen), Himbeeren und Vogelbeeren (Früchte der Eberesche) zu den beliebtesten Rohstoffen. Darüber hinaus werden von experimentierfreudigen Brennern aber auch exotische Früchte, verschiedene Gemüsesorten, wie z. B. Karotte und Spargel, sowie Pilze verwendet.

Obst für Kernobstbrände

Äpfel

Für die Destillation sind besonders die Sorten Gravensteiner, Cox Orange, James Grieve, Elstar, Arlet, McIntosh und Jonagold geeignet, aber auch alte, regionale Sorten wie der Steirische Maschansker oder der Lavanttaler Bananenapfel.

Birnen

Die Königin der Schnapsbirnen ist wohl die Sorte Williams Christbirne mit weichem, zart-süßem Aroma. Dr. Guyot, Alexander Lukas oder Kaiserbirnen eignen sich ebenfalls sehr gut zur Destillation. Die bekanntesten Lokalsorten sind die Subirer, eine Vorarlberger Mostbirne, die Seitenstettner Dorschbirne (eine geschützte Marke im Mostviertel) und die Tiroler Scheuerbirne, eine kleinfruchtige, sehr süße Birne.

Wie kommt die Williamsbirne in die Flasche?

Die Flaschen werden über die Birnen gestülpt, wenn sie noch ganz klein sind. Die Birne wächst dann direkt in der Flasche weiter und wird, wenn sie reif ist, mitsamt der Flasche geerntet.

Weitere geeignete Früchte

Quitte (Apfelquitte, Birnenquitte), Mispel und Hagebutte (Frucht der Heckenrose).

Obst für Steinobstbrände

Marille (Aprikose), Pfirsich, Nektarine, Kirsche, Weichsel (Sauerkirsche), Dirndl (Kornelkirsche), Vogelkirsche, Traubenkirsche, Ringlotte (Reneklode), Kriecherl (Mirabelle), Zwetschke (Zwetschge) und Schlehe (Schlehdorn).

Obst für Beerenobstbrände

Erdbeere, Himbeere, Brombeere, Heidelbeere (Blaubeere), Preiselbeere, Stachelbeere; Schwarze, Rote und Weiße Johannisbeere, Holler (Holunderbeere), Vogelbeere (Eberesche) und Elsbeere (Adlitzbeere).

Traubenbrände

Traubenbrände werden aus Traubenmaische hergestellt. Meist werden sie aus besonders aromatischen Sorten, wie z. B. Gelber Muskateller, Muskat Ottonel, Rivaner und Traminer produziert.

Die Erzeugung

Das Einmaischen

Das sauber gewaschene Obst wird zunächst zerkleinert, Kernobst ist zu entstielen, Steinobst zu entkernen. Nur so ist gesichert, dass keine Fehltöne in das fertige Destillat kommen. Je feiner das Obst zerkleinert wird, desto gleichmäßiger verläuft die Gärung.

Die Maische wird in Edelstahltanks oder in kleinere, 120 Liter fassende Plastiktonnen gepumpt. Dann gibt der Brenner 5 bis 8 g Reinzuchthefe pro 100 Liter Maische dazu. Nach erfolgter Gärung – die Dauer ist abhängig von der Obstart – wird die vergorene Maische in den Brennkessel gefüllt.

Die Destillation

Die Maische muss nun destilliert werden, damit der Alkohol mit den Fruchtaromen von den festen Bestandteilen getrennt wird. Dazu sind sehr viel Fingerspitzengefühl und Geduld erforderlich. Schonendes, gleichmäßiges Erhitzen der Maische, sorgfältige Destillation und langsame Abkühlung des Destillats sind das A und O für die Herstellung geschmacksintensiver, nuancenreicher Obstbrände.

Das Rau- und Feinbrandverfahren (Doppelbrennverfahren oder Pot-Still-Verfahren)

Dieses Verfahren gilt als das am besten geeignete Verfahren zur Herstellung von sortenreinem Obstbrand, da dabei die Fruchtaromen am besten erhalten bleiben. Dafür wird die Maische in die Kupfer-Brennblase eingefüllt und durch ein Wasserbad erhitzt. Von der Maische steigt der Alkoholdampf zusammen mit dem Wasserdampf auf, kühlt durch den Kühler wieder ab und kommt beim ersten Brennen als sogenannter **Raubrand** heraus. Im zweiten Durchgang, dem **Feinbrand**, wird der Raubrand nochmals destilliert. Beim Feinbrand werden drei Teile unterschieden: der Vorlauf, der Mittellauf – das **Herzstück**, also der eigentliche Trinkschnaps – und der Nachlauf. Die Kunst des Feinbrennens ist es, den Vorlauf und den Nachlauf vom Mittellauf richtig abzutrennen.

Das Herzstück wird im Glasballon gelagert, wie hier auf dem Foto der Brennerei Jöbstl zu sehen ist

Warum der Feinbrand notwendig ist

Beim Feinbrennen wird der Vorlauf abgetrennt, da er hochgiftiges Methanol enthält. Riecht ein Brand nach UHU-Klebstoff, wurde nicht sorgfältig abgetrennt.

Gegen Ende der Destillation wird die Brenntemperatur nach und nach erhöht. So werden die sogenannten Fuselöle, die einen sehr hohen Siedepunkt haben und am Gaumen ein Brennen verursachen, mit dem Nachlauf mitgerissen.

Das Kolonnenverfahren (Kontinuierliches Verfahren oder Patent-Still-Verfahren)

Im Gegensatz zum Doppelbrennverfahren erfolgt beim Kolonnenverfahren nur ein einziger Brennvorgang, d. h., die Inhaltsstoffe der Maische werden in einem einzigen Arbeitsgang gewonnen und in Vorlauf, Mittellauf und Nachlauf getrennt. Es wird also direkt aus der Maische ein Feinbrand erzeugt.

Die Lagerung und Reifung

Bei der Lagerung kommt es zu einer Reifung und Abrundung der Inhaltsstoffe. Da jedes Destillat mehr oder weniger viel an Inhaltsstoffen, Alkohol und Gerbstoffen enthält, kann somit der Reifezeitpunkt bei Destillaten aus denselben Früchten ganz unterschiedlich ausfallen.

Edelbrände werden in Glasballons, Edelstahltanks oder Holzfässern zur Reife gebracht. Die Fässer können aus dem Holz der Eiche, der Akazie, des Maulbeerbaums und anderer exotischer Sorten gefertigt sein. Sie verfeinern den typischen Geschmack des Destillates, führen aber auch zu einer Gelbfärbung.

Das Verdünnen

Nach der Lagerung wird der Brand mit destilliertem oder mit kalzium- und magnesiumarmem Wasser auf Trinkstärke verdünnt. Auch Quellwasser wird manchmal verwendet. Dann wird das herabgesetzte und filtrierte Destillat in Flaschen abgefüllt.

Klassiker und Raritäten

Der Klassiker unter den österreichischen Obstbränden ist der **Obstler.** Obstler werden durch gemeinsames Einmaischen verschiedener Obstsorten (zumeist Äpfel und Birnen) gewonnen. Ebenfalls gebräuchlich ist das Mischen fertiger Obstbrände.

Apfelschnäpse benötigen eine längere Lagerung und sind meist etwas kurz am Gaumen. Durch den Ausbau im Holzfass erhält der Brand eine goldgelbe Farbe und eine Vanillenote. Echte **Marillenbrände** haben ein dezentes schmelzig-süßes Aroma und wirken am Gaumen elegant, aber niemals aufdringlich. Der **Himbeerbrand** ist sehr duftig, hat ein deutliches Primäraroma und ist ein vorzügliches Beerenobstdestillat. Wegen der geringen Ausbeute ist der „echte Himbeerbrand" etwas ganz Besonderes. Der **Elsbeerbrand** (ähnlich dem Vogelbeerbrand) ist wegen der sehr geringen Ausbeute und der mehrjährigen Fruchtpausen eine absolute Rarität.

Der Einkauf und die Lagerung

Bezugsquellen für die verschiedensten Destillate sind zumeist Großhandelsfirmen. Destillate besonderer Qualität werden aber häufig direkt vom Produzenten bezogen. Viele Erzeuger haben zusätzlich Sonderabfüllungen ausgefallener Obst- und Gemüsesorten, Destillate mit besonderem Ausbau oder spezielle Jahrgangsbrände in ihrem Sortiment.

Die Flaschen sollen stehend gelagert werden. Bei liegender Lagerung sind Geruchs- und Geschmacksveränderungen möglich, da der hochprozentige Inhalt den Korken auslaugen kann.

Angebrochene Flaschen sollen dicht verschlossen werden, da sich die Aromastoffe ansonsten verflüchtigen.

Bekannte Erzeuger in Österreich	
Bundesland	**Erzeuger (Ort)**
Burgenland	Lagler (Kukmirn), Stainer (Eisenstadt), Mariell (Großhöflein)
Kärnten	Jesche (Treffen), Ortner (Bad Kleinkirchheim), Pfau (Klagenfurt)
Niederösterreich	Hiebl (Stadt Haag), Hotzy-Turmhof (Hadersdorf), Domäne Wachau (Dürnstein), Holzapfel (Joching), Krenn (Yspertal), Mohr-Sederl (Zweiersdorf), Schmutzer (Winzendorf), Wetter (Missingdorf), Markus Wieser (Weißenkirchen)
Oberösterreich	Hochmair (Wallern), Langmayr (Eferding), Reisetbauer (Thening), Schosser (Buchkirchen), Parzmair (Schwanenstadt), Wurm (St. Florian), Wöhrer (Traun)
Salzburg	Guglhof (Hallein), Herzog (Saalfelden)
Steiermark	Gölles (Riegersburg), Hochstrasser (Mooskirchen), Jöbstl (Wernersdorf), Lackner-Tinnacher (Gamlitz), Tinnauer (Gamlitz), Zieser (Riegersburg)
Tirol	Erber (Brixen im Thale), Kostenzer (Maurach), Kössler (Landeck), Rochelt (Fritzens)
Vorarlberg	Büchele-Michelehof (Hard), Privatbrennerei Hämmerle (Lustenau), Pfanner, (Lauterach), Zauser (Bregenz)

Bekannte Erzeuger in Deutschland, Südtirol und der Schweiz	
Deutschland	Dirker (Mömbris), Helferich & Schilling (Fürth im Odenwald), Hofbrennerei Oberkorb (Oberkorb), Lantenhammer (Schliersee), Piesch (Randersacker), Hubertus Vallendar (Kail), Scheibel (Kappelrodeck), Schladerer (Staufen), Ziegler (Freudenberg)
Südtirol	Lahnerhof (Marling), Psenner (Tramin), Roner (Tramin), Stocker, Unterthurner (Marling)
Schweiz	Etter (Zug), Fassbind (Oberarth), Morand (Martigny)

Qualitätsgemeinschaften

- **In Österreich:** Quinta Essentia, Oberösterreichisches Edelbrandforum.
- **In Deutschland:** Aqua Ardens, Rosenhut – Vereinigung fränkischer Edelbrenner.
- **In der Schweiz:** Schweizer Schnapsforum.

Das Service

Das beste Destillat kommt nicht zur Geltung, wenn es nicht im passenden Glas und mit der richtigen Temperatur serviert wird. Die ideale Trinktemperatur für klare Obstbrände liegt zwischen 15 und 18 °C, fassgelagerte Brände werden mit einer Temperatur um die 18 °C serviert. Die empfohlene Trinktemperatur von Obstler liegt zwischen 8 und 10 °C.

Ein Tipp vom Profi
Werden Edelbrände zu kalt serviert, können sie ihre Aromen nicht entfalten.

Das traditionelle Schnapsglas, in Österreich auch „Stamperl" genannt, ist für feine Obstdestillate völlig ungeeignet. Diese Tatsache hat sich mittlerweile herumgesprochen, und es gibt Edelbrandgläser in unzähligen Variationen. Man muss jedoch nicht für jede Frucht und Alkoholkategorie ein spezielles Glas parat haben. Entscheidend für die

In Gläsern wie diesen kommen feine Destillate so richtig zur Geltung

richtige Geruchsempfindung ist die Form des Glases. Am besten eignen sich Gläser mit Stiel (er schützt vor zu rascher Erwärmung) und einem relativ schlanken, bauchigen, nach oben leicht geöffneten Körper, der den Alkohol in den Hintergrund treten lässt und den Inhalt elegant und differenziert präsentiert.

Feine Obstbrände eignen sich als Digestif, aber auch als Begleiter zu Käse und Zigarre.

Zigarrenbrände
Als Zigarrenbrand bezeichnet man fassgelagerte Destillate, die während der Lagerung im Holzfass an geschmacklicher Schärfe verlieren und zugleich Aromastoffe des Holzes annehmen. Aufgrund ihrer süßlich-holzigen Note erfreuen sich diese Destillate bei Zigarrenrauchern großer Beliebtheit. Daher auch der Name.

Zigarrenbrand der Brennerei Jöbstl

Für den Ausbau in Holzfässern verwendet man nicht nur die klassischen fassgelagerten Spirituosen wie Cognac, Calvados, Whisk(e)y oder Rum, sondern auch Brände, vorzugsweise aus Apfel, Quitte und Zwetschke. Ihr Alkoholgehalt bewegt sich in der Regel zwischen 45 und 50 Vol.-%.

Calvados

Calvados stammt aus der Normandie und ist ein Destillat aus Apfelwein (Cidre, siehe S. 222), das in Eichenfässern gelagert wird. Cidreäpfel sind für den normalen Verzehr kaum geeignet, da sie reich an Gerbstoffen sind. 48 verschiedene Sorten sind zugelassen, als ideale Mischung für die Herstellung von Cidre gelten 40 % süße, 40 % bittere und 20 % saure Äpfel. Wenig bekannt ist die Tatsache, dass zur Abrundung des Aromas auch Birnenwein in geringen Mengen beigemischt wird. Der Alkoholgehalt liegt zwischen 40 und 45 Vol.-%.

Appellation Calvados Contrôlée

Calvados mit gesetzlich geregelter Herkunftsbezeichnung kommt aus den Gebieten Calvados, Cotentin, Avranchin, Mortainais, Domfrontais, Vallée de l'Orne, Pays du Merlerault, Pays de la Risle, Pays de Bray und Perche.

Er kann mit beiden Brennverfahren, dem Charentaiser Verfahren oder dem kontinuierlichen Verfahren hergestellt werden.

Appellation Calvados du Pays d'Auge

Calvados mit kontrollierter Ursprungsbezeichnung (Appellation Contrôlée) gilt als die Spitzenqualität und kommt aus dem Pays d'Auge, einem kleinen Gebiet im Herzen von Calvados an der Atlantikküste. Er unterliegt besonders strengen Kontrollen und muss nach dem Charentaiser Verfahren hergestellt werden.

Der Einkauf

Die meisten Calvados-Produkte sind Verschnitte von Destillaten verschiedener Jahrgänge. Die Altersangabe bezieht sich immer auf das jüngste im Verschnitt verwendete Destillat. Altersangaben sind beim Calvados nicht vorgeschrieben.

Kleines Abc der Etikettensprache

- **3 Sterne:** mindestens zwei Jahre alt.
- **Vieux oder Réserve:** mindestens drei Jahre alt.
- **V. O. oder Vieille Réserve:** mindestens vier Jahre alt.
- **V. S. O. P.:** mindestens fünf Jahre alt.
- **Age Inconnu, Extra, Hors d'Age, Napoleon:** sechs Jahre und älter.

Bekannte Marken

Boulard, Busnel, Calvador, Château du Breuil, Dauphin, Gilbert, Morin, Pâpidoux, Père Magloire, Roger Groult.

Das Service

Calvados wird im Cognacschwenker oder -glas serviert.

Das normannische Loch
In Frankreich trinkt man bei einem ausgiebigen Menü auch gerne einen Calvados zwischen zwei Gängen, um im Magen wieder Platz zu schaffen. Dieser Vorgang wird liebevoll als „faire le trou normand" (wörtlich: das normannische Loch machen) bezeichnet.

Destillate aus Zuckerrohr

Von Indien ausgehend kam das Zuckerrohr über Arabien in den Mittelmeerraum. Christoph Columbus nahm bei seiner zweiten Reise von Madeira junge Zuckerrohrpflanzen mit und pflanzte sie erstmals auf Haiti an. Voraussichtlich Ende des 16. Jahrhunderts stellten holländische Siedler erstmals einen Brand aus Zuckerrohr her.

Rum

Rum ist ein Destillat aus Zuckerrohrmelasse und kommt hauptsächlich von den großen und kleinen Antillen. Zu den großen Antillen zählen die Inseln Kuba, Jamaika, Haiti und die Dominikanische Republik. Zu den kleine Antillen zählen u. a. die Inseln Puerto Rico, Curaçao, Virgin Islands, St. Croix, Anguilla, Antigua, Guadeloupe, Dominica, Martinique, Barbados und Trinidad.

ZUCKERROHR-ERNTE

Die Erzeugung

Die Maischegewinnung

Ausgangsprodukt für die Rumherstellung ist die Zuckerrohrmelasse, ein Nebenprodukt der Zuckergewinnung. Die Melasse hat einen so hohen Zuckeranteil, dass sie mit Wasser verdünnt werden muss, um zu vergären. Der verdünnten Melasse werden „Skimming" und „Dunder" zugesetzt. Skimming ist der Schaum, der sich bei der Zuckererzeugung bildet, Dunder ist der Rückstand aus früheren Gärprozessen. Beide sind für die Bildung des Rumgeschmacks ausschlaggebend. Je nach Gebiet und Hersteller werden der Maische geringe Mengen von frischem Zuckerrohrsaft, gehäckseltes Zuckerrohr und verschiedene Würzmischungen beigemengt.

Die Gärung

Die Maische wird mit Hefe versetzt und zur Gärung gebracht.

Die Destillation

Früher wurde von Insel zu Insel verschiedenartig destilliert. Heute wird fast überall das Kolonnenverfahren (die kontinuierliche Destillation, siehe S. 295) angewandt. Modifizierte Versionen der alten Kupferblasen (Pot-Stills) sind teilweise auf Jamaika zur Erzeugung der klassischen schweren Rumsorten (Heavy Bodied Rums) im Einsatz. In den französisch beeinflussten Gebieten wird das Alambic-Verfahren bevorzugt.

Durch einen langsamen Destillationsprozess erhält man reine, hochgradige Destillate, die bereits einen Vorgeschmack auf den künftigen Rum geben und einen Alkoholgehalt von 75 bis 90 Vol.-% haben.

Die Lagerung und Reifung

Art und Dauer der Lagerung sind entscheidend für die Qualität und das Bukett des Rums. Der frische Brand wird je nach Philosophie der Hersteller unverdünnt oder verdünnt auf 50–75 Vol.-% in neutralen Behältern oder Holzfässern zur Reifung gebracht. Die Mindestlagerzeit für „Light Rum" liegt bei sechs Monaten, für beste Sorten bei einem Jahrzehnt und länger. Weißer Rum lagert in vorbehandelten Fässern, die keine Farbe abgeben, oder in Stahltanks. Brauner Rum erhält seine Farbe durch die Lagerung in Holzfässern (teilweise gebrauchten Bourbon-Whiskey-Fässern). Für einen gleichbleibenden Farbton darf im Erzeugerland Zuckercouleur (Karamell) zugesetzt werden.

Der Einkauf

Kleines Abc der Etikettensprache

- **Originalrum:** hochwertiger, hochprozentiger Rum, der aus dem Erzeugerland in Flaschen eingeführt wurde und keine Veränderung mehr erfahren hat.
- **Echter Rum:** Originalrum, der im Importland auf Trinkstärke herabgesetzt worden ist. Der Mindestalkoholgehalt beträgt 37,5 Vol.-%. Die Bezeichnung „echt/original“ darf nur in Verbindung mit dem Herstellerland („echter Jamaica-Rum“) genannt werden.
- **Rumverschnitt:** muss mindestens 5 % Originalrum enthalten (z. B. Flensburger Rumverschnitt).
- **Inländerrum:** wird in Österreich aus Rumalkohol (Neutralalkohol) und Aromen hergestellt.

Bekannte Marken	
Kuba	Havana Club
Guyana	Demerara, Lamb's
Haiti	Barbancourt
Jamaika	Appleton, Coruba, Myers's, Lemon Heart, Lamb's
Martinique	Old Nick, Saint James
Puerto Rico	Bacardi, Ronrico, Captain Morgan
Guadeloupe	G & G
Trinidad und Tobago	Angostura Old Oak
Venezuela	Ron Santa Teresa
Guatemala	Botran, Ron Zacapa
Dominikanische Republik	Barceló, Bermúdez, Brugal, Macorix
Kolumbien	Ron de Medellin, Ron Viejo De Caldas
Brasilien	Ron Montilla, Salinas

Das Service

Rum bester Qualität (dunkle Rumsorten mit langer Lagerzeit) wird als Digestif im Cognacglas bei Zimmertemperatur oder in einem tulpenförmigen Glas serviert. Weißer Rum wird in einem kleinen Tumbler auf Eis gereicht. Rum ist auch Bestandteil vieler Barmixgetränke.

Dunkle Rumsorten von bester Qualität werden in Cognacschwenkern serviert

Das Ausschankmaß ist 2 cl (meist bei dunklem, altem, fassgereiftem Rum) bzw. 4 cl.

Cachaça

Cachaça, die Nationalspirituose Brasiliens, wird aus dem Saft des grünen Zuckerrohrs gebrannt. Für die Herstellung wird nur das Mittelstück des Zuckerrohrs verwendet.

Von großer Bedeutung für die Qualität ist weiches, klares Wasser, mit dem der Zuckerrohrsaft vor dem Gärprozess verdünnt wird. Die Destillation erfolgt je nach Erzeuger entweder kontinuierlich in einem Brennvorgang oder in zwei getrennten Brennvorgängen. Wichtig ist nur, dass der fruchtige, herbsüße Geschmack des Zuckerrohrs gut erhalten bleibt. Traditionell hergestellter Cachaça wird durch Holzkohle gefiltert, die direkt auf der Fazenda aus diversen Wurzelhölzern und Pinienzapfen entsteht. Ein Cachaça von guter Qualität reift zwei bis drei Jahre in Holzfässern und erhält dadurch seine goldbraune Farbe. Bester Cachaça reift in Eichenfässern verschiedener Herkunft.

Der Einkauf

Industriell hergestellte Cachaças

Pitú, Velho Barreito, Cachaça 51, Nega Fulo.

Traditionell hergestellte Marken

Canario Cachaça, Delicana, Coqueiro, Corisco, Mato Dentro, Magnifica, Rochina, Espirito de Minas.

Das Service

Cachaça wird gut gekühlt serviert, meist aber zum Mixen verwendet. Der bekannteste Cocktail mit Cachaça ist der Caipirinha (siehe S. 39). Cachaça ist die Basis aller Batidas, schmeckt aber auch hervorragend mit tropischen Säften und viel Eis.

Destillate aus Agaven

Agaven sind in Trocken- und Wüstengebieten, v. a. in Mittelamerika (Mexiko) und dem nördlichen Südamerika, beheimatet. Sie wachsen nur sehr langsam und blühen nach Jahren, manchmal auch erst nach Jahrzehnten, ein einziges Mal. Die Pflanze selbst stirbt nach der Blüte. Tequila ist die bekannteste Spirituose aus Agaven.

Tequila

Die Stadt Tequila liegt in der Provinz Jalisco, einem kargen Landstrich im Westen Mexikos, und ist Namensgeber für den berühmten Agavenbrand. Nur in dieser Region mit einer Anbaufläche von etwa 60 000 Hektar wächst die blaue Agave, die Basis für Tequila. Tequila ist wie Champagner durch ein Gesetz als „Denominación de Origen“ (D. O. C) weltweit geschützt.

UM AN DAS HERZ DER AGAVE ZU KOMMEN, MÜSSEN DIE BLÄTTER ZUERST ABGESCHNITTEN WERDEN

Die Erzeugung

Die blaue Agave benötigt für ihre Reifung etwa zehn Jahre. Danach wird sie geerntet und von den hartfaserigen Blättern befreit. Die Herzstücke der Agaven, die saftigen **„Piñas“**, werden zerkleinert, viele Stunden in Öfen mit Dampf gegart und anschließend gepresst. Bevor der honigsüße Saft „Aguamiel“ (Honigwasser) vergoren wird, entscheidet man, ob ein 100-%-Tequila entstehen soll. Bei einem „reinrassigen“ Tequila wird der Sirup ohne Zusatz in großen Behältern vergoren. Für sogenannte Mixto-Tequilas müssen mindestens 51 % des Alkohols aus der blauen Agave stammen, der Rest kommt vorzugsweise aus Rohrzucker.

Unter Zugabe von Hefe wird die Fermentation eingeleitet. Teilweise wird der frische Agavensaft mit vergorener Maische gemischt. So kommt es zu einer kurzen, stürmischen Gärung.

Danach findet eine zweifache Destillation in Kupferbrennblasen oder mit dem kontinuierlichen Verfahren (siehe S. 295) statt. Das Ergebnis ist ein völlig klarer Tequila mit ca. 55 Vol.-% Alkohol. Während die klaren Sorten nach der Destillation abgefüllt werden und dadurch ihr helles Aussehen sowie den frischen Geschmack behalten, entsteht bei den braunen Tequilas durch die ein- bis dreijährige Lagerung in Eichenfässern ein schweres, fast rauchiges Aroma.

Kleines Abc der Etikettensprache
Für den Export werden englische, innerhalb Mexikos spanische Bezeichnungen benutzt:

- **Silver/blanco:** klarer, transparenter Tequila, der unmittelbar nach der Destillation in Flaschen abgefüllt wird.
- **Gold/joven oder oro:** Silver-Tequila, der mit Zuckersirup, Eichenholzzusätzen oder Karamell eingefärbt wurde.
- **Aged/reposado:** mind. zweimonatige Reifung in Eichenholzbehältern.
- **Extra-aged/añejo:** mind. einjährige Reifung in Eichenholzbehältern.

Bekannte Marken

Tequila Silla, Tequila Mariachi, Olmeca, José Cuervo, Sauza, Don Emilio, Patrón.

Das Service

Guter Tequila sollte pur getrunken werden, ein Reposado üblicherweise aus einem Sherryglas, ein Añejo aus einem Cognacschwenker. Salz und Limette verfälschen den Geschmack. Das Ausschankmaß ist 2 oder 4 cl.

Der runde Geschmack guter, alter Tequilas entfaltet sich am besten bei Zimmertemperatur.

Andere Länder, andere Sitten
Gewöhnlicher, junger Tequila wird in Mexiko auch mit Salz und Limette genossen, je nach persönlichem Geschmack.

Das Trinken von jungem, goldfarbenem Tequila mit einer Orangenscheibe und einer Prise Zimt ist in Österreich und Deutschland gang und gäbe. In Mexiko ist dies aber völlig unüblich, ebenso wie die Variante, bei der eine Kaffeebohne in den weißen Tequila gegeben und dazu eine mit Zimt bestreute halbe Orangenscheibe gereicht wird.

Auch Tequila eignet sich hervorragend zum Mixen von Longdrinks und anderen Bargetränken, wie z. B. Margarita und Tequila Sunrise.

Mezcal

Mezcals werden aus dem Fruchtfleisch der Herzen verschiedener Agavenarten hergestellt, stammen jedoch nicht aus Jalisco. Sie werden in großen Holzfässern zwei Monate bis sieben Jahre gelagert und erhalten auf diese Weise neben dem Aroma auch eine goldgelbe Färbung. Je dunkler ein Mezcal ist, umso länger wurde er gelagert und umso markanter ist sein Aroma.

Wenn der „Wurm" drin ist
Mezcal wird manchmal mit einer Mottenraupe in der Flasche angeboten, wie z. B. bei den Marken „Gusano de Oro", „Gusano Rojo", „Dos Gusanos" und „Oro de Oaxaca". Fälschlicherweise wird diese Raupe oftmals als Wurm bezeichnet. Tequila enthält diese Raupe nie.

In Mexiko ist es üblich, zum Mezcal ein rötliches Gewürz zu servieren, das wie Salz auf die Limette gestreut wird. Dabei handelt es sich entweder um Chilisalz oder um Chilisalz mit getrockneter, pulverisierter Raupe. Manchmal wird auch ein kleines Raupenstück in das Glas gegeben und mitgetrunken.

Liköre

Ursprünglich waren Liköre Heiltränke, die im Mittelalter in den Klöstern hergestellt wurden. Um die diversen Pflanzenauszüge genießbar zu machen, rundete man sie mit Honig ab. Heute versteht man unter Likören Spirituosen, die mit Zucker, Glukosesirup oder Honig gesüßt werden.

Die Erzeugung

Zur Aromatisierung des sogenannten Grundlikörs, einer Mischung aus Alkohol und Zucker, werden verschiedene Aromastoffe beigegeben, wie Kräuter, Gewürze, Wurzeln, Rinden, Früchte, Kaffeebohnen, Teeblätter, Kakaobohnen, Schokoladenmasse, Nüsse, Eier, Obers (Sahne) oder Milch. Zur Aromatisierung gibt es verschiedene Methoden.

Die Infusions- oder Destillationsmethode

Dazu werden Früchte, Blätter oder Kräuter in Alkohol getränkt, bis dieser die Aromastoffe vollkommen aufgenommen hat. Danach wird der aromatisierte Alkohol nochmals destilliert, um den Duft und Geschmack weiter zu intensivieren.

Die Perkolations- oder Filtriermethode

Auf einem Filter liegen die zerkleinerten Früchte, Gewürze, Blätter und Kräuter. Die aufsteigenden Alkoholdämpfe dringen von unten durch den Filter, und nehmen dabei das Aroma und die Geschmacksstoffe auf. Danach wird der Alkoholdampf kondensiert, und er tropft wieder in den unteren Teil des Filters.

Emulsionsmethode

Die Ingredienzien werden homogenisiert. Basis der Emulsionsliköre ist in der Regel Milch, Obers (Sahne), Ei oder Schokolade.

Kompositionsmethode

Ethylalkohol wird mit künstlichen Essenzen oder Kompositionen versetzt.

Die Likörarten

Die Liköre werden hinsichtlich ihrer Qualität in zwei Gruppen eingeteilt, die der Edelliköre und die der Tafelliköre (Konsumliköre).

Edelliköre bestehen aus hochwertigem Alkohol (z. B. Cognac, Rum, Whisk[e]y) und natürlichen Geschmacksstoffen. Diese werden durch die Infusions- oder die Perkolationsmethode gewonnen. Künstliche Farbstoffe sind nicht erlaubt.

Die Basis für **Tafelliköre** ist meist Neutralalkohol für Genusszwecke. Künstliche Essenzen und Farbstoffe sind erlaubt.

Bailey's Irish Cream

Fruchtsaftliköre und Fruchtliköre

In den Fruchtsaftlikören ist Fruchtsaft als geschmacksbestimmender Bestandteil enthalten. Fruchtliköre werden auf Basis von alkoholischen Ansätzen von Früchten sowie der daraus gewonnenen Destillate hergestellt.

Marke	Herkunft	Vol.-%	Charakteristik
Cherry Heering	Dänemark	25	Kirsch-Edellikör; kirschrot
Cointreau	Frankreich	40	Orangen-Edellikör aus Curaçao-Orangen; wasserklar
Marie Brizard Crème de Cassis	Frankreich	21	Johannisbeer-Edellikör; dunkelrot
Bols Curaçao Triple sec	Holland	40	Orangenlikör aus Curaçao-Pomeranzen; wasserklar, orange, rot und blau
Grand Marnier Cordon Jaune	Frankreich	38	Fruchtlikör auf Feinspritbasis mit Orangen sowie einer Kräuter-Gewürz-Mischung; gelblich
Grand Marnier Cordon Rouge	Frankreich	40	Fruchtlikör auf Basis von Cognac und Curaçao-Orangen mit einer Kräuter-Gewürz-Mischung
Limoncino, Limoncello	Italien	28–32	Zitronenlikör; klar und als Creme
Maraschino	Kroatien	22,5–40	Sauerkirschenlikör aus Dalmatien; wasserklar; zum Abrunden und Verfeinern
Sambuca	Italien	40	Holunderbeerlikör mit Anisgeschmack; wasserklar
Southern Comfort	USA	40	Pfirsich-Orangen-Kräuterlikör auf Bourbon-Whiskey-Basis

Honigliköre

Sie enthalten 25 Kilogramm Honig je 100 Liter Fertigprodukt.

Marke	Herkunft	Vol.-%	Charakteristik
Drambuie	Schottland	40	Edellikör aus Malt Whisky, Honig und Heidekräutern
Irish Mist	Irland	35–40	Edellikör aus Whiskey, Honig und Kräutern

Kräuter- und Gewürzliköre

Sie werden aus Kräutern und/oder Gewürzen hergestellt und schmecken leicht bitter-aromatisch oder stark würzig.

Marke	Herkunft	Vol.-%	Charakteristik
Bénédictine D. O. M.	Frankreich	43	Edellikör aus Kräutern und Gewürzen; bernsteinfarben
Chartreuse	Frankreich	40 bzw. 55	Edellikör aus Kräutern, Gewürzen sowie Orangenschalen; Chartreuse jaune (gelb) und Chartreuse verte (grün)
Crème de Menthe	Frankreich	30	Kräuterlikör (Pfefferminze); meist dunkelgrün
Galliano	Italien	mind. 35	Kräuter-und-Gewürz-Likör mit ausgeprägtem Vanillegeschmack; gelb
Liquore Strega	Italien	40	Kräuterlikör; leicht bitter und goldgelb
Jägermeister	Deutschland	35	Kräuterlikör; herb-würzig, braun
Marie Brizard Anisette	Frankreich	25	Gewürzlikör; wasserklar
Gilka-Kaiser-Kümmel	Deutschland	38	Gewürzlikör; wasserklar

Bitterliköre

Sammelbezeichnung für Würzbitter, Stark- oder Vollbitterliköre (meist über 45 Vol.-%) und Halbbitterliköre sowie Magenbitter (Stark- oder Halbbitter). Die Würzbitter (Angosturabitter, Orange Bitter) werden nur zum Mixen verwendet.

Marke	Herkunft	Vol.-%	Charakteristik
Averna	Italien	34	Magenbitter; dunkelbraun
Boonekamp	Deutschland	40	Magenbitter; dunkelbraun
Fernet-Branca	Italien	42	Magenbitter; dunkelbraun

Rossbacher	Österreich	32	Magenbitter; dunkelbraun
Underberg	Deutschland	49	Magenbitter; dunkelbraun
Unicum	Ungarn	42	Magenbitter; dunkelbraun

Emulsionsliköre

Sie werden aus Rohstoffen wie Eiern, Kaffee, Kakao, Haselnüssen oder Schokolade, die mit Wasser, Milch oder Obers (Sahne) und Zucker emulgiert werden, hergestellt. Crème und Cream werden immer wieder verwechselt: Ein Cream wird auf Basis von Obers (Sahne) hergestellt, ein Crème hat hingegen einen sehr hohen Zuckeranteil (mind. 250 g pro Liter) und ist daher besonders süß.

Marke	Herkunft	Vol.-%	Charakteristik
Advokaat	Holland	20	Eierlikör; gelb
Bailey's Irish Cream	Irland	17	Aus Schokolade, Obers und irischem Whiskey; cremefarben
Droste Bittersweet Chocolate Liqueur	Holland	27	Schokoladelikör; bittersüß, schokoladefarben
Batida de Coco	Brasilien	20	Aus Kokosnüssen, Kokosmilch und Nüssen

Kakao- und Kaffeeliköre

Sie werden als Destillatliköre oder als Extraktliköre aus Kakao- oder Kaffeebohnen hergestellt.

Marke	Herkunft	Vol.-%	Charakteristik
Crème de Cacao	Holland	25	Kakaolikör mit Vanille; sehr süß, farblos oder braun
Crème de Mocca	Holland	25	Kaffeelikör; braun
Kahlúa	Mexiko	26,5	Kaffee-Edellikör aus Tequila und Kaffeebohnen; dunkelbraun
Tia Maria	Jamaika	31,5	Kaffee-Edellikör aus Jamaika-Rum und Kaffee; dunkelbraun

Sonstige Liköre

Marke	Herkunft	Vol.-%	Charakteristik
Amaretto di Saronno	Italien	28	Mandeledellikör; mittelbraun
Danziger Goldwasser	Deutschland, Polen	38	Kräuterlikör mit Goldplättchen; blank
Malibu	England	24	Klarer Kokosnusssaftlikör mit weißem Jamaikarum

Der Einkauf und die Lagerung

Aufgrund ihres hohen Zuckergehaltes lassen sich Liköre im Allgemeinen gut aufbewahren. Einige kristallisieren, wenn sie zu kalt gelagert werden. Dieser Umstand ist aber durch die Lagerung bei Zimmertemperatur schnell zu beheben. Andere, besonders Fruchtsaftliköre, verlieren bei Sauerstoffkontakt mit der Zeit ihr frisches Aroma und verfärben sich braun. Fruchtsaft- und Eierliköre sollte man daher nicht allzu lange stehen lassen, wenn sie geöffnet sind.

Angebrochene Flaschen sind außen häufig klebrig. Sie sollten daher von Zeit zu Zeit mit lauwarmem Wasser abgewaschen werden.

Das Service

Liköre werden in Österreich und in Deutschland in der Regel bei Raumtemperatur serviert, in anderen Ländern auch gerne auf gestoßenem Eis oder mit Eiswürfeln. Bitters, wie z. B. der Fernet Branca, werden mit einem Glas Soda- oder Leitungswasser angeboten.

Es gibt verschiedene Likörglasformen. Neben den klassischen Likörgläsern wird der Cognacschwenker für besonders edle Liköre empfohlen. Dickflüssige Liköre werden in der Likörschale serviert. Eierlikör wird in einer Likörschale auf passendem Unterteller mit Serviette und mit einem Mokkalöffel gereicht.Liköre sind in der Bar unverzichtbar.

After-Dinner-Cocktails

Diese Cocktails werden mit Bränden, Likören und Fruchtsäften hergestellt. Wegen ihres hohen Likörteils (meist mindestens ein Drittel) sind sie sehr süß. Der Anteil an alkoholischen Zutaten beträgt 6 cl. Er ist nur dann geringer, wenn die Gesamtmenge unter 9 cl liegt.

B & B

Cognac oder Weinbrand	3 cl
Bénédictine D. O. M.	3 cl

Ein Old-Fashioned-Glas zu zwei Dritteln mit Eiswürfeln füllen und die Spirituosen darübergießen.

Wird der B & B ohne Eis, z. B. zum Kaffee, gewünscht, verwendet man einen Cognacschwenker.

Brandy Alexander

Cognac oder Weinbrand	2 cl
Crème de Cacao, braun	2 cl
Obers (Sahne)	2 cl

Das im Shaker zubereitete Getränk in die vorgekühlte Cocktailschale seihen.
Garnitur: geriebene Muskatnuss.

B 52

Kaffeelikör	2 cl
Bailey's Irish Cream	2 cl
Grand Marnier	2 cl

Die Zutaten in der angegebenen Reihenfolge über den verkehrt gehaltenen Barlöffel in das Cocktailglas laufen lassen.

Meist wird B 52 als Shot im Ponyglas serviert. Die oberste Spirituose wird oft angezündet.

Casablanca

Wodka	2 cl
Eierlikör	2 cl
Zitronensaft, frisch gepresst	1 Dash
Orangensaft, frisch gepresst	3 cl

Das im Shaker zubereitete Getränk in eine vorgekühlte Cocktailschale seihen.

Grasshopper

Crème de Cacao, weiß	2 cl
Eierlikör	2 cl
Crème de Menthe, grün	2 cl
Obers (Sahne)	2 cl

Das im Shaker zubereitete Getränk in die vorgekühlte Cocktailschale seihen.

Godfather

Scotch Whisky	4 cl
Amaretto	2 cl

Ein Old-Fashioned-Glas zu zwei Dritteln mit Eiswürfeln füllen und die Spirituosen darübergießen.

Das IBA-Standardrezept schreibt ein anderes Mengenverhältnis vor: 3,5 cl Scotch Whisky, 3,5 cl Amaretto.

Eine Variante ist der Cocktail „Godmother", bei dem statt Scotch Whisky Wodka verwendet wird.

B & B

Brandy Alexander

B 52

Stichwortverzeichnis

A

B

C

N

O

P

Q

R

S

T

U

V

W

X

Z

Literaturnachweis

Siegel u. a., Getränke- und Menükunde, Trauner Verlag, Linz, 2007
Siegel u. a., Weine, Schaumweine, versetzte Weine, Trauner Verlag, Linz, 2004
Siegel u. a., Service. Die Grundlagen, Trauner Verlag, Linz, 2008
Jens Priewe, Wein, die neue große Schule, Verlag Zabert Sandmann, München, 2007
Stefan Stevancsecz u. a., Barlexikon, Trauner Verlag, Linz, 2008
Guy Bonnefoit, Bonnefoit Deutschland, Verlag Gebrüder Kornmayer, Dreieich, 2007
Paula Bosch, Weingenuss, Econ Verlag, München, 2001
Jancis Robinson, Das Oxford Weinlexikon, Verlag Hallwag (GRÄFE & UNZER Verlag), München, 2007
Peter Jäger, Das Handbuch der Edelbranntweine, Schnäpse, Liköre: Vom Rohstoff bis ins Glas, Stocker Verlag, Graz, 2006
Der große Johnson Weinatlas, die Enzyklopädie der Weine, Weinanbaugebiete und Weinerzeuger der Welt, CD-ROM, Verlag Hallwag, München, 2007
Champagne, Schulungsmaterial für Ausbildner, Vin de Champagne Informationsbüro, Reutlingen

Internetquellen
http://www.weinausoesterreich.at (Österreichische Weinmarketingserviceges.m.b.H.)
http://www.wein-plus.de
http://www.deutscheweine.de (Deutsches Weininstitut)
http://www.wein.de (DLG)
http://www.weinburgenland.at
http://www.winesfromspain.com
http://www.schnapsnase.at
http://www.bestmalz.de
http://www.bier.de
http://www.brauerbund.de
http://www.espresseria.de
http://www.eckes-granini.at
http://www.sir-aqua.de
http://www.mohrenbrauerei.at
http://www.die-schnapsbrenner.de
http://www.erste-lage.com (VDP. Die Prädikatsweingüter)
http://www.champagner.com
http://www.champagne.at (Vin de Champagne Informationsbüro)
http://www.sherry.org
http://www.meinlkaffee.at
http://www.teeverband.at

Bildnachweis

S. 6 Sommelier, Kempinski Hotels & Resorts S. A., Genf, Schweiz
S. 10 Aperitifzeit, Hotel Aviva, www.hotel-aviva.at
S. 12 Campariflaschen, Campari Deutschland
S. 18 Martini d'Oro, Bacardi GmbH
S. 21 Albarizas, Sherryflaschen, Informationsbüro Sherry
S. 22 Palomino-Rebe, Schaufass, Informationsbüro Sherry; Venenciador, www.osborne.ch
S. 23 Bodegas, Informationsbüro Sherry
S. 24 Trauben in der Sonne, Bodega Alvear, Montilla-Cordoba
S. 25 Copitas, Informationsbüro Sherry
S. 26 Douro, IVDP, Blindverkostung, Georg Ferencsin
S. 27 Trauben, Vila Nova de Gaia, Georg Ferencsin
S. 28 Portweinverkostung, Georg Ferencsin
S. 29 Portweine bekennen Farbe, Demijohns, Flaschen, Georg Ferencsin
S. 31 Service von Portwein, Georg Ferencsin
S. 35 Trauben auf Strohmatte, Bodega Alvear, Montilla-Cordoba
S. 36 Montilla-Moriles, Bodega Alvear, Montilla-Cordoba
S. 45 Lyrasystem, Höhere Bundeslehranstalt für Wein und Obstbau, Klosterneuburg
S. 47 Gewürztraminer, P. Bouard, CIVA Colmar
S. 48 Riesling, B. Naegelen, CIVA Colmar; Sauvignon blanc, Australian Wine Bureau, AWEC Adelaide
S. 51 Cabernet Sauvignon, Australian Wine Bureau, AWEC Adelaide
S. 54 Rebschnitt, Maculan
S. 56 Handrefraktometer, Weingut Wittmann
S. 57 Ernte im Bordeaux, VITI, Bordeaux; Eiswein, Winzer Krems
S. 59 Rebler, Australian Wine Bureau, AWEC Adelaide
S. 60 Moderne Presse, Most, Comité Interprofessionnel du Vin de Champagne
S. 62 Schwefeln der Fässer, Wilhelm Gutmayer
S. 63 Weinkeller, Jens Butz; Weinverkostung, Weingut Leth; Aufrühren der Schönungsmittel, VINI, Bordeaux
S. 66 Weinkeller, Sandrone Luciano; Umleiten von Wein, Nino Negri
S. 69 Korkerzeugung, Georg Ferencsin
S. 71 Weinklimaschrank, Fa. Miele; Weinflaschen, Kempinski Hotels & Resorts S. A., Genf, Schweiz; Weinkeller, Leo Alzinger, Unterloiben
S. 72 Weindegustation, DLG e. V.
S. 75 Aromaräder, Österreichische Weinmarketingserviceges.m.b.H.
S. 76 Schwefeln, Wilhelm Gutmayer
S. 78 Echter Mehltau, Roter Brenner, Höhere Bundeslehranstalt für Wein und Obstbau, Klosterneuburg
S. 81 Verkostungsliste, DLG e. V.
S. 82 Weingläser, Riedel Glas Austria
S. 83 Weinklimaschrank, Kempinski Hotels & Resorts S. A., Genf, Schweiz
S. 86 Karaffen, Riedel Glas Austria
S. 88 Weinkeller, Kempinski Hotels & Resorts S. A., Genf, Schweiz
S. 95 Wachau, Vinea Wachau Nobilis Districtus
S. 98 Schilfweine, Weingut Nekowitsch; Weintraubenselektion, Kempinski Hotels & Resorts S. A., Genf
S. 101 Lössböden, Kellergasse, Österreichische Weinmarketingserviceges.m.b.H.
S. 102 Kremstal, Österreichische Weinmarketingserviceges.m.b.H.; Terrassenweinbau, Weingut Högl
S. 103 Weinflaschen, Weingut Högl
S. 104 Thermenregion, Österreichische Weinmarketingserviceges.m.b.H.
S. 105 Neusiedler See, Österreichische Weinmarketingserviceges.m.b.H.; Winzer, Die Burgundermacher
S. 106 Prädikatswein, Weingut Pöckl
S. 108 Steilhänge, Weingut Tscheppe
S. 109 Klapotetz, Tourismusverband Bad Radkersburg & Umgebung; Schloss Kapfenstein, ÖWM, Faber
S. 113 Walporzheimer Gärkammer, Jens Butz
S. 114 Regent, Institut für Rebenzüchtung Geilweilerhof
S. 117 Neuenahrer Sonnenberg, Jens Butz
S. 123 HADES, Weingut Jürgen Wellwanger, Staatsweingut Schloss Wackerbarth
S. 124 Weinlese im Burgund, B.I.V.B. (Bureau Interprofessionnel des Vins de Bourgogne), Beaune
S. 127 Médoc, C.I.V.B. (Conseil Interprofessionnel de Vin de Bordeaux), Philippe Roy
S. 137 Weingärten in Südtirol, Weingut Tenuta J. Hofstaetter
S. 140 Montalcino, Consorzio del Vino Brunello di Montalcino; Vin Santo, Maculan
S. 145 Pergolen, Weingut Crozzol, Weingut Tenuta J. Hofstaetter
S. 146 Kalterer See, Weingut Tenuta J. Hofstaetter
S. 148 Lambrusco, Consorzio Franciacorta
S. 150 Weingärten bei Frascati, Fotoagentur Viennaslide, http://www. viennaslide.com

S. 152 Weingärten bei Marsala, Fotoagentur Viennaslide, http://www. viennaslide.com
S. 153 Castillo de Milmanda, Katalonien, Fotoagentur Viennaslide, http://www. viennaslide.com
S. 155 Trauben, Landschaft, Bodegas Ramon Bilbao
S. 156 Limousin, Bodegas Bilbaínas
S. 159 Weinkeller, Bodegas Vega Saúco
S. 162 Douro-Tal, Portugiesische Botschaft, Frau Isabel Douglas, Wien
S. 165 Castello di Morcote, Tessin
S. 166 Meteoraklöster, Fotoagentur Viennaslide, http://www. viennaslide.com
S. 169 Weingärten bei Medena, Arhiv Javnega gospodarskega zavoda za turizem Maribor
S. 172 Opus One Winery, Oakville
S. 174 Argentinische Botschaft, Wien
S. 175 Erntearbeiter, Bodegas Lopez, Maipú
S. 176 Chilenische Botschaft, Wien
S. 179 Weingut Nederburg
S. 180–182 Australian Wine Bureau, AWEC Adelaide
S. 184 Villa Maria Estate, Marlborough
S. 185 Champagner, Comité Interprofessionnel du Vin de Champagne
S. 188 Coquard, Comité Interprofessionnel du Vin de Champagne
S. 189 Traditioneller Gärverschluss, Wilhelm Gutmayer; Champagnerglas, Comité Interprofessionnel du Vin de Champagne; Rüttelpult unten, Schlumberger Wein- und Sektkellerei
S. 190 Gyropalettes, Wilhelm Gutmayer; Cuvées, Comité Interprofessionnel du Vin de Champagne
S. 191 Champagnerflaschen, Comité Interprofessionnel du Vin de Champagne; Flaschenboden, Schlumberger Wein- und Sektkellerei
S. 193 Flaschengärung, Schlumberger Wein- und Sektkellerei
S. 196 Cava-Kellerei Codorníu
S. 197 Kellerschimmel, Wilhelm Gutmayer
S. 198 Champagnergläser, Riedel Glas Austria; Rosé Champagner, Kempinski Hotels & Resorts S. A., Genf, Schweiz
S. 199 Champagner, Comité Interprofessionnel du Vin de Champagne
S. 203 Grünmalz, Deutscher Brauer-Bund e. V.; Darren von Grünmalz, Einmaischen, Brau Union Österreich AG
S. 204 Kräusen, Deutscher Brauer-Bund e. V.
S. 205 Abfüllanlage, Biererzeugung, Brau Union Österreich AG; Zwickelbier, Brauerei Schwechat
S. 207 Krombacher, Krombacher Brauerei
S. 208 Hefetrübes Weizenbier, Krombacher Brauerei; Berliner Weiße, Deutscher Brauer-Bund e. V.; Guiness, Diageo Deutschland GmbH
S. 212 Biergarten, Brau Union Österreich AG
S. 214 Reininghaus Pils, Brau Union Österreich AG
S. 215 Maß, Bierbecher, Biertulpe, Bierstange, Weizenbierglas, Bierschale, Altbierbecher, Bierpokal, Deutscher Brauer-Bund e. V.
S. 216 Zapfen von Bier, Brau Union Österreich AG
S. 217 Servieren von Bier, DAVID; Brau Union Österreich AG
S. 220 Mostkrug mit Glas, Birnenblüte, Rita Newman
S. 221 Mostbarkeiten, Rita Newman
S. 223 Most im Stielglas, Rita Newman
S. 228 Einstellen von Gläsern, Kempinski Hotels & Resorts S. A., Genf, Schweiz
S. 229 Mineralwasser, Staatlich Fachingen
S. 230 Wein und Wasser, Apollinaris
S. 231 Fruchtsaft, Kempinski Hotels & Resorts S. A., Genf, Schweiz
S. 234 Pago, Brau Union Österreich AG
S. 236 Biolimo, Vöslauer Mineralwasser AG
S. 237 Schweppes, Schweppes Deutschland GmbH
S. 238, 239 Pre- und Postmixanlagen, Coca-Cola Beverages Austria GmbH, Wien
S. 242 Kaffeeservice, Julius Meinl Austria GmbH
S. 243 Blüten, Stecklinge, Kaffeekirschen, Deutscher Kaffeeverband
S. 245 Trocknen, Schwemmkanal, Deutscher Kaffeeverband
S. 215 Karlsbader Methode, Dir. Leopold Josef Edelbauer,Wien
S. 256 Teestrauch, Deutsches Teebüro
S. 257 Teeblatt, Teepflückerinnen, Deutsches Teebüro
S. 259 Rüttelsieb, Rollmaschine, Deutsches Teebüro
S. 260 Auslese von Blattstängeln, Teeblätter vor und nach der Fermentation, Deutsches Teebüro
S. 262 Weißer Tee, www.teehaus.at
S. 264 Firma Teekanne, Salzburg
S. 264 Eistee, Deutsches Teebüro
S. 267 Kakaobaum, Zotter Schokoladen Manufaktur GmbH
S. 268 Gärbottich, Zotter Schokoladen Manufaktur GmbH
S. 269 Kakaobohnen, Kakaonibs, Kakaomasse, Zotter Schokoladen Manufaktur GmbH
S. 270 Conchieren, Zotter Schokoladen Manufaktur GmbH
S. 271 Trinkschokolade, Julius Meinl Austria GmbH; Trinkschokolade unten, Zotter Schokoladen Manufaktur GmbH
S. 276 Cream Sherry, Kempinski Hotels & Resorts S. A., Genf, Schweiz
S. 278 Ausschenken von Cognac, Kempinski Hotels & Resorts S. A., Genf, Schweiz
S. 279 Grafik Cognac-Herstellung, BNIC, Cognac
S. 280 Charentaiser Brennblase, Kellermeisterin, Remy Martin, MaxXium Deutschland
S. 281 Hennessy X.O., Kempinski Hotels & Resorts S. A., Genf, Schweiz
S. 282 Alambic armagnacais, Clés des Ducs, MaxXium Deutschland
S. 284 Cognacglas mit Deckel, Fa. Asbach Uralt, Rüdesheim am Rhein; Cognacglas, Remy Martin, MaxXium Deutschland
S. 285 Whiskey, Tullamore Dew, MaxXium Deutschland
S. 286 Pot-Stills, The Macallan, MaxXium Deutschland
S. 289 Ausbrennen der Fässer, Jim Beam, MaxXium Deutschland; Filtrationsverfahren mit Holzkohle, Jack Daniel's
S. 290 Single-Malt-Whisk(e)y-Glas, Brennerei Hans Reisetbauer, www.reisetbauer.at
S. 292 Gin, Plymouth English Gin, MaxXium Deutschland
S. 294 Verkostungsraum, Brennerei Hans Reisetbauer, www.reisetbauer.at
S. 295 Glasballon, Brennerei Jöbstl, www. brennerei-joebstl.at
S. 296 Obstdestillatgläser, Brennerei Hans Reisetbauer, www.reisetbauer.at
S. 297 Zigarrenbrand, Brennerei Jöbstl, www.brennerei-joebstl.at
S. 300 Agavenernte, Sauza Tequila, MaxXium Deutschland

Alle weiteren Fotos sind Eigentum des Trauner Verlages bzw. wurden von der Agentur FOTOLIA gekauft. Die Cartoons stammen aus der Feder von Arnulf Kossak.

Ein herzliches Dankeschön an

Dr. Walter Kutscher, Wien
Jens Butz, der uns für das Kapitel „Wein aus Deutschland“ wunderschöne Fotos zur Verfügung stellte
Hans-Jürgen Sponseiler, HLF Krems, der uns mit Rat und Tat sowie viel Geduld bei den Fotoaufnahmen zum Thema „Dekantieren“ unterstützte
Dir. Böhm für die Erlaubnis, an der HLF Krems Fotoaufnahmen durchzuführen
Alexander Großschopf, Lavazza Kaffee, Wien, für die Beratung bei den Fotoaufnahmen zu Latte-Art
Ök.-R. Ing. Josef Pleil, Präsident des Österreichischen Weinbauverbandes
Erich Wandl, Römerquelle
Chris Wirth, für die beratende Unterstützung bei den Themen Madeira und Portwein
Florian Grasmuk, Sommelier im Palais Coburg in Wien